lonely planet

Kroatien

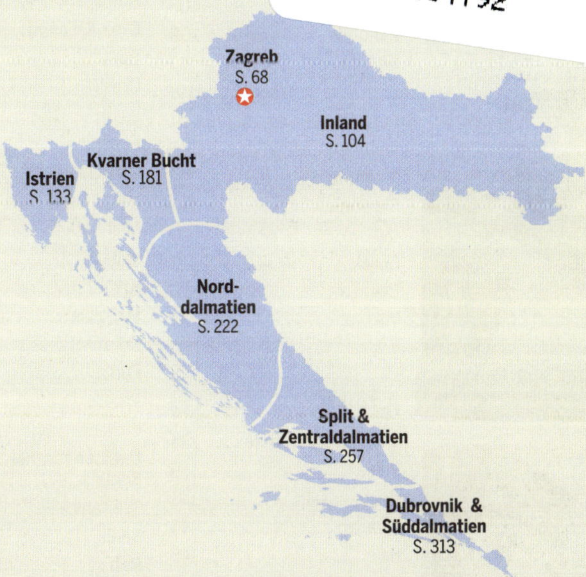

Peter Dragicevich,
Anthony Ham, Jessica Lee

REISEPLANUNG

Willkommen in Kroatien . 4
Karte. 6
Kroatiens Top 17. 8
Gut zu wissen 16
Was gibt's Neues? 18
Wie wär's mit .... .19
Monat für Monat 23
Reiserouten. 28
Outdoor-Aktivitäten. . . . 38
Kroatiens Inseln 46
Mit Kindern reisen 54
Essen & Trinken wie die Kroaten 57
Kroatien im Überblick . . 63

IASCIC/SHUTTERSTOCK ©

NATURPARK KOPAČKI RIT
S. 126

JUSTIN FOULKES/LONELY PLANET ©

BURG VELIKI TABOR
S. 112

REISEZIELE IN KROATIEN

ZAGREB 68
Sehenswertes 69
Geführte Touren 85
Feste & Events 86
Schlafen. 88
Essen 90
Ausgehen & Nachtleben . . 95
Unterhaltung. 98
Shoppen. 99

INLAND 104
Rund um Zagreb 105
Samobor 105
Medvednica. 108
Zagorje 109
Klanjec 110
Krapinske Toplice 110
Krapina. 111
Varaždin 113
Međimurje 117
Slawonien 118
Đakovo 119
Osijek 121
Baranja. 126
Vukovar 128
Ilok 131

ISTRIEN 133
Istriens Westküste 135
Pula. 135
Brijuni-Inseln. 143
Vodnjan 144
Bale. 145
Rovinj 146
Poreč 153
Umag 159
Das istrische Hinterland 161
Momjan 161
Grožnjan. 162
Motovun. 163
Buzet 164
Roč 167
Hum 167
Pazin. 169
Svetvinčenat 170
Labin & Rabac 171

KVARNER BUCHT . . .181
Rijeka 183
Rund um Rijeka. 189
Nationalpark Risnjak 189
Volosko. 190
Opatija 191
Naturpark Učka 193
Cres & Lošinj. 194
Beli 196
Cres (Ort) 196
Valun. 199
Lubenice 199
Osor 200
Nerezine. 201
Mali Lošinj 201
Veli Lošinj. 204
Krk 206
Malinska. 207
Krk (Ort) 208
Punat 209
Vrbnik. 210
Baška 211
Östliche Kvarner Bucht. 213
Crikvenica 213
Senj. 214
Rab 215
Rab (Ort) 216
Lopar 221

NORDDALMATIEN . 222
Lika. 224
Plitvicer Seen & Umgebung. 224

Inhalt

MITTAGESSEN MIT SEAFOOD, VALUN S. 199

JUSTIN FOULKES/LONELY PLANET ©

Gospić ... 227

Nationalpark Paklenica ... 227

Insel Pag ... 229

Pag (Ort) ... 231

Zrće-Strand ... 235

Novalja ... 235

Nin ... 236

Zadar ... 237

Dugi Otok ... 245

Veli Rat & Punta Bjanca ... 246

Božava ... 246

Sali ... 247

Telašćica-Bucht ... 247

Gespanschaft Šibenik-Knin ... 248

Tisno & Murter ... 248

Nationalpark Krka ... 248

Šibenik ... 251

Primošten ... 255

Rogoznica ... 255

SPLIT & ZENTRAL-DALMATIEN ... 257

Split ... 260

Rund um Split ... 279

Kaštela ... 279

Trogir ... 280

Šolta ... 285

Stobreč & Podstrana ... 286

Omiš ... 287

Makarska Riviera ... 288

Brela ... 288

Makarska ... 289

Naturpark Biokovo ... 290

Brač ... 291

Supetar ... 293

Bol ... 295

Hvar ... 297

Hvar (Ort) ... 298

Pakleni-Inseln ... 305

Stari Grad ... 306

Jelsa ... 307

Vis ... 308

Vis (Ort) ... 309

Komiža ... 311

DUBROVNIK & SÜDDALMATIEN ... 313

Dubrovnik ... 315

Rund um Dubrovnik ... 337

Cavtat ... 337

Konavle ... 341

Elafiten ... 342

Mljet ... 344

Nationalpark Mljet ... 345

Okuklje ... 346

Saplunara ... 346

Die Halbinsel Pelješac ... 347

Ston & Mali Ston ... 347

Orebić ... 348

Korčula ... 350

Korčula (Ort) ... 351

Lumbarda ... 355

Vela Luka ... 355

Lastovo ... 355

KROATIEN VERSTEHEN

Kroatien aktuell ... 358

Geschichte ... 360

Mentalität & Kultur ... 376

Architektur ... 381

Natur & Umwelt ... 383

Kunst & Kultur ... 386

PRAKTISCHE INFORMATIONEN

Allgemeine Informationen ... 392

Verkehrsmittel & -wege ... 398

Sprache ... 403

Register ... 411

Kartenlegende ... 418

SONDER-SEITEN

Kroatiens Inseln ... 46

Faule Tage in Zagreb ... 80

Kroatiens Küste ... 175

Faule Tage in Split ... 252

Faule Tage in Dubrovnik ... 338

Die Altstadt von Dubrovnik ... 330

Willkommen in Kroatien

Für wen der Traum vom Mittelmeer aus milden Tagen an saphirblauem Wasser im Schatten uralter, von Stadtmauern umgebener Orte besteht, der wird in Kroatien dessen Erfüllung finden.

Kroatiens Küste

Die erstaunliche, von Inseln gesäumte Küste Kroatiens ist zweifelsohne die Topattraktion des Landes. Das unglaublich klare Wasser der Adria funkelt vor der Kulisse blendend weißer Kiesstrände mit der Intensität eines Diamanten in Schattierungen von smaragdgrün bis saphirblau. Auch einige lange Sandstrände gibt es – perfekt für entspannte Tage, an denen man einfach nur abhängen und Schmöker lesen will. Zu ruhig? Dann lockt das enorme Wassersportangebot – Schnorcheln, Tauchen, Kajakfahren, Windsurfen und Segeln sind gute Gründe, die Sonnenliege zu verlassen.

Am Rand der Imperien

Das Land an der Trennlinie zwischen Mittel- und Südosteuropa wechselte jahrhundertelang zwischen rivalisierenden Königreichen, Imperien und Republiken hin und her. Diese hinterließen ein reiches kulturelles Erbe: Venezianische Paläste schmiegen sich an napoleonische Festungen, römische Säulen ragen aus frühen slawischen Kirchen hervor, und Wiener Villen stehen Aug in Aug mit Skulpturen im Stil des sozialistischen Realismus. Die exzellenten Museen zeigen Schätze, die nahezu die gesamte europäische Geschichte abdecken, die ebenso faszinierend wie grauenerregend ist.

Das schöne Binnenland

Wer sich für einen Moment vom glitzernden Meer losreißen kann, erblickt die mächtigen Berge im Hintergrund. Das Dinarische Gebirge, das sich von Italien bis Albanien erstreckt, flankiert den Großteil der Küste. Die zauberhafte Kalksteinlandschaft besteht aus zerklüfteten Gipfeln, Höhlen, Schluchten, Wasserfällen und malerischen Seen. Weiter landeinwärts wird das Terrain wieder flacher und geht über in hügeliges Ackerland. Unternehmungslustige Geister finden hier jede Menge Wander- und Radwege. Und wer das Abenteuer liebt, kann auch klettern, raften oder an Seilrutschen in die Tiefe düsen.

Kultureller Reichtum

Wer das Glück hat und von Einheimischen nach Hause eingeladen wird, wird immer wieder mit dem Wörtchen *jedi!* (Iss!) konfrontiert. Speis und Trank zu teilen, spielt eine große Rolle in der kroatischen Kultur, was für die hiesige Gastfreundschaft wie auch die Qualität der heimischen Produkte spricht. Hausmannskost dominiert die familienbetriebenen Tavernen, doch immer öfter bringt eine neue Generation von Köchen ein wenig Abwechslung auf den Tisch. Derweil haben sich kroatische Weine und Olivenöle international einen Namen gemacht und Auszeichnungen eingeheimst.

Warum ich Kroatien liebe

Von Peter Dragicevich, Autor

Ich gestehe, da meine Großeltern aus Kroatien stammen, bin ich voreingenommen, aber Kroatien ist nun einmal das Land, das ich am liebsten besuche. Es bietet eine einzigartige Kombination von allem, was ich liebe: herrliche Natur, tolle Badestellen, Sommersonne, Geschichte, interessante Architektur, unglaubliche Weine, Meeresfrüchte … – ich könnte noch ewig fortfahren. Sicher, die Kroaten zeigen sich Fremden gegenüber nicht immer von ihrer sonnigsten Seite, aber wenn man ihre Reserviertheit durchbrechen kann, erweisen sie sich als sehr gastfreundlich. Auch wenn ich keine Familie in Kroatien hätte – Kroatien würde ich dennoch lieben!

Weitere Infos über unsere Autoren gibt's auf S. 419

Oben: Sergierbogen (S. 138), Pula

Kroatien

Zagorje
Bilderbuchschlösser auf den Bergen (S. 109)
Zagreb
Freiluftcafés in gepflasterten Straßen (S. 68)
Motovun
Großartige istrische Stadt auf einer Bergkuppe (S. 163)
Istrien
Pittoreskes Paradies für Feinschmecker (S. 133)
Kap Kamenjak
Wildes Kap von schroffer Schönheit (S. 139)
Cres
Rau, mysteriös und reich an Natur (S. 194)
Zadar
Hip, uralt und bodenständig (S. 237)
Nationalpark Krka
Gewaltige Wasserfälle und schillernde Kaskaden (S. 248)
Split
Moderne Stadt mit antikem Kern (S. 260)
ITALIEN
SLOWENIEN
LJUBLJANA
ZAGREB
Udine
Monfalcone
Portogruaro
Trieste
Golfo di Trieste
Portorož
Novo Mesto
Samobor
Ptuj
Čakovec
Varaždin
Schloss Trakošćan
Krapina
Varaždinske Toplice
Schloss Veliki Tabor
Kumrovec
Zabok
Marija Bistrica
Naturpark Medvednica
Sava
Kupa
Karlovac
Sisak
Petrinja
Glina
Buzet
V Planik (1272 m)
Obruč (1376 m)
Rijeka
Grožnjan
Motovun
Hum
Opatija
Poreč
Pazin
Riječki-Bucht
Višević (1428 m)
Labin
Rabac
Rovinj
Krk
Vrbnik
Baška
Punat
Cres
Vodnjan
Valun
Brijuni-Inseln
Pula
Prvić
Lopar
Otočac
Nationalpark Plitvicer Seen
Una
Bihać
Kap Kamenjak
Rab
Rab (Stadt)
Osor
Unije
Šatorina (1623 m)
Ozeblin (1657 m)
Bosansko Petrovac
Novalja
Mali Lošinj
Veli Lošinj
Lošinj
Pag (Stadt)
Olib
Pag
Vaganski vrh (1757 m)
Nationalpark Paklenica
Gračac
Vir
Starigrad-Paklenica
Molat
Sestrunj
Ugljan
Božava
Zadar
Dinara (1831 m)
Adria
Dugi Otok
Knin
Vransko-See
National-park Krka
Sali
Kornaten
Murter
Šibenik
Nationalpark Kornaten
Zlarin
Zirje
Trogir
Solin
Split
Drvenik Mali
Drvenik Veli
Šolta
Supetar
Hvar
Vis
Komiža
Biševo
Pesaro
Senigallia
Ancona
Macerata
Civitanova Marche
Foligno
Ascoli Piceno
Teramo
Pescara
13°E
14°E
15°E
45°N
44°N
43°N

0
100 km
Plattensee
Mur
Nagykanizsa
Kaposvár
UNGARN
Koprivnica
Pécs
Subotica
Mohács
Drau
Bjelovar
Virovitica
Drau
Kopački Rit
Feuchtgebiet und Eldorado für Vogelbeobachter (S. 126)
Naturpark Kopački Rit
Donau
Osijek
Theiß
Kapovac (790 m)
Našice
Donau
Kutina
Nationalpark Lonjsko Polje
Slavonska Požega
Vukovar
Bačka Palanka
Novi Sad
Save
Đakovo
Vinkovci
Nova Gradiška
Ilok
Donau
Slavonski Brod
Sremska Mitrovica
Bosut
Prijedor
Bosna
Brčko
Save
Šabac
BELGRAD
Banja Luka
Save
Nationalpark Plitvicer Seen
Üppiges Paradies, gespickt mit Wasserfällen (S. 224)
Drina
Vrbas
SERBIEN
BOSNIEN & HERZEGOWINA
Bol
Sagenhafter Strand und Windsurfer-Mekka (S. 295)
Jajce
Travnik
Čačak
Livno
SARAJEVO
Mljet
Himmlische Insel mit kobaltblauen Seen (S. 344)
Goražde
Sinj
Konjić
Neretva
Pljevlja
Brela
Sv Jure (1762 m)
Mostar
Brač
Bol
Makarska
Naturpark Biokovo
Dubrovnik
Umwerfende, schöne Altstadt mit Stadtmauer (S. 315)
Stari Grad
Jelsa
Hvar
Piva
Tara
Metković
HÖHENSTUFEN
Korčula
Korčula
Halbinsel Pelješac
Neum
1500 m
1000 m
Vela Luka
Lumbarda
MONTENEGRO
700 m
Nationalpark Mljet
Ston
Arboretum von Trsteno
Nikšić
500 m
Mljet
Elaphiten
300 m
Lastovo
Trebinje
200 m
Dubrovnik
100 m
Hvar
Insel-Hotspot für Strandpartys (S. 297)
Cavtat
PODGORICA
0
18°E
Herceg Novi
Kotor

Kroatiens Top 17

1

Majestätisches Dubrovnik

1 Die Hauptattraktion Kroatiens, die Altstadt Dubrovniks (S. 315) samt ihrer wehrhaften Stadtmauer, gehört zu Recht zum UNESCO-Weltkulturerbe. Im Kroatienkrieg wurde die Stadt 1991/92 unbarmherzig beschossen, heute erstrahlen ihre Mauern, Türme, mittelalterlichen Klöster, barocken Kirchen und faszinierenden Viertel wieder in altem Glanz. Einen umwerfenden Blick auf die „Perle der Adria" hat man, wenn man mit der Seilbahn auf den Srđ, der felsige Hintergrund der Stadt, hinauffährt. Für einen intimeren Einblick umrundet man die Altstadt auf der Stadtmauer und spickt von dort in versteckte Gärten und historische Straßen.

Unten links: Stadtmauer der Altstadt (S. 320)

Paradies Plitvicer Seen

2 Ein türkisfarbenes Band von Seen, verbunden durch schäumende Wasserfälle (s. Bild), mitten in den Wäldern des Landes: Das sind die Plitvicer Seen (S. 224). Dieses überwältigende Naturphänomen umfasst Dutzende von Gewässern – vom 4 km langen Kozjak bis zu schilfgesäumten winzigen Teichen –, deren verblüffende Farben ein Produkt der Karstlandschaft sind. Moosbewachsene Travertinfelsen durchziehen die wunderbare Wasserwelt, die dank Holzstegen leicht zu erkunden ist. Wanderwege führen durch Buchen-, Fichten-, Tannen- und Kiefernwälder, weg von den Massen an den Seeufern.

IHOR PASTERNAK/SHUTTERSTOCK ©

2

KELLY CHENG TRAVEL PHOTOGRAPHY/GETTY IMAGES ©

NATALIADERIABINA/GETTY IMAGES ©

Gaumenfreuden in Istrien

3 *La dolce vita* wird in Istrien (S. 133), der kroatischen Topadresse für Gourmets, groß geschrieben. Hier labt man sich an Meeresfrüchten, Trüffeln, wildem Spargel und *boškarin*, erlesenem istrischem Rindfleisch. Von besonderer Güte sind auch die regionalen Spezialitäten, die Weine und das preisgekrönte Olivenöl. Zubereitet wird all das in den edlen Lokalen der Küstenstädte und in den traditionellen Tavernen der mittelalterlichen Dörfer in den Bergen des grünen Hinterlands. Wer sich hier nicht mindestens ein Trüffelgericht täglich gönnt, macht wohl etwas falsch.

Partyzeit in Hvar

4 Im Hochsommer gibt es keinen besseren Ort zum Aufbrezeln und Abtanzen als den Ort Hvar (S. 304). Scharen schicker und braun gebrannter Menschen verlassen ihre Jachten und feiern mit Backpackern auf Après-Strand-Partys, während die Sonne am Horizont verglüht. Der wohlhabende Jetset lässt die Kasse von Spitzenrestaurants und Cocktailbars klingeln, das sonnenverwöhnte junge Partyvolk flutet derweil kleine Tanzschuppen. Strandausrüstung und Schuhe, mit denen man auf Tischen tanzen kann – das ist alles, was man hier braucht!

Koffeinkick in Zagreb

5 Eine Tasse Kaffee in einem der Straßencafés (S. 80) in Zagreb ist ein Muss. Zum Ritual gehören stundenlanges Leutegucken, der neueste Klatsch und tiefgründige Diskussionen. Wer die ultimative Cafékultur der Stadt erleben möchte, sollte sich einen Tisch an der kopfsteingepflasterten Tkalčićeva (s. Bild), am Trg Petra Preradovića oder auf der Bogovićeva suchen. Keinesfalls verpassen darf man samstagmorgens die *špica* – Leute beobachten und Kaffee schlürfen im Zentrum. Sie ist der allwöchentliche gesellschaftliche Höhepunkt der Einheimischen.

Nicht versäumen: Vis

6 Vis (S. 308), die entlegenste von Kroatiens Hauptinseln, ist auch eine der reizendsten. Zwei attraktive Städte machen Nord- und Westküste geschichtlich interessant, im Süden und Osten verstecken sich einige der idyllischsten Buchten des Landes – einige mit Kies, andere mit Sand, aber alle unwiderstehlich. Überall auf der Insel gibt es tolle traditionelle Lokale: in Dörfern, auf Farmen und an einsamen Stränden. Hier kann man die Vielfalt der Bio-Produkte der Insel sowie die traditionellen Fischgerichte der Region genießen.
Oben: Stiniva (S. 309)

Spektakuläres Korčula

7 Dubrovnik in Miniaturform – die süße kleine Küstenstadt Korčula (S. 351) hat ihre eigenen eindrucksvollen Mauern und Türme, aber wesentlich weniger Besucher. Das Highlight ist die außergewöhnliche, mit ziemlich verrückten Schnitzereien verzierte Kathedrale (s. Bild). Ein Streifzug durch die mit Marmor gepflasterten Straßen und Gassen der kompakten Altstadt schafft man gut in einer Stunde – so bleibt genug Zeit, um am Strand zu faulenzen oder ins Hinterland zu fahren, um in einer Dorf-*konoba* (Taverne) fürstlich zu speisen.

Malerische Krka

8 Römische Ruinen, alte Wassermühlen und zwei Klöster (eines auf einer Insel, das andere über alten Katakomben erbaut) – was überall sonst ein Highlight wäre, wird in diesem Nationalpark (S. 248) von der Krka in den Schatten gestellt. Dieser nur 73 km lange Fluss strömt durch Schluchten, weitet sich zu Seen aus und sprudelt über zahlreiche Kaskaden. Auf Stegen kann man dem Wasser folgen und die Fische bewundern, die durch das Wasser schießen. Krönender Abschluss des Besuchs ist ein Bad im See am Fuß eines mächtigen Wasserfalls. Oben: Skradinski Buk (S. 249)

Splits römische Seele

9 Im Diokletianpalast (Bild), einer der imposantesten römischen Stätten der Welt, mag man sich leicht ausmalen, wie sich das Leben vor 2000 Jahren abspielte. Heute säumen Bars, Läden und Restaurants die Straßen des lebhaften Viertels – das Splits Herz und Seele ist (S. 260). Sich im Labyrinth der engen Gassen, Durchgänge und Höfe zu verirren, gehört zu den reizvollsten Erfahrungen in Kroatien – und doch ist es klein genug, um immer wieder hinauszufinden. Außerhalb der Palastmauern lädt die von Palmen gesäumte Riva am Ufer zu einem Drink ein.

ANNA JURKOVSKA/GETTY IMAGES ©

CAROL.ANNE/SHUTTERSTOCK ©

VENTURA/SHUTTERSTOCK ©

LUCERTOLONE/SHUTTERSTOCK ©

MARCUTTI/GETTY IMAGES ©

Lebhaftes Zadar

10 Die auf einer langgestreckten Halbinsel gelegene Altstadt von Zadar (S. 237) bietet jede Menge Geschichte und Kultur. In den Straßen der Stadt ragen unvermittelt römische Ruinen empor, hinter jeder zweiten Ecke versteckt sich ein Museum oder eine Kirche und in den Bars – es gibt sehr noble und wunderbar schäbige – schwatzen Künstler mit Modejunkies. Feinschmecker zieht es in die tollen Restaurants, Backpacker in die großartigen Hostels, Familien in die Strandresorts und Romantiker in die reizenden Boutiquehotels. Oben links: Gruß an die Sonne (S. 239)

Großartiges Motovun

11 Der Weg nach Motovun (S. 163) ist fast so faszinierend wie das Ziel selbst. Die Hügelstadt erhebt sich aus einem bewaldeten Tal, das vom 21. Jh. unberührt erscheint. Jahrhundertealte Häuser säumen den steilen Zugang zum ersten Tor der noch älteren Stadtmauer, bevor sich hinter einem weiteren Tor der Marktplatz zeigt. Der Ausblick auf üppiges Grün und die dahinter liegenden Hügel, der sich von den Festungsanlagen bietet, hat sich seit deren Bau kaum verändert. Schließlich sollte man noch Trüffel, feinen Wein und noch feineres Olivenöl Aufmerksamkeit schenken.

Mljet, die grüne Insel

12 Die von dichten Kiefernwäldern überzogene Insel Mljet (S. 344) ist ein Paradies. Der Legende nach strandete Odysseus hier und blieb gleich sieben Jahre. Es verwundert kaum, dass er sich so viel Zeit ließ, bevor er die Insel wieder verließ! Der ganze westliche Teil ist ein Nationalpark mit zwei traumhaften kobaltblauen Seen, einem Inselkloster und dem verschlafenen kleinen Hafen Pomena. Aber auch der Osten von Mljet lohnt mit seinen friedlichen kleinen Buchten, schönen Stränden und den exzellenten Restaurants einen Besuch. Oben: Nationalpark Mljet (S. 345)

AMRA PASIC/SHUTTERSTOCK ©

PABLO DEBAT/SHUTTERSTOCK ©

XBRCHX/SHUTTERSTOCK ©

Windsurfen in Bol

13 Bol (S. 295) an der Südküste der Insel Brač lockt mit dem traumhaften Strand Zlatni Rat mit seinen goldenen Kieselsteinen – seinen Namen „Goldenes Horn" versteht man, sobald man ihn das erste Mal erblickt. Das hübsche Hafenstädtchen ist sehr beliebt bei Windsurfern, sorgt doch der Mistral (kräftiger, stetiger Westwind) zwischen den Inseln Brač und Hvar üblicherweise von April bis Oktober für optimale Bedingungen. Der Wind nimmt vormittags stetig zu – ideal für Anfänger. Am frühen Nachmittag weht dann eine steife Brise, genau richtig für Adrenalin-Junkies.

Kein Stress in Cres

14 Die grüne, dünn besiedelte Insel Cres (S. 194), die nie von Touristen überrannt wird, ist unter den kroatischen Adria-Inseln einzigartig. Bei einem Spaziergang in der Region Tramuntana im Norden beginnt mancher, die alten Geschichten über Elfen zu glauben, die in den uralten Wäldern lauern sollen. Am anderen Ende der Insel erhebt sich der winzige ummauerte Ort Osor (s. Bild; S. 200), einer der verschlafensten an der Küste. Dazwischen liegen herrliche Strände, Bergdörfer und der malerische pastellfarbene Hafen des Inselhauptorts Cres.

Märchenburgen in Zagorje

15 Die Bilderbuchburgen des Zagorje (S. 109) laden zu einer Zeitreise ein: Die 1334 erbaute Schloss Trakošćan (s. Bild; S. 112) präsentiert sich heute im neugotischen Stil des 19. Jhs. Im Museum erfährt man mehr über die kroatische Aristokratie, und das ca. 90 ha große Gelände, das in einen englischen Park mit exotischen Bäumen und einem künstlichen See verwandelt wurde, lädt zu einem Spaziergang ein. In der Burg Veliki Tabor taucht man ins 16. Jh. ein, atmet den Geist der Geschichte und lässt den Blick über die Landschaft schweifen.

Das wilde Kap Kamenjak

16 Die raue Schönheit und Atmosphäre eines Ortes am Ende der Welt haben dieser Halbinsel südlich von Pula bei Istriens Strandurlaubern Kultstatus eingebracht. Das Kap Kamenjak (s. Bild; S. 139), ein kaum erschlossenes Naturschutzgebiet, wartet mit Heide, Büschen, Wildblumen und einem Gewirr kleiner Pfade auf. Es wird von Kies und Felsstränden am kristallklaren, blaugrünen Meer gesäumt. Im Sommer ist hier einiges los, doch irgendein leerer Strand findet sich immer – und gleichzeitig laden Bars dazu ein, mit anderen ins Gespräch zu kommen.

Naturpark Kopački Rit

17 Kopački Rit (S. 126) ist ein Überschwemmungsgebiet von Donau und Drau sowie Teil eines UNESCO-Biosphärenreservats und bietet einige der besten Möglichkeiten zur Vogelbeobachtung in Europa. So lassen sich bei einer Bootstour Weißschwanz- und Kaiseradler, Störche, Purpurreiher und Spechte entdecken – nur einige der fast 300 hier erfassten Arten. Auch überschwemmte Wälder kann man per Kanu erforschen. Oder man wandert und hält Ausschau nach heimischen Säugetieren wie Rothirsch oder Woldschwein.

Unten: Schwarzstorch, Naturpark Kopački Rit

Gut zu wissen

Weitere Infos gibt's im Abschnitt „Praktische Informationen" (S. 391)

Währung
Kuna (KN)

Sprache
Kroatisch

Einreise
Reisende aus Deutschland, Österreich und der Schweiz benötigen zur Einreise einen gültigen Personalausweis oder Reisepass; seit Mitte 2012 gilt dies auch für Kinder.

Geld
Geldautomaten gibt es fast überall. Kreditkarten werden in den meisten Hotels und Restaurants akzeptiert. Kleinere Lokale, Läden und Privatunterkünfte nehmen oft nur Bares.

Handys
Wenn das Handy automatisches Roaming zulässt, wählt sich das Mobiltelefon in das entsprechende Partnernetz ein. Seit 2017 entfallen die EU-Roaming-Gebühren.

Zeit
Es gilt die MEZ.

Reisezeit

Hauptsaison
(Juli & Aug.)

- In der Hauptsaison herrscht das beste Wetter. Die Insel Hvar bekommt die meiste Sonne ab, gefolgt von Split, Korčula und Dubrovnik.
- Die Preise sind am höchsten und in den Küstenorten ist am meisten los.

Zwischensaison
(Mai–Juni & Sept.)

- Eine tolle Zeit, um die Küste zu besuchen: Die Adria ist warm genug zum Baden, es ist nicht so viel los und die Preise sind niedriger.
- Im Frühling und Frühsommer sorgt der Mistral (starker Westwind) für gute Segelbedingungen.

Nebensaison
(Okt.–April)

- Die Winter in Kroatien sind kalt, die Preise niedrig und der Fahrplan der Fähren ist eingeschränkt.
- Weihnachten belebt die Straßen von Zagreb – selbst wenn Schnee liegt. Wer mag, kann Ski fahren.

Infos im Internet

Kroatische Zentrale für Tourismus (www.croatia.hr) Offizielle Tourismuswebsite; die beste Basis für die Reiseplanung.

Croatia Times (www.croatia-times.com) Der Tab „Like Croatia" führt einen zu einem Online-Guide.

Taste of Croatia (www.tasteofcroatia.org) Tolle und informative Website rund um kulinarische Themen.

Parks of Croatia (www.parkovihrvatske.hr) Infos zu National- und Naturparks Kroatiens.

Chasing the Donkey (www.chasingthedonkey.com) Reiseblog einer australischen Familie, die in Kroatien lebt.

Lonely Planet (www.lonelyplanet.de/reiseziele/kroatien) Infos, Forum und mehr.

Wichtige Telefonnummern

Wer von außerhalb des Landes in Kroatien anrufen will, wählt die internationale Vorwahl, die Landesvorwahl, die regionale Vorwahl (ohne die erste 0) und die Telefonnummer.

Landesvorwahl	☎385
Vorwahl für internationale Gespräche	☎00
Allgemeiner Notruf	☎112
Krankenwagen	☎194
Verkehrsauskunft	☎1987

Wechselkurse

Eurozone	1 €	7,41 KN
	1 Kn	0,14 €
Schweiz	1 SFr	6,5 Kn
	1 Kn	0,15 SFr

Aktuelle Wechselkurse gibt's unter www.xe.com.

Tagesbudget

Günstig – weniger als 600 Kn

- B im Schlafsaal: 100–360 Kn
- Zeltstellplatz für 2 Pers.: 100–430 Kn
- Mahlzeit in einer Taverne: 60 Kn
- Bus-, Straßenbahn- oder Zugticket: 10–150 Kn

Mittelteuer – 600–1400 Kn

- DZ im Hotel: 450–900 Kn
- Mahlzeit in einem Restaurant: 120 Kn
- Stadttour mit dem Fahrrad: 175 Kn
- Kurze Taxifahrt: 30 Kn

Teuer – mehr als 1400 Kn

- DZ in einem Luxushotel: ab 900 Kn
- Mahlzeit in einem Top-Restaurant: 300 Kn
- Privater Segeltörn: 1000 Kn
- Mietwagen: 450 Kn/Tag

Öffnungszeiten

Angegeben sind die Öffnungszeiten in der Hauptsaison; in der Zwischen- und der Nebensaison hat vieles kürzer oder seltener geöffnet.

Banken Mo–Fr 8/9–20, Sa 7–13 od. 8–14 Uhr

Behörden Mo–Fr 8–16 od. 8.30–16.30 Uhr

Cafés und Bars 8/9–24 Uhr

Post Mo–Fr 7–20, Sa bis 13 Uhr; in Städten an der Küste im Sommer auch länger

Restaurants 12–23/24 Uhr; außerhalb der Hauptsaison So oft geschl.

Geschäfte Mo–Fr 8–20, Sa bis 14/15 Uhr; manche Läden schließen zw. 14 & 17 Uhr, Malls haben längere Öffnungszeiten

Ankunft am ...

Flughafen Zagreb Busse von Croatia Airlines (30 Kn) fahren zwischen 7 und 22.30 Uhr alle halbe Stunde oder Stunde vom Flughafen ab. Taxifahrten zum Stadtzentrum kosten zwischen 150 Kn und 200 Kn.

Flughafen Split Ein Flughafen-Shuttle fährt mindestens 14-mal täglich zum Hauptbusbahnhof (30 Kn, 30 Min.). Die Stadtbusse 37 und 38 halten nahe dem Flughafen und fahren alle 20 Minuten nach Split (17 Kn) oder Trogir (13 Kn). Taxis nach Split kosten zwischen 250 Kn und 300 Kn.

Flughafen Dubrovnik Atlas betreibt den Busservice zum Flughafen (40 Kn, 30 Min.); die Fahrpläne sind auf die Flugzeiten abgestimmt. Busse nach Dubrovnik halten am Pile-Tor und am Busbahnhof. Eine Taxifahrt kostet bis zu 280 Kn.

Unterwegs vor Ort

Die Verkehrsmittel in Kroatien sind erschwinglich, schnell und normalerweise effizient.

Auto Praktisch, um im eigenen Tempo herumzukommen oder Regionen mit schlechter Anbindung zu besuchen. Autos lassen sich in jeder größeren Ortschaft oder Stadt mieten. Gefahren wird auf der rechten Seite.

Bus Erschwinglich und fast flächendeckend im ganzen Land unterwegs; sie verkehren regelmäßig.

Flugzeug Überraschend viele Inlandsflüge, vor allem im Sommer.

Schiff/Fähre Küste und Inseln sind durch Fähren und schnellere Katamarane gut erschlossen.

Zug Weniger regelmäßig und viel langsamer als Busse; begrenztes Schienennetz.

Mehr Infos zum Thema **Unterwegs vor Ort** s. S. 399

Was gibt's Neues?

Siegeszug der Craft-Biere
Seit einigen Jahren finden Craft-Biere auch in Kroatien immer mehr Freunde. Zwar ist die Begeisterung in Zagreb am stärksten, aber die Ergebnisse feiner Braukunst gibt's überall, von Osijek bis Dubrovnik. (S. 80)

Frischer Café-Wind
Wie Craft-Biere erfreuen sich auch moderne Cafés zunehmender Beliebtheit. Der Zagreber Röster Cogito hat inzwischen Niederlassungen in Zadar und Dubrovnik, während D16 im Diokletianpalast in Split seine Pforten geöffnet hat. (S. 272)

Zusätzliche Fährverbindungen
Im zentralen und südlichen Dalmatien verbinden neue Katamaranrouten Split und Dubrovnik, einige davon legen auch in Makarska an. (S. 277)

„Escape"-Burg
Anders als bei normalen „Escape Room"-Abenteuern wurde in Svetvinčenat das ganze Kastell Morosini-Grimani in ein Fluchtraum-Erlebnis verwandelt. (S. 170)

Museum des Sieges
Als erstes Museum seit Kroatiens Unabhängigkeit widmet sich das Museum des Sieges in Šibenik dem Kampf Dalmatiens gegen den Faschismus im Zweiten Weltkrieg. (S. 254)

Zipline Beware of the Bear
Mit 1700 m ist diese Zipline die längste Europas. Sie liegt in der Region Lika, westlich des Nationalparks Plitvicer Seen. (S. 230)

Ein Tag mit den Parkaufsehern
Dank dieser sechsstündigen Allrad-Tour ist es nun einfacher als je zuvor auch die abgelegenen Teile des Naturparks Učka zu erkunden. (S. 194)

Motovun: A History in Motion
Dieses kleine, private Museum ist an ein Hotel im Zentrum des Hügelstädtchens angeschlossen und thematisiert das Landesinnere von Istrien sowie Motovuns berühmten Sohn Mario Andretti. (S. 163)

Zagrebs 360° Aussichtsplattform
Dieser Aussichtspunkt im 16. Stock eines Gebäudes im Herzen Zagrebs bietet einen Rundumblick auf die Hauptstadt. (S. 82)

Fort von St. Jerome
Da Dubrovnik sich vor Besuchern kaum noch retten kann, wenden sich viele inzwischen einer anderen von Mauern umgebenen Stadt zu. Diese Festung ist die neueste historische Verteidigungsanlage von Ston, die restauriert und der Öffentlichkeit zugänglich gemacht wurde. (S. 347)

Love Stories Museum
Dieses skurrile Museum in Dubrovnik ist ein sonniger dalmatischer Kontrapunkt zum Zagreber Museum of Broken Relationships. (S. 326)

Vrbnik
Das kleine Städtchen auf der Insel Krk existiert schon seit Jahrhunderten, neu ist aber das ständig zunehmende Interesse an seiner Geschichte und seiner Weinkultur. Inzwischen gibt's für die vielen neuen Besucher auch einige neue Hotels. (S. 210)

Weitere Empfehlungen und Bewertungen gibt's unter lonelyplanet.com/Croatia

Wie wär's mit...

Städte mit Stadtmauern

Kroatiens Städte wurden einst mit Mauern befestigt – heute sind sie einfach nur unglaublich malerisch und gehören zu den größten Schätzen des Landes.

Dubrovnik Die von einer gewaltigen Mauer umgebene Stadt ist eine der reizvollsten Europas. (S. 315)

Ston Hier steht – abgesehen von Dubrovnik – die eindrucksvollste Stadtmauer Kroatiens: Sie erstreckt sich über einen Berghang. (S. 347)

Trogir Winziges Städtchen mit vielen gut erhaltenen romanischen und Renaissance-Bauten – und einer hübschen Kathedrale. (S. 280)

Korčula Eine der reizendsten Altstädte Kroatiens, geschützt von massiven Mauern, ragt ins Meer hinein. (S. 351)

Motovun Bezauberndes istrisches Städtchen auf einem Hügel mit zwei Festungsanlagen. (S. 163)

Osor Klein, unscheinbar und verborgen, aber nichtsdestotrotz wunderschön. (S. 200)

Krk Das labyrinthische Zentrum der Altstadt ist immer noch von Mauern umgeben. (S. 208)

Rab Unzählige reizende Kirchtürme ragen an der Meerseite über die Mauern empor. (S. 216)

Primošten Das ursprünglich aus einer befestigten Insel hervorgegangene Primošten ist ein Juwel der norddalmatischen Küste. (S. 255)

Hum Das versteckt in den istrischen Hügeln gelegene, wunderschöne kleine Hum ist beinahe mehr Stadtmauer als Stadt. (S. 167)

Strände

An den zahlreichen grandiosen Stränden der kroatischen Küste und auf den Inseln kann man die Hüllen fallen lassen oder die neueste Designer-Bademode vorführen.

Zlatni Rat Der Streifen aus Kieseln ist gut besucht und bietet viele Bars und Aktivitäten. (S. 295)

Pasjača Eine unter hohen Klippen versteckte Schönheit ganz im Süden der dalmatischen Küste. (S. 341)

Stiniva Hohe Felsen umrahmen die spektakuläre, abgeschiedene Bucht mit weißen Kieselsteinen. (S. 309)

Dubovica Blaues Wasser bildet einen Kontrast zu weißen Kieseln an diesem abgelegenen Ort, der sich auf der Insel Hvar befindet. (S. 302)

Pakleni-Inseln Strände mit Schatten spendenden Pinien für FKK-Fans und Badehosenträger. (S. 305)

Zrće Im Sommer Kroatiens Party-Hauptstadt. (S. 235)

Lubenice Klein, abgeschieden, sensationell und schwer erreichbar. (S. 199)

Prapratno Schöne Sandbucht auf der Halbinsel Pelješac. (S. 347)

Brela Eine Reihe von piniengesäumten kieseligen Buchten. (S. 288)

Kap Kamenjak 30 unberührte Kilometer aus Landzungen, Buchten, Kiesstrand und Felsen. (S. 139)

Kulinarische Spezialitäten

Um Kroatien kulinarisch zu erleben, probiert man die besten Zutaten des Landes und traditionelle Gerichte.

Trüffel Istriens berühmtesten kulinarischen Schatz kann man bei einer Trüffeljagd mit Karlić Tartufi entdecken. (S. 165)

Olivenöl Nach einer malerischen Fahrt durch die istrischen Hügel kann man die preisgekrönten Olivenöle des Gutes Ipša probieren. (S. 165)

Pršut Leckerer einheimischer Prosciutto und dazu ein feiner

Tropfen – in der Weinbar 3 Pršuta in Hvar kann das Leben so einfach sein. (S. 304)

Pager Käse Bei einer Tour bei Sirana Gligora erfährt man mehr über den regionalen Käse – bevor man dann für ein Picknick einkauft. (S. 234)

Oktopus-, Fisch- oder Fleisch-*peka* Im Roki's auf Vis beherrschen sie die traditionelle Gartechnik mit der gusseisernen Glocke. (S. 308)

Gegrillter Fisch auf dalmatische Art Ein omnipräsentes Küstengericht, besonders gut in der Konoba Matejuška in Split. (S. 272)

Pašticada Dalmatischer Rinderschmorbraten in höchster Vollendung gibt es in der Konoba Trs in Trogir. (S. 285)

Brodet/Brujet/Brodetto Stermasis Version des klassischen dalmatischen Fischragouts ist zu empfehlen. (S. 347)

Čobanac Der traditionelle slawonische Fleischeintopf schmeckt besonders gut im Kod Ruže in Osijek. (S. 124)

Kremšnite Die berühmten Cremeschnitten aus Samobor probiert man am besten im U Prolazu. (S. 105)

Relikte aus der Römerzeit

Da Kroatien einst nah am Herzen des Römischen Imperiums lag, findet man hier einige der am besten erhaltenen römischen Bauwerke.

Split Zum Diokletianpalast aus dem 4. Jh. gehören u. a. ein intakter Tempel und ein Mausoleum. Er bleibt das pulsierende Herz der Stadt. (S. 260)

Pula Das wunderbare Amphitheater aus dem 1. Jh. ist nicht alles in Pula. In der Altstadt ste-

Oben: An einer Zipline über den Cetina (S. 287), in der Nähe von Omiš

Unten: Römische Ruinen, Zadar (S. 237)

hen außerdem ein kompletter Tempel und ein Triumphbogen. (S. 135)

Salona Die Ruinen einer gesamten antiken Stadt, einschließlich Basiliken, Bäder, Tore und eines Amphitheaters. (S. 284)

Zadar Römische Ruinen ragen an den unwahrscheinlichsten Plätzen dieser alten Stadt empor. (S. 237)

Brač Ein vollständig erhaltenes Mausoleum mit Kuppel versteckt sich in einem Museum in dem Dorf Škrip. (S. 292)

Nationalpark Mljet Die Überreste eines riesigen Palasts dominieren die Stadt Polače. (S. 345)

Nationalpark Krka In einer abgelegeneren Ecke des Parks sind die Ruinen des Amphitheaters des Legionslagers Burnum und ein Aquädukt zu bestaunen. (S. 248)

Poreč Hier wandert man durch die Überreste des Forums, darunter der Neptun-Tempel. (S. 153)

Outdoor-Aktivitäten

Für Aktivurlauber und Freiluftenthusiasten wartet in Kroatien ein riesiges Angebot: Baden in der Adria, Mountainbiken, Windsurfen, Kajakfahren, Klettern, Rafting und mehr.

Nationalpark Paklenica Kroatiens erste Adresse für Kletterer; außerdem gibt es hier unzählige Wanderwege. (S. 227)

Bol Perfekte Bedingungen zum Windsurfen, Schwimmen, Segeln und Tauchen. Und im Hinterland kann man toll wandern und mountainbiken. (S. 295)

Naturpark Kopački Rit Vögel beobachten, Kanu fahren und ein familienfreundlicher Abenteuerpark mit Ziplines. (S. 126)

Rovinj Hier kann man prima schnorcheln, tauchen, Kajak und Rad fahren und auf Felsen klettern. (S. 146)

Vis Faszinierende Spots für erfahrene Taucher, tolle Strände und klasse Wander- und Kajakreviere. (S. 308)

Omiš Rafting auf und Ziplines entlangflitzen über dem Fluss Cetina, dazu tolle Strände und Bergwanderungen. (S. 287)

Nationalpark Risnjak Bei einer Wanderung durch den Wald sollte man Ausschau nach Braunbären und Luchsen halten. (S. 189)

Split Segeln, Kajakfahren, Wandern und Felsklettern auf dem Marjan-Hügel. (S. 260)

Dubrovnik Malerische Kajak-Ausflüge, wunderschöne Strände, Bungee Jumping und eine Seilbahnfahrt hinauf zu einer staubigen Buggy-Safari. (S. 315)

Medvednica Im Sommer wandern die Zagreber hier, im Winter fahren sie Ski. (S. 108)

Nachtleben

Kroatien hat sich zu einem Hotspot des europäischen Nachtlebens gemausert. Das Spektrum reicht von Strandpartys bis hin zu Megaclubs.

Hvar Eine ausgezeichnete Barszene, die vor Sonnenuntergang durchstartet und dann nicht nachlässt. (S. 304)

Strand Zrće Kroatiens Antwort auf Ibiza; dieses sommerliche Club-Mekka bietet Beats rund um die Uhr. (S. 235)

Tisno Der ansonsten verschlafene Ort veranstaltet im Sommer eine Reihe bekannter Musikfestivals. (S. 248)

Split Innerhalb der Palastmauern pochen vor allem in den Sommermonaten die Beats. (S. 272)

Poreč In den Nachtclubs der Partyhauptstadt von Istrien toben sich die Nachtschwärmer aus. (S. 158)

Zagreb Die Hauptstadt hat massenweise Café-Bars und eine sich ständig weiterentwickelnde Kunst- und Musikszene zu bieten. (S. 95)

Nationalparks

Kroatiens Reiz liegt in der Natur – Wasserfälle, Wälder, Berge und die umwerfende Adriaküste. Zum Glück steht vieles davon unter Schutz: Acht Nationalparks erstrecken sich über eine Fläche von insgesamt 961 km^2.

Plitvicer Seen Dieses Naturphänomen verzaubert mit Wasserfällen und türkisfarbenen Seen inmitten eines dichten Waldes. (S. 224)

Krka Gewaltige Wasserfälle und ein einsames Kloster. (S. 248)

Paklenica Natur im XXL-Format: Hier wandert und klettert man durch Berge und Schluchten. (S. 227)

Risnjak Schattige Pfade durch dichte Wälder und Wiesen voller Wildblumen. (S. 189)

Kornaten Die wundersame Schönheit dieser Inseln machen sie zum ultimativen Zufluchtsort der Adria – ganz ohne Resorts. (S. 249)

Mljet Die ruhige, unberührte Insel ist ein grünes Paradies. (S. 345)

Brijuni Dieser Archipel vor der istrischen Küste bietet Strände und viele historische Stätten. (S. 143)

Ruhige Plätzchen

Selbst während der Hochsaison findet man im touristischen Kroatien immer noch irgendwo einen Ort, um dem Trubel zu entkommen.

Stari Grad Eine weitaus ruhigere Alternative zum Ort Hvar, auf der gegenüberliegenden Seite der Insel Hvar. (S. 306)

Cavtat Dieses hübsche Küstenstädtchen ist viel „typischer" für die Region als ihr Nachbar Dubrovnik. (S. 337)

Konavle Wer nach einer noch ruhigeren Alternative zu Dubrovnik sucht, sollte diese grüne Weinbauregion in Erwägung ziehen. (S. 341)

Lumbarda Entspanntes Strandrefugium – ideale Alternative zur eher betriebsamen Stadt Korčula. (S. 355)

Beli Altes Dorf, das sich an einem Hügel über einem Strand befindet; auf Cres. (S. 196)

Bale Das mittelalterliche Bale ist ein unkonventionelles, kleines Städtchen – und eines der bestgehüteten Geheimnisse Istriens. (S. 145)

Samobor In Samombor gibt's Kleinstadtatmosphäre – und köstlichen Kuchen. Überlegenswerte Alternative zur kroatischen Hauptstadt. (S. 105)

Monat für Monat

TOP-EVENTS

Karneval in Rijeka, Februar

INmusic Festival, Juni

Cest is D'Best, Juni

Motovun-Filmfestival, Juli

Ultra Europe, Juli

Januar

Nach den Festtagen kehrt man jetzt wieder zum Alltag zurück. Auf dem Festland erschwert Schnee das Befahren der Straßen, während an der Küste und auf den Inseln starke Winde den Fährverkehr einschränken.

Skifahren auf dem Sljeme

Vor den Stadttoren Zagrebs heißt es auf dem Sljeme, dem höchsten Punkt der Medvednica, Ski und Rodel gut. Alpines Skifahren ist bei vielen Kroaten ein sehr beliebter Sport. (S. 109)

Nacht der Museen

Dutzende über das ganze Land verteilte Museen und Galerien öffnen am letzten Freitag im Januar ihre Türen für einen kostenlosen Kulturgenuss.

Februar

Im Inland kann man wundervolle Schneewanderungen unternehmen, auf den Straßen ist allerdings weiterhin Vorsicht angesagt. An der Adria weht die Bura (ein kalter Nordostwind), Fähren sind nur unregelmäßig unterwegs und viele Hotels in den Küstenorten sind geschlossen.

Fest des hl. Blasius

Jedes Jahr am 3. Februar wird auf den Straßen Dubrovniks der hl. Blasius, der Schutzpatron der Stadt, mit Tanz, Konzerten, Essen, Umzügen und noch vielem mehr geehrt.

Karneval

Mit bunten Kostümen und wilden Partys werden in Rijeka die letzten Tage vor der Fastenzeit gefeiert, der Karneval ist hier der absolute Höhepunkt des Festkalenders. Auch in Zadar, Split, Dubrovnik und Samobor finden farbenfrohe Feiern statt. (S. 186)

März

Die Tage werden werden immer länger und die Temperaturen steigen, besonders an der Küste. Die Zeit der Schneeschmelze eignet sich am besten, um die Wasserfälle der Plitvicer Seen und der Krka zu besuchen. Das Leben spielt sich aber meistens noch drinnen ab.

Zagrebdox

Beim internationalen Filmfestival Zagrebdox werden Dokumentarfilme aus der ganzen Welt gezeigt. Das Festival findet jedes Jahr von Ende Februar bis Anfang März in Zagreb statt und zieht eine kleine Schar begeisterter Doku-Fans an. (S. 86)

April

Auf den südlichen Inseln und an der Küste kann man nun schon Sonne tanken und gleichzeitig noch die Einsamkeit genießen. Im Landesinnern ist es weiterhin kühl, doch die Bäume beginnen zu blühen. Und die anschwellenden Flüsse laden zum Raften und Kajakfahren ein.

Musik-Biennale Zagreb

Seit den 1960er-Jahren findet in allen ungeraden Jahren im April Kroatiens bedeutendstes Festival für moderne Musik statt. Modern heißt in diesem Fall jedoch nicht Pop – auf der renommierten Veranstaltung dreht sich alles um zeitgenössische klassische Musik. (S. 86)

Spargelernte, Istrien

Kurz nach dem Beginn des Frühlings gedeiht auf den Feldern und Wiesen Istriens wilder Spargel. Am besten macht man es den Einheimischen nach, erntet ein paar und brät sich eine einfache Spargel-*fritaja* (Omelett).

Karwoche

Die Feierlichkeiten zur Karwoche werden auf den Inseln Hvar und Korčula besonders aufwendig begangen. Hvars Kreuzprozession findet seit 500 Jahren im Anschluss an die Messe am Gründonnerstag statt, dauert die ganze Nacht und steht auf der UNESCO-Liste für immaterielles Weltkulturerbe. (S. 308)

Mai

An der Küste ist es sonnig und warm und das Meer lädt zu einem kurzen Bad ein. Die Hotels sind günstiger, der Touristenansturm steht noch aus und die Cafés in Zagreb und Split brummen.

Sudamja

Den Ehrentag des hl. Domnius, des Schutzpatrons von Split, feiert die Stadt rund um den 7. Mai einwöchig mit großem Getöse. Anfang des Monats beginnt die Party mit Konzerten, Ru-

Oben: Karneval von Rijeka (S. 186)

Unten: Chris Blazes Auftritt beim Cest is d'Best (S. 86)

derwettkämpfen, religiösen Ritualen und Feuerwerk. (S. 267)

Subversive Festival, Zagreb

Bei diesem zweiwöchigen Festival im Mai erobern Aktivisten und Revolutionäre aus ganz Europa die Stadt Zagreb. In der ersten Woche werden Filme gezeigt, in der zweiten Woche finden Lesungen und Workshops mit Praxisbezug statt. (S. 86)

Ljeto na Štrosu, Zagreb

Bei der äußerst unterhaltsamen Veranstaltung, die Ende Mai beginnt und den ganzen Sommer über andauert, stehen kostenlose Filme unter freiem Himmel, Konzerte lokaler Bands, verschiedene Kunst-Workshops, Hundewettbewerbe für Mischlinge und viele andere skurrile Events auf dem Programm, die alle in der schattigen Strossmayer Promenade stattfinden. (S. 86)

Tag der offenen Weinkeller

Am letzten Sonntag im Mai öffnen renommierte Winzer in Istrien ihre Weinkeller und veranstalten kostenlose, feuchtfröhliche Weinproben.

Juni

Eine großartige Zeit für noch immer geruhsame Badeausflüge an die Adria, Festivals im ganzen Land und jede Menge Outdoor-Aktivitäten. Die Fähren folgen nun wieder dem Sommerfahrplan, aber die Hotelbelegungen und Preise haben noch kein wirkliches Hochsaison-Niveau erreicht.

Cest is d'Best

Ende Mai bis Anfang Juni verwandeln sich die Straßen von Zagreb für mehrere Tage in eine Bühne für Musik, Tanz, Theater, Kunst, Sport u. v. m. Das Straßenfestival erfreut sich großer Beliebtheit. An verschiedenen Plätzen überall im Zentrum treten rund 200 Künstler aus der ganzen Welt auf. (S. 86)

INmusic Festival

Dieses dreitägige musikalische Spektakel mit mehreren Bühnen und Plätzen zum Zelten findet am grünen Jarun-See statt und ist Zagrebs wichtigstes Musikfestival. (S. 86)

Design District Zagreb

Im Juni wird bei diesem kleinen dreitägigen Designfestival, das rund um die Straße Martićeva stattfindet, alles mögliche geboten: Shops, Workshops, Studios, Konzerte… (S. 86)

Juli

Nun erreicht die Saison ihren Höhepunkt: Die Küstenhotels sind ausgebucht, die Strände voller Menschen, die Fähren im Dauereinsatz und es steigen überall Festivals. Wer Ruhe sucht findet die aber weiterhin im Inneren des Landes.

Hideout

Ende Juni/Anfang Juli übernimmt dieses Festival, das Zrće auf die Landkarte der Electronic Dance Music katapultiert hat, die Strandbars und Clubs. Bekannte DJs treten auf und mehrere Nächte lang steppt der Bär. (S. 235)

Dubrovniker Sommerfestival

Das von Mitte Juli bis Ende August dauernde Festival findet bereits seit den 1950er-Jahren mit großem Erfolg in Dubrovnik statt. Die Besucher können sich auf jede Menge klassische Musik, Tanzdarbietungen und Theater an Veranstaltungsorten in der ganzen Stadt freuen, u. a. auch in der Festung Lovrjenac. (S. 329)

Sommerfestival Split

Überall in der Hafenstadt werden Open-Air-Bühnen für Theaterstücke, Ballet, Oper und Konzerte aufgebaut. Das Festival geht vom 15. Juli bis zum 15. August. (S. 267)

Ultra Europe

Eines der größten Festivals für elektronische Musik übernimmt im Juli für drei Tage das Poljud-Stadion in Split, bevor es für den Rest der Woche nach Bol, Hvar und Vis weiterzieht. (S. 267)

Filmfestival Motovun

Kroatiens unterhaltsamstes und glamourösestes Filmfestival zeigt in jedem Jahr Ende Juli eine Reihe von Independent- und Avantgarde-Filmen. Rund um die Uhr gibt es drinnen und draußen Vorführungen, außerdem steigen während des Festivals Konzerte und Partys auf den mittelalterlichen Straßen der Bergstadt Motovun. (S. 163)

Festival des Tanzes & Nonverbalen Theaters, Svetvinčenat

Die im restlichen Jahr eher verschlafene istrische Stadt Svetvinčenat wird Ende Juli schlagartig zum Leben erweckt; gezeigt werden zeitgenössischer Tanz, Straßentheater, Zirkus, Pantomime und andere nonverbale Ausdrucksformen. (S. 171)

Vollmondfestival

Bei diesem dreitägigen Festival in einer Vollmondnacht (entweder Ende Juli oder Anfang August) werden Zadars Uferpromenaden mit Fackeln und Kerzen beleuchtet, Stände verkaufen regionale Leckereien und die Boote am Kai verwandeln sich in einen schwimmenden Fischmarkt. (S. 242)

August

An der Adria ist nun die sommerliche Hochsaison in vollem Gange: Die Wasser- und Lufttemperaturen klettern auf Höchstwerte, die Strände quellen über vor Menschen und die Preise in Hotels und Restaurants haben das Ende der Fahnenstange erreicht. In Zagreb ist es heiß, aber leer, da die meisten Stadtbewohner an die Küste fliehen.

Jahrmarkt von Krk

Die dreitägige, venezianisch-inspirierte Veranstaltung, die in der Hauptstadt der Insel Krk stattfindet, umfasst Konzerte sowie Stände, an denen traditionelle Speisen und Kunsthandwerk verkauft werden. Außerdem werden mittelalterliche Kostüme getragen. (S. 209)

Sonus

Am Strand Zrće auf der Insel Pag dreht sich fünf Tage und Nächte lang alles um elektronische Musik. In den vergangenen Jahren traten Größen wie John Digweed und Laurent Garnier vor dem vornehmlich jungen Publikum auf. (S. 235)

Špancirfest

Ende August füllt das abwechslungsreiche Fest die Parks und Plätze von Varaždin mit internationalen Musiker (afrokubanisch, Gypsy, Tango und mehr), Akrobaten, Theaterleuten, traditionellem Kunsthandwerk und Zauberern. (S. 116)

September

Der Ansturm ist vorüber, es gibt noch reichlich Sonne, das Meer ist warm und die Touristen fahren nach Hause – es handelt sich also um eine tolle Zeit für einen Kroatienurlaub. Nach der Rückkehr seiner Bewohner kehrt in Zagreb wieder Leben ein.

Subotina-Festival, Buzet

Die Saison der weißen Trüffeln beginnt mit diesem eintägigen Festival am zweiten Samstag im September. Hier kann man mithelfen, das riesige Trüffelomelette zu verspeisen. (S. 166)

Varaždiner Barockmusikabende

In der Barockstadt Varaždin gibt im September für zwei Wochen barocke Musik den Ton an. In der Kathedrale, den Kirchen und Theatern der Stadt spielen dann lokale und internationale Orchester. (S. 116)

World Theatre Festival

Jedes Jahr steht in Zagreb einige Wochen lang – in den meisten Jahren bis in den Oktober hinein – erstklassiges modernes Theater auf dem Programm und entzückt Theaterliebhaber aus dem ganzen Land. (S. 87)

Oktober

Die Kinder sind wieder in der Schule, die Eltern haben wieder zu arbeiten begonnen und alles läuft in gewohnten Bahnen. Die Fähren werden auf den Winterfahrplan umgestellt, das Wetter ist jedoch noch recht mild.

Zagreb Film Festival

Zu diesem bedeutenden Kulturfestival Mitte Oktober gehören Filmvorführungen mit anschließenden Partys sowie die Verleihung des begehrten „Goldenen Kinderwagen“ an Regisseure aus der ganzen Welt. (S. 88)

November

Im Landesinneren wird es ruhig, an der Küste ist es noch sonnig, aber

schon frisch. Viele Hotels und auch Restaurants am Meer schließen jetzt ihre Pforten.

Martinsfest

Martinje, der Martinstag, wird am 11. November in allen Weinbauregionen des Landes begangen. Zu den feuchtfröhlichen Feierlichkeiten gehören jede Menge Essen und Weinverkostungen.

Dezember

Überall gehen die Temperaturen in den Keller, an der Küste jedoch ein bisschen weniger. In dem tief katholischen Land sind die Kirchen bei den Weihnachtsmessen brechend voll.

Fuliranje

Die Bewohner Zagrebs trotzen den Minusgraden, um auf dem Weihnachtsmarkt (mit wechselndem Standort) Glühwein und Snacks zu genießen. (S. 88)

Human Rights Film Festival, Zagreb

Das Filmfestival thematisiert Menschrechtsverletzungen auf der ganzen Welt. Es findet jeden Dezember für eine Woche im Kino Europa in Zagreb statt. (S. 88)

ANDREY OMELYANCHUK/500PX ©

Reiseplanung

Reiserouten

1 WOCHE Kroatien kompakt

Die Reiseroute konzentriert sich auf die Quintessenz Kroatiens. Es ist eine sonnige Fahrt, die an der dalmatischen Küste entlang führt und wobei man immer wieder von Insel zu Insel hüpft; zudem beinhaltet sie drei Welterbestätten. Praktischerweise gibt es am Anfang und am Ende der Route einen internationalen Flughafen, und die Route ist so angelegt, dass Fähren Haupttransportmittel sind.

Los geht's mit einem Spaziergang auf den mit Marmor gepflasterten Straßen von **Trogir**. Wer mag, verweilt hier für eine Nacht. Alternativ steuert man gleich das temperamentvolle **Split**, Kroatiens zweitgrößte Stadt, an. Der Diokletianpalast ist ein lebendiger Teil dieser Stadt am Meer, ein pulsierendes altes Viertel mit 220 historischen Gebäuden und etwa 3000 Einwohnern. Für Sightseeing und Nachtleben sollte man hier ein oder zwei Tage einplanen.

Von Split geht's mit dem Katamaran rüber nach **Bol** auf der Insel Brač (oder mit der Autofähre nach Supetar, wo man in den Bus umsteigt). Diese schöne klei-

Peristil (S. 261), Diokletianpalast, Split

ne Hafenstadt ist vor allem wegen des Strands Zlatni Rat beliebt – es handelt sich dabei um einen herrlichen Kieselsteinstreifen, der sich 500 m in die Adria erstreckt.

Mit dem schnellen Katamaran schippert man anschließend ins historische **Hvar**. Der lebhafte und malerische Hauptort der gleichnamigen Insel bietet den Besuchern eine faszinierende Mischung aus europäischem Glamour und lauten Bars.

Das ganze Jahr über gibt es von hier Verbindungen ins fotogene **Korčula**, das von Stadtmauern umgeben ist und auf seiner eigenen kleinen Halbinsel in die Adria hineinragt. Von Mai bis Mitte Oktober fahren flotte Katamarane von Korčula direkt nach Dubrovnik, andernfalls nimmt man die Autofähre nach Orebić auf der Halbinsel Pelješac und steigt dann in den Bus um.

Die bezaubernde Altstadt von **Dubrovnik** ist von gewaltigen Verteidigungsmauern und dem glitzernden blauen Wasser der Adria umgeben – und sie ist einfach umwerfend schön. Für ihre ausgiebige Besichtigung sollte man zwei Tage einberechnen.

SLOWENIEN
UNGARN
ZAGREB
SERBIEN
Nationalpark
Plitvicer Seen
Pag
Zadar
National-
park
Krka
BOSNIEN &
HERZEGOWINA
Šibenik
Trogir
Split
ADRIA
Hvar
ITALIEN
MONTENEGRO
Mljet
Dubrovnik

NOVAK.ELCIC/SHUTTERSTOCK ©

JUSTIN FOULKES/LONELY PLANET ©

Oben: Insel Mljet (S. 344)
Unten: Restaurants in der Altstadt von Zagreb (S. 90)

2 WOCHEN

Von der Hauptstadt zur Küste

Auf der zweiwöchigen Tour entdeckt man die Highlights Kroatiens, darunter die Hauptstadt Zagreb, gleich drei Nationalparks und die Perlen der dalmatischen Küste.

Der Startschuss fällt in der Hauptstadt **Zagreb**: Man sollte sich zwei Tage Zeit nehmen, um in die boomende Kaffeehauskultur, die brandaktuelle Kunstszene, das lebendige Nachtleben und die interessante Museumslandschaft einzutauchen. Auf der Fahrt südwärts ist das Labyrinth der türkisfarbenen Seen und Wasserfälle im **Nationalpark Plitvicer Seen** ein unverzichtbarer Stopp.

Durch das Velebit-Gebirge geht's an die Küste und von hier hinüber nach **Pag** mit seinem berühmten pikanten Käse und der Strandclubszene. Wieder auf dem Festland, folgt das gleichzeitig historische und moderne **Zadar**, eine der am meisten unterschätzten Städte Kroatiens.

Am nächsten Tag steht der **Nationalpark Krka** auf dem Programm. Die einstündige Wanderung am smaragdgrünen Wasser endet mit einem Bad im See am größten Wasserfall des Parks. Ein architektonisches Juwel, eine wirklich herausragende Kathedrale, wartet in **Šibenik**.

Am nächsten Tag bestaunt man die zum Weltkulturerbe gehörende Altstadtinsel von **Trogir**, bevor es weiter nach Süden nach **Split** geht. Der zweitägige Aufenthalt wird sich vor allem innerhalb der Mauern des Diokletianpalasts abspielen.

Anschließend schippert man mit der Fähre zum mondänen Inselort **Hvar,** wo man sich in das pulsierende Nachtleben stürzen kann. Tagsüber tankt man auf den nahen Pakleni-Inseln Sonne – wer will, auch gern hüllenlos.

Eine weitere Überfahrt führt nach Pomena auf der schönen Insel **Mljet** – vom Schiff aus hat man einen tollen Blick auf Korčula. Im Mljeter Nationalpark wandert man durch den Wald und um die Salzseen herum, bevor man an der Ostspitze der Insel sein Quartier bezieht. Am nächsten Morgen lockt **Dubrovnik**, die Perle der Adria. Zwei Tage bewundert man die Gassen der Altstadt, ihre Lebendigkeit und tolle Architektur.

Gut zu wissen: Die Fähren zwischen Hvar, Pomena und Dubrovnik verkehren nur von Mai bis Mitte Oktober. Das restliche Jahr über lässt man Mljet besser aus und fährt nach dem Abstecher nach Hvar von Split aus nach Dubrovnik.

1 WOCHE

Highlights in Istrien

Istrien bietet zauberhafte Strände, mittelalterliche Bergdörfer, kulinarische Spitzenleistungen, ausgezeichnete Weine und hübsche Landhotels.

Den Auftakt macht **Pula**, die größte Stadt an der istrischen Küste. Deren römisches Amphitheater ist das Symbol der Region – wo man heute über den Hafen blickt, waren früher bis zu 20 000 Zuschauer bei den hier veranstalteten Gladiatorenkämpfen. Um auch Zeit für die Besichtigung der anderen römischen Ruinen zu haben, sollte man für Pula zwei Tage einkalkulieren. Mindestens einen Nachmittag Zeit verdient das nahe, unbewohnte und hügelige **Kap Kamenjak** mit seinen Wildblumen (30 Orchideenarten!), Heilkräutern und unberührten Stränden (ca. 30 km); es bildet den südlichsten Zipfel Istriens.

Lohnend ist auch ein Abstecher in die faszinierende, unkonventionelle Stadt **Bale**, die noch ein Geheimtipp in Istrien ist. Ganz anders **Rovinj**! Für dieses Prachtexemplar unter Istriens Küstenstädten sollte man mindestens zwei Tage einplanen. Auf dem Weg zur Kirche St. Euphemia passiert man steile Kopfsteingassen und Plätze. Das Gotteshaus selbst überragt mit seinem 60 m hohen Turm die gesamte Halbinsel der Altstadt. Reizvoll sind auch die Strände und die 14 grünen Inseln des Rovinj-Archipels vor der Küste.

Weiter geht's an der Küste nach **Poreč**. Die zum UNESCO-Welterbe zählende Euphrasius-Basilika ist eines der schönsten intakten Beispiele für byzantinische Architektur in Europa; die großartigen Fresken stammen aus dem 6. Jh.

Schließlich sollte man noch etwas Zeit für das waldreiche Inland der Halbinsel einplanen. Zuerst fährt man nach **Grožnjan** mit seinen berühmten Musikfesten, dann geht's weiter in den künstlerisch angehauchten Ort **Motovun** in den Bergen, der für sein Filmfestival bekannt ist. Das Bergdorf **Buzet** ist Istriens Trüffelzentrum und ein guter Ausgangspunkt, um Kroatiens Gourmetparadiese zu erkunden.

Die „kleinste Stadt der Welt", das bezaubernde **Hum**, lädt zu einem Bummel ein. Weiter im Süden lockt **Pazin** mit einer Wanderung durch die berühmte Schlucht, die einst Jules Verne inspirierte. Auf dem Weg zurück nach Pula kommt der letzte Halt im idyllischen **Svetvinčenat** mit einem Renaissance-Platz und einer Burg.

SIARHEI KELNIK/EYEEM/GETTY IMAGES ©

ZVONIMIR ATLETIC/SHUTTERSTOCK ©

Oben: Römisches Amphitheater (S. 137), Pula
Unten: Ausschnitt aus dem Altarbild in der Euphrasius-Basilika (S. 154), Poreč

SLOWENIEN
KROATIEN
Buzet
Grožnjan
Hum
Motovun
Poreč
Pazin
Rovinj
Svetvinčenat
Bale
ADRIA
Pula
Kap Kamenjak

SLOWENIEN
Volosko
Opatija
Rijeka
KROATIEN
Cres
Nationalpark Plitvicer Seen
BOSNIEN & HERZEGOWINA
Rab
Lošinj
ADRIA
National-park Pak-lenica
Zadar

XBRCHX/SHUTTERSTOCK ©

PETR NOVACEK/SHUTTERSTOCK ©

Oben: Rijeka (S. 183)
Unten: Nationalpark Paklenica (S. 227)

10 TAGE Kvarner Bucht & Norddalmatien

Die Tour beginnt an der Kvarner Bucht und führt über die nördlichen Küstenabschnitte Kroatiens und durch das wilde Hinterland gen Süden nach Norddalmatien mit seinen vielen reizvollen Attraktionen.

Ausgangspunkt ist **Rijeka**, die Hauptstadt der Kvarner Bucht. Die drittgrößte Stadt Kroatiens hat einen belebten Hafen mit entspannter Atmosphäre und eine quirlige Kaffeehausszene. Einen Tag verbringt man mit der Erkundung dieser wenig besuchten Stadt, einen weiteren mit dem Besuch des eleganten Ferienorts **Opatija**. Die wunderschönen Belle-Époque-Villen stammen aus den letzten Tagen der Donaumonarchie, als die Stadt ein angesagter Treffpunkt der Wiener Elite war. Man sollte auch über den Lungomare spazieren: Die malerische Uferpromenade schlängelt sich an der Küste entlang und an exotischen Sträuchern und Bambusdickicht vorbei nach **Volosko**. Das nette Fischerdorf hat sich zu Kroatiens Gourmetziel gemausert – man sollte es nicht versäumen, in einem der hoch gelobten Restaurants zu speisen.

Als nächstes sind zwei Tage auf einer der Inseln der Bucht angesagt – besonders ursprünglich sind die beiden durch eine Brücke verbundenen Inseln **Cres** und **Lošinj**. Das wildere, grünere Cres punktet mit Campingplätzen, unberührten Stränden, mittelalterlichen Dörfern und umwerfendem Flair, das dichter besiedelte und touristischere Lošinj mit zwei hübschen Hafenorten, schönen Buchten und einer üppigen Vegetation aus 1100 Pflanzenarten und 230 Heilkräutern – viele dieser Gewächse haben Kapitäne aus der Ferne mitgebracht. Danach kann man noch zwei Tage auf **Rab** chillen, an den Stränden der Halbinsel Lopar die Seele baumeln lassen und die Bilderbuchstadt Rab mit ihren alten Gassen und den vier Glockentürmen erkunden.

Wieder auf dem Festland und noch abenteuerlustig? Dann bietet sich eine Wanderung durch den **Nationalpark Paklenica** mit seinen Schluchten an. Danach geht es nach **Zadar**. Auf einem Gang durch die Küstenstadt kann man römische Ruinen, Habsburger Architektur und die liebliche Uferpromenade bewundern (zwei Tage sollten es dafür schon sein). Schließlich kehrt man noch der Küste den Rücken zu und kurvt zum **Nationalpark Plitvicer Seen** mit seinen türkisfarbenen Seen und Wasserfällen.

Abseits der üblichen Pfade

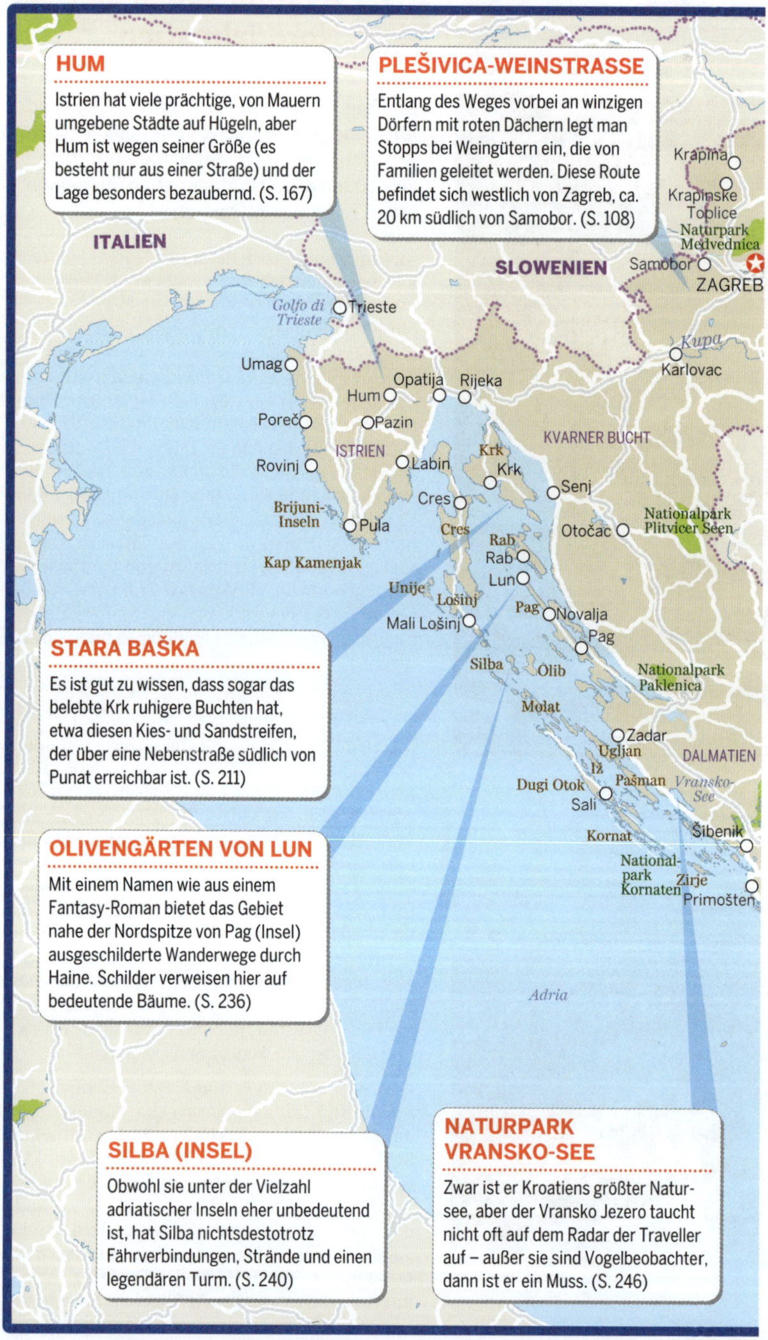

HUM

Istrien hat viele prächtige, von Mauern umgebene Städte auf Hügeln, aber Hum ist wegen seiner Größe (es besteht nur aus einer Straße) und der Lage besonders bezaubernd. (S. 167)

PLEŠIVICA-WEINSTRASSE

Entlang des Weges vorbei an winzigen Dörfern mit roten Dächern legt man Stopps bei Weingütern ein, die von Familien geleitet werden. Diese Route befindet sich westlich von Zagreb, ca. 20 km südlich von Samobor. (S. 108)

STARA BAŠKA

Es ist gut zu wissen, dass sogar das belebte Krk ruhigere Buchten hat, etwa diesen Kies- und Sandstreifen, der über eine Nebenstraße südlich von Punat erreichbar ist. (S. 211)

OLIVENGÄRTEN VON LUN

Mit einem Namen wie aus einem Fantasy-Roman bietet das Gebiet nahe der Nordspitze von Pag (Insel) ausgeschilderte Wanderwege durch Haine. Schilder verweisen hier auf bedeutende Bäume. (S. 236)

SILBA (INSEL)

Obwohl sie unter der Vielzahl adriatischer Inseln eher unbedeutend ist, hat Silba nichtsdestotrotz Fährverbindungen, Strände und einen legendären Turm. (S. 240)

NATURPARK VRANSKO-SEE

Zwar ist er Kroatiens größter Natursee, aber der Vransko Jezero taucht nicht oft auf dem Radar der Traveller auf – außer sie sind Vogelbeobachter, dann ist er ein Muss. (S. 246)

0
100 km
Čakovec
Varaždin
Varaždinske Toplice
Koprivnica
UNGARN
Drau
Marija Bistrica
Bjelovar
Virovitica
Naturpark Kopački Rit
Osijek
SERBIEN
Našice
Sisak
Kutina
Naturpark Lonjsko Polje
Vukovar
Đakovo
Vinkovci
Ilok
Donau
Nova Gradiška
Slavonski Brod
Save
Una
Banja Luka
BOSNIEN & HERZEGOWINA
NATURPARK LONJSKO POLJE
Ein Gebiet bei Slawonien mit kleinen denkmalgeschützten Dörfern rund um einen Sumpf. (S. 118)
EREMITAGE BLACA
Dieses faszinierende ehemalige Kloster, das versteckt in einem abgelegenen Tal auf der Insel Brač liegt, kann nur über einen schmalen, felsigen Weg erreicht werden. (S. 294)
Knin
Nationalpark Krka
Sinj
Kaštela
Trogir
Split
Omiš
Šolta
Brač
Bol
Makarska
Naturpark Biokovo
Hvar
Vrboska
Hvar
Vis
Vis
Metković
Korčula
Korčula
Halbinsel Pelješac
Ston
Lastovo
Mljet
KONAVLE
Eine grüne Grenzregion mit Feldern, die von Bergen umrahmt und von Zypressen gesprenkelt sind, einem Strand, einer abgeschiedenen Burg und guten Restaurants. (S. 341)
MONTENEGRO
Dubrovnik
Cavtat
KONAVLE
PODGORICA
VRBOSKA
Der winzige Ort ist ein kaum besuchtes Juwel auf der beliebten Insel Hvar und hat ein paar Attraktionen, darunter eine ungewöhnliche Wehrkirche, einen Kanal und eine Weinkellerei. (S. 307)

Stiniva (S. 309)

Reiseplanung

Outdoor-Aktivitäten

Die Kombination aus glasklaren Gewässern und schroffen Bergen macht Kroatien zum Paradies für Aktivurlauber: Die herrliche Küste mit ihren zahllosen Inseln ist perfekt für Bootsfahrten und Segeltörns. Im Landesinneren führen Wander- oder Radwege zu Waldseen, grünen Tälern und tollen Berglandschaften.

NINOPAVISIC/SHUTTERSTOCK ©

Top-Erlebnisse

Vis

Bad in den abgeschiedenen Buchten der Insel

Nationalpark Plitvicer Seen

Spaziergang entlang der Uferpfade (idealerweise bei wenig Betrieb)

Parenzana-Radwanderweg

Radeln auf dem kroatischen Teil (78 km) der Offroad-Radroute in Istrien

Crveni Otok (Rote Insel)

Schnorcheln an der Felsküste dieser kleinen Insel unweit von Rovinj

Split

Gesellige Tagestörns mit einem Segelboot

Dubrovnik

Kajakausflug in der Abenddämmerung an der Küste Dubrovniks – Sonnenuntergang inklusive

Bol

Erste Windsurf-Versuche auf der Insel Brač

Nationalpark Paklenica

Klettern auf ausgewiesenen Routen

Cetina

Rafting-Trip auf dem Fluss nahe Omiš

Schwimmen

Wer sich bei seinem Kroatientrip auf eine einzige Aktivität beschränken will bzw. muss, wird garantiert schwimmen: Die klaren Gewässer des Landes sind bei sommerlichen Temperaturen unwiderstehlich. Zudem haben 98 % der kroatischen Badeplätze und -strände laut Europäischer Umweltagentur (EUA) eine hervorragende Wasserqualität. Die Wassertemperatur beträgt von Juni bis Oktober meist mehr als 20 °C, im Sommer bis 25 °C.

An der gesamten Küste und auf allen Inseln gibt es großartige Badestellen. Die Strände sind oft kiesig, manchmal aber auch sandig oder felsig. An einigen der schönsten Strände – z. B. am kleinen Idyll Stiniva (S. 309) auf Vis oder an der Dubovica (S. 302) auf Hvar – besteht der Untergrund aus großen, flachen weißen Kieseln. Die Einheimischen scheinen ohnehin Kiesstrände zu bevorzugen – auch, weil das Wasser an kroatischen Sandständen oft sehr flach und trüb ist. Dies gilt vor allem rund um Lopar (S. 221) auf Rab. Tiefer ist es am sandigen Ostzipfel von Vis (S. 308) oder auch bei Prapratno (S. 347) auf der Halbinsel Pelješac.

Im Sommer ähnelt die Adria eher einem Ententeich als einem Meer, während im Winter die Sturmböen der *bora* für deutlich mehr Seegang sorgen. In der Hauptsaison sind die Badestellen jedoch generell sehr sicher. Die größte Gefahr geht von Seeigeln im felsigen Flachwasser aus. Dagegen wappnen sich viele Besucher mit Badeschuhen mit fester Kunststoffsohle.

Beliebte Süßwasser-Badeplätze sind z. B. die Seen des Nationalparks Krka (S. 248), der Jarun-See (S. 83) in Zagreb oder die Donauinsel Ada bei Vukovar.

Wandern & Trekken

Wandern in Kroatien kann unangestrengt sein, etwa beim gemächlichen Bummeln auf den Promenaden und gut gepflegten Uferpfaden der Plitvicer Seen (S. 224). Es kann aber auch so anspruchsvoll sein wie Höhentouren im Nationalpark Paklenica (S. 227). Die Touristeninformationen und Büros der Nationalparks geben gute Tipps zu Wanderrouten, wobei Zeitbudget und persönliche Fitness bzw. Erfahrung stets berücksichtigt werden. Oft verteilen sie auch kostenlose und selbst herausgegebene Wanderkarten oder verkaufen detailliertere Varianten für abgelegenere Gebiete. Wer eine echte Expeditionen plant, sollte sich an den **kroatischen Bergsteigerverband** (Hrvatski planinarski savez; ☎01-48 23 624; www.hps.hr; Kozarčeva 22, Zagreb; ⏲Mo–Fr 8–16 Uhr) wenden: Dort gibt's u. a. Infos zu einem Netz von Berghütten (inkl. Zugang). Alternativ empfehlen sich die geführten Wanderungen der vielen kroatischen Anbieter.

Frühjahr, Frühsommer und Herbst sind die besten Zeiten fürs Wandern – Hitze und Besucheraufkommen sind dann erträglich. Im Juli und August glüht das sehr schatten- und wasserarme Karstgebirge an der Küste förmlich, während die Wege der vegetationsreichen Nationalparks Plitvicer Seen und Krka von Menschen überflutet werden. In diesen Monaten weicht man besser auf den weniger stark frequentierten Nationalpark Risnjak (S. 189) oder noch weiter landeinwärts liegende Ziele aus.

Das tollste Wanderrevier im Landesinneren ist der Naturpark Žumberak Samoborsko Gorje (S. 105) rund um Samobor: Dort warten Wälder, Höhlen, Schluchten, Wasserfälle und insgesamt neun Berghütten. Ebenfalls prima ist der Naturpark Medvednica (S. 109) nördlich von Zagreb.

Istriens (S. 133) Wanderwege rund um Buzet (S. 164) und Poreč (S. 153) werden durch eine gut ausgeschilderte Rundroute (11,5 km) ab Gračišće (S. 173) ergänzt. In der Region Kvarner sind Wanderungen durch die Wildnis im Naturpark Učka (S. 193) und im Nationalpark Risnjak (S. 189) möglich. In Letzterem empfiehlt sich der leicht zu meisternde Leska-Pfad (4,2 km) durch die Wälder; mit etwas Glück sieht man Wildtiere. Viele gute Strecken finden Wanderer auch auf den Inseln Cres und Lošinj (S. 194) und Rab (S. 215) vor.

In Dalmatien haben Wanderer die Qual der Wahl. Die Highlights sind jedoch die Nationalparks Plitvicer Seen (S. 224), Krka (S. 248) und Paklenica (S. 227) sowie der Naturpark Biokovo (S. 290). An den Plitvicer Seen und den Krka-Wasserfällen warten Uferspaziergänge, im Sommer aber auch die Menschenmassen. Die Berglandschaften der Parks Paklenica und Biokovo punkten mit Aussicht auf die Küste und die Inseln. Wunderbar wandern kann man auch auf Brač (S. 291), Hvar (S. 297), Vis (S. 308), Lastovo (S. 355) und Mljet (S. 344) oder in den Bergen oberhalb von Omiš (S. 287) und Orebić (S. 348).

SKIFAHREN

Nur 20 Minuten außerhalb von Zagreb führen die Lifte des Skigebiets Sljeme (S. 109) hinauf zu fünf Abfahrtspisten an den Hängen des Medvednica (Bärenberg). Im Februar sind die Bedingungen am besten; mithilfe von Schneekanonen wird die Saison mitunter um drei bis vier Monate verlängert. Die Pisten werden teilweise nachts mit Flutlicht beleuchtet.

Nationalpark Plitvicer Seen (S. 224)

Radfahren

Ob auf eigene Faust oder geführt – Radtouren werden in Kroatien immer beliebter. Drahtesel kann man hier recht einfach ausleihen. Vor allem auf den Inseln laden viele recht ruhige Straßen zu Erkundungen ein. Die Küstenstraße an der Adria, die Jadranska Magistrala, sollte man dagegen tunlichst meiden: Die extrem verkehrsreiche Route hat keine Fahrradspuren und nur wenige Ausweichstellen. Zum Glück lässt sie sich größtenteils per Fähre umgehen: Autofähren nehmen Bikes gegen eine Gebühr mit. Auf den Katamaranen ist jedoch kein Fahrradtransport erlaubt.

Die beste Zeit für Radtouren sind die Monate März, April, September und Oktober mit zumeist trockenem Wetter und milden Temperaturen. Im Juni und im August ist mit deutlich mehr Verkehr und teils mörderischer Hitze zu rechnen.

In Slawonien gibt's zwei hervorragende Fernradwege: die 80 km lange Pannonische Friedensroute (S. 124) zwischen Osijek und Sombor (Serbien) sowie die 138 km lange Donauroute (S. 124) entlang der ungarischen und serbischen Grenze.

Mountainbiken in Grožnjan (S. 162)

Am besten ist jedoch der Parenzana-Radwanderweg (S. 157), der einer früheren Bahntrasse zwischen Triest (Italien) und Poreč (Istrien) folgt; der kroatische Abschnitt ist 78 km lang. In Istrien gibt's zudem Radwege rund um Buzet, Pazin, Poreč und Rovinj sowie eine leicht zu meisternde, an der Küste entlangführende Route zwischen Pula und Medulin (60 km).

Ebenfalls super für Radler ist die Region Kvarner, wo Touristeninformationen die Broschüre *Kvarner by Bicycle* ausgeben. Darin stehen Details zu insgesamt 19 Routen, die im Umkreis von Opatija, im Naturpark Učka sowie auf den Inseln Cres, Lošinj, Krk und Rab zu finden sind.

In Dalmatien warten z. B. die Inseln Mljet und Lastovo mit malerischen Radwegen auf. Die Broschüre *Central Dalmatia Bike* beschreibt insgesamt sechs Routen an der Makarska Riviera. Das Spektrum reicht von einem lässigen Trip durch die Umgebung von Makarska (15 km) bis hin zu einer sehr anstrengenden Fahrt im Biokovo-Gebirge (61 km), die bis auf 1749 m hinaufführt. Die Region Biokovo sowie die Inseln Korčula und Brač sind zudem tolle Mountainbike-Reviere. Auf Brač gelangt man über MTB-Trails u. a. hinauf zum höchsten Punkt, den Vidova Gora (778 m).

Nützliche Infos zum Radfahren in Kroatien gibt's z. B. unter www.mojbicikl.hr (kroatisch), www.pedala.hr (kroatisch, englisch) oder www.istria-bike.com (kroatisch, deutsch, englisch).

Tauchen & Schnorcheln

Die Adria vor der kroatischen Küste beeindruckt mit sehr klarem Wasser. Schnorcheln kann man hier fast überall, besonders viel Spaß macht es aber z. B. vor der Roten Insel (Crveni Otok; S. 149) bei Rovinj.

Ihre turbulente Geschichte hat der Region auch einige Sehenswürdigkeiten unter Wasser beschert. Zu diesen zählen alte Wracks und ein abgeschossenes Flugzeug aus dem Zweiten Weltkrieg. Letzteres liegt vor Vis (S. 310), wo zudem ein Amphorenfeld und diverse Schiffswracks warten. Die interessantesten Spots befinden sich jedoch in Tiefen, in die getaucht werden muss.

Beispiele für weitere berühmte Wracks an der Adriaküste: Das italienische Handelsschiff *Taranto* (erb. 1899) lief im Zwei-

XBRCHX/SHUTTERSTOCK ©

Segeln in Zadar (S. 237)

ten Weltkrieg vor Dubrovnik auf eine Mine und sank. Dasselbe Schicksal widerfuhr dem österreichischen Passagierdampfer *Baron Gautsch* im Ersten Weltkrieg nahe Rovinj. Vor Mljet liegen ein römisches Schiff aus dem 3. Jh. und ein deutsches Torpedoboot aus dem Zweiten Weltkrieg.

REISEZEIT

Frühling Die beste Jahreszeit zum Klettern, Rafting und zur Vogelbeobachtung im Naturpark Kopački Rit. Tolles Wetter zum Wandern, Radfahren und Windsurfen.

Sommer Ideal zum Schwimmen, Tauchen, Kajakfahren, Segeln und für eher ruhigeres Rafting.

Herbst Hervorragende Zeit zum Wandern, Radfahren, Windsurfen und zur Vogelbeobachtung im Kopački Rit. Auch Baden, Rafting, Tauchen und Kajakfahren sind drin.

Winter Natürlich Wintersport, aber auch Vogelbeobachtung im Nationalpark Krka.

Ebenso bekannt sind die *Rosa* vor Rab und der 60 m lange griechische Frachter *Peltastis* vor Krk.

Obendrein laden viele Riffe, Steilkanten und Höhlen zu Erkundungen ein. Die Unterwasserwelt bevölkern z. B. Skorpionfische, *conger* (Meeraale), Meeresschnecken, Tintenfische, Hummer, seltene Edle Steckmuscheln, Edelkorallen, rote Riesenfächer-Gorgonien und bunte Schwämme.

Tauchzentren gibt's an der ganzen Küste. Hochburgen sind u. a. Poreč, Rovinj, Pula und die Brijuni-Inseln in Istrien, Krk, Cres, Lošinj und Rab in der Region Kvarner sowie Dugi Otok, Brač, Hvar, Vis, Mljet und Dubrovnik in Dalmatien.

Weitere Infos liefert die Website des **kroatischen Taucherverbands** (www.diving-hrs.hr; kroatisch).

Segeln

Was kann es im Urlaub Schöneres geben, als den ganzen Tag an einsamen Inselchen und sonst kaum zugänglichen Stränden vorbeizugleiten und sich dann einen hübschen Ankerplatz für die Nacht zu suchen?

Segeln war früher den Reichen vorbehalten. Heute jedoch sind gerade in Kroatien viele geführte Törns (ein- oder mehrtägig) bezahlbar. Veranstalter wie Sail Croatia (S. 401) bieten sogar spezielle Varianten für junge Backpacker an.

Wer lieber auf eigene Faust in See sticht, kann problemlos Boote mieten – je nach vorhandener Erfahrung entweder mit oder ohne Skipper. Eine gute Anlaufstelle hierfür ist z. B. der **Adriatic Croatia International Club** (www.aci-marinas.com), der insgesamt 22 Jachthäfen verwaltet. Alternativ empfehlen sich folgende Charterfirmen:

Cosmos Yachting (www.cosmosyachting.com)

Nautika Centar Nava (S. 262; ☎021-407 700; www.navaboats.com; Uvala baluni 1)

Sunsail (www.sunsail.com; ACI Marina Dubrovnik, Na skali bb, Mokošica; ⊙Mo–Fr 8–16 Uhr, Sa & So 9–19 Uhr)

Ultra Sailing (S. 262; ☎021-398 578; www.ultra-sailing.hr; ACI Marina Split, Uvala Baluni 6a; ⊙Mo–Sa 8–16 Uhr)

Yacht Rent (☎098 726 065; www.yacht-rent.com; Braće Stipčić 41, Rijeka)

Yacht Charter Croatia (www.croatiacharter.com)

Oben: Kajakfahren vor der Küste von Dubrovnik (S. 326)

Unten: Tauchen am Wrack der *Baron Gautsch* bei Rovinj (S. 148)

AQUAPIX/SHUTTERSTOCK ©

Kajak- & Kanufahren

Kajaktrips auf Flüssen oder dem Meer sind in Kroatien sehr beliebt. Geeignete Boote lassen sich vielerorts leihen. Viele Spezialanbieter organisieren neben kurzen Paddelausflügen auch mehrtägige Inseltouren.

In Dubrovnik sind Kajaktouren besonders populär: Vor allem spätnachmittags und in der Abenddämmerung sieht man hier etliche Guides auf dem Wasser, die eine Schar Teilnehmer hinter sich herziehen. Weitere gute Veranstalter gibt's in Split, Rovinj, Poreč, am Rt Kamenjak sowie auf den Inseln Korčula, Vis, Hvar und Rab.

Wer sich im Inland aufhält, sollte unbedingt die Donau bei Vukovar und den Jarun-See (S. 83) in Zagreb befahren.

Für Adrenalinjunkies

Wagemutige können in ganz Kroatien Adrenalinkicks bekommen.

Zu den harmloseren Optionen gehört die Seilbahn von Dubrovnik (S. 326), die auf 405 m Höhe hinauffährt, wo ein Panoramablick auf die berühmte Altstadt wartet. Für die ganze Familie eignen sich die Seilrutschen von Zlatna Greda (S. 127) im Naturpark Kopački Rit. Deutlich haarsträubender sind die acht Seilrutschen (Maximalhöhe 150 m, Maximallänge 700 m) über die Cetina-Schlucht bei Omiš (S. 287).

WINDSURFEN

Kroatiens Windsurfzentren sind Bol (S. 295) auf Brač und Viganj bei Orebić (S. 348) auf der Halbinsel Pelješac. Dort weht der *maestral* (Mistral) stark und konstant aus Westen – zwischen April und Oktober vom Morgen bis zum frühen Nachmittag. Die besten Bedingungen herrschen Ende Mai/Anfang Juni und Ende Juli/Anfang August.

Empfehlenswerte Spots sind auch Hvar (Ort), Makarska, Mali Lošinj, das Rt Kamenjak und Poreč. Im Landesinneren ist Windsurfen sogar auf dem Jarun-See (S. 83) in Zagreb möglich. An allen Orten kann man Equipment leihen und Kurse buchen.

Europas längste Zipline (1700 m) gibt's in der Lika-Region; sie heißt Beware of the Bear (S. 230). Eine weitere Seilrutsche überspannt die 100 m tiefe Pazin-Schlucht (S. 169) in Istrien.

Paragliding Kvarner (S. 214) ist in Crikvenica bei Rijeka ansässig und veranstaltet Gleitschirm-Tandemflüge, die auf 770 m Höhe über der Adria starten. Tandemflüge gibt's auch in Motovun (S. 163; Istrien) und in den Samobor-Bergen von Slawonien: Unweit des Japetić (879 m), des höchsten Berges der Samoborsko Gorje, einer Bergkette im Žumberak-Gebirge, hat Parafreek (www.parafreek.hr) einen Startplatz.

Das Cable Krk Wakeboard Center (S. 208) auf der Insel Krk bietet Abenteuer auf Wakeboards und Wasserski an. Fallschirmspringer sollten die **Croatian Aeronautical Federation** (www.caf.hr) kontaktieren. Eine weitere nützliche Infoquelle ist der Extremsportverband **Cro Challenge** (www.crochallenge.com).

Die Abenteueraktivitäten in Kroatien lassen sich oft am leichtesten über spezielle Touranbieter organisieren:

Alter Natura (S. 312; Vis) Adventure-Spezialisten mit Gleitschirmfliegen, Höhlentouren, Kajakfahren und Abseilen im Angebot.

CroActive & Adventure (S. 267; Split) Kajakfahren, Rafting, Wandern, Klettern, Radfahren, Canyoning, Segeln, Zip-Lining und SUP-Touren.

Huck Finn (www.huckfinncroatia.com) In ganz Kroatien: Kajakfahren (Fluss, Meer), Rafting, Kanu, Caving, Radeln, Angeln, Wandern und Segeln.

Hvar Adventure (S. 301) Segeln, Radfahren, Klettern, Wandern, Windsurfen, Fallschirmspringen, Jeepsafaris und Triathlon-Training.

Outdoor (www.outdoor.hr) Abenteuer und Team-BuildingTrips.

Portal Trogir (☎021-885 016; www.portal-trogir.com; Bana Berislavića 3, Trogir; ⏱Mai–Sept. 8–20 Uhr, Okt.–März Mo–Fr 9–13 Uhr, April Mo–Sa 9–16 Uhr) Quadsafaris, Rafting, Tauchen und Canyoning.

Red Adventures (S. 267; Split) Seekajakfahren, Klettern, Wandern und Radtouren.

Klettern

Verschiedene Routen aller Schwierigkeitsgrade machen den Nationalpark Paklenica

(S. 227) zu Kroatiens bestem Kletterrevier: Neben 72 Kurzstrecken für Sportkletterer gibt's hier auch 250 längere Aufstiege. Zudem ist vor Ort ein Rettungsdienst stationiert. Ein weiteres Kletterziel in Dalmatien ist der Marjan-Hügel im Zentrum Splits.

Auf Krk warten ein paar Routen bei Baška (S. 212). In Istrien kraxelt es sich am besten in einem stillgelegten Steinbruch aus venezianischer Zeit bei Rovinj: Dort gibt es 80 Strecken. Freeclimber können sich nahe Buzet und Pazin austoben.

Ein berühmtes Kletterrevier ist auch die Region Plešivica im Žumberak-Gebirge westlich von Zagreb.

Die ideale Reisezeit für Sportkletterer ist vor der Sommerhitze (März–Mai). Im Herbst und Winter passen zwar die Temperaturen, doch nimmt der Wind zu.

Der Einstieg vor Ort gelingt am einfachsten über Touristeninformationen oder Veranstalter von Abenteueraktivitäten. Weitere Infos liefert die Website der kroatischen Bergsportvereinigung (S. 39), allerdings fast nur in Landessprache.

DIAMIRSTUDIO/GETTY IMAGES ©

Klettern im Nationalpark Paklenica (S. 227)

Rafting

Kroatiens beliebtester Fluss ist die Cetina (S. 287), die durch eine tiefe Schlucht strömt und bei Omiš in die Adria mündet. Direkt am Ufer gibt's mehrere Anbieter. Und auch in Split und Makarska organisieren diverse Agenturen in Zusammenarbeit mit renommierten Veranstaltern Raftingausflüge (inkl. Shuttles).

Die Saison dauert von April bis Oktober. Im April und nach starkem Regen sind die Flüsse am schnellsten. Die zahmere Strömung im Sommer eignet sich für Einsteiger.

Tierbeobachtung

Kroatiens bestes Revier für Tierbeobachter ist der Naturpark Kopački Rit (S. 126) in Slawonien. In den Auen entlang der Donau und Drau wurden fast 300 Vogelarten gesichtet (u. a. See- und Kaiseradler, Schwarzstörche, Purpurreiher, Löffler). Außerdem leben hier 44 Fisch- und 21 Stechmückenarten – Insektenspray nicht vergessen! Mit viel Glück sieht man außerdem Rothirsche, Wildschweine, Biber, Baummarder und Füchse. Die Top-Zeiten für Vogelfans sind die Zugperioden im Frühjahr (März–Mai) und Herbst (Sept.–Nov.).

Die Region Kvarner ist ebenfalls sehr artenreich. Während auf Cres, Krk und Prvić Kolonien von mächtigen Gänsegeiern leben, wurden auf Lošinj Schutzzentren für Meeresschildkröten und Delfine eingerichtet. Der Nationalpark Risnjak (S. 189) ist nach den Luchsen benannt, die dort neben Braunbären, Wölfen, Gemsen und Wildschweinen durch die Wälder streifen. Besucher werden sie eher nicht sichten – garantiert aber einige der 500 Schmetterlingsarten und eventuell Rotwild an den Futterstellen entlang der Wege. Im Učka-Naturpark (S. 193) leben auch Braunbären, Wildschweine, Rehe und Steinadler.

Der im Sommer stark besuchte Nationalpark Plitvicer Seen (S. 224) beheimatet Bären, Wölfe, Rotwild, Wildschweine, Kaninchen, Füchse und Dachse. Wer den Blick von den Wasserfällen losreißen kann, erspäht u. a. Eulen, Eisvögel, Wildenten, Reiher, Schwarzstörche und Fischadler.

In Dalmatien kreisen diverse Greifvögel über dem Nationalpark Paklenica (S. 227), während im Nationalpark Krka (S. 248) Adler und Sumpfvögel leben.

Hvar (Ort; S. 298)

Reiseplanung

Kroatiens Inseln

Kroatien wird oft als das „Land der 1000 Inseln" vermarktet, und obwohl man in der Tourismuswerbung normalerweise eher zu Übertreibungen neigt, wird in diesem Fall sogar tiefgestapelt: Es gehören nämlich insgesamt sogar 1244 kleinere und größere Inseln zu Kroatien. Die eine oder andere davon sollte man, sofern möglich, während eines Aufenthalts besuchen.

EVGENIYA MOROZ/SHUTTERSTOCK ©

Reisezeit

Mai, Juni, Sept. & Okt.

Die etwas ruhigere Nebensaison ist die beste Zeit für einen Besuch, obwohl es mittlerweile auch im Juni und September zunehmend geschäftiger wird. Das Wasser sollte sich im Mai genug erwärmt haben, um darin schwimmen zu können, und die meisten Hotels, Restaurants und Geschäfte haben geöffnet.

Juli & Aug.

Die Hauptsaison bringt das beste Wetter, die häufigsten Fährverbindungen und die meisten Aktivitäten mit sich. Andererseits sind jetzt die Preise am höchsten, und vielerorts wird eine Mindestanzahl an Übernachtungen verlangt. Die beliebten Ziele sind überfüllt, und die Warteschlangen für die Autofähren können lang sein.

Nov.–April

Auf der einen Seite: Kroatien ist nicht überlaufen, und die Unterkünfte sind günstig. Andererseits gibt es weniger Fährverbindungen, auch ist fast alles geschlossen. In den größeren Städten gibt es mindestens eine *konoba* (Taverne) und eine Café-Bar, die geöffnet haben, aber das meiste andere, einschließlich Hotels, Museen und viele Geschäfte, hat geschlossen. Außerdem kann es kalt und windig werden.

Insel-Hopping

Kroatiens Fährnetz (S. 401) ist umfassend und macht Insel-Hopping zu einem Kinderspiel. Fährfahrten sind eine entspannte Art zu reisen – viel weniger anstrengend als der Verkehr auf den belebten Küstenstraßen – und bieten Ausblicke auf unglaublich schöne Landschaften.

Sinnvoll ist es, von Dubrovnik oder Split aus zu starten. Die beiden lebhaften dalmatischen Städte haben internationale Flughäfen, die von vielen Airlines (und Städten aus) angeflogen werden, sind Knotenpunkte für Fährverbindungen und zudem auch selbst tolle Ziele. Idealerweise geht der Hinflug in die eine Stadt, und der Rückflug startet ab der anderen. Dann kann man sich ganz auf die dazwischen liegenden Inseln konzentrieren. Drei Wochen lassen sich so problemlos füllen, z. B. mit Stopps auf Elafiti, Mljet, Korčula, Vis, Hvar und Brač. Auch Split und Trogir sind auf dem Wasserweg verbunden, man kann also auch diese auf einer eigenen kleinen Insel gelegene Stadt, die Teil des Weltkulturerbes ist, problemlos mitbesichtigen.

Zadar und Rijeka wären ebenso mögliche Ausgangspunkte für ein einwöchiges Insel-Hopping, wobei egal ist, in welcher Stadt man startet. Von Zadar fahren Boote nach Norden zur Insel Lošinj, die durch eine Brücke mit der Insel Cres verbunden ist. Von Cres aus geht's mit der Fähre nach Krk, das durch eine weitere Brücke mit dem Festland nahe Rijeka verbunden ist. Von dort kann man nach Süden zur Insel Rab und nach Pag reisen, das nahe Zadar ebenfalls eine Brücke mit dem Festland verbindet.

Bei der Planung gilt es zu bedenken, dass es zwischen Nord- und Zentraldalmatien keine Fähren gibt. Eine dreistündige Busfahrt zwischen Split und Zadar einplanen!

Es gibt zwei Arten von Fähren: Autofähren der staatseigenen Jadrolinijia und die viel schnelleren Katamarane, die nur Passagiere transportieren und von Jadrolinijia sowie einigen privaten Unternehmen betrieben werden (S. 401). Die Fähren sind meist komfortabel und gepflegt. Die meisten haben Café-Bars und einige, die auf den längeren Strecken eingesetzt werden, sogar Restaurants. Die größeren Fähren bieten Sitzplätze innen und außen mit Tischen und Steckdosen für diejenigen, die arbeiten möchten. Gratis-WLAN ist Standard.

Die Häufigkeit der Verbindungen nimmt von Mai bis September zu und erreicht im Juli und August den Höhepunkt. Insel-Hopping ist auch im Winter möglich, dann sind allerdings nicht alle schnellen Katamarane im Einsatz. Außerdem bleiben sie bei schlechtem Wetter im Hafen. Die langsameren Autofähren sind zuverlässiger und fahren das ganze Jahr über, wenn auch im Winter weniger häufig.

Die perfekte Insel finden

Egal, ob man nur eine Insel ansteuern will oder mehrere in seine Reiseroute einbauen möchte – die folgenden Anregungen sind als Entscheidungshilfen gedacht.

Beste Strände

Auf fast allen großen Inseln gibt es tolle Badestellen. Wer seine Entscheidung aufgrund der Strände trifft, hat die Qual der Wahl (Lastovo ist eine der wenigen Inseln, die diesbezüglich enttäuscht). Die drei besten Inseln sind wahrscheinlich Vis (wegen der idyllischen Kies- und Sandbuchten), Brač (wegen des berühmten Strandes Zlatni Rat (S. 295) und der anderen guten Plätze rund um Supetar) und Hvar (wegen hübscher weißer Kiesbuchten wie Dubovica und des Zugangs zu den unberührten Gewässern vor den Pakleni-Inseln).

Toll für Familien

Für Familien gibt's auf keiner kroatischen Insel etwas zu meckern, aber gerade in der Kvarner Bucht gibt's viele tolle Stellen für alle Altersklassen. Die flachen Sandstrände nahe Lopar am Nordende von Rab (S. 221) sind ideal für Kleinkinder, Kids der nächsten Altersklasse werden auf Krk (S. 206) glücklicher: Der belebte Strand von Baška wartet mit Wasserrutschen auf, und in der Nähe gibt's Seilrutschen. Lošinj (S. 194) ist ebenfalls empfehlenswert. Hier gibt es Strände, familienfreundliche Unterkünfte, eine Rettungsstation für Meeresschildkröten und ein Delfin-Forschungszentrum.

Abseits allen Rummels

Das abgelegene Lastovo (S. 355) hat wesentlich weniger Besucher als die anderen bewohnten Inseln Kroatiens. Auch Cres (S. 194) ist ruhig, besonders wenn man in einem der Küsten- oder Bergdörfer unterkommt. Mljet (S. 344) ist eine weitere gute Option. Die meisten Besucher kommen im Rahmen eines Tagesausflugs in den Nationalpark am Westende, das ebenso grüne Ostende der Insel wird hingegen kaum beachtet. Dann wären da noch die 140 unbewohnten Inseln des Kornaten-Archipels (S. 249). Hierfür braucht man jedoch eine eigene (bzw. gecharterte) Jacht, andernfalls wird es schwer, dorthin zu gelangen.

Geschichte & Kultur

Das Städtchen Korčula (S. 351) zeichnet sich durch seinen historischen Kern und die außergewöhnliche Kathedrale aus.

Mit dem Netz auf Fischfang, Insel Rab (S. 215)

Mljet (S. 344) glänzt mit römischen Ruinen und seiner legendären Verbindungen zu Odysseus und Paulus. Hvar (S. 297) hat zwei historische Stadtmauern und Felder, die immer noch den alten griechischen Grenzen folgen. Ummauerte Städte gibt es auch auf Krk, Cres, Rab und Pag, historische Kirchen und Klöster überall.

Für Feinschmecker

Die erste Wahl wäre sicher Pag (S. 229), schließlich ist es in ganz Kroatien für stark aromatischen Schafskäse und duftendes Kräuterlamm berühmt.

Die jahrhundertealte Fischereitradition und die relative Isolation von Vis (S. 308) haben es zu tollen Ort gemacht, um die dalmatische Küche zu probieren – vor allem Speisen, die in Kohle unter der Metallkuppel *(peka)* gebraten werden. In Vis gibt's zudem ein außergewöhnliches, eher modern ausgerichtetes Restaurant.

Im Inselinnern bietet Korčula (S. 350), das berühmt ist für Kroatiens besten Weißwein (der in Weinkellern in Čara, Smokvica und Lumbarda sowie in Restaurants in ganz Kroatien probiert werden kann), ausgezeichnete *konobe* (Tavernen).

Zlatni Rat, Bol (S. 295)

Für Nachteulen

Wer die kroatische Clubszene erleben will, kommt an Zrće auf Pag (S. 229) nicht vorbei. Ein anderer Party-Hotspot ist Hvar (S. 297), auch wenn die Stimmung völlig anders ist: Hier versammeln sich Backpacker und Yachties bei Sonnenuntergang in Strandbars, bevor sie in den Bars der Altstadt trinken und tanzen. Abenteuerlustige können mit dem Shuttle-Boot zur Insel Marinkovac fahren, um am Carpe Diem Beach (S. 306) bis zum Morgen zu feiern.

Tolle Wassersportoptionen

Es dürfte kaum überraschen, dass zumindest auf den größeren Inseln kein Mangel an Wassersportoptionen herrscht. Brač (S. 291) bietet in Bol super Windsurfen – aber auch Parasailing, SUP, Kajak- und Bootfahren sowie Tauchen. In Supetar auf der anderen Seite der Insel warten zudem Wakeboarden, Wasser- und Jetski.

Vis (S. 308) ist mit seinen vielen Meereshöhlen ideal fürs Kajakfahren auf dem Meer. Hier gibt's sogar eine versteckte U-Boot-Basis aus der Jugoslawienzeit. Wem der Sinn nach Publikumswirksamem steht, der begibt sich nach Krk (S. 206), wo man sich im Cable-Wakeboarding und Wasserski beweisen kann. Auf Vis und Krk gibt es eine Reihe erfahrener Tauchkursanbieter.

Die Segeln setzen

Segler könnten viele Tage damit zubringen, die Felsinseln des über 300 km² großen Nationalparks Kornaten (S. 249) zu erkunden. Hier sind kaum Menschen, es gibt nur ein paar Fischrestaurants für die Bootsleute.

Außergewöhnlich ist auch Lastovo (S. 355). Es ist Teil des Naturparks Lastovo, in dem Define, Meeresschildkröten und Sturmtaucher leben. Auf der Hauptinsel gibt es sichere Buchten, die meisten davon bieten mindestens ein jachtfreundliches Restaurant mit eigenen Liegeplätzen.

Wunderbar sind auch die Pakleni-Inseln (S. 305) vor Hvar. Im klaren, geschützten Wasser zwischen den Inseln kann man baden, und es gibt ausgezeichnete Restaurants mit Jachthäfen.

Wandern & Radfahren

Auf Brač (S. 291) gibt es tolle Wanderwege, z. B. die zur Eremitage Blaca (S. 294) und

Oben: Veliki-Revelin-Turm (S. 353), Korčula (Ort)

Unten: Stara Baška (S. 211), Krk

zum Aussichtspunkt Vidova Gora (S. 294) am höchsten Punkt der Insel.

Die kleine grüne Insel Lastovo (S. 355) eignet sich gut für Radtouren. Hier gibt es kaum Autos und nur wenige Besucher.

Am anderen Ende der Adria warten auf Rab (S. 215) 100 km Wander- und 80 km Radwege, die auf den Karten der Touristeninformation eingezeichnet sind. Sie sind ideal, um die Landschaft zu erkunden, die der Insel Geopark-Status eingebracht hat.

Super sind auch Cres, Lošinj, Krk, Hvar, Vis und Mljet.

Für Naturfreunde

Toll ist vor allem Mljet (S. 344), die grünste der Inseln. Die Hälfte Mljets ist Nationalpark, aber auch die andere Hälfte ist dicht bewaldet und dünn besiedelt. Die Eilande Cres und Lošinj (S. 194) sind Heimat vieler Wildtiere, und in den Gewässern rundum lebt die einzige Delfinpopulation der Adria. Das Ostende von Lošinj ist heute ein Delfinreservat. Lastovo (S. 355) hat ein Meeresschutzgebiet für Delfine, Meeresschildkröten, Korallen und Meeresschnecken.

TROFIMENKO NICKOLAI/SHUTTERSTOCK ©

Delfin in der Adria

Camperparadiese

Die Inseln der Kvarner Bucht bieten eine gute Auswahl von Campingplätzen. Das gilt insbesondere für Cres (S. 194), mit Top-Plätzen in Cres (Ort), Valun, Lubenice, Martinšcica und Osor. Krk (S. 206) ist vor allem für Familien und FFK-Fans ideal.

Ganz im Süden werden Camper auf Korčula (S. 350) dank einer Auswahl kleiner, familiengeführter Plätze glücklich – der Platz hinter Vela Luka an der Nordwestspitze ist besonders hübsch.

Backpacker-Mekka

Die beste Hostel-Auswahl gibt's auf der glamourösesten Insel: Hvar. Im gleichnamigen Ort (S. 298) haben Backpacker die Qual der Wahl (die Preise sind aber hoch). In Hvar gibt es auch die besten Bars. Vorsicht: Trunkenheit und Nacktheit in der Öffentlichkeit ziehen Geldstrafen nach sich.

Die zweitbeste Option ist Brač (S. 291). In Bol gib's ein großartiges Hostel, das in Supetar ist gesellig, aber etwas schlichter.

Für Luxusurlauber

Hvar (S. 297) ist nicht nur bei Rucksack-Travellern beliebt, auch Luxusurlauber kommen hier gern her und halten die teuren Restaurants und feinen Resorts der Stadt über Wasser. Das nahe Brač (S. 291) bietet ebenfalls eine Reihe Luxusunterkunfte und -restaurants. Die beste Auswahl an großartigen Top-Hotels gibt es auf der Insel Krk (S. 206), vor allem in Malinska, der Stadt Krk, Vrbnik und Baška.

Für Tagesausflügler

Lokrum (S. 318), ein Stück vor Dubrovnik, ist mit Abstand die beliebteste Insel für einen Tagesausflug. Ihre felsigen Strände, Gärten und Waldwege sorgen für Entspannung nach der Erkundung der touristischen, überlaufenen Altstadt. Ebenfalls in der Nähe von Dubrovnik liegen die drei großen Elafiten-Inseln Koločep (S. 343), Lopud (S. 343) und Šipan (S. 343), die man auf verschiedenen Drei-Inseln-mit-Fischpicknick-Touren besuchen kann.

Genauso sehenswert ist Veli Brijun, die größte der istrischen Brijuni-Inseln, die leicht von Pula oder Rovinj aus zu erreichen ist. Einst ein exklusiver Rückzugsort für Tito und ihn besuchende Würdenträger, ist sie heute der am besten zugängliche Teil des Nationalparks Brijuni-Inseln.

Kroatiens Inseln

VIS

Auf Vis locken Badebuchten, historische Städte, Meer-Kajaktouren, Tauchspots und traditionelles dalmatisches Essen. (S. 308)

BRAČ

Aktive Traveller schätzen Brač wegen seiner Strände, Wanderwege und Wassersportoptionen. Auf der Insel gibt es zudem eine breite Palette an Unterkünften, von Hostels bis Boutiquehotels. (S. 291)

HVAR

Hvar hat ein bisschen von allem: Hier fühlen sich Luxusurlauber genauso wohl wie Backpacker, Geschichtsfans wie Strandläufer und Partykanonen wie Naturkinder. (S. 297)

KORČULA

Außer dem Charme der ummauerten Ortschaft Korčula hat die Insel Strände, Winzereien, familiengeführte Campingplätze und ein paar wunderbare Dorflokale zu bieten. (S. 350)

LASTOVO

Lastovo mag es an Stränden und Infrastruktur mangeln, doch das macht es durch herrliche Abgelegenheit wett. Perfekt für Segler, Radfahrer und Wanderer! (S. 355)

MLJET

Das prächtige grüne Mljet punktet mit römischen Ruinen, Salzwasserseen, Wander- und Radwegen sowei wunderbaren Badestellen. (S. 344)

Meeresorgel (S. 239), Zadar

Reiseplanung

Mit Kindern reisen

Sichere Strände, Wander- und Radwege aller Schwierigkeitsgrade, interaktive Museen, viele alte Ortschaften und Festungen, die Möchtegern-Ritter und -Prinzessinnen erkunden können – Kroatien bietet unzählige Optionen für Traveller mit Kindern im Schlepptau.

Top-Regionen für Kids

Norddalmatien

Zadar fasziniert Kinder mit dem *Gruß an die Sonne* und der Meeresorgel. In Šibenik findet ein tolles Kinderfest statt.

Dubrovnik & Süddalmatien

Strand-Action und einzigartige Erlebnisse; in den autofreien Altstädten von Dubrovnik und Korčula können die Kleinen herumtollen.

Split & Mitteldalmatien

Hier sind der Diokletianspalast und die Makarska-Riviera die Highlights.

Istrien

Poreč und Rovinj sind Sprungbretter zu den Höhlen, Dinosaurierparks und Stränden der Gegend.

Kvarner Bucht

Die Strände auf Rab sind für Kleinkinder ideal, die auf Krk, Cres und Lošinj für die ganze Familie.

Zagreb

Hier kann man Seilbahn fahren, Museen besuchen, am Jarun-See und im Bundek-Park spielen und zum Gipfel des Sljeme wandern.

Kroatisches Inland

In Vuglec Breg und in Grešna Gorica kann man prima ins kroatische Landleben reinschnuppern, Krapina lädt zu einer Tour im interaktiven Neandertaler-Museum ein, und es gibt einige Burgen aus dem Mittelalter zu entdecken.

Kroatien mit Kindern

Kroatien hat viele Flächen, Spielplätze und autofreie Fußgängerzonen zu bieten. Fast alle Küstenstädte haben eine *riva* (Promenade), die nicht unmittelbar am Wasser verläuft und auf der man prima bummeln und die Kleinen von der Leine lassen kann.

Auch Strände gibt es zuhauf. Bei einigen handelt es sich aber um Felsbuchten mit steilen Hängen. Viele der Sandstrände sind extrem seicht – perfekt für Kleinkinder, aber wahrscheinlich zu langweilig für Teenager. An den Kiesstränden kann man meist am besten baden.

Manche der kleineren Küstenorte Kroatiens könnten zu ruhig sein für Teenager, die auf Spaß aus sind. Diese (und damit auch ihre Eltern) wären sicher viel glücklicher in quirligeren Küstenstädten mit vielen Cafés und saisonal geöffneten Fahrgeschäften.

Ermäßigungen für Kinder sind fast überall erhältlich, in Museen wie bei Hotels. Die Altersgrenze liegt in der Regel bei neun Jahren; danach greift die Schülerermäßigung. Ganz Kleine haben oft freien Eintritt.

Highlights für Kinder

Strände

Baška, Krk (S. 212) Der 2 km lange halbmondförmige Strand hat einen kleinen Wasserpark an einem Ende.

Cres & Lošinj (S. 194) Direkt am Strand gibt's viele familienfreundliche Campingplätze.

Crveni Otok, Rovinj (S. 149) Die zwei miteinander verbundenen Inselchen haben Kiesstrände.

Lopar, Rab (S. 221) Die flachen Sandstrände sind perfekt für Kleinkinder.

Nationalpark Mljet, Mljet (S. 345) Der kleinere der Salzwasserseen ist warm und perfekt für Babys.

Tagesausflüge

Nationalpark Krka (S. 248) Wie wär's mit einem Bad in einem kühlen See unterhalb von Wasserfällen?

Nationalpark Plitvicer Seen (S. 224) Wanderwege, die zu die türkisfarbenen Seen, hohen Wasserfällen und durch dichte Wälder führen.

Lokrum (S. 318) Bewaldete Insel mit Salzwassersee, in dem die Kleinen planschen können.

Medvednica (S. 108) Wanderung über die grünen Pfade des Lieblingsbergs der Zagreber.

Sehenswertes

Neandertalermuseum Krapina, Krapina (S. 113) Hier kann man den Nachbarn unserer Vorfahren ganz nah kommen.

Gruß an die Sonne, Zadar (S. 239) Die Anlage fängt das Sonnenlicht ein und produziert bei Sonnenuntergang ein fantastisches buntes Lichtspiel, an dem Kinder ihre helle Freude haben.

Kumrovec Museum Staro Selo, Zagorje (S. 111) Hier kriegt man einen Einblick ins Dorfleben.

Istralandia (S. 162) In dem großen, neuen Wasserpark nordwestlich von Novigrad kann man die Wasserrutschen runtersauen und wellenreiten.

Museum der Illusionen, Zagreb (S. 79) Jede Menge optische Illusionen, Spiegel und Hologramme.

Reiseplanung

Reisezeit

➡ In Šibenik findet jedes Jahr Ende Juni bzw. Anfang Juli das Internationale Kinderfestival (www.mdf-sibenik.com) mit Workshops, Musik, Tanz, Film und Theater für Kinder, Marionetten und Umzügen statt.

➡ Die Sommerferien fallen auf den Juli und den August, sodass es in dieser Zeit die meisten Angebote für Kinder gibt.

➡ Wer lieber weniger Menschen um sich und niedrigere Preise hat, kommt besser im Juni oder September her, wenn das Meer warm ist und die Sonne scheint.

Lotrščak-Turm und Standseilbahn (S. 72), Zagreb

Schlafen

➡ Es kann sich lohnen, eine Privatwohnung zu mieten – sie sind meist preiswerter als ein Hotelzimmer und ermöglichen mehr Flexibilität. Vorab sollte man sich aber genau erkundigen, beispielsweise ob es eine Klimaanlage, eine voll ausgestattete Küche und eine Waschmaschine gibt und wie weit der Strand entfernt ist.

➡ Möglicherweise gibt's in Hotels Kinderbetten. Wenn ja, ist ihre Zahl jedoch häufig begrenzt, und manchmal wird auch ein Aufpreis fällig. Kinder unter drei Jahren kommen oft kostenlos unter, für Kinder bis neun Jahren gibt's Rabatt.

➡ Die meisten Anlagen in Kroatien sind familienfreundlich, die wenigsten aber speziell auf Familien ausgerichtet. Die besten sind Rovinjs Amarin Family Hotel (S. 150), Zadars **Club Funimation Borik** (☎023-555 600; www.borik.falkensteiner.com; Majstora Radovana 7; Zi. inkl. VP ab 1400 Kn; P ❄ @ 📶 🏊) und Mali Lošinjs **Hotel Vespera** (☎051-667 300; www.losinj-hotels.com; Sunčana Uvala bb; EZ/DZ ab 1050/1400 Kn; P ❄ 📶 🏊).

Mitnehmen

Nicht alles eingepackt? Keine Sorge! Nahezu alles, was man vergessen hat, lässt sich nach der Ankunft vor Ort besorgen. Strandausrüstung ist ein Muss, einschließlich Sonnenhut und Badeschuhen aus Kunststoff, um Verletzungen durch Seeigel zu vermeiden.

Vor Reisebeginn

➡ Für Kinder unter fünf Jahren sind geeignete Kindersitz im PKW Vorschrift – entsprechend muss man, falls einer benötigt wird, bei der Mietwagenbuchung darauf hinweisen.

➡ Für Kroatien sind keine speziellen Impfungen erforderlich.

Reiseplanung

Essen & Trinken wie die Kroaten

Kroatiens Küche spiegelt wider, wie viele Kulturen das Land im Lauf seiner Geschichte beeinflusst haben. Es gibt eine scharfe Trennung zwischen der italienisch geprägten Küche an der Küste und den von Ungarn, Österreich und der Türkei beeinflussten Gerichten im Landesinneren. Lecker, frisch und saisonal ist das Essen aber überall.

Kulinarische Erfahrungen

Wenn's ums Essen geht, sind die Kroaten zwar nicht besonders experimentierfreudig, dafür aber sehr leidenschaftlich. Sie verbringen Stunden damit, über die Qualität des Lamms oder den erstklassigen Fisch zu diskutieren und sich darüber auszutauschen, warum diese alles andere in den Schatten stellen. Dennoch entwickelt sich in Kroatien allmählich eine Feinschmeckerkultur, die von der Slow-Food-Bewegung inspiriert ist und Wert auf frische, regionale und saisonale Zutaten und langsames, genussvolles Essen legt. Die Regionen Istrien und Kvarner sind in kürzester Zeit an die Spitze der Gourmetgastronomie aufgestiegen, andere Orte folgen ihnen dicht auf den Fersen. Die Herstellung von Wein und Olivenöl wurde wieder angekurbelt, und heute gibt es im Land ein Netz ausgeschilderter Straßen, die diese kostbaren Waren feiern.

Inzwischen gibt es Restaurants, die ihren Gästen Gelegenheit geben, stundenlang Slow-Food-Delikatessen zu schlemmen und die innovativen Kreationen aufstrebender Köche zu genießen. Die Mittel, die Einheimische aufbringen können oder wollen, um auswärts zu essen, sind begrenzt. Aus diesem Grund liegen die meisten Restaurants in der mittleren Preiskategorie – nur wenige sind richtig billig oder

Das kulinarische Jahr

Zwar finden die meisten lokalen Spezialitäten- und Weinfeste im Herbst statt, doch gibt es in Kroatien eigentlich keine Jahreszeit, in der man nicht gut essen kann.

Frühling (März–Mai)

Spargelsaison in Istrien (mit eigenem Festival). Die Restaurants in Korčula bieten im April unverwechselbare Gerichte, und die istrischen Winzer öffnen Ende Mai ihre Weinkeller.

Sommer (Juni–Aug.)

Frischer Fisch aus dem Meer und Meeresfrüchte. Gelato und Cocktails helfen gegen die Hitze.

Herbst (Sept.–Nov.)

Kulinarische Feste widmen sich Trüffeln (in Istrien), hausgemachtem *rakija* (Grappa; auch in Istrien), Kastanien (in Kvarner) und Wein (fast überall). Das Good Food Festival in Dubrovnik im Oktober sollte man nicht verpassen.

Winter (Dez.–Feb.)

Jetzt kommen die herzhaften Leckereien der Weihnachtszeit und des Karnevals auf den Tisch.

extrem teuer. Wie auch immer es um das eigene Budget bestellt sein mag, es ist unwahrscheinlich, irgendwo in Kroatien eine wirklich schlechte Mahlzeit aufgetischt zu bekommen. Ein weiterer Pluspunkt: In den wärmeren Monaten ist Essen unter freiem Himmel Standard.

Göttliche Mahlzeiten

Pelegrini (S. 254) Hier, in den alten Straßen von Šibenik, wird die mediterrane Küche zelebriert.

Restaurant 360° (S. 333) Dubrovniks feinstes Restaurant bietet moderne Kulinarik direkt an der berühmten Stadtmauer.

Meneghetti (S. 146) Istrien ist die Feinschmeckerregion Kroatiens – und dieses Weingut-Restaurant ist das beste in Istrien.

Konoba Marjan (S. 272) Diese unscheinbare Taverne in Split bietet wohl die besten traditionellen Fischgerichte Dalmatiens.

Schnelle Snacks

Fast Food auf Kroatisch, das sind *ćevapčići* (kleine, würzige Hackfleischröllchen aus Rind-, Lamm- und/oder Schweinefleisch), *pljeskavica* (hiesige Version eines Hamburger-Bratlings), *ražnjići* (kleine Schweinefleischwürfel am Spieß) oder *burek* (Pastete mit Hackfleisch, Spinat oder Käse). All diese Leckereien gibt es in Imbissrestaurants und an Straßenständen.

Regionale Spezialitäten

Zagreb & Zagorje

In Zagreb und Nordwestkroatien werden herzhafte Fleischgerichte bevorzugt, die es genauso gut in Wien oder Budapest geben könnte. Saftiges *pečenje* (am Spieß gebratenes und gebackenes Fleisch) wird entweder mit *janjetina* (Lamm), *svinjetina* (Schwein) oder *patka* (Ente) zubereitet. Als Beilage gibt es oft *mlinci* (gebackene Nudeln) oder *pečeni krumpir* (Bratkartoffeln). Besonders schmackhaft ist Fleisch, das unter einer gusseisernen Glocke *(peka)* in der Glut eines Ofens ganz langsam gegart wird; in den meisten Restaurants gibt es dieses Gericht nur auf Vorbestellung. *Purica* (Truthahn) mit *mlinci* steht auf vielen Speisekarten in Zagreb und im Zagorje, zusammen mit *zagrebački odrezak* (paniertes, mit Schinken und Käse gefülltes Kalbsschnitzel), einer weiteren kalorienreichen Spezialität. *Sir i vrhnje* (Frischkäse mit Sahne), der auf den Märkten erhältlich ist und zu frischem Brot passt, gilt ebenfalls als Klassiker. Wer Süßes mag, wird *palačinke* lieben: hauchdünne Pfannkuchen mit verschiedenen Füllungen und Belägen.

KOCHKURSE

Kochkurse werden in Kroatien immer beliebter. Culinary Croatia (www.culinary-croatia.com) ist eine tolle Informationsquelle und informiert über verschiedene Kochkurse, kulinarische Ausflüge und Weintouren, hauptsächlich in Dalmatien. Ebenfalls empfehlenswert sind Kuhaona (S. 85) und Zagreb Bites (S. 85), beide in Zagreb, sowie Eat Istria (S. 140) in der Nähe von Pula.

Slawonien

Die slawonische Küche ist schärfer gewürzt als die anderer Regionen, großzügig verwendet sie Paprika und Knoblauch. Der ungarische Einfluss macht sich hier im Nordwesten am deutlichsten bemerkbar: Viele typische Gerichte wie *čobanac* (Fleischgulasch) sind im Prinzip Versionen des Gulasch. Die nahe Drau liefert frischen Fisch (etwa Karpfen, Hecht und Barsch), der in Paprikasauce gekocht und mit Nudeln als *fiš paprikaš* serviert wird. Eine weitere Spezialität ist *šaran u rašljama* (Karpfen auf einem gespaltenen Zweig), der im eigenen Saft über dem offenen Feuer gegart wird. Berühmt sind die Würste der Region, vor allem *kulen;* diese Paprikawurst wird kalt geräuchert und anschließend neun Monate luftgetrocknet und meist mit Frischkäse, Paprikaschoten, Tomaten und *turšija* (eingelegtem Gemüse) gereicht.

Istrien

Die istrische Küche ist in den vergangenen Jahren bei Feinschmeckern aller Länder zunehmend beliebter geworden. Das liegt an ihrer langen kulinarischen Tradition, den frischen Zutaten und den einzigartigen Spezialitäten. Typische Gerichte sind z. B. *maneštra* (eine dicke Gemüsesuppe mit Bohnen, vergleichbar mit Minestrone), *fuži* (von Hand gerollte Pasta, die oft mit *tartufi* (Trüffeln) oder *divljač* (Wild) serviert wird) und *fritaja* (Omelett, meist mit saisonalem Gemüse wie wildem Spargel). In den meisten Gerichten findet sich Trüffel in der einen oder anderen Form – in ganz verwegenen Restaurants sogar im Eis oder im Schokoladenkuchen.

Gerichte mit *boškarin*, einer einheimischen Ochsenart, sind unbedingt empfehlenswert. Als Vorspeise gibt es oft dünn geschnittenen *pršut* (Prosciutto) aus Istrien – auch in Dalmatien schmeckt dieser ausgezeichnet. Der luftgetrocknete und gepökelte Schinken benötigt bei seiner Herstellung viel Zuwendung und ist daher entsprechend teuer. Istrisches Olivenöl hat einen ausgezeichnet Ruf und ist vielfach international prämiert. Der Tourismusverband hat eine Olivenölroute ausgewiesen, an der das Öl direkt bei den Erzeugern gekostet werden kann. Zu den besten saisonalen Zutaten gehören im Herbst weiße Trüffeln und im Frühling wilder Spargel.

Kvarner & Dalmatien

Die Küche der Kvarner Bucht und Dalmatiens ist typisch mediterran: Olivenöl, Knoblauch, glatte Petersilie, Lorbeerblätter und alle Arten von Fisch und Meeresfrüchten werden hier reichlich verwendet. An der Küste sind der panierte *lignje* (Tintenfisch, gelegentlich auch mit Käse und Prosciutto gefüllt) und *hobotnica* (Oktopus, entweder als Carpaccio, in einem Salat oder unter einer *peka* gekocht) sehr empfehlenswert.

Das Essen beginnt oftmals mit einem Nudelgericht oder mit einem *rižoto* (Risotto) mit Meeresfrüchten. Eine besondere Vorspeise ist *paški sir* (Pager Käse), ein würziger Hartkäse aus Schafsmilch von der Insel Pag. Lamm von den Inseln Cres und Pag gilt als das beste Kroatiens: Die Tiere werden dort mit frischen Kräutern gefüttert, die das Fleisch besonders schmackhaft machen.

Die dalmatische *brodet* (leicht würzige Fischsuppe mit Polenta, auch, je nach Küstenabschnitt, *brodetto* oder *brujet* genannt) ist eine weitere regionale Spezialität, ebenso der *pašticada* (Rinderschmorbraten mit Wein und Gewürzen, serviert mit Gnocchi). Die typischste Beilage ist *blitva* (Mangold mit leicht zerdrückten Kartoffeln, mit Olivenöl getränkt und mit Knoblauch aromatisiert).

Burek (mit Fleisch oder Käse gefüllte Pastete)

Praktisch & Konkret

Essenszeiten

Im gesamten ehemaligen Jugoslawien bestand das *doručak* (Frühstück) für die meisten Menschen aus *burek* (mit Fleisch, Spinat oder Käse gefüllte Pastete). Heute entscheiden sich Kroaten oft für einen leichteren Start in den Tag – Kaffee und Gebäck mit etwas Joghurt und frischem Obst. Wer in Hostels oder Privatunterkünften wohnt, besorgt sich seinen Kaffee am besten in einem Café und Gebäck in einer Bäckerei. Ein warmes Frühstück im englischen Stil gibt's fast nirgends. Die meisten Hotels bieten ein kaltes Frühstücksbüfett an, das Cornflakes, Brot, Joghurt, eine Auswahl Wurst und Käse sowie „Saft" (aus Pulver und Wasser) umfasst. Hotels der eher gehobenen Klasse bieten ein reichhaltiges Frühstücksbuffet mit warmen und kalten Speisen, manchmal mit einem auf Bestellung zubereiteten Omelett oder Eiern mit Speck. Restaurants öffnen gegen 12 Uhr zum *ručak* (Mittagessen) und servieren dann in der Regel durchgehend bis Mitternacht Essen. Das kann ungemein

Risotto mit Meeresfrüchten

praktisch sein, wenn man zu einer ungewöhnlichen Zeit in einer Stadt ankommt oder einfach noch ein bisschen länger am Strand bleiben möchte. Kroaten nehmen meist entweder früh eine *marenda* oder ein *gablec* (preiswertes, sättigendes Mittagessen) oder aber ein spätes, ausgedehntes Mittagessen ein. Obst und Gemüse vom Markt und eine Auswahl Brot, Käse und Schinken aus einem Lebensmittelmarkt sind die Basis eines so gesunden wie schmackhaften Mittagsimbiss. An der Frischetheke im Supermarkt oder im Lebensmittelgeschäft wird einem - wenn man nett darum bittet - ein Sandwich *(sendvič)* mit Käse *(sir)* oder Prosciutto *(pršut)* belegt; in der Regel bezahlt man nichts für diesen Service.

Das Abendessen *(večera)* ist hingegen eher eine leichte Angelegenheit, die meisten Restaurants haben sich inzwischen aber den Wünschen der Touristen angepasst und fahren am Abend oft üppig auf. Nur wenige Kroaten leisten sich den Luxus, regelmäßig essen zu gehen. Und wenn sie es mal tun, dann am Samstagabend oder Sonntagmittag und gleich mit der ganzen Familie.

Wohin zum Essen?

In Kroatien lohnt es sich, einen Tisch im Voraus zu reservieren, vor allem während der Hauptsaison und am Wochenende. Ansonsten ist es fast immer in Ordnung, einfach aufzutauchen.

Restoran – Restaurants stehen sozusagen ganz oben in der Nahrungskette und bieten meist ein eher formelles kulinarisches Erlebnis und eine ordentliche Weinkarte.

Konoba/gostionica – In der Regel eine traditionelle, familiengeführte Taverne – u. U. mit Erzeugnissen aus eigenem Anbau.

Kavana – Café-Bar, in der man stundenlang seinen Kaffee genießen kann (mit etwas Glück auch Kuchen und Eis).

Slastičarna –Konditorei, die Kuchen, Strudel und manchmal Eis oder Kaffee serviert.

Vegetarier & Veganer

Eine nützliche Wendung lautet *ja ne jedem meso* („ich esse kein Fleisch“) - und dennoch bekommt man unter Umständen eine Suppe mit kleinen Schinken- oder Speckstreifen serviert. Das ändert sich wegen der wachsenden Zahl von Vegetariern im

Land zwar allmählich, allerdings vor allem in größeren Städten. In Osijek, Zagreb, Poreč und Split gibt es einige vegetarische Restaurants, in Dubrovnik ein veganes. Selbst „normale" Restaurants haben zumindest in größeren Städten vegetarische Speisen auf der Karte – obwohl viele Köche Salz für die wichtigste Zutat ihrer Gerichte zu halten scheinen.

Im Norden (Zagorje) und im Osten (Slawonien) haben es Vegetarier dagegen deutlich schwerer, da Fleisch dort einfach die Hauptzutat aller traditionellen Gerichte bildet. Zu den fleischlosen Spezialitäten gehören die *maneštra od bobića* (Suppe mit Bohnen und frischem Mais) und die *juha od krumpira na zagorski način* (Kartoffelsuppe aus dem Zagorje) und *štrukli* (eine Teigspeise). Entlang der Küste gibt es überall diverse Nudelgerichte, Pizzas und Risottos.

Wein

Wein aus Kroatien mag so für manchen Weinkenner eher eine Neuheit sein. Dabei gehört *vino* bereits seit mehr als zweieinhalb Jahrtausenden zur Lebensart der Region. Heute erlebt die Tradition, angekurbelt von einer neuen Winzergeneration, eine Renaissance: Junge Experten konzentrieren sich auf die einheimischen Weinsorten und erwecken alte Weinberge wieder zu neuem Leben. Es wird zunehmend auf die Qualität und weniger auf die Quantität geachtet, was auch daran ersichtlich ist, dass die Weine sogar internationale Preise einheimsen und die Aufmerksamkeit von Weinkennern aus aller Welt erobern.

Kroatien lässt sich grob in vier Weinbauregionen unterteilen: Slawonien und das kroatische Hochland liegen dabei in der kontinentalen Zone mit kühlerem Klima und Istrien/Kvarner und Dalmatien entlang der Adria haben mediterranes Klima. Diese Regionen wiederum sind in mehrere Unterregionen *(vinogorje)* unterteilt (es gibt 16 verschiedene Gebiete), die gemäß den EU-Vorschriften als geschützte Ursprungsbezeichnungen *(Zaštićena oznaka izvornosti)* gelten. Weine, die aus den in diesen geografisch definierten Bezeichnungen zugelassenen Rebsorten hergestellt werden, sind auf dem Etikett mit „ZOI" gekennzeichnet.

WEINQUALITÄT

Kroatische Weine werden in drei Qualitätsstufen klassifiziert und gekennzeichnet: *stolno vino* (Tafelwein), *kvalitetno vino* (Qualitätswein) und *vrhunsko vino* (Premium-Qualitätswein). Rebsorten aus einer geschützten Region sind mit ZOI *(Zaštićena oznaka izvornosti)* gekennzeichnet.

Weine aus dem Landesinnern

Weißweinsorten wie *graševina* (Welschriesling), *traminac* (Gewürztraminer), Pinot Blanc, Chardonnay und Sauvignon Blanc herrschen in den Weinregionen im Landesinnern vor. Das Spektrum reicht von fruchtigen, mild-aromatischen oder erfrischenden Weinen in den kühleren Regionen des Nordens bis zu körperreichen und herzhaften, langjährig gereiften Weißweinen im wärmeren Slawonien und den köstlichen *predikatno* (Dessertweine bzw. Auslesen). Kutjevo ist ein besonders gutes Fleckchen für den Weinanbau, und so gibt es in dem Dorf selbst auch viele Weinkellereien.

Im kroatischen Hochland werden in der idyllischen Hügellandschaft der Weinregionen Međimurje, Plešivica und Zagorje spritzige Weißweine hergestellt, die gut zum Essen passen (der hiesige Pinot Noir tut es stellenweise auch). Außer dem *graševina* und dem heimischen *škrlet* boomen auch internationale Sorten wie Chardonnay, Pinot Blanc, Pinot Gris und Sauvignon Blanc. Wer einen leckeren Eiswein *(ledeno vino)* als Souvenir mit nach Hause nehmen möchte, kauft diesen am besten im Weingut Bodren.

Weine von der Küste

Zu Istrien gehört der nördlichste Abschnitt der kroatischen Adriaküste. Hier ist die weiße Rebsorte *malvazija istarska* zu Hause. Überhaupt bietet Istrien eine Bandbreite guter Weine mit verschiedenen Profilen, die durchaus Preise gewinnen könnten: schlank und leicht oder geschmeidig und süß, spritzig und ohne Tannine oder in Akazienfässern gereift mit Orangenaroma. Die Region kann sich aber auch mit einem feurigen Rotwein brüsten: dem *teran*.

Knapp unterhalb von Istrien liegt die Kvarner Bucht, Heimat des *žlahtina*, eines Weißweins, der gut zu Meeresfrüchtegerichten passt und auf Krk überall zu finden ist.

Weiter im Süden wartet schließlich die zerklüftete Schönheit von Dalmatien mit vielen Inselweinregionen (Hvar, Vis, Brač, Korčula). Diese bringen eine faszinierende Fülle heimischer Rebsorten hervor, die in diesem mediterranen Klima besonders gut gedeihen und hochwertige, vollmundige Weine ergeben. Als Könige unter den Rotweinen gelten der *plavac mali*, ein Abkömmling des *crljenik kašteljanski* (Zinfandel), und der dunkle *dobričić*. Weine, deren Etikett die Bezeichnung „Dingač" enthält, sind *plavac mali* von einem ganz bestimmten Berghang hoch über dem Meer auf der Halbinsel Pelješac, die gemeinhin als Ursprungsort der besten Rotweine des Landes gilt. Hier wird nur wenig Wein erzeugt, was zusammen mit der Qualität den – hohen – Preis diktiert.

Weitere heimische Sorten, die eine Verkostung lohnen, sind: *babić,* ein Rotwein; *pošip*, ein eleganter Weißwein, wobei die besten Tropfen von der Insel Korčula kommen; *grk*, ein fruchtiger Weißwein, der ausschließlich in Lumbarda auf Korčula produziert wird; und *malvasija*, ein Weißwein aus der Region um Dubrovnik, nicht zu verwechseln mit dem *malvazija*, der mit „z" geschrieben wird. Für ein entspanntes Schlückchen bietet sich schließlich noch der liebliche Rosé Dalmatiens an, der perfekt ist für lange, faule Tage am Meer.

Kroatien im Überblick

Zagreb

Cafés
Architektur
Essen

Cafékultur

Zagrebs Cafékultur erinnert mehr als nur ein bisschen an Wien (mit einer Prise Venedig und Türkei). Den Höhepunkt des sozialen Lebens der Einwohner erlebt man am besten beim Ritual des Kaffeetrinkens und Leuteguckens an Samstagvormittagen, hier *špica* genannt.

Architektonische Vielfalt

Zagreb ist eine architektonische Zwiebel mit einem mittelalterlichen Zentrum, das von einer Habsburger und dann von einer sozialistischen Schicht umgeben ist. Ein kurzer Spaziergang führt vorbei an gotischen Kirchen, großen Verwaltungsgebäuden aus dem 19. Jh., sezessionistischen Stadthäusern, Art-déco-Hotels und brutalistischen Wohnblöcken. Straßenkunst hellt graue Ecken auf.

Kroatiens kulinarische Szene

In Sachen Essen gibt's in der Hauptstadt, in der sich eine bunte Restaurantlandschaft entwickelt hat, viel zu entdecken. Einige Restaurants servieren kroatische Küche mit hochwertigen Zutaten aus dem ganzen Land.

S. 68

Inland

Architektur
Tiere & Pflanzen
Landschaft

Burgen

Märchenschlösser thronen auf den bewaldeten Hügeln dieser Gegend. Das neo-gotische Trakošćan bietet Einblicke in das Leben des früheren kroatischen Adels, das beeindruckende Veliki Tabor mit Türmen, Zinnen und allem, was eine Burg so braucht, blickt von einem Hügel herab. Weitere Exemplare sind in Varaždin, Varaždinske Toplice, Vukovar und Ilok zu bewundern.

Vogelbeobachtung

Eines der wichtigsten Feuchtgebiete Europas, der Naturpark Kopački Rit, befindet sich in dem Auengebiet, in dem die Donau auf die Drau trifft. Der Park ist bekannt für seine Vogelwelt und zählt während der Vogelzüge die meisten Besucher.

Landschaft

Zagorjes Weinberge und Wälder sowie Slawoniens Felder und Lebkuchenhäuser wirken wie aus einem Märchen. Hier genießt man das traditionelle Landleben, das sich wunderbar vom touristischen Trubel im Süden absetzt.

S. 104

Istrien

Essen
Architektur
Küste

Istrische Küche

Istriens *dolce vita* besteht aus erlesenen Gerichten, die mit erstklassigen lokalen Zutaten auf kreative Art zubereitet werden. Die kulinarischen Genüsse reichen von weißen Trüffeln und Wildspargel bis hin zu preisgekrönten Olivenölen und Weinen. Sie sind ein Highlight jedes Besuchs in Istrien, der Feinschmeckerregion Kroatiens.

Historische Gebäude

Istrien hat einen bunten Architekturmix: weltberühmte römische Amphitheater und eine byzantinische Basilika, daneben venezianische Stadthäuser und mittelalterliche Bergstädte, alles dicht an dicht auf einer kleinen Halbinsel.

Strände

Von kieferngesäumten Kiesstränden bei Pula, Rovinj und Poreč, die zu vielen Aktivitäten einladen, bis hin zur wilden Szenerie des Kap Kamenjak mit seinen einsamen Buchten – Istrien hat einige wunderschöne Strände, wenn auch keine Sandstrände.

S. 133

Kvarner Bucht

Architektur
Natur
Essen

Mittelalterliche Städte

Die Stadt Krk hat einen schönen mittelalterlichen Kern. Im hübschen Städtchen Rab gibt es eine Reihe historischer Kirchen und Glockentürme. In Cres, Veli Lošinj und Mali Lošinj weisen viele Häuser venezianische Einflüsse auf.

Tierwelt

Auf der Insel Lošinj gibt es hervorragende Tierschutzprojekte: Veli Lošinj beherbergt ein faszinierendes Forschungszentrum für Adriadelfine, auf Mali Lošinj widmet sich ein Zentrum dem Schutz der Meeresschildkröten. Im Nationalpark Risnjak und im Naturpark Učka tummeln sich Braunbären.

Gourmetdörfer

Die winzigen Küstendörfer Volosko und Kastav zwischen Opatija und Rijeka sind mit ihren erstklassigen, stimmungsvollen *konobas* (Tavernen) und Restaurants ein kulinarischer Hort authentischer kroatischer Küche – sowohl traditioneller als auch moderner.

S. 181

Norddalmatien

Natur
Städte
Segeln

Berge & Seen

Die meisten Besucher kommen wegen der Küste nach Dalmatien, doch das Hinterland ist auch sehr reizvoll. Krkas und Plitvices Nationalparks warten mit schönen Seen und großartigen Wasserfällen auf. In Paklenica locken hohe Berge und tolle Wanderungen.

Lebendige historische Städte

Die beiden Städte Norddalmatiens bieten Kultur und Geschichte, ohne touristisch zu sein. In Šibenik findet man Kroatiens eleganteste Kathedrale und eine schöne Altstadt, Zadar bietet römische Ruinen, faszinierende Sehenswürdigkeiten sowie hippe Bars und Restaurants.

Gewässer voller Inseln

Auf einem Segeltörn zwischen den Inseln des Nationalparks Kornaten, des größten und mit 140 unbewohnten Eilanden dichtesten Archipels der Adria, erlebt man das Mittelmeer so, wie es wohl in der Antike aussah.

S. 222

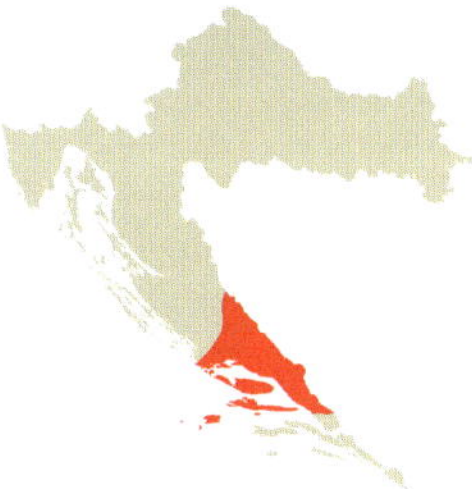

Split & Zentraldalmatien

Küste
Architektur
Aktivitäten

Strände

Die Strände Mitteldalmatiens gehören zu den schönsten Kroatiens, vom turbulenten Bačvice, Splits beliebtem Stadtstrand, über den sichelförmigen Zlatni Rat auf Brač bis hin zu den Kies- und Sandbuchten auf Vis. Manche sind gut besucht, manche abseits der ausgetretenen Pfade.

Alte Stadtzentren

Nur eine kurze Fahrt voneinander entfernt liegen zwei UNESCO-Welterbestätten: der Diokletianpalast in Split mit dem lebhaften Viertel mit römischen Wurzeln rundum sowie das architektonische Medley der kompakten, ummauerten Altstadt von Trogir auf einer eigenen, winzigen Insel.

Outdoor-Aktivitäten

Ob Segeln, Mountainbiken, Kajakfahren, Tauchen, Wandern, Rafting, Klettern, Ziplining oder Windsurfen – in den abwechslungsreichen Landschaften Mitteldalmatiens können sich aktive Reisende austoben.

S. 257

Dubrovnik & Süddalmatien

Geschichte
Natur
Wein

Ummauerte Städte

Dubrovnik, eine der am schönsten gelegenen und geschichtsträchtigsten Städte der Welt, ist traumhaft anzuschauen, gut zu erkunden und schwer zu verlassen. Ähnlich ergeht es Besuchern in den kleineren, aber ebenso prächtigen Städten Korčula und Ston.

Inseln

Die dünn besiedelten, kieferbewachsenen Inseln Mljet und Korčula sind zu Recht berühmt für ihre Schönheit und ihre Strände. Doch auch die kleine Insel Lokrum und die hübschen Elafiten sollte man nicht verpassen.

Dalmatischer Wein

Die Halbinsel Pelješac ist eine der führenden Weinregionen des Landes. Bei einer Tour in den Anbaugebieten Postup und Dingač probiert man den *plavac mali*. Das benachbarte Korčula ist bekannt für Weißwein aus den Trauben *pošip* und *grk*, Konavle südlich von Dubrovnik für den *malvasija*.

S. 313

Reiseziele in Kroatien

Zagreb

☎ 01 / 803700 EW.

Inhalt ➡

Geschichte 69
Sehenswertes 69
Geführte Touren 85
Feste & Events 86
Schlafen 88
Essen 90
Ausgehen & Nachtleben 95
Unterhaltung 98
Shoppen 99

Gut essen

- Bistro Apetit (S. 91)
- Mali Bar (S. 90)
- Zinfandel's (S. 95)
- Heritage (S. 94)

Schön übernachten

- Studio Kairos (S. 89)
- Hotel Jägerhorn (S. 88)
- 4 City Windows (S. 89)
- Rooms Zagreb 17 (S. 88)
- Swanky Mint Hostel (S. 88)
- Esplanade Zagreb Hotel (S. 90)

Auf nach Zagreb!

Zagreb ist wie geschaffen zum Umherschlendern. Am besten lässt man sich durch die Oberstadt mit ihren roten Dächern, Kopfsteinpflasterstraßen und Kirchturmspitzen treiben. In der Unterstadt gibt's die Kuppeln und verzierten Fassaden der bunt gemischten Gebäude im Sezessions-, Neobarock- und Art-déco-Stil zu bestaunen. Aber auch die raueren Ecken Zagrebs lohnen einen Besuch, denn hier wurden fade Mauern von Straßenkünstlern mit farbenfrohen Wandgemälden verschönert. Wer die Stadt zu Fuß erkundet, wird reich belohnt.

Danach macht man es sich in einem Café wie die Einheimischen gemütlich. Die Cafékultur ist aber nur eine Facette des lebendigen Straßenlebens Zagrebs. Hinzu kommen übers Jahr verteilt noch viele Veranstaltungen, dank derer sich die Plätze und Parks mit Musik, Popup-Märkten und Essensständen füllen. Selbst wenn kein Event ansteht, sprüht das Zentrum vor Energie und so überrascht es nicht, dass Kroatiens Hauptstadt ein immer beliebteres Städtetrip-Ziel wird. Zagreb ist eine Stadt, mit der man jederzeit rechnen muss.

Reisezeit

Zagreb

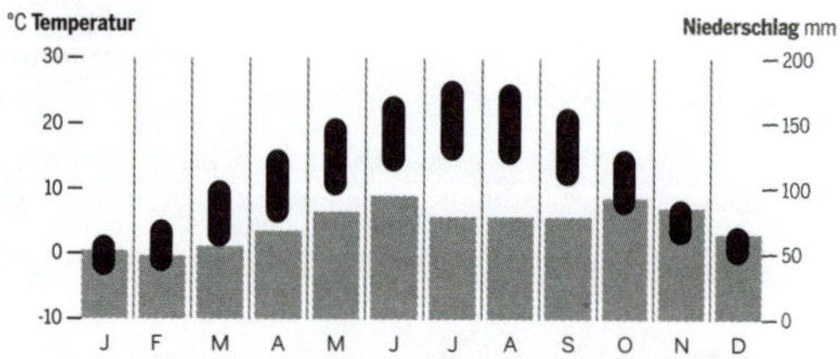

April Die Hotels sind günstig und das wärmere Wetter lockt die Einheimischen in die Straßencafés.

Juli Gemeinsam mit den Menschenmassen die Energie des Sommers und die Straßenfeste genießen.

Dez. Einer von Europas besten Weihnachtsmärkten lässt das Zentrum als Winterwunderwelt erstrahlen.

Geschichte

Zagrebs Geschichte ist eng mit zwei Hügeln verbunden: dem Kaptol, auf dem heute die Kathedrale steht, und dem Gradec. Als die beiden Siedlungen auf diesen Hügeln 1850 zusammengefasst wurden, schlug ganz offiziell die Geburtsstunde von Zagreb.

Auf dem heute Trg Bana Jelačića genannten Platz wurden einträgliche Handelsmessen abgehalten, rundherum entstanden neue Gebäude. Weiteren Aufschwung erlebte die Wirtschaft im 19. Jh., als sich ein florierender Textilhandel entwickelte und eine neue Eisenbahnlinie Zagreb mit Wien bzw. Budapest verband. Dank des Wohlstands konnte sich auch das kulturelle Leben der Stadt voll entfalten.

Zagreb wurde auch zum Zentrum der Illyrischen Bewegung. Graf Janko Drašković, Herr auf Burg Trakošćan, veröffentlichte 1832 ein illyrisches Manifest. Sein Aufruf zur nationalen Rückbesinnung hallte durch das ganze Land. Wahr wurde Draškovićs Traum, als sich Kroatien nach dem Ersten Weltkrieg dem Königreich der Serben, Kroaten und Slowenen anschloss.

Zwischen den beiden Weltkriegen entstanden Arbeitersiedlungen zwischen der Eisenbahnlinie und der Save. Neue Wohnviertel wuchsen an den südlichen Ausläufern der Medvednica. Im April 1941 marschierten die Deutschen in Jugoslawien ein und besetzten Zagreb, ohne auf Gegenwehr zu stoßen. Ante Pavelić und die Ustaše (S. 369) beeilten sich, den unabhängigen Staat Kroatien (Nezavisna Država Hrvatska) mit Zagreb als Hauptstadt auszurufen. Obwohl Pavelić seinen faschistischen Staat bis 1944 von hier aus führte, fand er nur wenig Rückhalt in der Stadt, die weiterhin Titos Partisanen unterstützte.

Nach dem Zweiten Weltkrieg war Zagreb nach Belgrad nur die zweitgrößte Stadt Jugoslawiens, ließ sich aber im Wachstum nicht bremsen. Als sich Kroatien 1991 für unabhängig erklärte, wurde Zagreb die Hauptstadt des neu gegründeten Staates.

Sehenswertes

Im ältesten Stadtteil Zagrebs, der Oberstadt (Gornji Grad) mit den Vierteln Gradec und Kaptol, befinden sich bedeutende Gebäude und Kirchen aus der frühen Stadtgeschichte. Die Unterstadt (Donji Grad) zwischen der Oberstadt und dem Bahnhof beherbergt die interessantesten Kunstmuseen sowie schöne Architektur aus dem 19. und 20. Jh.

Oberstadt

★ Museum der zerbrochenen Beziehungen MUSEUM

(Muzej Prekinutih Veza; www.brokenships.com; Ćirilometodska 2; Erw./Student 40/30 Kn; ⌚ Juni–Sept. 9–22.30 Uhr, Okt.–Mai bis 21 Uhr) In diesem wunderbar schrägen Museum können die Besucher die Relikte in Augenschein nehmen, die übrig bleiben, wenn eine Beziehung zu Ende geht, von zerflossenen Romanzen bis hin zu zerschnittenen Familienbanden. Die gespendeten Objekte aus aller Welt, die alle ihre eigene Geschichte erzählen, kann man in einer Reihe von komplett weißen Räumen bewundern. Die Exponate reichen von urkomisch (ein Toaster, den jemand hat mitgehen lassen, damit der oder die Verflossene sich nie wieder einen Toast machen könnte) bis herzzerreißend (der Abschiedsbrief einer Mutter). Lustig, schmerzlich und bewegend zugleich ist es die perfekte Zusammenfassung der menschlichen Existenz.

Die innovative Ausstellung ging um die ganze Welt, bevor sie hier schließlich eine Heimat fand. Der reizende Laden nebenan lohnt ebenfalls einen Besuch – der „Radiergummi für schlechte Erinnerungen“ ist ein Verkaufsschlager. Schön ist ein Zwischenstopp in dem gemütlichen Straßencafé. Im Sommer und im Herbst werden donnerstagabends Jazzkonzerte veranstaltet.

★ Mirogoj FRIEDHOF

(Aleja Hermanna Bollea 27; ⌚ April–Okt. 6–20 Uhr, Nov.–März 7.30–18 Uhr) Nach einer zehnminütigen Fahrt vom Zentrum aus – oder nach einem 30-minütigen Spaziergang durch schattige Straßen – erreicht man am Fuß der Medvednica einen der schönsten Friedhöfe Europas. Er wurde 1876 von dem in Österreich geborenen Architekten Herman Bollé entworfen, der auch viele andere Gebäude in Zagreb geschaffen hat. Der majestätische, von Kuppeln gekrönte Arkadengang mutet von außen wie eine Festung an, bietet in seinem Inneren aber eine ruhige und friedliche Atmosphäre.

Durch die üppig grüne Friedhofsanlage zieht sich ein Labyrinth aus Wegen. Während man sich durch diese treiben lässt, kann man schöne Skulpturen und kunstvoll gestaltete Grabmale bewundern. Zu den Highlights gehören das Grab des Dichters Petar Preradović und die von Ivan Meštrović geschaffene Büste von Vladimir Becić.

Anfahrt: mit Bus 106 von der Kathedrale Mariä Himmelfahrt aus.

Highlights

1 Katarinin Trg (S. 72) Von dem Platz aus zuerst den Blick über die roten Dächer der Stadt genießen und anschließend durch die Gassen der Oberstadt schlendern, um den ältesten Teil Zagrebs zu erkunden

2 Mirogoj (S. 69) Die großartige Architektur und die überaus eigenwilligen Gräber und Krypten bestaunen

3 Tkalčićeva (S. 95) Sich in dieser schicken Fußgängerzone mit zahllosen Cafés und Bars bei einem Kaffee oder Cocktail zurücklehnen und das bunte Treiben beobachten

4 Dolac-Markt (S. 72) Voll und ganz in den Trubel von Zagrebs zentralem Lebensmittelmarkt eintauchen

5 Kroatisches Museum für Naive Kunst (S. 72) Die bedeutendsten Werke dieses heimischen Kunstgenres entdecken

6 Museum der zerbrochenen Beziehungen (S. 69) Inmitten der Exponate die seltsamen, wunderbaren und schmerzlichen Abgründe menschlicher Beziehungen erblicken

7 Craft-Bier (S. 80) Eine Kneipentour entlang der Opatovina unternehmen und die Craft-Bier-Szene der Stadt kennenlernen

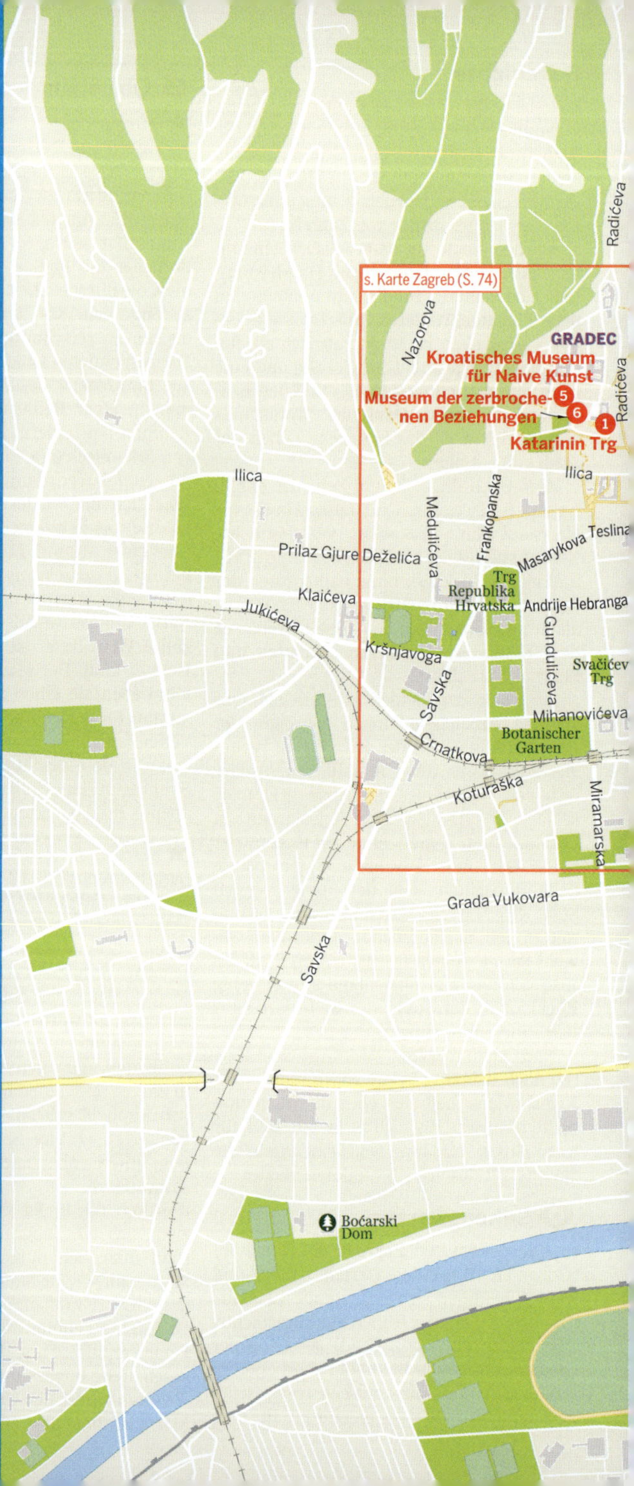

2 Mirogoj
Nova Ves
Maksimir-Park
Ribnjak
Kaptol
Park Ribnjak
7 Craft-Bier
3 Tkalčićeva
KAPTOL
4 Dolac-Markt
Vončinina
ŠALATA
Vlaška
Bus 290 zum Flughafen
Trg Bana Jelačića
Jurišićeva
Amruševa
Palmotićeva
Draškovićeva
Račkoga
Martićeva
Galerija Miroslav Kraljević
Trg Nikole Šubića Zrinskog (Zrinjevac)
Boškovićeva
Trg Žrtava Fašizma
Trg Kralja Petra Krešimira IV
Pavla Hatza
Trg Kralja Tomislava
Branimirova
Zagreb
Busbahnhof
Avenija M Držića
Radnička
Supilova
Grada Vukovara
PEŠČENICA–ŽITNJAK
Save
0
1 km
NOVI ZAGREB
Museum für zeitgenössische Kunst (500 m)

★ Kroatisches Museum für Naive Kunst MUSEUM

(Hrvatski Muzej Naivne Umjetnosti; ☎01-48 51 911; www.hmnu.hr; Ćirilometodska 3; Erw./erm. 25/15 Kn; ⏰Mo–Sa 10–18, So bis 13 Uhr) Wer sich für Kroatiens naive Kunst interessiert, kommt in diesem kleinen Museum voll auf seine Kosten. Diese Kunstform war hierzulande wie auch weltweit vor allem in den 1960er- und 1970er-Jahren sehr in Mode. Die 80 ausgestellten Kunstwerke sind nur ein Bruchteil der rund 1900 Arbeiten, die sich im Besitz des Museums befinden. Sie zeigen die ganze Bandbreite der naiven Kunst mit all ihren bunten, oft verträumten Stilrichtungen auf. Zudem sind die bedeutendsten Künstler des Genres vertreten, darunter Generalić, Mraz, Rabuzin und Smajić.

Anfang 2018 wurden Pläne bekannt, das Museum in neue Galerieräume auf der Vranicanijeva zu verlagern (ein Katzensprung vom aktuellen Standort entfernt), um die gesamte Sammlung des Museums ausstellen zu können.

Dolac-Markt MARKT

(abseits des Trg Bana Jelačića; ⏰Freiluftmarkt Mo–Sa 6.30–15, So bis 13 Uhr, Markthalle Mo–Fr 7–14, Sa bis 15, So bis 13 Uhr) Zagrebs geschäftiger Obst- und Gemüsemarkt befindet sich mitten im Herzen der Stadt. Es gibt ihn bereits seit den 1930er-Jahren, als er von der Stadtverwaltung an der Grenze zwischen der Ober- und der Unterstadt ins Leben gerufen wurde. Händler aus ganz Kroatien verkaufen hier täglich ihre frischen Waren.

Das Hauptareal erstreckt sich über einen etwas erhöht gelegenen Platz. Auf Straßenniveau stehen die überdachten Stände, an denen Fleisch und Milchprodukte angeboten werden; ein Stück näher am Platz sind Blumen erhältlich. In den Ständen am Nordrand des Marktes türmen sich Gläser mit Honig, Kunsthandwerk und preiswertes Essen.

Trg Bana Jelačića PLATZ

Zagrebs Herz ist der Trg Bana Jelačića. Der Platz ist ein beliebter Treffpunkt der Bevölkerung. Wer gern Leute beobachtet, kann von einem der Cafés genüsslich dabei zuschauen, wie die Menschen aus den Straßenbahnen steigen, sich freudig begrüßen und zwischen den Zeitungs- und Blumenständen plaudern.

Benannt ist der Platz nach dem Ban Jelačić. Im 19. Jh. führte dieser *ban* (Vizekönig oder Präsident) die kroatischen Truppen in einen erfolglosen Kampf gegen Ungarn. Die **Reiterstatue** von Jelačić stand von 1866 bis 1947 auf dem Platz; ihre Entfernung veranlasste Tito, der sie als ein zu starkes Symbol des kroatischen Nationalismus empfand. Unter Franjo Tuđmans Regierung wurde das Monument 1990 wieder an seinem alten Standort aufgestellt.

Katarinin Trg AUSSICHTSPUNKT

(Katarinin Trg) Vom Platz hinter der Jesuitenkirche der hl. Katharina bietet sich eine der besten Aussichten der Stadt über rote Häuserdächer hinweg Richtung Kathedrale. Er ist der perfekte Ausgangs- oder Endpunkt für einen Spaziergang durch die Oberstadt. Hier ist auch der **Wal** des französischen Künstlers Etien, Zagrebs bekannteste Straßenkunst, zu sehen. Das 3D-Bild prangt auf der Fassade des verlassenen Gebäudes der Galerija Gradec.

Kathedrale Mariä Himmelfahrt KIRCHE

(Katedrala Marijina Uznešenja; Kaptol 31; ⏰Mo–Sa 10–17, So 13–17 Uhr) Die Doppeltürme der Kathedrale, an denen es anscheinend ständig etwas zu reparieren gibt, ragen über der Stadt auf. Das ursprünglich gotische Bauwerk, das einst den Namen St. Stefan trug, wurde im Lauf der Jahre zigmal umgestaltet, ein Freskenzyklus aus dem 13. Jh. blieb in der Sakristei aber dennoch erhalten. Die Kathedrale wurde 1880 durch ein Erdbeben schwer beschädigt. Der Wiederaufbau im neugotischen Stil begann erst Anfang des 20. Jhs.

Im Kirchenraum beeindrucken die barocken Marmoraltäre, die Statuen und die Kanzel sowie das von Ivan Meštrović geschaffene Grabmal von Kardinal Alojzije Stepinac.

Galerija Klovićevi Dvori GALERIE

(☎01-48 51 926; www.gkd.hr; Jezuitski Trg 4; Eintritt variiert, bis zu 40 Kn; ⏰Di–So 11–19 Uhr) Die in einem ehemaligen Jesuitenkloster untergebrachte Galerie gehört zu den renommiertesten Kunstausstellungsflächen der Stadt. Hier sind übers Jahr verteilt zahlreiche Wechselausstellungen zu sehen. Am besten informiert man sich vorab, ob zum Zeitpunkt des Besuchs in der Stadt etwas ansteht. Bei den letzten Ausstellungen konnte man u. a. Werke von Picasso und Chagall sowie Sammlungen berühmter kroatischer Künstler bewundern. Im Juli finden im Rahmen des Festivals Veceri na Gricu (Sommerabende in Grič; S. 86) Konzerte im Atrium der Galerie statt. Es gibt auch ein nettes Café.

Lotrščak-Turm HISTORISCHES GEBÄUDE

(Kula Lotrščak; Strossmayerovo Šetalište 9; Erw./Kind 20/10 Kn; ⏰Mo–Fr 9–21, Sa & So 10–17 Uhr)

Der Turm wurde Mitte des 13. Jhs. als Wehrturm für das südliche Stadttor gebaut. Normalerweise kann man auch hinaufsteigen und den grandiosen Rundumblick über die Stadt genießen, 2018 war er aber aufgrund umfangreicher Renovierungsarbeiten geschlossen. Das Datum der Wiedereröffnung stand noch nicht fest. Auf der anderen Straßenseite befindet sich eine **Standseilbahn** (Tomiceva; einfache Fahrt 4 Kn; ⌚6.30–22 Uhr), die seit 1888 die Unter- mit der Oberstadt verbindet.

Seit 100 Jahren wird von dem Turm täglich um 12 Uhr ein Kanonenschuss abgefeuert, mit dem an ein Ereignis aus der Mitte des 15. Jhs. erinnert werden soll. Der Legende nach wurde genau zu dieser Uhrzeit eine Kanone auf die am gegenüberliegenden Save-Ufer campierenden Türken abgefeuert. Unterwegs traf die Kugel einen Hahn und zerfetzte ihn in 1000 Stücke. Für die Türken soll dies derart demoralisierend gewesen sein, dass sie beschlossen, die Stadt nicht anzugreifen (eine nüchternere Erklärung ist, dass die Kirchen mithilfe des Kanonenschusses ihre Uhren synchronisieren können).

Tortureum MUSEUM

(Foltermuseum; ✆01-64 59 803; www.torture um.com; Tkalčićeva 13, 1. Stock; Erw./Kind/Fam. 40/30/100 Kn; ⌚11–19 Uhr) Horrorfans werden Gefallen an der Ausstellung der über 70 historischen, maßstabsgetreuen Folterinstrumente finden. Es geht aber nicht um Sensationslust: Wer die Exponate wie den Nachbau einer Guillotine von 1792, das Pendel, die Streckbank oder die Eiserne Jungfrau einmal gesehen, angefasst oder gar „ausprobiert" hat, der wird eine ganz neue Sichtweise auf das Thema Folter bekommen. Räume wie das halbdunkle „Kabinett der Wunder" oder „Das Verlies", die verschiedene Sinne ansprechen, lassen einen die Schrecken erahnen, die diese Instrumente verbreiteten.

Das Eingangsschild befindet sich auf der Tkalčićeva, man kann das Museum aber auch von der Radićeva betreten.

Zagreb 80's Museum MUSEUM

(www.zagreb80.com; Radićeva 34, 1. Stock; Erw./Kind 40/25 Kn; ⌚10–22 Uhr) Dieses aus vier Räumen bestehende Museum ist dem Zagreb der 1980er-Jahre gewidmet und nimmt seine Besucher mit auf eine Reise in die Vergangenheit. Hier wurden eine für jenes Jahrzehnt typische Küche und ein Wohnzimmer nachgebaut, es gibt einen Raum, in dem ein Commodore 64 und ein Atari ausgestellt sind, die sich den Kultspielen jener Zeit widmen, sowie zahlreiche weitere Erinnerungsstücke. Besucher sind eingeladen, die Exponate auszuprobieren und so ist es ein Riesenspaß für Kinder, sich im Stil der 1980er-Mode zu verkleiden und zu testen, wie diese Low-Tech-Geräte funktionieren.

Steinernes Tor TOR

(Kamenita Vrata; Kamenita) Unbedingt sehenswert ist das Steinerne Tor, einst das Osttor zum mittelalterlichen Gradec und heute ein Heiligtum. Der Legende nach zerstörte der Großbrand von 1731 das gesamte hölzerne Tor bis auf ein Bildnis der Jungfrau Maria mit dem Jesuskind (Werk eines unbekannten Künstlers aus dem 17. Jh.). Dem Bild werden magische Kräfte zugeschrieben und viele Gläubige kommen zum Gebet hierher, zünden Kerzen an oder legen Blumen nieder. Auf quadratischen Steintafeln stehen Dankesworte und Huldigungen an die Heilige Jungfrau.

An der Westfassade des Tors erhebt sich eine Statue von Dora, der Heldin eines historischen Romans aus dem 18. Jh., die einst mit ihrem Vater neben dem Steinernen Tor lebte.

Jesuitenkirche der hl. Katharina KIRCHE

(Crkva Svete Katarine; Katarinin Trg; ⌚Messe Mo–Fr 18, So 11 Uhr) Die barocke Kirche wurde zwischen 1620 und 1632 erbaut. Feuer und Erdbeben haben dem Gebäude stark zugesetzt, doch die Fassade erstrahlt noch in alter Pracht. Der schöne Altar im Innenraum (nur während der Messe geöffnet) stammt aus dem Jahr 1762, die Stuckarbeiten von 1720. Die Medaillons aus dem 18. Jh. an der Decke des Hauptschiffs zeigen Szenen aus dem Leben der hl. Katharina.

Art Park PARK

(abseits der Tomićeva) GRATIS In diesem kleinen Park gibt's zwischen Juni und Oktober zahlreiche Aktivitäten, darunter Livemusik, Filmvorführungen und familienfreundliche Wandmalerei-Veranstaltungen. Es finden sich hier auch ein paar einfache Spielgeräte. In den Park gelangt man über den Grič-Tunnel oder über eine Gasse abseits der Tomićeva.

Grič-Tunnel TUNNEL

(⌚9–21 Uhr) GRATIS Der geheimnisumwobene Grič-Tunnel verbindet die beiden Straßen Mesnička und Radićeva und ist der Öffentlichkeit erst seit Sommer 2016 frei zugänglich. Er wurde 1943, mitten im Zweiten Weltkrieg, als Luftschutzbunker erbaut und

Zagreb
0
500 m
Ribnjak
Park Ribnjak
Vlaška
Šalata
Schlosserove Stube
Šoštarićeva
Langov Trg
Branjugova
Novakova
Vončinina
Iblerov Trg
Studio Kairos (450 m)
Martićeva
Booksa (150 m); Galerija Miroslav Kraljević (550 m)
Draškovićeva
Račkoga
Trg Hrvatskih Velikana
Palmotićeva
Amruševa
Jurišićeva
Petrinjska
Đorđićeva
Trg Nikole Šubića Zrinskog (Zrinjevac)
Praška
Berislavićeva
Teslina
Gajeva
Bogovićeva
Masarykova
Trg Petra Preradovića
Oktogon
Ilica
Varšavska
Frankopanska
Dalmatinska
Medulićeva
Prilaz Gjure Deželića
Kroatische Gesellschaft für Menschen mit körperlicher Behinderung
Cesarčeva
Bakačeva
Trg Bana Jelačića
Kaptol-Platz
Busse zum Mirogoj
Skalinska
Kaptol
KAPTOL
Zvonarnička
Opatovina
Tkalčićeva
Radićeva
Kožarska
GORNJI GRAD (OBERSTADT)
Opatička
Demetrova
Basaričekova
Mletačka
Trg Svetog Marka
Kamenita
Jezuitski Trg
Katarinin Trg
Zakmardijeve Stube
Petrićeva
Podzidom
Ćirilometodska
Matoševa
Mesnička
Visoka
GRADEC
Dubravkin Put
Tuškanac
Bistro Apetit (1,1 km)
Kroatisches Museum für Naive Kunst
Museum der zerbrochenen Beziehungen
Vranicanijeva
Strossmayerovo Šetalište
Strељačka
Dežmanova
Zamenhoffova
Nazorova
A
B
C
D
E
F
G
1
2
3
4

Trg Žrtava Fašizma
Tvornica (400 m)
Kneza Mislava
Domagojeva
Kneza Borne
Trpimirova
(650 m); Hotel 9 (850 m); Hop Inn (950 m)
Branimirova
Draškovićeva
Boškovićeva
Palmotićeva
Augusta Šenoe
Pavla Hatza
Trnjanska
Grada Vukovara
Strossmayerov Trg
Trg Kralja Tomislava
Zagreb
Paromlinska
Trg Stjepana Radića
Katančićeva
Galeva
Bar una Trenka
Starčevićev Trg
Grgurova
Kovačićeva
Haulikova
Preradovićeva
Svačićev Trg
Kumičićeva
Miramarska
DONJI GRAD (UNTERSTADT)
Tourismusverband der Gespanschaft Zagreb
Andrije Hebranga
Jurja Žerjavića
Mihanovićeva
Gundulićeva
Botanischer Garten
Koturaška
Bednjanska
Zelinska
Trg Republika Hrvatska
Mažuranićev Trg
Marulićev Trg
Runjaninova
Unska
Kroatischer Jugendherbergsverband
Vukotinovićeva
Perkovčeva
Rooseveltov Trg
Vodnikova
Crnatkova
Savska
Klaićeva
Kršnjavoga
Agramer Apartments (150 m)
Jukićeva
Rush Club (900 m); Bočarski Dom (1,8 km)
11
95
53
10
75
38
35
24
66
87
51
101
114
88
64
7
111
14
18
33
55
32
30
23
39
16
5
6
7
8
A
B
C
D
E
F
G

Zagreb

Highlights
1 Kroatisches Museum für Naive Kunst... C2
2 Museum d. zerbrochenen Beziehungen C2

Sehenswertes
3 Archäologisches Museum ... E4
4 Art Park ... C3
5 Kunstpavillon ... E6
6 Backo-Mini-Express ... C3
7 Botanischer Garten ... C7
8 Kathedrale Mariä Himmelfahrt ... E3
9 Stadtmuseum ... D1
10 Wasserfall-in-der-Stadt-Wandmalerei... E6
11 Kroatischer Künstlerverein ... G5
12 Kroatische-Erfinder-Wandmalereien ... D3
13 Kroatisches naturhistorisches Museum ... C1
14 Kroatisches Staatsarchiv ... C6
15 Dolac-Markt ... D3
16 Dražen-Petrović-Gedenkmuseum ... A7
17 Reiterstatue ... E3
18 Ethnografisches Museum ... B5
Fakin-Wandmalerei ... (siehe 102)
19 Standseilbahn ... C3
20 Galerija Greta ... A4
21 Galerija Klovićevi Dvori ... D2
22 Galerija Nova ... D4
23 Galerija SC ... A7
24 Galerie der modernen Kunst ... E5
25 Grič-Tunnel ... C3
26 Gulliver-Wandmalerei ... E2
27 Jesuitenkirche der hl. Katharina ... D3
28 Katarinin Trg ... D3
29 Lotrščak-Turm ... C3
30 Medika-Diving- & Technicolour-Dream-Wandmalerei ... A6
31 Meštrović-Atelier ... C1
32 Museum Mimara ... B5
33 Museum für Kunst & Handwerk ... B5
34 Museum der Illusionen ... A3
35 Sabor ... D2
36 St. Markus ... C2
37 Steinernes Tor ... D2
38 Strossmayer Galerie der Alten Meister ... E5
39 Technisches Museum Nikola Tesla ... A7
40 Tortureum ... D3
41 Trg Bana Jelačića ... D3
42 Xenophora-Wandmalerei ... E4
43 Zagreb 360° Aussichtsplattform ... D3
44 Zagreb 80's Museum ... D2
45 Zrinjevac ... E4

Aktivitäten, Kurse & Touren
46 Blue Bike Tours ... E3
47 Kuhaona ... D3
48 Sport- & Freizeitzentrum Šalata ... G2

Schlafen
49 4 City Windows ... F4
50 Chillout Hostel Zagreb Downtown ... C3
51 Esplanade Zagreb Hotel ... D6
52 Hostel 63 ... G3
53 Hotel Astoria ... E6
54 Hotel Dubrovnik ... D3
55 Hotel Garden ... B7
56 Hotel Jägerhorn ... C3
57 Main Square Apartment ... D3
58 Rooms Zagreb 17 ... D2
59 Shappy Hostel ... C4
60 Swanky Mint Hostel ... B3
61 ZIGZAG Apartments ... E4

Essen
62 Agava ... D2
63 Amelie ... E3
64 b041 ... C5

seither nur selten genutzt. Eine Ausnahme war eine legendäre Raveparty, die 1993 hier gefeiert wurde.

In dem 350 m langen Tunnel gibt es zwar nichts zu sehen, man kann in ihm aber prima der Hitze des Tages entfliehen und die Oberstadt unterirdisch durchqueren. Zugangsmöglichkeiten gibt es von der Mesnička und vom Art Park unterhalb der Stross. Heraus kommt man in einer Passage nicht weit von der Ilica entfernt, gleich neben dem Kaufhaus NAMA. Es gibt ehrgeizige Pläne, den Tunnel in ein interaktives Museum der Sinne zu verwandeln.

St. Markus — KIRCHE

(Crkva Svetog Marka; Trg Svetog Marka 5; Messe Mo–Fr 7.30 & 18, Sa 7.30, So 10, 11 & 18 Uhr) Die im 13. Jh. erbaute Kirche St. Markus ist eines der symbolträchtigsten Bauwerke der Stadt. Ihr 1888 geschaffenes Schieferdach trägt auf der linken Hälfte das Wappen Kroatiens, Dalmatiens und Slawoniens, rechts das Stadtwappen von Zagreb. Das gotische Portal aus dem 14. Jh. wird von 15 Statuen in flachen Wandnischen geschmückt. Im Inneren stehen Skulpturen von Ivan Meštrović. Die Kirche wird immer nur zur Messe geöffnet.

Von Ende April bis Oktober findet samstags und sonntags um 12 Uhr vor der Kirche die sehenswerte Zeremonie der Wachablösung statt.

Sabor — HISTORISCHES GEBÄUDE

(Trg Svetog Marka 6) Die östliche Seite des Trg Svetog Marka nimmt der kroatische Sabor (Parlament) ein. Er wurde 1910 an der Stelle barocker Stadthäuser aus dem 17. und 18. Jh.

65 Baltazar E1
66 Bistro Fotić D5
67 Boban D4
68 Curry Bowl D2
69 Didov San C1
70 Green Point C4
71 Heritage E4
72 Kaptolska Klet E3
73 La Štruk D3
74 Lanterna na Dolcu D2
75 Lari & Penati E6
Le Bistro .... (siehe 51)
Mali Bar .... (siehe 52)
76 Mundoaka Street Food E4
77 Pingvin D4
78 Ribice i Tri Točkice D4
79 Stari Fijaker 900 .... C3
80 Time Pastry Shop D4
81 Trilogija D2
82 Vincek C3
83 Vinodol D4
84 Vis à Vis C3
Zinfandel's .... (siehe 51)
85 Zrno A4

Ausgehen & Nachtleben
86 Art Kino Grič E4
87 Bacchus E6
88 Cafe u Dvorištu C6
89 Cogito Coffee Shop C4
90 Craft Room D2
91 Dežman Bar B3
92 Eliscaffe A3
93 Express E4
94 Funk D2
95 Hotpot E5
96 Johann Franck E3
97 Kava Tava A4
Kino Europa .... (siehe 112)
98 Kolaž E4
99 MK Krolo D3
100 Mojo F4
101 Old Pharmacy Pub D5
102 Pivnica Mali Medo D2
103 Pivnica Medvedgrad B3
104 Pupitres B3
105 Quahwa D4
106 Sedmica A4
107 Velvet B3
108 Vimpi C4
109 Vinyl D4

Unterhaltung
110 Booze & Blues D1
Cibona Tower .... (siehe 16)
111 Kroatisches Nationaltheater B5
112 Kino Europa D4
113 Strossmarte C3
114 Konzerthaus Vatroslav Lisinski E8
115 Zagrebačko Kazalište Mladih D4

Shoppen
116 Antiquitätenmarkt A3
117 Aromatica E3
118 Bornstein E1
Boudoir .... (siehe 58)
119 Cahun E3
120 Cerovečki Umbrellas B3
121 Galerija Link D2
I-GLE .... (siehe 123)
122 Koza D1
123 Love, Ana B3
124 Salon Croata D3
125 Take Me Home C3
Vintesa .... (siehe 52)
126 Znanje D4
127 Zvonimir B4

errichtet. Zwar harmoniert das neoklassizistische Gebäude nicht mit dem Platz, doch das mindert nicht seine historische und gegenwärtige Bedeutung. Im Revolutionsjahr 1918 wurde von seinem Balkon die Loslösung Kroatiens aus dem österreichisch-ungarischen Königreich proklamiert.

Meštrović-Atelier GALERIE

(☎01-48 51 123; www.mestrovic.hr; Mletačka 8; Mletačka 8; Erw./Kind 30/15 Kn; ⏲Di–Fr 10–18, Sa & So 10–14 Uhr) Kroatiens anerkanntester Künstler ist Ivan Meštrović. In diesem Haus aus dem 17. Jh. lebte und arbeitete er von 1922 bis 1942. Die ausgezeichnete Sammlung umfasst etwa 100 Skulpturen, Zeichnungen, Lithografien und Möbelstücke aus den ersten 40 Jahren seines künstlerischen Schaffens. Meštrović arbeitete auch als Architekt und hat viele Teile des Hauses selbst entworfen.

Kroatisches naturhistorisches Museum MUSEUM

(Hrvatski Prirodoslovni Muzej; ☎01-48 51 700; www.hpm.hr; Demetrova 1; Erw./Kind 30/20 Kn; ⏲Di, Mi & Fr 10–17, Do bis 20, Sa bis 19, So 13 Uhr) Das Naturkundemuseum zeigt eine Sammlung prähistorischer Werkzeuge und Fossilien aus der Krapina-Höhle, die von Neandertalern bewohnt wurde, und Exponate, die die Evolutionsgeschichte der Flora und Fauna Kroatiens erklären. Wechselausstellungen widmen sich einzelnen Regionen.

Stadtmuseum MUSEUM

(Muzej Grada Zagreba; ☎01-48 51 926; www.mgz.hr; Opatička 20; Erw./Kind/Fam. 30/20/50 Kn;

⌚Di–Sa 10–19, So bis 14 Uhr) Das historische Museum ist seit 1907 im Klarissen-Konvent aus dem 17. Jh. untergebracht. Es erzählt die Geschichte Zagrebs anhand einer bunten Mischung aus Exponaten. Dazu zählen archäologische Fundstücke, die bei Renovierungsarbeiten des Gebäudes in den 1990er-Jahren entdeckt wurden, alte Stadtpläne, Lithographien und Dokumente, Altare, Mauerreste der Kathedrale und der St. -Markus-Kirche sowie verschiedene Stücke aus der sozialistischen Ära. Es gibt kurze Zusammenfassungen der einzelnen Exponate auf Englisch.

Unterstadt

Kroatischer Künstlerverein GALERIE

(Hrvatsko Društvo Likovnih Umjetnika; ☎01-46 11 818; www.hdlu.hr; Meštrović Pavilion, Trg Žrtava Fašizma 16; Eintritt variiert, bis zu 65 Kn; ⌚unterschiedl. Öffnungszeiten je nach Ausstellung) Die Galerie östlich des Zentrums befindet sich in einem der wenigen architektonischen Werke von Ivan Meštrović und hat das ganze Jahr über ein rasantes und abwechslungsreiches Programm an Ausstellungen und Veranstaltungen. Sie ist ein Highlight der Zagreber Kunstszene. Am besten informiert man sich vorab, was zum Zeitpunkt des Besuchs in der Stadt ansteht. Das Gebäude hat mehrere faszinierende Wandlungen durchlebt, die die Geschichte der Region im Zeitraffer widerspiegeln.

Ursprünglich 1938 von Meštrović als Ausstellungspavillon entworfen, wurde das Haus zu Ehren von Peter I. (Petar Karađorđević), dem König der Serben, Kroaten und Slowenen errichtet, was den kroatischen Nationalisten ein Dorn im Auge war. Nachdem die Faschisten an die Macht gekommen waren, wurde das Gebäude im Mai 1941 in Künstlerzentrum Zagreb umbenannt. Einige Monate später gab Ante Pavelić, der faschistische Führer Kroatiens, den Befehl, alle Kunstwerke zu entfernen und das Gebäude in eine Moschee zu verwandeln (mit dem Ziel, der muslimischen Bevölkerung Zagrebs das Gefühl einer Heimat zu geben). Allen Protesten der Künstler zum Trotz wurde das Haus umgebaut und schließlich sogar von drei Minaretten umgeben.

Nach der Gründung des sozialistischen Jugoslawiens wurde die Moschee jedoch sofort geschlossen und das Gebäude wieder seinem ursprünglichen Zweck zugeführt, wenn auch unter dem neuen Namen „Museum der Volksbefreiung". Es wurde eine Dauerausstellung eingerichtet und 1949 ließ die Regierung zudem die Minarette abreißen. 1951 rekonstruierte der Architekt V. Richter den ursprünglichen Bau nach dem Entwurf von Meštrović.

Seitdem ist das Gebäude wieder ein Ausstellungsraum und wird von einem gemeinnützigen Verein kroatischer Künstler genutzt. Obwohl es 1991 unter der neuen Regierung des Landes den Namen „Kroatischer Künstlerverein" erhielt, nennen es die Zagreber noch immer „die alte Moschee".

Kunstpavillon GALERIE

(Umjetnički Paviljon; ☎01-48 41 070; www.umjetnicki-paviljon.hr; Trg Kralja Tomislava 22; Erw./Kind/Fam. 50/30/130 Kn; ⌚Di–Do, Sa & So 11–20, Fr bis 21 Uhr) Der beeindruckende gelbe Kunstpavillon im Jugendstil präsentiert zeitgenössische Kunst im Rahmen von Wechselausstellungen. Hier waren schon berühmte Werke von Rodin und Miró zu sehen. Auf der Website kann man nachschauen, ob während des Besuchs in der Stadt etwas ansteht.

Galerie für Moderne Kunst GALERIE

(Moderna Galerija; ☎01-60 41 040; www.moderna-galerija.hr; Andrije Hebranga 1; Erw./Kind/Fam. 40/30/70 Kn; ⌚Di–Fr 11–19, Sa & So bis 14 Uhr) Zu bewundern sind in dieser herrlichen Ausstellung die Werke kroatischer Künstler der letzten 200 Jahre, darunter Meister des 19. und 20. Jhs. wie Bukovac, Mihanović und Račić. Die Galerie vermittelt einen spannenden Überblick über die pulsierende Kunstszene des Landes.

Zrinjevac PLATZ

(Trg Nikole Šubića Zrinskog) Offiziell heißt dieser grüne Platz Trg Nikole Šubića Zrinskog, er wird aber meist nur liebevoll Zrinjevac genannt. An sonnigen Wochenenden ist hier jede Menge los und im Sommer stehen überall mobile Kaffeestände. Hier finden auch viele Festivals und andere Veranstaltungen statt. Die meisten werden rund um den reich verzierten Musikpavillon aus dem Jahr 1891 abgehalten.

Der Zrinjevac gehört zum „Grünen Hufeisen", das auch als Lenuci-Hufeisen bekannt ist und eine in U-Form angeordnete Reihe von sieben Plätzen mit Parks in der Stadt umfasst.

Archäologisches Museum MUSEUM

(Arheološki Muzej; ☎01-48 73 101; www.amz.hr; Trg Nikole Šubića Zrinskog 19; Erw./Kind/Fam. 30/15/50 Kn; ⌚Di, Mi, Fr & Sa 10–18, Do bis 20, So bis 13 Uhr) Hier werden auf drei Stockwerken

NICHT VERSÄUMEN

AUF DEN SPUREN VON ZAGREBS STRASSENKÜNSTLERN

Bei einem Spaziergang durch Zagreb sollte man stets die Augen offen halten, denn Zagrebs Kunstszene beschränkt sich nicht allein auf die Galerien. Am besten begibt man sich auf die Suche nach den Wandmalereien, die die tristen Beton- und Ziegelwände bedecken – und verschönern – und die Straßen der Stadt bunter und lebendiger gemacht haben. Hier einige der schönsten Kunstwerke auf Zagrebs Straßen:

Xenophora (Đorđićeva) Diese riesenhaften fotorealistischen Muscheln von Lonac verzieren die Backsteinmauer des Gebäudes an der Ecke Đorđićeva und Petrinjska.

Wasserfall in der Stadt (Petrinjska) Weiter unten auf der Petrinjska findet sich dieser sehr detaillierte Wasserfall in schwarz-weiß. Es ist die Arbeit von Miron Milić.

Gulliver (Opatovina) Im Park am oberen Ende der Opatovina kann man dieses 30 m lange Wandbild eines schlafenden Gulliver bestaunen, der von den Liliputanern festgebunden wird. Es handelt sich um eine Gemeinschaftsarbeit von Boris Bare und Dominik Vuković.

Kroatische Erfinder (Katarinin Trg) Boris Bare und Dominik Vuković sind auch die Künstler hinter diesen beiden Wandgemälden, die der Arbeit des Pioniers der Elektrizität Nikola Tesla und dem Erfinder des Druckbleistifts Slavoljub Penkala huldigen. Sie sind auf die Wände neben der Treppe gemalt, die den Strossmayerovo mit dem Katarinin Trg (S. 72) verbindet.

Fakin (Tkalčićeva) GRATIS Diese von der Brauerei Medvedgrad für die nördliche Wand ihrer Brauereikneipe Mali Medo (S. 95) in Auftrag gegebenen Rockabilly-Hühner sind ein Gemeinschaftsprojekt von Bare und Modul (Boris Bare und Miroslav Petković Modul).

Open My Eyes That I May See (Većeslava Holjevca) Auf dem Weg zum Museum für Zeitgenössische Kunst (S. 83) sollte man draußen unbedingt einen Blick auf das 90 m lange Wandbild in Form einer Bildmontage von OKO werfen, das auf der Westseite prangt.

Medika Diving & Technicolour Dream (abseits der Savska) Dies sind zwei der besten Straßenkunstwerke Zagrebs. Um sie zu finden, geht man vom Rooseveltov Trg auf der Savska nach Süden und vorbei am Westin Hotel und dem Kaufhaus DM. Unmittelbar nach dem DM nach rechts in einen kleinen Garten einbiegen. Hier findet sich Lonacs *Medika Diving*, das einen Taucher zeigt, der von lebendigen Gelb- und Grüntönen umgeben ist und dessen Schnorchel in das Schornsteinrohr des Gebäudes übergeht und so einen tollen 3D-Effekt schafft. Auf der gegenüberliegenden Mauer ist der *Technicolour Dream* zu bewundern, ein Gemeinschaftsprojekt von Lonac und Chez 186, das ein schlafendes, blaues Mädchen zeigt.

Artefakte ausgestellt, die von der prähistorischen Zeit bis ins Mittelalter reichen. Die Ausstellungsstücke im 2. Stock sind am interessantesten und hervorragend kuriert. Hier stehen aufwendige römische Kleinkunst wie etwa verzierte Kämme oder Öllampen und Fluchtafeln aus Metall ebenso im Rampenlicht wie die eher typischen und dennoch atemberaubenden Marmorstatuen. In einer Ausstellung, die der frühmittelalterlichen Bijelo-Brdo-Kultur in Kroatien gewidmet ist, ist eine Fülle an Grabbeigaben zu sehen, die in den 1920er-Jahren ausgegraben wurden.

Im 3. Stock des Museums sind Fundstücke aus der Bronze- und Eisenzeit sowie die ägyptologische Sammlung des Museums mit einer wunderschönen, aufwendig gefertigten Ptolemäischen Totenmaske zu finden. Im Erdgeschoss ist eine Sammlung aus 260 000 Münzen, Medaillen und Medaillons untergebracht. Sie zählt zu den bedeutendsten ihrer Art in Europa.

Museum der Illusionen MUSEUM
(www.muzejiluzija.com; Ilica 72; Erw./erm./Fam. 40/25/100 Kn; ⌚9–22 Uhr) Besucher jeden Alters erwartet in diesem schrägen Museum ein fantastisches Erlebnis für alle Sinne, vor allem aber für Kinder ist es ein Riesenspaß. Der Schräge Raum oder der Spiegel der Wahrheit sind nur zwei von über 70 tollen Exponaten, Hologrammen, Puzzles und Lernspielen, die die grauen Zellen anregen und trotzdem unterhaltsam sind. Wer auf der Suche nach einem originellen Souvenir ist, kann sich im Museumsladen mit didaktischen Spielen wie 3D-Puzzles oder sogenannten Dilemma-Spielen eindecken.

FAULE TAGE IN ZAGREB

Wer genug von Kirchen, Museen und Geschäften hat, findet überall in Zagreb tolle Möglichkeiten, sich einfach mal hinzusetzen und die Atmosphäre auf sich wirken zu lassen. Die Tatsache, dass man an den meisten dieser Orte auch noch etwas zu trinken bekommt, ist natürlich reiner Zufall.

KAFFEEPAUSE

Wenn die Einwohner von Zagreb etwas Zeit übrig haben, sind sie fast immer in einem Café anzutreffen. Einen Eindruck dieses Lieblingszeitvertreibs macht man sich am besten zur *špica* im Stadtzentrum. *Špica* ist die Zagreber Tradition, samstags vor oder nach dem Einkauf auf dem Dolac-Markt zwischen 11 und 14 Uhr in der Innenstadt einen Kaffee zu trinken. Dabei werden die neueste Mode und das Handy ausgeführt, und natürlich wird auch viel geplaudert. Dementsprechend groß ist der Ansturm auf die besten Tische in der Bogovićeva, Preradovićeva und Tkalčićeva.

CRAFT-BIER TRINKEN

Zagrebs Craft-Bier-Szene nimmt so langsam an Fahrt auf. Diverse Lokale haben sich inzwischen auf Bier aus einheimischen und internationalen Kleinbrauereien spezialisiert. Für eine Kneipentour bietet sich die Opatovina an. Entlang dieser Straße gibt's mehrere Bars mit einer großen Auswahl an Craft-Bier-Marken. Zu den besten gehören Craft Room (S. 95), Garden Brewery (S. 98), Hop Inn (S. 98), Pivnica Medvedgrad (S. 96) und dessen Schwesterpub Pivnica Mali Medo (S. 95).

1. Cafés an der Tkalčićeva
2. Craft-Bier aus der Garden Brewery (S. 98)
3. Cafés an der Bogovićeva

POSZTOS/SHUTTERSTOCK ©

VIGO-S/SHUTTERSTOCK ©

DARIOZG/SHUTTERSTOCK ©

Museum Mimara MUSEUM
(Muzej Mimara; ☎ 01-48 28 100; www.mimara.hr; Rooseveltov Trg 5; Erw./Kind 40/30 Kn; ⌚ Juli–Sept. Di–Fr 10–19, Sa bis 17, So bis 14 Uhr, Okt.–Juni Di, Mi, Fr & Sa 10–17, Do bis 19, So bis 14 Uhr) In einem eindrucksvollen ehemaligen Schulgebäude im Stil der Neorenaissance ist diese abwechslungsreiche, private Kunstsammlung von Ante Topić Mimara untergebracht, die Werke aus aller Welt umfasst. Mimara stiftete seiner Heimatstadt über 3750 unbezahlbare Objekte, obwohl er den Großteil seines Lebens in Salzburg verbrachte. Zu sehen gibt es u. a. Glaswaren der Ptolemäer aus Alexandria, feine Jade- und Elfenbeinornamente der Qing-Dynastie, kunstvoll verzierte Holzkreuze aus dem 14. Jh. mit Halbedelsteinen sowie eine riesige Sammlung europäischer Gemälde mit Arbeiten von Caravaggio, Rembrandt, Bosch, Velázquez, Goya, Renoir und Degas.

Botanischer Garten GÄRTEN
(Botanički Vrt; ☎ 01-48 98 060; Marulićev Trg 9a; ⌚ April–Okt. Mo & Di 9–14.30, Mi–So bis 19 Uhr) GRATIS Wer nach den vielen Museen und Galerien einmal eine Abwechslung braucht, sollte in dieser herrlichen grünen Oase eine Pause einlegen. Der 1890 angelegte Garten beherbergt 10 000 verschiedene Pflanzenarten und wartet mit vielen beschaulichen Ecken und Wegen auf.

ZAGREBS ZEITGENÖSSISCHE KUNSTSZENE

Zagrebs kreative Energie ist überall spürbar. Angetrieben wird sie von unzähligen jungen, ambitionierten Künstlern und Kuratoren. In der Stadt gibt es viele Orte, an denen man Kunst aus Kroatien bewundern kann. Wer neue Kunsttrends im Land entdecken möchte, der besucht folgende Orte:

Galerija Greta (www.greta.hr; Ilica 92; ⌚ Mo–Sa 7–20 Uhr) GRATIS

Galerija SC (Galerija Studentski Centar; ☎ 01-45 93 602; www.sczg.unizg.hr/kultura; Savska 25; ⌚ Mo–Fr 12–20, Sa 10–13 Uhr)

Galerija Nova (☎ 01-48 72 582; www.whw.hr/galerija-nova; Teslina 7; ⌚ Di–Fr 12–20, Sa 11–14 Uhr) GRATIS

Lauba (S. 83)

Galerija Miroslav Kraljević (www.g-mk.hr; Šubićeva 29; ⌚ Di–Fr 12–19, Sa 11–13 Uhr) GRATIS

Kroatischer Künstlerverein (S. 78)

Achtung: Viele Galerien sind im August geschlossen. Also vor dem Besuch erst mal Infos einholen.

Kroatisches Staatsarchiv ARCHITEKTUR
(www.arhiv.hr; Marulićev Trg 21; Erw./Kind 20/10 Kn; ⌚ Eintritt nur mit Führung Mo–Fr 13 & 14 Uhr) Zagrebs majestätischstes Art-déco-Gebäude wurde 1913 errichtet und beherbergte anfangs die königliche Bibliothek und das Landesarchiv. Von den Ecken des Dachs starren riesige Eulen der Weisheit auf die Besucher herab. Heute beheimatet der Palast das Staatsarchiv, dessen großartiges Interieur zweimal am Tag im Rahmen einer Führung bestaunt werden kann. Das Highlight der Tour ist der große Lesesaal mit seinen riesigen Kronleuchtern und Vlaho Bukovacs Gemälde *Entwicklung der kroatischen Kultur*, auf dem die wichtigsten Persönlichkeiten der kroatischen Geschichte porträtiert werden.

Strossmayer Galerie der Alten Meister GALERIE
(Strossmayerova Galerija Starih Majstora; Trg Nikole Šubića Zrinskog 11; Erw./Kind/Fam. 30/10/50 Kn; ⌚ Di 10–19, Mi–Fr bis 16, Sa & So bis 13 Uhr) Diese beeindruckende Kunstsammlung, die Bischof Strossmayer 1884 der Stadt stiftete, ist im zweiten Stock eines herrlichen Neorenaissance-Gebäudes aus dem 19. Jh. der Kroatischen Akademie der Wissenschaften und Künste untergebracht. Zur Sammlung gehören italienische Meister aus der Zeit vom 14. bis ins 19. Jh. (darunter Tintoretto, Veronese und Tiepolo), holländische und flämische Maler (Breughel der Jüngere) sowie die klassischen kroatischen Künstler Medulić und Benković.

Im Innenhof ist die Tafel von Baška (Baščanska Ploča) ausgestellt. Diese Steintafel von der Insel Krk stammt aus dem Jahr 1102 und trägt die älteste bekannte Inschrift in glagolitischer Schrift. Die Statue von Bischof Strossmayer, die ebenfalls hier steht, wurde von Ivan Meštrović geschaffen.

Zagreb 360° Aussichtsplattform AUSSICHTSPUNKT
(☎ 01-48 76 587; www.zagreb360.hr; Ilica 1a, 16. Stock; Erw./Kind/Fam. 60/30/150 Kn; ⌚ Mo 10–17, Di 14–22, Mi–So 10–23 Uhr) Hier darf man nicht die schwindelerregend hohen Aussichtspunkte anderer Städte erwarten, denn das höchste Gebäude im Zentrum Zagrebs ist eher ein kleiner Fisch unter den Hochhäusern. Diese Freiluftplattform, die rund

um das Café im 16. Stock verläuft, ist dennoch hoch genug, damit man eine hübsche Aussicht auf die gesamte Stadt bis hinunter zur Trg Bana Jelačića hat. Wenn man den Eintritt einmal bezahlt hat, kann man Café und Plattform beliebig oft betreten und gegen später wiederkommen, falls man den Blick auf die Stadt bei Sonnenuntergang oder bei Nacht genießen möchte.

Museum für Kunst & Handwerk MUSEUM

(Muzej za Umjetnost i Obrt; ☎01-48 82 123; www.muo.hr; Trg Republike Hrvatske 10; Erw./Kind/Fam. 40/20/70 Kn; ⏲Di–Sa 10–19, So bis 14 Uhr) Mit Exponaten von aufwendig verzierten Möbeln und grellen Rokkoko-Schmuckstücken bis hin zu Liturgiegewändern und Votivbildern wartet dieses Museum mit Handwerkskunst vom Mittelalter bis heute auf. Höhepunkt ist die Sammlung mit Schwarz-Weiß-Fotografien im 2. Stock, die Bilder aus Kroatien bis in die 1950er-Jahre zeigt. Am Eingang jedes Raums hängen Tafeln mit Erklärungen auf Englisch. Im Museum sind zudem häufig Wechselausstellungen zu sehen.

Ethnografisches Museum MUSEUM

(Etnografski Muzej; ☎01-48 26 220; www.emz.hr; Mažuranićov trg 14; Erw./Kind/Fam. 20/15/50 Kn; ⏲Di–Fr 10–18, Sa & So bis 13 Uhr) In einem 1903 erbauten Kuppelbau wird das ethnografische Erbe Kroatiens dokumentiert. Zum Bestand gehören rund 70 000 Objekte. Rund 2750 davon sind in der Dauerausstellung zu sehen – z. B. Keramiken, Schmuck, Musikinstrumente, Werkzeuge und Waffen sowie kroatische Trachten, goldbestickte Kopftücher aus Slawonien und Spitzenarbeiten von der Insel Pag. Dank Schenkungen der kroatischen Forscher Mirko und Stevo Seljan gibt es auch interessante Artefakte aus Südamerika, Äthiopien, China, Japan und Australien zu betrachten.

Sonstige Viertel

Lauba GALERIE

(☎01-63 02 115; www.lauba.hr; Baruna Filipovića 23a; Erw./Kind 25/10 Kn; ⏲Mo–Fr & So 14–22, Sa 11–22 Uhr) Die private Kunstsammlung in einer ehemaligen Weberei in einem Industriegebiet im Westen von Zagreb vermittelt einen Einblick in die zeitgenössische Kunst Kroatiens von den 1950er-Jahren bis heute. Die ausgestellten Werke wechseln häufig und es wird ein spannendes Veranstaltungsprogramm geboten. Dazu zählen etwa die kostenlosen Kreativworkshops für Kinder jeden Samstag (ohne Voranmeldung). Vor Ort gibt's auch das coole Lauba Bistro (S. 95).

Jarun-See SEE

(Jarunska) Der Jarun-See im Süden der Stadt ist das ganze Jahr über ein beliebtes Ausflugsziel der Einheimischen, vor allem aber im Sommer, wenn das klare Wasser zum Baden einlädt. Zwar ist ein Teil des Sees für Bootswettbewerbe abgeteilt (Rudern, Kajak- und Kanufahren), es gibt aber dennoch genug Platz, um entspannt eine Runde zu schwimmen. Außerdem kann man hier Rad fahren, inlinern und die Kleinen auf einem der Abenteuerspielplätze beschäftigen. Wer Schwimmen, Kanu oder Tretboot fahren möchte, geht am See nach links in Richtung Malo Jezero, einen Kiesstrand und Surfmöglichkeiten gibt's rechter Hand am Veliko Jezero.

Zum Jarun fahren die Straßenbahnen 5 oder 17; von der Haltestelle aus folgt man den Hinweisschildern zum *jezero* (See).

Museum für Zeitgenössische Kunst MUSEUM

(Muzej Suvremene Umjetnosti; ☎01-60 52 700; www.msu.hr; Avenija Dubrovnik 17; Erw./erm. 30/15 Kn; ⏲Di–Fr & So 11–18, Sa bis 20 Uhr) Das Museum ist in einem Gebäude mit Kultstatus untergebracht, das vom hiesigen Stararchitekten Igor Franić entworfen wurde. Auf 17 000 m² werden Einzel- und thematische Sammelausstellungen von kroatischen und internationalen Künstlern gezeigt. Die dauerhaft gezeigte „*Sammlung in Bewegung*" zeigt 620 unkonventionelle Werke von 240 Künstlern, von denen ungefähr die Hälfte aus Kroatien stammt. Ganzjährig finden hier Filmvorführungen, Konzerte, Theateraufführungen und allerlei Performances statt.

Nicht verpassen sollte man die interaktive Doppelrutsche des belgischen Künstlers Carsten Höller sowie die bewegende Installation *Ženska Kuća* von der bedeutendsten kroatischen Künstlerin Sanja Iveković, die Gewalt gegen Frauen zum Thema hat.

Am ersten Mittwoch im Monat ist der Eintritt frei, im Sommer finden samstags auf der Dachterrasse Konzerte statt.

Maksimir-Park PARK

(☎01-23 20 460; www.park-maksimir.hr; Maksimirski perivoj bb; ⏲Infozentrum Di–Fr 10–16, Sa & So bis 18 Uhr) Der friedliche Maksimir-Park ist eine von Bäumen übersäte Enklave von 18 ha und kann ganz einfach mit den Straßenbahnlinien 11 und 12 vom Trg Bana Jelačića erreicht werden. Der 1794 eröffnete

Stadtspaziergang **Architektur, Kunst & Straßenleben**

START TRG BANA JELAČIĆA
ZIEL TRG PETRA PRERADOVIĆA
LÄNGE/DAUER 1 KM; DAUER 1½ STD.

Der beste Startpunkt eines Bummels durch Zagreb ist der 1 **Trg Bana Jelačića** (S. 72), dem Herzen der Stadt und ihr wichtigster Treffpunkt. Nach ein paar Schritten bergauf kann man auf dem 2 **Dolac-Markt** (S. 72) Obst oder Snacks kaufen, ehe es zur 3 **Kathedrale Mariä Himmelfahrt** (S. 72) geht. Nun überquert man den 4 **Kaptol-Platz**, der von Gebäuden aus dem 17. Jh. gesäumt ist, und schlendert die Skalinska hinunter zur Tkalčićeva. Dieser folgt man bis zu einer Treppe, die hinauf zum 5 **Steinernen Tor** (S. 73) führt, einem Heiligtum und das Osttor des mittelalterlichen Gradec. Weiter geht's über die Kamenita zum Platz Trg Svetog Marka mit der Kirche 6 **St. Markus** (S. 76) aus dem 13. Jh., mit ihrem Dach eines der emblematischsten Gebäude Zagrebs. Hier stehen auch der 7 **Sabor** (S. 76), das Parlament, und der Präsidentenpalast 8 **Banski Dvori**.

Als nächstes schlendert man durch die Gassen der Oberstadt und informiert sich im 9 **Meštrović-Atelier** (S. 77) über Ivan Meštrović, den bekanntesten Künstler Kroatiens, bevor es zurück über den Trg Svetog Marka und die Ćirilometodska zu einem der bemerkenswertesten Museen des Landes geht, dem 10 **Kroatischen Museum für Naive Kunst** (S. 72). Auf der anderen Seite des Jezuitski Trg betritt man die 11 **Galerija Klovićevi Dvori** (S. 72) mit Ausstellungen hiesiger und internationaler zeitgenössischer Kunst. Genug von Kunst? Dann bestaunt man die 12 **Jesuitenkirche der hl. Katharina** (S. 73), ehe der Mitte des 13. Jhs. erbaute 13 **Lotrščak-Tum** (S. 72) einen Rundumblick auf die Stadt bietet. Nicht weit entfernt ist eine Standseilbahn von 1888, die die Unter- mit der Oberstadt verbindet. Nachdem man das Panorama bewundert hat, geht's mit dieser Bahn oder über eine Treppe in die Unterstadt zur Haupteinkaufsstraße 14 **Ilica**.

Zuletzt wird die Ilica überquert und es geht zum 15 **Trg Petra Preradovića** („Cvjetni Trg"), wo man sich in einem Straßencafé erholt.

Park war die erste öffentliche Grünanlage Südosteuropas. Er ist im Stil eines englischen Gartens mit Wegen, Rasenflächen und künstlichen Seen gestaltet. Das beliebteste Fotomotiv im Park ist der herrliche Bellevue-Pavillon aus dem Jahr 1843. Des Weiteren befinden sich hier noch der Echo-Pavillon und ein Haus, das einer rustikalen Schweizer Hütte nachempfunden ist.

Technikmuseum Nikola Tesla MUSEUM
(Tehnički Muzej Nikola Tesla; www.tehnicki-muzej.hr; Savska 18; Erw./Kind 20 Kn/frei; ⌚ Di–Fr 9–17, Sa & So bis 13 Uhr) Wissenschaftsinteressierte und Kinder lieben dieses bunt zusammengewürfelte Museum, das von Dampflokomotiven bis hin zu maßstabsgetreuen Modellen von Satelliten und einer nachgebauten Mine so einiges zu bieten hat. Es gibt auch Ausstellungen zu Landwirtschaft, Geologie, Energie und dem Thema Verkehr. Das **Planetarium** (zusätzl. Eintritt 15 Kn) kommt vor allem bei älteren Kindern gut an.

Dražen-Petrović-Gedenkmuseum MUSEUM
(☎ 01-48 43 146; www.drazenpetrovic.net; Trg Dražena Petrovića 3; Erw./Kind 30/10 Kn; ⌚ Mo–Fr 10–17, Sa bis 14 Uhr) Basketball ist in Zagreb sehr beliebt und das Team Cibona ist die Heimmannschaft der Stadt. Im Dražen-Petrović-Gedenkmuseum kann man dem berühmtesten Spieler des Teams huldigen und nebenbei noch jede Menge Erinnerungsstücke aus der Welt des Basketballs betrachten. Im nahe gelegenen **Cibona Tower** (☎ 01-48 43 333; www.cibona.com; Savska 30; Tickets 10–150 Kn) finden auch regelmäßig Basketballspiele statt.

Zoo Zagreb ZOO
(www.zoo.hr; Maksimir Park; Erw./Kind/Kind unter 7 Jahren 30/20 Kn/frei; ⌚ 9–20 Uhr, Kartenverkauf bis 18.30 Uhr) Zagrebs Zoo bietet eine bescheidene Zahl an Tieren aus aller Welt. Besucher können täglich die Fütterung der Seehunde, Seelöwen, Otter und Piranhas miterleben. Bei einer Renovierung wurden viele der Tiergehege verbessert und vergrößert. Montags gibt's vergünstigten Eintritt.

Geführte Touren

Secret Zagreb SPAZIERGANG
(☎ 097 67 38 738; www.secret-zagreb.com; 75 Kn/Pers., ⌚ Nov.–März Di & Fr 19, April Fr 21 & Mai–Okt. Mi & So) Führerin auf dieser Tour ist die Ethnografin und großartige Geschichtenerzählerin Iva Silla. Sie nimmt einen mit in das Zagreb der wunderlichen Mythen und Legenden und der sonderbaren historischen Persönlichkeiten. Bei ihrem sehr beliebten Stadtspaziergang Zagreb Ghosts and Dragons erhält man einen Einblick in die versteckten Ecken und vergessenen Gräber der Stadt, die allesamt im Stadtzentrum zu finden sind.

Secrets of Grič GEFÜHRTE TOUREN
(☎ 091 46 15 672; www.tajnegrica.hr; Erw./Kind 20/14 €; ⌚ Juli–Sept. Sa 21.30 Uhr, Mai, Juni & Okt. 21 Uhr) Der Romanzyklus *Die Hexe von Grič* von Marija Jurić Zagorka spielt im Zagreb des 18. Jhs. und ist ein Klassiker der kroatischen Literatur. Die einstündigen Nachttouren im Theaterstil tauchen ein in die Stadt, die Zagorka in ihren Büchern beschreibt, und erforschen die urbanen Legenden und die Geschichte der Oberstadt. Unterwegs trifft man sowohl auf geschichtliche Personen als auch auf Charaktere aus den Erzählungen der Autorin.

Old Zagreb Tour GEFÜHRTE TOUREN
(☎ 95 65 46 544; www.oldzagreb.com; Fahrt ab 200 Kn) Jetzt wird's stilvoll! Bei dieser Tour wird Zagreb an Bord eines Ford Model T von 1908 erkundet. Route 1 führt durch Gornji Grad zwischen dem Katarinin Trg und dem Kaptol. Es gibt auch eine Runde vorbei an den großen Parks der Unterstadt.

Zagrebee Tours STADTSPAZIERGANG
(☎ 091 40 00 306; www.zagrebee.com; 120 Kn; ⌚ April–Sept. Di, Mi & Fr 17 Uhr, Okt.–März 10 Uhr) Bei der Street Art Tour lernt man die blühende Freiluftkunstszene Zagrebs kennen. Sie führt zu einigen der besten Wandmalereien der Stadt und versorgt die Teilnehmer auch noch mit jeder Menge Hintergrundinfos zur hiesigen Straßenkunstszene.

Kuhaona ESSEN & TRINKEN
(☎ 01-41 04 841; www.kuhaona.com; Opatovina 13; Tour 75 €/Pers.; ⌚ Mo–Sa 10 Uhr) Die kulinarischen Touren von Kuhaona sind eine Einführung in die kroatische Küche. Bei der bei Feinschmeckern sehr beliebten Tour wird man auf eine vierstündige gastronomische Reise durch das Land mitgenommen, man sollte also unbedingt Hunger mitbringen. Im Kochstudio, nur wenige Schritte vom Dolac-Markt entfernt, werden auch Kochworkshops angeboten. Dabei kann man aus einer Reihe regionaler kroatischer Menüs wählen.

Zagreb Bites ESSEN & TRINKEN
(☎ 091 52 88 723; www.zagrebites.com) Wer die angesagtesten Locations Zagrebs rund um Essen, Wein und Craft-Bier kennenlernen

will, sollte sich diesen geführten Stadtspaziergängen eines kroatischen Food-Blogger-Paares anschließen. Es werden auch Ausflüge in die Weingebiete rund um Zagreb angeboten und auf Anfrage können Kochkurse organisiert werden. Die Preise variieren je nach Teilnehmerzahl.

Funky Zagreb Tours GEFÜHRTE TOUREN
(☎091 16 02 222; www.funky-zagreb.com; Walk & Wine Tour pro Pers. 1–4 Pers./über 4 Pers. 64/60 €) Hier gibt's verschiedene individuelle Touren, von Stadtspaziergängen mit Weinverkostungen (450 Kn für 2½–3 Std.) bis zur Gourmet-Tour mit Kochkurs (140 €/Pers. für 2 Pers.).

Blue Bike Tours RADFAHREN
(☎098 18 83 344; www.zagrebbybike.com; Trg Bana Jelačića 15; Tour Erw./Kind 29/14,50 €) Die beliebte Radtour Zagreb Highlights ist eine großartige Einführung in die Sehenswürdigkeiten im Stadtzentrum. Bei der Back-to-Socialism-Tour erkundet man die sozialistische Architektur in Novi Zagreb. Die Touren werden ganzjährig angeboten. Normalerweise finden sie um 10 oder 14 Uhr statt, in den heißen Sommermonaten geht's erst um 17 Uhr los.

Feste & Events

Der komplette Veranstaltungskalender der Stadt findet sich auf www.infozagreb.hr. Die größten internationalen Fachmessen Kroatiens finden in Zagreb im Frühling (Mitte April) und Herbst (Mitte Sept.) statt.

Museumsnacht KULTUR
(31. Jan.) Über 40 Kultureinrichtungen, von Museen über Galerien bis hin zu Privatsammlungen, öffnen in Zagreb ihre Türen bis 1 Uhr nachts. Der Eintritt ist frei – nicht zuletzt deshalb pilgert an diesem Abend ganz Zagreb ins Museum.

Zagrebdox FILM
(http://zagrebdox.net; Ende Feb.–Anfang März) Jährlich stattfindendes Dokumentarfilm-Festival in Zagreb.

Musik-Biennale Zagreb MUSIK
(www.mbz.hr; April) In allen Jahren mit ungerader Jahreszahl findet im April Kroatiens bedeutendstes Festival für moderne Musik statt. Modern heißt jedoch nicht Pop – auf der renommierten Veranstaltung dreht sich alles um zeitgenössische klassische Musik.

Subversive Festival KULTUR
(www.subversivefestival.com; Mai) Europas Aktivisten und Philosophen strömen in Scharen nach Zagreb, um zwei Wochen lang im Mai an Filmvorführungen und Vorträgen teilzunehmen.

Cest is d'Best KULTUR
(www.cestisdbest.com, Mai–Juni) Von Ende Mai bis Anfang Juni verwandeln sich Zagrebs Straßen jedes Jahr für mehrere Tage in eine Bühne für Musik, Tanz, Theater, Kunst und Sport. Bei dem Straßenfestival treten auf sechs Bühnen überall im Zentrum rund 200 Künstler aus der ganzen Welt auf.

Ljeto na Štrosu KULTUR
(www.ljetonastrosu.com; Ende Mai–Mitte Sept.) Bei diesem kuriosen jährlichen Event stehen kostenlose Filme unter freiem Himmel, Konzerte, Kunst-Workshops und Hundewettbewerbe für Mischlinge auf dem Programm, die alle entlang der schattigen Strossmayerovo Šetalište stattfinden.

INmusic Festival MUSIK
(www.inmusicfestival.com; Jarun-See; Juni) Das dreitägige musikalische Spektakel, Zagrebs wichtigstes Musikfestival, findet jeden Juni am Jarun-See statt. In den vergangenen Jahren waren Alice in Chains, PJ Harvey, Nick Cave & The Bad Seeds und St. Vincent unter den Headlinern.

Design District Zagreb KULTUR
(www.designdistrict.hr; Juni) Jedes Jahr im Juni erwacht Zagrebs „Design District" rund um die Straße Martićeva zum Leben. Dann gibt's ein ausgefeiltes Programm an Pop-up-Läden, Workshops, Atelierbesichtigungen, Konzerten und gastronomischen Abendveranstaltungen, die alle in Privatwohnungen, Höfen oder leerstehenden Geschäften im Viertel stattfinden.

Internationales Folklorefestival KULTUR
(www.msf.hr; Juli) Dieses Folklorefestival wird seit 1966 in Zagreb veranstaltet. Zu bewundern sind Volkskultur und -tradition mit Auftritten von sowohl kroatischen als auch internationalen Sängern und Tänzern. Die Darbietungen werden auf den zwei Hauptbühnen auf dem Trg Bana Jelačića und in der Oberstadt aufgeführt. Weitere Veranstaltungen finden überall im Stadtzentrum statt.

Sommerabende in Grič MUSIK
(Juli) Jedes Jahr im Juli findet im Rahmen dieses Festivals in der Oberstadt ein Konzertzyklus statt. Das Atrium der Galerija Klovićevi Dvori (S. 72) und die Bühne in Gradec werden für die Musikveranstaltun-

ZAGREB MIT KINDERN

Zagreb ist eine kinderfreundliche Stadt mit tollen Attraktionen, die sich speziell an Kinder richten, und einer ganzen Reihe kostenloser Veranstaltungen, die in der Hauptsaison zwischen Mai und September im Stadtzentrum angeboten werden. Insgesamt ist die städtische Infrastruktur gut auf Kinderwagen ausgerichtet (etwa mit abgesenkten Bordsteinkanten an Fußgängerübergängen), aufgrund der hohen Einstiege ist es aber schwierig, mal eben schnell eine Straßenbahn zu nehmen.

Kinder unter sieben Jahren fahren in den öffentlichen Verkehrsmitteln kostenlos mit. Bei einigen Sehenswürdigkeiten muss man für Kinder unter fünf Jahren nichts bezahlen und für ältere Kinder nur den halben Preis, und es gibt auch reduzierte Familientickets. Ekotaxi (S. 103) bietet bei einer Taxifahrt auch Kindersitze für Babys und Kleinkinder, man muss allerdings mindestens zwei Stunden vor der Fahrt buchen und das Alter des Kindes angeben. Für eine Familienradtour wendet man sich an Bike.com (S. 102), denn hier werden auch Kinderfahrräder und -helme verliehen. In Zagreb fahren die Radfahrer auf dem Gehweg, nicht auf der Straße, und manche Gehwege haben ausgewiesene Radwege.

Museum der Illusionen (S. 79) Angehende kleine Wissenschaftler werden hier voller Faszination die Räume mit optischen Illusionen, Spiegeln und Hologrammen erkunden.

Backo Mini Express (☎ 01-48 33 226; www.backo.hr; Gundulićeva 4; Erw./Kind/Fam. 22/20/70 Kn; ⏲ Do–Sa 10–18 Uhr) Die Kleinen werden wie hypnotisiert die Züge beobachten, die durch die Landschaft dieser riesigen Modelleisenbahn tuckern.

Tortureum (S. 73) Die makabren Exponate des Foltermuseums ziehen die meisten jüngeren Teenager in ihren Bann.

Zagreb 80's Museum (S. 73) Die Kinder werden überwältigt sein von der „guten alten Zeit" ohne Internet. Außerdem können sie sich, wenn sie mögen, auch verkleiden.

Boćarski Dom (Prisavlje 2) Dieser Park ist für kleine Energiebündel der perfekte Ort zum Austoben. Es gibt hervorragend ausgestattete Spielplätze, Spielwiesen, eine Rampe für Skater und einen beschaulichen Weg an der Save. Hin kommt man mit der Straßenbahnlinie 17. Der Park liegt westlich der Haltestelle Prisavlje.

Maksimir-Park (S. 83) Hier gibt's zwei Spielplätze und einen Zoo (S. 85).

Sport- & Freizeitzentrum Šalata (☎ 01-46 17 255; www.sportskiobjekti.hr; Schlosserove Stube 2; Tagesticket Erw./Kind/Fam. Wochenende 30/20/60 Kn, wochentags 20/15/40 Kn; ⏲ freies Schwimmen Juni–Sept. Mo–Fr 13.30–18, Sa & So 11–19 Uhr) Hier kann man der Hitze der Stadt entkommen und sich in den Schwimmbecken nach der schweißtreibenden Erkundung von Zagreb abkühlen.

Jarun-See (S. 83) Im Sommer treffen sich hier am Wochenende einheimische Familien zum Schwimmen und Tretbootfahren.

gen genutzt – zu hören und zu sehen gibt es alles von Klassik über Jazz und Blues bis hin zu Weltmusik.

Animafest Zagreb FILM
(Weltfestival des Zeichentrickfilms; www.animafest.hr; ⏲ Juni) Das renommierte Festival findet seit 1972 jedes Jahr in Zagreb statt. In ungeraden Jahren werden Spielfilme gezeigt, in geraden Kurzfilme.

Dvorišta KULTUR
(Dvorišta; www.dvorista.in; ⏲ Juli) Jedes Jahr im Juli finden in den historischen Innenhöfen in Zagrebs Oberstadt, von denen viele der Öffentlichkeit normalerweise gar nicht zugänglich sind, zehn Tage lang Konzerte und andere Aufführungen statt. Dazu gibt's Essen, Alkohol und gute Laune.

Internationales Festival des Marionettentheaters THEATER
(www.pif.hr; ⏲ Sept.) Das renommierte Festival findet seit 1968 im September statt. Geboten werden Auftritte von Starensembles, Workshops zum Thema Marionettenherstellung sowie Marionettenausstellungen.

World Theatre Festival THEATER
(www.zagrebtheatrefestival.hr; ⏲ Sept.–Okt.) Jedes Jahr kommen ein paar Wochen im September, manchmal sogar bis in den Oktober

hinein, hochkarätige zeitgenössische Theaterensembles in die kroatische Hauptstadt.

25 FPS Festival FILM
(www.25fps.hr; ⌚ Ende Sept./Anfang Okt.) Das unkonventionelle Festival präsentiert, normalerweise Ende September oder Anfang Oktober, eine Woche lang alternative Filme und Videos.

Zagreb Film Festival FILM
(www.zff.hr; ⌚ Okt.–Nov.) Das bedeutende Kulturevent dauert neun Tage und bietet an verschiedenen Orten im Stadtzentrum über 100 Filmvorführungen. Die Regisseure wetteifern dabei um den „Goldenen Kinderwagen".

Fuliranje WEIHNACHTSMARKT
(www.adventzagreb.com; ⌚ Dez.) Zagrebs preisgekrönter Weihnachtsmarkt wird jedes Jahr im Dezember an verschiedenen Orten im Stadtzentrum, darunter auf dem Trg Bana Jelačića und im Zrinjevac, abgehalten. Er ist Teil des vollgepackten Adventsprogramms der Stadt, das selbst bei eisigen Temperaturen jede Menge Menschen anzieht. Der Schwerpunkt liegt auf Streetfood, Glühwein, Kunsthandwerk und Livemusik, und es gibt zahlreiche Aktivitäten für die Kleinen.

Human Rights Film Festival FILM
(www.humanrightsfestival.org; ⌚ Dez.) Auf dem einwöchigen „Filmfestival der Menschenrechte", das jeden Dezember im Kino Europa stattfindet, werden Filme gezeigt, die Menschenrechtsfragen auf der ganzen Welt beleuchten.

Schlafen

In Zagreb findet man eine große Vielfalt an Unterkünften. Die besten Optionen liegen im Stadtzentrum oder in fußläufiger Entfernung davon. Die Zimmerpreise in allen Kategorien schwanken im Laufe des Jahres gewaltig. Außerhalb der Hochsaison (Mai–Mitte Sept.) sinken die Preise der meisten Budgetunterkünfte um bis zu 50 %.

Oberstadt

★ **Swanky Mint Hostel** HOSTEL €
(☎ 01-40 04 248; www.swanky-hostel.com/mint; Ilica 50; B 170–200 Kn, EZ/DZ 400/600 Kn; ❄ @ 📶 ▣) Das coole Hostel in einer umgebauten Textilfärbefabrik aus dem 19. Jh. verfügt über eine gut besuchte Bar. Die Schlafsäle sind klein, aber mit Schließfächern, Vorhängen vor den Betten und Leselampen ausgestattet, während die Zimmer hell und groß sind. Seine Beliebtheit verdankt das Hostel jedoch seiner geselligen, freundlichen Atmosphäre mit Willkommensdrinks (einem Gläschen des Obstbrands *rakija*), organisierten Kneipentouren und einem Reisebüro vor Ort.

Hostel 63 HOSTEL €
(☎ 01-55 20 557; www.hostel63.eu; Vlaška 63/7; B/DZ/Apt. 22/65/75 €; ⊖ ❄ 📶) Das in grau-gelb-weiß gehaltene Hostel mit seinen hilfsbereiten Angestellten ist stets makellos sauber und aufgeräumt. Die Schlafsäle mit vier Betten sind zweckmäßig mit Schließfächern, Vorhängen vor den Betten und eigenen Bädern ausgestattet. Es gibt sogar zwei Schlafsäle mit jeweils zwei Doppelbett-Stockbetten für Pärchen. Frühstück kostet 4 € extra. Dank seiner Lage in einem Hinterhof abseits der Hauptstraße wird man hier sicher einen ruhigen Schlaf finden.

Chillout Hostel Zagreb Downtown HOSTEL €
(☎ 01-48 49 605; www.chillout-hostel-zagreb.com; Tomićeva 5a; B 130–145 Kn, DZ 400 Kn; P ❄ @ 📶) Die Unterkunft in einer hübschen kleinen Gasse abseits der Tomićeva hat eine tolle Bar und eine ansehnliche Zahl an Schlafsälen und Zimmern. Die Schlafsäle sind schön groß und mit Schließfächern, eigenen Steckdosen, Leselampen und einem eigenen Regal ausgestattet. Es herrscht eine sehr freundliche und gesellige Atmosphäre. Angeboten werden u. a. Kneipentouren, Tagesausflüge und kostenlose Stadtspaziergänge.

Rooms Zagreb 17 BOUTIQUEHOTEL €€
(☎ 091 17 00 000; www.sobezagreb17.com; Radićeva 22; Zi. 60–80 €, Apt. 120 €; ❄ 📶) Dieses Boutiquehotel liegt im Herzen der Stadt und blickt auf die von Cafés gesäumte geschäftige Tkalčićeva. Dank der Liebe zum Detail, mit der die Besitzerin Irena die geräumigen Zimmer eingerichtet hat, logiert man hier überaus stilvoll. Alles ist in Weiß gehalten und mit bunten Kunstwerken an den Wänden, Minikühlschränken und Stühlen aus Plexiglas ausgestattet. Zudem gibt's Satelliten-TV (mit vielen internationalen Kanälen) und Wasserkocher. Zimmer 2 ist im maritimen Stil eingerichtet.

★ **Hotel Jägerhorn** HISTORISCHES HOTEL €€€
(☎ 01-48 33 877; www.hotel-jagerhorn.hr; Ilica 14; EZ/DZ/Suite 950/1050/1500 Kn; P ❄ @ 📶) Das älteste Hotel in Zagreb (bestehend seit 1827) ist eine friedliche Oase voller Charakter. Die 18 eleganten Zimmer sind neutral mit

APARTMENTS ZUR KURZZEITMIETE

Wer Zagreb wie ein Einheimischer erleben möchte, kann sich eine Ferienwohnung nehmen. Die Auswahl ist riesig.

Die hiesigen renommierten Agenturen **Irundo** (☎ 01-88 95 433; https://irundo.com; Rezeption Petrinjska 9; Apt. 57–100 €; P ❄ 📶) und **InZagreb** (☎ 091 65 23 201; www.inzagreb.com; Apt. 65–95 €; ❄ 📶) haben Listen mit unterschiedlich großen Apartments überall in der Innenstadt, die sich für jegliche Anzahl an Personen eignen, von Paaren bis hin zu großen Familiengruppen.

Wer direkt über den Wohnungsbesitzer buchen möchte, probiert es beim preisgekrönten **Main Square Apartment** (☎ 091 15 11 967; www.accrommodation.com; Trg Bana Jelačića 3; 1–2/3/4 Pers. 80/90/100 €; ❄ 📶) unmittelbar am Hauptplatz. Die kleine und elegante Atelierwohnung von **Agramer Apartments** (☎ 091 60 90 764; https://agramer zagreb.wordpress.com; Jukićeva 34; Nacht/Woche 40/250 €; P ⊖ ❄ 📶) ist gut ausgestattet und für Alleinreisende und Paare oft eine günstigere Option als ein Hotelzimmer.

einigen blauen Akzenten eingerichtet und haben übergroße Betten, Wasserkocher und schicke, moderne Bäder. Von den Zimmern im obersten Stockwerk blickt man über das grüne Gradec. Die Angestellten sind liebenswert und das Café auf der Terrasse im Erdgeschoss ist der perfekte Ort, um sich von den Sightseeing-Strapazen zu erholen.

Unterstadt

Shappy Hostel HOSTEL €

(☎ 01-48 30 483; www.hostel-shappy.com; Varšavska 8; B 170 Kn, DZ ab 550 Kn; P ⊖ ❄ 📶) Das kleine Hostel versteckt sich in einem Hof und ist ein Ort der Ruhe. Die Zimmer sind in Grau und Weiß gehalten und die Schlafsäle für vier Personen (mit makellos sauberen Gemeinschaftsbädern) gehören zu den größten der Stadt. Auf der sonnenverwöhnten Terrasse kann man sich zurückziehen und entspannen.

★ **Studio Kairos** B&B €€

(☎ 01-46 40 690; Vlaška 92; EZ/DZ/3BZ/4BZ ab 36/50/65/70 €; ❄ 📶) Das bezaubernde B&B bietet in einer Erdgeschosswohnung vier gut ausgestattete Zimmer, die jeweils unter einem bestimmten Motto stehen: Schriftsteller, Kunsthandwerk, Musik und Großmutter. Außerdem gibt es einen gemütlichen Gemeinschaftsraum, in dem auch das köstliche Frühstück serviert wird. Die freundlichen Besitzer geben gern Auskunft zu allen Fragen rund um Zagreb und tragen so zu einer sehr persönlichen Atmosphäre bei. Es können Fahrräder geliehen werden.

4 City Windows B&B €€

(☎ 01-88 97 999; www.4citywindows.com; Palmotićeva 13; EZ/DZ 55/90 €; P ❄ 📶) Wer in diesem heimeligen B&B von Tanja und Ivo mitten im Zentrum übernachtet, fühlt sich eher wie bei zwei coolen Zagreb-Kennern zu Hause als in einem Hotel. Die geräumigen Zimmer strotzen nur so vor künstlerischem Flair, und dank der dicken Wände wird man sicherlich ruhig schlafen können. Das Frühstück ist üppig mit *štrukli* (gebackenen Käseklößen), Pfannkuchen und hausgemachter Marmelade.

Hotel Astoria BUSINESSHOTEL €€

(☎ 01-48 08 900; www.hotelastoria.hr; Petrinjska 71; EZ/DZ ab 80/90 €; P ⊖ ❄ 📶) Das Hotel Astoria ist eine verlässliche gute Option ganz in der Nähe des Bahnhofs. Es gehört zur Hotelfamilie Best Western Premier und wartet mit hellen Zimmern in einem flotten Businessstil auf, die alle komfortabel eingerichtet sind und über Wasserkocher, Fernseher und anständig große Bäder verfügen. Die Angestellten sind freundlich und hilfsbereit.

Hotel Garden HOTEL €€

(☎ 01-48 43 720; www.gardenhotel.hr; Vodnikova 13; DZ/3BZ 95/105 €; ❄ 📶) Das Hotel direkt am Botanischen Garten (daher auch der Name) besticht durch klare Linien und strahlendes Weiß. Besonders schön ist die schlichte Einrichtung mit den Schwarz-Weiß-Drucken über den Betten. Die Eckzimmer (sie werden „Economy-Doppelzimmer" genannt) sind viel kleiner als die Standardzimmer und kosten 10 € weniger. Wer angesichts der Straßenbahn direkt vor der Tür Bedenken hat, kann nach einem Zimmer nach hinten raus fragen.

Hotel Dubrovnik BUSINESSHOTEL €€

(☎ 01-48 63 555; www.hotel-dubrovnik.hr; Gajeva 1; DZ ab 110 €; P ⊖ ❄ 📶) Das Hotel gleich am Hauptplatz ist ein Wahrzeichen Zagrebs und hat freundliche Angestellte und frisch renovierte, geräumige Zimmer. Diese sind komfortabel ausgestattet und verfügen über große Fernseher (mit vielen englischsprachigen Kanälen), breite Betten und moderne Bäder. Wer ein Zimmer mit Blick auf den Trg Bana Jelačića hat, kann sich das rege Treiben in Zagreb vom Fenster aus ansehen.

Esplanade Zagreb Hotel HISTORISCHES HOTEL €€€
(01-45 66 666; www.esplanade.hr; Mihanovićeva 1; Zi. ab 130 €;) Dieses Art-déco-Meisterwerk wurde 1925 direkt neben dem Bahnhof gebaut, um die Fahrgäste des Orientexpresses im großen Stil willkommen zu heißen. Es hat sich viele Originalelemente von damals bewahrt, darunter seine großartige Marmortreppe, die aufwendigen Buntglasfenster und der prachtvolle Emerald Ballroom. Die Zimmer versprühen eine zeitlose Eleganz, wie man es von einem Ort erwarten darf, der bereits Könige und Politiker zu seinen Gästen zählte.

Andere Viertel

Hotel 9 BOUTIQUEHOTEL €€
(01-56 25 040; www.hotel9.hr; Avenija Marina Držića 9; Zi. ab 90 €;) Direkt gegenüber dem Busbahnhof befindet sich diese schicke, moderne Unterkunft. Die großen Zimmer haben meistens Balkons und verfügen über abgefahrene Spiegelwände im Streifendesign mit weißen, silber- oder goldfarbenen Akzenten. Selbst die nach vorne gehenden Zimmer sind dank der Doppelglasfenster wunderbar ruhig. Das Frühstück mit allem Drum und Dran wird auf der Dachterrasse serviert.

Essen

Die meisten Restaurants in Zagreb sind auf die traditionelle kroatische und italienische Küche spezialisiert, es gibt aber auch zahlreiche Lokale mit Bistrokost, die frische Zutaten vom Dolac-Markt verwenden. Die Straßen der Innenstadt sind von Fast-Food-Läden, Bäckereien und Snackbars gesäumt. Viele Restaurants machen im August für zwei bis vier Wochen Sommerferien.

Oberstadt

La Štruk KROATISCH €
(www.facebook.com/La-Struk; Skalinska 5; Hauptgerichte 29–40 Kn; 11–22 Uhr;) Im La Štruk kommen ausschließlich *štrukli* (gebackene Käseklöße) auf den Tisch. Entweder man hält sich an die traditionelle herzhafte oder süße *kuhani*-Variante (gekocht) oder man beschreitet völlig neue Pfade und bestellt sich die *zapečeni*-Option (gebacken) mit gebratener Paprika oder Trüffel, die eher an eine Lasagne mit extra viel Käse erinnert. Wenn es drinnen keinen Platz mehr gibt, findet man meist noch einen Tisch in dem versteckten Garten, der über eine Gasse an der Seite betreten werden kann.

Amelie CAFÉ €
(www.slasticeamelie.com; Vlaška 6; Kuchen 17–19 Kn; 8–23 Uhr;) Für viele Einheimische ist dieses Café eine der besten Adressen der Stadt für Kaffee und Kuchen. Besonders gut sind die saisonalen Spezialitäten wie etwa Pflaumenkuchen im Sommer. An schönen Tagen kann man auf der Terrasse auf der gegenüberliegenden Straßenseite sitzen.

Curry Bowl SRI-LANKISCH €
(01-55 79 175; www.srilankancurrybowl.com; Tkalčićeva 44; Hauptgerichte 39–55 Kn; So–Do 11–23, Fr & Sa bis 24 Uhr;) Lust auf ein wenig Würze? In diesem Lokal kommen lauter sonnenverwöhnte Aromen auf den Tisch. Lecker ist das *kotthu* (scharfe Mischung aus Roti-Brot, Gemüse und Eiern), zu dem man sich am besten eine Portion Ananas-Chutney oder *pol sambol* (Kokoswürze) bestellt. Dazu passt eine Flasche des Lieblingsgetränks der Insel, Lion Beer.

★ **Mali Bar** TAPAS €€
(01-55 31 014; www.facebook.com/MaliBarZagreb; Vlaška 63; Gerichte 45–150 Kn; Mo–Sa 12.30–24 Uhr;) Das in Erdtönen gehaltene Restaurant der Starköchin Ana Ugarković bietet kleine Happen im Tapasstil, denen der Einfluss aus dem Mittelmeerraum, dem Nahen Osten und Asien anzumerken ist. Hier kann man sich *labneh*-Bällchen (arabischer Sauermilchjoghurt) auf einem Bett aus Mangold und gerösteter Roter Bete, geräucherten Thunfisch in Safran und chinesische Teigtaschen mit Schweinefleisch schmecken und zusammen servieren lassen.

Lanterna na Dolcu KROATISCH €€
(01-48 19 009; www.lanterna-zagreb.com; Opatovina 31; Hauptgerichte 55–95 Kn; Di–Sa 11–23, So & Mo 16–23 Uhr;) Moderne Interpretationen traditioneller kroatischer Gerichte und ein hervorragender Service lassen das Lanterna aus der Masse der Restaurants im Stadtzentrum hervorstechen. Im gemütlichen Untergeschoss mit einer Gewölbedecke aus Ziegeln werden Hauptgerichte wie Schweinelende mit Pflaumenfüllung an

Brandy-Pflaumen-Jus oder Steak mit einer Sauce aus eingelegter Paprika serviert. Es gibt auch eine exzellente Weinkarte.

Trilogija MEDITERRAN €€
(☎01-48 51 394; www.trilogija.com; Kamenita 5; Hauptgerichte 88–140 Kn; ⏲Mo–Do 11–24, Fr & Sa bis 22, So bis 16 Uhr; ❄) Die Restaurants am Steinernen Tor kommen und gehen in rascher Folge, doch das Trilogija konnte sich halten. Das Erfolgsgeheimnis sind das freundliche Personal und die mediterrane Fusion-Küche mit Gerichten wie Thunfischsteak mit Rote Bete oder Risotto mit Shrimps und Mango.

Didov San DALMATISCH €€
(☎01-48 51 154; www.konoba-didovsan.com; Mletačka 11; Hauptgerichte 95–140 Kn; ⏲10–24 Uhr; ❄) In dieser rustikalen Taverne in der Oberstadt kommen Gerichte der traditionellen Küche des Neretva-Delta im Hinterland Dalmatiens auf den Tisch. Drei der Spezialitäten, die man unbedingt probieren sollte, sind gegrillter Aal, Schnecken auf Polenta und in Schinken gewickelter Frosch.

Kaptolska Klet KROATISCH €€
(☎01-48 76 502; www.kaptolska-klet.eu; Kaptol 5; Hauptgerichte 80–170 Kn; ⏲11–24 Uhr) Draußen auf der riesigen Terrasse sowie im etwas nüchternen Innenraum mit Bierhallen-Flair werden traditionelle mitteleuropäische Speisen serviert. Zudem werden regelmäßig saisonale Spezialitäten wie frittierte Entenfleischbällchen auf gedünstetem Rotkraut angeboten.

Stari Fijaker 900 KROATISCH €€
(☎01-48 33 829; www.starifijaker.hr; Mesnička 6; Hauptgerichte 66–150 Kn; ⏲Mo–Sa 11–23, So bis 22 Uhr; ❄) Einst war diese Grand Dame die Top-Adresse für ein Abendessen in Zagreb, aber auch heute ist sie immer noch ein toller Ort für kroatische und europäische Gerichte in altehrwürdiger Atmosphäre. Auf der traditionellen Speisekarte stehen etwa herzhafte Eintöpfe aus Slawonien, Schnitzel nach Zagreb-Art und *mlinci* (gebackene Nudeln) mit Truthahn.

★**Bistro Apetit** EUROPÄISCH €€€
(☎01-46 77 335; www.bistroapetit.com; Jurjevska 65a; Hauptgerichte 132–202 Kn; ⏲Di–So 10–24 Uhr; ❄) Hoch über der von Villen gesäumten Jurjevska serviert dieses Restaurant des Chefkochs Marin Rendić, welcher einst im Noma in Kopenhagen arbeitete, die weltgewandtesten modernen Gerichte Zagrebs. Als Vorspeise bietet sich ein Thunfisch-Tartar mit Birne und Sesamkörnern an, anschließend lässt man sich Rinderbäckchen auf Bohnenmousse mit Karotten und Pistazien schmecken. Eine gute Wahl und eine geschmacksintensive Schlemmerei ist das Degustationsmenü (5/7 Gänge 420/620 Kn).

Agava INTERNATIONAL €€€
(☎01-48 29 826; www.restaurant-agava.hr; Tkalčićeva 39; Hauptgerichte 77–200 Kn; ⏲9–23 Uhr; ❄📶) Die Terrasse vor dem Haus ist der perfekte Ort, um bei einem langen, gemütlichen Mittagessen in der Sonne zu sitzen und das Treiben auf der Fußgängerzone weiter unten zu beobachten. Die Speisekarte vereint die besten Einflüsse aller Küchen weltweit, etwa ein Thunfischsteak in Sesamsauce auf Couscous oder ein Risotto mit Schafskäse und Birne sowie einige kroatische Klassiker.

Baltazar KROATISCH €€€
(www.facebook.com/restoranbaltazar; Nova Ves 4; Hauptgerichte 90–200 Kn; ⏲Mo–Sa 12–24, So bis

VEGETARISCH LEBEN IN ZAGREB

Zagreb ist traditionell eher ein Ort für Fleischliebhaber und war bisher alles andere als ein Paradies für Vegetarier und Veganer. In den letzten Jahren haben einige der Restaurants in der Stadt ihr Angebot an vegetarischen Speisen jedoch ausgeweitet, sodass es heute kein Problem mehr sein dürfte, ein warmes Essen zu bekommen. Es gibt sogar einige Lokale, die speziell auf Vegetarier und Veganer ausgerichtet sind. Dabei ist die einzige Würze allerdings leider oft nur Salz, da die anderen Gewürze scheinbar einfach im Regal stehen gelassen werden.

Die beste Wahl für ein fleischloses Gericht ist Curry Bowl (S. 90), das alle seine leckeren Currys auch als vegetarische Option anbietet. Mali Bar (S. 90) hat auch eine gute Auswahl an vegetarischen Gerichten. Komplett vegetarisches und veganes Essen gibt's bei **Zrno** (www.zrnobiobistro.hr; Medulićeva 20; Hauptgerichte 59–75 Kn; ⏲Mo–Sa 12–21.30 Uhr; ❄🥗) oder **Green Point** (www.green-point.hr; Varšavska 10; Gerichte 24–39 Kn; ⏲Mo–Sa 9–22 Uhr; ❄📶🥗).

ZM_PHOTO/SHUTTERSTOCK ©

DARIOZG/SHUTTERSTOCK ©

1. Jesuitenkirche der hl. Katharina (S. 73)
Die Jesuitenkirche der hl. Katharina wurde zwischen 1620 und 1632 erbaut und ist ein hervorragendes Beispiel für den Barockstil.

2. Mirogoj (S. 69)
Einer der schönsten Friedhöfe Europas, der Mirogoj, ist durchzogen von Pfaden und übersät mit Skulpturen und kunstvoll gestalteten Gräbern.

3. Museum der zerbrochenen Beziehungen (S. 69)
Dieses einzigartige, kuriose Museum zeigt Relikte, die übrig bleiben, wenn eine Beziehung zu Ende geht.

4. Dolac-Markt (S. 72)
Händler aus ganz Kroatien kommen auf diesen Markt in Zagreb, um ihre Produkte zu verkaufen.

HIDEAKI TSUDA/500PX ©

17 Uhr; ❄) Die Spezialität dieses alteingesessenen, gehobenen Restaurants sind gegrilltes Fleisch nach Rezepten aus dem Zagorje und aus Slawonien sowie Steak-Gerichte. Im Sommer kann man ganz wunderbar auf der Terrasse unterm Sternenhimmel speisen.

Unterstadt

Heritage KROATISCH €
(Petrinjska 14; Hauptgerichte 18–39 Kn; ⏲ Mo–Sa 11–20 Uhr; ❄) Das Heritage ist eine Tapasbar im kroatischen Stil und verwendet für seine Wurst- und Käseplatten nur lokale Zutaten. In dem winzigen Lokal gibt's nur eine Theke und ein paar Barhocker. Lecker sind die Fladenbrote mit Prosciutto aus Zagora, Aufstrich aus schwarzem Trüffel und Käse aus Ika oder auch *kulen* (scharfe Paprikawurst) mit gegrillten Paprikaschoten und Frischkäse. Der Service ist herzlich und freundlich.

Time Pastry Shop NACHTISCH €
(www.facebook.com/timepastry; Teslina 14; Kuchen 30–40 Kn; ⏲ Mo–Sa 10–23 Uhr) Es ist schon fast eine Schande, die Mini-Kunstwerke dieser gehobenen Patisserie im Pariser Stil zu essen... aber irgendjemand muss sich ja aufopfern.

b041 EIS €
(www.facebook.com/nacestib041; Masarykova 25; Kugel 11 Kn; ⏲ 9–24 Uhr; ❄📶) In der besten Eisdiele Zagrebs gibt's unglaublich leckeres Eis, das das Herz jedes Schokoladenliebhabers höher schlagen lässt. Zur Auswahl stehen aber auch abgefahrenere Geschmacksrichtungen wie Orange-Käsekuchen und Mandel-Amaretto.

Vincek NACHTISCH €
(www.vincek.com.hr; Ilica 18; Kuchen & Gebäck 10–24 Kn; ⏲ Mo–Sa 8.30–23 Uhr) Diese *slastičarna* (Konditorei) ist eine echte Institution in Zagreb und sorgt bereits seit 1978 dafür, dass die Zahnärzte der Stadt immer was zu tun haben. Es ist die richtige Adresse, wenn man sich nach der Erkundung der Kopfsteinpflasterstraßen etwas gönnen möchte, z.B. ein luftiges Kirsch-Parfait, ein Stück Walnusskuchen oder eine Kugel Eis.

Vis à Vis NACHTISCH €
(www.vincek.com.hr; Tomićeva 2; Kuchen & Gebäck 12–24 Kn; ⏲ Mo–Sa 9–22 Uhr; 🖉) In dem kleinen Schwesterncafé des Vincek werden traumhafte Leckereien serviert, die ohne Zucker hergestellt werden und allesamt glutenfrei sind. Viele der angebotenen Kuchen sind auch vegan, am besten kommen der Karotten-, der Mandel- und der Ingwerkuchen an.

Pingvin SANDWICHES €
(Teslina 7; Sandwiches 18–30 Kn; ⏲ Mo–Sa 10–4, So 18–2 Uhr) Ein Besuch in Zagreb, ohne mindestens einmal ein Pingvin-Sandwich verdrückt zu haben, ist fast nicht denkbar. Der Schnellimbiss ist schon seit 1987 die Adresse für Hähnchenfilets und Burger mit Pitabrot, die von einer riesigen Portion Essiggurken und Salat gekrönt werden.

Vinodol KROATISCH €€
(☎ 01-48 11 427; www.vinodol-zg.hr; Teslina 10; Hauptgerichte 85–160 Kn; ⏲ 11.30–24 Uhr; ❄) Die mitteleuropäischen Speisen mit modernem Touch sind bei den Einheimischen extrem beliebt. An warmen Tagen speist man im überdachten Innenhof, der über einen efeubewachsenen Gang von der Teslina aus erreichbar ist. Highlights sind das saftige Lamm- oder Kalbfleisch mit unter einer *peka* (gewölbte Backglocke) gegarten Kartoffeln und Forelle in Mandelkruste.

Mundoaka Street Food INTERNATIONAL €€
(☎ 01-78 88 777; www.lanterna-zagreb.com; Petrinjska 2; Hauptgerichte 75–200 Kn; ⏲ Mo–Do 11–23.30, Fr & Sa bis 24 Uhr; ❄📶) Auf der Speisekarte findet man Gerichte aus aller Welt, die Spezialität hier sind allerdings amerikanische Klassiker wie Buletten-Sandwiches nach New Yorker Art, Burger und Schweinerippchen mit Barbecue-Sauce. Vegetarier können kleinere Gerichte wie fleischfreie Empanadas und Gyoza (in der Pfanne gebratene Teigtaschen) bestellen. Da hier oft viel los ist, sollte man fürs Abendessen vorab reservieren.

Boban ITALIENISCH €€
(☎ 01-48 11 549; www.boban.hr; Gajeva 9; Hauptgerichte 65–148 Kn; ⏲ Mo–Do 11–23, Fr & Sa bis 24, So 12–23 Uhr; ❄📶🖉) In diesem Kellerrestaurant des kroatischen Fußballstars Zvonimir Boban dreht sich alles um die italienische Küche. Auf der Speisekarte stehen üppige Portionen hausgemachter Pasta und Gnocchi. Es gibt auch gute Kindergerichte (48–62 Kn).

Bistro Fotić BISTRO €€
(☎ 01-48 10 476; www.bistrofotic.com; Gajeva 25; Hauptgerichte 55–90 Kn; ⏲ Mo–Sa 8–23 Uhr; 📶) In dem gemütlichen Bistro mit seiner witzigen Deko aus Regalen mit alten Kameras und Radios sowie mit Schwarz-Weiß-Fotos an den Wänden wird z. B. die Pizza Tiramola serviert. Hier baumeln die Schinkenscheiben an einer Schnur über dem Teller. Wer's

gern etwas leichter mag, bestellt sich ein Stück Quiche.

Ribice i Tri Točkice SEAFOOD €€
(☎01-56 35 479; www.ribiceitritockice.hr; Preradovićeva 7/1; Hauptgerichte 70–110 Kn; ⏲9–23 Uhr; ❄) Im 1. Stock eines Gebäudes befindet sich dieses freundliche Seafood-Lokal mit zahllosen bunten Wandbildern von allerlei Szenen am und im Meer. Serviert werden einfache, aber gute dalmatische Hauptgerichte. Zu den Spezialitäten gehören etwa Eintopf mit Tintenfisch oder Thunfisch mit Gnocchi.

Lari & Penati KROATISCH €€
(☎01-46 55 776; www.laripenati.hr; Petrinjska 42a; Hauptgerichte 40–90 Kn; ⏲Mo–Sa 12–23 Uhr) Das kleine, schicke Bistro mit Quiche, Salaten und belegten Sandwiches auf der Karte ist eine gute Adresse für ein leichtes Mittagessen. Es gibt auch kleine Gerichte im Tapas-Stil, die zum Teilen einladen.

Zinfandel's INTERNATIONAL €€€
(☎01-45 66 644; www.zinfandels.hr; Mihanovićeva 1; Hauptgerichte 165–230 Kn; ⏲Mo–Sa 6–23, So 6.30–23 Uhr; ❄✍) Das von der Küchenchefin Ana Grgić geführte Zinfandel's zählt zu den besten Restaurants der Stadt. Die von ihr gezauberten kreativen Speisen werden in dem großartigen Speisesaal des Esplanade Zagreb Hotel (S. 90) serviert. Auf keinen Fall sollte man sich das Tauben-Konfit mit Rote Bete und Kirschen an Rhabarbersauce entgehen lassen. Nach dem Essen begibt man sich auf einen Drink auf die Oleander Terrace, von der aus man prima das Treiben auf dem Starčevićev Trg beobachten kann.

Le Bistro FRANZÖSISCH €€€
(www.lebistro.hr; Mihanovićeva 1; Hauptgerichte 95–270 Kn; ⏲9–23 Uhr; ❄📶✍) Das Team dieses lässig-eleganten Restaurants im Esplanade Zagreb Hotel (S. 90) wird von Küchenchefin Ana Grgić geleitet. Le Bistro ist bei hiesigen Geschäftsleuten wegen seines täglich angebotenen Drei-Gänge-Mittagsmenüs (160 Kn) sehr beliebt. Es ist zudem für seine *štrukli* (mit Hüttenkäse gefüllte Klöße) und seine französisch angehauchte Speisekarte bekannt.

Andere Viertel

Lauba Bistro BISTRO €€
(☎01-63 02 140; www.lauba.hr; Baruna Filipovića 23a; Hauptgerichte 50–150 Kn; ⏲Mo–Fr 14–22, Sa 11–22 Uhr) In der Lobby eines der angesagtesten Kunsträume Zagrebs serviert dieses schicke Bistro köstliche Mini-Brote (seine Spezialität) z. B. aus Quinoa- oder Bierteig mit leckeren Aufstrichen. Wer etwas Deftigeres möchte, bestellt einen Eintopf oder eines der täglich wechselnden Hauptgerichte.

Ausgehen & Nachtleben

In der Oberstadt konzentrieren sich die Bars und Cafés entlang der Tkalčićeva. In der Unterstadt lockt ein halbes Dutzend Bars und Straßencafés zwischen dem Trg Petra Preradovića (auch als Cvjetni Trg bekannt) und der Bogovićeva; an lauen Sommerabenden gleicht das Geschehen hier einer einzigen großen Party im Freien. Nach Mitternacht wird's aber deutlich ruhiger und auch zwischen Mitte Juli und Ende August ist deutlich weniger los.

Oberstadt

Craft Room CRAFT-BIER
(www.facebook.com/craftroombeer; Opatovina 35; ⏲10–2 Uhr; 📶) Im Stadtzentrum ist dies die erste Adresse für alle, die sich für die kroatische Craft-Bier-Szene interessieren. Es gibt zahlreiche hiesige Biere vom Fass und unzählige Flaschenbiere internationaler Marken.

Pivnica Mali Medo CRAFT-BIER
(www.pivovara-medvedgrad; Tkalčićeva 36; ⏲Mo–Mi 10–24, Do–Sa bis 1, So 12–23 Uhr; 📶) Die Schwesterkneipe des Pivnica Medvedgrad hat sich die beste Location entlang der Fußgängerzone gesichert und ist immer gut gefüllt mit Gästen, die sich bis spät in die Nacht die hausgebrauten Biere schmecken lassen. Wer eigentlich nur kurz auf einen Sundowner vorbeischauen wollte, dann aber zu bequem ist, um weiterzuziehen, findet auf der Speisekarte auch ganz gutes Kneipenessen.

MK Krolo BAR
(Radićeva 7; ⏲Mo–Sa 9–1, So bis 23 Uhr) Das MK Krolo, eine der beliebtesten Kneipen Zagrebs, ist Treffpunkt für Künstler, unkonventionelle Zeitgenossen, Medientypen und einheimische Schluckspechte. Sozialistischer Chic vom Feinsten!

Funk CLUB
(www.facebook.com/funkklub; Tkalčićeva 52; ⏲11–2 Uhr) Tagsüber mutet das Funk eher langweilig an, abends geht's hier aber richtig zur Sache. Nachdem man über eine Wendeltreppe nach unten in den kleinen Keller mit der steinernen Gewölbedecke gestiegen ist, versteht man schnell, warum die Einheimi-

INSIDERWISSEN

SCHWULE & LESBEN IN ZAGREB

Die Schwulen- und Lesbenszene in Zagreb wird endlich etwas offener, ist jedoch keineswegs freizügig. Es gibt eine Handvoll größerer Locations für Schwule und Lesben in der Stadt. Sehenswert sind auch die Auftritte von Le Zbor (www.lezbor.com), einem Chor von Lesben und engagierten Feministinnen. Die einzige große Veranstaltung im Jahr ist der Zagreb Pride (www.zagreb-pride.net). Die wichtigsten Treffpunkte sind:

Hotpot (Petrinjska 31; Fr & Sa 23–5 Uhr) Schwulenfreundliche Bar samt Club mit preiswerten alkoholischen Getränken.

Kolaž (Amruševa 11; Mo–Fr 8–2, Sa 10–2, So 18–2 Uhr) Die ausgelassene Bar ist mit funkelnden Glitzerkugeln dekoriert und zieht abends eine künstlerisch angehauchte homo- und heterosexuelle Klientel an.

Rush (www.facebook.com/rushzg; Savska Cesta 120; Sa 24–5 Uhr) In dem Club im Stadtzentrum trifft sich samstags ein eher jüngeres schwules und lesbisches Publikum.

Vimpi (www.facebook.com/Caffebarvimpi; Prolaz Sestara Baković 3; 8–1 Uhr) Treffpunkt für die lesbische Gemeinde der Stadt.

schen verrückt nach diesem Kultschuppen sind. Donnerstags, freitags und samstags legen DJs House, Jazz, Funk und Broken Beats für eine fröhliche, tanzwütige Meute auf.

Velvet CAFÉ

(Dežmanova 9; Mo–Fr 8–22, Sa bis 15, So bis 14 Uhr) In diesem stilvollen Café gibt es einen anständigen Koffeinkick, der allerdings nicht gerade billig kommt, und dazu auch einen Happen zu essen. Das minimalistisch-schicke Ambiente gestaltete die Besitzerin Saša Šekoranja, eine der flippigsten Floristinnen der Stadt, höchstpersönlich. Die Velvet Gallery nebenan ist auch unter dem Namen „Black Velvet" bekannt und hat bis 23 Uhr geöffnet (außer So).

Dežman Bar BAR

(www.dezman.hr; Dežmanova 3; Mo–Do 8–24, Fr & Sa bis 1 Uhr) In einem lauschigen Durchgang, der zum teils naturbelassenen Tuškanac-Wäldchen führt, versteckt sich abseits von Lärm und Verkehr dieses Café mit Bar. Es ist eine schicke und doch lässige Adresse, um sich draußen auf der Terrasse ein paar Cocktails zu genehmigen. Es gibt Bio-Tees von Les Jardins de Gaia und Craft-Bier von Brewdog aus Großbritannien.

Johann Franck CAFÉ

(www.johannfranck.hr; Trg Bana Jelačića 9; Mo–Do & So 8–2, Fr & Sa bis 4 Uhr) Zentral, zentraler, Johann Franck. Auf der Vorderterrasse und im mit Sofas ausgestatteten Erdgeschoss dieses Cafés treffen sich alle – von jungen Einheimischen über lästernde Omas bis hin zu Travellern, die vom Sightseeing erschöpft sind –, um sich bei Kaffee, Cocktails und Bier zu stärken. Das Café ist nach dem Pionier unter den kroatischen Kaffeeröstern und der Kaffeemarke gleichen Namens benannt.

Unterstadt

Pupitres WEINBAR

(098 165 80 73; http://pupitres.hr; Frankopanska 1; Mo–Do 9–23, Fr & Sa bis 1 Uhr;) Wenn ein Star-Sommelier eine Weinbar betreibt, weiß man, dass man in guten Händen ist. Das lässig-elegante Lokal von Jelene Šimić Valentić ist die beste Adresse der Stadt, um die unendliche Vielzahl an kroatischen Weinen kennenzulernen. Der Service ist charmant und wirklich hilfreich und die Weinkarte ist (wenig überraschend) ein Schaulauf der besten Keller des Landes sowie einiger internationaler Namen.

Pivnica Medvedgrad CRAFT-BIER

(Brauerei Medvedgrad; www.pivnica-medvedgrad.hr; Ilica 49; Mo–Sa 10–24, So 12–24 Uhr;) In dieser geselligen und gut besuchten Bierkneipe gibt's fünf verschiedene vor Ort gebraute Biere (14–17 Kn), vom hopfigen Lager bis zum klassischen Weizen. Im Hof kann man im Schatten eines Kastanienbaums auch verlässlich gutes und günstiges Kneipenessen verdrücken. Der Eingang befindet sich in einer Ladenpassage an der Ilica.

Quahwa KAFFEE

(Teslina 9; Mo–Do 9–21, Fr & Sa bis 22 Uhr, So 10–17 Uhr;) Das Quahwa bleibt seinem Slogan („ausschließlich für Kaffeeliebhaber") treu und bereitet einen der besten Kaffees aus Arabica-Bohnen zu, die in Zagreb zu bekommen sind. Bestellen kann man alles, von superstarkem Latte Macchiato bis zu traditionellem türkischem Kaffee. Ein Paradies für Koffeinjunkies!

Cogito Coffee Shop CAFÉ
(www.cogitocoffee.com; Varšavska 11; Mo–Fr 8–20, Sa 9–19 Uhr;) Das winzige, megacoole Café würde auch in Berlin eine gute Figur abgeben. Es versteckt sich in einer kleinen Gasse und die verwendeten Bohnen werden von den hiesigen Cogito-Röstern im Cafe u Dvorištu geröstet. Hier gibt's auch das leckere Medenko-Eis. Im August kürzere Öffnungszeiten.

Old Pharmacy Pub PUB
(www.pub.pondi.hr; Andrije Hebranga 11; So–Do 8–24, Fr & Sa bis 1 Uhr) Der traditionelle englische Pub ist in einem österreichisch-ungarischen Stadthaus untergebracht, im Innern erwartet einen jedoch das typische Pub-Feeling: Hinter der Bar hängt ein Spiegel, die Dekoration besteht aus Apotheker-Krimskrams, an den Wänden hängen verblasste Fotos und alles ist in Holz und Leder gehalten.

Vinyl BAR
(www.vinylzagreb.com; Bogovićeva 3; So–Di 8–24, Mi & Do bis 2, Fr & Sa bis 4 Uhr) Das bei Einheimischen sehr beliebte Vinyl liegt an einer viel frequentierten Straße und ist den ganzen Tag geöffnet. Der Laden unterteilt sich in ein Café und einen Clubbereich, sodass man hier sowohl tagsüber als auch abends seinen Spaß haben kann. Es finden u.a. Konzerte und Lesungen sowie Vorstellungen von Büchern und Platten statt, etwa montagabends, wenn das Motto „Meister der Erinnerungen" lautet. Ein Besuch am Wochenende lohnt auf jeden Fall: Dann legen die DJs nur echtes Vinyl auf. Auch die tolle Auswahl an Whiskys verdient eine Erwähnung.

Kava Tava CAFÉ
(www.kavatava.com; Britanski Trg bb; 7–24 Uhr) Das elegante, in Schwarz- und Rottönen gehaltene Café ist bei Familien und Freundesgruppen sehr beliebt. Von der Terrasse auf der anderen Straßenseite kann man wunderbar das Treiben auf dem Markt beobachten und erleben, denn man sitzt mittendrin. Einfach zurücklehnen und ein Bier (17–28 Kn) oder einen Grappa (16 Kn) genießen.

Express CAFÉ
(Petrinjska 4; Mo–Do 7–21, Fr & Sa bis 23, So 11–19 Uhr) Das winzige Café mit Tischen im Freien serviert mit den besten Kaffee und Tee in Zagreb. Im August ist Sonntag Ruhetag.

Mojo BAR
(www.facebook.com/MojoBarZG; Martićeva 5; Mo–Sa 7–2, So 8–24 Uhr) Eine verqualmte Kellerbar, in der allabendlich Livemusik gespielt wird oder DJs auflegen. An lauen Abenden kann man seinen Drink auch an den Tischen draußen auf dem Gehweg genießen. Es gibt 70 verschiedene Sorten *rakija* (Grappa) und Liköre.

Sedmica BAR
(http://caffebar-sedmica.com; Kačićeva 7a; Mo–Do 8–1, Fr & Sa bis 2, So 17–1 Uhr) Diese bescheidene Bar liegt etwas versteckt in der Gasse Kačićeva; nur ein großes Guinness-Schild weist auf den Eingang hin. Hier trifft sich das künstlerisch-intellektuelle Volk der Stadt. Das winzige Innere hat eine Art Zwischengalerie und draußen gibt's eine Terrasse, auf der an warmen Sommerabenden einiges los ist.

Cafe u Dvorištu CAFÉ
(Jurja Žerjavića 7/2; Mo–Sa 9–24, So 11–19 Uhr;) Das süße kleine Café liegt etwas verborgen in einem Hof. Serviert werden hervorragender Kaffee (vor Ort geröstet) und Tee, beides aus biologischem Anbau und fairem Handel. Gelegentlich finden Lesungen und Kunstausstellungen statt. Ende Juli und im August ist sonntags geschlossen.

Kino Europa CAFÉ
(www.kinoeuropa.hr/cafe; Varšavska 3; Mo–Fr 8.30–24, Sa & So bis 2 Uhr;) Im vorderen Teil des Kino Europa, Zagrebs ältestes Kino (S. 98) aus den 1920er-Jahren, ist heute ein tolles Café mit Weinbar und Grapperia untergebracht, das abends die unterschiedlichsten Gäste anzieht. Der Kaffee ist ganz gut, es gibt Bier (17–24 Kn) und man kann aus über 30 Sorten Grappa wählen. Der Service ist manchmal etwas ruppig.

Art Kino Grič BAR
(www.artkinogric.hr; Jurišićeva 6; 8–23 Uhr;) Das altmodische Kino mit wunderbarem Retro-Flair wurde in eine bunte, zweistöckige Bar und einen kleinen Kellerclub umgewandelt (Letzterer ist nur am Wochenende geöffnet). In dem gemütlichen Kinosaal finden gelegentlich Kunstausstellungen und Filmvorführungen statt.

Eliscaffe KAFFEE
(www.eliscaffe.com; Ilica 63; Mo–Sa 8–19, So 9–14 Uhr;) Der preisgekrönte Kaffee aus 100% Arabica-Bohnen ist ein Traum. Echte Koffeinjunkies sollten die Stadt nicht verlassen, ohne vorher den *triestino* probiert

zu haben, einen großen, im Glas servierten Latte Macchiato nach Triester Art.

Booksa CAFÉ
(www.booksa.hr; Martićeva 14d; Di–So 10–21 Uhr;) Bücherwürmer und Dichter, Schriftsteller und Schauspieler, Exzentriker und Künstler… so ziemlich jeder, der sich in Zagreb für kreativ hält, kommt in dieses nette Bücher-Café, um eine Runde zu plauschen, einen Kaffee zu trinken, in Büchern herumzustöbern, kostenlos via WLAN im Internet zu surfen und Lesungen beizuwohnen. Es finden auch englischsprachige Lesungen statt. Das Booksa hat ab Mitte Juli für einen Monat geschlossen. Wer zum ersten Mal hier ist, muss einen einmaligen Aufnahmebeitrag von 10 Kn bezahlen.

Bacchus BAR
(www.facebook.com/bacchusjazzbar; Trg Kralja Tomislava 16; Mo–Fr 11–24, Sa 12–24 Uhr) Wer im flippigsten Innenhof Zagrebs einen Tisch ergattert, kann sich wirklich glücklich schätzen. Er liegt etwas versteckt in einem kleinen Durchgang hinter einer verschnörkelten Tür und ist zauberhaft grün. Abends wird oft Live-Jazz gespielt.

Andere Viertel

Garden Brewery CRAFT-BIER
(www.thegarden.hr/the-garden-brewery; Slavonska Avenija 22f; Mo–Do & So 12–20, Fr & Sa bis 2 Uhr;) Diese Boutique-Kleinbrauerei lohnt den Weg hinaus ins Industriegebiet östlich von Zagreb. In einer alten Fabrik aus rotem Backstein wird hier vor Ort gebrautes Craft-Bier angeboten. Lecker sind das Session Ale mit blumiger Kopfnote oder das Kettle Sour mit einem vollen, fruchtigen Geschmack. Samstags wird Livemusik gespielt, sonntags gibt's ein familienfreundliches Programm.

Hop Inn CRAFT-BIER
(Dubravkin Trg 3; 16–24 Uhr;) Wer Craft-Bier liebt, der kann sich eine Pause vom Nachtleben im Stadtzentrum gönnen und in dieser kleinen, gechillten Bar vorbeischauen, in der sich alles um hiesiges Craft-Bier (15–34 Kn für ein großes Bier) dreht. Hier lernt man lokale Marken wie Nova Runda, Zmajsko und Garden Brewery kennen. Von der Bushaltestelle sind es noch zwei Minuten Fußweg.

Unterhaltung

Zagrebs Theater und Konzerthallen bieten das ganze Jahr hindurch ein vielfältiges Programm. Vieles ist in der monatlich erscheinenden Broschüre *Zagreb Events & Performances* aufgelistet, die im Hauptbüro der Touristeninformation erhältlich ist. Es lohnt auch ein Blick in das kostenlose Monatsmagazin *Zagreb 4 You*; dort sind coole Veranstaltungen in Zagreb aufgeführt.

Booze & Blues LIVEMUSIK
(www.booze-and-blues.com; Tkalčićeva 84; So–Di 8–24, Mi–Sa bis 2 Uhr;) Der Name (Alkohol und Bluesmusik) ist in diesem Jazz-, Blues- und Soul-Laden am Ende der geschäftigen Tkalča Programm. Besondere Beachtung finden die Livekonzerte an den Wochenenden. Drinnen sieht es aus wie in einem traditionellen amerikanischen Blues- und Jazzclub. Überall hängen Erinnerungsstücke der Musikgeschichte und es gibt einen Heineken-Zapfhahn in Form eines Saxophons, das sogar noch funktioniert.

Tvornica LIVEMUSIK
(www.tvornicakulture.com; Šubićeva 2; Café Mo–Fr 7–23, Sa & So 16–23 Uhr, Club So–Do 20–2, Fr & Sa bis 4 Uhr) Eine tolle Multimedia-Location. Hier gibt's vielseitige Musikdarbietungen – vom bosnischen *sevdah* bis zum alternativen Punkrock. Was gerade auf dem Programm steht, erfährt man auf der Homepage.

Strossmarte LIVEMUSIK
(www.ljetonastrosu.com; Strossmayerovo Šetalište; Mai–Sept.) Während der Sommermonate wird auf der Strossmayer-Promenade in der Oberstadt fast jeden Abend Livemusik gespielt und es werden provisorische Bars aufgebaut. Der Blick auf die Stadt ist super und alles ist schön grün. Ein toller Ort, um einen entspannten Abend zu verbringen.

Kino Europa KINO
(www.kinoeuropa.hr; Varšavska 3) Im Rahmen der „Untertitelten Dienstage" gibt's hier, in Zagrebs ältestem Kino, Filme mit englischen oder kroatischen Untertiteln zu sehen. Meist sind es Arthouse-Filme.

Zagrebačko Kazalište Mladih THEATER
(ZKM; 01-48 72 554; www.zekaem.hr; Teslina 7; Theaterkasse Mo–Fr 10–20, Sa bis 14 Uhr & 1 Std. vor Vorstellungsbeginn) Das Zagreber Jugendtheater, kurz ZKM, gilt als Wiege des zeitgenössischen Theaters in Kroatien. Hier finden diverse Festivals statt und es treten Ensembles aus der ganzen Welt auf.

Kroatisches Nationaltheater THEATER
(01-48 88 415; www.hnk.hr; Trg Republika Hrvatska 15; Theaterkasse Mo–Fr 10–19, Sa bis 13 Uhr &

1 Std. vor Vorstellungsbeginn) Das neubarocke Theater wurde 1895 gegründet und bringt regelmäßig Opern-, Ballett- und Theateraufführungen auf die Bühne. Vor dem Haus unbedingt einen Blick auf die Skulptur *Der Brunnen des Lebens* (1905) von Ivan Meštrović werfen.

Konzerthaus Vatroslav Lisinski VERANSTALTUNGSORT
(☎01-61 21 166; www.lisinski.hr; Trg Stjepa-na Radića 4; ⏲Theaterkasse Mo–Fr 10–20, Sa & So 10–14 & 18–20 Uhr) Im renommiertesten Konzertsaal der Stadt werden Symphonie-, Jazz- und Weltmusikkonzerte sowie Theateraufführungen geboten.

Shoppen

Die Haupteinkaufsstraße von Zagreb heißt Ilica. Hier werden in stattlichen Gebäuden schicke internationale Labels vertrieben. Überall in der Stadt sind Designerboutiquen verteilt, darunter auch einheimische Mode- und Schuhgeschäfte und Kunsthandwerksläden. Viele Märkte gibt es in Zagreb nicht, die wenigen, die vorhanden sind, sind jedoch ausgezeichnet.

Oberstadt

Galerija Link DESIGN
(www.facebook.com/GalerijaLink; Radićeva 27; ⏲10–20 Uhr) Die Keramikwaren, Haushaltstextilien, Kleidungsstücke und Einrichtungsgegenstände, die hier verkauft werden, stammen alle von kroatischen Designern.

Love, Ana DESIGN
(www.loveanadesign.com; Dežmanova 4; ⏲Mo–Fr 14–20, Sa 12–14 Uhr) Die international anerkannte Designerin Ana Tevšić verkauft in diesem Laden mit Studio ihre Waren, darunter tragbare Lampen, Beuteltaschen und Strandtücher.

Boudoir MODE & ACCESSOIRES
(www.boudoirzagreb.com; Radićeva 22; ⏲Mo–Fr 11–19, Sa 10–14 Uhr) Wenn man durch die mit Kopfstein gepflasterte Radićeva geht, sollte man an der Klingel anhalten, auf der „press for champagne" (für Champagner drücken) steht und dem außergewöhnlichen Designerladen einen Besuch abstatten. Hier entstehen handgefertigte Kleider aus Seide, Satin und Spitze. Die beiden Schwestern Mo-

INSIDERWISSEN

MÄRKTE

Antiquitätenmarkt (Britanski Trg; ⏲Sa 7–14, So 7.30–14.30 Uhr) Der am Wochenende stattfindende Markt auf dem Britanski Trg gehört zu den tollsten Zeitvertreiben im Zentrum. Hier kann man sich durch Tische voller Krimskrams und schräger Dinge wühlen, bevor man es sich in einem der Cafés gemütlich macht, die an den Ecken des Platzes auf Gäste warten.

Mali Plac s Tavana (Kleiner Markt im Dachgeschoss; www.mali-plac.org; ⏲unterschiedl. Öffnungszeiten) Dieser Wochenmarkt für Lebensmittel nahm seinen Anfang in der Dachgeschosswohnung der Food-Bloggerin und Stylistin Jelena Nikolić und wechselt seither regelmäßig den Ort. Er kann praktisch überall in der Stadt stattfinden. Kleinerzeuger bieten hier so ziemlich alles an, von Bio-Zitrusfrüchten und Salbeihonig bis hin zu Hanföl, Hummus und handgefertigter Naturkosmetik.

Hrelić (⏲Mi, Sa & So 7–15 Uhr) Kroatiens größter und buntester Flohmarkt ist auf einem gigantischen Areal untergebracht und hier wird wirklich alles verkauft, von Autoersatzteilen und alten Möbeln bis hin zu Klamotten, Schallplatten und Küchenartikeln. Alle Sachen sind natürlich aus zweiter Hand – und es wird gefeilscht, was das Zeug hält. Vom Einkaufen abgesehen ist dieser Flohmarkt an sich schon ein Erlebnis und zeigt eine Seite von Zagreb, die man sonst nirgendwo zu sehen bekommt – mit vielen Roma, jeder Menge Musik und Trubel. Und bei den Essensständen wabert der Geruch von gegrilltem Fleisch durch die Luft. Wer den Flohmarkt im Sommer besucht, sollte sich eine Kopfbedeckung aufsetzen und sich mit Sonnenmilch eincremen, denn Schatten gibt es hier keinen. Um mit dem Bus hierherzukommen, steigt man hinter dem Bahnhof in den Bus 295 (15 Kn, 20 Min., nur So) nach Sajam Jakuševac. Mit der Straßenbahn lässt sich der Markt ebenfalls erreichen: Man nimmt die Linie 6 Richtung Sopot, steigt in der Nähe der Brücke aus und spaziert dann noch 15 Minuten an der Save entlang. Oder man nimmt die Linie 14 und steigt an der Endhaltestelle in Zapruđe aus; auch von dort sind es zu Fuß 15 Minuten bis zum Markt.

rana und Martina führen das Boudoir und schaffen eine einzigartige Mischung aus Eleganz und unkonventionellen Features und fügen dem Ganzen noch eine Prise Moulin Rouge hinzu.

Koza MODE & ACCESSOIRES
(Basaričekova 18; ⏲Mo–Sa 11–19 Uhr) In dem winzigen Laden mit Studio in einer ruhigen Straße in der Oberstadt bekommt man tolle, von Hand hergestellte Lederartikel wie Handtaschen, Portemonnaies, Gürtel und sogar Flip-Flops. Die eleganten, schicken, wenn auch etwas eigenwilligen Taschen werden ausschließlich aus kroatischen Materialien, darunter qualitativ hochwertiges Leder, gefertigt.

I-GLE MODE & ACCESSOIRES
(www.i-gle.com; Dežmanova 4; ⏲Mo–Fr 10–20, Sa bis 15 Uhr) Hier kann man die beinahe schon plastischen, aber dennoch tragbaren Kreationen von Nataša Mihaljčišin und Martina Vrdoljak-Ranilović erstehen. Die beiden Designerinnen prägen schon seit den 1990er-Jahren wesentlich die kroatische Modeindustrie.

Cahun HÜTE
(www.cahun.hr; Podzidom 8; ⏲Mo–Fr 9–19, Sa bis 14 Uhr) Ein Hutladen, der sich schon seit über 80 Jahren in Familienbesitz befindet und den Charme des alten Zagrebs versprüht. Die Kopfbedeckungen für Damen und Herren werden in penibelster Kleinarbeit und auf traditionelle Weise hergestellt, weisen aber jede Menge moderne Elemente auf. Es gibt eine riesige Auswahl für jede Jahreszeit: Glockenhüte, Filzhüte, Panamahüte, Baskenmützen, Ballonmützen, Tellermützen u.v.m. Wer bar bezahlt, kann nach einem Rabatt fragen.

Take Me Home GESCHENKE & SOUVENIRS
(www.takemehome.hr; Tomićeva 4; ⏲Mo–Fr 9.30–20, Sa 10–15 Uhr) Große Auswahl an coolen Souvenirs von kroatischen Designern.

Aromatica KOSMETIK
(www.aromatica.hr; Vlaška 7; ⏲Mo–Fr 8–20, Sa bis 15 Uhr) Der Flaggschiff-Store dieser kleinen Kosmetikkette bietet ausschließlich natürliche Produkte zur Hautpflege – von handgefertigten Seifen bis hin zu Duftölen, wobei der Hauptakzent auf einheimischen Kräutern liegt. Hier sind auch hübsche Geschenkkörbe erhältlich.

Bornstein WEIN
(www.bornstein.hr; Kaptol 19; ⏲Mo–Fr 9–20, Sa bis 16.30 Uhr) Wenn einem die kroatischen Weine und Schnäpse nicht mehr aus dem Sinn gehen, sollte man sich hier eindecken. Erhältlich ist eine erstaunliche Auswahl an Brandys, Weinen und auch Gourmetprodukten. Zum Shop gehört auch eine Weinbar.

Vintesa WEIN
(www.vintesa.hr; Vlaška 63; ⏲Mo–Fr 9–21, Sa bis 20 Uhr) Der Pionier unter Zagrebs Weingeschäften versteckt sich in einem Innenhof und ist eine wahre Schatztruhe einheimischer Rebensäfte. Diese sind mit viel Liebe auf Regalen aus Ziegeln und Holz aufgereiht. Die Angestellten sind unglaublich freundlich und werden nicht nur mit Sicherheit den richtigen Tropfen für jeden Geschmack finden, sondern können auch noch eine packende Geschichte zu jeder Traubensorte, jedem Jahrgang und jeder Flasche erzählen. Hier gibt's über 180 Sorten kroatischen Weins aus allen Regionen, darunter auch einige exklusive limitierte.

Unterstadt

Znanje BÜCHER
(www.znanje.hr; Gajeva 1; ⏲Mo–Fr 8–21, Sa bis 16 Uhr) Zagrebs bester Buchladen für fremdsprachige Bücher. Im unteren Stock gibt's eine große Auswahl an englischsprachigen Romanen und Sachbüchern sowie Reiseführer und auch ein paar Bücher auf Deutsch.

Cerovečki Umbrellas MODE & ACCESSOIRES
(www.kisobrani-cerovecki.hr; Ilica 49; ⏲Mo–Fr 8.30–20, Sa bis 14.30 Uhr) Qualität, Design und Markengeschichte sind das Geheimrezept dieses Schirmmachers, um gegen die internationale Konkurrenz zu bestehen. Wenn man den Laden betritt, fühlt man sich sofort in eine andere Zeit versetzt. Dort sind preisgekrönte Schirmmodelle ausgestellt, die auf der ganzen Welt vertrieben werden. Der rote Šestine-Schirm ist zu einem Markenzeichen Zagrebs geworden. Wer beim Flanieren ein bisschen angeben möchte, entscheidet sich für einen der Sonnenschirme für Damen mit aufwendiger Verzierung aus Spitze.

Zvonimir SCHUHE
(www.facebook.com/balerinke; Dalmatinska 12; ⏲Mo–Fr 9–13 & 17–20, Sa 9–15 Uhr) Nataša Trinajstić ist Schuhmacherin und gehört in dritter Generation einer bekannten Zagreber Familie in diesem Gewerbe an. In ihrem kleinen Laden mit Studio gelingt es ihr, traditionelles Handwerk und moderne Elemente zu verbinden und mit einem individuellen Touch zu versehen. Entweder

entscheidet man sich für einen Konfektionsschuh (Oxford-Schuhe, Ballerinas, Pumps, Mary Janes, Stilettos), für Sandalen oder für Stiefel. Alternativ kann man sich auch von Nataša ein paar maßgeschneiderte Schuhe entwerfen lassen.

Salon Croata BEKLEIDUNG
(www.croata.hr; Ilica 5, Oktogon Passage; ⌚ Mo–Fr 8–20, Sa bis 15 Uhr) Es gibt wohl kein authentischeres Kroatien-Mitbringsel als eine Krawatte, schließlich sind die edlen Stücke in Kroatien erfunden worden. Und der Salon Croata ist genau der richtige Ort, um eine zu erstehen. Die hier hergestellten Seidenkrawatten kosten zwischen 400 und 2000 Kn.

ℹ Praktische Informationen

MEDIZINISCHE VERSORGUNG

Notfallklinik (☎ 01-63 02 911; Heinzelova 87; ⌚ 24 Std.)

KBC Rebro Klinik (☎ 8–16 Uhr 01-23 88 029; www.kbc-zagreb.hr; Kišpatićeva 12; ⌚ 24 Std.) Gutes öffentliches Krankenhaus mit Notaufnahme. Es ist das Lehrkrankenhaus der Universität Zagreb.

POST

Hauptpost (☎ 01-72 303 304; Branimirova 4; ⌚ 7–24 Uhr) Hier kann man sich postlagernd seine Briefe herschicken lassen; direkt am Bahnhof.

Post (☎ 072 303 304; Jurišićeva 13; ⌚ Mo–Fr 7–20, Sa bis 14 Uhr)

RABATTKARTEN

Wer für einen bzw. drei Tage in Zagreb bleibt, kann mit der **Zagreb Card** (www.zagrebcard.fivestars.hr; 24/72 Std.98/135 Kn) gut sparen. Man bekommt freien Eintritt in das Museum der zerbrochenen Beziehungen, für die Zagreb 360° Aussichtsplattform, in das Museum für Zeitgenössische Kunst, das Stadtmuseum von Zagreb, das Museum für Kunst und Handwerk und den Zoo. Zudem gibt's Ermäßigungen von 10 bis 50 % in einigen anderen Museen, Ermäßigungen in mehreren Restaurants, Geschäften und Bars und freie Fahrten mit der Standseilbahn.

Die Karte ist an der zentralen Touristeninformation und in einigen Hostels, Hotels und Geschäften erhältlich.

REISEBÜROS

Atlas Travel Agency (☎ 01-48 07 300; www.atlas-croatia.com; Zrinjevac 17; ⌚ Mo–Fr 8–20, Sa 9–14 Uhr) Gruppentagestouren ab Zagreb und mehrtägige Bustouren in ganz Kroatien.

Croatia Express (☎ 01-49 22 224; www.croatia-express.com; Trg Kralja Tomislava 17; ⌚ Mo–Fr 8–18.30, Sa 9–13 Uhr) Spezialist in Sachen internationale Zugreservierungen; kümmert sich auch um Mietwagen, Flug- und Schiffstickets und Hotelreservierungen im ganzen Land.

Kroatischer Jugendherbergsverband (☎ 01-48 29 294; www.hfhs.hr; Savska 5; ⌚ Mo–Fr 8.30–16.30 Uhr) Die Zentrale des kroatischen YHA in Zagreb hält Infos über alle Hostels in Kroatien bereit. Die Niederlassung vor Ort kann bei Reservierungen helfen.

TOURISTENINFORMATION

Haupttouristeninformation (☎ Info 0800 53 53, Büro 01-48 14 051; www.infozagreb.hr; Trg Bana Jelačića 11; ⌚ Mo–Fr 8.30–20, Sa 9–18, So 10–16 Uhr) Hier bekommt man kostenlose Stadtpläne und Broschüren. Weitere Filialen findet man überall in der Stadt:

Flughafen Zagreb (☎ 01-62 65 091; Zagreb Airport; ⌚ Mo–Fr 9–21, Sa & So 10–17 Uhr)

Hauptbahnhof (Trg Kralja Tomislava 12; ⌚ Mo–Fr 9–21, Sa & So 10–17 Uhr)

Hauptbusbahnhof (☎ 01-61 15 507; Avenija M Držića 4; ⌚ Mo–Fr 9–21, Sa & So 10–17 Uhr)

Lotrščak-Turm (☎ 01-48 51 510; Strossmayerovo Šetalište; ⌚ Juni–Sept. Mo–Fr 9–21, Sa & So 10–21 Uhr, Okt.–Mai Mo–Fr 9–17, Sa & So 10–17 Uhr)

Touristenverband der Gespanschaft Zagreb (☎ 01-48 73 665; www.tzzz.hr; Preradovićeva 42; ⌚ Mo–Fr 8–16 Uhr) Hier gibt's Infos und Material über die Sehenswürdigkeiten rund um Zagreb, u. a. auch über Weinrouten und Fahrradwege.

ℹ An- & Weiterreise

BUS

Der **Busbahnhof** (☎ 060 313 333; www.akz.hr; Avenija M Držića 4) von Zagreb liegt 1 km östlich des Bahnhofs. Reisen mit dem Bus sind eine bessere Option als mit dem Zug, denn das Bus-

ℹ FAHRKARTEN & PÄSSE

Tickets für eine einfache Fahrt sind an Zeitungskiosken oder beim Fahrer erhältlich und kosten 4 Kn (für 30 Min.) bzw. 10 Kn (90 Min.). Man kann mit der Fahrkarte auch zwischen Straßenbahnen und Bussen umsteigen, darf dabei jedoch immer nur in eine Richtung fahren. Eine einfache Fahrt in der Nacht-Straßenbahn kostet 15 Kn.

Die Fahrkarte muss beim Einsteigen in die Straßenbahn oder in den Bus an einem der gelben Automaten im vorderen Teil des Fahrzeugs entwertet werden. Die anderen Automaten funktionieren nur mit den wieder aufladbaren Karten.

netz ist besser ausgebaut und bietet schnellere und häufigere Verbindungen. Es gibt auch eine *garderoba* (Gepäckaufbewahrung; 1.–4. Std. 5 Kn, jede weitere Std. 2,50 Kn).

Vor dem Kauf eines Bustickets sollte man sich nach der Ankunftszeit erkundigen – manche Busse sind auf Nebenstraßen unterwegs und halten unterwegs in jedem Dorf.

FLUGZEUG

Der **Flughafen Zagreb** (☎ 01-45 62 170; www.zagreb-airport.hr; Rudolfa Fizira 21, Velika Gorica) liegt 17 km südöstlich der Stadt; ein supermoderner neuer Terminal wurde 2018 eröffnet. Er ist der wichtigste Flughafen Kroatiens mit einer Fülle von In- und Auslandsverbindungen.

ZUG

Der **Bahnhof** (www.hzpp.hr; Trg Kralja Tomislava 12) befindet sich im südlichen Stadtzentrum. Direkt davor liegen einige Parks und Pavillons, die ins Zentrum führen.

Da die meisten Züge nur zwei bis drei Wagen haben, gibt es nur eine begrenzte Anzahl an Sitzplätzen und es empfiehlt sich, Fahrkarten im Voraus zu buchen. Im Bahnhof befindet sich auch eine *garderoba* (Schließfächer 24 Std. 15 Kn), falls jemand sein Gepäck deponieren muss.

ℹ Unterwegs vor Ort

AUTO & MOTORRAD

Zagreb ist eine recht autofreundliche Stadt mit breiten Hauptstraßen und Parkplätzen im Zentrum, die zwar knapp sind, aber nur 6 Kn pro Stunde kosten. Aufpassen sollte man auf die Trams.

Es gibt eine Reihe internationaler Autovermietungen wie etwa **Hertz** (☎ 01-72 72 7277; www.hertz.hr; Grada Vukovara 274; ab 26 €/Tag; ⏲ Mo–Fr 7–18, Sa 8–18, So 8–12 Uhr), die einheimischen Unternehmen sind aber in der Regel günstiger. Der einheimische Autovermieter **Oryx** (☎ 01-61 15 800; www.oryx-rent.hr; Grada Vukovara 74; ab 88 Kn/Tag; ⏲ Mo–Fr 7–20, Sa 8–14, So 8–12 Uhr) hat u. a. eine Filiale am Flughafen und im Esplanade Hotel.

Der **Hrvatski Autoklub** (HAK, Kroatischer Automobilclub; ☎ 24 Std. Pannenhilfe 01-1987, Verkehrsinfos 07-27 77 777; www.hak.hr) bietet eine App (auch auf Deutsch verfügbar) mit Infos zur aktuellen Verkehrslage, zu Straßenbedingungen und zur Pannenhilfe.

BUS

Obwohl Zagrebs Busnetz hervorragend ausgebaut ist und das Stadtzentrum mit den Vororten verbindet, ist es für Besucher wenig hilfreich. Eine Ausnahme bildet die **Buslinie 106**, die vom Kaptol zum Mirogoj verläuft.

FAHRRAD

Bike.com (☎ Mo–Fr 95 90 10 507, Sa & So 98 774 574; www.bike.com.hr; A Kačića Miošića 9; Erw./Kind Verleih pro Tag 100/50 Kn; ⏲ Mo–Fr 17–22, Sa & So 8–22 Uhr) Dieser ausgezeichnete einheimische Fahrradverleih wird von zwei echten Bike-Liebhabern betrieben und bietet eine Auswahl an Stadt-, Hybrid- und Kinderrädern sowie Mountainbikes. Bei mehrtägiger Ausleihe gibt's gute Rabatte. Wer eine längere Radtour von einigen Tagen plant, kann hier auch Satteltaschen und sonstige Ausrüstung ausleihen.

ZÜGE AB ZAGREB

ZIELE IM INLAND	PREIS (KN)	DAUER (STD.)	VERBINDUNGEN/TAG
Osijek	132–150	4½–5½	4
Rijeka	111–118	4–5	3
Šibenik	187–194	6–10	6 (mit Umsteigen)
Split	208	6–7¾	3
Varaždin	65–81	2¼–3	14
Zadar	197–203	7–16	3 (mit Umsteigen)

ZIELE IM AUSLAND	PREIS (KN)	DAUER (STD.)	VERBINDUNGEN/TAG
Belgrad	184	6½	1
Budapest	214	6–7	3
Celje	67	1¾	1
Ljubljana	68	2½	5
Maribor	89	2¾	1
München	214	8–9	1
Wien	223	6½	1
Zürich	289	14¾	1

BUSSE AB ZAGREB

Außerhalb der Hauptsaison gibt es unter Umständen weniger Verbindungen.

ZIELE IM INLAND	PREIS (KN)	DAUER (STD.)	VERBINDUNGEN/TAG
Dubrovnik	188–231	9½–11	12
Korčula	275	11	1
Krk	141	3–4½	7–8
Makarska	168–207	6½–7	12–15
Mali Lošinj	216	6¾	2–5
Osijek	133–139	4	17
Plitvice	85–105	2–3	11–15
Poreč	141–176	4–4½	12
Pula	121–192	3½–5½	23
Rab	207–236	4–5	1–6
Rijeka	80–121	2½–3	20–35
Rovinj	126–189	4–6	16
Šibenik	136–151	4½–7	17
Split	120–176	5–8½	32–37
Varaždin	61–87	1–2	19–28
Zadar	89–126	3½–5	30

ZIELE IM AUSLAND	PREIS (KN)	DAUER (STD.)	VERBINDUNGEN/TAG
Belgrad	230	6–6½	6
Ljubljana	40–205	2½–3	18
Mailand	435–609	9–10	2
München	139–228	7–8	13–19
Sarajevo	198–226	7–8	4–5
Wien	150–179	5	10

NextBike (www.nextbike.hr) Dieses Bikesharing-System hat mehrere Stationen überall in der Stadt. Man kann sich entweder direkt an solch einer Station, auf der Website oder auch über die App von NextBike registrieren. Für Traveller liegt der Standardtarif bei 79 Kn pro Tag.

VOM/ZUM FLUGHAFEN

Der **Bus von Croatia Airlines** (www.plesoprijevoz.hr) fährt zwischen ca. 7 und 22.30 Uhr (30 Kn, 40 Min.) alle 30 bzw. 60 Minuten vom Flughafen zum Busbahnhof. Die umgekehrte Strecke zum Flughafen wird von 4 bis 20.30 Uhr bedient.

Die **Buslinie 290** (8 Kn, 1¼ Std.) verkehrt zwischen 4.20 und 24 Uhr alle 35 Minuten zwischen dem Kvaternik Trg gleich östlich vom Stadtzentrum und dem Flughafen.

Ein Taxi vom Flughafen in die Innenstadt kostet zwischen 150 und 200 Kn.

TAXI

Taxi Cammeo (☎1212, 01-62 88 926; https://cammeo.hr/en/cities/zagreb; Grundtarif 6 Kn, danach 6 Kn/km) Dies ist meist die billigste Taxioption. Die Wartezeit kostet 40 Kn pro Stunde.

Ekotaxi (☎1414, 060 77 77; www.ekotaxi.hr; Grundtarif 8,80 Kn, danach 6 Kn/km) Die Wartezeit kostet 43 Kn pro Stunde.

Radio Taxi (☎1717; www.radiotaxizagreb.com; Grundtarif 10 Kn, danach 6 Kn/km) Die Fahrzeuge von Radio Taxi sind überall in der Stadt leicht zu finden. In der Regel stehen sie bei den blauen Taxischildern. Die Wartezeit kostet 40 Kn pro Stunde.

In Zagreb gibt's auch Uber.

TRAM

Der öffentliche Nahverkehr in Zagreb (www.zet.hr) basiert auf einem gut funktionierenden Straßenbahnnetz. Die Innenstadt ist allerdings so kompakt, dass der Großteil der Wege, mit Ausnahme des Wegs zum Busbahnhof und zum Bahnhof, auch zu Fuß gut zu bewerkstelligen ist. Da im Allgemeinen an den Haltestellen die Karte mit den Linienführungen der Straßenbahnen aushängt, lässt sich das System relativ problemlos nutzen.

Die Tram 2 und Tram 6 fahren vom Busbahnhof zum Bahnhof. Tram 6 fährt zum Trg Bana Jelačića.

Inland

Inhalt ➡

Samobor 105
Medvednica................ 108
Zagorje 109
Klanjec 110
Krapinske Toplice........ 110
Krapina......................... 111
Varaždin 113
Međimurje.................... 117
Slawonien.................... 118
Đakovo 119
Osijek 121
Baranja......................... 126
Vukovar 128
Ilok............................... 131

Auf ins Inland!

Die meisten Reisenden lassen diesen großen Landesteil aus – trotz super Möglichkeiten für Autotouren: Die ländliche Region Zagorje im Norden lockt mit winzigen Örtchen, Weinbergen, mittelalterlichen Burgen und einem Kurort. Das schmucke Städtchen Varaždin am Ostrand (Richtung Ungarn) kombiniert Barockarchitektur mit Geschichtsträchtigkeit und ruhiger Atmosphäre.

Südostwärts in Richtung Serbien erstrecken sich die Pannonische Tiefebene und Slawoniens flaches Ackerland. Diese Gegend ist größtenteils landwirtschaftlich geprägt. Zugleich finden sich hier aber auch Kultur und schöne Architektur im belebten Osijek, zwei Museen in Vukovar und Đakovos erhabene Kathedrale. Draußen im Grünen warten die regionalen Weinstraßen und Bootstouren durch die weiten Sümpfe des Naturparks Kopački Rit.

Einen größeren Gegensatz zum Trubel an der Küste kann man sich kaum vorstellen!

Gut essen

- Kod Ruže (S. 124)
- Josić (S. 128)
- Mala Hiža (S. 118)
- Klet Kozjak (S. 110)

Schön übernachten

- Maksimilian (S. 123)
- Vuglec Breg (S. 111)
- Park Boutique Hotel (S. 116)
- Kućica (S. 110)

Reisezeit

Osijek

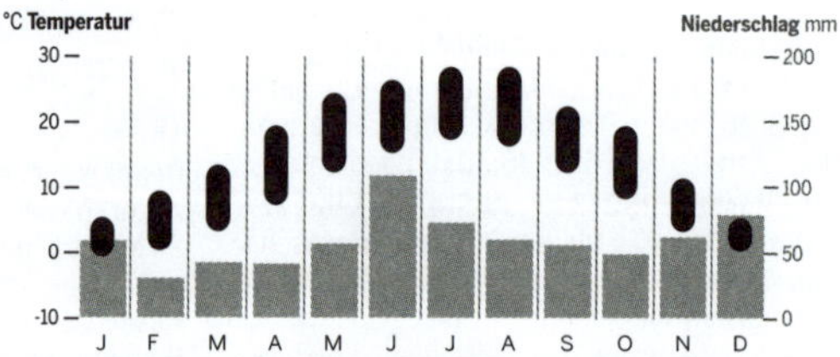

April & Mai Viele Wildblumen tauchen die sanft gewellten Hügel im Inland in ein Farbenmeer.

Juli & Aug. Temperaturen steigen, Urlauber fahren an die Küste. Musik und Tanz gibt's bei Đakovos Volksfest.

Sept. Tolle Barockklänge erwarten einen beim Musikfestival in Varaždin.

RUND UM ZAGREB

Kroatiens alte Kernregion rund um Zagreb bietet viele Möglichkeiten für spontan veranlagte Wanderer, Skifahrer und Gourmets.

Samobor

☎01 / 37 600 EW.

In Samobor erholen sich gestresste Großstädter bei herzhaftem Essen und schöner Aussicht. Und wer sich hier erst mal mit *kremšnite* (Cremeschnitte) vollgestopft hat, bewältigt gerade noch so einen Bummel entlang des flachen Flüsschens Gradna, der sich vorbei an schmucken, pastellfarbenen Sakral- und Profanbauten durch das Stadtzentrum schlängelt. Prima für einen entspannten Halbtagestrip ab Zagreb!

Sehenswertes & Aktivitäten

Naturpark Žumberak Samoborsko Gorje NATURPARK

(www.park-zumberak.hr) GRATIS Samobor ist ein guter Ausgangspunkt für Wanderungen in der Samoborsko Gorje. Diese Bergkette im Žumberak-Gebirge verbindet die hohen Gipfel der Alpen mit den Karsthöhlen und Schluchten des Dinarischen Gebirges. Viele Wiesen und Wälder machen sie zum beliebtesten Wanderziel der Region. Zudem ist dies die Wiege des kroatischen Bergsports: Seit 1875 werden hier Klettertouren organisiert.

Seit 1999 ist das gesamte Gebiet (333 km²) ein Naturpark, der neben einem großen Artenreichtum auch Wälder, Karsthöhlen, Flusscanyons und vier Wasserfälle schützt. An den gut markierten Wanderwegen der meist leichten Kategorien laden insgesamt neun Berghütten zu netten Zwischenstopps ein. Die Hütten sind größtenteils nur am Wochenende geöffnet (außer im Juli und August in der Hauptsaison).

Das Gebirge ist in drei Abschnitte unterteilt: die Oštrc-Gruppe in der Mitte, die Japetić-Gruppe im Westen und die Plešivica-Gruppe im Osten. Sowohl die Oštrc- als auch die Japetić-Gruppe sind von der Berghütte Šoićeva Kuća (mit Restaurant), 10 km westlich von Samobor, mit Bus 144 (Richtung Lipovec) zu erreichen. Von dort geht es 30 Minuten steil bergauf zur mittelalterlichen Festung von Lipovec. Die Wanderung auf den Gipfel des Oštrc (752 m) und zur nächsten Berghütte dauert eine Stunde.

Eine weitere beliebte Wanderung ist der Aufstieg von der Šoićeva Kuća zum Japetić (879 m), dem höchsten Gipfel der Samobor-Berge, der bei Gleitschirmfliegern beliebt ist (noch mehr Infos gibt's unter www.parafreek.hr). Außerdem kann man einem Pfad vom Oštrc zum Japetić folgen (2 Std.). Die Plešivica-Gruppe wartet auch mit den Ruinen einer mittelalterlichen Festung und einem Waldschutzgebiet auf und ist fürs Felsenklettern berühmt. Sie ist vom Dörfchen Rude aus erreichbar (Bus 142 fährt nach Rude und Braslovje). Von Rude geht's Richtung Osten zur Jagdhütte Srndać auf dem Bergsattel Poljanice (12 km); von dort führt ein ziemlich steiler Weg in 40 Minuten zum Gipfel des Plešivica (779 m).

Neben der Website des Parks hat auch die Kroatische Bergsportvereinigung (S. 39) mehr Informationen zu Wanderungen.

Essen

Slatka Tvornica Medenko EISCREME €

(Mirka Kleščića 1; 12–28 Kn; ⌚9–21 Uhr) Unbedingt hingehen: Die wunderbare Eisdiele ist eine der besten des Landes. Ihr traditionell hergestelltes Eis enthält keinerlei künstliche Aromen, Farbstoffe oder Konservierungsmittel. Unter den Sorten ist auch Ungewöhnliches (z. B. Kürbiskernöl, Spinat, Blauschimmelkäse und Karotte).

U Prolazu DESSERTS €

(Trg Kralja Tomislava 5; Kuchen 7–12 Kn; ⌚7–23 Uhr) Das Lokal am Hauptplatz ist für die besten *kremšnite* (9 Kn) der Stadt bekannt.

Gabreku 1929 KROATISCH €€

(www.gabrek.hr; Starogradska 46; Hauptgerichte 55–150 Kn; ⌚12–24 Uhr) Dieses klassische lokale Restaurant liegt einen kurzen Fußweg vom Stadtzentrum entfernt und wird seit den 1920er-Jahren von derselben Familie geführt. Es ist für seine 40 süßen und herzhaften *palačinke* (Crêpes) bekannt.

Praktische Informationen

Touristeninformation (☎01-33 60 044; www.tz-samobor.hr; Trg Kralja Tomislava 5; ⌚Mo–Fr 8–16, Sa & So 9–17 Uhr) In diesem Büro im Stadtzentrum gibt's viele Broschüren und Stadtpläne zu Samobor sowie Infos und Karten zur Samoborsko Gorje und zur Žumberačko Gorje (eine andere nahe gelegene Bergkette) für Wanderer.

An- & Weiterreise

Samobor ist leicht mit öffentlichen Verkehrsmitteln zu erreichen: Ab Zagrebs Hauptbusbahnhof fahren Busse von Samborček und Autoturist Samobor hierher (31 Kn, 40 Min., ca. alle

Highlights

1 Osijek (S. 121) Schmucke Architektur und belebte Cafés in Slawoniens Hauptstadt genießen

2 Varaždin (S. 113) Das von Barockbauten umringte Stadtzentrum im Schatten eines Burgturms auskundschaften

3 Naturpark Kopački Rit (S. 126) Bei Kanutouren durch weite Sümpfe Reiher, Störche und Gänse beobachten

4 Vukovar (S. 128) In zwei von Kroatiens besten Museen tief in die Vergangenheit eintauchen

5 Baranja (S. 127) Winzer und kleine Orte bei Autotouren

entlang der regionalen Weinstraßen abklappern

6 Đakovo (S. 119) Sich in der Kathedrale den Hals beim Bewundern bunter Fresken verdrehen

7 Naturpark Lonjsko Polje (S. 118) Die traditionellen Dörfer und die Weißstörche der Region entdecken

8 Krapina (S. 111) Die Barockpracht der Kirche bestaunen, danach das Neandertaler-Museum besichtigen

9 Samobor (S. 105) *Kremšnite* essen und die Weinkeller und Landschaft entlang der Plešivica-Weinstraße erkunden

30 Min.). Vom **Busbahnhof** (141 Samoborske Brigade HV) führt dann ein leichter Fußmarsch (1,5 km) zum Hauptplatz.

Medvednica

Der Gebirgszug Medvednica thront stolz über Zagreb und bietet den Hauptstädtern eine leicht erreichbare Möglichkeit für Fluchten aus der Urbanität. So sind die üppig grünen Hügel bei einheimischen Skifahrern (im Winter) und Wanderern (übriges Jahr) sehr beliebt. Auf Tagesausflügler warten hier aber nicht nur Wälder, frische Luft und Outdoor-Aktivitäten, sondern auch eine mittelalterliche Höhenburg und riesige Höhlen. Zudem laden an den Hängen diverse Berghütten zu einem Mittagessen mit Lokalkolorit ein.

Sehenswertes

Medvedgrad FESTUNG
(☎01-45 86 317; www.pp-medvednica.hr; 15 KN; ⌚April–Sept. Di–So 11–19 Uhr, Okt.–Dez. Di–So 10–18 Uhr, Jan.–März Sa & So 10–17 Uhr) Diese Festung steht direkt über der Stadt auf der Südseite der Medvednica und ist Zagrebs bedeutendstes mittelalterliches Denkmal. Sie wurde von 1249 bis 1254 erbaut, um die Stadt vor der Invasion der Tartaren zu schützen. Heute kann man die wiederaufgebauten dicken Mauern und Türme, eine kleine Kapelle mit Fresken und den Schrein des Heimatlands besichtigen, der all jene ehrt, die für ein freies Kroatien starben. An klaren Tagen bietet sich ein wunderschöner Ausblick auf Zagreb.

Vom Britanski Trg in Zagreb (westlich vom Zentrum an der Ilica) fährt die Buslinie 102 zur Kirche in Šestine. Von dort aus führt dann ein leichter Fußmarsch (1 Std.) zur Festung.

Veternica-Höhle HÖHLE
(www.pp-medvednica.hr; Erw./Kind/Fam. 40/20/70 Kn; ⌚April–Okt. Sa & So 10–16 Uhr) Ab Mitte April kann Kroatiens sechstgrößte Höhle den Sommer über am Wochenende besichtigt werden. Die ersten 380 m der Gänge lassen sich per Führung (1 Std.) erkunden, wobei der Blick u. a. auf Fossilien und bizarre Sta-

ABSEITS DER ÜBLICHEN PFADE

DIE PLEŠIVICA-WEINSTRASSE

Rund 20 km südlich von Samobor (bzw. 45 km nördlich von Zagreb) führen die kurvigen Sträßchen der Plešivica-Weinstraße durch eine vegetationsreiche Landschaft und vermitteln dabei einen Eindruck von deren Besonderheit: Vorbei an grünen Hügeln, Rebenreihen und klitzekleinen Dörfern mit roten Hausdächern geht's hier zu über 20 Weingütern mit Verkostungsmöglichkeiten. Ein paar unserer Favoriten:

Korak (☎01-62 93 088; www.vino-korak.hr; Plešivica 34; Weinprobe 100 Kn; ⌚nach Vereinbarung) Die Winzerei mit 5 ha Anbaufläche gilt als eine der besten in der ganzen Gegend. Verkostenswert sind hier vor allem der Chardonnay und der Pinot Noir. Die Führungen geleiten einen durch den gesamten Betrieb und enden dann in der gemütlichen Probierstube mit netten Schwarzweißfotos vom alten Plešivica.

Režek (☎091 56 46 240; www.rezek.hr; Plešivica 39; ⌚Fr–So 10–20 Uhr, Mo–Do nach Vereinbarung) Die Familie bewirtschaftet diesen Betrieb seit vier Generationen. Nach einer Führung durch den Lagerkeller kann man Portugizac (Blauer Portugieser), Pinot Gris, Chardonnay und erfrischenden Sekt probieren (zu verschiedenen Preisen).

Šember (☎01-62 82 476; www.sember.hr; Donji Pavlovčani 11b, Jastrebarsko; Weinprobe 50 Kn; ⌚nach Vereinbarung) Riesling und Chardonnay sind die Highlights dieses Familienbetriebs. Bei den Weinproben gibt's Teller mit regionalen Käsesorten.

La Gradi (☎099 62 93 315; www.lagradi.com; Vlaškovec 156, Jastrebarsko; ⌚nach Vereinbarung) Dieses Weingut ist vor allem für seinen Muskateller (mit der Bronzemedaille prämiert) bekannt, keltert aber auch fruchtigen Riesling und samtigen Pinot Gris. Die Preise für die Proben variieren, daher gleich beim Buchen nachfragen.

Fast alle Verkostungen bzw. Führungen auf den lokalen Weingütern erfordern eine Reservierung, was etwas Planung sinnvoll macht. Hierbei hilft der Tourismusverband der Gespannschaft Zagreb (S. 101) mit der einfachen Lagekarte *Plešivica Wine Road* (gratis), die alle regionalen Winzer aufführt.

lagmiten-Formationen fällt. Die Höhle liegt im Westen des Medvednica-Gebirgszugs, wo sich auch die Glavica-Berghütte befindet.

Anreise ab Zagreb: Zunächst Stadtbus 124 von Črnomerec nach Gornji Stenjevec nehmen (ca. 15 Min.), dann dem Pfad 3 entlang des Bachs Dubravica bergauf zur Höhle folgen (ca. 20 Min.). Ab dort sind's wiederum noch einmal 15 Gehminuten bis zur Berghütte.

Aktivitäten

Naturpark Medvednica WANDERN
(www.pp-medvednica.hr) Der Naturpark Medvednica gleich nördlich von Zagreb bietet ausgezeichnete Wandermöglichkeiten mit mehreren beliebten und gut markierten Routen. Pro Rundweg kann man etwa drei Stunden einplanen. Und immer schön wachsam bleiben: Auf dem dicht bewaldeten Berg kann man sich leicht verirren. Karten gibt's bei der Kroatischen Bergsportvereinigung (S. 39) und am **Infopoint** (☎01-45 86 317; www.pp-medvednica.hr; Bliznec 70) beim Bliznec-Parkeingang.

Eine der beliebtesten Strecken ist der leichte Leustekov-Weg (Nummer 14), der in Sljeme auf dem Gipfel des Medvednica endet. Unterwegs kann man in einer der ältesten Hütten von Sljeme Rast machen: **Runolist** (☎01-45 57 519; Hauptgerichte 35–65 Kn; ⏲8–20 Uhr) serviert traditionelle Speisen und Getränke bei grandioser Sicht auf Zagreb.

Alternativ kann man auch in Richtung der Hütten Puntijarka (S. 109) und Hunjka wandern. Außerdem steht der kürzere, aber steilere und anstrengendere Bikčevićeva-Weg (Nummer 18) zur Wahl. Er beginnt am Bliznec-Parkeingang.

Wer die attraktive Ostseite der Medvednica besuchen will, kann vom **Dubrava-Busbahnhof** (Avenija Dubrava) in Zagreb mit Bus 205 oder 208 ins Dorf Bidrovec oder Vidovec fahren. Von dort geht's auf Bergpfad 24 oder 25/25a zu der Hütte Gorščica. Die Wanderung dauert etwa zwei Stunden.

Man sollte immer genügend Wasser und warme Kleidung dabeihaben und vor Sonnenuntergang zurück sein. Im Frühling besteht auch ein Risiko durch Zecken, also am besten lange Hosen und Ärmel tragen und sich nach jeder Wanderung genau untersuchen.

Skiresort Sljeme SKIFAHREN
(☎01-45 53 382; www.sljeme.hr; Tagesticket Lift Erw./Kind werktags 70/40 Kn, Wochenende 100/50 Kn; ⏲9–16 Uhr, Skifahren bei Nacht Di & Do 19–22 Uhr) Zagreb wird normalerweise nicht mit Wintersport verbunden, man kann aber direkt vor der Stadt auf dem Sljeme, dem Hauptgipfel der Medvednica, prima Ski fahren. Er lockt mit fünf Abfahrten, zwei Skilifts und einem Dreier-Sessellift. Auf dem Roten Hang (*Crveni spust*) und der Weißen Weide (*Bijela livada*) kann man auch nachts Ski fahren. Skipässe gibt's am Fußende des Roten Hangs.

Schlafen & Essen

Hiže na Bregu HÜTTE €€
(☎098 92 90 881; www.hizenabregu.com; Hižakovec 2/1, Donja Stubica; Hütte 90 €; 🅿) Dieses ländliche Refugium im Dorf Hižakovec (bei Donja Stubica) liegt in den nördlichen Ausläufern des Medvednica-Gebirgszugs. Die Anlage im traditionellen Zagorje-Stil besteht aus einem holzvertäfelten Hauptgebäude (zwei DZ, max. 5 Pers.) und einer separaten Hütte (ein EZ) ohne Bad. Zwei Mindestübernachtungen.

Puntijarka KROATISCH €
(☎01-45 80 384; Hauptgerichte 35–85 Kn; ⏲Mo–Fr 9–21, Sa & So 7–21 Uhr) Diese Berghütte ist am Wochenende dank ihrer hausgemachten kroatischen Gerichte, die in rustikalem Ambiente serviert werden, sehr beliebt.

An- & Weiterreise

Der Medvednica-Gebirgszug liegt am Rand von Zagreb und ist von dort aus leicht erreichbar: Einfach Stadtbahnlinie 14 zu deren Endhaltestelle nehmen, dort zu Linie 15 umsteigen und wiederum bis zur Endhaltestelle (Dolje) fahren. Dann von dort aus durch die Unterführung direkt zum Parkeingang Bliznec laufen.

Alternativ haben alle regionalen Naturparks auch Parkplätze für Selbstfahrer.

ZAGORJE

Die ländliche Region Zagorje ermöglicht Stadtfluchten direkt vor Zagrebs Haustür: Zwischen Weinbergen, Kornfeldern und dicht bewaldeten Hügeln warten winzige Dörfer und mittelalterliche Burgen – ideal, um sich bei beschaulichen Autotouren vom mediterranen Trubel weiter südlich zu erholen. Die Gegend ist meist angenehm frei von Touristen, wird aber an Sommerwochenenden von vielen Ausflüglerfamilien aus der Hauptstadt besucht.

Die Region Zagorje beginnt im Norden der Medvednica (1035 m) in der Nähe von

ABSTECHER

FLUCHT AUFS LAND

In der Region Zagorje warten heute viele ländliche Oasen mit Essen, Wein, Unterkünften und Erholung auf. Am Wochenende sind diese Refugien meist voll mit Tagesausflüglern aus Zagreb, aber werktags hat man sie praktisch für sich allein.

Bolfan Vinski Vrh (www.bolfanvinskivrh.hr; Gornjaki 56, Hraščina; ⌚nach Vereinbarung) Im Dorf Hraščina bei Zlatar kann man hier preisgekrönte Lesen probieren. Die schmucke *klet* (regionaltypische Hütte) auf einem Hügel beherbergt auch ein super **Restaurant** (☎099 70 31 797; Hauptgerichte 75–110 Kn; ⌚Mi–Sa 12–20, So bis 18 Uhr; ❄). Die Aussicht auf abschüssige Weinberge zählt zu den besten der ganzen Gegend.

Kućica (☎099 62 92 985; www.kuchica.com; Luka; DZ werktags/Wochenende 60/100 €; P) Rund 35 km außerhalb von Zagreb versteckt sich dieses traditionelle „Hexenhäuschen" aus 120 Jahre altem Eichenholz idyllisch in den Hügeln. Drum herum liegen Obstplantagen, Weinberge und ein Bio-Gemüsegarten. Drinnen gibt's einen Holzofen und buntes Dekor im rustikalen Stil. Für die große Beliebtheit bei Familien und Reisegruppen sorgt hauptsächlich der Freiluftbereich mit Hängematte, Grill und langem Gemeinschaftstisch aus Holz.

Majsecov Mlin (☎049-288 092; www.majsecov-mlin.com; Obrtnička 47, Donja Stubica; Hauptgerichte 55–90 Kn; ⌚9–23 Uhr; P ❄ ᯤ) Das Majsecov Mlin ist in zwei traditionellen Häuschen in der Nähe von Donja Stubica untergebracht und serviert lokale Klassiker, saisonal inspiriert und von Zagorjes besten Köchen zubereitet. Das köstliche Steak mit Nesselchips und Pesto à la Zagorje sollte man versuchen.

Klet Kozjak (☎049-228 800; www.klet-kozjak.hr; Kozjak 18a, Sveti Križ Začretje; Hauptgerichte 55–110 Kn; ⌚8–22 Uhr) Das Klet Koziak in Sveti Križ Začretje, 11 km südöstlich von Krapina, ist in einem hübschen Häuschen untergebracht und serviert traditionelle Gerichte aus der Region, darunter hausgemachte Nesselpasta mit Käse-Gemüse-Soße. Dazu gibt's von der Terrasse aus ein hervorragendes Panorama auf die Hügel und das Tal.

Zagreb und erstreckt sich bis zur slowenischen Grenze im Westen bzw. bis nach Varaždin im Norden, das ein Musterbeispiel der Barockarchitektur ist. Ob man nun die herzhafte Küche in rustikalen Restaurants genießen, ins Dorfleben eintauchen oder uralte Burgen erkunden will – Zagorje ist auf jeden Fall ein außergewöhnliches Erlebnis.

Klanjec

☎049 / 2740 EW.

Bei einem netten Zwischenstopp kann man hier tolle Bildhauerei bewundern: Das hübsche Klanjec ist der Geburtsort des berühmten kroatischen Bildhauers Antun Augustinčić (1900–1979). Dieser schuf u.a. das Friedensdenkmal vor dem UN-Gebäude in NYC und wird vor Ort mit der **Antun-Augustinčić-Galerie** (Trg Antuna Mihanovića 10; Erw./Kind 25/15 Kn; ⌚April–Sept. 9–17 Uhr, Okt.–März Di–So 9–15 Uhr) geehrt.

Klanjecs **Barockkirche** (Mihanovićev Trg 11; Eintritt 10 Kn) wurde 1630 vom adeligen Brüderpaar Erdődy erbaut. Die Krypta des angrenzenden Franziskanerklosters beherbergt zwei prachtvolle, restaurierte Barock-Sarkophage der Familie Erdődy.

Besichtigungen von Kirche und Kloster organisiert die nützliche **Touristeninformation** (☎049-550 235; www.klanjec.hr; Trg A Mihanovića 3; ⌚Mo–Fr 8–16, Sa bis 13 Uhr; teilweise abweichende Öffnungszeiten).

ℹ An- & Weiterreise

Die beiden täglichen Busse von Zagreb nach Kumrovec halten an Werktagen in Klanjec (51 Kn, 1–1,5 Std.). Am Wochenende verkehren keine Busse.

Krapinske Toplice

☎049 / 5100 EW.

Rund 17 km südwestlich von Krapina und 54 km nördlich von Zagreb liegt der Kurort Krapinske Toplice mitten zwischen den sanft gewellten Hügeln der ländlichen Zagorje. Hiesiges Highlight sind vier Thermalquellen: Sie sind reich an Magnesium und Kalzium sowie mindestens 39 °C warm. Die Stadt selbst ist nicht sonderlich attraktiv oder belebt – die meisten Besucher sind ältere Patienten aus diversen Reha-Zentren. Das recht neue, schicke Thermal-Wellnesscenter Aquae Vivae hat dem Ort aber einen neuen Energieschub beschert und lädt zu halbtägigen Badepausen bei Autotouren ein.

Aktivitäten

Aquae Vivae THERMALBAD
(☎049-501 999; www.aquae-vivae.hr; Ulica Antuna Mihanovića 1a; Erw./Kind Mo–Fr 70/50 Kn, Sa & So 90/60 Kn; ⌚9–21 Uhr) Das Thermalbad hat der Stadt neues Leben eingehaucht: Kroatiens modernste Hallenbadanlage (18 000 m²) unterhält Kinder u. a. mit einem Wellenbecken, einem Planschbecken und Wasserrutschen. Zudem sind ein Becken im Freien und ein spezieller Pool für Sporttaucher vorhanden.

Schlafen & Essen

★ **Vuglec Breg** PENSION €€
(☎049-345 015; www.vuglec-breg.hr; Škarićevo 151, Škarićevo; Zi. ab 80 €; P, WLAN) Etwa 4 km außerhalb von Krapinske Toplice liegt diese Landpension idyllisch im Dorf Škarićevo. Weinberge und Wälder umgeben die fünf traditionellen Hütten mit Zimmern bzw. Suiten. Unter den Extras auf dem Gelände sind Tennisplätze, Wanderwege, ein Weinkeller und gratis ausleihbare Mountainbikes. Kids freuen sich über den Spielplatz, das Badminton-Feld und die Ponyritte.

Das Hausrestaurant (Hauptgerichte 95–120 Kn) serviert regionale Spezialitäten wie *purica s mlincima* (langsam gebratener Truthahn mit gebackenen Nudeln) oder *štrukli* (gebackene Käsebällchen) auf einer Terrasse mit Panoramablick.

Villa Magdalena WELLNESS-HOTEL €€€
(☎049-233 333; www.villa-magdalena.net; Mirna 1; DZ ab 145 €; P, Klimaanlage, WLAN, Pool) Mit Whirlpools in allen Zimmern und der Aussicht auf grüne Hügel verspricht dieses luxuriöse Wellness-Hotel einen erholsamen Aufenthalt. Die meisten Gäste wollen hier einfach relaxen und z. B. Massagen (ab 24 €) genießen. Der Zugang zum beliebten Spa- bzw. Wellnessbereich (gesamter 3. Stock) mit Pool, Sauna und Sonnenterrasse ist jeweils im Preis enthalten.

Das Hausrestaurant serviert neben regionalen Spezialitäten auch Gerichte mit italienischem und französischem Touch. Die Website informiert über aktuelle Pauschal- und Sonderangebote.

An- & Weiterreise

Prima für Tagestrips: Von Zagreb aus gibt's häufig Busverbindungen nach Krapinske Toplice (42–52 Kn, 1¼ Std., Mo–Fr 10-mal tgl., Sa & So 6-mal tgl.; aktuelle Fahrplaninfos unter www.akz.hr).

Krapina

☎049 / 12 100 EW.

Hinter der geschniegelten, aber faden Fassade dieser Provinzstadt verbergen sich zwei lohnende Sehenswürdigkeiten: Hoch über

ABSTECHER

KUMROVEC

Das Dorf Kumrovec im Sotla-Flusstal nahe der slowenischen Grenze wurde in das **Staro-Selo-Museum** (www.mss.mhz.hr; Josipa Broza 19, Kumrovec; Erw./Kind/Fam. 25/15/55 Kn; ⌚April–Sept. 9–19 Uhr, Nov.–Feb. 9–16 Uhr, März & Okt. Mo–Fr 9–16, Sa & So bis 18 Uhr) umgewandelt. Das ethnografische Freilichtmuseum ist eine Nachbildung eines Dorfs aus dem 19. Jh. Die 40 restaurierten Häuser und Scheunen bestehen aus Holz und gestampfter Erde. Außerdem wurde hier Josip Broz Tito geboren. Das Haus des früheren jugoslawischen Präsidenten ist nun ein separates Museum mit Memorabilien (u. a. Originalmöbel und Briefe anderer Staatsoberhäupter). Davor steht ein lebensgroßer Tito aus Bronze.

Ein Bach plätschert durch das idyllische Museumsgelände, das einen lebendigen Eindruck von Dorfleben und bäuerlicher Tradition vermittelt. In den *hiže* (regionaltypische Hütten) gibt's heute Möbel, Spielzeug, Weinpressen, Backgeräte und lebensgroße Puppen (jeweils mit Infos auf Englisch) zu sehen – so werden die traditionellen (Handwerks-)Künste und Bräuche der Zagorje wieder zum Leben erweckt. An einigen Wochenenden (April–Sept.) veranstaltet das Museum auch Vorführungen von Schmieden, Kerzenmachern, Töpfern und Flachswebern. Zu Titos Geburtstag (25. Mai) tummeln sich hier viele seiner Anhänger aus dem ganzen früheren Jugoslawien.

Angesichts der wenigen Busse zwischen Zagreb und Kumrovec (57 Kn, 1¼ Std., 2-mal tgl., nur Mo–Fr) sind Reisende mit einem eigenen Auto im Vorteil.

NICHT VERSÄUMEN

DIE PRACHTVOLLEN SCHLÖSSER UND BURGEN VON ZAGORJE

Die für die Region typischen Burgen und Schlösser aus dem Mittelalter sollten Kroatiens Inland einst vor Invasoren aus dem Osten und Norden schützen. Varaždin und Varaždinske Toplice haben eigene Schlösser. Die ländliche Umgebung macht jedoch Veliki Tabor und Trakošćan zu den eindrucksvollsten Festungen der Gegend.

Burg Veliki Tabor (www.veliki-tabor.hr; Košnički Hum 1, Desinić; Erw./Kind/Fam. 25/15/55 Kn; ⌚April–Sept. Mo–Fr 9–17, Sa & So bis 19 Uhr, Nov.–März Mi–So 9–16 Uhr, Okt. Mo–Fr 9–16, Sa & So bis 17 Uhr) Rund 57 km nordwestlich von Zagreb thront dieses fünfeckige Bollwerk auf einem Berg. Bei der Anfahrt entfaltet sich ein schönes Panorama aus Hügeln, Kornfeldern, Weinbergen und Wäldern. Im 16. Jh. begann Kroatiens Adel mit dem Bau befestigter Burgen in der Region, um Invasionen der Osmanen abzuwehren. Aus dieser Zeit stammt auch die Burg Veliki Tabor, die am Standort eines früheren mittelalterlichen Baus errichtet wurde. Die vier halbrunden Türme kamen erst später hinzu.

Die goldgelbe Feste in strategisch günstiger Lage auf einem Gipfel hat alles, was mittelalterliche Meister begehrten – Türme, Türmchen und Mauern mit Pechnasen. Sie beherbergt auch den Schädel von Veronika Desinić: Als Strafe für die Romanze mit dem Sohn des Burgherrn soll das arme Dorfmädchen hier eingemauert worden sein.

Allein schon die Aussicht auf die ländliche Umgebung ist einen Besuch wert. Zudem gibt's in der Nähe ein paar gute Restaurants mit traditioneller Küche. Darunter ist z. B. das rustikale **Grešna Gorica** (☎049-343 001; www.gresna-gorica.hr; Taborgradska Klet 3, Desinić; Hauptgerichte 40–80 Kn; ⌚9–21 Uhr; 👪) mit schönem Blick auf die ferne Burg von der Terrasse aus.

Auf der Burg wird auch das **Tabor Film Festival** (www.taborfilmfestival.com; ⌚Juni/Juli) veranstaltet.

Es fahren von Montag bis Samstag täglich acht Busse von Zagreb nach Desinić (62–70 Kn, 1½–2 Std.), sonntags nur vier. Die 3 km zur Veliki Tabor im Nordwesten geht man zu Fuß.

Schloss Trakošćan (☎042-796 281; www.trakoscan.hr; Trakošćan 1; Erw./Kind 40/20 Kn; ⌚April–Okt. 9–18 Uhr, Nov.–März bis 16 Uhr), 80 km nordwestlich von Zagreb, ist wegen des guten Museums und der attraktiven Anlage einen Besuch wert. Das genaue Entstehungsdatum des Baus ist unbekannt, aber es wurde 1334 erstmals erwähnt. Nicht viele der original romanischen Elemente des Schlosses sind erhalten; Mitte des 19. Jhs. wurde es im neugotischen Stil restauriert. Der 87 ha große Schlosspark ist im romantisch-englischen Stil mit exotischen Bäumen und einem künstlichen See angelegt.

Bis 1944 wurde das Schloss von der Adelsfamilie Drašković bewohnt und zeigt auf drei Stockwerken Ausstellungen mit Originalmöbeln, einer Fülle von Porträts und einer Schwertsammlung sowie im Keller eine Küche von damals. Die Zimmer sind in verschiedenen Stilen eingerichtet, von Neorenaissance über Gotik bis hin zu Barock.

Nachdem man in die Geschichte eingetaucht ist, kann man auf Pfaden zum Holzsteg am See wandeln, wo man ein Paddelboot leihen kann (30 Kn/30 Min.).

Zwischen Zagreb und Trakošćan verkehren keine Busse, aber es gibt täglich außer sonntags Verbindungen aus Varaždin, die einen Tagesausflug hierher möglich machen.

Krapina auf einem Hügel zieren prachtvolle Fresken das Innere der Kirche Gottesmutter von Jerusalem. Die Hauptattraktion ist jedoch das hiesige Neandertalermuseum: 1899 entdeckten Archäologen bei Ausgrabungen in einer Höhle am Hušnjakovo-Hügel nicht nur Tierknochen, sondern auch Spuren eines Neandertaler-Stammes, der hier zwischen 100 000 und 35 000 v. Chr. gelebt hatte. Neben Steinwerkzeugen und -waffen aus der Altsteinzeit fanden sich auch Skelettreste von 876 Menschen; insgesamt 196 Zähne ließen sich mehreren Dutzend Individuen zuordnen. Bis heute stellt dies den größten Massenfund an einer europäischen Neandertaler-Stätte dar.

Sehenswertes

★ Kirche Gottesmutter von Jerusalem KIRCHE

(☎Gebäudeverwaltung 095 52 86 213; M Krieže bb; ⌚So 8–10 Uhr) Der Aufstieg ab dem Stadtzentrum lohnt sich: Die Barockkirche von 1761 gehört zu den wichtigsten Wallfahrtsorten der Zagorje. Die Außenfassade zieren Malereien von Marienwundern, ergänzt durch entsprechende Gebetssprüche. Im Inneren gibt's prachtvolle Altäre, die originale Orgel aus dem 18. Jh. und aufwendige Barockfresken des Malers Antun Lerchinger zu sehen.

Neandertalermuseum Krapina MUSEUM
(www.mKn.mhz.hr; Šetalište Vilibalda Sluge bb; Erw./Kind/Fam. 60/30/120 Kn; ⌚ April–Okt. Di–So 9–19 Uhr, Nov.–März 9–17 Uhr) Für Familien empfiehlt sich dieses tolle Museum zur Entstehung von Universum, Erde und Menschheit. Die spaßigen, bunten Hightech-Exponate beleuchten auch Krapinas berühmten Neandertaler-Fossilienfund von 1899. Vom Urknall bis hin zum steinzeitlichen Alltag wird dabei die ganze Geschichte der Neandertaler abgedeckt – inklusive deren Ablösung durch den Homo sapiens. Weitere interessante Ausstellungen informieren über die Entdeckung der eigentlichen archäologischen Stätte.

Echte Neandertaler-Freaks werden eventuell etwas enttäuscht sein: Das Museum zeigt kaum etwas vom Originalfund (über 800 Fossilien). Zwar ist er auch aufgrund seiner Quantität weltweit von großer wissenschaftlicher Bedeutung, aber der Fund bestand hauptsächlich aus Knochenfragmenten und ist daher für Laien dann doch eher langweilig. In einem Raum sind allerdings Schädel von allen anderen bedeutenden Neandertaler-Stätten des Planeten ausgestellt.

Am grünen Hügel außerhalb des Gebäudes führt ein Fußweg hinauf zur originalen Fundstelle, die heute von keulenschwingenden Neandertalern in Skulpturenform markiert wird.

Schlafen & Essen

Hostel Barrock HOSTEL €
(☎ 098 18 23 863; www.hostel-barrock.com; Magistratska 36; B Erw./Kind 120/75 Kn; ❄ @ 📶) Nur zwei Gehminuten vom Hauptplatz entfernt liegt dieses kleine, freundliche Hostel mit drei blitzsauberen Schlafsälen – zwei für jeweils vier Personen, einer für maximal sieben Gäste. Vorhanden sind auch eine Kochgelegenheit, ein Gemeinschaftsbereich, eine coole Cafébar und ein Hinterhof mit Grill.

Pod Starim Krovovima KROATISCH €
(☎ 049-370 871; Trg Ljudevita Gaja 15; Hauptgerichte 25–80 Kn; ⌚ 6–22 Uhr) Im Stadtzentrum ist dies werktags die beste Adresse für ein leckeres, günstiges *gablec* (Mittagessen) oder Abendessen mit anständiger Traditionsküche. Im Obergeschoss befinden sich acht schlichte, aber saubere Gästezimmer.

Praktische Informationen

Touristeninformation (☎ 049-371 330; www.tzg-krapina.hr; Magistratska 28; ⌚ Mo–Fr 8–15, Sa bis 12 Uhr) Mehr als einige Broschüren und spärliche Auskünfte gibt's hier nicht – das ist besser als nichts, aber dennoch dürftig.

An- & Weiterreise

Zwischen Zagreb und Krapina verkehren Busse (36–42 Kn, 1 Std., Mo–Sa mehrmals tgl., So 1-mal tgl. abends) und Züge (40 Kn, 1½ Std., Mo–Fr 14-mal tgl.; Umsteigen in Zabok erforderlich).

Busbahnhof und Bahnhof liegen beide im Stadtzentrum an der Frana Galovića. Diese führt vom Bahnhof aus schnurstracks zum Neandertalermuseum.

Varaždin

☎ 042 / 46 300 EW.

Varaždins schmuckes Zentrum ist eine wahre Schatzkiste, die makellos restaurierte Barockbauten mit gepflegten Gärten und Parks kombiniert. Jahrelang war die Stadt für Reisende meist nur eine Durchgangsstation auf dem Weg von bzw. nach Ungarn. Doch nun entdecken immer mehr Traveller die Reize von Varaždin und unternehmen einen Tagestrip ab Zagreb (81 km weiter südlich) hierher.

Im 18. Jh. war Varaždin vorübergehend Hauptstadt und Wirtschaftszentrum des Landes. Dies erklärt auch die außergewöhnliche Qualität der barocken Bausubstanz – am besten zu bewundern bei einem Bummel entlang der Fußgängerzone, die an der Trg Kralja Tomislava beginnt. Architektonisches Highlight ist die Burg Stari Grad mit Türmen, deren strahlend weißes Gemäuer heute das Stadtmuseum beherbergt.

Geschichte

Die Stadt Garestin (heute Varaždin) spielte eine wichtige Rolle in Kroatiens Geschichte. Bereits unter König Bela III. stieg sie 1181 zunächst zum regionalen Verwaltungszentrum auf. Im Jahr 1209 erhielt sie von König Andreas II. den Status einer freien königlichen Stadt, zusammen mit einem eigenen Siegel und Wappen.

Während Kroatien von den Türken belagert wurde, war Varaždin die stärkste Fes-

Varaždin

Varaždin

Sehenswertes

1 Kathedrale Mariä Himmelfahrt B2
2 Franziskanerkirche & Kloster des hl. Johannes des Täufers B2
3 Statue des Bischofs Grgur Ninski B2
4 Rathaus B1
5 Stadtmuseum A1
6 World of Insects B2

Schlafen

7 Maltar B3
8 Park Boutique Hotel B2

Essen

9 Bedem A1
10 Palatin...A2
11 Restoran Raj B2

Ausgehen & Nachtleben

12 Kavana Grofica Marica.......................B2
13 My Way...B1

tungsanlage und das bevorzugte Quartier der Generäle. Als die Bedrohung aus dem Osten nachließ, florierte Varaždin als kulturelles, politisches und wirtschaftliches Zentrum Kroatiens. Die Nähe der Stadt zu Mitteleuropa erklärt die Vorliebe für barocke Architektur, die zu dieser Zeit in Europa ihre Blütezeit erlebte. Die besten Handwerker und Baumeister Europas kamen nach Varaždin und entwarfen hier Villen, Kirchen und öffentliche Gebäude.

Im Jahr 1756 wurde die Stadt zur Hauptstadt des Königreichs Kroatien und Slawonien, eines autonomen Königreichs innerhalb der Habsburgermonarchie, ernannt. Doch nach einem verheerenden Stadtfeuer im Jahre 1776 verließ der kroatische *Ban* (Repräsentant des Königs) die Stadt und verlegte seinen Sitz (und die Verwaltung) nach Zagreb. Die weiterhin florierende Stadt wurde in kurzer Zeit im barocken Stil – dem sie bis heute ihren Reiz verdankt – wieder aufgebaut.

Sehenswertes

Im Zentrum steht eine Reihe sehenswerter Barockgebäude, von denen einige inzwischen als Museen genutzt werden. Viele der Adelsvillen und eleganten Kirchen werden derzeit restauriert, da sich die Stadt um die Aufnahme in die Liste des UNESCO-Weltkulturerbes bemüht. Sehr angenehm für ausländische Besucher sind die an den meisten Gebäuden angebrachten Tafeln, die über Architektur und Geschichte des jeweiligen Bauwerks informieren – und zwar auf Englisch, Deutsch und Kroatisch.

Stadtmuseum BURG

(Gradski Muzej; www.gmv.hr; Strossmayerovo Šetalište 3; Erw./erm. 25/15 Kn; ⌚Di–Fr 9–17,

Sa & So 9–13 Uhr) Das weiß getünchte Stadtmuseum, Teil der Stari Grad, ist ein Juwel mittelalterlicher Befestigungsarchitektur, eingefasst von einem gepflegten Park. Mit dem Bau wurde im 14. Jh. begonnen. Im 16. Jh. entstand die heutige Form im Stil der Gotik und Renaissance; damals diente sie als Befestigungsanlage gegen die vorrückenden Osmanen.

Bis 1925 war der Bau in Privatbesitz. Inzwischen ist er ein Museum, das in zehn Ausstellungsräumen Möbel, Glasware, dekorative Gegenstände, Insignien und Waffen zeigt, die sich über die Jahrhunderte hinweg angesammelt haben. Viel interessanter als die historischen Sammlungen ist jedoch die Architektur der weitläufigen Burganlage. Über eine Zugbrücke geht es hinein in eine mittelalterliche Welt aus Bogengängen, Innenhöfen, Kapellen und Türmen.

Varaždiner Friedhof FRIEDHOF

(Hallerova Aleja 8; ⏲ Mai–Sept. 7–21 Uhr, März, April & Okt. 7–20 Uhr, Jan., Feb., Nov. & Dez. 7–17 Uhr) Der Friedhof liegt zehn Gehminuten westlich der Stari Grad und ist ein Meisterwerk der Gartenbaukunst, das 1905 vom Wiener Architekten Hermann Helmer entworfen wurde. Wer sich das ruhige Gelände mit seinen Grabdenkmälern, Alleen, Spazierwegen und über 7000 Bäumen einmal näher angesehen hat, möchte vielleicht selbst gern hier begraben werden.

Kathedrale Mariä Himmelfahrt KATHEDRALE

(Katedrala Uznesenja Marijina; Pavlinska 4; ⏲ 7–12.30 & 15.30–19.30 Uhr) Die einstige Jesuitenkirche gleich südöstlich des Trg Kralja Tomislava wurde im Jahr 1646 erbaut. Ihre Fassade zeichnet sich durch ein altes Barockportal aus, das das Wappen der Adelsfamilie Drašković trägt. Das Hauptschiff der Kathedrale wird vom Altar dominiert, der mit kunstvollen Schnitzereien und einem vergoldeten Gemälde mit der Himmelfahrt der Gottesmutter geschmückt ist. Die Kathedrale ist für ihre großartige Akustik bekannt; während der Varaždiner Barockmusikabende (S. 116) finden hier Konzerte statt.

Rathaus HISTORISCHES GEBÄUDE

(Gradska Vijećnica; Trg Kralja Tomislava 1) Dieses eindrucksvolle Gebäude im romanisch-gotischen Stil wird seit dem 16. Jh. als Rathaus genutzt. Sehenswert sind das Stadtwappen am Fuße des Turms und das mit Säulen und Kapitellen verzierte Portal, das im Jahr 1792 entstanden ist. Von Mitte Mai bis Mitte Oktober findet jeden Samstag um 11 Uhr eine zeremonielle Wachablösung statt.

Franziskanerkirche & Kloster des hl. Johannes des Täufers KIRCHE

(Crkva Svetog Ivana Krstitelja; Franjevački Trg 8; ⏲ 6.30–12 & 17.30–19.30 Uhr) Die Kirche, 1650 im Barockstil auf den Ruinen eines älteren Gebäudes erbaut, besitzt den höchsten Turm der Stadt (54,5 m). Zur Klosteranlage gehört eine antike Apotheke mit Deckenfresken aus dem 18. Jh.

Statue des Bischofs Grgur Ninski STATUE

Der bekannte kroatische Bildhauer Ivan Meštrović schuf diese Statue des kroatischen Bischofs Grgur Ninski aus dem Mittelalter. Hierbei kopierte er sein eigenes Originalwerk aus Bronze, das in Split steht. Angeblich soll es Glück bringen, den großen Zeh des Standbilds zu berühren.

World of Insects MUSEUM

(Entomološka Zbirka; Franjevački Trg 10; Erw./Kind 35/15 Kn; ⏲ Di–Fr 9–17, Sa & So bis 13 Uhr) Das entomologische Museum im klassizistischen Herczer-Palast zeigt fast 4500 Exponate aus der Insektenwelt, darunter 1000 Käferarten. Die tollen Ausstellungen wecken kindliches Interesse an der Natur auch mit Details zu den jeweiligen Lebens- und Paarungsgewohnheiten bestimmter Krabbler. Englischsprachige Infotafeln gibt's hier kaum, dafür aber Audio-Guides.

ABSTECHER

VARAŽDINSKE TOPLICE

Heißes Thermalwasser (58 °C) mit Schwefelgehalt lockt Erholungsbedürftige nach Varaždinske Toplice, seit die Römer hier im 1. Jh. n. Chr. erstmals einen Kur-Komplex anlegten. Bis heute ist dies ein ruhiger und relaxter Kurort inmitten von Wäldern auf sanft gewellten Hügeln. Unter den Sakral- und Profanbauten im Zentrum ist auch ein barockes Schloss (heute das Stadtmuseum). Die meisten Besucher kommen wegen der Thermalbecken im klotzartigen Kurhotel. Für durchreisende Geschichtsfans lohnt sich jedoch eine kurze Besichtigung der Überreste des römischen Bads, das zwischen dem 1. und 4. Jh. n. Chr. erbaut wurde.

Feste & Events

Špancirfest KUNSTFESTIVAL
(www.spancirfest.com; Aug.) Ende August belebt das bunte Špancirfest die Parks, Straßen und Plätze der Stadt mit Weltmusik, Straßendarbietungen, Theater, kreativen Workshops, traditionellem Kunsthandwerk und moderner Kunst.

Varaždiner Barockmusikabende MUSIK
(www.vbv.hr; Sept.) Varaždin ist berühmt für sein zweiwöchiges Festival der Barockmusik, die Varaždiner Barockmusikabende im September. In- und ausländische Orchester geben in der Kathedrale, in Kirchen und Theaterhäusern überall in der Stadt Konzerte. Ein Ticket kostet je nach Veranstaltung 75–250 Kn und ist eine Stunde vor Konzertbeginn in Reisebüros oder beim **Konzertbüro Varaždin** (042-212 907; Auga Cesarca 1, Kroatisches Nationaltheater) erhältlich.

Schlafen

★ **Park Boutique Hotel** BOUTIQUEHOTEL €€
(042-420 300; www.park-boutique-hotel.eu; Jurja Habdelića 6; EZ/DZ/3BZ/4BZ ab 550/610/830/930 Kn; P) Varaždins nobelste Bleibe vermietet 19 Zimmer mit klaren Linien, fröhlichen Farbakzenten, deckenhohen Fenstern und heller Holzeinrichtung im skandinavischen Stil. Die Quartiere gibt's in drei Varianten: „Modern" (alias „Park"), „Retro" und „Galerie" (zweigeschossig sowie groß genug für eine vierköpfige Familie). Wer mit Blick ins Grüne aufwachen will, steigt auf der Parkseite ab.

Maltar PENSION €€
(042-311 100; www.maltar.hr; Prešerna 1; EZ/DZ/3BZ 250/500/600 Kn, Apt. ab 70 €; P) Die gemütliche Pension hat gepflegte Zimmer mit Holzwänden, schmalen Bädern und altmodischem Ambiente. Die Inhaberfamilie vermietet zudem ein Wohnstudio (max. 2–3 Pers.) mit Kochgelegenheit und Apartments in einem separaten Bau weiter unten an der Straße.

Essen

Restoran Raj KROATISCH €
(042-213 146; Ivana Gundulića 11; Hauptgerichte 25–65 Kn; Mo–Fr & So 9–22, Sa bis 2 Uhr;) Dieses riesige Restaurant mit schönen Holzakzenten bietet werktags einen tollen Mittagstisch (bis 13.30 Uhr) und serviert ein fleischlastiges Menü (vor allem Schwein). Die Getränkekarte bietet viel Bier und *rakija* (Grappa). Wenn es warm ist, sollte man hinten auf der von Glyzinien beschatteten Terrasse sitzen.

Bedem KROATISCH €€
(042-557 545; www.bedem-varazdin.com; Vladimira Nazora 9; Hauptgerichte 43–140 Kn; Mo–Do & So 10–22, Fr & Sa bis 23 Uhr;) Zwei kroatische Küchenchefs experimentieren hier mit Regionalküche und einheimischen Zutaten. Heraus kommen dabei z. B. Gänsestopfleber im Blätterteig oder Schweinebauch mit Kürbiskern-Panade. Bei schönem Wetter empfiehlt sich die überdachte Terrasse im Untergeschoss, von der man auf Rasenflächen und die Altstadtmauern schaut. Die *gableci* (traditionelle Mittagsgerichte; Mo–Fr bis 15 Uhr) haben ein super Preis-Leistungs-Verhältnis.

Palatin KROATISCH €€
(042-398 300; www.palatin.hr; Braće Radića 1; Hauptgerichte 55–140 Kn; Mo–Sa 7.30–23, So bis 22 Uhr;) In puncto Essensqualität hebt sich das Palatin etwas von seiner örtlichen Konkurrenz ab: Unter den Spezialitäten des Hauses sind z. B. istrisches Trüffel-Steak oder Flussbarsch in Meerrettichsauce. Auf der langen Weinkarte stehen über 50 Weine. Ebenfalls im Angebot sind hier jeden Tag tolle Mittagsgerichte und selbstgemachte Eiscreme. Der Speiseraum mit Gewölbedecken wird durch eine überdachte Freiluftterrasse ergänzt.

Ausgehen & Nachtleben

Kavana Grofica Marica CAFÉ
(Trg Kralja Tomislava 1; 7–22 Uhr;) Im besten Café der Stadt macht man es idealerweise so wie die Einheimischen: an Straßentischen sitzen und der Welt ihren Lauf lassen.

My Way BAR
(Trg Miljenka Stančića 1; Mo–Do 6.30–23.30, Fr & Sa bis 4 Uhr, So 7.30–23.30 Uhr) Dieses Café am Hauptplatz punktet mit Straßentischen (bei sonnigem Wetter äußerst beliebt), schnellem Service und einer großer Auswahl an Getränken (u. a. günstiges Bier für 9,50–22 Kn).

Praktische Informationen

Touristeninformation (042-210 987; www.tourism-varazdin.hr; Ivana Padovca 3; Mai–Okt. Mo–Fr 8–18, Sa 10–17 Uhr, Nov.–April Mo–Fr 8–16, Sa 10–13 Uhr) Diese Touristeninformation bietet jede Menge Infos und bunte Broschüren plus die Vermittlung privater Unterkünfte.

Konzertbüro Varaždin (S. 116) Verkauft Tickets für die Varaždiner Barockmusikabende.

An- & Weiterreise

BUS

Der **Busbahnhof** (Zrinskih i Frankopana bb) liegt südwestlich des Zentrums. Man kann das Gepäck an der **garderoba** des Bahnhofs (Gepäckaufbewahrung; pro Gepäckstück 7 Kn; ⊙ Mo–Fr 4.30–20.30, Sa & So 6.30–20.30 Uhr) abgeben.

Busse nach Norden kommen aus Zagreb und halten in Varaždin. Sie kosten dasselbe, egal, ob man das Ticket in Zagreb oder Varaždin kauft. Die meisten Busse an die Küste fahren durch Zagreb. Am Wochenende gibt's entschieden weniger Verbindungen zum Schloss Trakošćan und nach Varaždinske Toplice.

ZIELE	PREIS (KN)	DAUER	VERBINDUNGEN
Berlin	520	15 Std.	1-mal wöchentl.
Maribor (Slowenien)	60–65	1¾ Std.	2-mal tgl.
München	185–215	8 Std.	1–3-mal tgl.
Schloss Trakošćan	36	1–1¼ Std.	9-mal tgl.
Varaždinske Toplice	21	30 Min.	stündl..
Wien	135	5 Std.	1-mal tgl.
Zagreb	61–81	1½ Std.	stündl.

ZUG

Der **Bahnhof** (Kolodvorska 17) mit **garderoba** (Gepäckaufbewahrung; 15 Kn/Tag; ⊙ 6.25–18.25 Uhr) liegt am östlichen Stadtrand, während man den Busbahnhof genau entgegengesetzt im Westen findet.

Eine Zugverbindung besteht u. a. nach Zagreb (65 Kn, 2¾ Std., 12-mal tgl.), wo gen Küste umgestiegen werden kann. Mit Umsteigen in Koprivnica geht's zudem per Bahn nach Budapest (222 Kn, 6½ Std., 2-mal tgl.) in Ungarn.

Unterwegs vor Ort

Vom Busbahnhof aus bedienen Minibusse (5–15 Kn) von montags bis samstags die Stadt und einige umliegende Dörfer.

MEĐIMURJE

Nordöstlich von Varaždin erstreckt sich die hügelige Gespanschaft Međimurje bis hinüber zur ungarischen bzw. slowenischen Grenze. Diese fruchtbare Gegend mit Feldern, winzigen Dörfern und Hügeln voller Rebenreihen wird bislang kaum von Reisenden besucht. So kann man hier prima bei einem Roadtrip ins Grüne flüchten, wobei ein paar aufstrebende Weingüter zu interessanten Zwischenstopps einladen. Und am Ende eines langen Tages hinterm Steuer kommen die Thermalbecken im Kurort Sveti Martin gerade recht.

Aktivitäten

Weingut Lovrec WEIN
(☎040-830 171; www.vino-lovrec.hr; Sveti Urban 133, Štrigova; Tour & Verkostung 80 Kn; ⊙ nach Vereinbarung) Wer die besten Weine der Region in authentischer Familienatmosphäre genießen will, sollte das Weingut Lovrec in Sveti Urban besuchen, 20 km nordwestlich von Čakovec, der Hauptstadt der Region. Die geleitete Tour (auf Englisch, Französisch oder Deutsch) des ländlichen Anwesens führt einen durch die faszinierende Geschichte der Herstellung von Boutiqueweinen, die sechs Generationen von Weinbauern zurückreicht.

Man besucht auch den 300 Jahre alten Weinkeller mit alten Weinpressen und Fässern, kann sich im Schatten zweier mächtiger Platanen ausruhen, den Ausblick auf die 6 ha umfassenden Weinberge genießen und den Tag mit der Verkostung von rund zehn Weinsorten krönen, von Chardonnay bis hin zum lokalen *graševina*. Für 20 Kn extra gibt's auch ein paar Snacks wie Käse, Salami und Brotstangen und ein Fläschchen für Zuhause.

Cmrečnjak WEIN
(☎098 295 206; www.cmrecnjak.hr; Sveti Urban 273, Štrigova; ⊙ Mo–Sa 8–16 Uhr nach Vereinbarung) Dies ist einer der besten familiengeführten Weinkeller der Gegend; die Weinproduktion reicht bis 1884 zurück. Das Weingut bietet Touren und Verkostungen in einem rustikalen Raum mit toller Panoramaterrasse an.

LifeClass Terme Sveti Martin THERMALBAD
(www.spa-sport.hr; Izvorska, Sveti Martin Na Muri; Tagesnutzung Badebereich Erw./Kind Mo–Fr 60/35 Kn, Sa & So 80/52 Kn; ⊙ Mo–Do & So 8–20, Fr & Sa bis 23 Uhr) Das Vier-Sterne-Spa im Dorf Sveti Martin Na Muri kombiniert diverse Innen-, Außen- und Thermalwasserbecken mit einem Badepark und Tennisplätzen. Hinzu kommen Waldwege, Läden, Restaurants und ein Golfplatz. Das hauseigene Wellness-Zentrum mit Sauna-Komplex hat verschiedene Anwendungen im Programm (u. a. Schlammwickel und Vichy-Massagen).

ABSEITS DER ÜBLICHEN PFADE

NATURPARK LONJSKO POLJE

Der **Naturpark Lonjsko Polje** (☎044-672 080; www.pp-lonjsko-polje.hr; Krapje 18, Čigoč 26; Eintritt 10 Kn; ⏰April–Okt. 9–17 Uhr) ist als Weltnaturerbe nominiert. Das 506 km² große Sumpfgebiet (*polje* bedeutet „Feld") gehört zur Region Posavina zwischen Save und Moslavačka Gora. Entlang der Lonja (Nebenfluss der Save; zweiter Namengeber für den Park) bildet es ein riesiges Rückhaltebecken, das für seine Biodiversität berühmt ist. So kommen hier u. a. Vogelbeobachter (vor allem Storchenfans) im Frühling und Sommer voll auf ihre Kosten. In den regionalen Dörfern lässt sich traditionelle Holzarchitektur aus dem 19. Jh. bewundern.

Das Gebiet ist in mehrere Dörfer unterteilt. **Čigoć** ist ein weltberühmter „Treffpunkt für Störche": Weißstörche nisten auf den hübschen Holzhäusern des Ortes. Die Vögel treffen zwischen Ende März und Anfang April in Scharen hier ein und lassen sich bis Ende August die Insekten des Sumpflands schmecken. Anschließend brechen sie wieder zu ihrem zwei- bis dreimonatigen Rückflug ins südliche Afrika auf. In Čigoć findet man auch den Infopoint und das Ticketbüro des Parks sowie eine kleine ethnografische Sammlung aus dem Besitz der Familie Sučić (5 Kn).

Das historische Dörfchen **Krapje** ist für seine gut erhaltenen traditionellen Holzhäuser und die reichen Angel- und Jagdgründe bekannt. Die überdachten Außentreppen, Verandas und Säulen und die diversen Bauernhäuser mit Scheunen, Trockenschuppen, Schweine- und Hühnerställen sollte man sich ebenfalls anschauen. Auch die kleine ethnografische Sammlung der Familie Palaić sollte man besuchen (sie bietet auch Ferienwohnungen an). Von April bis Oktober steht in einem Informationszentrum in einem der Holzhäuser ein Fremdenführer zur Verfügung, der Besuchern gern mehr über das kulturelle Erbe der Region erzählt. Man kann auch nach den *posavski*-Pferden Ausschau halten, einer örtlichen Rasse, die in den Eichenwäldern des Lonjsko Polje grast. Außerdem lohnt sich ein Besuch des Dorfes **Mužilovčica**, das für seine Schwalben bekannt ist. Ein Essen auf dem Hof der Familie Ravlić sollte man sich auch nicht entgehen lassen.

Der Park hat drei Eingänge: in Čigoč, Krapje und Repušnica. Die Besucherzentren in Krapje und Repušnica bieten einen Fahrrad- und Kanuverleih (80 Kn/Tag für Fahrräder, 50 Kn/3 Std. für ein Kanu).

Der Lonjsko Polje liegt 50 km südöstlich von Zagreb. Am besten besucht man ihn mit dem eigenen Auto oder im Rahmen einer Tour, da der öffentliche Nahverkehr im Park ziemlich schlecht ist und es schwer ist, von A nach B zu kommen. Im Park stehen Privatunterkünfte in verschiedenen Holzhäusern zur Verfügung; weitere Informationen gibt's auf der Website. Unter den Optionen mit Unterkunft und Verpflegung empfehlen wir Tradicije Čigoć, Etno Selo Stara Lonja und Ekoetno Selo Strug.

Schlafen & Essen

Regina Apartments RESORT €€
(☎040-371 111; www.spa-sport.hr; Grkaveščak bb, Sveti Martin Na Muri; Apt. DZ/4BZ 45/70 €; P ❄ 📶 🏊 🐾) Als attraktivste Option auf dem Gelände des Thermalbads sind diese Apartments am Wochenende bei Zagreber Familien sehr beliebt. Sie verfügen jeweils über gut ausgestattete Küchen (inkl. Kaffeemaschine und Filtertüten) und Terrassen bzw. Balkone. Die größeren Varianten bieten bequem Platz für vierköpfige Familien.

★ **Mala Hiža** KROATISCH €€
(☎040-341 101; www.mala-hiza.hr; Balogovec 1, Mačkovec; Hauptgerichte 65–135 Kn; ⏰Mo–Sa 10–22, So 12–18 Uhr) Gefeierte und preisgekrönte Saisonküche mit Pfiff lockt Zagreber Gourmets hierher ins Dorf Mačkovec (4 km nördlich von Čakovec): In einer alten Holzhütte à la Međimurje serviert das Mala Hiža z. B. Schnecken, *štrukli* und kreative Varianten von kroatischen Klassikern. Von den mehr als 150 Weinsorten stammen mindestens 30 aus der Region.

An- & Weiterreise

Besucher brauchen ein eigenes Fahrzeug: In dieser Gegend gibt's fast keine öffentlichen Verkehrsmittel.

SLAWONIEN

Das topfebene Slawonien mit seinen vielen Flüssen ist Kroatiens landwirtschaftliches

Herz. Entlang der Straße entfaltet sich ein endloser, gelb-grüner Flickenteppich aus Gemüse- und Rapsfeldern, über dem oft Greifvögel kreisen. Das kleine, aber belebte Osijek ist die beste Ausgangsbasis zum Erkunden dieser Gegend: Von hier aus kann man z. B. zu Bootstrips in den Sümpfen des Kopački Rit oder zu den Weingütern der Region Baranja (S. 126) aufbrechen.

Slawoniens Südosten litt am schwersten unter dem Krieg. Dank seiner zwei Museen verzeichnet Vukovar aber nun langsam wieder mehr Besucher. Und Illok an der Grenze zu Serbien wird zunehmend von Weinfans entdeckt.

Slawonien wird von den drei großen Flüssen Save, Drau und Donau begrenzt. Lange Zeit gab es hier enge Verbindungen zu Ungarn, Serbien und Deutschland. Genau diese kulturelle Vielfalt ist ein Highlight der Region: Vor Ort sind die Beziehungen zu Mitteleuropa viel stärker als in Kroatiens Adria-Provinzen.

Geschichte

Bevor der Bürgerkrieg im Jahr 1991 Zehntausende aus Slawonien vertrieb, zählte die Bevölkerung zu jenen mit der größten ethnischen Vielfalt in Europa. Seit dem 7. Jh. siedelten slawische Stämme in der Region, im 16. Jh. wurde sie von den Türken erobert. Als die katholische Bevölkerung floh, zogen orthodoxe Serben in das Gebiet, denen die Türken erheblich aufgeschlossener gegenüberstanden.

Im Jahr 1690 verließen die serbischen Anhänger des Habsburgerreiches den Kosovo, um sich in der Region Srijem rund um Vukovar niederzulassen. Nach dem Frieden von Karlowitz im Jahr 1699 mussten die Türken das Land den Habsburgern abtreten; diese verwandelten den Süden der Region in eine *vojna krajina* (Militärgrenze) zum Osmanischen Reich.

Immer mehr Serben kamen nach Slawonien, aber auch deutsche Kaufleute, Ungarn, Slowaken, ukrainische Bauern, katholische Albaner und Juden. Große Ländereien wurden an deutsche und ungarische Adlige verkauft, die in Osijek, Vukovar und Ilok prächtige barocke und klassizistische Häuser errichteten.

Die große serbische Gemeinde in Slawonien forderte von Präsident Slobodan Milošević, die Region seinem „Großserbien" anzugliedern. Der Übergriff begann 1991 mit der Zerstörung Vukovars und der Bombardierung Osijeks. Im Jahr 1992 wurde ein Waffenstillstand vereinbart, doch erst im Januar 1998 wurde die Region infolge des Daytoner Friedensabkommens an Kroatien zurückgegeben.

Die Kriegswunden sind tief. In Städten wie Vukovar leben Serben und Kroaten gewissermaßen in Parallelwelten. Versuche, die beiden Volksgruppen einander anzunähern, sind bisher von wenig Erfolg gekrönt.

Đakovo

☎ 031 / 26 400 EW.

Die belebte Provinzstadt Đakovo ist von einem Flickenteppich aus Feldern umgeben und eignet sich prima als Tagesziel ab Osijek, das nur 35 km weiter nördlich liegt. Ihre Hauptattraktion ist die eindrucksvolle neuromanische Kathedrale am breiten Hauptplatz: Dank regelmäßiger Öffnungszeiten (bei kroatischen Kirchen ansonsten eher ungewöhnlich) lassen sich die vielen farbenfrohen Fresken im Inneren stressfrei bewundern. Danach heißt's auf zum nahe gelegenen Lipizzaner-Gestüt Ergela, wo diese begehrten Vollblutpferde gezüchtet und trainiert werden.

Sehenswertes

★ Kathedrale zu Đakovo (St. Peter) KATHEDRALE

(☎ 031-802 306; Strossmayerov Trg 6; ⌚ 6.30–12 & 15–19.30 Uhr) Đakovos ganzer Stolz ist diese neuromanische Kathedrale aus rotem Backstein, die das Zentrum mit ihren beiden Glockentürmen (84 m) dominiert. Der Rohbau wurde 1862 von Bischof Strossmayer in Auftrag gegeben und vier Jahre später vollendet. Das Ausschmücken des Inneren dauerte dann noch einmal 12 Jahre – denn gut Ding will schließlich Weile haben: Die farbenfrohen Wand- und Deckenfresken in verblüffender Vielfalt zeigen Szenen aus dem Alten Testament und aus dem Leben des hl. Petrus.

Ergela GESTÜT

(☎ 031-822 535; www.ergela-djakovo.hr; Auga Šenoe 45; Erw./Kind 20/10 Kn; ⌚ März–Okt. Mo–Fr 7–17, Sa & So 9–13 Uhr, Nov.–Feb. Mo–Fr 7–15 Uhr) Đakovo ist berühmt für seine Lipizzaner, deren Stammbaum sich bis ins 16. Jh. zurückverfolgen lässt. Auf dem Gestüt Ergela werden täglich rund 30 dieser edlen Vollblüter für ihre zukünftige Aufgabe als erstklassige Reit- und Kutschenpferde trainiert.

SLAWONISCHEN WEIN GENIESSEN

Wein wird in Slawonien schon seit Jahrtausenden gekeltert – man geht davon aus, dass der Name Baranja aus dem Ungarischen („Mutter des Weines") kommt – und nach einer Zeit der Stagnation erlebt die Region im Moment eine wahre Renaissance. Weißweine aus lokalen Trauben, darunter *graševina*, sind zu Recht bekannt, aber hier werden auch erdige Rotweine produziert, vor allem *frankovka* (Blaufränkisch), Merlot und Cabernet Sauvignon. Man sollte vorher anrufen, wenn man die Weinkeller besuchen will, damit auch jemand da ist, der einen rumführen kann.

Kutjevo (☎034-255 075; www.kutjevo.com; Kralja Tomislava 1, Kutjevo; geführte Tour & Verkostung 30 Kn; ⊙nach Vereinbarung) in der gleichnamigen Stadt bietet einen mittelalterlichen Weinkeller aus dem Jahr 1232, der zu der früheren Zisterzienserabtei gehörte. Man kann ihn im Rahmen einer geführten Tour besuchen und die Weine verkosten.

In der Nähe liegen zwei der besten Weingüter Slawoniens: **Krauthaker** (☎034-315 000; www.krauthaker.hr; Ivana Jambrovića 6, Kutjevo; Verkostung 40 Kn; ⊙nach Vereinbarung), dessen *graševina* und süße Weine regelmäßig Preise abräumen, und **Enjingi** (☎034-267 200; www.enjingi.hr; Hrnjevac 87, Vetovo; Verkostung & Tour 50 Kn; ⊙nach Vereinbarung), einer der führenden Öko-Hersteller Kroatiens, dessen Erfahrung bis 1890 zurückreicht. Den preisgekrönten Venie, ein weißer Cuvée, sollte man probieren. Das Sortiment von Kutjevos Weinen gibt's bei **Vina Čamak – Kolijevka Graševine** (☎034-255 689; Republike Hrvatske 56, Kutjevo; ⊙nach Vereinbarung), einem Laden mit Verkostungsraum im Zentrum.

In Baranja wurde der Anbau von Trauben auf den sanften Hügeln rund um Kneževi Vinogradi wiederbelebt. Die aufstrebenden Weinbauern, vor allem in Zmajevac und Suza, arbeiten entlang der gut markierten Weinpfade. **Gerstmajer** (☎091 35 15 586; www.vina-gerstmajer.weebly.com; Petefi Šandora 31, Zmajevac; ⊙nach Vereinbarung) folgt einer traditionellen Winzermethode und bietet Touren durch das 11 ha große Gelände mit Verkostung im Weinkeller an. Ein Stück bergab befindet sich mit **Josić** (☎031-734 410; www.josic.hr; Planina 194, Zmajevac; ⊙nach Vereinbarung) der größte Produzent der Gegend, der auch ein edles Restaurant führt. **Kolar** (☎031-733 006; Maršala Tita 94, Suza; Verkostungen 24 Kn; ⊙nach Vereinbarung) bietet auch ein Restaurant sowie einen Laden und Verkostungen in einem 100 Jahre alten Keller an der Hauptstraße nahe Suza. Auch **Vina Belje** (☎091 17 90 118; www.vinabelje.hr; Šandora Petefija 2, Kneževi Vinogradi; Tour & Verkostung mit 3–4 Weinen 45–90 Kn; ⊙10–17 Uhr) mit angeschlossenem Keller und großartigem Ausblick inmitten der Weinberge sollte man nicht verpassen.

Darüber hinaus gibt's bei **Iločki Podrumi** (S. 131) in Ilok antike Weinkeller sowie die Weingüter in Dalj und Erdut nördlich von Vukovar. Das beste ist **Vina Antunović** (☎031-590 350; www.vina-antunovic.hr; Braće Radić 17. Dalj; ⊙nach Vereinbarung). Es verfügt über einen hübschen Verkostungsraum, in dem man die Weißweine probieren kann.

Besucher können hinter die Kulissen schauen, an Führungen teilnehmen (Erw./Kind 30/20 Kn, 30 Min.) und kurze Fahrten mit einer altmodischen Pferdekutsche (150 Kn) unternehmen.

Für echte Pferdefans lohnt sich auch ein Abstecher zum dazugehörigen Zuchtgestüt **Ivandor**, wo ca. 150 Lipizzaner frei auf Koppeln grasen: Etwa 6 km außerhalb der Stadt werden hier die Stuten- und Hengstfohlen vor dem Training aufgezogen. Ivandor bietet ebenfalls Führungen an.

Feste & Events

Đakovački Vezovi KULTUR
(Đakovo-Stickerei; ⊙Juli) Đakovački Vezovi bietet alljährlich am ersten Wochenende im Juli eine Vorstellung mit Lipizzanern und ein Folklorefest mit Tanz und traditionellen Liedern.

Essen

Bistro Mon Ami KROATISCH €
(Luke Botića 12; Hauptgerichte 30–90 Kn; ⊙9–23 Uhr; ❄) Direkt hinter der Kathedrale gibt's hier herzhafte, leckere Grillfleisch-Gerichte à la Slawonien – rustikal und nicht sonderlich fotogen, aber dafür umso aromatischer.

Praktische Informationen

Touristeninformation (www.tz-djakovo.hr; Kralja Tomislava 3; ⊙Mo–Fr 7–15, Sa 8–13 Uhr) Kleines Büro mit engagiertem Personal, Karten, Broschüren, Infos und Tipps.

An- & Weiterreise

Prima für Tages- oder Halbtagestrips: Zwischen Osijek und Đakovo verkehren regelmäßig Busse (34 Kn, 45 Min., Mo–Fr bis 21 Uhr ca. stündl., Sa & So 6-mal tgl.; aktuelle Fahrplaninfos unter www.panturist.hr). Đakovos **Busbahnhof** (Splitska bb) liegt zwei Gehminuten von der Kathedrale entfernt im Zentrum.

Hier halten auch alle Busse von der Hauptroute Zagreb–Osijek.

Osijek

031 / 104 600 EW.

Die grüne, historische Universitätsstadt Osijek ist das interessanteste Ziel in Slawonien. Hierfür sorgen u.a. die imposante Festung aus dem 18. Jh. und die Uferpromenade entlang der breiten Drau.

In den 1990er-Jahren litt Osijek sehr stark unter serbischem Artilleriebeschuss – Spuren davon sind heute noch zu sehen, jedoch sind nun die meisten bedeutenden Bauten komplett restauriert. So gleicht ein Spaziergang durch Osijek wieder einem architektonischen Freudenfest. Highlights sind dabei z.B. verspielte Villen im Stil der Wiener Secession oder die schmucke Barockarchitektur rund um die Plaza im Bereich der Festung.

Abgesehen von schöner Architektur bietet Osijek auch die belebteste Atmosphäre östlich von Zagreb, u.a. dank der vielen Studenten, die jeden Abend die Cafés bevölkern. Auf diese Weise ist die regionale Hauptstadt insgesamt eine hervorragende Ausgangsbasis für das Erkunden der weiteren Umgebung.

Geschichte

Dank seiner Lage an der Drau, in der Nähe des Zusammenflusses mit der Donau (*dunav* auf Kroatisch), ist Osijek seit zwei Jahrtausenden von großer strategischer Bedeutung. Die slawischen Siedler gaben dem Ort seinen Namen. Bereits im 12. Jh. war er eine florierende Marktstadt. 1526 zerstörten die Türken Osijek, bauten es im osmanischen Stil wieder auf und verwandelten es in ein Verwaltungszentrum.

Die Österreicher vertrieben die Türken 1687. Die Muslime flohen nach Bosnien und die Stadt wurde mit Serben, Kroaten, Deutschen und Ungarn wiederbevölkert. Noch immer in Angst vor türkischen Angriffen erbauten die Österreicher im frühen 18. Jh. die Festung Tvrđa, die noch heute steht.

Bis in die 1990er-Jahre war Osijek ein mächtiges Industriezentrum des ehemaligen Jugoslawiens. Als 1991 der Krieg ausbrach, überrannten die jugoslawische Armee und serbische paramilitärische Einheiten die Region Baranja nördlich von Osijek. Die ersten Geschosse fielen im Juli 1991 von serbischen Stützpunkten am anderen Drau-Ufer aus. Als Vukovar im November desselben Jahres fiel, kämpften die nationale Armee und serbische Truppen um Osijek und beschossen es mit schwerer Artillerie. Tausende Einwohner flohen aus der Stadt. Der verheerende Beschuss dauerte bis Mai 1992 an, aber die Stadt fiel nie.

Sehenswertes

Tvrđa HISTORISCHE STÄTTE

Die gedrungene Zitadelle wurde im 18. Jh. von den Habsburgern zur Abwehr osmanischer Angriffe erbaut und blieb im Jugoslawienkrieg weitgehend verschont. Die barocke Anlage mit Kopfsteinpflasterstraßen, weitläufigen Plätzen und stattlichen Bürgerhäusern weist eine bemerkenswerte architektonische Geschlossenheit auf und mutet fast schon wie ein Freiluftmuseum an – allerdings wie eines, das bis heute intensiv genutzt wird: Viele der Bürgerhäuser beherbergen nun Uni-Fakultäten und weiterführende Schulen. So herrscht in den hiesigen Cafébars eine belebte und jugendliche Atmosphäre.

Wassertor & Nordmauer TOR

(Fakultelska) Das Wassertor wurde 1715 in die Nordmauer der Trvđa integriert. Direkt daneben führen Stufen hinauf zur grasbewachsenen Mauerkrone. Oben geht's gen Westen zum Wasserturm aus Backstein und ostwärts hinunter zur Jagića-Straße. Hierfür empfehlen sich jeweils geschlossene Schuhe: Die Pfade sind recht stark vermüllt (u.a. mit Glasscherben).

★ Museum von Slawonien (Archäologische Abteilung) MUSEUM

(Muzej Slavonije; www.mso.hr; Trg Svetog Trojstva 2; Erw./Kind 20/15 Kn; Di–Sa 10–18 Uhr) Kroatiens ältestes Museum deckt Slawoniens gesamte Geschichte ab. Untergebracht ist es im renovierten Bau der Stadtwache, dessen Arkaden-Hof nun von einer Glaskuppel überspannt wird. Am besten beginnt man mit der jungsteinzeitlichen Abteilung im 2. Stock und arbeitet sich dann nach unten vor. Die sorgsam kuratierten Ausstellungen zeigen z.B. menschenähnliche Figürchen, Grabbeigaben, Keramiken und Metallwa-

Osijek

Osijek
0
500 m
Drau
Zimska Luka
Naturpark Kopački Rit (12 km)
Zoo Osijek (1.5 km)
Kompa (600 m)
Museum von Slawonien (Archäologische Abteilung)
Perivoj Kralja Tomislava
Trg Svetog Trojstva
Trg J Križanića
Franjevačka
Franje Kuhača
Franje Markovića
Kamila Firingera
Europska Avenija
Park Kralja Držislava
Kralja Zvonimira
Park Kralja Petra Krešimira IV
Kneza Trpimira
Istarska
D Cesarića
Vukovarska
Zagrebačka
Reljkovitma
Trg A Šenoe
Bartola Kašića
Kardinala Franje Šepera
Kardinala Alojzija Stepinca
Trg Baruna Trenka
D Neumana
Kunst-museum
Trg LJ Gaja
Stjepana Radića
Reisnerova
Trg L Ružičke
Osijek
Adamovića
Školska
Sunčana
Lorenza Jägera
Jägerov prolaz
Lučki Prilaz
Šamačka
Kapucinska
Hrvatske Republike
Zrinjevac
Ivana Gundulića
J Andrića
A Kačića M
Trg L Mirskog
Ribarska
Trg Ante Starčevića
Strossmayera
Pavla Pejačevića
Županijska
Vinkovačka
Ružina
1
2
3
4
5
6
7
8
9
10
11
12
13
14
15
16
17
18
A
B
C
D
E
F
G

Osijek

Highlights
1 Museum von Slawonien (Archäologische Abteilung) ... F1

Sehenswertes
2 St. Peter & Paul ... B1
3 Cinema Urania ... C1
4 Europska Avenija ... C1
5 Gloria-Maris ... G1
6 Dreieinigkeitsdenkmal ... F2
7 Museum von Slawonien ... G2
8 Tvrđa ... F1
9 Wassertor & Nordmauer ... G1

Schlafen
10 Hostel Street Osijek ... D3
11 Hotel Osijek ... C1
12 Maksimilian ... G2
13 Waldinger ... B2

Essen
14 Kod Ruže ... F2
Lumiere ... (siehe 3)
15 Slavonska Kuća ... F2
16 Vege Lege ... C2

Ausgehen & Nachtleben
17 Caffe Bar Kafka ... E3
18 Gajba ... C3

ren. Bis auf die letzten paar Räume im 1. Stock ist alles auf Englisch beschriftet.

Das zweite Museumsgebäude befindet sich auf der anderen Seite des Platzes in Osijeks alter Stadtverwaltung. Das Lapidarium im Erdgeschoss präsentiert hier viele römische Stelen und Grabmale. Im 1. Stock warten Wechselausstellungen und Infos zur Geschichte der Trvđa.

➡ Dreieinigkeitsdenkmal DENKMAL
(Trg Svetog Trojstva) Die prachtvolle Barocksäule von 1729 erinnert an Osijeks Pestopfer im 18. Jh.

➡ Gloria-Maris MUSEUM
(www.gloria-maris.hr; Svodovi bb; Erw./Kind 20/10 Kn; ⌚ Di, Mi & Fr 10–16, Do bis 20, Sa & So bis 13 Uhr) Das Museum im Gewölbe der alten Zitadelle widmet sich Muscheln sowie dem Leben im Süß- und Salzwasser. Es ist das Lebenswerk von Vladimir Filipović, der in 48 Jahren ca. 1 Mio. Muschelschalen in allen Ecken der Welt gesammelt hat; darunter sind viele exotische Exemplare. Zu sehen gibt's hier aber auch Fossilien (650 Mio. Jahre alt), einen Zahn des Megalodon (Riesen-Urhai) und das giftigste Geschöpf der Weltmeere – genauer gesagt einen präparierten Blaugeringelten Kraken von den Philippinen.

Hinein ins Museum geht's durch den Bogengang rechts der Kirche.

Europska Avenija ARCHITEKTUR
Wer die Architektur des frühen 20. Jhs. mag, unternimmt am besten einen Bummel entlang der Europska Avenija: Unter den prachtvollen Jugendstilbauten an dieser Straße sind z. B. die **Post** (Kardinala Alojzija Stepinca 17; ⌚ Mo–Sa 7–20 Uhr) von 1912 und das hellrosa **Cinema Urania** (Stjepana Radića bb).

St. Peter & Paul KIRCHE
(☎ 031-310 020; Pavla Pejačevića 1; ⌚ Mo 13–19, Di–So 7–19 Uhr) Die neugotische Kirche aus rotem Backstein dominiert Osijeks Zentrum mit ihrem 90 m hohen Turm – im landesweiten Vergleich ist nur die Kathedrale von Zagreb noch höher. Der Bau aus den 1890er-Jahren hat 40 prachtvolle Buntglasfenster im Wiener Stil. Die farbenfrohen Wand- und Deckenfresken stammen von dem kroatischen Maler Mirko Rački.

Zoo Osijek ZOO
(www.zoo-osijek.hr; Sjevernodravska Obala 1; Erw./Kind 20/10 Kn; ⌚ 9–20 Uhr) Als Abwechslung zu den Museen und Kirchen lohnt die kostenlose Fahrt vom Ufer der Gornji Grad mit der hölzernen Fußgängerfähre *kompa*, die von der Wasserströmung angetrieben wird. Am anderen Ufer der Drau liegt der mit 11 ha Fläche größte Zoo Kroatiens. Zu sehen sind 80 Tierarten und ein Reptilienbecken. Die *kompa* verkehrt von April bis Oktober von 9 bis 19 Uhr.

Schlafen

★ Maksimilian PENSION €
(☎ 031-497 567; www.maksimilian.hr; Franjevačka 12; EZ 250–350 Kn, DZ 350–450 Kn, FZ 550 Kn, jeweils inkl. Frühstück; ❄@📶) Die großartige Pension in der Altstadt hat ein gastfreundliches Management, das Englisch spricht. Die 14 schlichten Zimmer in einem historischen Haus von 1860 punkten mit Gemütlichkeit, hohen Decken und Satelliten-TV. Besonders toll: Eines der Quartiere ist komplett behindertengerecht gestaltet (in dieser Preiskategorie eine Seltenheit!).

Unter den zahlreichen Extras im Maksimilian sind eine Gästeküche, kostenloser Kaffee bzw. Tee, üppiges Frühstück, Leihfahrräder und jede Menge Radler-Infos zu dieser Region.

Hostel Street Osijek HOSTEL €
(☎031-327 743; www.hostel-street-osijek.com; Ivana Gundulića 5; B/EZ/DZ/3BZ ohne Bad 145/180/290/390 Kn; ❄📶) Dieses Hostel vermietet sieben helle und gut gepflegte Dreibettzimmer, die sich entweder als Schlafsäle oder als Privatquartiere nutzen lassen – jeweils mit modernen und blitzsauberen Gemeinschaftsbädern. Das Hostel ist bei Radfahrern sehr beliebt und liegt nur einen kurzen Fußmarsch vom Bahnhof bzw. Busbahnhof entfernt. Hinein geht's durch einen Hinterhof abseits der Straße.

Waldinger HOTEL €€
(☎031-250 450; www.waldinger.hr; Županijska 8; Pension EZ/DZ 290/340 Kn, Hotel EZ 550–650 Kn, DZ 750–850 Kn; P❄@📶) Das feine kleine Hotel besteht aus zwei Teilen: Die Zimmer im Hauptgebäude an der Straße versprühen mit hohen Betten, vornehmen Möbeln und Ölgemälden viel altmodischen Charme. Die dahinter befindliche Pension mit zweckmäßigen Quartieren wirkt vergleichsweise schlichter. Dafür grenzt sie an einen zauberhaften Garten mit einem Fischteich unter Weidenbäumen. Bei wenig Betrieb gibt's jeweils kräftig Rabatt.

Das leckere Frühstück wird in einem mondänen Speiseraum serviert. Zusätzlich sind hier ein nobles Restaurant und ein stimmungsvolles Café vorhanden.

Hotel Osijek BUSINESSHOTEL €€€
(☎031-230 333; www.hotelosijek.hr; Šamačka 4; EZ/DZ Standard 850/955 Kn, Superior 900/1015 Kn; P❄@📶) Osijeks schickste Bleibe ist ein Turm aus Beton und Glas. Direkt am Fluss gibt's hier u.a. Standard-Doppelzimmer mit klassischer Einrichtung, allen Schikanen und Blick auf die Drau – wenngleich die Bäder etwas klein wirken. Die Superior-Varianten haben zwar vergleichsweise größere Bäder, warten aber meist nur mit Stadtblick auf. Das Wellness-Zentrum im 14. Stock ist mit Whirlpool, Sauna und einem türkischen Dampfbad ausgestattet.

RADFAHREN IN SLAWONIEN

Radfahren wird in der Region immer beliebter; ein Radweg verbindet Bilje mit Osijek. Die **Pannonische Friedensroute** führt auf einer 80 km langen Fahrt von Osijek entlang der Donau in die serbische Stadt Sombor und durch Kopački Rit. Weitere Informationen und eine Karte gibt's unter www.zeleni-osijek.hr, der Website einer örtlichen Umweltschutzorganisation. Ebenfalls beliebt ist die 138 km lange **Donau-Route**, die am Ostrand Kroatiens an der Grenze zu Ungarn und Serbien entlangführt.

Essen

Die örtliche Küche ist stark vom benachbarten Ungarn beeinflusst, was reichlicher Zusatz von Paprika bedeutet. Die beiden Restaurants im Tvrđa-Viertel sind die besten Adressen, um Spezialitäten wie *fiš paprikaš* (Flussfisch-Eintopf mit Paprika-Sauce, serviert mit Nudeln) zu probieren. Wer mit Blick auf die Drau speisen will, findet an der Uferpromenade ein paar schwimmende Lokale (deren Essen ist aber meist recht durchschnittlich).

Vege Lege VEGETARISCH €
(Trg Ljudevita Gaja 4; Hauptgerichte 18–32 Kn; ⏲Mo–Sa 9–19 Uhr) Das winzige Lokal mit Tresen und ein paar wenigen Barhockern serviert neben Burgern (vegetarisch oder vegan) auch gute Salate und leckere Falafel-Wraps (alias „Tortillas").

Slavonska Kuća SLAWONISCH €
(☎031-369 955; Kamila Firingera 26; Hauptgerichte 45–70 Kn; ⏲Mo–Sa 10–23, So 11–17 Uhr) Die Auswahl an authentischen slawonischen Gerichten ist groß. Es gibt z.B. viel *pečena riba* (Backfisch). Sehr lecker ist der Wels. Die Preise sind moderat und die Portionen umfangreich. Als Wein zu den Speisen empfiehlt sich der fruchtige weiße *graševina*.

★ **Kod Ruže** SLAWONISCH €€
(☎031-206 066; Kuhačeva 25a; Hauptgerichte 40–135 Kn; ⏲10–23 Uhr; ❄📶) Immer prima: In dem stimmungsvollen Restaurant heben Gäste unter ausgestopften Adlern ihre Krüge und werden von Kellnern mit altmodischen Hosenträgern bedient. Am Wochenende sorgt live gespielte Volksmusik für noch mehr Atmosphäre. Von den slawonischen Spezialitäten empfehlen sich z.B. der *čobanac* (traditioneller Fleischeintopf) oder der *alas salata* (Salat mit Fisch aus dem Fluss).

Lumiere EUROPÄISCH €€
(Franje Šepera 8; Hauptgerichte 70–220 Kn; ⏲11–23 Uhr; ❄📶) Das Lumiere lockt Osijeks Schickeria mit klassischem Seafood und fleisch-

lastigen Hauptgerichten: Auf der Karte stehen z. B. Wiener Schnitzel oder Tintenfisch, der unter einer gusseisernen *peka*-Glocke zubereitet wurde. Die Weine auf der eindrucksvollen Weinkarte stammen aus ganz Kroatien. Die zwanglos-schicke Inneneinrichtung im modernen Stil umfasst massive Tische und große, bequeme Stühle mit grauem Bezug. Wir bevorzugen jedoch die kleine Straßenterrasse.

Ausgehen & Nachtleben

Belebte Cafébars säumen das Flussufer beim Hotel Osijek, die Stjepana Radića nördlich der Ivana Gundulića und die Trg Svetog Trojstva im Tvrđa-Viertel. Die Bars im Bereich der Festung sind bei Osijeks Studenten besonders beliebt.

Caffe Bar Kafka — CAFÉ

(Zagrebačka 1; ⌚Mo–Sa 7–22 Uhr; 📶) Die Cafébar mit kleiner Freiluftterrasse und gutem Kaffee eignet sich prima für ein Bier am frühen Abend.

Gajba — CRAFT BIER

(Sunčana 3; ⌚Mo–Sa 12–23 Uhr) Ein toller Laden für Bierfreunde mit kleiner Terrasse abseits der Fußgängerzone. Man sollte das Craft-Bier probieren, z. B. das lokale Black Hat aus Osijek.

Praktische Informationen

Städtische Zentralklinik (Klinički Bolnički Centar; ☎031-511 511; Josipa Huttlera 4; ⌚24 Std.) Östlich vom Zentrum.

Touristeninformation (Hauptbüro; ☎031-203 755; www.tzosijek.hr; Županijska 2; ⌚Mitte Juni–Mitte Sept. Mo–Fr 8–18, Sa bis 12 Uhr, Mitte Sept.–Mitte Juni Mo–Fr 8–16, Sa bis 12 Uhr) Eine gute erste Anlaufstelle: Das kompetente Personal wartet mit vielen Broschüren, Prospekten, Karten und Stadtplänen auf.

Touristeninformation (Nebenstelle; ☎031-210 120; www.tzosijek.hr; Trg Svetog Trojstva 5; ⌚Mo–Fr 10–16, Sa 9–13 Uhr) Der freundliche Infopoint in der Tvrđa hat mitunter geschlossen.

An- & Weiterreise

BUS

Osijeks **Busbahnhof** (☎060 353 353; Bartola Kašića bb) bietet regelmäßig Verbindungen nach Zagreb und guten Anschluss zu regionalen Zielen. Die örtlichen Busfirmen Panturist (www.panturist.hr) und Čazmatrans (www.cazmatrans.hr) liefern jeweils aktuelle Fahrplaninfos auf ihren Websites.

INLANDSZIELE	PREIS (KN)	DAUER	VERBINDUNGEN
Đakovo	34	40 Min.	unter der Woche mind. stündl.; 6-mal tgl. am Wochenende
Ilok	61	1½ Std.	2-mal tgl. außer sonntags
Kopačevo	23	20 Min.	unter der Woche 7-mal tgl.
Rijeka	265–277	7 Std.	9-mal tgl.
Slavonski Brod	64	1¾ Std.	12-mal tgl.
Split	290	11½ Std.	2-mal tgl.
Vukovar	34	50 Min.	unter der Woche 7-mal tgl.; am Wochenende 2-mal tgl.
Zagreb	125–133	3¾–4¼ Std.	15-mal tgl.

INTERNATIONALE ZIELE	PREIS (KN)	DAUER	VERBINDUNGEN
Belgrad	134	3½ Std.	4-mal tgl.
Wien	185–230	10 Std.	3-mal tgl.
Zürich	386–480	19 Std.	1-3-mal tgl.

FLUGZEUG

Der **Flughafen Osijek** (☎060 339 339; www.osijek-airport.hr) liegt 20 km von Osijek entfernt an der Straße nach Vukovar. Es ist ein kleiner Flughafen, von dem nur einige Inlandsflüge von Croatia Airlines nach Dubrovnik und Zagreb starten.

ZUG

Gleich südlich vom Zentrum bietet Osijeks **Bahnhof** (Bartola Kašića) u. a. Zugverbindungen nach Zagreb (132–150 Kn, 4½–5 Std., Mo–Fr 4-mal tgl., Sa & So 3-mal tgl.) und Rijeka (232 Kn, 8¾ Std., 1-mal tgl.).

Unterwegs vor Ort

VOM/ZUM FLUGHAFEN

Ein Shuttlebus verkehrt entsprechend der Ankunftszeiten der Flüge vom Flughafen ins Stadtzentrum. In die andere Richtung fährt er 2½ Stunden vor den planmäßigen Abflugzeiten ab und kostet 30 Kn. Das Taxiunternehmen Sunce findet sich dort ebenfalls; eine Fahrt kostet 50 Kn.

GEFAHREN & ÄRGERNISSE

Während des Krieges in den 1990er-Jahren wurden Osijek und seine Umgebung sehr stark vermint. Die Stadt selbst und deren Vororte an der Hauptstraße sind heute wieder komplett geräumt und sicher. Nördlich der Drau lauern Landminen aber immer noch im Sumpfland gen Kopački Rit. Die meisten Minenfelder sind markiert – unbedingt alle entsprechenden Warnschilder beachten und keinesfalls auf eigene Faust durch die Wildnis wandern!

Gegen die sommerliche Moskitoplage im Kopački Rit helfen lange Ärmel und Hosen in Verbindung mit einem guten Insektenschutzmittel.

NAHVERKEHR, TAXI & FAHRRAD

Osijek hat zwei Stadtbahnlinien: Linie 2 verbindet den Bahnhof und Busbahnhof mit der Trg Ante Starčevića im Zentrum – allerdings auf einem Rundkurs, der zuerst zum äußeren Stadtrand führt. Linie 1 rollt zur Tvrđa. Das Fahrgeld (10 Kn) ist jeweils direkt beim Fahrer zu bezahlen.

An Osijeks Busbahnhof starten Panturist-Busse gen Beli Manastir oder Batina, die jeweils unterwegs im nahe gelegenen Bilje (16 Kn, 20 Min.) halten.

Die Taxifirma **Cammeo** (☎ 031-205 205; www.taxi-cammeo.hr; Grundtarif & erste 5 km 20 Kn, zzgl. 5 Kn/weiterer Kilometer) hat moderne Autos und ist sehr günstig: Die meisten Stadtfahrten kosten nur 20 Kn.

Für Radtouren zum Naturpark Kopački Rit empfiehlt sich **Šport za Sve** (☎ 031-208 135; Istarska 1; Leihfahrrad 40 Kn/Tag; ⏲ Mo–Fr 9–13 Uhr).

Baranja

☎ 031

Im äußersten Nordosten Kroatiens bildet die Region Baranja ein kleines Dreieck am Zusammenfluss von Drau und Donau: Östlich von Osijek erstreckt sie sich gen Serbien, nach Norden in Richtung Beli Manastir und südwestwärts bis Đakovo. Der ungarische Einfluss ist hier überall stark zu spüren: Fast alle Ortschaften sind zweisprachig benannt.

Die größtenteils landwirtschaftlich geprägte Baranja mit ihren Sümpfen, Weinbergen, Obstplantagen und Weizenfeldern wird bislang nur von wenigen Travellern besucht. Ihre Popularität nimmt aber langsam zu – dank guter Radrouten, diverser Weingüter und des Vogelparadieses Kopački Rit als Hauptattraktion. Wer Idylle weit abseits von Menschenmassen mag, wird sich hier wohlfühlen.

Naturpark Kopački Rit

Der **Naturpark Kopački Rit** (Park Prirode Kopački Rit; www.pp-kopacki-rit.hr; Erw./Kind unter 2 Jahren 10 Kn/frei; ⏲ April–Okt. 9–17 Uhr, Nov.–März 8–16 Uhr) liegt 12 km nordöstlich von Osijek und ist eines der größten Feuchtgebiete Europas. Er bietet über 290 Vogelarten und vielen Wasser- und Graspflanzen ein Zuhause – etwa Seerosen, Iris, Wasserlinsen und Schindelhafer – und ist mit Eichen- und Pappelwäldern bewachsen. Die weitläufige Überschwemmungsebene umfasst mehrere Teiche, Staugewässer und zwei große Seen, Sakadaško und Kopačevo, und verdankt ihre Entstehung dem Zusammenfluss von Drau und Donau. Zusammen mit der Mur sind die beiden Flüsse als UNESCO-Biosphärengebiet verzeichnet.

Sehenswertes

In den Gewässern des Kopački Rit leben 44 Fischarten, darunter Karpfen, Brassen, Hechte, Welse und Barsche. Durch die Luft darüber schwirren 21 Mückenarten (Insektenspray mitbringen!), während sich an Land z. B. Rotwild, Wildschweine, Biber, Baummarder und Füchse tummeln. Hauptattraktion sind jedoch die teils seltenen Vogelarten (z. B. Schwarzstörche, Seeadler, Haubentaucher, Purpurreiher, Löffler und Wildgänse), die sich am besten während der Zugperiode im Herbst beobachten lassen.

Der Park wurde im Krieg stark vermint und war daher jahrelang geschlossen. Die meisten Minen sind inzwischen geräumt; für Besucher gibt's nun sichere markierte Wege. Das **Besucherzentrum** (☎ 031-445 445; https://pp-kopacki-rit.hr; ⏲ April–Okt. 9–17 Uhr, Nov.–März 8–16 Uhr) des Parks liegt neben dem Haupteingang an der Straße von Bilje nach Kopačevo. Sein hübsches Naturlehrzentrum mit interaktiven Ausstellungen ist zusammen mit einem Café in einer Reihe strohgedeckter Holzhütten untergebracht. Vor Ort kann man über Plankenstege (insgesamt 2 km lang) spazieren und Bootsfahrten auf dem Sakadaško-See unternehmen. Möglich ist dies u. a. mit großen Kähnen, wobei unterwegs auch ein örtliches Schloss besichtigt wird (Erw./Kind & Stud. 80/60 Kn).

Alternativ gibt's Natursafaris per Kleinboot (100 Kn/Std., max. 4 Pers.) oder Kanu (80 Kn). Gebucht wird jeweils gleich nach der Ankunft beim Besucherzentrum. Rund 1 km davon entfernt liegt die Ab- bzw. Anlegestelle am Ende der Plankenstege, die in den See hineinragen.

Am Nordende des Parks, 12 km vom Besucherzentrum, befindet sich die bioökologische Forschungsstation Dvorac Tikveš in einer österreichisch-ungarischen Schlossanlage. Das Schloss wurde einst von Tito als Jagdhaus genutzt und in den 1990er-Jahren von den Serben besetzt. Die Wälder ringsum sind immer noch vermint – auf keinen Fall auf eigene Faust losspazieren.

Aktivitäten

Das Besucherzentrum des Parks verleiht Fahrräder (pro Std./Tag 20/100 Kn) zum Erkunden der Naturlandschaft am Rand der zentralen Feuchtgebiete.

Zlatna Greda OUTDOOR-AKTIVITÄTEN
(☎031-565 181; www.zlatna-greda.org; Zlatna Greda 16; Fotosafari 23 €/Pers.; ⏲nach Vereinbarung) Diese Firma veranstaltet hervorragende Touren (Wanderungen, Vogelbeobachtungen, Fotosafaris, Kanu-Abenteuer) durch den Kopački Rit. Am Rand des Parks (28 km nördlich von Osijek) unterhält sie als Ausgangsbasis ein eigenes Ökozentrum in einem verlassenen Dorf, das heute zum Weltkulturerbe gehört. Teil des Zentrums ist auch ein Abenteuerpark mit Seilrutsche, der allerdings nur am Wochenende geöffnet hat.

Schlafen & Essen

Etwa 5 km nördlich von Osijek wartet der Pendler-Vorort Bilje ebenfalls mit Bleiben auf – eine gute alternative Ausgangsbasis für die Erkundung des Kopački Rit. Hier empfehlen sich z. B. die familiengeführten B & Bs **Mazur** (☎031-750 294; Kneza Branimira 2, Bilje; EZ/DZ 240/360 Kn; P ❄ 📶 ≋) und **Crvendać** (☎091 55 15 711; www.crvendac.com; Biljske satnije ZNG RH 5, Bilje; Zi. 154 Kn/Pers.). Besonders toll für Naturfans ist das hostelartige **Zlatna Greda** (☎031-565 181; www.zlatna-greda.org; Zlatna Greda 16; B 17 €/Pers., EZ/DZ 25/42 €; P) am Rand des Parks.

Kormoran SLAWONISCH €
(☎031-753 099; www.restorankormoran.com; Podunavlje bb; Hauptgerichte 50–98 Kn; ⏲10–22 Uhr) Auf der Nordseite des Naturparks gibt's hier viele regionale Spezialitäten mit Schwerpunkt auf Karpfen, Wels und Wild.

Didin Konak SLAWONISCH €€€
(☎031-752 100; www.didinkonak.hr; Petefi Šandora 93, Kopačevo; Hauptgerichte 55–150 Kn; ⏲8–22 Uhr) Im ruhigen Dörfchen Kopačevo am Rand des Kopački Rit findet sich dieses herausragende regionale Restaurant. Das Flair ist rustikal und authentisch und das Essen köstlich. Die Fischspieße mit Wels und Barsch sollte man sich nicht entgehen lassen. Einige der Gerichte, etwa der Wildeintopf und das unter dem *peka* gebratene Fleisch, müssen vorab bestellt werden.

An- & Weiterreise

Busse verbinden Osijek mit dem Dorf Kopačevo (23 Kn, 20 Min., Mo–Fr 7-mal tgl.; jeweils über Bilje, teilweise weiter nach Batina) am Rand des Kopački Rit. Von der dortigen Haltestelle führt ein leichter Fußmarsch (1,5 km) zum Besucherzentrum des Parks.

Alternativ empfehlen sich Leihfahrräder von **Šport za Sve** (S. 126) in Osijek.

Nördliche Baranja

Die nördliche Baranja ist ein Landstrich mit sanften Hügeln, hübschen Dörfern und *surduci*, wie die traditionellen Weinstraßen genannt werden. Einige der Dörfer, darunter Karanac, Suza, Zmajevac und Kneževi Vinogradi, locken mit großartigen Weinkellern und regionalen Restaurants. Insgesamt ist die nördliche Baranja wie gemacht für Autotouren ins Blaue!

Sehenswertes

8 km östlich von Beli Manastir vermittelt das landwirtschaftlich geprägte Ethnodorf **Karanac** einen authentischen Eindruck vom dörflichen Leben Slawoniens und ist gut auf Besucher eingestellt. In dem von Kirschbäumen und liebevoll gepflegten Gärten gesäumten Dorf befinden sich drei Kirchen (eine evangelische, eine katholische und eine orthodoxe) sowie einige gut erhaltene pannonische Bauten.

Batina-Denkmal DENKMAL
Dieses beeindruckende Denkmal aus der kommunistischen Zeit steht direkt am Dreiländereck von Kroatien, Serbien und Ungarn. Es wurde vom bekannten kroatischen Bildhauer Antun Augustinčić geschaffen und erinnert an einen entscheidenden Sieg der sowjetisch geführten Truppen über die Nationalsozialisten im Zweiten Weltkrieg. Der Hügel bietet einen spektakulären Ausblick über die Donau, und die Weinstube in

der Nähe des Denkmals serviert eine gute Auswahl lokaler Weine.

Schlafen & Essen

Ivica i Marica FERIENBAUERNHOF €
(☎ 091 13 73 793; www.ivica-marica.com; Ivo Lola Ribara 8a, Karanac; EZ/DZ 350/450 Kn; P 📶) Ein freundliches Ehepaar leitet diesen bewirtschafteten Ferienbauernhof am Rand des Dorfs Karanac. In gehobener Atmosphäre warten geräumige Zimmer bzw. Suiten mit Backsteinwänden und viel Kiefernholz. Für Unterhaltung sorgen Leihfahrräder (100 Kn/Tag), Fahrten mit Pferdekutschen (350 Kn/Std.) und allerlei anderer Bauernhof-Spaß für Kinder.

Tri Mudraca SLAWONISCH €
(☎ 091 21 01 212; www.trimudraca.com; Ive Lole Ribara 27, Karanac; Hauptgerichte 40–90 Kn; ⌚ Do–So 10–23 Uhr) Das tolle Lokal auf einem traditionellen *salaš* (slawonischer Bauernhof) lockt mit aufwendigen Gerichten: Wer rechtzeitig anruft, kann sich hier z. B. Ente mit Honigglasur oder Schweinehals mit Wurzelgemüse und reduzierter Merlot-Sauce schmecken lassen. Spontan Veranlagte schauen einfach vorbei und futtern, was der Koch gerade so zaubert. Hinten im Garten schaut man schön auf die Weinberge und hügeligen Felder.

Auf Anfrage organisiert die Inhaberfamilie auch **Abenteuertouren** (☎ 091 21 01 212; www.trimudraca.com; Ive Lole Ribara 27, Karanac).

Kovač Čarda SLAWONISCH €
(Maršala Tita 215, Suza; Hauptgerichte 40–60 Kn; ⌚ 10–23 Uhr) Das schlichte Lokal unter ungarischer Leitung liegt im kleinen Dorf Suza am Straßenrand und ist für das beste *fiš paprikaš* der ganzen Baranja bekannt. Das Essen ist ziemlich scharf, daher bei Bedarf darum bitten, dass das Paprikapulver separat serviert wird.

★ **Josić** SLAWONISCH €€
(☎ 031-734 410; www.josic.hr; Planina 194, Zmajevac; Hauptgerichte 29–90 Kn; ⌚ Di–Do & So 13–22, Fr & Sa bis 24 Uhr) Das gehobene Josić im Dorf Zmajevac befindet sich an einer historischen *surduk* (Weinstraße), die einen steilen Hügel hinaufführt. Auf den Tischen in einem Gewölbekeller landet hauptsächlich Fleisch (Tipp: der *perkelt*-Eintopf mit Ente). Unbedingt auch den einheimischen *graševina* im separaten Weinkeller verkosten! Im September und Oktober ist eine rechtzeitige Reservierung ratsam.

Piroš Čizma SLAWONISCH €€
(☎ 031-733 806; Maršala Tita 101, Suza; Hauptgerichte 50–95 Kn; ⌚ Mo–Do & So 7–22, Fr & Sa 13–24 Uhr) Dieses Restaurant liegt bei Einfahrt nach Suza direkt an der Straße und bietet slawonische Gerichte mit dem gewissen Kniff: marinierten Wels auf einem Endivienbett mit Zitronen-Honig-Senf-Emulsion oder Rindersteak mit Traubensauce und *frankovka*-Weinreduktion.

Außerdem ist dies ein Hotel mit 25 angenehmen Zimmern (EZ/DZ 280/480 Kn) in zwei Gebäuden, alle gut ausgestattet und inklusive Frühstück mit lokalem Frischkäse, Marmelade und Aufschnitt, z. B. *kulen* (würzige, nach Paprika schmeckende Wurst).

Baranjska Kuća SLAWONISCH €€
(☎ 031-720 180; www.baranjska-kuca.com; Kolodvorska 99, Karanac; Hauptgerichte 45–95 Kn; ⌚ Mo–Do 11–22, Fr & Sa bis 1, So bis 17 Uhr) Das Baranjska Kuća ist ein ausgezeichnetes Restaurant. Es serviert viele traditionelle Gerichte, etwa Fleisch- und Fischeintopf. Hinten wartet ein von einer Kastanie beschatteter Hof mit Schuppen, Schmiedewerkstatt und anderen Hütten mit alter Handwerkskunst. Am Wochenende gibt's abends Volksmusik live.

Anreise & Unterwegs vor Ort

Zwischen Osijek und Batina besteht eine eingeschränkte Busverbindung (32 Kn, 1¼ Std., Mo–Fr 5-mal tgl.) über Bilje, Kopačevo, Suza und Zmajevac. Ansonsten gibt's in der nördlichen Baranja aber kaum Busse. Wer die Region richtig erkunden will, braucht daher ein eigenes Fahrzeug.

Vukovar

☎ 032 / 24200 EW.

Wer Vukovar heutzutage besucht, wird Schwierigkeiten haben, sich dessen Schönheit vor dem Krieg vorzustellen: Die Straßen der einst wunderschönen Stadt an der Donau waren früher von eleganten Barockgebäuden, Kunstgalerien und Museen gesäumt. Doch das änderte sich mit der Belagerung von 1991, die neben Vukovars Wirtschaft, Kultur, Infrastruktur, Architektur und Seele auch den Frieden unter den Bürgern zerstörte.

Seit 1998 gehört Vukovar wieder zu Kroatien; der Wiederaufbau ist inzwischen ganz gut vorangeschritten. So haben zwei tolle Museen wieder etwas kulturellen Glanz in die Stadt zurückgebracht: Schloss Eltz und das Museum der Vučedol-Kultur lohnen den Trip in Richtung Süden. Parallel erinnern immer noch viele beschädigte Fassaden an die Vergangenheit. Der ehemalige Wasserturm an der Straße nach Ilok wurde bewusst als Zeugnis der Zerstörung stehen gelassen.

Sehenswertes & Aktivitäten

★ Museum der Vučedol-Kultur MUSEUM

(☎ 032-373 930; www.vucedol.hr; Vučedol 252; Erw./Kind/Fam. 40/30/60 Kn; ⌚ Di–So 10–18 Uhr) Rund 5 km flussabwärts von Vukovar steht dieses Museum an einer der bedeutendsten archäologischen Stätten Europas. Hier informiert es über die wichtigste antike Zivilisation, von der man wohl noch nie etwas gehört hat: die kupferzeitliche Vučedol-Kultur, die Europas ersten Kalender schuf und das erste Bier des Kontinents braute. Die topmodernen Ausstellungen umfassen faszinierende Animationen über die Siedlung zu deren Blütezeit. Ebenfalls zu sehen gibt's den Nachbau eines Vučedol-Hauses, Keramiken mit eingepressten Symbolen, vor Ort entdeckte Gräber und einen Raum mit gut präsentierten Schädeln.

Um 6000 v. Chr. wurde das Gebiet am Flussufer erstmals von Bauern besiedelt. Zwischen 3000 und 2500 v. Chr. erlebte die Vučedol-Kultur dann ihre Blütezeit. Alle Exponate in den 19 Sälen sind mit guten zweisprachigen Infotafeln versehen; ergänzend gibt es auch Führungen auf Englisch (40 Kn/Pers.). Fünf Gehminuten vom Hauptmuseum entfernt liegt das sogenannte Megaron. Dieses bunkerartige Gebäude mit Oberlichtern beherbergt eine Sandgrube voller Skelette – darunter die Knochen eines Rothirsches, der einst für schamanische Reisen benutzt wurde. Vom Dach des Megaron bietet sich ein hervorragender Ausblick auf den Fluss und die grüne Umgebung.

Ein Taxi ab Vukovars Zentrum kostet ca. 20 Kn. Am Ende des Besuchs bestellt das Museumspersonal bei Bedarf gern ein weiteres Taxi für die Rückfahrt.

Schloss Eltz MUSEUM

(Gradski Musej Vukovar; www.muzej-vukovar.hr; Županijska 2; Erw./Kind/Fam. 40/30/60 Kn; ⌚ Di–So 10–18 Uhr) Schloss Eltz stammt aus dem 18. Jh. und war nach dem Krieg jahrelang geschlossen. 2014 wurde es als großartiges Museum wiedereröffnet. Der 1. Stock informiert im Schnelldurchlauf über Slawoniens Geschichte. Hierbei reicht das Spek-

DIE BELAGERUNG VON VUKOVAR

Vor dem Krieg hatte Vukovar eine multikulturelle Bevölkerung (etwa 44 000 Einwohner), davon 44 % Kroaten und 37 % Serben. Als Kroatien sich Anfang 1991 vom ehemaligen Jugoslawien abspaltete, kam es zu vermehrten Spannungen zwischen beiden Volksgruppen. Im August 1991 versuchten die jugoslawischen Streitkräfte mit einem groß angelegten Artillerie- und Infanterieangriff, die Stadt einzunehmen.

Ende August waren die Einwohner Vukovars bis auf 15 000 geflohen. Wer blieb, suchte in Luftschutzkellern Schutz; die Menschen lebten von Konserven, Wasser war rationiert, in den Straßen häuften sich die Toten. Monatelang hielt die Stadt der Belagerung stand, obwohl ihre Verteidiger zahlenmäßig hoffnungslos unterlegen waren.

Nach wochenlangen Kämpfen Mann gegen Mann ergab sich Vukovar schließlich am 18. November. Am 20. November stürmten serbisch-jugoslawische Soldaten das Krankenhaus von Vukovar und verschleppten 400 Patienten, Angestellte und Angehörige. 194 von ihnen wurden in der Nähe des Dorfes Ovčara ermordet, ihre Leichen in einem Massengrab unweit von dort verscharrt. Zwei jugoslawische Armeeoffiziere, Mile Mrkšić und Veselin Šljivančanin, wurden für ihre Mitwirkung an diesem Massaker vom Kriegstribunal in Den Haag 2007 zu 20 bzw. 5 Jahren Gefängnis verurteilt.

Schätzungen zufolge sollen rund 2000 Menschen – darunter 1100 Zivilisten – bei der Verteidigung von Vukovar ums Leben gekommen sein. Ungefähr 4000 Menschen wurden verwundet, mehrere Tausend verschwanden vermutlich in Massengräbern, rund 22 000 Einwohner wurden ins Exil vertrieben.

Serben und Kroaten sind heute nach wie vor verfeindet, leben in Parallelwelten und pflegen keine Kontakte untereinander. Die Kinder besuchen getrennte Schulen und ihre Eltern treffen sich entweder in serbischen oder in kroatischen Cafés. Internationale Organisationen bemühen sich um Versöhnung und Integration, doch wer Familie und Lebensgrundlage verloren hat, dem fällt es schwer zu verzeihen.

MUSEUMSPASS VUKOVAR

In Vukovar gibt's Kombipässe (60 Kn) für das Schloss Eltz (Gradski Musej Vukovar) und das Museum der Vučedol-Kultur. Diese Tickets sind bei beiden Museen erhältlich.

trum von Mammut-Fossilien, bronzezeitlichen Stammesrelikten und Grabbeigaben der mittelalterlichen Bijelo-Brdo-Kultur bis hin zu Exponaten aus der Mitte des 20. Jhs. Im 2. Stock dokumentieren ergreifende Videos die Belagerung und Zerstörung von Vukovar.

Die gut gestalteten Ausstellungen sind jeweils mit englischsprachigen Erklärungen versehen. Ergänzend gibt's Führungen auf Englisch (100 Kn).

Gedenkstätte Vukovarer Krankenhaus 1991 MUSEUM
(☎091-45 21 222; www.mcdrvu.hr/en; Županijska 37; Erw./Kind 15/7 Kn; ⏲Mo–Fr 8–15 Uhr) Dieses Multimedia-Museum erinnert an die tragischen Ereignisse, die sich während der Belagerung 1991 in dem Krankenhaus abspielten. Die bewegende Führung durch die Flure, die mit Sandsäcken verbarrikadiert sind, zeigt auch Videoprojektionen mit Kriegsbildern und Bombenkratern sowie den klaustrophobischen Atombunker, wo die Neugeborenen und Kinder untergebracht waren. Es gibt Stationen, wo man sich Interviews und Reden der Überlebenden anhören kann.

Ovčara-Denkmal DENKMAL
(Ovčara bb; 5 Kn; ⏲10–17 Uhr) 6 km außerhalb der Stadt, auf dem Weg nach Ilok, führt eine Abzweigung zum Ovčara-Denkmal, das weitere 4 km entfernt liegt. Hier steht der Hangar, in dem 194 Menschen aus dem Krankenhaus von Vukovar verprügelt und gefoltert wurden, nachdem sich die Stadt 1991 ergeben hatte. In dem dunklen Raum sind Projektionen von Fotos der Opfer zu sehen, während in der Mitte eine einzige Kerze brennt. Die Opfer fanden in einem Maisfeld 1,5 km entfernt den Tod. Die Stelle ist heute durch einen von Kerzen und Blumen umgebenen schwarzen Marmorgrabstein gekennzeichnet.

Vukovar Waterbus Bajadera BOOTSTOUR
(☎098-344 741; www.danubiumtours.hr/redplovidbe; Parobrodska bb; Erw./Kind 55/45 Kn) Dieses Glasdachboot von Danubium Tours (☎032-445 455; www.danubiumtours.hr; Olajnica 6/21; ⏲Mo–Fr 9–17 Uhr) schippert jeden Abend um 18 Uhr zu einer 45-minütigen malerischen Rundfahrt über die Donau. Am Wochenende unbedingt reservieren.

Schlafen & Essen

Hostel 101 Dalmatinac HOSTEL €
(☎032-616 109; www.101dalmatinac.com; Europske Unije 11; B/EZ/DZ 120/150/300 Kn; P❄📶) Ein paar Gehminuten vom Fluss entfernt ist dieses Hostel kaum zu übersehen: Dalmatiner-Punkte zieren die gesamte Fassade. Schickes Schwarz-Weiß prägt auch die neun Schlafsäle und das einzige Doppelzimmer. Alle Quartiere haben eigene Bäder. Prima: Alle Schlafsaalbetten verfügen über Leselampen, Stromanschlüsse und Mini-Regale. Und größere begehbare Duschen für so wenig Geld gibt's wohl in ganz Kroatien nicht.

Pansion Villa Vanda PENSION €€
(☎098 896 507; Dalmatinska 3; EZ 380–430 Kn, DZ 490–530 Kn; 📶) Die familiengeführte Pension liegt an einer ruhigen Seitenstraße, aber immer noch in akzeptabler Laufentfernung zum Zentrum. Freundliche Hauskatzen, eine Papageien-Voliere im Untergeschoss und alter Trödel in den Fluren verleihen dem Ganzen eine gewisse Exzentrik. Die geräumigen Zimmer haben zumeist Balkone. Die freundlichen Inhaber sprechen Deutsch und etwas Englisch.

Hotel Lav HOTEL €€
(☎032-445 100; www.hotel-lav.hr; JJ Strossmayera 18; EZ/DZ/3BZ ab 490/780/1050 Kn; P❄📶) Vukovars einziges besseres Hotel ist freundlich und gut geführt. Mitten im Stadtzentrum gibt's hier sehr geräumige Zimmer, die mit ihren blauen Teppichen und zitronengelben Wänden etwas zu sehr retromäßig wirken. Wie die Quartiere ist aber auch das übrige Haus blitzsauber und top in Schuss. In puncto Einrichtungen sind eine gute Bar, ein Café, ein Restaurant, ein kleiner Fitnessraum und eine Terrasse mit Flussblick vorhanden.

Stari Toranj KROATISCH €
(Trg Republike Hrvatske 7; Hauptgerichte 35–65 Kn; ⏲11–23 Uhr) Das Essen in diesem Treffpunkt von Einheimischen gewinnt wohl keine kulinarischen Designpreise, macht dafür aber garantiert satt: Zu gigantischen Tellern voller Seafood und Fleisch vom Grill gibt's Berge von dick geschnitte-

nen Pommes. Die Nudelgerichte und Pizzas sind genauso üppig.

Praktische Informationen

Touristeninformation (032-442 889; www.turizamvukovar.hr; JJ Strossmayera 15; Mo–Fr 7–15, Sa 8–13 Uhr) Verteilt einen guten Stadtplan.

An- & Weiterreise

Vukovars **Busbahnhof** (Kardinala Alojzija Stepinca bb) mit guten Regional- und Fernverbindungen ermöglicht u. a. Fahrten nach Zagreb (165 Kn, 5 Std., 3-mal tgl.), Ilok (34 Kn, 1 Std., 8-mal tgl.) und Osijek (34 Kn, 50 Min., Mo–Fr 8-mal tgl., Sa & So 3-mal tgl.). Zudem starten hier ein paar Busse ins Ausland, z. B. in Richtung Belgrad (99 Kn, 2½ Std., 2-mal tgl.) in Serbien.

Unterwegs vor Ort

Die günstige und gut organisierte Taxifirma **Cammeo** (032-330 040; www.taxi-cammeo.hr; Grundtarif & erste 5 km 20 Kn, zzgl. 5 Kn/weiterer Kilometer) empfiehlt sich für Trips zu/ab dem Museum der Vučedol-Kultur. Da sie keinen zentralen Stand hat, müssen die Taxis immer telefonisch bestellt werden.

Ilok

032 / 7000 EW.

Das kleine und begrünte Ilok ist Kroatiens östlichste Stadt. Zusammen mit Vukovar (37 km weiter westlich) gehört das mittelalterliche Städtchen zur Region Srijem. Es liegt auf einem Hügel, von dem der Blick über die Donau hinweg auf die serbische Region Vojvodina fällt. Drumherum erstrecken sich die Weinberge der Fruška Gora, die seit römischen Zeiten für ihren Weinanbau bekannt ist. Einst hatte Ilok mächtige Befestigungsmauern, von denen nur noch ein paar imposante Reste vorhanden sind. Das gut erhaltene Schloss Odescalchi beherbergt heutzutage das Stadtmuseum. Und da wären auch noch zwei seltene Zeugnisse aus der osmanischen Zeit: ein *Hammam* (türkisches Bad) aus dem 16. Jh. sowie die Türbe (Grabstätte) eines türkischen Adligen.

Ilok wurde Anfang der 1990er-Jahre von Serbien besetzt und 1998 an Kroatien zurückgegeben. Seitdem hat sich der regionale Weinbau wieder erholt – und nun kann man hier 20 Weingüter besuchen. Nach archäologischen Ausgrabungen in jüngerer Zeit wird die befestigte Altstadt momentan renoviert.

Sehenswertes

Stadtmuseum MUSEUM

(Muzej Grada Iloka; www.mgi.hr; Šetalište Oca Mladena Barbarića 5; Erw./Kind 40/20 Kn; Di–Do 9–15, Fr bis 18, Sa 11–18 Uhr) Iloks Hauptattraktion ist das Stadtmuseum, das hoch über der Donau im Schloss Odescalchi untergebracht ist. Das Schloss mit herrlichem Blick auf den Fluss wurde auf den Grundmauern einer früheren Anlage aus dem 15. Jh. errichtet. Die italienische Familie Odescalchi baute es später im heute zu sehenden Stil des klassizistischen Barocks um. Die gut präsentierten Ausstellungen mit englischsprachigen Erklärungen beleuchten die gesamte Stadtgeschichte (inkl. wechselnder Machthaber) bis in die heutige Zeit. Die ethnografische Abteilung im obersten Stock umfasst auch eine wunderschöne Trachtensammlung.

Aktivitäten

Ilok Weinkeller WEIN

(Iločki Podrumi; 032-590 088; www.ilocki-podrumi.hr; Šetalište OM Barbarića 4; Führungen 30 Kn; 7–23 Uhr) Der alte, stimmungsvolle Weinkeller neben dem Schloss ist einen Besuch wert. Sehr lecker ist der *traminac,* ein trockener Weißwein, der zur Krönung von Königin Elisabeth II. serviert wurde. Auf einer 30-minütigen Führung lernt man den Weinkeller mit seinen Eichenfässern kennen. Der Weinladen ist sehr gut sortiert. Führungen auf Englisch müssen im Voraus gebucht werden.

Weingut Čobanković WEINGUT

(Vinarija Čobanković; Vladimira Nazora 59; Mo–Fr 9–17 Uhr nach Vereinbarung) Die Familie Čobanković bewirtschaftet ihre 50 ha großen Weinberge seit vielen Generationen. Heute ist sie vor allem für ihren Grünen Silvaner und ihren vollmundigen Blaufränkischen bekannt. Verkostungen müssen vorab per Telefon arrangiert werden.

Rakije Barbarić BRENNEREI

(032-593 359; www.rakije-barbaric.hr; Vladimira Nazora 27; Verkostungen Do & Fr 8–17 Uhr) Die Nase voll von Wein? Dann auf zu dieser familiengeführten Brennerei, in der man alle möglichen *rakija*-Varianten (z. B. auf Trauben-, Honig-, Kirsch- oder Pflaumenbasis) probieren kann. Die Preise variieren dabei nach der Anzahl der verkosteten Sorten. Wer einen richtigen *rakija*-Grundkurs wünscht, sollte dies vorab per Telefon vereinbaren.

Schlafen

Stari Podrum HOTEL €

(☎ 032-590 088; www.ilocki-podrumi.hr; Šetalište OM Barbarića 4; EZ/DZ 250/430 Kn; P ❄ ☕) Der motelmäßige Hotelblock hinter dem Ilocki Prodrumi beherbergt 18 große und moderne Zimmer mit Blick auf die Donau. Im holzvertäfelten Hausrestaurant (Hauptgerichte 30–95 Kn) schaffen riesige Eichenfässer das passende Ambiente für die herzhafte Kost (z.B. lokaler typischer Schäfer-Eintopf mit Schweinswürsten und Klopsen). Die Weinkarte ist erstklassig.

Hotel Dunav HOTEL €€

(☎ 032-596 500; www.hoteldunavilok.com; Julija Benešića 62; EZ/DZ 300/500 Kn; P ❄ ☕) Direkt an der Donau verfügt dieses adrette Hotel über 16 attraktive Zimmer mit perfekter Aussicht. Einige Zimmer haben Balkone mit Donaublick. Am Ufer gibt es eine schöne Café-Terrasse.

Praktische Informationen

Touristeninformation (☎ 032-590 020; www.turizamilok.hr; Trg Sv Ivana Kapistrana 5; ⊙ Mo–Fr 8–16 Uhr) Hier gibt es Tipps zu Landhotels und Wanderwegen rund um Ilok sowie viele weitere Infos zur Stadt. Besser vorher anrufen, weil die Öffnungszeiten variieren können!

An- & Weiterreise

Iloks Bushaltestelle (aktuelle Fahrplaninfos unter www.cazmatrans.hr) ist ein unbeschilderter **Parkplatz** (Vladimira Nazora bb) am Fuß des Hügels. Über diesen Hügel führt ein leichter Fußmarsch hinauf zum Museum.

Busse verbinden Ilok mit Osijek (61 Kn, 1¾ Std., Mo–Fr 3-mal tgl., Sa 1-mal tgl.) und Vukovar (34 Kn, 1 Std., Mo–Fr 9-mal tgl., Sa 4-mal tgl.).

Istrien

☎ 052

Inhalt ➡

Pula 135
Brijuni-Inseln 143
Vodnjan 144
Bale 145
Rovinj 146
Poreč 153
Umag 159
Momjan 161
Grožnjan 162
Motovun 163
Buzet 164
Hum 167
Pazin 169
Labin & Rabac 171

Gut essen

- Meneghetti (S. 146)
- Marina (S. 159)
- Restaurant Zigante (S. 165)
- Konoba Vela Vrata (S. 169)

Schön übernachten

- Meneghetti (S. 146)
- Villa Borgo (S. 164)
- Apartments & Rooms Dores (S. 168)
- B&B Tinka (S. 161)

Auf nach Istrien!

Istrien (kroat. Istra), die herzförmige, 3600 km² große Halbinsel, ragt im Nordwesten Kroatiens in die Adria. Die Bergdörfer, Landhotels und Restaurants im idyllischen, von sanften Hügeln und fruchtbaren Ebenen geprägten Hinterland ziehen Gourmets und kulturinteressierte Besucher an, während die zerklüftete Küste sich bei Sonnenanbetern enormer Beliebtheit erfreut. Einen Großteil der Küste säumen zwar riesige Hotelanlagen und die felsigen Strände sind sicher nicht die besten Kroatiens, doch die touristische Infrastruktur ist vielfältig, das Wasser ist sauber und es gibt immer noch jede Menge einsamer Fleckchen.

Im Sommer wird Istriens unglaublich beliebte Küste von Reisenden aus Mitteleuropa überflutet, doch selbst Mitte August findet man im Inneren der Halbinsel noch Ruhe und Einsamkeit. Hinzu kommen die vielgepriesene Gastronomie (mit frischen Meeresfrüchten, erstklassigen weißen Trüffeln, Spargel, exzellenten Olivenölen und preisgekrönten Weinen) und der historische Charme – willkommen im Paradies!

Reisezeit

Pula

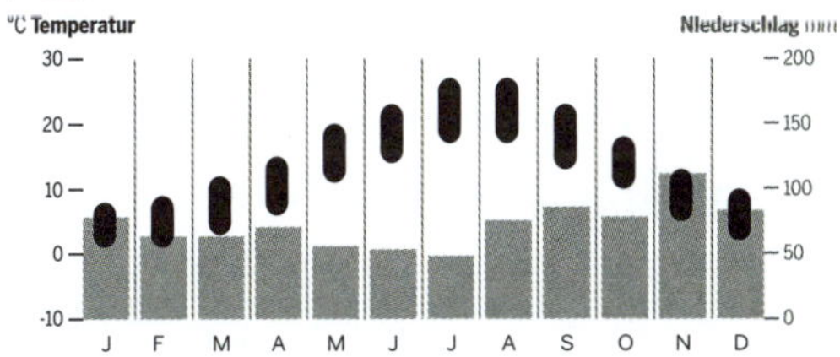

April Den Frühling begrüßen und auf den Feldern wilden Spargel pflücken.

Juni–Aug. Strandwetter, gleichzeitig gibt's viele Events, von Musik über Film bis zu Tennis.

Sept. Das Subotina-Fest in Buzet läutet die Saison für weiße Trüffeln ein.

Highlights

❶ **Motovun** (S. 163) Sich von den Aussichten und dem Charme der stimmungsvollsten Hügelstadt Istriens verzaubern lassen und dann bei der Trüffelsuche in den Wald eintauchen

❷ **Rovinj** (S. 146) Den Sonnenübergang über der malerischsten Stadt an der Küste bewundern

❸ **Brijuni-Inseln** (S. 143) Auf Titos Ferieninsel kommunistischen Chic erleben

❹ **Pula** (S. 135) Auf dem Weg zum Römischen Amphitheater über antike Ruinen in der Stadt stolpern

❺ **Poreč** (S. 153) Die goldenen Mosaiken der außergewöhnlichen Euphrasius-Basilika bewundern, ehe es an den Strand geht

❻ **Hum** (S. 167) Erst in der Umgebung des Dorfs wandern und radeln, dann die friedliche Atmosphäre genießen

❼ **Labin & Rabac** (S. 171) Zwischen einer historischen Stadt und einigen der schönsten Strände Istriens pendeln

Geschichte

Gegen Ende des 2. Jts. v. Chr. besiedelten illyrische Histrier die Region und errichteten an der Küste und im Landesinnern befestigte Bergdörfer. 177 v. Chr. drangen die Römer nach Istrien vor. Nach der Eroberung der Region begannen sie, Straßen und Bergfestungen zu bauen, die von strategischer Bedeutung waren.

In der Zeit von 539 bis 751 stand Istrien unter byzantinischer Herrschaft. Eindrucksvollstes Relikt dieser Epoche ist die Euphrasius-Basilika in Poreč. In der Folgezeit wurde das Land abwechselnd von slawischen Völkern, Franken und deutschen Herrschern regiert, bis die Seemacht Venedig zusehends an Einfluss gewann und im frühen 13. Jh. die Kontrolle über die istrische Küste erlangte.

Nach dem Fall Venedigs im Jahr 1797 geriet Istrien erst unter österreichische, dann unter französische Herrschaft (1809–1813), bevor es wieder an Österreich fiel. Im 19. und frühen 20. Jh. war der überwiegende Teil Istriens ein vernachlässigter Außenposten der Habsburger Monarchie.

Als Österreich-Ungarn nach dem Ersten Weltkrieg zerfiel, machte sich Italien schnell daran, die Herrschaft über Istrien zu sichern. Italienische Truppen besetzten Pula im November 1918. 1920 trat das junge Königreich der Serben, Kroaten und Slowenen im Grenzvertrag von Rapallo – nicht zu verwechseln mit dem berühmteren Vertrag von 1922 – Istrien zusammen mit Zadar und mehreren Inseln an Italien ab, auch um die Unterstützung der alliierten Streitkräfte im Ersten Weltkrieg anzuerkennen.

Als aus dem faschistisch regierten Italien zwischen 30 000 und 40 000 Italiener angesiedelt wurden, bekamen es viele Kroaten mit der Angst zu tun und verließen die Region. Ihre Sorgen waren durchaus begründet, verfolgte doch Mussolini den Plan, die Einheimischen mit Zwang zu italienisieren. Die kroatische Sprache wurde im öffentlichen Leben verboten, ebenso kroatische Zeitungen. Auch in der Schule durfte nicht mehr auf Kroatisch unterrichtet werden. Es gab ein Verbot slawische Namen an Neugeborene zu vergeben, und Erwachsene mussten die italienische Form ihres Vornamens benutzen.

Italien kontrollierte die Region bis zur Niederlage im Zweiten Weltkrieg. Dann wurde Istrien Teil Jugoslawiens, was eine erneute Massenflucht auslöste. Diesmal flohen Italiener und republikfreundliche Kroaten vor Titos Kommunisten. Triest und die Nordwestspitze der Halbinsel blieben noch lange ein Zankapfel zwischen Italien und Jugoslawien, bis die Region 1954 endgültig Italien zugesprochen wurde. Aufgrund der Neuordnung Jugoslawiens durch Tito fiel der Nordteil der Halbinsel an Slowenien.

ISTRIENS WESTKÜSTE

Die Westküste ist mit zahlreichen Stränden, einem Trio historischer Städte und dem herrlichen Nationalpark Brijuni-Inseln, wo sich einst Tito wohlfühlte, das touristische Aushängeschild Istriens. Die touristische Infrastruktur ist sehr gut, es gibt viele Unterkünfte und ein paar großartige Restaurants. Gleich auf der anderen Seite der Adria liegt Italien, dessen Einfluss hier allgegenwärtig ist. Italienisch ist in Istrien quasi Zweitsprache, viele Einwohner haben einen italienischen Pass und jede Stadt hat neben einem kroatischen auch einen italienischen Namen.

Pula

57 500 EW.

Mit seinem Reichtum an römischer Architektur sticht das ansonsten recht alltägliche Pula (das antike Polensium; italienisch: Pola) hervor. Das Highlight ist das bemerkenswert gut erhaltene römische Amphitheater mitten im Zentrum, das die Innenstadt prägt und in dem im Sommer Festivals und Konzerte stattfinden.

Von den historischen Bauwerken abgesehen ist Pula eine betriebsame Stadt, die sich ihre freundliche Kleinstadtatmosphäre bewahrt hat. Nur eine kurze Busfahrt entfernt warten im Urlaubsgebiet auf der Halbinsel Verudela südlich der Stadt mehrere Strände. Zwar verunstalten Wohn- und Ferienanlagen die Küste, doch dazwischen liegen duftende Kiefernwäldchen, Cafés am Meer und eine Gruppe guter Restaurants.

Pula ist auch ein guter Ausgangspunkt für die Erkundung des geschützten Naturparks Kap Kamenjak im Süden und des Nationalparks Brijuni-Inseln im Norden.

Geschichte

Nach der Eroberung Istriens durch die Römer im Jahr 177 v. Chr. entwickelte sich Pula zu einem bedeutenden kolonialen Zentrum und war zur Zeit Julius Cäsars eine große Stadt mit etwa 30 000 Einwohnern.

Pula

Nach dem Untergang des Weströmischen Reiches wurde die Stadt nacheinander von den Ostgoten, den Byzantinern und den Franken beherrscht, bis sie 1148 schließlich an Venedig fiel. Die Venezianer regierten Pula bis 1797 fast ununterbrochen, abgesehen von einer kurzen Phase, während der Pisa, Genua und das Patriarchat von Aquileia die Macht übernahmen.

Während der darauffolgenden Herrschaft Österreichs machte die Monarchie Pula 1853 zum Hauptmarinestützpunkt des Reiches. Der Bau des Hafens und die Eröffnung der zugehörigen großen Werft setzten eine de-

Pula

Highlights
1 Römisches Amphitheater D3
2 Augustustempel A4

Sehenswertes
3 Sergierbogen C5
4 Kathedrale Mariä Himmelfahrt B4
5 Historisches & Maritimes Museum von Istrien B4
6 Museum für zeitgenössische Kunst Istriens B4
7 Leuchtende Giganten A6
8 Partisanendenkmal C3
9 Römisches Bodenmosaik A5
10 Franziskanerkloster & -kirche B5
11 Tržnica C6
12 Zerostrasse C5

Aktivitäten, Kurse & Touren
13 Martinabela B3

Schlafen
14 Crazy House Hotel C1
15 Guest House City Centre A5
16 Hotel Galija C5
17 Hotel Scaletta D2

Essen
18 Corso C5
19 Fresh B6
20 Jupiter B4

Ausgehen & Nachtleben
21 Caffe Uliks C5
22 Club Uljanik B6
23 Cvajner A4
24 Cyber Cafe C6
25 Pietas Julia C2

mografische und ökonomische Expansion in Gang, die Pula in ein militärisches und industrielles Zentrum verwandelten.

Unter dem Regime Italiens von 1918 bis 1943 verfiel die Stadt abermals, bevor sie erst von Partisanen und dann von der Deutschen Wehrmacht eingenommen wurde. Am Ende des Zweiten Weltkriegs verwalteten englische und amerikanische Streitkräfte die Stadt, bis diese 1947 nach dem Friedensvertrag von London an Jugoslawien fiel. Pulas Industrieanlagen haben die Jugoslawienkriege in der Vergangenheit einigermaßen gut überstanden – bis heute ist die Stadt ein wichtiges Zentrum des Schiffsbaus sowie der Textil-, Metall- und Glasindustrie.

Sehenswertes

Der älteste Teil der Stadt rund um die zentrale Zitadelle folgt noch immer dem antiken römischen Straßenplan. Die besten Strände befinden sich im Süden auf der Halbinsel Verudela.

Stadtzentrum

★Römisches Amphitheater HISTORISCHES BAUWERK
(Flavijevska bb; Erw./Kind 50/25 Kn, Audioguide 40 Kn; Juli & Aug. 8–24 Uhr, April–Juni, Sept. & Okt. bis 20 Uhr, Nov.–März 9–17 Uhr) Pulas berühmteste und imposanteste Attraktion ist das ovale Amphitheater aus dem 1. Jh. mit Blick auf den Hafen im Nordosten der Altstadt. Das riesige, prächtige Bauwerk besteht gänzlich aus hiesigem Kalkstein und wird von den Einheimischen „die Arena" genannt. Es wurde für Gladiatorenwettkämpfe gebaut und bietet 20 000 Zuschauern Platz. Noch heute erfüllt es die Bedürfnisse der Einwohner nach Massenunterhaltung in Form von Konzerten und Filmfestivals.

Pulas Amphitheater ist mit 133 m Länge, 105 m Breite und 32 m Höhe das sechstgrößte seiner Art. Oben auf den Mauern befindet sich eine Regenrinne, in der Regenwasser gesammelt wurde. Auch die Platten, mit denen die textile Überdachung befestigt wurde, die die Zuschauer vor der Sonne schützte, sind noch zu sehen. Wer die Arena von außen umrundet, bekommt schon einen guten Einblick, doch wer den Eintritt zahlt, kann zwischen den Steinen umherklettern und die unterirdischen Kammern besuchen, in denen sich einst wilde Tiere und getötete Gladiatoren befanden. Heute geht es hier friedlicher zu: In den Kammern werden Amphoren und Zubehör der Olivenölherstellung gezeigt.

Im Sommer lohnt der Besuch des abendlichen **Spectacvla Antiqva** (Erw./Kind 80/40 Kn) mit Gladiatorenkämpfen und Kleidung, Frisuren sowie Essen und Trinken nach Art der Römer. Es findet mindestens einmal pro Woche statt.

★Augustustempel TEMPEL
(Augustov hram; Forum; Erw./Kind 10/5 Kn; 9–19 Uhr) Der kleine, aber perfekt proportionierte Tempel mit einem hohen Portikus, der von sechs korinthischen Säulen getragen wird, wurde irgendwann zwischen 2 v. Chr. und 14 n. Chr. erbaut. Er überlebte die christliche

Ära, weil er in eine Kirche verwandelt wurde – nur um 1944 von einer Bombe zerstört zu werden. Später wurde der Tempel Stein für Stein rekonstruiert, sodass er seiner alten Pracht wieder recht nahe kommt, und beherbergt heute eine kleine archäologische Ausstellung.

Einst war er einer von zwei identischen Tempeln am Eingang des Forums – dem öffentlichen Zentrum im römischen und mittelalterlichen Pula – , doch vom zweiten Tempel, dem Dianatempel, sind nur noch wenige Überreste vorhanden, die in die Rückseite des benachbarten Rathauses aus dem 13. Jh. integriert wurden.

Historisches & Maritimes Museum von Istrien MUSEUM
(Povijesni i pomorski muzej Istre; ☎052-211 566; www.ppmi.hr; Gradinski uspon 6; Erw./Kind 20/5 Kn; ⏲April–Sept. 8–21 Uhr, Okt.–März 9–17 Uhr) Seit der Antike ist der 34 m hohe Hügel im Zentrum der Altstadt befestigt. Die gegenwärtige sternförmige Festung wurde in den 1630er-Jahren von den Venezianern errichtet. Sie bildet eine stimmungsvolle Kulisse für die Ausstellungen des Museums, die sich durch eine große Bandbreite auszeichnen (als wir recherchierten, ging es um den antifaschistischen Kampf und einen örtlichen Boxclub). Der Besuch lohnt aber schon wegen der großartigen Aussicht. Auf der Rückseite der Festung verstecken sich die Ruinen eines kleinen römischen Theaters aus der Antike.

Franziskanerkloster & -kirche CHRISTLICHES KLOSTER
(Samostan i crkva sv Franje; Uspon sv Franje Asiškog 9; Erw./Kind 9 Kn/frei; ⏲9–18 Uhr) Hinter dem Altar des großen, 1285 erbauten Franziskanerklosters befindet sich ein außergewöhnliches vergoldetes Altarbild aus dem 15. Jh., doch das ist nicht der einzige und nicht einmal der älteste Schatz des Klosters. Der romanische Kreuzgang führt zu einer gotischen Kammer mit einem römischen Bodenmosaik, das einen Hippokampos (Pferd mit Fischschwanz) und eine Swastika zeigt.

Sergierbogen RUINEN
(Slavoluk Sergijevaca; Sergijevaca) Der majestätische Bogen, auch Goldenes Tor (Zlatna vrata) genannt, wurde um 27 v. Chr. zum Gedenken an die drei Brüder der Familie Sergius errichtet. Die Brüder kämpften in der Seeschlacht bei Actium, in der der zukünftige Kaiser Augustus seine Widersacher Marcus Antonius und Kleopatra besiegte. Der Bogen stand am Eingang der römischen Stadt, deren Wände am nahen Trg Portarata und in der Carrarina noch in Teilen zu sehen sind.

Tržnica MARKT
(☎052-218-122; www.trznica-pula.hr; Narodni trg 9; ⏲Mo–Sa 7–13, So bis 12 Uhr) Die wunderschöne, lang gezogene Markthalle aus dem Jahr 1903 und die Stände und Cafés ringsum bilden den Mittelpunkt des städtischen Lebens.

Leuchtende Giganten ÖFFENTLICHE KUNST
(Hafen von Pula; ⏲Sonnenuntergang–22 Uhr) Auf keinen Fall sollte man Pulas abendliche Attraktion verpassen: Die tolle Lichtershow in einer der weltweit ältesten noch betriebenen Werften, der Uljanik-Werft aus dem 19. Jh. Der berühmte Designer Dean Skira lässt die symbolträchtigen Kräne der Werft jede Stunde 15 Minuten lang in 16 000 unterschiedlichen Farbtönen erstrahlen.

Partisanendenkmal DENKMAL
(Titov Park) Das Denkmal, das offiziell „Denkmal für die Kämpfer der nationalen Befreiungsbewegung und die Opfer des faschistischen Terrors" heißt, ehrt die vielen Tausend Partisanen und ihre Unterstützer, die während des Zweiten Weltkriegs ihr Leben verloren. Hinter der Hauptskulptur befindet sich eine Gruppe von Büsten prominenter Persönlichkeiten – angeführt von Tito (wer sonst?) –, darunter Ruža Petrović, die mit einem Kopftuch dargestellt ist. 1944 wurde sie von italienischen Faschisten gefoltert, dabei wurden ihr die Augen ausgestochen. Nach dem Krieg gründete sie einen Blindenverband.

Museum für zeitgenössische Kunst Istriens KUNSTMUSEUM
(Muzej suvremene umjetnosti Istre; ☎052-351 541; www.msu-istre.hr; Sv Ivana 1; Erw./Kind 10 Kn/frei; ⏲Juni–Aug. 10–22 Uhr, Sept.–Mai bis 19 Uhr) Die großen, alten Räume einer 1862 gegründeten Druckerei bilden den perfekten Rahmen für dieses zukunftsweisende Museum.

Kathedrale Mariä Himmelfahrt KATHEDRALE
(Katedrala uznesenja Blažene Djevice Marije; Trg Sv Tome 2; ⏲Öffnungszeiten variieren) In Pulas Kathedrale, die im 4. Jh. gegründet und bis ins 15. Jh. erweitert wurde, existieren noch immer Fragmente von Bodenmosaiken aus dem 5. und 6. Jh. Der Hauptaltar ist ein römischer Sarkophag, der Relikte von Heiligen aus dem 3. Jh. enthält. Der Glockenturm wurde 1707 mit Steinen vom Amphitheater gebaut.

ABSTECHER

KAP KAMENJAK

Das wilde Kap Kamenjak auf der **Halbinsel Premantura**, 10 km südlich von Pula, ist der südlichste Punkt Istriens. Auf dem herrlichen, völlig unbewohnten Kap locken malerische Hügel, Wildblumen (darunter 30 Orchideenarten), niedrige mediterrane Sträucher und etwa 30 km Strand und naturbelassene Badestellen. Über das Kap erstreckt sich ein Netz von Schotterstraßen und Wegen, sodass man hier gut wandern oder Rad fahren kann.

Vom **Aussichtspunkt** in der Nähe der Südspitze der Halbinsel bietet sich ein fantastischer Blick auf die Insel Cres und die Gipfel des Velebits. In der Nähe befindet sich halb versteckt im Gebüsch eine wunderbar rustikale Strandbar, die so wirkt, als wäre sie aus Treibgut zusammengezimmert. Die angrenzenden Klippen sind bei Wagemutigen beliebt, die von oben ins Meer springen und durch die niedrigen Höhlen an der Küste schwimmen. Achtung: Beim Schwimmen am südlichen Ende des Kaps sollte man vor starken Strömungen auf der Hut sein!

Am einfachsten gelangt man mit dem eigenen Auto zum Kap Kamenjak, allerdings sollte man langsam fahren, um nicht so viel Staub aufzuwirbeln, der der Umwelt schadet. Von Mai bis September zahlen Autofahrer 40 Kn pro Fahrzeug, kassiert wird diese Gebühr zwischen 7 und 21 Uhr am Eingang.

Eine Alternative ist der Stadtbus 28, der von Pula bis nach Premantura (15 Kn, 35 Min., 5- bis 9-mal tgl.) am Eingang zum Kap fährt, ab dort kann man wandern oder bei **Windsurf Centar Premantura** (☎ 091 51 23 646; www.windsurfing.hr; Camping Arena Stupice, Selo 250; Windsurfausrüstung/Kurse pro Std. ab 80/200 Kn) ein Fahrrad ausleihen.

Römisches Bodenmosaik RUINEN

(Rückseite Sergijevaca 12) GRATIS Eines der Dinge, die Pula so faszinierend machen, ist die Art, wie Relikte der Römer an den unwahrscheinlichsten Orten auftauchen. Dieses erstaunlich gut erhaltene Bodenmosaik aus dem 3. Jh. versteckt sich hinter einem Parkplatz in der Flaciusova (auf die braunen Schilder achten). Die von geometrischen Motiven umgebene zentrale Platte stellt die Bestrafung der gewalttätigen Dirke aus der griechischen Mythologie dar, die an die Hörner eines Ochsen gebunden wird.

Zerostrasse TUNNEL

(☎ 052-211 566; www.ppmi.hr; Carrarina 3a; Erw./Kind 15/5 Kn; ⏲ Mitte Juni–Mitte Sept. 10–22 Uhr) Das unterirdische Tunnelsystem wurde vor und während des Zweiten Weltkriegs errichtet, um den Bewohnern der Stadt Schutz zu bieten und um Munition zu lagern. Heute können Besucher durch mehrere Abzweige gehen, die alle in die Mitte führen, wo eine Ausstellung Fotos über die Frühzeit der Luftfahrt in Pula zeigt. Es gibt drei Eingänge, am leichtesten zu finden ist der am Taxistand in der Giardini.

Verudela

Aquarium Pula AQUARIUM

(☎ 052-381 402; www.aquarium.hr; Verudella bb; Erw./Kind 100/70 Kn; ⏲ Mai–Okt. 9–21 Uhr, Nov.–März bis 16 Uhr, April bis 18 Uhr) Dieses außerordentliche Aquarium, das viel mehr als Fische in Becken zu bieten hat, nimmt eine gesamte Festung aus dem 19. Jh. ein – eine von 55 Festungen, die gebaut wurden, um den Hauptmarinestützpunkt Österreich-Ungarns zu verteidigen. In einer alten Artillerieeinheit schwimmen sogar Haie. Die Ausstellungen sind gut präsentiert und thematisch geordnet, auf Umweltfragen wird besonders Wert gelegt. Das Aquarium leistet seinen Beitrag, indem es ein Rettungszentrum für Meeresschildkröten betreibt. Weitere Attraktionen sind Rochen, Aale, Seesterne, Seeanemonen, Seepferdchen, Quallen, Kaimane, Oktopusse und eine riesige indische Pythonschlange.

Aktivitäten

Die Website von Istria Bike (www.istria-bike.com) gibt einen Überblick über Radwege, Fahrradläden und Agenturen, die Fahrradtouren anbieten. Die Touristeninformation hält die Istria-Bike-Karte von Pula und Umgebung mit 29 Radstrecken vorrätig, worauf auch eine 60 km lange Route entlang der Küste von Pula nach Medulin verzeichnet ist.

Orca Diving Center TAUCHEN

(☎ 098 99 04 246; www.orcadiving.hr; Verudella 17) Dieses Tauchzentrum unterhalb des Hotels Plaza Histria auf der Halbinsel Verudela arrangiert sowohl Tauchexkursionen per Boot als auch Wracktauchen. Außerdem verleiht es Kajaks und Stehpaddelbretter.

Eat Istria KOCHEN
(☎095 85 51 962; www.eatistria.com) Eat Istria bietet Kochkurse mit dem Foodblogger Goran Zgrablić auf einem familiengeführten Bauernhof zwischen Medulin und dem Dorf Ližnjan (Transfers von Pula inbegriffen) sowie Weintouren auf der Halbinsel.

Martinabela BOOTSFAHRTEN
(☎098 99 75 875; www.martinabela.hr; Riva bb) Martinabela, das nur ein Boot besitzt, ist einer der wenigen in Pula ansässigen Anbieter von Touren zum Nationalpark Brijuni-Inseln, die eine Genehmigung zum Anlegen auf der Hauptinsel haben.

Feste & Events

Filmfestival von Pula FILM
(www.pulafilmfestival.hr; ⌚Juli) Das Filmfestival findet inzwischen seit über sechs Jahrzehnten jeweils im Juli statt und ist das wichtigste Event in Pula. Im Römischen Amphitheater (S. 137) und an anderen Orten in der ganzen Stadt werden vor allem kroatische, aber auch einige internationale Filme gezeigt.

Seasplash-Festival MUSIK
(www.seasplash.net; ⌚Ende Juli) In der letzten Juliwoche bringt dieses viertägige Festival mit einem breiten Spektrum an Konzerten, von Reggae und Ska bis zu Dancehall und Dub, Leben in die Festung Punta Christo in Štinjan, gleich nordwestlich von Pula.

Outlook Festival MUSIK
(www.outlookfestival.com; Tickets 150–175 €; ⌚Sept.) Europas größtes Festival für Bass Music und Sound System wird Anfang September fünf Tage lang in der Festung Punta Christo in Štinjan, außerhalb Pulas, veranstaltet. Die Eröffnungsveranstaltung findet im Römischen Amphitheater (S. 137) statt.

Schlafen

In Pula herrscht den ganzen Sommer über viel Betrieb, absolute Hochsaison ist aber im Juli und August. Kleinere Hotels befinden sich in der Altstadt, die großen Resorts findet man dagegen alle auf der Halbinsel Verudela, 3 km südlich der Stadt. Private Apartments und Villen bieten häufig ein besseres Preis-Leistungs-Verhältnis, allerdings benötigt man möglicherweise ein Auto. Auf www.pulainfo.hr sind Optionen aufgelistet.

Crazy House Hotel HOSTEL €
(☎091 51 84 200; www.crazyhousehostel.com; Tršćanska 1; B/DZ ab 20/58 €; ❄📶) Crazy? Nicht wirklich. Das farbenfrohe Hostel im Erdgeschoss eines alten Wohnblocks hat Schlafsäle mit sechs bis zehn Betten samt Vorhängen, die für Privatsphäre sorgen, und vielen Schließfächern. Außerdem sind ein paar Doppel- und Zweibettzimmer vorhanden. Es gibt ausschließlich Gemeinschaftsbäder sowie eine Gemeinschaftsküche und eine große Terrasse.

★ **Guest House City Centre** PENSION €€
(☎099 44 05 575; Sergijevaca 4; Zi. ab 84 €; P❄📶) Wenn man die windschiefe Treppe zu diesem wunderbaren Gebäude direkt am Forum hinaufsteigt, fühlt man sich wie ein Einheimischer. Die Zimmer sind geräumig, stilvoll und nachts überraschend ruhig, und die Gastgeberin ist unglaublich hilfsbereit. Es gibt keine eigene Website, Buchungen werden über Booking.com abgewickelt.

Hotel Galija HOTEL €€
(☎052-383 802; www.hotelgalija.hr; Epulonova 3; EZ/DZ ab 608/798 Kn; P❄📶) Gepflegtes Hotel mit zwei Gebäuden, nur einen Katzensprung vom zentralen Markt gelegen. Die teureren Zimmer befinden sich in einem Gebäude auf der anderen Straßenseite, es gibt aber auch preiswertere Zimmer über der Rezeption, die ordentlich und gepflegt sind, wenngleich nicht besonders groß.

Hotel Scaletta HOTEL €€
(☎052-541 599; www.hotel-scaletta.com; Škaleta 1; EZ/DZ inkl. Frühstück 512/746 Kn; P❄📶) Die Atmosphäre in diesem gemütlichen Hotel ist familiär. Die Zimmer sind klein, aber hübsch und es gibt ein Frühstücksbüfett. Zudem liegt es nur einen kurzen Fußweg von der Arena entfernt.

Park Plaza Arena Pula RESORT €€€
(☎052-375 000; www.parkplaza.com/arena; Verudella 31; EZ/DZ 1006/1320 Kn; ⌚Mai–Sept.; P❄📶🏊) Das gehobene Hotel, das sich zwischen Kiefern und gepflegten Rasenflächen gegenüber einer schönen Kieselbucht versteckt, ist eines der besten Resorts auf der Halbinsel Verudela. Neben dem flachen Hauptgebäude gibt es im Garten zwei Suiten mit zwei Schlafzimmern.

Park Plaza Histria Pula RESORT €€€
(☎052-590 000; www.parkplaza.com; Verudella 17; Zi. ab 157 €; ⌚April–Dez.; P❄@📶🏊) Von außen erinnert es ein wenig ans frühere Jugoslawien, doch die eleganten Zimmer wurden grundlegend renoviert, zudem liegt der Strand direkt vor der Tür. Das Hotel hat Innen- und Außenpools, ein Fitnesscenter

und ein Spa. Außerdem bietet es unkomplizierten Zugang zu den Einrichtungen des weitläufigen Resortkomplexes auf der Halbinsel Verudela, darunter Tennisplätze, ein Supermarkt, ein Frisör, Cafés usw.

Essen

Corso INTERNATIONAL €

(Giardini 2; Hauptgerichte 40–70 Kn; Mo–Mi 7–24, Do–Sa bis 2 Uhr;) Im Speiseraum im Obergeschoss dieser beliebten Café-Bar werden Tacos, Schweinerippen, Pfannengerührtes und Frühlingsrollen serviert, letztere sind beim gewaltigen Corso-Burger aber ebenso wie die köstlichen warmen Pommes inklusive. Ohne Kleckern wird's kaum gehen.

Fresh SANDWICHES €

(052-418 888; Anticova 5; Snacks 21–26 Kn; Mo–Fr 8.30–16.30 Uhr;) Die winzige Sandwich-Salat-Bar ist perfekt für einen schnellen, gesunden Snack. Sie offeriert Sandwiches, getoastete Panini, Tortillas und superfrisch aussehende Salate. Wer nicht so gut drauf ist, beginnt den Tag am besten mit einem saftigen „Imuno“-Smoothie.

★ **Konoba Batelina** SEAFOOD €€

(052-573 767; Čimulje 25, Banjole; Hauptgerichte 75–125 Kn; Mo–Sa 17–23 Uhr) Die Fahrt zu dieser familiengeführten Taverne in Banjole, 6 km südlich vom Zentrum Pulas, lohnt sich. Es werden ausschließlich Meeresfrüchte serviert, doch die gehören zu den besten, kreativsten und am liebevollsten zubereiteten, die man in ganz Istrien finden wird. Es gibt keine Speisekarte, die Mitarbeiter zählen alle Specials auf und präsentieren den Gästen den frischen Fisch, bevor diese ihre Wahl treffen. Man sollte reservieren. Nur Barzahlung.

Farabuto MEDITERRAN €€

(052-386 074; www.farabuto.hr; Sisplac 15, Veruda; Hauptgerichte 75–160 Kn; Mo–Sa 12–23 Uhr;) Der Weg in dieses langweilige Wohnviertel etwa 1,5 km südwestlich vom Stadtzentrum lohnt wegen der stilvollen Dekoration, vor allem aber wegen der wunderbar und mit einer kreativen Note zubereiteten mediterranen Küche. Es gibt tägliche Specials und eine gute Weinkarte. Platz lassen für die Schokoladen-Mousse mit Trüffeleis!

Vodnjanka ISTRISCH €€

(052-210 655; D Vitezića 4, Monte Zaro; Hauptgerichte 40–100 Kn; Mo–Sa 12–17 & 19–22 Uhr) Die Einheimischen schwören auf die authentische Hausmannskost in diesem schlichten Restaurant, das billig und leger ist und in dem man nur bar zahlen kann. Die Speisekarte ist erfreulich kurz und konzentriert sich auf einfache, herzhafte istrische Küche.

Jupiter PIZZA €€

(052-214 333; www.pizzeriajupiter.com; Castropola 42; Hauptgerichte 30–150 Kn; Mo–Fr 11–23, Sa & So ab 13 Uhr) Auf einer Terrasse im Obergeschoss werden respektable kroatische Pizzas mit dünnem Boden und ordentliche Pastagerichte serviert.

Milan ISTRISCH €€€

(052-300 200; www.milanpula.com; Stoja 4, Stoja; Hauptgerichte 95–295 Kn; 12–23 Uhr) Mit der exklusiven Atmosphäre, den saisonalen Spezialitäten, den Sommeliers, die sich bestens auskennen, und einem Olivenölexperten zählt dieses Hotelrestaurant in einer merkwürdig schmuddeligen Gegend zu den besten Optionen der Stadt. Im Angebot sind auch mehrere gesetzte Menüs (195–385 Kn), darunter ein istrisches Viergänge-Menü mit reichlich Prosciutto.

Ausgehen & Nachtleben

Der Großteil des besten Nachtlebens spielt sich zwar außerhalb des Stadtzentrums ab, doch bei milden Temperaturen sind die Cafés am Forum und am Trg Portarata belebte Orte, um das Treiben zu beobachten. Die hippsten Bars Pulas befinden sich in der Širolina im Wohnviertel Veruda. Wer Lust auf Trubel am Strand hat, sollte sich nach Verudela aufmachen. Und wer sich unter die jungen Einheimischen mischen möchte, schnappt sich ein paar Flaschen Bier und begibt sich zur Strandpromenade Lungomare.

★ **Cabahia** BAR

(www.facebook.com/CabahiaPula; Širolina 4, Veruda; Mo–Sa 7–24, So 10–24 Uhr;) Die künstlerisch gestaltete Bar 2 km südlich des Zentrums in Veruda hat gemütliche Deckenbalken, ist dezent beleuchtet und mit diversen Objekten, Porträts von Rockmusikern und südamerikanischen Kacheln dekoriert. Hinten befindet sich eine tolle Gartenterrasse. Es gibt Livemusik, und an den Wochenende wird es brechend voll.

★ **Bass** BAR

(099 83 19 051; www.facebook.com/basscaffe; Širolina 3, Veruda; Mo–Sa 8–24, So ab 10 Uhr;) Die rumplige Bar auf der Terrasse einer verfallenen Villa aus der Habsburger-Ära ist eine coole Szeneoase mit einer langen Cocktailkarte und entspannten Gästen.

Cvajner CAFÉ
(Forum 2; ⌚8–24 Uhr) Pulas hippstes Café befindet sich in einer ehemaligen Bank am Forum (der riesige Tresorraum dient heute als Lager). Es ist mit zusammengewürfelten Möbeln aus der Tito-Zeit, den Überresten von Wandbildern, bemalten Deckenbalken und Kunst von aufstrebenden Einheimischen eingerichtet. Die Mitarbeiter sind entspannt. In den wärmeren Monaten lassen sich die meisten Besucher den tollen Innenraum entgehen und stürzen sich auf die Tische im Freien vor dem Café.

Caffe Uliks BAR
(☎052-219 158; www.facebook.com/caffe.uliks; Trg Portarata 1; ⌚So–Mi 7–24, Do–Sa bis 2 Uhr) Eine Statue von James Joyce begrüßt die Gäste vor dem Eingang in diese Bar, die nach dem berühmtesten Roman des Dichters benannt ist (und sich im Erdgeschoss eines Gebäudes befindet, in dem Joyce Englisch unterrichtete). Innen ist sie mit Messing, von hinten beleuchtetem Buntglas, dunklem Holz und maritimem Schnickschnack eingerichtet – was sicher nett wäre, wenn nicht alles von dickem Zigarettenrauch verqualmt wäre.

Cyber Cafe CAFÉ
(www.facebook.com/cybercafepula; Flanatička 14; ⌚Mo–Sa 8–24, So bis 22 Uhr; 📶) Der Name verrät, dass dieses farbenfrohe, mit viel Kunst geschmückte Café zu einer vom Aussterben bedrohten Gattung gehört, doch ein digitaler Dinosaurier ist es beileibe nicht. Einige Internetterminals gibt es zwar, doch die meisten Gäste kommen hierher, um im großen Garten, der sich dahinter versteckt, einen Kaffee oder ein Bier zu trinken.

Club Uljanik CLUB
(☎095 90 18 811; www.clubuljanik.hr; Dobrilina 2; ⌚Do–Sa 21–6 Uhr) Dieser legendäre Club, schon seit den 1960er-Jahren ein bekannter Treff, ist heute ein Magnet für das jugendliche Partyvolk, das am Wochenende zu den Themenpartys und donnerstags zu den Studentennächten strömt.

Pietas Julia BAR
(☎098 181 19 11; www.pietasjulia.com; Riva 20; ⌚So–Do 8–21, Fr & Sa bis 22 Uhr; 📶) Die schicke Bar am Hafen neben dem Ruderclub erwacht an Sommerwochenenden spätabends zum Leben und ist dann bis 5 Uhr morgens geöffnet. Tagsüber werden Frühstück und Snacks serviert. An den Tischen auf dem Fußweg kann man gemütlich einen Sundowner trinken.

Zeppelin STRANDBAR
(Saccorgiana bb, Verudella; ⌚Mo–Do 9–24, Fr & Sa bis 5, So bis 22 Uhr; 📶) Nach einem Tag am Strand steht in dieser Strandbar in der Bucht Saccorgiana auf der Halbinsel Verudela Spaß auf dem Programm. Drinnen finden vor der Kulisse großformatiger Fotos von Revolutionären (Che, Tito, Ho Chi Minh, Michael Collins) Kickerwettkämpfe und nächtliche Partys statt.

☆ Unterhaltung

Man sollte sich ein Konzert in dem spektakulären Amphitheater (S. 137) nicht entgehen lassen. In der Touristeninformation sind Spielpläne erhältlich, außerdem hängen in ganz Pula Plakate mit Veranstaltungshinweisen.

Rojc KUNSTZENTRUM
(http://.rojcnet.pula.org; Gajeva 3) Künstlerisch angehauchte Underground-Kultur gibt's im Rojc, einer umgebauten Kaserne, in der sich ein Multimedia-Kunstzentrum und Studios befinden. Gelegentlich finden hier Konzerte, Ausstellungen und andere Events statt.

ℹ Praktische Informationen

Überall in der Stadt gibt's kostenloses WLAN – auf dem Forum, am Portarata-Platz, in der Giardini, in der Flanatička, auf dem Kaštel und am Narodni trg.

Krankenhaus Pula (Opća bolnica Pula; ☎052-376 500; www.obpula.hr; Alda Negrija 6; ⌚24 Std.)

Touristeninformation (☎052-219 197; www.pulainfo.hr; Forum 3; ⌚Juli & Aug. 8–21 Uhr, April–Juni Mo–Fr 8–18, Sa 10–16 Uhr, Okt.–März Mo–Sa 9–16 Uhr) Die sachkundigen, freundlichen Mitarbeiter versorgen Besucher mit Karten, Broschüren und Veranstaltungskalendern. Besonders nützlich sind die Broschüren „Domus Bonus" mit den besten Privatunterkünften in Istrien und „Istra Gourmet" mit einer Liste von Restaurants. Von Mitte Juni bis Mitte September wird hier auch die Pula Card (Erw./Kind 90/40 Kn) verkauft, mit der man bei wichtigen Sehenswürdigkeiten freien Eintritt erhält.

ℹ An- & Weiterreise

BUS

Pulas **Busbahnhof** (☎052-544 537; Trg 1 istarske brigade 1) befindet sich 1 km nördlich vom Stadtzentrum. Täglich fahren Busse u. a. nach Rovinj (37 Kn, 40 Min., stündl.), Rijeka (100 Kn, 2½ Std., mindestens 13-mal tgl.), Zagreb (164 Kn, 5½ Std., mindestens 9-mal tgl.), Zadar

(235 Kn, 7 Std., mindestens 2-mal tgl.) und Split (345 Kn, 10½ Std., mindestens 2-mal tgl.).

FLUGZEUG

Pulas Flughafen (PUY; ☎ 052-550 926; www.airport-pula.hr) liegt 6 km nordöstlich der Stadt. Im Sommer wird er von Dutzenden Fluggesellschaften angeflogen, ganzjährig nutzen ihn aber nur Croatia Airlines (nach Zagreb und Zadar), Trade Air (nach Split und Osijek) und Eurowings (nach Düsseldorf).

SCHIFF/FÄHRE

Venezia Lines (☎ 052-422 896; www.venezialines.com; Riječki Gat, Sv Petra bb; Erw./Kind ab 62/40 €) betreibt von Juni bis September einen Expresskatamaran nach Venedig (3¾ Std., 2- bis 4-mal pro Woche).

Die Ausflugsboote legen in der Nähe ab.

ZUG

Vom **Bahnhof** (☎ 052-541 982; www.hzpp.hr; Kolodvorska 7) gibt es Direktverbindungen nach Vodnjan (12 Kn, 16 Min., 8-mal tgl.), Pazin (36 Kn, 1¼ Std., 8-mal tgl.) und Roč (54 Kn, 1¾ Std., 4-mal tgl.).

Unterwegs vor Ort

Die Fahrzeiten des Flughafenbusses (30 Kn) von **Brioni Pula** (☎ 052-356 500; www.brioni.hr) sind auf die Flüge abgestimmt. Er fährt vom Busbahnhof nach Pula, Rovinj, Poreč, Novigrad, Umag und Rabac. Taxis zum Flughafen kosten zwischen 180 und 200 Kn.

Die Nahverkehrsbusse werden von **Pulapromet** (☎ 052-222 677; www.pulapromet.com) betrieben. Für Touristen sind die Linie 1 zum Camping Stoja sowie die Linien 2A und 3A nach Verudela nützlich. Die Busse fahren zwischen 5 und 23.30 Uhr alle 15 bis 30 Minuten, Fahrkarten (11–15 Kn) kauft man beim Fahrer.

Brijuni-Inseln

Der Brijuni-Archipel (italienisch: Brioni) liegt direkt nordwestlich von Pula auf der anderen Seite des 3 km breiten Fažana-Kanals und besteht aus zwei kiefernbewachsenen Hauptinseln und 12 kleineren Inseln. Die Inseln, die mit Wiesen, Parks, Eichen- und Lorbeerwald bedeckt sind und auf denen seltene Pflanzen wie Eselsgurke und Gelber Hornmohn wachsen, wurden 1983 zum Nationalpark erklärt.

Bootsfahrten zur größten Insel, **Veli Brijun**, können im **Nationalparkbüro** (☎ 052-525 882; www.np-brijuni.hr; Brijunska 10, Fažana; Bootsfahrt & geführte Tour Erw./Kind 210/105 Kn; ⏲ 8–19 Uhr) in Fažana gebucht werden; im Preis sind eine geführte Tour und der Eintritt zu verschiedenen Attraktionen enthalten. **Mali Brijun** kann nur im Sommer während der Spielzeit des **Ulysses Theatre** (☎ 052-525 829; www.ulysses.hr) besucht werden; die Vorstellungen finden in einer verlassenen Festung statt.

Die meisten Bootstouren ab Pula halten mittags an der kleinen Insel **Sveti Jerolim** zu einem Picknick, fahren ansonsten aber zwischen den Inseln umher, da sie keine Genehmigung zum Anlegen haben.

Sehenswertes

Nach der etwa 15-minütigen Bootsfahrt von Fažana zur Insel Veli Brijun legen die Boote vor dem Komplex der Hotels Neptun (1912) und Istra (1962) an, wo einst Titos illustre Gäste nächtigten. Ein Führer begleitet die Besucher bei einer vierstündigen Inseltour an Bord eines kleinen **Touristenzuges**. Die Tour beginnt mit dem Besuch des 9 ha großen **Safariparks**, in dem Tiere leben, die Tito als Geschenk von verschiedenen Berühmtheiten erhielt. Danach hält der Zug an den Ruinen eines **Römischen Landhauses** aus dem 1. Jh. v. Chr., am **Archäologischen Museum** in einem venezianischen Sommerhaus aus dem 16. Jh. und an der **Kirche des Hl. Germanus** (1481), heute ein Museum, das Kopien mittelalterlicher Fresken in istrischen Kirchen zeigt.

Am interessantesten ist die **Ausstellung Tito auf Brijuni** in einem Gebäude hinter dem Hotel Karmen. Im Erdgeschoss befindet sich eine Sammlung ausgestopfter Tiere, die alle im Safaripark eines natürlichen Todes starben. Oben zeigen Fotos Tito mit Stars wie Josephine Baker, Sophia Loren, Elizabeth Taylor und Richard Burton sowie mit namhaften Staatsoberhäuptern, darunter Indira Gandhi und Fidel Castro. Draußen steht ein Cadillac von 1953, mit dem Tito seinen berühmten Gästen die Insel zeigte.

Aktivitäten

Im Sommer gehen die meisten Besucher nach der Inseltour an die Strände. Dort werden **Schnorcheln** und **Tauchen** angeboten, außerdem gibt's einen 1921 gegründeten **Golfplatz**, der öffentlich zugänglich ist (260 Kn pro Runde).

Schlafen

Der Nationalpark (s. linke Spalte) betreibt die beiden mittelmäßigen Hotelkomplexe auf Veli Brijuni, das Hotel Netpun-Istra und

TITO & DIE BRIJUNI-INSELN

Archäologische Funde lassen auf eine Besiedlung des Archipels bereits zur Römerzeit schließen. Bekanntheit erlangten die Inseln allerdings erst durch den früheren jugoslawischen Staatspräsidenten Tito, der sie zu seiner Privatresidenz erkor.

In der Zeit von 1947 bis kurz vor seinem Tod 1980 verbrachte Tito jedes Jahr sechs Monate auf den Brijuni-Inseln. Er ließ subtropische Pflanzen hierher bringen und anpflanzen. Außerdem wurde ein Safaripark für die exotischen Tiere angelegt, die er von den Staatsoberhäuptern aus aller Welt als Geschenk erhielt. Die hier grasenden Somaliaschafe stammen aus Äthiopien, einer der sambischen Präsidenten schenkte ihm Wasserböcke.

In seiner Sommerresidenz gab Tito opulente Empfänge für insgesamt 90 Staatsoberhäupter und eine Schar von Filmstars. In der Bijela Vila, seinem „Weißen Haus" auf der Insel Veli Brijun, stellte Tito Erlasse aus und verlas Erklärungen, außerdem war sie Mittelpunkt des gesellschaftlichen Lebens. Die Inseln werden immer noch für offizielle Staatsbesuche genutzt, wandeln sich aber allmählich zum Ziel reicher Jachtbesitzer aus aller Welt. Gekrönte Häupter undurchsichtiger Königreiche verbringen hier ihre Ferien ebenso wie Millionäre, die den verblichenen Glanz der Inseln wieder aufleben lassen.

das Hotel Karmen, sowie drei luxuriöse Villen mit privaten Stränden, Golfwagen und Fahrrädern. Parkplätze und der Bootstransfer ab Fažana sind in den Zimmerpreisen enthalten. Auf Mali Brijun gibt es keine Übernachtungsmöglichkeiten.

An- & Weiterreise

Bus 21 verkehrt zwischen Pula und Fažana (15 Kn, 25 Min., 7- bis 14-mal tgl.).

Boote des Nationalparks fahren von März bis Oktober zehn- oder elfmal täglich von Fažana nach Veli Brijun, von November bis Februar nur dreimal täglich. Am besten bucht man im Voraus, besonders im Sommer, und gibt an, dass man einen englischsprachigen Führer benötigt.

Bei den Tickets für die Vorstellungen des Sommertheaters auf Mali Brijun ist die Bootsfahrt bereits im Preis enthalten.

Diverse Reisebüros und Tourveranstalter bieten Tagestouren ab Pula, Rovinj und Poreč an.

Unterwegs vor Ort

Man kann Veli Brijun nur mit dem Fahrrad (35 Kn/Std. oder 110 Kn/Tag) und dem Elektroauto (300 Kn/Std.) erkunden.

Vodnjan

6120 EW.

Freunde des Makabren sollten sich Vodnjan (italienisch: Dignano) 10 km nördlich von Pula nicht entgehen lassen. In einer schlichten Kirche sind die heiligen Mumien ausgestellt, die den touristischen Ruhm dieser ansonsten eher uninteressanten Stadt begründen.

Vodnjans zweite Attraktion ist die Cesta Maslinova Ulica (Olivenölstraße), eine Touristenroute, die zu verschiedenen lokalen Produzenten führt; in der Touristeninformation gibt's die entsprechende Broschüre. Einige betreiben Läden und andere bieten Führungen an, doch bei den meisten handelts es sich einfach um Wohnhäuser, bei denen man an die Tür klopft und dann ein paar Flaschen der hausgemachten Produkte kaufen kann.

Ansonsten ist in der Stadt, in der die größte Roma-Gemeinde Istriens lebt, wenig los. Das Zentrum bildet der Narodni trg, an dem mehrere neogotische Paläste in unterschiedlichen Stadien des Verfalls stehen. In der Stadt verteilt finden sich interessante Graffitis, sowohl moderne als auch historische in Form von verblichenen politischen Parolen in roter Farbe.

Sehenswertes

St.-Blasius-Kirche KIRCHE

(Crkva sv Blaža; ☎052-511 420; www.zupavodnjan.com; Župni trg 1; gesamter Komplex Erw./Kind 10/5 €, Mumien 7/3,50 €, Museum 7/3,50 €, Kirche 2/1 €; ⏲Juni–Sept. Mo–Sa 9.30–19, So 12–17 Uhr, Okt.–Mai nach Vereinbarung) Der Bau dieser staatlichen neobarocken Kirche wurde 1800 vollendet, Baubeginn war allerdings schon 40 Jahre vorher, als in Istrien noch Venedig stilistisch den Ton angab. Mit dem 62 m hohen **Glockenturm** nach dem Vorbild des Markusdoms in Venedig ist sie die größte Pfarrkirche Istriens. Allein wegen des prächtigen Altars lohnt der Besuch der St.-Blasius-Kirche. Die **Mumien** befinden sich in einem abgegrenzten Bereich hinter dem Hauptaltar.

In dem schummrigen Licht sehen die vollständig erhaltenen Leichname der hll. Nikolosa Bursa, Giovanni Olini und Leon Bembo aus wie Holzpuppen in einer Vitrine. Körperteile von drei weiteren Heiligen vervollständigen die Ausstellung. Während der Besucher Haut, Haare und Fingernägel der lange Verstorbenen betrachtet, erzählt ein Tonband auf Englisch ihre Lebensgeschichte. Der Leichnam der Nikolosa, angeblich die am besten erhaltene Mumie Europas, soll bioenergetische Strömungen ausstrahlen, die noch in 32 m Entfernung spürbar sind und 50 Menschen auf wundersame Weise geheilt haben.

Wer nach den Mumien Lust auf weitere Reliquien hat, besucht die **Sammlung religiöser Kunst** (Zbirka Sakralne Umjetnosti) in der Sakristei. Hier gibt es Hunderte Reliquien von 150 Heiligen, u.a. ein Kästchen mit der Zunge der hl. Maria von Ägypten.

Essen

Vodnjanka ISTRISCH €€
(☎ 052-511 435; www.vodnjanka.com; Istarska 22; Hauptgerichte 65–150 Kn; ⏲ Mo–Sa 11–23 Uhr; ✎) Dieses ausgezeichnete Restaurant mit regionaler Küche bietet persönlichen Service und köstliches Essen, das in mehreren rustikalen Speiseräumen serviert wird. Zu den Spezialitäten gehören *fuži* (hausgemachte Eiernudeln) mit Trüffeln, Steak mit Steinpilzen und Trüffeln sowie verschiedene Varianten *fritaja* (Omelett). Von der Terrasse hat man einen schönen Blick auf die Dächer der Altstadt und den Kirchturm.

Shoppen

Brist ESSEN
(☎ 095 56 24 111; www.brist-olive.hr; Trgovačka 40; Führung 150 Kn; ⏲ Juni–Sept. Mo–Fr 10–16, Sa bis 14 Uhr, Okt.–Mai Mo–Sa 10–14 Uhr) Im Gegensatz zu den vielen Olivenölanbietern, bei denen man an die Tür klopfen muss, hat Brist einen hübschen kleinen Laden in der Hauptstraße. Hier werden fünf herausragende Olivenöle der Güteklasse Nativ extra verkauft. Man kann einfach zur Verkostung hereinschneien oder eine Führung durch den Olivenhain mit Paul O'Grady, dem glücklichen Iren, der in die Familie eingeheiratet hat, arrangieren.

Cadenela ESSEN
(☎ 099 64 93 844; www.cadenela.com; 1 Maja 5; ⏲ 9–21 Uhr) In einem ganz gewöhnlich wirkenden Haus am Stadtrand verkauft Cadenela erstklassige Olivenöle der Güteklasse Nativ extra vom familieneigenen Olivenhain. Im Winter sollte man vorher anrufen oder eine private Führung durch den Olivenhain ausmachen.

Chiavalon ESSEN
(☎ 052-511 906; www.chiavalon.hr; Vladimira Nazora 16; ⏲ Mo–Fr 10–18, So bis 14 Uhr) Bei diesem Olivenölproduzenten kann man unangemeldet vorbeischauen und hervorragende Produkte kaufen (im Winter einfach an die Tür klopfen und aufs Glück vertrauen) oder vorher telefonisch eine Führung arrangieren (ab 85 Kn). Zur Auswahl stehen eine 45-minütige Führung mit Olivenölverkostung und eine 50-minütige Version mit Käse und Wursterzeugnissen. Fünfgängige Mahlzeiten können ebenfalls vereinbart werden.

Praktische Informationen

Touristeninformation (☎ 052-511 700; www.istra.hr/vodnjan; Narodni trg 10; ⏲ Mai–Sept. Mo–Sa 8–20, So 9–13 Uhr, Okt.–April Mo–Fr 8–16 Uhr)

An- & Weiterreise

Vodnjan hat gute Busverbindungen nach Pula (24 Kn, 10 Min., 14-mal tgl.), Rovinj (37 Kn, 30 Min., 14-mal tgl.), Poreč (50 Kn, 1¼ Std., 5-mal tgl.), Rijeka (115 Kn, 2½ Std., 5-mal tgl.) und Zagreb (150 Kn, 5 Std., 7-mal tgl.).

Es gibt auch Direktzüge nach Pula (12 Kn, 16 Min., 8-mal tgl.), Pazin (27 Kn, 55 Min., 8-mal tgl.) und Roč (45 Kn, 1½ Std., 4-mal tgl.).

Bale

936 EW.

Wer durch die engen Kopfsteinpflastergassen von Bale (italienisch: Valle) spaziert, könnte meinen, er laufe durch eine Filmkulisse. Die mittelalterlichen Stadthäuser entstanden rund um ein Schloss, das in einem Mix aus gotischem und Renaissancestil gebaut wurde und der Familie Bembo gehörte. Doch Bales Ursprünge sind sehr viel älter: Schon die Römer hatten hier eine Festung und noch vor ihnen die Illyrer.

Die überdimensionale Kirche mit ihrem 36 m hohen Glockenturm beherrscht die kleine Stadt, in der verschiedene andere historische Kirchen und ein Rathaus mit einer Loggia aus dem 14. Jh. verstreut liegen. Die nächsten Strände befinden sich 6 km entfernt an einem Küstenstreifen, der zu den unberührtesten Istriens gehört.

Bale zieht mit seiner kraftvollen Energie viele Künstler und Lebenskünstler an. Dies steht natürlich in keiner Touristenbroschüre, doch hier kann man Seelenverwandten begegnen und zahlreiche Stunden mit Gesprächen, Trinken, Träumen und Schreiben verbringen.

Schlafen & Essen

★ Meneghetti BOUTIQUEHOTEL €€€
(☎ 052-528 800; www.meneghetti.hr; Stancija Meneghetti 1; Zi. ab 279 €, Hauptgerichte 190–290 Kn; ⏲ April–Dez.; P ❄ 📶 🏊) In diesem ländlichen Refugium steht die Qualität an erster Stelle, sei es bei den erstklassigen Weinen und dem Olivenöl des Landguts, bei der Architektur der Gästehäuser, die angenehm an das historische Haus im Zentrum angepasst ist, oder bei der erlesenen modernen istrischen Küche des **Restaurants**. Das Hotel hat sogar einen eigenen Strand, zu dem ein 25-minütiger Spaziergang durch den Weinberg führt. Ein kleines Paradies!

Das Meneghetti befindet sich 8,5 km südwestlich von Bale.

Hotel La Grisa BOUTIQUEHOTEL €€€
(☎ 052-824 501; www.la-grisa.com; La Grisa 23; EZ/DZ/Suite ab 694/949/1627 Kn; P ❄ 📶 🏊) Dieses Boutiquehotel hat 28 geschmackvoll eingerichtete Zimmer und Suiten in acht miteinander verbundenen Häusern am Rand der Altstadt. Dazu gehören ein ambitioniertes Restaurant (empfehlenswert sind die Gerichte mit *boškarin)* und ein kleines Spa mit Sauna (160 Kn/Std.), Jacuzzi und Massagen.

Kamene Priče ISTRISCH €€
(☎ 052-824 235; www.kameneprice.com; Castel 57; Hauptgerichte 90–160 Kn; ⏲ 10–14 & 18–23 Uhr) Während man nach Jazzgrößen benannte Gerichte mit vielen saisonalen und regionalen Zutaten isst, kann man die einfallsreiche Dekoration des künstlerisch angehauchten Restaurants bewundern. Mit etwas Glück kommt man gerade zu einer Lesung, einem Theaterstück oder einer Stand-up-Comedy-Show. Oben gibt's auch Gästezimmer – dort verführte Casanova in den 1740er-Jahren eine Dame aus der Gegend.

An- & Weiterreise

Busse fahren von Bale nach Pula (31 Kn, 20 Min., 11-mal tgl.), Vodnjan (26 Kn, 12 Min., 11-mal tgl.), Rovinj (30 Kn, 18 Min., 12-mal tgl.), Rijeka (124 Kn, 3 Std., 3-mal tgl.) und Zagreb (150 Kn, 5½ Std., 3-mal tgl.).

Rovinj

14 300 EW.

Rovinj (italienisch: Rovigno) ist das absolute Highlight an der Küste Istriens. Im Sommer ist es zwar oft von Reisenden überlaufen und viele echte Sehenswürdigkeiten hat es auch nicht zu bieten, doch die Stadt verzaubert nach wie vor mit ihrem Charme. Die Altstadt befindet sich auf einer ovalen Halbinsel und besteht aus einem Gewirr steiler Kopfsteinpflasterstraßen und kleiner Plätze. An ihrem höchsten Punkt erhebt sich ein schlanker Kirchturm. Früher war dies eine Insel, doch der schmale Kanal, der sie vom Festland trennte, wurde 1763 aufgefüllt.

Das Hauptwohnviertel Rovinjs beginnt hinter der Altstadt und zieht sich auf die niedrigen Hügel ringsum hoch. Die großen Ferienhotels liegen im Norden und Süden an der Küste. Wer von den Menschenmassen genug hat, kann sich auf den 14 Inseln des Rovinj-Archipels einen netten Nachmittag abseits des Getümmels machen.

Geschichte

Rovinj wechselte zwischen den Händen von Illyrern, Römern und Byzantinern hin und her, bis im 7. Jh. die Slawen eintrafen. Danach entwickelten sich die Fischerei und die Seefahrt zu starken Wirtschaftszweigen. 1199 schloss die Stadt einen wichtigen Vertrag mit Dubrovnik zum Schutz ihres Seehandels. Im 13. Jh. zwang die Bedrohung durch Piraterie Rovinj dazu, den Schutz Venedigs zu suchen.

Vom 16. bis zum 18. Jh. wuchs die Bevölkerung durch den Zustrom von Immigranten. Diese waren auf der Flucht vor den Türken, die nach Bosnien und ins kroatische Hinterland eingedrungen waren. Die Stadt begann sich über die venezianischen Stadtmauern hinaus auszudehnen. Im Jahr 1763 wurde die Insel schließlich mit dem Festland verbunden und die Altstadt wurde zur Halbinsel.

Noch im 17. Jh. blühte Rovinjs Seehandel. Dies änderte sich jedoch 1719, als Österreich Triest und Rijeka zu Freihäfen erklärte – ein herber Rückschlag für die Stadt. Das Aufkommen von Dampfschiffen, die den Segelschiffen ordentlich einheizten, schadete zudem der Werftindustrie; bereits Mitte des 19. Jhs. überflügelte Pulas Schiffswerft die Konkurrenz von Rovinj. Wie auch der Rest Istriens befand sich Rovinj erst unter österreichischer und dann italienischer Herrschaft, bevor es endlich Teil des neu gegrün-

Rovinj

Rovinj

Highlights
1 St.-Euphemia-Kirche A1

Sehenswertes
2 Balbi-Bogen B2
3 Grisia A2
4 Stadtmuseum Rovinj B2

Aktivitäten, Kurse & Touren
5 Adistra D3

Essen
6 Bookeria C2
7 Kantinon C3
8 Grota B1
9 Puntulina A2
10 Maestral D4
11 Monte A2
12 Pizzeria Da Sergio B2
13 Ulika B2
14 Veli Jože A2

Ausgehen & Nachtleben
15 Balel B2
16 Circolo Aperitiv Bar C2
17 Havana C3
18 Limbo B2
19 Mediterraneo A2
20 Monte Carlo A2
21 Valentino A2

Shoppen
22 Diva A2
23 Galerija Brek B2
24 Galerija Zdenac B2
25 Gemüsemarkt B1
Sirena .... (siehe 22)

deten Jugoslawien wurde. Noch heute lebt eine bedeutende italienische Gemeinde in der Stadt, die einen eigenen Dialekt spricht.

Sehenswertes

Stadtmuseum Rovinj MUSEUM

(Muzej grada Rovinj; ☎052-816 720; www.muzej-rovinj.hr; Trg Maršala Tita 11; Erw./Kind Juni–Aug. 65/40 Kn, Sept.–Mai 15/10 Kn; ⊙Juni–Aug. 10–22 Uhr, Sept.–Mai bis 12 Uhr) Das Museum befindet sich in einem Barockpalast aus dem 17. Jh. und zeigt im Erdgeschoss Sonderausstellungen, in der ersten Etage Kunst des 20. Jhs. und der Gegenwart und in der zweiten Etage Werke aus dem 16. bis 19. Jh. Neben venezianischen Größen wie Jacopo Bassano sind kroatische Künstler gut vertreten.

★ **St.-Euphemia-Kirche** KIRCHE

(Crkva Sv Eufemije; Trg sv Eufemije bb; Turm 20 Kn; ⊙Juni–Sept. 10–18 Uhr, Mai bis 16 Uhr, April bis 14 Uhr) GRATIS Das imposante Bauwerk – die größte Barockkirche Istriens – entstand zwischen 1725 und 1736 und beherrscht mit seiner zentralen Lage auf einem Hügel die Altstadt. Der 61 m hohe Glockenturm ist älter als die heutige Kirche, mit seinem 26 Jahre dauernden Bau wurde 1654 begonnen. Er ist nach dem Modell des Campanile des Markusdoms in Venedig gestaltet und wird von einer 4 m hohen Kupferstatue der hl. Euphemia gekrönt, die sich an einer Spindel dreht und so die Windrichtung anzeigt.

In der Kirche befinden sich mehrere bemerkenswerte Kunstwerke und Deckenfresken über dem Altar.

In dem antiken römischen Sarkophag hinter dem rechten Altar sollen die sterblichen Überreste der hl. Euphemia ruhen. Rovinjs Schutzheilige wurde wegen ihres Glaubens von Kaiser Diokletian gefoltert und im Jahr 304 den Löwen zum Fraß vorgeworfen. Ihr Leichnam wurde bis ins 7. Jh. in Konstantinopel (dem heutigen Istanbul) aufbewahrt, dann wurde er weggeschafft, um ihn vor Bilderstürmern zu schützen. Der lokalen Legende zufolge tauchte er vor der Küste Rovinjs in einem geisterhaften Boot wieder auf. Die Stadtbewohner waren nicht in der Lage, den schweren Sarkophag zu bewegen, doch dann erschien ein kleiner Junge mit zwei Kälbern und brachte ihn auf die Kuppe des Hügels.

Balbi-Bogen BAUDENKMAL

(Garzotto bb) Der kunstvolle Balbi-Bogen wurde 1679 als Hauptstadttor errichtet. Oben schmücken den Bogen zwei Köpfe: auf der Außenseite ein türkischer Kopf, auf der Innenseite ein venezianischer Kopf. Der geflügelte Löwe oben auf dem Bogen ist ein Symbol für Venedig – dieser ist allerdings insofern ungewöhnlich, dass er sichtbare Genitalien hat.

Grisia STRASSE

Die von Galerien und Souvenirgeschäften gesäumte Pflasterstraße führt durch die Altstadt hinauf zur St.-Euphemia-Kirche. Die Fenster, Balkons, Pforten und Plätze weisen eine schöne Mischung aus verschiedenen Stilen auf: Gotik, Renaissance, Barock und Klassizismus. Auffällig sind die einzigartigen *fumaioli* (Außenkamine), die während der Bevölkerungsexplosion gebaut wurden, als ganze Familien in einem einzigen Raum mit einer Feuerstelle lebten.

Waldpark „Goldkap" PARK

(Park šuma Zlatni Rt) Der mit Eichen- und Kiefernwäldern bestandene Waldpark, in dem zehn verschiedene Zypressenarten wachsen, wurde 1890 von Baron Hütterott gegründet, einem österreichischen Admiral, der eine Villa auf der Insel Crveni Otok hatte. In den Buchten zwischen den drei Kaps des Parks, der Punta Montauro, der Punta Corrente und der Punta Scaraba, kann man wunderbar vor den Felsen schwimmen. Der Waldpark ist zu Fuß oder mit dem Rad leicht zu erreichen – einfach vom Hafen der Küste nach Süden folgen.

Aktivitäten & Geführte Touren

Im Sommer kann man bei den Tourveranstaltern am Ufer problemlos Bootstouren zu den Inseln, z. B. Crveni Otok und Sveta Katarina (S. 149), und zum Limski-Kanal (S. 151) arrangieren. Die größte Attraktion für Taucher ist das Wrack der *Baron Gautsch*, eines österreichischen Passagierdampfers, der 1914 auf eine Mine lief. Das Wrack liegt 40 m tief. In der Umgebung der Stadt kann man gut Rad fahren, klettern und Vögel beobachten.

Rovinj Sub TAUCHEN

(☎052-821 202; www.rovinj-sub.hr; Braće Brajkovića bb) Der professionelle Anbieter bietet Tauchausflüge per Boot zu den vielen Wracks, die sich direkt vor der Küste befinden. Die Preise liegen zwischen 75 Kn für einen Tauchgang von der Küste aus und 338 Kn für Tauchgänge vor den kniffligeren Wracks; die Ausrüstung kostet weitere 188 Kn.

Stupica Excursions BOOTSFAHRT
(☎091 90 37 805; www.stupica-excursions.com; ⏲halber/ganzer Tag 20/40 €) Der familiengeführte Veranstalter bietet ganztägige „Fischpicknick-Touren" im Limski-Kanal, zu einer Piratenhöhle und zum Rovinj-Archipel mit einem kleinen Boot. Im Preis sind drei Badepausen, Frühstück, Mittagessen und unbegrenzte Getränke enthalten. Außerdem gibt es eine halbtägige Bootsfahrt bei Sonnenuntergang.

Excursions Delfin BOOTSFAHRT
(☎091 51 42 169; www.excursion-delfin.com; Šetalište vijeća Europe bb) Bootstouren zum Limski-Kanal (150 Kn) und rund um den Rovinj-Archipel (75 Kn), darunter auch Fahrten bei Sonnenuntergang.

Adistra KAJAKFAHREN
(☎095 83 83 797; www.adistra.hr; Carera 69) Adistra veranstaltet Kajaktouren, z. B. eine 9 km lange Tour durch den Rovinj-Archipel und einen 14 km langen Ausflug zum Limski-Kanal. Beide kosten 280 Kn, ein Mittagspicknick und die Schnorchelausrüstung sind im Preis enthalten. Im Angebot sind auch Paddeltouren bei Sonnenuntergang (190 Kn) inklusive Wein, Käste und Oliven. Außerdem vermietet Adistra Boote, Fahrräder, Motorroller und Schnochelausrüstung.

Feste & Events

Sommeratmosphäre mit Musik und Traditionen KULTUR
(Ljetni ugođaj uz glazbu i tradiciju; ⏲Juni–Aug.) Den ganzen Sommer über finden auf dem Hauptplatz verschiedene Events statt, bei denen Musik, volkstümliche Traditionen und Essen aus der Region präsentiert werden.

Sommermusikfestival von Rovinj MUSIK
(⏲Juni–Aug.) Eine Reihe von vier großen Konzerten am Strand Porton Biondi und auf Crveni Otok mit bekannten Jazz-, Pop- und Soulmusikern.

Grisia Art Show KUNST
(⏲Aug.) Am zweiten Sonntag im August findet die bekannteste Veranstaltung Rovinjs statt. Dann wird die enge Grisia zu einer Kunstmeile unter freiem Himmel. Alle – Kinder genauso wie professionelle Maler – zeigen ihre Arbeiten in Kirchen, Ateliers und auf der Straße.

Schlafen

Roundabout Hostel HOSTEL €
(☎052-817 387; www.roundabouthostel.com; Trg na križu 6; B 140–187 Kn; P ❄ ᯤ) Die einfache Budgetunterkunft hat Stockbetten mit eigenen Leselampen, Schließfächer und eine kleine Gemeinschaftsküche. Sie befindet sich an dem großen Kreisverkehr, wenn man in die Stadt hineinfährt, etwa 1 km von der Altstadt entfernt.

Porton Biondi CAMPING €
(☎052-813 557; www.portonbiondirovinj.com; Aleja Porton Biondi 1; Pers./Zelt/Campervan 54/46/90 Kn; ⏲April–Okt.; 🐾) Der 7 ha große Campingplatz am Strand hat Platz für 1000 Gäste und liegt etwa 700 m nördlich der Altstadt. Er bietet ein Restaurant, eine Snackbar und viel Schatten.

ABSTECHER

CRVENI OTOK & SVETA KATARINA

Die hübsche Crveni Otok (Rote Insel) liegt nur 2 km vom Hafen Rovinjs entfernt und ist bei Tagesausflüglern beliebt. Die nur 1,9 km lange Insel besteht eigentlich aus zwei Inselchen, **Sveti Andrija** (hl. Andreas) und **Maškin**, die durch einen Damm miteinander verbunden sind. Im 19. Jh. gelangte Sveti Andrija in den Besitz von Baron Hütterott, der sie in einen prächtigen bewaldeten Park verwandelte. Dank der kleinen Kiesstrände, des Spielplatzes und des riesigen Ferienresorts **Island Hotel Istra** (☎052-800 250; www.maistra.com; Crveni Otok 1; Zi. ab 224 €; ⏲Mai–Sept.; ❄ ᯤ ≋) erfreut sich die Insel bei Familien großer Beliebtheit. Maškin ist ruhiger und waldiger und hat zahlreiche versteckte Buchten. Es lohnt sich, Ausrüstung fürs Schnorcheln an den Felsen mitzubringen.

Die kleine Insel Sveta Katarina (hl. Katharina) liegt noch näher an Rovinj, direkt vor dem Hafen. Sie wurde 1905 von einem polnischen Grafen mit Bäumen bepflanzt und beherbergt heute ebenfalls ein großes Hotel.

Im Sommer fahren zwischen 5.30 und 24 Uhr stündlich Boote vom Delfin-Pier (S. 152) in Rovinj nach Crveni Otok (40/20 Kn, 20 Min.) und Sveta Katarina (Erw./Kind 30/15 Kn, 10 Min.).

Villa Dobravac HOTEL €€

(☎052-813 006; www.villa-dobravac.com; Karmelo 1; Zi. 100–128 €; P❄📶) Familie Dobravac produziert nicht nur Wein und Olivenöl, sie vermietet in einer hübschen orangenen Villa im Wohnviertel von Rovinj auch zehn große, moderne Zimmer, die meisten davon mit eigener Terrasse und Meerblick.

Villa Baron Gautsch B&B €€

(☎052-840 538; www.villabarongautsch.com; IM Ronjgova 7; Zi. ab 730 Kn; ⏲April–Okt.; ❄📶) Die Pension in einer Straße voller Bäume hat deutsche Besitzer und bietet 17 blitzblanke Zimmer, teilweise mit Terrasse und Blick aufs Meer und die Altstadt. Das Frühstück wird auf einer kleinen Terrasse hinterm Haus serviert.

★Casa Alice HOTEL €€€

(☎052-821 104; www.casaalice.com; Paola Deperisa 1; Zi. 200–220 €; P❄📶🏊) In diesem hübschen Hotel am Stadtrand, 20 Gehminuten vom Stadtzentrum, aber nur fünf Minuten vom Meer enfternt, kann man den Menschmassen entfliehen. Wer keine Lust hat, zu laufen, kann auch einfach am blau gefliesten Pool faulenzen und sich an Kaffee und Kuchen bedienen. Einige der zehn Zimmer haben Ter rassen und die meisten ein Wellnessbad.

Monte Mulini HOTEL €€€

(☎052-636 000; www.montemulinihotel.com; Antonija Smareglia 3; Zi. ab 550 €; P❄📶🏊🐾) Zehn Gehminuten (über die Lungomare) von der Altstadt entfernt erhebt sich dieses elegante und extrem teure Hotel über der Lone-Bucht. Alle Zimmer verfügen über einen Balkon, Meerblick und eine gehobene Ausstattung. Das Spa und der Weinkeller sind erstklassig, und es gibt außerdem drei Außenpools.

Amarin Family Hotel RESORT €€€

(☎052-805 500; www.maistra.com; Val de Lesso 5; Zi. ab 272 €; P❄📶🏊) Die Eltern lieben dieses stilvolle Hotel und den Kieselstrand, doch darum geht's hier nicht. Hier dreht sich alles um die Kinder, von den Schaukelpferden an der Rezeption über die Pools mit Rutschen und viel Spielzeug bis hin zur Kinderdisko, dem Kindertheater und dem Kinderfitnessstudio. Eltern könnten vielleicht sogar Probleme bekommen, ihre Kinder aus dem Hotel wegzulotsen. Das Amarin Family Hotel befindet sich 4 km nördlich vom Zentrum Rovinjs. Der Preis beinhaltet Vollpension.

Essen

Rovinj hat einige der berühmtesten und auch einige der teuersten Restaurants Istriens. Sie säumen den Hafen, und auch in der Altstadt gibt's ein paar großartige Lokale. Ein preiswerter Snack ist ein *burek* (mit Fleisch oder Käse gefüllte Teigtasche) vom Kiosk in der Nähe des Gemüsemarkts (S. 152).

Stadtzentrum

Pizzeria Da Sergio PIZZA €

(☎052-816 949; www.facebook.com/DaSergioRv; Grisia 11; Pizzas 35–82 Kn; ⏲11–15 & 18–23 Uhr; 📶🌶) Es lohnt sich, in dieser altmodischen Pizzeria mit zwei Etagen Schlange zu stehen, denn hier gibt's die beste Pizza der Stadt mit dünnem Boden und in unzähligen Varianten. Dazu wird auch guter Hauswein serviert.

Bookeria CAFÉ €

(☎052-817 399; www.bookeria.net; Trg Pignaton 7; 40–80 Kn; ⏲Mai–Sept. 9–21 Uhr, Okt.–April bis 18 Uhr) Das hübsche kleine Café ist ein beliebtes Frühstückslokal. Die kleinen, mit Blumen geschmückten Tische stehen bis auf den Bürgersteig. Morgens sind Eier, Toast, Muffins und Croissants mit Auberginen-Mousse im Angebot. Im Laufe des Tages kommen weitere Speisen wie Burger und Pasta hinzu.

Grota SANDWICHES €

(Valdibora bb; Sandwiches 15–20 Kn; ⏲Mo–Sa 7–20, So bis 14 Uhr) Der winzige Laden direkt am Gemüsemarkt ist ideal, um an einem der Tische aus Weinfässern bei einem Kaffee und einem Sandwich das Treiben zu beobachten oder um nach einem Tag am Strand ein Glas Wein und regionalen Käse und Prosciutto zu genießen.

Kantinon ISTRISCH €€

(☎052-816 075; Alda Rismonda bb; Hauptgerichte 60–180 Kn; ⏲Di–So 12–22 Uhr) Das hervorragende Restaurant am Hafen wird von einem fantastischen Team geleitet. Das Essen ist so regional und frisch wie nur möglich, und viele Meeresfrüchtegerichte basieren auf traditionellen Rezepten. Der Meeresfrüchteeintopf mit Polenta ist eine wahre Gaumenfreude.

Veli Jože ISTRISCH, SEAFOOD €€

(☎052-816 337; www.velijoze.net; Sv Križa 3; Hauptgerichte 59–190 Kn; ⏲11–24 Uhr) Hier wird Typisches aus Istrien serviert, entweder im originell mit Dingen aus der Schifffahrt eingerichteten Speiseraum oder an einem der Tische draußen mit Blick aufs Meer.

Maestral ISTRISCH €€

(☎052-830 565; Vladimira Nazora bb; Hauptgerichte 65–160 Kn; ⊙April–Okt. 11–24 Uhr) An den Tischen im Freien direkt am Ufer kann man die einfachen Essen und einen herrlichen Blick auf die Altstadt genießen – besonders schön geht das bei Sonnenuntergang. Wer nur einen Snack möchte, sollte die *ribarska pogača* probieren, eine mit gesalzenem Fisch und Tomaten gefüllte Pastete, die von der dalmatischen Insel Vis stammt und einer Pizza ähnelt.

Monte ISTRISCH €€€

(☎052-830 203; www.monte.hr; Montalbano 75; 3-/4-/6-Gänge-Menü 619/719/849 Kn; ⊙Mai–Sept. 18.30–23 Uhr; ☑) Kroatiens erstes Restaurant, das mit einem Michelin-Stern ausgezeichnet wurde, bietet drei moderne istrische Sechs-Gänge-Menüs mit unterschiedlichen Themen an: Eines setzt den Schwerpunkt auf regionale Zutaten, eines ist rein vegetarisch und eines legt besonderen Wert auf moderne Küchentechniken. Die Gäste können sich auch ein eigenes Drei- oder Vier-Gänge-Menü aus den verschiedenen Gängen der Sechs-Gänge-Menüs zusammenstellen.

Puntulina ISTRISCH €€€

(☎052-813 186; www.puntulina.eu; Sv Križa 38; Hauptgerichte 100–220 Kn; ⊙12–22 Uhr; ☑) Wer es gern besonders romantisch mag, sollte in diesem familiengeführten Restaurant vorab reservieren und um einen Tisch auf der felsigen Terrasse bitten; diese Terrasse schmiegt sich an die Klippen, die die Altstadt umringen. Das Puntulina liegt nur ein paar Schritte vom Meer entfernt und ist vor allem bei Sonnenuntergang äußerst malerisch. Die Speisekarte bietet zahlreiche Gerichte, die den venezianischen Einfluss auf die istrische Küche betonen, darunter viele Pasta- und Meeresfrüchtegerichte.

Ulika MEDITERRAN €€€

(☎098 92 97 541; Porečka 6; Hauptgerichte 120–200 Kn; ⊙12.30–15 & 18–24 Uhr) In der kleinen, hübschen Taverne in einer Gasse in der Altstadt wird gut zubereitete, wenn auch teure mediterrane Küche serviert. In der Regel gibt es ausschließlich saisonale Speisen. Auch der Service ist gut.

Umgebung

Barba Danilo MEDITERRAN €€

(☎052-830 002; www.barbadanilo.com; Polari 5; Hauptgerichte 110–125 Kn; ⊙Mo–Sa 18–23 Uhr) Ein Campingplatz, 3,5 km vom Zentrum entfernt, ist wohl der letzte Ort, an dem man eines der besten Restaurants der Stadt erwarten würde. Auf der häufig wechselnden Karte stehen nur wenige Gerichte, hauptsächlich sind es frische Meeresfrüchte. Im Sommer gibt's nur 45 Plätze, darum unbedingt reservieren!

> **ABSTECHER**
>
> **LIMSKI-KANAL**
>
> Der etwa 10 km lange, 600 m breite und von steilen, bis zu 100 m hohen Wänden gesäumte Limski-Kanal ist die spektakulärste geologische Attraktion Istriens. Die Bucht entstand, als die istrische Küste während der letzten Eiszeit sank, sodass das Meer das Draga-Tal flutete. Der tiefgrüne Kanal wird zum Angeln, zur Austern- und Muschelzucht und für Touristenausflüge genutzt.
>
> Zum Kanal gelangt man bei einem Ausflug von Rovinj, Pula oder Poreč aus. Autofahrer folgen hinter dem Dorf Sveti Lovreč den Schildern zum Limski-Kanal. Auf dem Kanal werden einstündige Bootsfahrten mit kleinen Ausflugsbooten für 80 Kn pro Person (verhandelbar) angeboten, die im Juli und August regelmäßig, im Juni und September sporadisch stattfinden.

Konoba Bruna ISTRISCH €€

(☎098 95 67 836; Monsena 7a; Hauptgerichte 50–130 Kn; ⊙Mai–Sept. Di–So 17–23 Uhr) Die familiengeführte, nur im Sommer geöffnete Taverne liegt 4 km außerhalb der Stadt (am besten mit dem Taxi zu erreichen) und serviert saisonale Gerichte mit eigenem Gemüse, Fisch und Fleisch, darunter *peka*-Gerichte, die unter einem glockenförmigen Metalldeckel gegart werden. Die Tische verteilen sich um einen Olivenhain.

Ausgehen & Nachtleben

Mediterraneo COCKTAILBAR

(www.facebook.com/mediterraneo.rovinj; Sv Križa 24; ⊙April–Sept. 9–2 Uhr; ☑) Die wunderbare kleine Bar, die sich an die Klippen der Altstadt schmiegt, wirkt wie ein Geheimnis. Natürlich ist sie keins mehr – Rovinjs Schickeria sitzt auf den pastellfarbenen Hockern direkt am Meer und hält Hof. Sehr entspanntes Adria-Ambiente mit freundlichem Personal und guten Cocktails.

Batel CAFÉ

(☎052-813 360; Zdenac 22; ⏲7–1 Uhr; 📶) Die Einheimischen sitzen morgens vor dieser Café-Bar in der Altstadt, um ihren Koffeinbedarf zu decken. Und später kommen sie dann wieder ins Batel, um im gemütlichen, dezent beleuchteten Innenraum in einer der Sitzecken etwas zu trinken.

Circolo Aperitiv Bar BAR

(www.facebook.com/aperitivbarcircolo; Trg Campitelli 1; ⏲April–Sept. 8–14 & 17–2 Uhr, Okt.–März Mo–Sa 8–15 & 18–1 Uhr; 📶) Die wildeste Bar der Stadt mit Livemusik befindet sich in einem einzigartigen prächtigen Gebäude mit einem hübschen Garten davor. Im Sommer gibt's jeden Tag einen DJ, eine Band, ein Quiz oder einen Comedian, und ganzjährig kann man sich sicher sein, dass es am Freitagabend ein Livekonzert gibt.

Valentino COCKTAILBAR

(☎052-830 683; www.valentino-rovinj.com; Sv Križa 28; ⏲Mai–Sept. 18–24 Uhr) In dieser eleganten Bar sind erstklassige Cocktails und Champagner die angemessenen Getränke. Wer will, kann auf Kissen direkt auf den Felsen sitzen und den fantastischen Blick genießen.

Havana COCKTAILBAR

(☎091 58 83 470; www.facebook.com/havanarovinj; Aldo Negri bb; ⏲Juni–Sept. 9–2 Uhr) Die Cocktails auf Rumbasis, die kubanischen Zigarren, die Strohschirme und die hohen, schattenspendenden Pinien sorgen dafür, dass diese Open-Air-Bar sehr beliebt ist.

Limbo BAR

(Casale 22b; ⏲Mai–Sept. Mo–Sa 11–24 Uhr, So ab 16 Uhr) Gemütliche Café-Bar, in der man bei Kerzenlicht an kleinen Tischen und auf Kissen sitzt, die auf der Treppe zur Altstadt hinauf ausgelegt sind. Es gibt leckere Snacks und guten Prosecco.

Monte Carlo COCKTAILBAR

(Sv Križa 21; ⏲Mai–Sept. 10–1 Uhr) Die unauffällige Bar befindet sich direkt am Wasser und bietet einen einzigartigen Ausblick auf das Meer und die Insel Sveta Katarina gegenüber.

Shoppen

Diva MODE & ACCESSOIES

(Sv Križa 39; ⏲April–Sept. 11–24 Uhr) In der hübschen kleinen Damenmodeboutique gibt's Mode kroatischer und internationaler Designer, darunter interessante Haushaltstextilien und Tücher sowie ein kleines Angebot an Schmuck und Taschen.

Sirena SCHMUCK

(Sv Križa 39) Einfach dem Lockruf der Sirenen folgen und in dieser aquamarinblauen, mit Meerjungfrauen dekorierten Grotte landen. Der hier verkaufte moderne Schmuck, darunter Perlenarmbänder und Ketten, wird vor Ort entworfen.

Galerija Brek KUNST

(Fontika 2; ⏲Juni–Sept. 10–24 Uhr) Die Galerija Brek verkauft Fotos von Rovinj und Istrien und eine kleine Auswahl an unterschiedlichen Arbeiten einheimischer Künstler.

Galerija Zdenac KERAMIK

(☎095 547 735; www.facebook.com/brakoviccera mics; Zdenac 13; ⏲Mai–Sept. 10–20 Uhr) In diesem Laden im Erdgeschoss eines prächtigen alten Stadthauses werden schöne Stücke aus Keramik verkauft.

Gemüsemarkt MARKT

(Trg Valdibora; ⏲7–18 Uhr) Es ist zwar immer noch ein Gemüsemarkt, doch zahlreiche Stände dieses überdachten, an den Seiten offenen Marktes verkaufen inzwischen Produkte für kulinarisch gesinnte Besucher, z. B. Olivenöle, Marmeladen und Trüffelprodukte.

Praktische Informationen

Medizinisches Zentrum (☎052-840 702; Istarska bb; ⏲24 Std.)

Touristeninformation (☎052-811 566; www.rovinj-tourism.com; Pina Budicina 12; ⏲Juli–Aug. 8–22 Uhr, Mitte Mai–Juni & Sept. bis 20 Uhr)

An- & Weiterreise

BUS

Der **Busbahnhof** (☎060 333 111; Trg na lokvi 6) befindet sich gleich südöstlich der Altstadt. Busse fahren u. a. nach Pula (37 Kn, 40 Min., stündl.), Poreč (43 Kn, 45 Min., 4-mal tgl.), Rijeka (100 Kn, 2¼ Std., 5-mal tgl.), Zagreb (150 Kn, 4½ Std., 10-mal tgl.) und Varaždin (208 Kn, 7 Std., 2-mal tgl.).

SCHIFF/FÄHRE

Venezia Lines (☎052-422 896; www.venezialines.com; Giordana Paliage bb; Erw./Kind 57/37 €) betreibt von Mai bis September einen Hochgeschwindigkeitskatamaran nach Venedig (3¾ Std.).

Boote zu den Inseln Crveni Otok und Sveta Katarina legen am Delfin-Pier ab.

Poreč

16 700 EW.

Poreč (italienisch: Parenzo) und sein Umland haben sich ganz dem Sommertourismus verschrieben. Die alte römische Stadt bildet den Mittelpunkt eines dichten Netzes von Ferienorten, die sich entlang der Westküste Istriens nach Norden und Süden erstrecken und Urlauber von Juni bis September zu Zehntausenden anlocken.

Aus diesem Grund darf man freilich kein beschauliches Refugium erwarten (sofern man nicht außerhalb der Saison kommt). Dafür aber gibt es eine zum UNESCO-Weltkulturerbe zählende Basilika, ein Potpourri aus gotischen, romanischen und barocken Gebäuden sowie eine gut ausgebaute touristische Infrastruktur. Zudem ist das grüne Hinterland Istriens von hier gut zu erreichen. Die Stadt hat sich in den letzten Jahren zur gut besuchten Partyhochburg gemausert und zieht zahlreiche junge Leute – nicht nur aus Europa – an, die hier vor allem feiern wollen.

Geschichte

Im 2. Jh. v. Chr. eroberten die Römer die Region und legten auf einer 400 m langen und 200 m breiten Halbinsel die Stadt Parentium an. Der Decumanus teilte die Stadt der Länge nach und der Cardo der Breite nach, so entstanden vier rechteckige Viertel. Dieser Straßenplan blieb bis heute erhalten.

Nach dem Zusammenbruch des Weströmischen Reiches fiel Poreč an das Oströmische Reich und gehörte vom 6. bis 8. Jh. zu Byzanz. In dieser Zeit entstand die Euphrasius-Basilika mit ihren prächtigen Fresken. Im Jahr 1267 wurde Poreč venezianisch.

Nach dem Fall Venedigs ging Poreč an die Habsburger über, kurz unterbrochen durch ein französisches Intermezzo; anschließend stand die Stadt von 1918 bis 1943 wieder unter italienischer Herrschaft. Nach der Kapitulation Italiens wurde Poreč von den Deutschen eingenommen und 1944 von den Alliierten bombardiert. Nach dem Zweiten Weltkrieg gehörte Poreč zu Jugoslawien.

Sehenswertes

Die kompakte Altstadt mit unzähligen Geschäften und Restaurants drängt sich auf einer kleinen Halbinsel. Drei von den Venezianern erbaute Türme aus dem 15. Jh. markieren die östliche Stadtmauer: der **Rundturm** (Narodni trg), der gotische **Fünfeckige Turm** (Decumanus) und der **Nordturm**. Noch heute führt die antike römische Straße Decuma-

ABSTECHER

HÖHLEN & CABERNET

Wem es gelingt, sich einen halben Tag vom Strand loszureißen, der sollte sich ein paar Stunden Zeit nehmen, um das Hinterland von Poreč zu erkunden. Die folgenden Höhlen und Weingüter kann man alle gut zu einer Halbtagestour kombinieren.

Baredine-Höhle (Baredine jama-grotta; ☎052-421 333; www.baredine.com; Gedići 55, Nova Vas; Erw./Kind 75/45 Kn; ⏲März 11–14 Uhr, April–Okt. 10–17 Uhr, Nov.–Feb. 11 Uhr oder auf Anfrage) Die Baredine-Höhle mit ihren unterirdischen Kammern voller Stalagmiten und Stalaktiten ist von Poreč aus gut zu erreichen. Besichtigen kann man sie im Rahmen einer 30-minütigen Führung, die auf gut beleuchteten Wegen 60 m in die Tiefe führt. Vor Ort gibt's auch ein Zentrum fürs Höhlenklettern (www.speleolit.com) und als zusätzliche Attraktion ein Traktorenmuseum.

Cossetto (☎052-455 204; www.cossetto.net; Roškići 10, Kaštelir) Die Rot- und Weißweine dieses Weinguts 12 km nordöstlich von Poreč gehören zu den besten Istriens. Der Malvasier ist von besonders hoher Qualität, außerdem wird hier Chardonnay und Cabernet Sauvignon produziert. Die Termine von Weinverkostungen erfragt man am besten telefonisch.

Geržinić (☎052-446 285; www.gerzinic.com; Ohnići 9) Das preisgekrönte Weingut im Weiler Ohnići, 14 km nordöstlich von Poreč, gehört seit einem Jahrhundert derselben Familie. Auf einer Fläche von 10 ha werden verschiedene Weinsorten angebaut, darunter Chardonnay, Teran, Syrah, einen besonders guten Malvasier, gelben Muskat und Cabernet Sauvignon, aber auch *Rakija* (Obstbrand) und ein Olivenöl, das in die Top 100 der Welt eingestuft wird. Ein toller Ort für eine Verkostung, die man aber möglichst vorher vereinbart.

Poreč

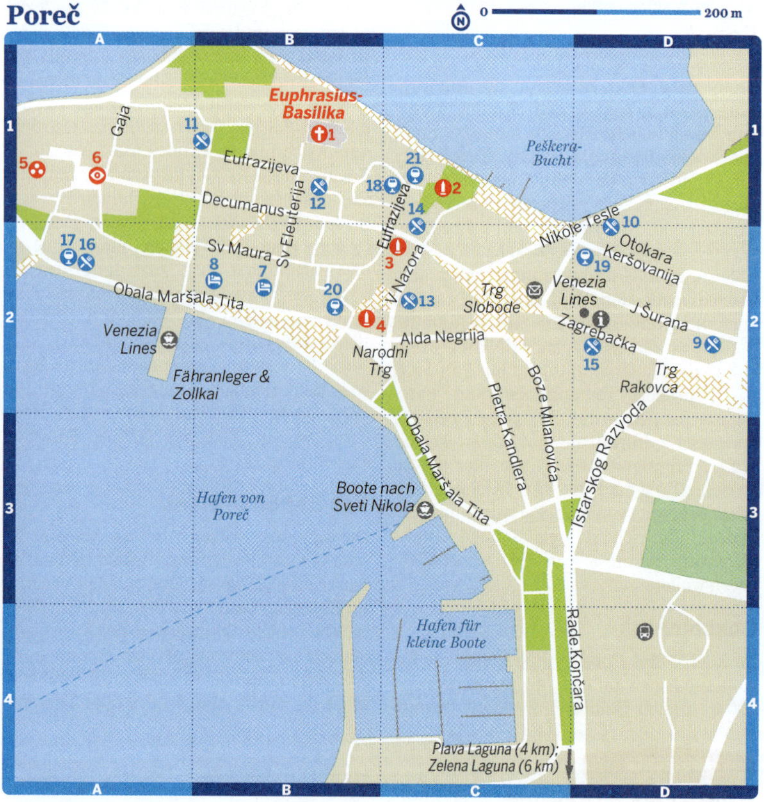

Poreč

Highlights
1 Euphrasius-Basilika B1

Sehenswertes
2 Nordturm C1
3 Fünfeckiger Turm C2
4 Rundturm B2
5 Neptuntempel A1
6 Trg Marafor A1

Schlafen
7 Hotel Mauro B2
8 Valamar Riviera B2

Essen
9 Artha Bistro D2
10 Burgerija D2
11 Gourmet B1
12 Konoba Aba B1
13 Konoba Ćakula C2
14 Konoba Ulixes C2
15 Nono D2
Restoran Peterokutna Kula .... (siehe 3)
16 Sv. Nikola A2

Ausgehen & Nachtleben
17 Epoca A2
18 Fuego Wine & Bites C1
19 Le Mat Corner D2
20 Saint & Sinner B2
Torre Rotonda .... (siehe 4)
21 Vinoteka Bacchus C1

nus mit ihren polierten Steinen als Hauptstraße mitten über die Halbinsel.

★ **Euphrasius-Basilika** BASILIKA
(Eufrazijeva 22; Erw./Kind 40/20 Kn; ⏲Nov.–März Mo–Fr 9–16, Sa bis 14 Uhr, April–Juni, Sept. & Okt. Mo–Sa bis 18 Uhr, Juli & Aug. bis 21 Uhr) Die bedeutendste Sehenswürdigkeit der Stadt ist die Euphrasius-Basilika aus dem 6. Jh., eine UNESCO-Welterbestätte und eines der schönsten vollständig erhaltenen Beispiele

byzantinischer Kunst in ganz Europa. Der Komplex wurde an der Stelle eines Oratoriums aus dem 4. Jh. errichtet und umfasst eine Kirche, ein Atrium und ein Baptisterium. Sein Highlight sind die glitzernden **Mosaiken** aus dem 6. Jh. in der Apsis der Kirche. Vom **Glockenturm**, zu dem man durch das achteckige **Baptisterium** gelangt, überblickt man die Altstadt aus nächster Nähe.

Bei der Betrachtung der Mosaiken fällt auf, dass Jesus und den Aposteln in der obersten Reihe zwölf weibliche Heilige im Bogen gegenüberstehen, wobei das Lamm Gottes den Scheitelpunkt bildet. Im Zentrum der Hauptgruppe im Gewölbe der Apsis steht die Madonna mit dem Jesuskind, flankiert von Engeln, Heiligen und Bischof Euphrasius (links, mit einem Modell der Kirche in der Hand), der die Basilika in Auftrag gab. Der Altar unter den Mosaiken wird hinten von wunderschönen geometrischen Mustern gerahmt. Bemerkenswert sind auch die Kapitelle der Säulen, die die romanischen Bögen des Kirchenschiffs stützen: Jedes Paar ist unterschiedlich mit Steinmetzarbeiten von Vögeln, Blumen und Früchten gestaltet.

Nicht verpassen sollte man den angrenzenden **Bischofspalast**, in dem eine Ausstellung antike Skulpturen, religiöse Gemälde und Mosaiken des 4. Jhs. aus dem ursprünglichen Oratorium zeigt.

Trg Marafor PLATZ

Auf dem Trg Marafor befand sich in römischer Zeit das Forum, auf dem öffentliche Versammlungen stattfanden. An der nördlichen Häuserreihe des Platzes ist noch das antike Straßenpflaster erhalten geblieben.

Neptuntempel RUINE

(Romanicka bb) GRATIS Dieser großartige römische Tempel stammt aus dem 1. Jh. n. Chr. und ist dem Meeresgott gewidmet. Von dem Neptuntempel sind nur noch Fragmente erhalten.

Sveti Nikola INSEL

Die Insel Sveti Nikola liegt nur 500 m südlich der Halbinsel. Von Mai bis Oktober verkehren regelmäßig **Passagierboote** (Erw./Kind 25/15 Kn; ⏲ Mai–Okt. alle 30 Min.) zur Insel; sie legen vom Fähranleger an der Maršala Tita ab. Auf der Insel selbst erwarten einen Kies- und Betonstrände, die von felsigen Wellenbrechern geschützt werden, schattige Pinienwälder und großartige Ausblicke auf die Stadt gegenüber.

Aktivitäten & Geführte Touren

Fast alle möglichen Aktivitäten werden entweder an der Playa Laguna oder an der Zelena Laguna südlich vom Stadtzentrum angeboten, darunter Tennis, Basketball, Volleyball, Windsurfen, Rudern, Bungee-Jumping, Paintball, Golf, Wasserski, Gleitschirmfliegen, Bootsverleih, Gokartfahren und Kanufahren. Einzelheiten stehen in der jährlich veröffentlichten Broschüre, in der alle Freizeitaktivitäten aufgelistet sind; man bekommt sie in der Touristeninformation (S. 158).

Fiore Tours OUTDOOR-AKTIVITÄTEN

(☎052-431 397; www.fiore.hr; Mate Vlašića 6) Fiore Tours bietet verschiedene mehrtägige oder selbst geführte Wander-, Fahrrad-, Kajak- und kombinierte Touren durch Istrien (inklusive Unterkunft) sowie thematische Tagestrips (aktiv, Kultur, Kunst, kulinarisch) an.

Diving Center Poreč TAUCHEN

(☎052-433 606; www.divingcenter-porec.com; Brulo 4) Dieser Anbieter organisiert Tauchgänge vom Boot aus (ab 195 Kn, Höhlen und Wracktauchen kosten mehr) und Schnellboottouren zu Schnorchelspots (140 Kn inkl. Ausrüstung). Er verleiht auch Tauchausrüstung (Komplettset 220 Kn).

Feste & Events

Konzerte in der Euphrasius-Basilika MUSIK

(www.poup.hr; 50 Kn; ⏲ Juli & Aug.) Die von der Universität Poreč veranstalteten Klassikkonzerte finden mehrmals im Sommer in der Euphrasius-Basilika statt.

Poreč Open Air Festival DARSTELLENDE KUSNT

(www.porecopenair.com; ⏲ Juli–Mitte Sept.) Auf mehreren Open-Air-Bühnen in der Stadt und auf der Insel Sveti Nikola werden Konzerte, Theateraufführungen und Filmvorführungen geboten.

Jazz in Lap MUSIK

(www.poup.hr; ⏲ Mitte Juli–Ende Aug.) Diese kostenlosen Jazzkonzerte werden einmal pro Woche im Lapidarium des regionalen Museums veranstaltet.

Poreč Annale KULTUR

(⏲ Aug.–Mitte Sept.) Im Istrischen Parlament findet eine der ältesten Ausstellungen zeitgenössischer kroatischer Kunst statt, die stets einem bestimmten Thema gewidmet ist.

Schlafen

Die Auswahl an Unterkünften in Poreč ist groß, sie sind aber oft im Voraus ausgebucht. Wer im Juli oder August kommt, sollte unbedingt reservieren. Mit Ausnahme einiger Hotels in der Altstadt liegen die meisten Quartiere – Campingplätze, Hotels, Apartment- und Ferienanlagen – an der Küste nördlich und südlich von Poreč. Bei einem Aufenthalt von weniger als drei Nächten berechnen einige Hotels einen Aufschlag von 20 %.

Polidor CAMPING €
(052-219 495; www.campingpolidor.com; Bijela uvala 12, Funtana; Pers./Stellplatz/Hütte ab 9/20/45 €; P) Für kroatische Verhältnisse ist das Polidor winzig, dennoch bringt es auf wenig Platz eine Menge unter. Das Sanitärgebäude hat Fußbodenheizung und eine Rutsche, auf der Kinder in die untere Etage sausen können. Es gibt sogar ein eigenes Badezimmer für Kinder und eine Haustierdusche. An der Poolbar kann man im Wasser sitzen und Cocktails bestellen. Der Campingplatz liegt 5 km südlich vom Stadtzentrum.

Camping Zelena Laguna CAMPING €
(052-410 700; www.lagunaporec.com; Zelena Laguna; Erw./Stellplatz ab 8/14 €; Mitte April–Sept.; @) Auf diesem riesigen Zeltplatz, 5 km von der Altstadt entfernt, können bis zu 2700 Besucher übernachten, dennoch muss man zu Spitzenzeiten im Voraus buchen. Er bietet einen Pool mit Wasserrutsche, mehrere Strände, darunter einen FKK-Strand, und andere Aktivitäten.

Valamar Riviera HOTEL €€€
(052-465 000; www.valamar.com; Obala Maršala Tita 15; EZ/DZ ab 135/186 €; April–Okt.; P) Direkt am Hafen bietet dieses recht schicke Vier-Sterne-Hotel freundlichen Service und einige Zimmer mit Meerblick vom Balkon. Auch ein Restaurant mit einer Bar und zahlreiche weitere Einrichtungen sind vorhanden. Das Hotel hat einen Privatstrand auf der Insel Sveti Nikola und bringt seine Gäste alle 30 Minuten mit einem kostenlosen Boot dorthin.

Hotel Mauro BOUTIQUEHOTEL €€€
(052-219 500; www.hotelmauro.com; Obala Maršala Tita 15; EZ/DZ ab 159/259 €; P)

HÜLLENLOSES BADEN IN ISTRIEN

Das Nacktbaden hat in Kroatien eine lange und ehrwürdige Tradition, die um die Wende vom 19. zum 20. Jh. auf der Insel Rab begann. Schnell kam es auch in Österreich, das von der wachsenden FKK-Bewegung in Deutschland beeinflusst war, in Mode. Später öffnete der Österreicher Richard Ehrmann das erste Nudistencamp am Paradiesstrand in Lopar (auf Rab), doch die echten Pioniere des FKK-Badens an der Adria waren Edward VIII. und Wallis Simpson, die 1936 an der Küste von Rab nackt badeten und es damit populär machten.

An der Küste von Istrien befinden sich heute viele der größten und am besten ausgestatteten FKK-Ferienanlagen und FKK-Campingplätze Kroatiens.

Valalta Naturist Camp (052-804 800; www.valalta.hr; Cesta za Valaltu, Lim 7; Pers./Stellplatz/Hütte ab 95/258/372 Kn;) Ein großer, freundlicher und gut ausgestatteter FKK-Campingplatz am Lim-Kanal nördlich von Rovinj.

Naturist Camping Ulika (052-410 102; www.lagunaporec.com; Červar bb; Pers./Stellplatz ab 59/129 Kn; Mitte-April–Sept.;) Der riesige FKK-Komplex 5 km nördlich von Poreč nimmt eine komplette kleine Halbinsel ein und verfügt über 559 Stellplätze, Strände, Bars, Restaurants und sogar einen Supermarkt. Es werden auch Wohnwagen und Wohnmobile vermietet.

Naturist Resort Solaris (052-404 000; www.valamar.hr; Solaris 1, Tar; EZ/DZ ab 86/93 €; Mai–Sept.;) FKK-Anhänger, die lieber in einem Apartment wohnen möchten, sind in dieser 49 ha großen Anlage richtig, wenngleich die Häuser etwas verwohnt wirken. Das Resort befindet sich auf der Halbinsel Lanterna, 12 km nördlich von Poreč, und bietet auch Stellplätze.

CampingIN Kanegra FKK (052-709 000; www.istracamping.com; Kanegra 2; Pers./Stellplatz ab 50/33/109 Kn; Mai–Mitte Sept.;) Auf diesem FKK-Campingplatz, der an einem Kieselstrand 8 km nordöstlich von Umag in der Nähe der slowenischen Grenze liegt, gibt's 193 Stellplätze.

Eine elegante Aura umweht dieses Hotel aus der österreichischen Ära, das mit seiner zentralen Lage, geschmackvollen Zimmern, tollen Marmorbädern und Balkons mit Blick auf die Adria aufwartet. Es hat ein Restaurant und eine Lobbybar und bietet einen kostenlosen Shuttle zum Hotelstrand und zu den Pools, die 2 km entfernt sind.

Essen

Artha Bistro VEGETARISCH €
(☎052-435 495; Jože Šurana 10; Hauptgerichte 40–80 Kn; ⏱Mai–Okt. Mi–Sa 11–15 & 18–22, So 10–15 Uhr; 🌱) Vegetarier, Veganer und aufgeschlossene Fleischesser haben in diesem fleischfreien Restaurant in einer Nebenstraße in der Nähe des Hauptplatzes die Qual der Wahl. Man sollte etwas Istrisches wählen, etwa die klassische Pasta mit Trüffeln, oder sich ein leckeres Tofu-, Tempeh- oder Seitan-Gericht schmecken lassen. Mittags gibt's auch preiswerte, sättigende Sandwiches (ab 22 Kn).

Burgerija BURGER €
(☎095 51 49 703; www.facebook.com/burgerija; Nikole Tesle 8; Hauptgerichte 16–59 Kn; ⏱12–23 Uhr; 📶) Laute Rockmusik erfüllt das kleine Lokal, in dem Dutzende verschiedene Burger mit Fleisch und eine vegetarische Variante serviert werden. Dazu gibt's regionale Craft-Biere. Man kann zwischen 50 g, 130 g und beträchtlichen 160 g Fleisch wählen.

Nono PIZZA €
(☎052-453 088; Zagrebačka 4; Pizzas 35–70 Kn; ⏱12–23 Uhr; 📶) Achtung: Die Pizzas haben hier Übergröße, eine reicht locker für zwei Personen, besonders wenn man einen Salat dazu bestellt. Manche der Kreationen sind mit geriebenen Trüffeln garniert, doch üppig sind alle Pizzas. Außerdem gibt es Pasta und ein paar Grillgerichte. Die Atmosphäre im Nono ist leger, freundlich und äußerst istrisch.

★ Konoba Daniela ISTRISCH €€
(☎052-460 519; www.konobadaniela.com; Veleniki 15a; Hauptgerichte 65–150 Kn; ⏱12–24 Uhr) Die rustikale, familiengeführte Taverne im kleinen Dorf Veleniki, 5 km östlich von Poreč, ist für ihr Tartar, die riesigen Beefsteaks, die mit Pilzen gefüllten Ravioli und die saisonalen istrischen Hauptgerichte bekannt. Zum Abschluss empfehlen sich Zimtklöße mit Marmelade. Das Konoba Daniela vermietet außerdem zwei Zimmer (ab 480 Kn).

AUF ZWEI RÄDERN DURCH DREI LÄNDER

Der beliebte **Parenzana-Fahrradweg** (☎052-351 603; www.parenzana.net) verläuft entlang einer stillgelegten Schmalspurbahn, die von 1902 bis 1935 Triest und Poreč verband. Heute durchquert die Fahrradstrecke drei Länder – Italien, Slowenien und Kroatien (der kroatische Abschnitt ist 78 km lang) – und ist mittlerweile vor allem im Frühling und Herbst eine ziemlich beliebte Art, die Highlights Istriens zu erleben.

Konoba Aba MEDITERRAN €€
(Matka Vlačića 2; Hauptgerichte 75–185 Kn; ⏱Mai–Okt. 12–24 Uhr) Die besten Meeresfrüchte-Gerichte in Poreč bekommt man in dieser kleinen Gaststätte, die sich in einer schmalen Gasse befindet. Außer den Meeresfrüchten aus der Region zählen auch Risottos und Trüffelgerichte zu seinen Spezialitäten. Das Essen ist lecker und das Personal höflich. Allerdings fallen die Portionen mancher Hauptgerichte eher mickrig aus.

Konoba Ćakula ISTRISCH €€
(☎052-427 701; www.konobacakula.com; Vladimira Nazora 7; Hauptgerichte 65–180 Kn; ⏱10–23 Uhr; 👪) In dieser Taverne gibt's interessante kalte Vorspeisen und deftige Hauptgerichte. Man könnte eine Fischplatte für Zwei probieren, auf der nur fangfrische Zutaten landen. Auch eine tolle Location für Tapas und ein Glas Wein.

Gourmet ITALIENISCH €€
(☎098 255164; Eufrazijeva 26; Hauptgerichte 63–160 Kn; ⏱11–1 Uhr) Italienisches Soulfood in allen Varianten und Formen – Penne, Tagliatelle, Fusilli, Gnocchi etc. Außerdem gibt es Steinofenpizzas, Fleisch- und Meeresfrüchtegerichte. An Sommerabenden kann man draußen auf der Piazza in herrlicher Atmosphäre speisen.

Konoba Ulixes MEDITERRAN €€
(☎052-451 132; Decumanus 2; Hauptgerichte 85–165 Kn; ⏱Juni–Sept. 12–16 & 18–24 Uhr) Gleich abseits der Hauptstraße werden in dieser hübschen Taverne in gemütlichem Ambiente tolle Fischgerichte und Schalentiere serviert. Das Essen ist normalerweise sehr gut, doch manche Gäste klagten über den langsamen Service. Die gute Auswahl an istrischen Weinen sollte einen davon jedoch schnell ablenken.

Sv. Nikola MEDITERRAN €€€
(☎052-423 018; www.svnikola.com; Obala Maršala Tita 23; Hauptgerichte 77–179 Kn; ⌚11–1 Uhr;) Das Restaurant hl. Nikolaus mit Blick auf die gleichnamige Insel ist zwar das eleganteste Restaurant am Ufer, doch es ist nicht im geringsten versnobt – die Bedienung ist charmant und es gibt sogar eine Kinderkarte. Sehr beliebt sind die hausgemachten Tagliatelle mit Wildspargel und Trüffeln, außerdem gibt es Steaks, Ente und verschiedene Meeresfrüchtespezialitäten.

Restoran Peterokutna Kula ISTRISCH €€€
(☎098 97 79 222; www.kula-porec.com.hr; Decumanus 1; Hauptgerichte 80–220 Kn; ⌚12–24 Uhr) Der mittelalterliche Fünfeckige Turm beherbergt ein gehobenes Restaurant mit zwei Terrassen in vorne offenen steinernen Gewölben und einer Dachterrasse mit fantastischer Aussicht. Es serviert die gesamte Palette an Pasta, Fisch- und Fleischgerichten in denkwürdigem Ambiente.

Ausgehen & Nachtleben

Le Mat Corner BAR
(☎095 87 82 366; www.facebook.com/TheCornerCaffe; Otokara Keršovanija 2; ⌚7–2 Uhr) Die hippste Bar der Stadt ist schummrig beleuchtet und mit ungewöhnlicher Kunst, zusammengewürfelten Stühlen, kleinen runden Tischen und glockenförmigen Metalllampen eingerichtet. Es gibt ein Mezzanin und einen Kühlschrank voller Craft-Bier, und aus den Boxen erklingt P. J. Harvey. Der leicht mürrische Service trägt zum alternativen Flair irgendwie sogar noch bei.

Fuego Wine & Bites WEINBAR
(Eufrazijeva 7; ⌚10–1 Uhr) Einfach einen Tisch in der Gasse suchen und sich dem Charme der Umgebung, des Weins und der Kellner dieser Bar hingeben! Hier gibt's auch Snacks wie Sandwiches, Bruschetta und Wurst- und Käseplatten mit Trüffeln.

Vinoteka Bacchus WEINBAR
(☎052-433 539; Eufrazijeva 10; ⌚10–1 Uhr;) Der hübsche kleine Weinladen hat ein paar Tische in einer stimmungsvollen Gasse und serviert lokale Weine, darunter Malvasier und *refošk*, bekömmliche Getränke wie *biska* (Mistelschnaps) und Antipasti.

Torre Rotonda BAR
(☎098 255 731; www.torrerotonda.com; Narodni trg 3a; ⌚10–1 Uhr;) Im Winter gibt es keinen stimmungsvolleren Ort für ein Glas Wein als diese gemütliche, von Kerzen erhellte Bar in einem mittelalterlichen Turm. Im Sommer führt eine steile Treppe aufs Dach, von wo man einen tollen Blick auf das turbulente Leben und Treiben ringsum hat.

Byblos CLUB
(☎091 29 25 678; www.byblos.hr; Zelena Laguna 1; ⌚bei Events Mai–Aug. 23–6 Uhr) In diesem riesigen Open-Air-Club 3 km südlich der Stadt legen an den Sommerwochenenden bekannte Gast-DJs Electro-House auf. An Abenden, an denen richtig was los ist, kostet der Eintritt bis zu 25 €.

Saint & Sinner BAR, CLUB
(☎099 22 11 811; www.saint-sinner.net; Obala Maršala Tita 12; ⌚20–4 Uhr) Schwarz-weißer Kunststoff zieht sich wie ein Leitmotiv durch die Bar am Strand, wo die Jungen und Schönen tagsüber an koffeinhaltigen Getränken und später bis in die Nacht an alkoholischen Drinks nippen. Der Name verrät es: Das Ambiente ist ein wenig schäbig und anrüchig. Weitere Bars von Saint & Sinner befinden sich im Hotel Delfin in Zelena Laguna sowie in Umag und Rovinj.

Epoca BAR
(☎098 367 942; www.epoca.hr; Obala Maršala Tita 24; ⌚20–2 Uhr;) Die Epoca ist eine entspannte Café-Bar am Meer, in der man den Sonnenuntergang bewundern und einen schnellen Espresso oder abends gemütlich einen Cocktail trinken kann.

Praktische Informationen

Im Stadtzentrum gibt's kostenloses WLAN.

Hauptpost (Trg Slobode 14; ⌚Juni–Sept. Mo–Sa 8–21 Uhr, Okt.–Mai Mo–Fr 8.30–17.30 Uhr)

Medizinisches Zentrum Poreč (☎052-451 611; Maura Gioseffija 2)

Touristeninformation (☎052-451 293; www.myporec.com; Zagrebačka 9; ⌚Juni–Sept. Mo–Sa 8–21 Uhr, Okt.–Mai Mo–Sa bis 18 Uhr)

An- & Weiterreise

BUS

Der **Busbahnhof** (☎060 333 111; Karla Huguesa 2) liegt gleich außerhalb der Altstadt und hat eine Gepäckaufbewahrung. Zwischen Poreč und Rovinj fahren die Busse am Limski-Kanal (S. 151) entlang. Wer ihn gut sehen will, sollte auf der Fahrt nach Süden auf der rechten Seite sitzen und auf der Fahrt Richtung Norden auf der linken Seite.

Busse verkehren u. a. nach Pula (60 Kn, 1½ Std., mindestens 5-mal tgl.), Rovinj (43 Kn,

ABSTECHER

MEERESFRÜCHTE IN NOVIGRAD SCHLEMMEN

Die kleine Küstenstadt Novigrad liegt auf halbem Weg zwischen Poreč und Umag und hat neben einem geschäftigen kleinen Fischereihafen und einer Marina auch einige großartige Meeresfrüchterestaurants zu bieten.

Marina (052-726 691; Sv Antona 38, Novigrad; Menü ab 350 Kn; Mi–Mo 12–15 & 19–23 Uhr) Das innovative Restaurant liegt nicht nur an einer Marina, es untersteht auch einer Marina (nämlich der fantastischen Köchin Marina Gaši). Aus der Küche kommen Meeresfrüchtegerichte, die gleichzeitig verspielt und anspruchsvoll sind. Die Portionen sind so bemessen, dass man auch das Acht-Gänge-Menü bewältigen kann, ohne den Gürtel lockern zu müssen. Die Weinkarte ist ebenfalls hervorragend.

Damir & Ornella (052-758 134; www.damir-ornella.com; Zidine 5, Novigrad; Menü 500–650 Kn; Di–So 12.30–15.30 & 18.30–23.30 Uhr) Die Taverne mit 28 Sitzplätzen, die sich in einer unscheinbaren Gasse in der Nähe des Hafens befindet, ist für ihre superfrischen rohen Fischspezialitäten berühmt. Besonders lecker sind die Sashimi im mediterranen Stil.

45 Min., mindestens 4-mal tgl.), Rijeka (100 Kn, 1½ Std., mindestens 4-mal tgl.), Zagreb (160 Kn, 4 Std., mindestens 6-mal tgl.) und Osijek (300 Kn, 8¼ Std., 2-mal tgl.).

SCHIFF/FÄHRE

Von Mai bis September düst an den meisten Tagen ein Hochgeschwindigkeitskatamaran von **Venezia Lines** (052-422 896; www.venezialines.com; Zagrebačka 7; Erw./Kind ab 57/37 €; Mai–Sept. 8–20 Uhr, Okt.–April Mo–Fr bis 15 Uhr) nach Venedig (2¾ Std.); Abfahrt ist am **Fähranleger & Zollkai** (Obala Maršala Tita 5).

Unterwegs vor Ort

Fahrräder werden für etwa 100 Kn pro Tag verliehen. Von April bis Oktober tuckert ein Touristenzug die Küstenpromenade auf und ab und fährt zu den Resorts in der Umgebung; die Fahrt kostet zwischen 15 und 25 Kn.

Umag

13 500 EW.

Umag (italienisch: Umago) liegt nah an der slowenischen Grenze und hat eine kompakte Altstadt, die in die Adria hineinragt und von den Überresten der Stadtmauern aus dem 13. bis 18. Jh. umringt ist. Es ist nicht so malerisch wie Rovinj und hat keine so bedeutenden historischen Sehenswürdigkeiten wie Pula oder Poreč, doch dafür spielt sich hier das Leben gemächlicher ab und in den felsigen Buchten rings um die Stadt verstecken sich einsame Strände.

Umag wurde schon zu Zeiten der Römer gegründet, danach folgte es dem Strom der istrischen Geschichte: Es ging durch die Hände diverser europäischer Mächte (Byzanz, Venedig, Österreich, Frankreich, Italien) und fand sich 1954 schließlich in denen von Jugoslawien wieder. Vor dem Ersten Weltkrieg waren die meisten Einwohner Italiener, doch heute beträgt ihr Anteil nur noch etwa 18 %.

Sehenswertes

St.-Peregrinus-Kirche KIRCHE

(Crkva sv Peregrina) Am erstaunlich großen Hauptplatz Umags erhebt sich diese Kirche im Barockstil mit einem 33 m hohen, frei stehenden Glockenturm (erbaut 1651). Falls die Tür verschlossen ist, kann man meistens ins gläserne Foyer gehen und von dort die schönen Pastellmalereien und Deckenfresken in der Kirche bewundern.

Stadtmuseum von Umag MUSEUM

(Muzej grada Umaga; 052-720 386; www.mgu-mcu.hr; Trg sv Martina 1; 15 Kn; Juni–Sept. Di–Sa 10–13 & 18–21, So 10–13 Uhr, Okt.–Mai Di, Mi, Sa, So 10–12 Uhr, Do & Fr, 10–12, 17–20 Uhr) Umags kleines, gut geführtes Museum liegt fast an der Spitze der Altstadthalbinsel. Es zeigt archäologische Fundstücke aus der weiteren Umgebung aus der Römerzeit bis ins 17. Jh. Außerdem gibt es Fotografien vom früheren Umago und eine Skulpturensammlung.

Feste & Events

Croatia Open SPORT

(www.croatiaopen.hr; Juli) Das zehntägige ATP-Turnier in Umag ist Teil der ATP World Tour und das wichtigste Männertennisturnier des Landes. Es findet Mitte Juli statt. Unter den bisherigen Gewinnern waren auch Marin Čilić und Carlos Moyá.

ABSEITS DER ÜBLICHEN PFADE

BAŠANIJA

Wer in Umag mit dem Auto unterwegs ist und genug Zeit hat, kann an der Nordwestspitze Istriens einige kleinere, aber lohnenswerte Sehenswürdigkeiten besuchen.

Leuchtturm Savudrija (Savudrijski svjetionik; www.lighthouses-croatia.com; Svjetionicarska 1, Bašanija) Der elegante steinerne Leuchtturm am westlichsten Punkt Kroatiens wurde 1818 erbaut und ist damit der älteste Istriens. Er ist zwar nicht für Besucher geöffnet, im angrenzenden Leuchtturmwärterhaus werden aber mehrere Apartments vermietet (ab 760 Kn).

Degrassi (052-759 250; www.degrassi.hr; Podrumarska 3, Bašanija; Führung 128 Kn; Feb.–Dez. Mo–Sa 9–16 Uhr) Das Weingut Degrassi, 6 km nördlich von Umag, produziert eine breite Palette an Weinen, darunter die regionalen Klassiker Malvasier, Teran und Refosco. Führungen, die die Verkostung von fünf Weinen und einen Snackteller beinhalten, sollte man im Voraus buchen. Die charmante *enoteca* auf dem Grundstück hält auch offene Weine bereit.

Schlafen

CampingIN Park Umag CAMPING €
(052-713 740; www.istracamping.com; Ladin gaj 132a; Pers./Stellplatz ab 53/142 Kn; Mai–Sept.; P @) Der Begriff „riesig“ wird diesem weitläufigen Campingplatz 8 km südlich von Umag nicht annähernd gerecht. Wegen des gigantischen Ausmaßes gibt es viele Sport- und Unterhaltungsangebote, darunter ein Piratenschiff im Pool.

Villa Badi HOTEL €€
(052-756 402; www.badi.hr; Umaška 12, Lovrečica; Zi. ab 738 Kn; P) Das kleine familiengeführte Hotel im Fischerdorf Lovrečica, ca. 6 km südlich von Umag, hat 22 moderne Zimmer, einen beleuchteten Außenpool, einen kleinen Spa-Bereich und ein Frühstücksbüfett. Zum Meer und zum Dorfzentrum sind es jeweils nur 200 m.

Villa La Rossa B&B €€
(052-720 626; Istarska 19, Punta; Zi. ab 63 €; P) Das La Rossa ist eine persönlichere Alternative zu den riesigen Resorthotels, die die Küste säumen. Es hat komfortable Zimmer mit großen Balkons und freundliche Mitarbeiter. Das Frühstücksbüfett, das im Preis enthalten ist, könnte aber ein Upgrade vertragen. Das Hotel hat keine eigene Website, man kann es über Booking.com buchen.

Essen & Ausgehen

Konoba Rustica MEDITERRAN €€
(052-732 053; www.konoba-rustica.com; Sv Marija na Krasu 41; Hauptgerichte 50–195 Kn; Do–Di 12–23 Uhr) Diese viel gepriesene Taverne liegt 5 km außerhalb Umags an der Straße zur slowenischen Grenze und serviert die besten Pizzas mit dünnem Boden, Pastagerichte und trockengereiften Steaks in der Gegend. Der Name verrät es schon: Die Taverne ist rustikal gestaltet und passt gut in die ländliche Umgebung.

Konoba Lorenzo MEDITERRAN €€€
(095 90 74 762; www.konoba-dalorenzo.com; Šetalište Vladimira Gortana 72, Punta; Hauptgerichte 75–175 Kn; 12–23 Uhr) Direkt hinter dem Hafen, 20 Gehminuten von der Altstadt entfernt, bereitet die Küche dieses legeren Restaurants köstliche Gerichte mit weitgehend lokalen Zutaten zu. Das adriatische Fisch-Carpaccio und das Trüffeleis sind ein wahrer Genuss.

Buoni Amici BAR
(095 90 48 583; www.facebook.com/BuoniAmici2016; G Garibaldi 15; 9–2 Uhr;) Die hippe Bar am südlichen Rand der Altstadt liegt direkt am Wasser und hat eine gute Auswahl an Craft-Bieren. Fotos von David Bowie und Lou Reed zieren die Wände und von der Decke hängen verschiedene Blasinstrumente. Auf Livemusik und DJ-Auftritte achten!

Praktische Informationen

Touristeninformation (052-741 363; www.coloursofistria.com; Trgovačka 6; Mai–Sept. 8–20 Uhr, Okt.–April Mo–Fr 8–15, Sa 9–12 Uhr)

An- & Weiterreise

BUS

Der **Busbahnhof** (060 317 060; Joakima Rakovca 11) liegt 800 m östlich der Altstadt. Von hier fahren Busse u. a. nach Pula (90 Kn, 2½ Std., 5-mal tgl.), Rovinj (78 Kn, 1¾ Std., 6-mal tgl.), Poreč (42 Kn, 50 Min., 6-mal tgl.), Rijeka (98 Kn, 2½ Std., 5-mal tgl.) und Zagreb (225 Kn, 5 Std., 7-mal tgl.).

SCHIFF/FÄHRE

Im Juli und August betreibt **Venezia Lines** (052-422 896; www.venezialines.com; Obala Josipa Broza Tita 1; Erw./Kind 67/42 €) wöchentlich einen Hochgeschwindigkeitskatamaran nach Venedig (2½ Std.).

DAS ISTRISCHE HINTERLAND

Auf dem Weg von der istrischen Küste ins Landesinnere nimmt die Zahl der Urlauber und Hotelkomplexe beständig ab. Dies macht Platz für eine unberührte Landschaft mit mittelalterlichen, über die Hügel verstreuten Städtchen, Pinienwäldern, fruchtbaren Tälern und Weinbergen. Hier geht es wesentlich geruhsamer zu. Nicht die Bedürfnisse der Urlauber bestimmen den Tagesablauf, sondern die Traubenlese, die Trüffelsuche, das Stechen des wilden Spargels und die Bewirtschaftung der Olivenhaine. Bauernhäuser öffnen ihre Türen Urlaubern, die auf der Suche nach einem authentischen Ferienerlebnis sind, abgeschiedene Tavernen servieren rustikale Speisen, und Winzer bieten in ihren Weinkellern Verkostungen an. Bergdörfer, die bereits dem Verfall geweiht schienen, locken nicht nur Scharen von Künstlern und Kunsthandwerkern an, sondern sind auch Ziel vieler gut betuchter Reisender. Diese Region wird zwar oft und zu Recht mit der hügeligen Toskana verglichen (der italienische Einfluss ist tatsächlich nicht zu verleugnen), doch ist sie eine vollkommen eigene, ganz andere Welt.

Momjan

283 EW.

Die oft übersehene Stadt Momjan (italienisch: Momiano) im Nordwesten Istriens liegt gleich südlich der slowenischen Grenze auf einem Hügel und bietet einen großartigen Blick auf das Landesinnere Istriens und aufs Meer. Von gewissem historischen Interesse sind die Kirche aus dem 15. Jh. und eine Burgruine aus dem 13. Jh. auf einem Hügel, davon abgesehen lohnt ein kurzer Besuch, um etwas zu essen, Wein zu verkosten und eine Weile ziellos umherzuschlendern.

Sehenswertes

Kozlović WEINGUT
(☎052-779 177; www.kozlovic.hr; Vale 78; ⏲April–Okt. Mi–Sa 10–19 Uhr, Nov.–März bis 16 Uhr) Mit seiner Lage in einem grünen Tal an einem rauschenden Fluss und mit der markanten Architektur des Weinverkostungsraums ist dies eines der beeindruckendsten istrischen Weingüter, das für Besucher geöffnet ist. Es bietet verschiedene „Wein-Erlebnisse“ an, darunter Verkostungen und Führungen durchs Weingut (Preis auf Anfrage), man kann aber auch einfach vorbeikommen und eine Flasche des charakteristischen Muskat, Malvasier, Sauvignon Blanc oder Teran kaufen.

Schlafen

★ **B&B Tinka** B&B €€
(☎098 17 58 279; www.bb-tinka.com; Dolinja Vas 23; EZ/DZ 55/90 €; P❄📶) Drei tadellose, einfallsreich dekorierte Zimmer, die thematisch einer lokalen Rebsorte zugeordnet sind, gibt's in diesem B&B. Die Bäder sind hervorragend. Das unten im Restaurant servierte Frühstück ist ein echtes Festmahl mit hausgemachten und regionalen Lebensmitteln.

Agroturizam San Mauro B&B €€
(☎052-779 033; www.sinkovic.hr; San Mauro 157; EZ/DZ 297/475 Kn; P📶🐾) Dieses Bauernhaus gleich oberhalb von Momjan vermietet acht Zimmer mit Miniküchen, einige davon haben auch eine eigene Terrasse und Meerblick. Zum Frühstück kommen hausgemachte Delikatessen wie Marmeladen, Honig und Säfte auf den Tisch. Das B&B gehört zum Weingut der Familie Senković, das einen Besuch lohnt, um den außergewöhnlichen Muskat zu probieren und auf der Terrasse zu speisen. Das freundliche Trüffelschwein Pepa mag Besucher.

Essen

Konoba Rino ISTRISCH €
(☎052-779 170; Dolinja Vas 23; Hauptgerichte 60–150 Kn; ⏲Mi–Mo 12–22 Uhr; 📶✎) In der rustikalen Taverne mit dicken Holzbalken und steinernen Bögen werden regionale Spezialitäten wie Trüffel-Gnocchi und Pasta mit *boškarin* (Rindfleisch) oder *pulićem* (junger Esel) serviert.

Stari Podrum ISTRISCH €€€
(www.staripodrum.info; Most 52; Hauptgerichte 70–200 Kn; ⏲Do–Di 12–22 Uhr) In diesem gehobenen Restaurant kommt istrische Küche mit einer kreativen Note auf den Tisch. Es liegt fünf Fahrminuten außerhalb Momjans in einem schönen Tal. Die Preise sind überdurchschnittlich hoch, das erklärt die ungewöhnlichen Nobelkarossen auf dem Parkplatz. Wie nicht anders zu erwarten, spielen Trüffeln auf der Karte eine große Rolle, doch mit dem berühmten Lendensteak macht man garantiert nichts falsch.

ABSTECHER

ISTRALANDIA

Wer mit Kindern unterwegs ist, die vom Strand gelangweilt sind, kann **Istralandia** (☎052-866 900; www.istralandia.hr; abseits der A9; Erw./Kind 210/160 Kn; ⏲Juni–Sept. 10–18 Uhr; 👪) besuchen, einen großen Wasserpark 7 km nordöstlich von Novigrad. Neben einem Wellenpool und jeder Menge Wasserrutschen gibt's tagsüber regelmäßig Unterhaltungsangebote. Nach 14 Uhr ist der Eintritt etwas billiger.

An- & Weiterreise

Momjan erreicht man nur mit einem eigenen Fahrzeug, Busse fahren nicht hierher.

Grožnjan

736 EW.

Bis Mitte der 1960er-Jahre war das winzige, 27 km nordöstlich von Poreč gelegene Grožnjan (italienisch: Grisignana) auf dem besten Weg, in Vergessenheit zu geraten. Im Jahr 1102 erstmals erwähnt, war das Bergdorf im 14. Jh. eine strategisch wichtige Festung für die Venezianer. Sie schufen ein Befestigungssystem aus Stadtmauern und -toren und errichteten eine Loggia, eine Kornkammer und mehrere hübsche Kirchen. Nach dem Untergang der venezianischen Republik Ende des 18. Jhs. verlor Grožnjan rasch an Bedeutung und den Großteil seiner Bevölkerung.

1965 entdeckte eine kleine Künstlergruppe rund um den Bildhauer Aleksandar Rukavina den Charme des verfallenen mittelalterlichen Dörfleins. Sie richtete in den verlassenen Häusern Ateliers ein und hauchte Grožnjan neues Leben ein. U.a. wurde Jeunesses Musicales International, ein internationales Ausbildungsprogramm für junge Musiker, auf den Ort aufmerksam, in dem 1969 eine Sommermusikschule ins Leben gerufen wurde. Seitdem finden hier mit regem Zulauf jedes Jahr im Sommer Kurse statt, Lesungen und Konzerte werden in der Burg und auf schattigen Dorfplätzen veranstaltet.

Sehenswertes

Alle Sehenswürdigkeiten der Stadt sind mit Plaketten gekennzeichnet, auf denen englischsprachige Erklärungen stehen. In der Stadt verteilt liegen über 30 Galerien und Ateliers, die meisten sind aber nur im Sommer geöffnet.

Kirche der hl. Vitus, Modestus & Crescentia KIRCHE
(Župna crkva sv Vida, Modesta i Krešencije; Trg Jozip Broza Tita) Der gelbe Sandstein-Glockenturm der großen Pfarrkirche prägt die Kulisse der Stadt. Die Kirche wurde 1310 erstmals erwähnt und von 1748 bis 1770 im Barockstil umgestaltet. Wenn sie geschlossen ist, können Besucher durch die Fenster des Vorraums hineinschauen. Auf einem großen Gemälde über dem Altar sind die drei Märtyrer in einer römischen Arena bei der Begegnung mit ihrem Schöpfer dargestellt.

Galerie Fonticus GALERIE
(Gradska galerija Fonticus; Trg Lođe 3; ⏲Di–So 10–13 & 17–20 Uhr) Die wichtigste Galerie der Stadt befindet sich in einem Haus, das früher als Gericht, Gefängnis und Kornkammer diente, und präsentiert aktuelle Arbeiten vorwiegend kroatischer Künstler. Sie hat zwar keine ständige Sammlung, zeigt aber eine kleine Ausstellung heraldischer Exponate.

Feste & Events

Die örtliche Niederlassung von Jeunesses Musicales (www.hgm.hr) organisiert in den Sommermonaten kostenlose Konzerte, die meistens in der Kirche, auf dem Hauptplatz, in der Loggia oder in der Burg stattfinden. Eine Reservierung ist nicht erforderlich.

Essen & Ausgehen

Konoba Pintur ISTRISCH €
(☎052-776 397; Mate Gorjana 9; Hauptgerichte 35–100 Kn; ⏲10–20 Uhr) Das familienbetriebene Lokal am Hauptplatz bietet Tische im Freien, annehmbares, preiswertes Essen und billiges Bier. Im Obergeschoss vermietet es auch Zimmer.

Bastia ISTRISCH €€
(☎052-776 370; 1 Svibnja 1; Hauptgerichte 65–180 Kn; ⏲Mai–Sept. 8–24 Uhr, Okt.–April Mi–Mo 12–21 Uhr) Das älteste Restaurant der Stadt liegt am üppig grünen Hauptplatz, beim Essen kann man Glück oder Pech haben. Die Einrichtung ist hell und freundlich, die ausführliche Speisekarte sehr trüffellastig.

Cafe Vero BAR
(Trg Cornera 3; ⏲Juni–Aug. 8–2 Uhr, Sept.–Mai bis 24 Uhr; 📶) Die Hauptattraktion dieser Café-

Bar am Ortsende ist der spektakuläre Blick von der Terrasse über das Tal. Es gibt auch Eiscreme.

Praktische Informationen

Touristeninformation (052-776 131; www.tz-groznjan.hr; Umberta Gorjana 3; Di–So 10–13 & 17–20 Uhr)

An- & Weiterreise

Nach Grožnjan fahren keine Busse, Besucher benötigen also ein eigenes Fahrzeug. Wer von Motovun kommt, nimmt nicht den ersten ausgeschilderten Abzweig nach Grožnjan, denn diese Straße ist nicht asphaltiert und so dauert die Fahrt viel länger. Stattdessen fährt man noch etwa einen Kilometer weiter bis zum nächsten Schild, diese Route ist viel besser.

Motovun

484 EW.

Motovun (italienisch: Montona) ist ein faszinierendes, von einer Mauer umringtes Städtchen auf einem 277 m hohen Hügel im Mirnatal. Die Lage ist überraschend schön, und der zeitlose Blick über das grüne Tal, über das die Stadt märchenhaft aufragt, macht einen Großteil des Reizes von Motovun aus. Auch dem feuchten, dunklen Motovuner Wald zu Füßen der Stadt wohnt etwas Mystisches inne, zumal sich hier verborgene Schätze in Form der berühmtesten Trüffeln Istriens befinden.

Es waren die Venezianer, die im 14. Jh. beschlossen, die Stadt zu befestigen, und die sie mit zwei dicken Mauern umgaben. In den malerischen romanischen und gotischen Häusern innerhalb der Mauern befinden sich einige Künstleratcliers und Restaurants sowie Geschäfte für Reisende. An den Hängen unterhalb der Altstadt entstanden in jüngerer Zeit neue Häuser und Läden.

Am bekanntesten ist Motovun für sein beliebtes Filmfestival, das jeden Sommer stattfindet.

Sehenswertes

Motovun: A History in Motion MUSEUM

(Motovun: Povijest u pokretu; Trg Andrea Antico 7; Erw./Kind 25/15 Kn; 9–17 Uhr) Das kleine Museum versteckt sich in einem Hof des Hotels Kaštel und zeigt interessante Ausstellungen über den legendären Giganten des Motovuner Waldes, über das schwere Los der örtlichen Bauern, die gezwungen waren, auf venezianischen Galeonen als Ruderer zu arbeiten, über die Trüffel- und die Ölindustrie sowie über den in Motovun geborenen Mario Andretti, eine Motorsportlegende.

Stadtmauern BEFESTIGUNGSMAUERN

(Gradske zidine; 091 26 81 616; Trg Andrea Antico bb; Erw./Familie 25/40 Kn; Juni–Aug. 9–21 Uhr, April, Mai & Sept. bis 19 Uhr, März, Okt. & Nov. bis 17 Uhr) Motovuns Befestigungsmauern kann man in nur zehn Minuten ablaufen, und ein kostenloser Spaziergang durch die Altstadt wartet mit ebenso schönen Aussichten auf. Doch wer die Stadtmauern besucht, kann einen Blick in einige hübsche versteckte Gärten werfen und die Ausstellung regionaler Landschaftsfotografien im Turm über dem äußeren Tor besichtigen. Die Tickets kauft man in der Touristeninformation.

Kirche des hl. Stephan KIRCHE

(Crkva svetog Stjepana; Trg Andrea Antico bb; Öffnungszeiten variieren) Die große Renaissancekirche, die vom venezianischen Architekten Andrea Palladio entworfen sein soll, ist das Herzstück der Stadt. Der nüchterne Innenraum ist für Kirchen dieser Periode typisch.

Aktivitäten

Paragliding

Tandem Istria GLEITSCHIRMFLIEGEN

(098 92 28 081; www.istraparagliding.com; ab 700 Kn) Bei einem Tandem-Gleitschirmflug (mit einem Ausbilder) vom Gipfel des Motovuner Hügels bieten sich herrliche Ausblicke über Istriens Hügel. Im Voraus buchen!

Montona Tours RADFAHREN

(052-681 970; www.montonatours.com; Kanal 10; Öffnungszeiten variieren) Dieses örtliche Reisebüro verleiht eine ganze Flotte von Fahrrädern und ist perfekt gelegen (glücklicherweise nämlich am Fuß des Hügels) für Tagestouren auf dem Parenzana-Fahrradweg (S. 157), der direkt hier vorbeiführt. Auch Trüffelsuchen, Boote nach Venedig, Unterkünfte und Mietwagen kann man bei Montona Tours buchen.

Feste & Events

Filmfestival Motovun FILM

(www.motovunfilmfestival.com; Juli) Etwa 40 000 Besucher strömen Ende Juli zu diesem fünftägigen Festival, das 1999 erstmals stattfand. Es präsentiert Independent- und Avantgardefilme und bietet Nonstop-Filmvorführungen im Freien und Drinnen sowie Konzerte und Partys.

Schlafen

Motovun Camping CAMPING €
(052-681 557; www.motovun-camping.com; Rižanske skupštine 1a; Stellplatz Zelt/Campervan 123/195 Kn; P) Auf dem kleinen Campingplatz direkt unterhalb der Stadt gibt's einen Schotterbereich für Campervans und eine kleine Grasfläche für Zelte. Schatten ist hier knapp, dafür ist aber ein kleiner Pool vorhanden.

★ **Villa Borgo** B&B €€
(052-681 708; www.villaborgo.com; Borgo 4; EZ/DZ/Apt. ab 485/647/811 Kn; P) Das hinreißende B&B am Rande der Altstadt bietet zehn Zimmer in ganz unterschiedlichen Stilen und Grundrissen – einige teilen sich Gemeinschaftsbäder, andere verfügen über eine Panoramaaussicht oder schauen auf die Straße. Außerdem gibt es noch ein Apartment für vier Personen im Erdgeschoss. Von der hübschen Gemeinschaftsterrasse öffnet sich ein weiter Blick über das Tal – ideal, um bei einer gemeinsamen Flasche Wein den Sonnenuntergang zu bewundern.

Hotel Kaštel HOTEL €€
(052-681 607; www.hotel-kastel-motovun.hr; Trg Andrea Antico 7; Zi. ab 105 €; P) Das einzige echte Hotel der Stadt residiert in einem restaurierten Palast aus dem 17. Jh. und bietet 32 einfach ausgestattete Zimmer sowie ein außergewöhnliches mit einem Himmelbett und den Originalstuckreliefs an Wänden und Decke. Zudem gibt's ein gutes Restaurant, Leihfahrräder (110 Kn pro Tag), ein Spa-Center, einen hübschen Innenpool und eine Sonnenterrasse.

Essen

Pod Napun ISTRISCH €€
(052-681 767; www.antique-motovun.com.hr; Gradizol 33; Hauptgerichte 53–205 Kn; 12–22 Uhr;) Das intime, freundliche Restaurant auf dem Weg zum äußeren Tor ist eine tolle Wahl. Es hat eine Terrasse mit weitem Blick über das Tal und serviert gut zubereitete traditionelle regionale Gerichte. Der Besitzer vermietet in der Stadt Zimmer und Häuser.

★ **Konoba Mondo** ISTRISCH €€€
(052-681 791; www.konoba-mondo.com; Barbacan 1; Hauptgerichte 75–195 Kn; 12–15.30 & 18–22 Uhr;) Direkt vor dem äußeren Stadttor befindet sich diese kleine Taverne mit einer kleinen seitlichen Terrasse. Hier gibt's kreative, elegant präsentierte istrische Hauptgerichte, viele davon mit Trüffeln. Und wer von Trüffeln gar nicht genug bekommen kann, bestellt sie einfach als Topping! Dazu schmecken gut die regionalen Weine.

Shoppen

Miro Tartufi ESSEN & GETRÄNKE
(052-681 724; www.miro-tartufi.com; Kanal 27) Dieses süße kleine Geschäft verkauft mit Trüffeln versetztes Olivenöl, Käse und Wurst. Hauptsächlich kommen Besucher aber ins Miro Tartufi, um eine Trüffelsuche zu arrangieren (3 Std. ca. 65 € pro Person, inkl. Mittagessen). Die Familie vermietet auch vier Apartments im Obergeschoss.

Praktische Informationen

Touristeninformation (052-681 726; www.tz-motovun.hr; Trg Andrea Antico 1; Juni–Aug. 9–21 Uhr, April, Mai & Sept. bis 19 Uhr, März, Okt. & Nov. bis 17 Uhr) Am Hauptplatz.

An- & Weiterreise

Ohne eigenes Auto oder Zweirad ist Motovun nur schwer zu erreichen, denn täglich fährt nur ein Bus nach Poreč (37 Kn, 42 Min.) und einer nach Rovinj (69 Kn, 1¾ Std.).

Unterwegs vor Ort

In der Stadt gibt es drei Parkplätze. Der Erste befindet sich am Fuß des Dorfes, von dort ist es ein steiler, 2 km langer Fußmarsch bis ans Stadttor. Der Zweite liegt 300 m unterhalb der Altstadt. Beide kosten von April bis Oktober 20 Kn pro Tag, Der dritte Parkplatz liegt direkt in der gepflasterten Altstadt und ist ausschließlich Einwohnern und Hotelgästen vorbehalten.

Buzet

1680 EW.

Die Hügel sind hier nicht so hoch wie die Motovuns und die Umgebung ist auch nicht so spektakulär, doch das beschauliche, auf einer Hügelkuppe gelegene Städtchen Buzet (italienisch: *Pinguete*) vermittelt einen Eindruck vom zeitlosen Zauber des alten Istriens. Es wurde 177 v.Chr. von den Römern gegründet, erlebte seine Glanzzeit aber während der Herrschaft der Venezianer, die Stadtmauern, Tore und Kirchen errichteten. Heute ist Buzet vor allem als selbst ernannte „Trüffelstadt" bekannt, schließlich ist es das Tor zur besten Trüffelregion Istriens.

Die ruhige, aber charmante Altstadt besteht aus Steinhäusern in unterschiedlichen Stadien des Verfalls oder der Restaurierung

ABSTECHER

IDYLLISCHES VERWÖHNPROGRAMM

Von Motovun nach Buzet sind es zwar keine 20 km, doch in der Gegend dazwischen bieten sich außergewöhnlich viele Gelegenheiten, sich mal etwas richtig Gutes zu gönnen – köstliches Essen, edlen Wein und den Aufenthalt in einem ehrwürdigen Wellnessresort.

Restaurant Zigante (☎052-664 302; www.zigantetartufi.com; Livade 7; 3- bis 6-Gänge-Menü 435–900 Kn; ⏲12–22 Uhr) Von weit her kommen Feinschmecker in dieses Restaurant, das Istriens führendem Trüffelunternehmen gehört. Es befindet sich ein paar Kilometer unterhalb Motovuns im Dorf Livade. Die Speisekarte bietet anspruchsvolle Fünf-Sterne-Küche, deren Aushängeschild Trüffeln sind, und lockt mit eindrucksvollen, von der Molekularküche inspirierten Speisen. Doch der Hit sind die schlichten hausgemachten Fettucine mit Trüffeln, die am Tisch gerieben werden.

Landgut Ipša (☎052-664 010; www.ipsa-maslinovaulja.hr; Ipši 10; ⏲Juli–Sept. 10–19 Uhr, Okt.–Juni Mo–Sa 11–16 Uhr) Der Olivenölführer Flos Olei ist quasi der Guide Michelin für Olivenöle und nahm das Olivenöl dieses Landguts 2018 in seine Top 20 auf. Die reizvolle, 8 km lange Fahrt hinauf in die Hügel nördlich von Motovun lohnt schon wegen der herrlichen Blicke, ganz zu schweigen von der Möglichkeit, kostenlos Olivenöl zu probieren und direkt beim Produzenten zu kaufen. Man sollte allerdings vorher anrufen.

Konoba Dolina (☎091 89 32 847; www.konobadolina.hr; Gradinje 59/1; Hauptgerichte 50–110 Kn; ⏲Mi–Mo 12–21 Uhr) Die Fahrt zu dem unspektakulären, bei den Einheimischen beliebten Restaurant lohnt wegen der Atmosphäre und der einfachen istrischen Küche mit vielen Trüffelgerichten. Von Motovun fährt man an der Hauptstraße nach rechts Richtung Buzet und biegt dann links nach Gradinje ab, das 2,5 km hinter dem Abzweig auftaucht.

Agroturizam Nežić (☎052-644 285; Zrenj 11; Hauptgerichte ab 50 Kn; ⏲So 12–20 Uhr) In dieser traditionellen steinernen Taverne im Dorf Zrenj, das zwischen Motovun und Buzet in den Bergen liegt, werden sonntags leichte Antipasti-Gerichte, etwa Käse in Olivenöl, istrischer Prosciutto und *fritaja* (Omelett), mit Trüffeln und hausgemachtem Brot als Beilage serviert. Unbedingt vorher reservieren! Übernachten kann man hier ebenfalls.

Agroturizam Tončić (☎052-644 146; www.agroturizam-toncic.com; Čabarnica 42; Hauptgerichte ab 50 Kn; ⏲Fr–So 12.30–23 Uhr; 📶) Die Taverne im Weiler Čabarnica in der Nähe von Zrenj serviert gute Mahlzeiten mit hervorragendem, in einer *peka* (Schmorgefäß mit glockenförmigem Deckel) gekochten Lamm und Kartoffeln. Essen kann man im rustikalen Gastraum oder auf der Terrasse mit Blick auf die Berge. Unbedingt reservieren, denn die Taverne ist sehr beliebt und hat manchmal große Gruppen zu Gast.

Toklarija (☎091 92 66 769; Sovinjsko Polje 11; 6-Gänge-Menü inkl. Wein 400–500 Kn; ⏲Mi–Mo 13–22 Uhr) In dieser schönen, 600 Jahre alten umgebauten Olivenmühle in den Bergen südlich von Buzet tischt der exzentrische Besitzer Nevio Sirotić köstliches hausgemachtes Slow Food auf (eine Mahlzeit kann bis zu vier Stunden dauern!). Obst und Gemüse kommen durchweg aus dem Garten der Familie, und sogar das Brot und die Pasta sind selbst gemacht, 90 % der Zutaten stammen aus der Region. Vorher reservieren!

Karlić Tartufi (☎052-667 304; www.karlictartufi.hr; Paladini 14; 65 €/Pers.) Wer selbst auf Trüffelsuche gehen möchte, kann sich der freundlichen Familie Karlić anschließen. Ihre Tour umfasst eine Käse- und Trüffelverkostung, viele Geschichten rund um Trüffeln und eine Trüffelsuche im Wald; der Ausflug dauert bis zu zwei Stunden. Die Familie wohnt im Dorf Paladini, 13 km südwestlich von Buzet. Man sollte rechtzeitig im Voraus buchen.

Istarske Toplice (☎052-603 000; www.istarske-toplice.hr; Sv Stjepana 60; Pool Erw./Kind 40/20 Kn, Pool, Sauna & Dampfbad 120 Kn; ⏲Mo 14–21, Di–So 9–21 Uhr) Eine Alternative zu Essen und Wein ist das Istarske Toplice, dessen Ursprünge bis in die Römerzeit zurückreichen und das zu den ältesten und am schönsten gelegenen Thermalbädern Kroatiens gehört. Der Komplex liegt am Fuß eines 85 m hohen Felsens und besteht aus einem Hotelbetonklotz und einem Wellnesscenter. Wie viele solcher Einrichtungen in Kroatien erinnert auch hier die Atmosphäre ein klein wenig an ein Altersheim. Für den leicht fauligen Geruch ist aber der hohe Schwefelanteil des 34°C warmen Wassers im großen Pool verantwortlich.

und aus fast menschenleeren Pflasterstraßen – die meisten Einwohner haben sich schon vor langer Zeit in der nicht sehr schönen Neustadt am Fuß des Hügels niedergelassen. Am besten schlendert man ziellos durch das Labyrinth der engen Straßen und kleinen Plätze. Die Sehenswürdigkeiten sind gut auf Englisch ausgeschildert.

Sehenswertes

Kirche der Seligen Jungfrau Maria — KIRCHE

(Župna crkva Blažene Djevice; Titov trg bb; Öffnungszeiten variieren) Die hübsche Pfarrkirche, die 1784 von den Venezianer erbaut wurde, hat eine hellgelbe, mit Fresken bemalte Decke, eine aufwendig dekorierte Kanzel und Barockaltäre. Weitere Highlights sind ein Silberteller aus dem 15. Jh., die Orgel aus dem 18. Jh. und eine riesige Leinwand mit der Darstellung der Madonna mit dem Jesuskind, umrahmt von den 15 Mysterien des Rosenkranzes.

Regionales Geschichtsmuseum — MUSEUM

(Zavičajni muzej Buzet; 052-662 792; Rašporskih kapetana 5; Erw./Kind 15/10 Kn; Juli & Aug. Mo–Fr 9–15 & 17–20, Sa & So 9–12 Uhr, Sept.–Juni Mo–Fr 10–15 Uhr) Das im prächtigen Bigatto-Palast (erbaut 1639) untergebrachte Museum präsentiert eine Sammlung prähistorischer und römischer Artefakte sowie einige ethnologische Exponate wie landwirtschaftliche Werkzeuge und Volkstrachten.

Großer Brunnen — HISTORISCHES BAUWERK

(Trg Vela Šterna) Die kunstvoll verzierte Zisterne im Zentrum der Stadt wurde 1789 im Rokokostil gebaut. Der steinerne Löwe ist das Symbol Venedigs.

St.-Georg-Kirche — KIRCHE

(Sv Jurja bb) Die Kirche (fertiggestellt 1611) an den Felsen am hinteren Ende der Altstadt wurde während unserer Recherche umfassend restauriert. Wenn sie geöffnet ist, kann man die vergoldeten Altäre und die Gemälde mit Szenen aus dem Leben des hl. Antonius bewundern, die in der Werkstatt des venezianischen Meisters Tiepolo entstanden.

Aktivitäten

In der Touristeninformation gibt's Karten und Broschüren, die die Wein-, Olivenöl- und Trüffelrouten in der Region vorstellen. Außerdem widmen sie sich Aktivitäten wie Wandern (auf einem der sieben Wanderwege in der Gegend), Radfahren (auf einem der 14 Radwege), Klettern, Höhlenklettern und Gleitschirmfliegen.

Geführte Touren

Istriana Travel — GEFÜHRTE TOUREN

(091 54 12 099; www.istrianatravel.hr) Das lokale Reisebüro organisiert Trüffelsuchexkursionen, Workshops für Freskenmalerei, Wein- und Olivenöltouren, Fahrradausflüge, Wanderungen, Caving, Gleitschirmfliegen und vieles mehr.

Feste & Events

Subotina-Festival — ESSEN & TRINKEN

(www.facebook.com/subotinabuzet; Sept.) Mit diesem tollen Trüffelevent am zweiten Samstag im September wird in Buzet die Trüffelsaison eingeläutet (sie dauert bis Dezember). Der Höhepunkt ist die Zubereitung eines gigantischen Trüffelomeletts aus mehr als 2000 Eiern und 10 kg Trüffeln in einer 1000 kg schweren Pfanne.

Schlafen

Vela Vrata — BOUTIQUEHOTEL €€

(052-494 750; www.velavrata.net; Šetalište Vladimira Gortana 7; EZ/DZ ab 59/84 €, Hauptgerichte 70–190 Kn;) Das charmante Boutiquehotel mit Panoramablick auf die umliegenden Hügel hat Buzets Altstadt zu neuem Leben erweckt. Die 20 geschmackvollen, mit Antiquitäten dekorierten Zimmer, das Hallenbad und das kleine Spa verteilen sich auf fünf miteinander verbundene Häuser. Das Restaurant ist das beste der Stadt und hier werden kreative Variationen traditioneller Gerichte mit reichlich Trüffeln serviert.

Shoppen

★ Destilerija Aura — ESSEN & TRINKEN

(052-694 250; www.aura.hr; II Istarske brigade 2/1; Mai–Okt. 9–20 Uhr, Nov.–April bis 18 Uhr, Jan. & Feb. So geschl.;) Dieser romantische Weinkeller befindet sich in den großen Kellerräumen des eleganten, 1907 erbauten Narodni Dom (Volkshaus). Er ist voller funkelnder Flaschen, Krüge und ausgefallenen Gefäßen mit *rakija* (Obstbrand), Likören und Konfitüren, die vor Ort in den schimmernden Fässern hergestellt werden. Hier kann man auch *biska*, den traditionellen istrischen Mistelschnaps, kaufen.

Zigante Tartufi — ESSEN

(052-663 340; www.zigantetartufi.com; Trg Fontana 3; 9–20 Uhr) Versteckt in einer Höhle am Hauptkreisverkehr im unteren Teil der

Stadt liegt dieser kleine Laden, der Trüffeln in verschiedenen Varianten vorrätig hat – in Olivenöl, Käse, Tapenaden und Würsten. Er verkauft auch Wein und *rakija* (Obstbrand) und bietet Verkostungen an. Weitere Filialen befinden sich in Buje, Livade, Motovun und Grožnjan.

Praktische Informationen

Die **Touristeninformation** (☎052 662 343; www.tz-buzet.hr; Šetalište Vladimira Gortana 9; ⏲Mo–Fr 8–15) befindet sich in einem schicken Bau neben dem Vela Vrata. Hier sind Infos über Unterkünfte und viele Karten und Broschüren über Aktivitäten in der Gegend erhältlich.

Anreise & Unterwegs vor Ort

- Vom **Busbahnhof** (☎052-663 285; Riječka 26/1) fahren Busse u. a. nach Roč (26 Kn, 14 Min., 2-mal tgl.), Poreč (51 Kn, 1 Std., 2-mal tgl.), Rovinj (89 Kn, 2¾ Std., tgl.), Rijeka (60 Kn, 1 Std., 2-mal tgl.) und Zagreb (146 Kn, 4 Std., 2-mal tgl.).
- Der Bahnhof liegt so weit außerhalb der Stadt, dass er für Besucher uninteressant ist.
- Parken in der Altstadt ist ganzjährig nur eingeschränkt möglich und kostenpflichtig. Auf halber Höhe des Hügels gibt es einen Parkplatz am Friedhof.

Roč

153 EW.

Das winzige, verschlafene Roč, 8 km südöstlich von Buzet, ist von Stadtmauern aus dem 15. Jh. umringt. Bei einem Spaziergang entdeckt man die **St.-Antonius-Kirche** aus dem 1. Jh., die **St.-Bartholomäus-Kirche** und die **St.-Roč-Kirche** aus dem 14. Jh., ein **Renaissancehaus** aus dem 15. Jh. und in Stein gehauene römische Inschriften im **Stadttor aus dem 15. Jh**.

In einem der Steinhäuser des Orts befindet sich das lohnende regionale Restaurant **Ročka Konoba** (☎091 72 99 716; www.facebook.com/rockakonoba; Roč 14; Hauptgerichte 30–130 Kn; ⏲Mai–Sept. Di–So 12–22 Uhr, Okt.–April Fr–So) mit einem Kamin und Tischen im Freien. Hier kann man istrische Spezialitäten wie *fuži* (istrische Pasta), hausgemachte Würstchen und *maneštra* (Gemüseeintopf) probieren.

Praktische Informationen

Touristeninformation (☎092 16 94 598; www.istria-buzet.com; Roč bb; ⏲Mai–Okt. 9–17 Uhr) Die Touristeninformation hat die Schlüssel zu allen Kirchen der Stadt; wer sie besichtigen will, kommt also zuerst hierher.

An- & Weiterreise

Busse halten 400 m außerhalb des Orts an der Kreuzung mit der Fernstraße und fahren nach Buzet (26 Kn, 14 Min., 2-mal tgl.), Rijeka (50 Kn, 50 Min., 2-mal tgl.) und Zagreb (146 Kn, 3½ Std., tgl.).

Der Bahnhof liegt 1 km nordwestlich der Stadt. Täglich fahren Züge nach Pula (54 Kn, 1¾ Std., 4-mal tgl.), Vodnjan (45 Kn, 1½ Std., 4-mal tgl.) und Pazin (23 Kn, 38 Min., 6-mal tgl.).

Hum

28 EW.

Die selbst ernannte „kleinste Stadt der Welt“ ist nur ein winziges Pünktchen auf der Landkarte und besteht praktisch aus einer Straße, die innerhalb der historischen Stadtmauer eine Schleife zieht. Doch in Sachen Atmosphäre ist Hum ganz groß. Der Legende nach hatten die Giganten, die Istrien schufen, Steine übrig, mit denen sie dann Hum bauten.

Es braucht nicht viele Menschen, damit das Örtchen überlaufen wirkt; um sein beschauliches Flair zu erleben, kommt man am besten in der Nebensaison oder bleibt über Nacht.

Sehenswertes

Es dauert nur etwa fünf Minuten die Stadt zu umrunden; wer unterwegs alle informativen mehrsprachigen Tafeln an den bedeutenden Gebäuden liest, benötigt eine halbe Stunde.

Hieronymus-Kapelle KIRCHE
(Crkvica svetog Jeronima) Auf einem Friedhof gleich außerhalb der Stadtmauern steht diese kleine romanische Kapelle aus dem 12. Jh. Die Fresken an den Wänden sind ebenso wie die Zeichnungen in der archaischen glagolitischen Schrift, die vor dem 16. Jh. entstanden, noch im Original erhalten.

Glagolitische Allee SKULPTUREN
(Aleja Glagoljaša) Die Straße von Roč nach Hum wurde Glagolitische Allee getauft, weil sie von einer Reihe von elf Skulpturen gesäumt wird, die an die Bedeutung der Gegend als Zentrum des Glagolitischen Alphabets erinnern. Diese archaische slawische Schrift überlebte in Teilen Kroatiens bis ins 19. Jh.

Kotli DORF
Dieses fast verlassene Dorf, das nach 2,5 km an der Straße nach Roč steht, sollte man

nicht verpassen. Es liegt an einem Fluss, der im Sommer fast austrocknet, zu anderen Zeiten aber durch eine Reihe flacher Talkessel sprudelt, in denen man prima schwimmen kann. Auf der anderen Seite der Brücke sind die malerischen Ruinen mehrerer größerer Gebäude erhalten, darunter Höfe, Außentreppen, Bogengänge und Schornsteine.

Schlafen

★ Apartments & Rooms Dores PENSION €
(☎091 56 66 661; www.facebook.com/app.rooms.doresHum; Hum 9; Zi./Apt. ab 50/65 €; P ❄ 📶) Diese charmante Pension in einem historischen Haus ist so winzig und zauberhaft wie Hum selbst und hat zwei moderne Zimmer mit Bad. Unter der Pension befindet sich ein Souvenirgeschäft, während im Obergeschoss die jungen Besitzer wohnen. Sie vermieten auch drei Apartments mit Küche in Hum (eins davon in einem frei stehenden Bauernhaus) und ein weiteres mit eigenem Pool in Roč.

Essen & Ausgehen

Humska Konoba ISTRISCH €
(☎052-660 005; www.hum.hr; Hum 2; Hauptgerichte 32-55 Kn; ⏲Juni–Sept. 11–22 Uhr, April, Mai & Okt. Di–So, Nov.–März Mo–Fr; 📶) Hums Taverne tischt auf einer hübschen Terrasse mit Panoramablick erstklassige istrische Hauptgerichte auf. Am besten beginnt man mit einem Glas *biska* (weißer Mistelschnaps), gefolgt von *maneštra s kukuruzom* (Bohnen- und Mais-Suppe) und *fuži* (hausgemachte Eiernudeln in einzigartigen Formen) mit Trüffeln, und beschließt dann die Mahlzeit mit *kroštuli* (knuspriges, mit Zucker bestreutes Fettgebäck).

Raboš WEINBAR
(☎091 26 60 003; www.facebook.com/wine.bar.and.shop.rabos; Hum 11; ⏲Juni–Sept 10–21 Uhr, April, Mai, Okt. & Nov. Mi–Mo, Dez.–März Sa & So;

FANTASTISCHE PILZE

Der Trüffelhandel ist weniger ein normales Geschäft als ein sehr profitabler Kult. Alles dreht sich um einen teuren, unterirdisch wachsenden Pilz, dem quasi magische Kräfte zugeschrieben werden. Er wird in dunklen Wäldern gesammelt und für ein kleines Vermögen ins Ausland verkauft. Feinschmecker behaupten, dass einem jeder andere Geschmack fade vorkommt, wenn man die kleine nussförmige Delikatesse einmal gekostet hat.

Es gibt weltweit 70 Trüffelsorten, davon 34 in Europa. Die traditionellen Trüffelländer sind Italien, Frankreich und Spanien. Doch auch in den Wäldern Istriens wachsen drei Sorten Schwarze Trüffeln (Sommertrüffeln, Wintertrüffeln und Edeltrüffeln) sowie die großen Weißen Trüffeln, die zu den teuersten der Welt gehören und etwa 4500 € pro Kilogramm kosten. Der größte kroatische Exporteur istrischer Trüffeln ist Zigante Tartufi (S. 166), dessen Marktanteil am gesamten kroatischen Export etwa 90 % beträgt. 1999 fand der Besitzer des Unternehmens, Giancarlo Zigante, zusammen mit seiner Hündin Diana den seinerzeit größten Trüffel der Welt. Er wog 1,31 kg und schaffte es ins *Guinness-Buch der Rekorde*. Ein Modell dieses dicken Brockens steht im Restaurant Zigante (S. 165) in Livade.

Das istrische Trüffelgeschäft ist relativ jung. 1932, als Istrien von Italien besetzt war, bemerkte ein italienischer Soldat aus der Trüffelhauptstadt Alban Ähnlichkeiten zwischen der Vegetation seiner Heimatregion und der Istriens. Nach seinem Militärdienst kehrte er mit ausgebildeten Hunden zurück, die das kostbare Gut nach langem Schnüffeln und Graben schließlich fanden.

Da Trüffeln komplett unter der Erde wachsen, können Menschen sie auch nicht finden; Hunde (oder traditionell Schweine) sind aus diesem Grund der Schlüssel zu einer erfolgreichen Trüffelsuche. Istrische *breks* (Hunde) mögen zwar Mischlinge sein, doch sie sind ausgezeichnet ausgebildet. Welpen beginnen im Alter von zwei Monaten mit dem Training, doch nur etwa 20 % von ihnen machen Karriere als echte Trüffelhunde.

Schwarze Trüffeln wachsen fast das ganze Jahr über, die Saison für Weiße Trüffeln dauert dagegen von September bis Januar. In diesem Zeitraum ziehen mindestens 3000 Menschen und 9000 bis 12 000 Hunde durch die feuchten Wälder Morovuns.

Manche Menschen glauben, dass Trüffeln ein Aphrodisiakum sind, wissenschaftlich konnte das aber nicht bewiesen werden. Da hilft nur eins: selbst experimentieren!

(📶) Zur Zeit der Venezianer war die alte Loggia das Zentrum von Hum, und dank dieser freundlichen kleinen Bar ist sie das bis heute. Hier kann man regionale Weine und *rakija* (Obstbrand) probieren und dazu Antipasti-Teller mit Trüffeln bestellen.

An- & Weiterreise

Nach Hum kommt man am besten mit dem eigenen fahrbaren Untersatz, da öffentliche Verkehrsmittel den Ort nicht ansteuern.

Pazin

4390 EW.

Die Provinzstadt Pazin im Landesinneren ist berühmt-berüchtigt für ihre Schlucht, die Jules Verne inspirierte, und natürlich für ihre mittelalterliche Burg. Beide Sehenswürdigkeiten sind unbedingt einen Zwischenstopp wert, aber auch das kleinstädtische Flair und die verhältnismäßig geringe Anzahl an internationalen Reisenden, die sich durch die Straßen schieben, machen die Stadt reizvoll. Der Großteil der Innenstadt wurde zur Fußgängerzone erklärt, während die weniger ansehnlichen Vororte dank der sanften Hügellandschaft zumindest eine hübsche Kulisse besitzen.

Pazin ist Istriens Verwaltungssitz. Von hier ist buchstäblich jedes Ziel auf der Halbinsel mit dem Auto oder dem Zug erreichbar. Es gibt nicht viele Hotels und Restaurants, weshalb man besser beraten ist, die Stadt auf einem Tagesausflug zu erkunden – zumal sie per Auto nur eine Stunde von anderen istrischen Städten entfernt liegt. Die Umgebung bietet zahlreiche Freizeitmöglichkeiten und lädt zum Wandern, Klettern, Ziplining und Radfahren ein. Ein Besuch bei den örtlichen Imkern lohnt sich ebenfalls.

Sehenswertes

Burg BURG

(Kaštel; ☎052-622 220; Trg Istarskog Razvoda 1; Erw./Kind 25/15 Kn; ⊙Mai–Sept. 10–18 Uhr, Okt.–April bis 15 Uhr) Pazins Burg, die über dem Abgrund aufragt, ist das größte und besterhaltene mittelalterliche Bauwerk in ganz Istrien. Die Burg, die 983 n. Chr. erstmals Erwähnung findet, wurde im Lauf der Jahrhunderte in verschiedenen Architekturstilen errichtet. Im Eintritt ist der Besuch zweier mäßig interessanter Museen enthalten, des **Stadtmuseums Pazin** (www.muzej-pazin.hr) und des **Ethnografischen Museums Istriens** (www.emi.hr).

Die Sammlung des Stadtmuseums umfasst mittelalterliche Kirchenglocken, Briefmarken, Banknoten, Musikinstrumente, Waffen, Rüstungen und im Kerker Folterinstrumente. Außerdem zeigt sie eine interessante Ausstellung zu den Bauernaufständen in den Jahren 1407 und 1570.

Das Ethnografische Museum besitzt etwa 4000 Exponate, die eine Vorstellung vom traditionellen istrischen Dorfleben im Lauf der Zeit vermitteln. Zur Sammlung gehören Möbel, Trachten, Werkzeug und Keramik, außerdem gibt es Bereiche, die slawischen Festen sowie Wanderungsbewegungen gewidmet sind.

Schlucht von Pazin HÖHLE

(Pazinska jama) Pazins bekannteste Sehenswürdigkeit ist ohne Zweifel diese etwa 100 m tiefe Schlucht, in die der Fluss Pazinčica in den Untergrund verschwindet, wo er drei Seen bildet. Die dunkle Tiefe inspirierte nicht nur Jules Verne, sondern auch eine Reihe kroatischer Schriftsteller. Besucher können auf einem 1,3 km langen markierten Weg durch den Canyon wandern. Das dauert etwa 45 Minuten und schließt eine gewundene sanfte Steigung ein.

Es gibt zwei Eingänge: einen beim Hotel Lovac und einen bei dem Steg, der sich in 100 m Entfernung von der Burg über den Abgrund spannt. Nach Vereinbarung (bei der Touristeninformation) ist es möglich, die **Höhle** mit einem Guide zu erkunden (190 Kn) und die Schlucht per Seilrutsche zu überqueren. Wer nicht so abenteuerlustig ist, mag sich vielleicht mit dem Aussichtspunkt außerhalb der Burg begnügen.

Aktivitäten

Die Touristeninformation verteilt eine Karte mit Wanderwegen und Imkern (man kann sie besuchen und den köstlichen Akazienhonig verkosten) sowie eine Broschüre über die lokalen Weingüter.

★**Zipline Pazinska Jama** ABENTEUERSPORT

(☎091 54 37 718; Šime Kurelića 4; 2 kurze Seile 80 Kn, 2 lange Seile 120 Kn, alle 160 Kn; ⊙Mai–Aug. 10–19 Uhr) Auf zwei 80 m langen Seilen saust man über den Abgrund; auf dem 220-m-Seil erreicht man eine Geschwindigkeit von 40 km/h, auf dem 280-m-Seil sogar 50 km/h.

Essen

★**Konoba Vela Vrata** ISTRISCH €€

(☎052-622 801; Beram 41; Hauptgerichte 45–100 Kn; ⊙Di–So 12–23 Uhr) Die hausgemach-

EINE LITERARISCHE SCHLUCHT

Der Schriftsteller, der berühmt ist, weil er in 80 Tagen um die Welt reiste, sich zum Mittelpunkt der Erde und 20 000 Meilen unter das Meer begab, fand auch im Herzen Istriens Inspiration. Jules Verne (1828–1905), der namhafte französische Autor fantastischer Zukunftsromane, ließ *Mathias Sandorf* (1885), einen seiner 98 Romane der Reihe *Bekannte und unbekannte Welten. Abenteuerliche Reisen*, in der Burg und der Schlucht von Pazin spielen.

In dem Roman, der später auch verfilmt wurde, werden Graf Mathias Sandorf und zwei seiner Gefährten von der österreichischen Polizei verhaftet und auf der Burg von Pazin gefangen gehalten. Sandorf klettert einen Blitzableiter hinunter, um zu fliehen, wird dabei vom Blitz getroffen und stürzt in den tosenden Fluss Pazinčica. Er wird mitgerissen in die düsteren Tiefen des Abgrunds, klammert sich aber an einen Baumstamm. Sechs Stunden später spült der Fluss ihn an den sanften Eingang des Limski-Kanals. Er läuft nach Rovinj und wird zuletzt gesehen, als er im Kugelhagel von einer Klippe ins Meer springt.

Verne besuchte zwar Pazin nie – er schuf Sandorfs Abenteuer anhand von Fotos und Reiseberichten –, doch das hält Pazin nicht davon ab, ihn bei jeder Gelegenheit zu feiern. Nach ihm ist sogar eine Straße benannt.

ten Pasta-, Gnocchi- und Trüffelgerichte dieser Landtaverne im Hügeldorf Beram, 5 km nordwestlich von Pazin, gehören zu den besten, die man in ganz Istrien finden wird. Im Winter ist es drinnen sehr gemütlich, im Sommer lockt die Terrasse mit fantastischem Blick auf die Landschaft Zentralistriens. Auf jeden Fall den unglaublichen Trüffel-Schokoladenkuchen probieren!

Praktische Informationen

Touristeninformation (☎ 052-622 460; www.central-istria.com; Velog Jože 1; ⊙ Mo–Fr 10–17, Sa bis 13 Uhr)

An- & Weiterreise

BUS

Vom zentralen **Busbahnhof** (☎ 060 306 040; Miroslava Bulešića 2) steuern Busse u. a. Poreč (42 Kn, 35 Min., 6-mal tgl.), Pula (55 Kn, 50 Min., 5-mal tgl.), Rovinj (47 Kn, 1 Std., 4-mal tgl.), Rijeka (47 Kn, 1 Std., 5-mal tgl.) und Zagreb (124 Kn, 3–4 Std., 10-mal tgl.) an. Am Wochenende fahren weniger Busse.

ZUG

Der **Bahnhof** (☎ 052-624 310; www.hzpp.hr; Od stareh kostanji 3) liegt östlich vom Stadtzentrum. Von Pazin gibt es u. a. Verbindungen nach Pula (36 Kn, 1¼ Std., 8-mal tgl.), Vodnjan (27 Kn, 55 Min., 8-mal tgl.) und Roč (23 Kn, 38 Min., 6-mal tgl.).

Unterwegs vor Ort

Die Stadt ist recht kompakt und erstreckt sich einen guten Kilometer vom Bahnhof am östlichen Ende bis zum Kaštel am westlichen Ende. Der Busbahnhof liegt 200 m westlich vom Bahnhof. Die letzten 200 m des Weges hinauf zur Burg bilden die Altstadt.

Svetvinčenat

267 EW.

Auf halbem Weg zwischen Pazin und Pula liegt die hübsche kleine südistrische Stadt Svetvinčenat, deren Zentrum ein Renaissanceplatz bildet. Die harmonisch angeordneten Gebäude, die Zypressen und das entspannte Flair sind perfekt für einen gemütlichen Spaziergang zwischendurch.

Sehenswertes

Burg Morosini-Grimani BURG
(☎ 052-384 318; www.grimanicastle.com; Svetvinčenat 47; Erw./Kind 50/25 Kn; ⊙ Mai–Sept. 10–20 Uhr) An der Nordseite des Hauptplatzes steht dieser schöne befestigte Palast aus dem 13. Jh. Sein gegenwärtiges Aussehen erhielt er im 16. Jh. während einer Umgestaltung durch die Venezianer. Im Sommer verwandelt sich die gesamte Burg in einen großen Escape Room – dann versuchen ganze Gruppen, die gestellten Rätsel zu lösen und erkunden dabei den Komplex. Außerdem kann man mittelalterliche Festmahle (150–400 Kn) und abendliche Shows mit Schwertkämpfen und einer Hexenverbrennung (80 Kn) auf der Burg buchen.

Kirche Mariä Verkündung KIRCHE
(Župna crkva Navještenja; Gradski trg; ⊙ Öffnungszeiten variieren) Die Pfarrkirche aus dem 6. Jh. steht an der Ostseite des Hauptplatzes. Ihre

Renaissance-Fassade besteht aus einheimischen Steinen. Im Inneren befinden sich fünf kunstvolle venezianische Marmoraltäre.

Feste & Events

Festival des Tanzes & Nonverbalen Theaters DARSTELLENDE KÜNSTE
(Festival plesa i neverbalnog kazališta; www.svetvincenatfestival.com; ⏲Juli) Ende Juli präsentiert dieses viertägige Festival modernen Tanz, Straßentheater, Zirkus und Pantomime sowie verschiedene andere nonverbale Ausdrucksformen mit Künstlern aus ganz Europa.

Schlafen & Essen

Die besten Unterkünfte und Restaurants befinden sich etwas außerhalb der Stadt, doch wer kein Auto hat, muss auch im Stadtzentrum nicht hungern.

Stancija 1904 APARTMENTS €€€
(☎098 738 974; www.stancija.com; Smoljanci 2; Apt./Haus 1220/3550 Kn; P) Das traditionelle istrische Steinhaus im Dorf Smoljanci, 3 km westlich von Svetvinčenat, ist die Residenz des Schweizer Honorarkonsuls. Hier können Besucher in zwei stilvollen Apartments und einem Ferienhaus übernachten. Der gesamte Komplex liegt im Schatten alter, hoher Bäume und ist umgeben von würzigen Kräutergärten. Auch Kochkurse sind möglich.

Konoba Klarići ISTRISCH €
(☎052-579 137; www.konobaklarici.fullbusiness.com; Klarići 83; Hauptgerichte 35–60 Kn; ⏲Di–So 11–23 Uhr) In der hinreißenden steinernen Taverne im Weiler Klarići, 10 km südlich von Svetvinčenat, werden großartige hausgemachte istrische Pastagerichte und die eigenen exquisiten Weine serviert. Im Winter ist das lodernde Feuer eine Wohltat.

Konoba puli Pineta ISTRISCH €€
(☎098 99 11 795; www.konoba-pulipineta.com; Karlov vrt 1, Žminj; Hauptgerichte 60–120 Kn; ⏲Juli & Aug. 17–22 Uhr, Sept.–Juni Mo–Fr 16–22, Sa & So 13–22 Uhr) Die Taverne am Rand von Žminj, das 7 km nördlich von Svetvinčenat liegt, ist in Istrien für ihre köstliche hausgemachte Pasta und ihre ausgezeichneten Grillfleischgerichte bekannt.

Praktische Informationen

Touristeninformation (☎052-560 349; www.tz-svetvincenat.hr; Svetvinčenat 20; ⏲Juni–Sept. Mo–Fr 8–16, So 11–13 Uhr, Okt.–Mai Mo–Fr 8–16 Uhr) Die Touristeninformation bucht Privatunterkünfte und hat Broschüren sowie eine Karte, auf der eine 35 km lange Fahrradrundtour ab Svetvinčenat eingezeichnet ist. Auf Infotafeln in englischer Sprache werden die Geschichte und die Tier- und Pflanzenwelt der Gegend erklärt.

An- & Weiterreise

Von Svetvinčenat fährt täglich ein Bus nach Pula (37 Kn, 25 Min.), Vodnjan (30 Kn, 15 Min.), Rovinj (38 Kn, 1¼ Std.), Pazin (35 Kn, 25 Min.) und Zagreb (132 Kn, 3½ Std.).

Labin & Rabac

Labin, das auf einem Hügel nahe der Küste thront, ist das historische Highlight und das administrative Zentrum Ostistriens. Hauptattraktion ist die labyrinthische Altstadt, einem faszinierenden Gewirr steiler Straßen, kopfsteingepflasterter Gassen und pastellfarbener Häuser, die oft mit Steinornamenten geschmückt sind.

Darunter liegt Podlabin, eine gesichtslose Neustadt, die als Folge des Kohlebergbaus entstand. Labin war bis in die 1970er-Jahre die Bergbauhauptstadt Istriens. Der Berg wurde durch den Bergbau so stark ausgehöhlt, dass die Stadt langsam einzustürzen drohte. 1990 wurde der Bergbau eingestellt und man begann mit Sanierungsarbeiten, aus denen die Stadt mit einem neuen Selbstbewusstsein als Urlaubsziel hervorging.

Labins Badeort ist das einstige Fischerdorf Rabac, das 5 km weiter südöstlich an einer seichten Bucht mit einem schönen Kieselstrand liegt. Die ständig wachsende Zahl an großen, eleganten Ferienhotels spie-

ABSTECHER

GLAVANI PARK

Im **Glavani Park** (☎099 85 60 626; www.glavanipark.com; Glavani 10; pro Aktivität 50 Kn; ⏲Mai–Sept. 9–20 Uhr, Okt.–April bis 17 Uhr) im Dorf Glavani, 13 km südöstlich von Svetvinčenat, kann man an Seilrutschen entlangsausen, auf der Riesenschaukel schwingen, auf einem Einrad über ein Seil radeln und Istriens höchste Outdoor-Kletterwand in Angriff nehmen. Entweder bucht man die Aktivitäten einzeln oder im Paket (7 Attraktionen 300 Kn). Doch all dies ist nur das Vorspiel für das 75 m große menschliche Katapult!

gelt die zunehmende Beliebtheit von Rabac wider, besonders bei Urlaubern aus dem deutschsprachigen Raum.

Sehenswertes

Die meisten Sehenswürdigkeiten und Attraktionen liegen in der Altstadt. Ein Bummel durch die mittelalterlichen Gassen ist das Highlight eines jeden Besuchs. Die meisten Geschäfte und Dienstleistungseinrichtungen befinden sich im neueren Podlabin.

Loggia HISTORISCHES GEBÄUDE
(Titov Trg bb) Die 1550 erbaute Loggia diente Labin im 16. Jh. als Gemeindezentrum. Hier wurden Neuigkeiten und Gerichtsurteile verkündet, Feste veranstaltet und Verbrecher an den Pranger gestellt.

Kirche Mariä Geburt KIRCHE
(Župna crkva rođenja Blažene Djevice Marije; 1 Maja bb; Öffnungszeiten variieren) Über der Haupttür der Pfarrkirche Labins, die ursprünglich im 11. Jh. erbaut, dann aber bis ins 18. Jh. immer wieder verändert wurde, prangt ein venezianischer Löwe. Bemerkenswert sind ebenso die barocken Marmoraltäre und die illusionistische Trompe-l'œil-Bemalung der Decke, die eine Täfelung vortäuscht.

LÄNDLICHE REFUGIEN

Agrotourismus gewinnt im Hinterland Istriens zunehmend an Beliebtheit. Diese Unterkünfte befinden sich teils auf Bauernhöfe, die Wein und Gemüse produzieren oder Geflügel halten, teils handelt es sich dabei um Ferienwohnungen in Landhäusern und bisweilen sogar um schicke moderne Villen mit Pool.

Die istrische Touristeninformation (www.istra.hr) hat eine Broschüre mit Informationen und Fotos ländlicher Unterkünfte in ganz Istrien. Die meisten liegen sehr abgelegen, sodass man ein eigenes Auto benötigt. Für Aufenthalte von weniger als drei Nächten wird oft ein Zuschlag erhoben.

Casa Matiki (098 299 040; www.matiki.com; Matiki 14; Apt. 90 €; P) Drei freundliche Hunde, die charmante Gastgeberin und ein Hühnerhaufen (in dieser Reihenfolge) begrüßen Gäste in diesem großen Landhaus nahe der Kleinstadt Žminj mitten im Herzen Istriens. Neben drei geräumigen Apartments im Haupthaus gibt es auch zwei bezaubernde kleine Cottages und einen hübschen Pool, der sich hinter dem Olivenhain versteckt.

Agroturizam Ograde (052-693 035; www.agroturizam-ograde.hr; Katun Lindarski 60; Haus pro Woche 1500 €; P) Dieser Bauernhof mit vielen Tieren im Dorf Katun Lindarski, 10 km südlich von Pazin, vermietet zwei separate Häuser für acht bzw. zwölf Personen. Im Juli und August gilt ein Mindestaufenthalt von einer Woche. Ein Highlight ist das Essen: Gemüse aus dem Garten, hausgemachte Räucherwaren und Wein aus dem Weinkeller.

Pruga (091 78 17 263; www.apartments-pruga.com; Lovrinići 14; Apt. inkl. Frühstück 100 €; Mai–Okt.; P) Eine hübsche rustikale Unterkunft im Dorf Lovrinići, 8 km südlich von Pazin, für alle, die sich Ruhe wünschen. In einem traditionellen istrischen Haus aus Kalkstein warten zwei wunderschön sanierte Apartments mit Originalelementen und komplett ausgestatteten Küchen. Das Frühstück, zu dem es regionalen Käse und hausgemachte Marmeladen und Kuchen gibt, wird draußen unter Obstbäumen serviert.

Hotel Parenzana (052-777 458; www.hotelparenzana.com; Volpija 3; EZ/DZ/3BZ 49/76/95 €; P) Der Landgasthof im verschlafenen Dorf Volpia, 3 km nördlich von Buje, hat 16 einfache Zimmer, die rustikal mit Holz und Stein gestaltet sind, und eine *konoba* (Taverne), die sich wegen ihrer istrischen Küche großer Beliebtheit erfreut. Für Radfahrer, die auf dem Parenzana-Radweg unterwegs sind, liegt der Landgasthof ausgesprochen günstig.

San Rocco (052-725 000; www.san-rocco.hr; Srednja 2, Brtonigla; Zi./Suite ab 199/390 €; P) Dieses Boutiquehotel im Dorf Brtonigla, 5 km südöstlich von Buje, ist ein ländliches Refugium mit 14 stilvollen Zimmern. Keine zwei sind einander gleich, doch alle verfügen über moderne Annehmlichkeiten und Originalelemente wie schwere Holzbalken und unverputzte Steinwände. Außerdem gibt's einen Pool im Freien, ein erstklassiges Restaurant und ein kleines Spa.

Nationalmuseum Labin MUSEUM
(Narodni muzej Labin; 1 Maja 6; Erw./Kind 15/10 Kn; ⌚Juli & Aug. Mo–Sa 10–13 & 18–22 Uhr, Juni & Sept. Mo–Sa 10–13 & 17–20 Uhr, Mai Mo–Sa 10–13 Uhr) Im Erdgeschoss dieses Museums, das im barocken Battiala-Lazzarini-Palast aus dem 18. Jh. untergebracht ist, sind archäologische Funde ausgestellt. Oben präsentiert es eine Musikinstrumentensammlung mit einigen spannenden interaktiven Exponaten. Bis dahin ist es eigentlich ein typisches Regionalmuseum – doch dieses Museum liegt über einer Kohlengrube, die in eine realitätsnahe Schaugrube verwandelt wurde. Die städtische Kunstgalerie befindet sich auf der gegenüberliegenden Seite des Platzes.

Festung AUSSICHTSPUNKT
(Fortica bb) Einst stand am höchsten Punkt Labins eine steinerne Festung. Heute ist (bis auf eine Kanone) nicht mehr viel davon zu sehen, aber der Spaziergang durch die gepflasterten Straßen nach oben lohnt wegen des weiten Blicks auf die Küste, die Bergkette Učka und die Insel Cres.

Plaža Girandella STRAND
Diese Reihe von Kieselbuchten vor dem gigantischen Hotelkomplex Valamar Girandella ist der schönste Strand der Stadt. Er wird vom Hotel gut gepflegt, ist allerdings größtenteils öffentlich zugänglich. Einige Bereiche des Plaža Girandella sind Familien vorbehalten, andere ausschließlich Erwachsenen.

Feste & Events

Labin Art Republika KUNST
(www.labin-art-republika.com; ⌚Juli–Aug.) In Labin leben und arbeiten über 30 Künstler, und im Sommer erobert die „Kunstrepublik" die Straßen der Stadt. Dann finden hier Straßentheater, Konzerte, Theateraufführungen und Clown-Auftritte statt, und Ateliers sind für Besucher geöffnet. Jeden Dienstag um 21.30 Uhr starten an der Touristeninformation (S. 174) in der Altstadt kostenlose Führungen (in verschiedenen Sprachen).

Schlafen

Labin selbst hat keine Hotels, dafür aber Rabac umso mehr. Es dominieren zwar die großen Hotelresorts, doch es gibt auch ein paar kleinere Quartiere und viele Privatunterkünfte in der näheren Umgebung – das Touristenbüro (S. 174) hilft bei der Suche.

ABSEITS DER ÜBLICHEN PFADE

GRAČIŠĆE

Diese beschauliche mittelalterliche Stadt, eines der bestgehüteten Geheimnisse Istriens, liegt 8 km südöstlich von Pazin inmitten einer hügeligen Landschaft. Zu ihren alten Bauwerken gehören die unscheinbare romanische **Kirche der hl. Euphemia** (erbaut 1383), die winzige **Marienkirche** (1425) mit einer eleganten steinernen Loggia davor sowie die Ruine des venezianisch-gotischen **Salamon-Palastes**. Die große **Pfarrkirche des hl. Vitus** ist vergleichsweise noch relativ jung (1769), dafür bietet sich aber vom Kirchhof eine großartige Aussicht.

In etwa 30 Minuten hat man schon das Städtchen umrundet, doch seine Atmosphäre ist einfach wundervoll. Im Ort beginnt ein gut markierter, 11,5 km langer Wanderweg, der **Pfad des hl. Simon** (Pješačka staza sv Šimuna).

Stari Hrast Hostel HOSTEL €
(☎098 17 55 763; www.facebook.com/hostelstarihrastrabac; Obala Maršala Tita 33; B 17 €; 📶) Das spartanische Hostel mitten im Zentrum von Rabac hat zwölf schlichte Mehrbettzimmer mit Stockbetten und dem einen oder anderen Tisch.

★ **Valamar Sanfior** RESORT €€€
(☎052-465 000; www.valamar.com; Lanterna 2; EZ/DZ ab 147/195 €; P❄📶🏊🐾) Das große Resort in Rabac liegt an einem schönen Küstenabschnitt mit Felsen und Kieselstrand und erfüllt alle Wünsche für einen Familienurlaub. Die Zimmer sind schick und modern, es gibt mehrere Pools sowohl drinnen als auch draußen, und ein großes Büfett zum Frühstück und Abendessen ist im Preis enthalten. Hinzu kommen Spielplätze, Babysitter-Service und abends Livemusik in der Bar.

Villa Annette HOTEL €€€
(☎052-884 222; www.villa-annette.com; Raška 24; Suite ab 155 €; P❄📶🏊) Das luxuriöse Refugium auf einem Hügel oberhalb von Rabac wartet mit viel Kunst, zwölf großen, modernen Suiten und einem traumhaften Pool mit grandiosem Blick auf die Bucht auf. Halbpension kostet 29 € extra. Gegessen wird entweder im Hotelrestaurant oder unter den Olivenbäumen.

Essen

Labin ist bekannt für seine *krafi,* süße oder herzhafte ravioliartige Teigtaschen. In Rabac gibt es viele saisonale Fischrestaurants, aber die meisten servieren Standardgerichte für die weniger anspruchsvollen Urlauber.

Velo Kafe CAFÉ €€

(Titov trg 12; Hauptgerichte 55–125 Kn; 7–23 Uhr;) Das beliebte, vielseitige, von Weinranken beschattete Velo Kafe beherrscht den Tito-Platz in Labin. Das Angebot ist groß und reicht von Brunch bis zu Beefsteak. An den Tischen auf dem Bürgersteig kann man sich Kaffee und Kuchen schmecken lassen, drinnen werden istrische Pasta und andere Gerichte mit Trüffeln serviert.

Restaurant Kvarner ISTRISCH €€€

(052-852 336; www.kvarnerlabin.com; Šetalište San Marco bb; Hauptgerichte 75–195 Kn; 10–23 Uhr) Das Restaurant in der Altstadt von Labin hat eine Terrasse mit Meerblick und etliche treue Stammkunden. Auf der Karte finden sich viele authentische istrische Gerichte. Spezialität des Hauses sind die handgemachten *fuži* (istrische Pasta), doch praktische alle Speisen strotzen nur so vor regionalen Aromen, besonders Trüffeln. Das Restaurant vermietet auch Zimmer und Apartments.

Ausgehen & Nachtleben

Rabac ist der beste Ort, um etwas zu trinken oder um nach Einbruch der Dunkelheit etwas zu erleben, das Unterhaltung nahe kommt. Den hübschen Hafen säumen mehrere Cafés und Bars.

Movie Bar BAR

(099 50 89 460; www.moviebar.hr; Maršala Tita 81; Mai–Aug. 10–1 Uhr) Der schönste Ort für einen Drink ist diese Open-Air-Bar, die am Kieselstrand Sv Andrija unter Kiefern liegt. Abends gibt's oft Livemusik.

Beat BAR

(052-388 304; www.facebook.com/TheBeatBeachClubRabac; Obala Maršala Tita 75; Mai–Sept. 10–1 Uhr) Der elegante Strandclub in Rabac hat eine Holzterrasse rund um einen kleinen Pool und serviert Cocktails.

Praktische Informationen

Touristeninformation (052-852 399; www.rabac-labin.com; Titov trg 2/1; Mai–Sept. Mo–Fr 8–21, Sa & So 10–14 & 18–21 Uhr, Okt.–April Mo–Sa 9–15 Uhr) Am Rand der Altstadt. Das nette Büro hilft bei der Suche nach einer privaten Unterkunft.

An- & Weiterreise

Von Labin gibt es gute Busverbindungen nach Pula (48 Kn, 55 Min., 14-mal tgl.), Rijeka (54 Kn, 1½ Std., 15-mal tgl.), Zagreb (146 Kn, 4¼ Std., 8-mal tgl.), Zadar (205 Kn, 7 Std., 5-mal tgl.) und Split (280 Kn, 9½ Std., 5-mal tgl.).

Unterwegs vor Ort

Busse halten am Trg 2 Marta in Podlabin, wo man in einen Nahverkehrsbus zur Altstadt umsteigen kann, der in der Hochsaison weiter nach Rabac fährt.

Kroatiens Küste

Von der Spitze Istriens bis hin zum überwältigenden Dubrovnik ist Kroatien mit einem Küstenstrich gesegnet, der zu den schönsten im gesamten Mittelmeerraum zählt. Überall gibt es kristallklares Wasser, nur die Kulisse ändert sich – manchmal sind es Berge, dann wieder Wehrdörfer und manchmal auch flache Inseln.

Inhalt

- **Befestigte Städte S. 176**
- **Inselleben S. 178**
- **Strände S. 178**
- **Schnorcheln & Tauchen S. 179**

Oben: Ein Boot in den Gewässern vor der Insel Pag (S. 229)

Befestigte Städte

Seit der Antike schützen die Menschen an dieser Küste ihre Ortschaften mit massiven Wehrmauern vor Angriffen. Und auch wenn die Anlagen der Not geschuldet waren, ist das Ergebnis einfach atemberaubend: Es gehört zu den denkwürdigsten Erlebnissen an der Adria, sich anzuschauen, wie diese Steinbastionen aus dem Meer in die Höhe ragen. Selbst wenn große Teile der Mauern um den Kern aus mittelalterlichen Straßen nicht mehr stehen: Eindrucksvoll bleiben sie.

Die meisten Traveller wissen viel über Dubrovnik, doch es gibt noch viele weitere Mini-Dubrovniks an der Küste. Einer der zauberhaftesten Orte ist das westlich von Split gelegene Trogir auf einer kleinen Insel, die durch Brücken mit dem Festland verbunden ist. In Split selbst erhebt sich eine alte Festung aus den Überresten eines römischen Herrscherpalasts – vom Wasser aus ist sie inmitten des Häusergewirrs kaum auszumachen. Die von einer Stadtmauer umgebene Altstadt von Šibenik zieht sich einen Hügel hinauf zu einer imposanten Burg, während sich in Ston die Befestigungsanlagen über das gebirgige Ende der Halbinsel Pelješac erheben.

Das historische Rovinj war einst eine Insel, die ein Kanal vom Festland trennte. Dieser wurde – ähnlich wie bei Dubrovnik – später aufgefüllt. In Zadars Fall umschloss die Stadtmauer einst die Spitze einer Halbinsel, wenn auch nur noch die Hälfte des Gemäuers erhalten ist. Auch auf den Inseln gibt es viele eindrucksvolle Orte, allen voran die Altstädte von Cres, Krk, Rab, Pag und Korčula.

Abgesehen von den bekannten Ortschaften ist es gut möglich, dass Besucher ihr ganz eigenes kleines Wehrdorf-Paradies entdecken, z. B. das verschlafene Örtchen Osor direkt am Kanal zwischen den Inseln Cres und Lošinj oder auch das hübsche kleine Primošten, das südlich von Šibenik über der Küste thront.

1

1. Mittelalterliche Straße, Šibenik (S. 251) **2.** Stadtmauern (S. 347) **3.** Festung Kamerlengo, Trogir (S. 282)

3

BORISB17/SHUTTERSTOCK ©

Inselleben

Kroatien hat 1244 Inseln unterschiedlichster Größe – von kleinen, aus dem Wasser ragenden Felsen bis hin zu großen bewohnten Landmassen mit Landwirtschaft und Kleinstädten. Krk und Pag sind zwei der größten Inseln. Sie sind durch Brücken mit dem Festland verbunden, pflegen aber weiter ihre Inselkultur und Lebensart.

Zu den beliebteren und bewohnten Inseln fahren regelmäßig Schiffe, sowohl Fähren als auch Katamarane. Allerdings kann es im Juli und August sowie an den Wochenenden im Juni und September an den Autofähren lange Schlangen geben. Wer dann eine Inseltour machen will, kann als Fußgänger ein Schiff nehmen und auf der Insel ein Auto oder einen Roller mieten. Aufgepasst: Mit „Fähren“ sind oft Autofähren gemeint; die schnelleren Personenfähren werden „Katamarane“ genannt.

Wenn es um die kleineren Inselgruppen geht, etwa die Kornaten, sind organisierte Touren sehr beliebt, die in Reisebüros, Touristeninformationen und an den Jachthäfen angeboten werden. Jachtfans fühlen sich angesichts einsamer Buchten und unbewohnter Inselchen wie im Segelparadies. Wer seine Jacht nicht dabei hat, kann sich hier eine mit oder ohne (falls man den Schein hat) Skipper mieten. Im Angebot sind auch viele Insel-Segeltouren zum Pauschalpreis, darunter auf Backpacker ausgerichtete Trips.

Strände

Auch wenn es – Luftlinie – eigentlich nur ungefähr 600 km sind, wäre Kroatiens Adriaküste 1778 km lang, wenn jemand mal die Zacken ausbügeln und die unzähligen Inseln auffalten würde. Klares Wasser und mildes Wetter locken im Sommer Millionen von Urlaubern

MARSAN/SHUTTERSTOCK ©

VAIDOTAS GRYBAUSKAS/SHUTTERSTOCK ©

1. Fähren von Jadrolinija fahren zwischen dem Festland und der Insel Hvar (S. 297)
2. Die Insel Krk (S. 206) ist durch eine Brücke mit dem Festland verbunden

an die Strände. Hochphase sind die Sommerferien von Juli bis August.

Wer lange Sandstrände wie den Bondi Beach, in Malibu oder an der Copacabana erwartet, wird enttäuscht werden. Meistens sind es hübsche kleine felsige oder kiesbedeckte Buchten, gesäumt von Kiefern, Olivenbäumen oder Gestrüpp. Es gibt auch einige schöne Sandstrände – vor allem auf den Inseln –, aber dort ist das Wasser oft so extrem flach, dass man ewig laufen muss, bis man wenigstens bis zu den Knien im Wasser steht. Auch aus diesem Grund ziehen die meisten dann doch die felsigen Buchten zum Baden vor.

Beeindruckend ist die Farbe des klaren Wassers – oft schimmert es fast unnatürlich blau oder grün. Derzeit gibt es 89 mit der Blauen Flagge (ein Indikator für gute Wasserqualität und Umweltschutz) bewertete Strände, das Gros davon in Istrien und in der Kvarner Bucht.

Wer baden will, sollte an der ganzen Küste auf Seeigel achten. Die Stacheln sind schmerzhaft und können sich in der Haut verhaken und Infektionen verursachen. Am besten besorgt man sich, z. B. an den Stränden, Schwimmsandalen.

In Kroatien gibt's jede Menge FKK-Strände, vielerorts samt Campingplatz. Einfach nach dem Schild Ausschau halten – Wasserschuhe nicht vergessen!

Schnorcheln & Tauchen

Wer sich etwas Gutes tun will, packt Tauchmaske und Schnorchel ein. Das klare, warme Wasser mit den kleinen Fischen ist ideal zum Tauchen und Schnorcheln. Tauchfans finden viele Spots: Schiffwracks (aus der Antike bis hin zum Zweiten Weltkrieg), Unterwassersteilwände und Höhlen. Beliebt sind u. a. das Wrack der *Taranto* nahe Dubrovnik, das Margarita-Riff vor Susak, das Wrack der *Rosa* vor Rab und die Gewässer um die Inseln Brač, Vis, Dugi Otok und Lošinj.

1

SIETE_VIDAS/SHUTTERSTOCK ©

2

JGA/SHUTTERSTOCK ©

1. Ein ruhiger Strand in der Nähe von Bol (S. 295) auf der Insel Brac
2. Seeigel (S. 394) gibt es häufig entlang der kroatischen Küste

Kvarner Bucht

☎ 051

Inhalt ➡

Rijeka 183
Nationalpark Risnjak .189
Volosko. 190
Opatija 191
Naturpark Učka 193
Cres & Lošinj. 194
Cres (Ort) 196
Mali Lošinj 201
Krk 206
Crikvenica 213
Senj. 214
Rab 215

Gut essen

- Plavi Podrum (S. 191)
- Kukuriku (S. 190)
- Konoba Valle Losca (S. 191)
- Konoba Nono (S. 209)
- Konoba Nebuloza (S. 187)

Schön übernachten

- Design Hotel Navis (S. 190)
- Hotel-Vinotel Gospoja (S. 210)
- Luce (S. 210)
- Hotel Miramar (S. 192)
- Hostel Dharma (S. 186)

Auf zur Kvarner Bucht!

Die von hoch aufragenden Bergen geschützte Kvarner Bucht ist seit Langem beliebt bei Urlaubern, die das milde Klima und das kobaltblaue Wasser schätzen, aber mehr sehen wollen als nur reizvolle Strände. Während der k. u. k.-Ära bauten sich die oberen Zehntausend hier ihre Ferienhäuser und hinterließen Orten wie Rijeka und Opatija ein stattliches architektonisches Erbe. Von diesen beiden benachbarten Städten kommt man problemlos zu den Wanderwegen in den geschützten Wäldern des Naturparks Učka und des Nationalparks Risnjak.

Auf den Inseln Cres, Lošinj, Krk und Rab gibt es sehr stimmungsvolle alte Hafenstädte und unberührte Küstenstreifen mit wunderbaren, abgeschiedenen Badebuchten. Auch die Fauna trägt zum Reiz der Gegend bei. Auf Cres lebt eine bedeutsame Gänsegeier-Population, auf Lošinj wurde ein Meeresschutzzentrum für Adriadelfine und Schildkröten eingerichtet, und in den Naturparks Učka und Risnjak kann man (mit etwas Glück) Bären beobachten.

Reisezeit

Rijeka

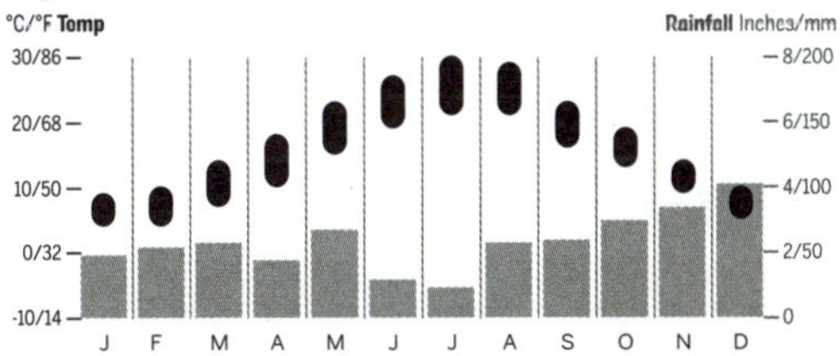

Jan.–März Während des Karnevals wird Rijeka zwei Wochen lang zum europäischen Rio.

Mai & Juni Vor der Küste von Lošinj lassen sich regelmäßig Delfine blicken.

Juli & Aug. Veranstaltungen unter freiem Himmel, volle Strände und Mittelalter-Jahrmärkte.

Highlights

1. In **Rab (Ort)** (S. 216) die kopfsteingepflasterten Straßen der Altstadt erkunden
2. Im Gourmet-Mekka **Volosko** (S. 190) kroatische Spezialitäten kosten
3. Im **Naturpark Učka** (S. 193) nach Bären Ausschau halten und schöne Landschaften bestaunen
4. Den Blick von der **Festung Trsat** (S. 183) genießen
5. Für ein unvergessliches Mahl ins **Kukuriku** (S. 190) in Kastav fahren
6. Die abgelegenen Strände der **Halbinsel Lopar** (S. 221) entdecken
7. Das lebhafte Flair von **Mali Lošinj** (S. 201) genießen
8. Sich im ruhigen **Beli** (S. 196) auf der wunderschönen Insel Cres verlieren
9. In einer der abgelegensten Buchten Kroatiens unterhalb des faszinierenden Dorfes **Lubenice** (S. 199) baden
10. Wie einst die Habsburger auf der Promenade in **Opatija** (S. 191) herumstolzieren

RIJEKA

051 / 120 855 EW.

Das lebendige Rijeka, Kroatiens drittgrößte Stadt, vereint auf faszinierende Weise das eher düstere Flair einer Hafenstadt des 20. Jhs. mit italienisierter Habsburger Pracht. Die meisten Urlauber fahren auf ihrem Weg zu den Inseln oder nach Dalmatien an Rijeka vorbei, wer hier aber eine Pause einlegt, wird Charme und Kultur, brodelndes Nachtleben, tolle Festivals und Kroatiens farbenprächtigsten Karneval entdecken.

Abgesehen von einigen bedauerlichen Bausünden am Stadtrand schmücken das Stadtzentrum kunstvolle Gebäude aus der k. u. k.-Ära. Außerhalb des dicht bebauten Stadtkerns, zu dem auch Kroatiens größter Hafen samt Schiffen, vielen bunten Frachtcontainern und einer Vielzahl Kräne gehört, ist Rijeka überraschend grün.

Rijeka ist ein dynamischer Verkehrsknotenpunkt. Da es hier jedoch keinen echten Strand gibt, schlagen die meisten Besucher ihr Quartier im nahe gelegenen Opatija auf.

Geschichte

Nach der erfolgreichen Unterwerfung der illyrischen Volksgruppe der Liburner gründeten die Römer den Hafen Tarsaticae. Um das 7. Jh. wanderten slawische Völker ein und errichteten auf den Fundamenten der römischen Stadt eine neue Siedlung.

Verschiedene Feudalherren – von deutschen Adligen bis zu den Fürsten Frankopan von Krk – herrschten über die Stadt; Ende des 15. Jhs. gelangte sie schließlich in den Machtbereich der österreichischen Habsburger. Für diese stellte Rijeka einen strategisch wichtigen Zugang zum Meer dar, weshalb 1725 eine neue Straße von Wien an die Küste der Kvarner Bucht gebaut wurde. Dies wiederum förderte die wirtschaftliche Entwicklung und vor allem den Schiffsbau, der seitdem das Herzstück der städtischen Wirtschaft bildet.

1750 wurde Rijeka von einem verheerenden Erdbeben heimgesucht, das den Großteil seiner mittelalterlichen Altstadt zerstörte. 30 Jahre später wurden die alten Stadtmauern abgetragen, um Platz für den Bau eines moderneren Handelsviertels zu schaffen. Der Korzo, die große Flaniermeile von Rijeka, entstand als große Allee anstelle der geschleiften Stadtmauer.

Bei der Neugliederung der österreichisch-ungarischen Doppelmonarchie im Jahr 1867 wurde Rijeka Teil des Königreichs Ungarn. Imposante Stadtgebäude wurden errichtet; eine neue Eisenbahn verband den Ort mit Zagreb, Budapest und Wien und brachte die ersten Touristen an die Kvarner Bucht.

Zwischen 1918, als italienische Truppen Rijeka und Istrien besetzten, und 1945, als Rijeka ein Teil des Nachkriegs-Jugoslawiens wurde, wechselte die Stadt mehrmals den Besitzer und war teilweise sogar ein Freistaat (unter ihrem italienischen Namen Fiume). Seit 1991 gehört Rijeka zum unabhängigen Kroatien. Es gibt hier aber noch immer eine beträchtliche, gut organisierte italienische Minderheit, die sogar eine eigene Zeitung namens *La Voce del Popolo* veröffentlicht.

Sehenswertes

Das Labyrinth der Straßen und Plätze im alten Stadtkern von Rijeka ist hervorragend mit mehrsprachigen Schildern ausgestattet, die jeweils die Geschichte der Sehenswürdigkeiten erläutern.

★ Festung Trsat BURG

(Trsatska Gradina; Petra Zrinskoga bb; Erw./Kind 15/5 Kn; Juni–Okt. 9–20 Uhr, Nov.–Mai bis 17 Uhr) Hoch auf einem Hügel über der Stadt hat man von den Basteien und Wällen dieser halb verfallenen Festung aus dem 13. Jh. einen fantastischen Blick auf das Tal des Flusses Rječina und den Hafen, auf die Adria und die Insel Krk in der Ferne. Das heutige Bauwerk ließen die Frankopan-Fürsten von Krk errichten; die letzten Neuerungen wurden 1824 von Laval Graf Nugent, einem österreichischen Feldmarschall irischer Abstammung, vorgenommen, der die Burg in eine romantische Residenz im neoklassizistischen Biedermeierstil umwandelte.

Das im antiken griechischen Stil erbaute Familienmuseum der Nugents wird von Basilisken bewacht. Es beherbergt eine Galerie und hin und wieder Wechselausstellungen im früheren Kellerverlies. Im Sommer finden in der Burg Konzerte, Theateraufführungen und Modeschauen statt. Von der Cafébar im Freien (Sommer bis 24 Uhr) genießt man einen wundervollen Ausblick.

Kathedrale St. Veit KATHEDRALE

(Katedrala Sv Vida; Trg Grivica 11; Mo–Fr 6–17, Sa bis 12, So 9–13 Uhr) GRATIS Nördlich von Rijekas **römischem Bogen** (Rimski Luk; Stara Vrata) befindet sich dieser ungewöhnliche Rundbau, der 1638 von den Jesuiten an der Stelle einer früheren, kleineren Kirche gebaut und dem Schutzheiligen von Rijeka

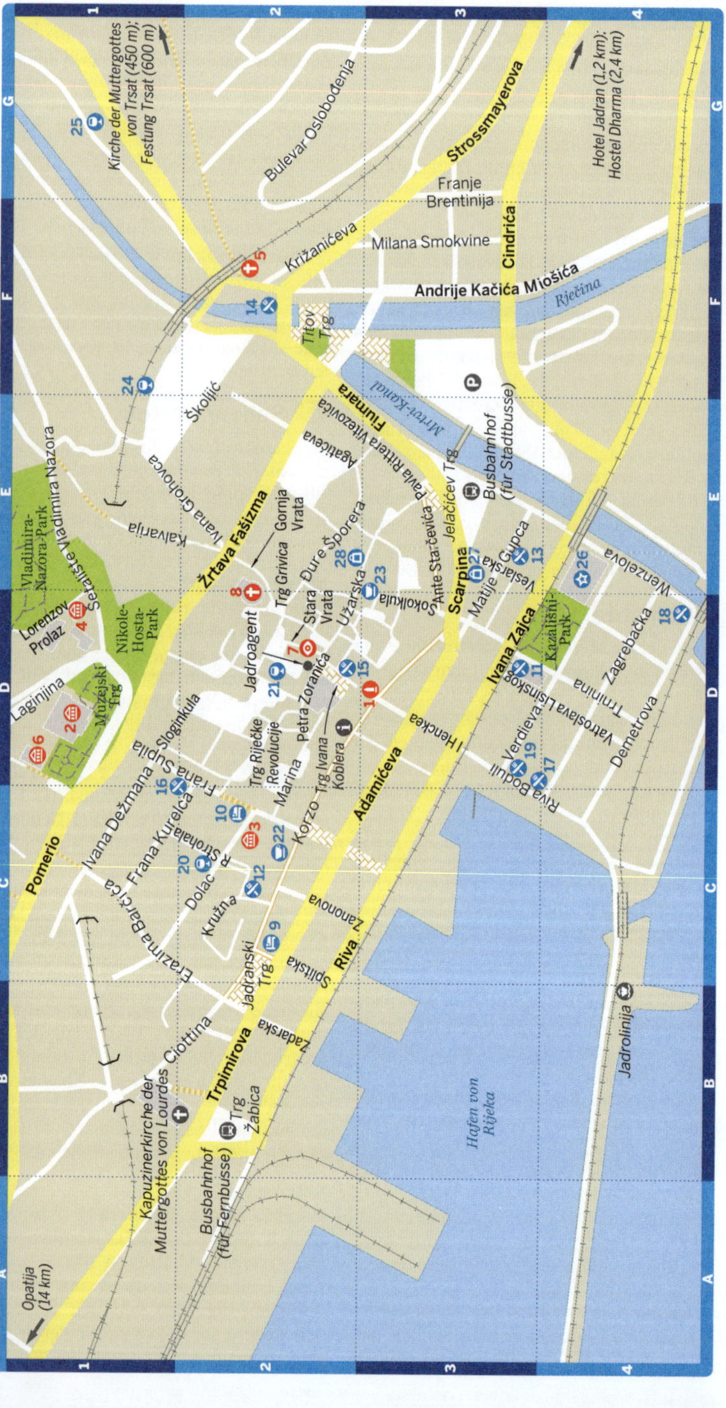
Rijeka
0
200 m
Opatija (14 km)
Kirche der Muttergottes von Trsat (450 m); Festung Trsat (600 m)
Hotel Jadran (1,2 km); Hostel Dharma (2,4 km)
Strossmayerova
Bulevar Oslobođenja
Franje Brentinija
Milana Smokvine
Križanićeva
Cindrića
Andrije Kačića Miošića
Rječina
Titov Trg
Fiumara
Mrtvi Kanal
Školjić
Ivana Grohovca
Žrtava Fašizma
Agatićeva
Pavla Rittera Vitezovića
Jelačićev Trg
Busbahnhof (für Stadtbusse)
Kalvarija
Šetalište Vladimira Nazora
Vladimira-Nazora-Park
Lorenzov Prolaz
Nikole-Hosta-Park
Muzejski Trg
Laginjina
Trg Grivica
Gornja Vrata
Stara Vrata
Jadroagent
Dure Šporera
Užarska
Sokolkula
Ante Starčevića
Scarpina
Matije Gupca
Vesarska
Wenzelova
Kazališni-Park
Ivana Zajca
Zagrebačka
Trninina
Vatroslava Lisinskog
Verdieva
Demetrova
Riva Boduli
Petra Zoranića
Trg Riječke Revolucije
Marina
Korzo
Trg Ivana Koblera
I Henckea
Adamićeva
Sloginkula
Ivana Dežmana
Frana Supila
Frana Kurelca
R Strohala
Dolac
Kružna
Pomerio
Erazima Barčića
Zanonova
Riva
Jadranski Trg
Splitska
Zadarska
Trpimirova
Ciottina
Kapuzinerkirche der Muttergottes von Lourdes
Trg Žabica
Busbahnhof (für Fernbusse)
Hafen von Rijeka
Jadrolinija
1 2 3 4 5 6 7 8 9 10 11 12 13 14 15 16 17 18 19 20 21 22 23 24 25 26 27 28
A B C D E F G

Rijeka

Sehenswertes

1	Stadtturm	D3
2	Seefahrts- & Geschichtsmuseum	D1
3	Museum der modernen & zeitgenössischen Kunst	C2
4	Naturhistorisches Museum	D1
5	Treppe des Petar Kružić	F2
6	Stadtmuseum	D1
7	Römischer Bogen	D2
8	Kathedrale St. Veit	D2

Schlafen

9	Carnevale	C2
10	Grand Hotel Bonavia	C2

Essen

11	Stadtmarkt	D3
12	Conca D'Oro	C2
13	Feral	E3
14	Konoba Nebuloza	F2
15	Maslina Na Zelenom Trgu	D2
16	Mlinar	C1
17	Mornar	D3
18	Na Kantunu	D4
19	Placa 51	D3

Ausgehen & Nachtleben

20	Bačva	C2
21	CukariKafe	D2
22	Filodrammatica Bookshop Cafe	C2
23	Samovar Bar	E3
24	Tunel	F1
25	Život	G1

Unterhaltung

26	Kroatisches Nationaltheater Ivan Zajc	E4

Shoppen

27	Paška Sirana	E3
28	Šta Da?	E2
	VBZ	(siehe 22)

geweiht wurde. Nicht wundern, wenn einem die Kirche vertraut erscheint – ihr Bild ziert die Rückseite der 100-Kuna-Note. Gewaltige Marmorsäulen tragen die zentrale Kuppel, unter der sich barocke Altäre und ein gotisches Kruzifix aus dem 13. Jh. befinden.

Seefahrts- & Geschichtsmuseum — MUSEUM

(Pomorski i Povijesni Muzej; ☎051-553 667; www.ppmhp.hr; Muzejski trg 1; Erw./Kind 20/15 Kn; ⏲Mo 9–16, Di–Sa bis 20, So 16–20 Uhr) Das Highlight des Museums ist das Gebäude selbst, der ehemalige Palast des österreichisch-ungarischen Gouverneurs. Es ist ein Meisterwerk der ungarischen Architektur mit prächtigen Treppenaufgängen, glänzenden Kronleuchtern und vielen aufwendig restaurierten Zimmern. Die maritime Sammlung umfasst römische Amphoren, Modellschiffe, Seekarten, Navigationsinstrumente und Kapitänsporträts.

Naturhistorisches Museum — MUSEUM

(Prirodoslovni Muzej; www.prirodoslovni.com; Lorenzov Prolaz 1; Erw./Kind 10/5 Kn; ⏲Mo–Sa 9–19, So bis 15 Uhr) Das Museum in einer prachtvollen Villa aus dem 19. Jh. widmet sich der Geologie, Botanik und der Meeresfauna der Adria. Es gibt hier auch ein kleines Aquarium, eine Ausstellung zu Haien, ausgestopfte Tiere und jede Menge Insekten. Nicht verpassen sollte man den angrenzenden botanischen Garten mit mehr als 2000 einheimischen Pflanzenarten.

Kirche der Muttergottes von Trsat — KIRCHE

(Crkva Gospe Trsatske; Frankopanski trg; ⏲8–17 Uhr) Einer Legende zufolge brachten Engel Ende des 13. Jhs. das Haus der Muttergottes aus Nazareth ins italienische Loreto in den Marken auf der anderen Seite der Adria, ruhten sich aber zuvor hier in Trsat aus. Die Kapelle, die an dieser Stelle errichtet wurde, begann nach und nach Pilger anzulocken. Nachdem der Papst 1367 ein Marienbild gestiftet hatte – es ist heute hinter einem prächtigen schmiedeeisernen Tor auf dem Hauptaltar zu sehen –, wurde sie zur großen Wallfahrtsstätte. Auch heute zieht die Kirche jedes Jahr noch Tausende Pilger an.

In dem barocken Kreuzgang sieht man diverse Votivgaben. Nach vorheriger Vereinbarung können auch die wertvollen sakralen Kunstobjekte in der Schatzkammer und ein 15-minütiger Film über die Kirche angeschaut werden.

Wer in die Fußstapfen der Pilger treten will, erklimmt vom Titov trg aus die **Treppe des Petar Kružić**. Sie wurde im Jahr 1531 für die Gläubigen auf ihrem Weg zur Kirche erbaut und ist gesäumt von Kapellen, in denen die Pilger Rast machten. Eine schnellere Alternative ist die Fahrt mit dem Stadtbus 2 nach Trsat.

Museum der modernen und zeitgenössischen Kunst — GALERIE

(Muzej Moderne i Suvremene Umjetnosti; ☎051-334 280 www.mmsu.hr; Dolac 1; Erw./Kind 20/10 Kn; ⏲Di–Fr 11–20, Sa & So 11–13 & 17–20 Uhr) Das kleine Museum im 2. Stock der Universitätsbibliothek zeigt erstklassige Wechselausstellungen mit Straßenfotografien, aber auch zeitgenössischen Zeichnungen und Skulpturen.

Stadtturm TURM
(Gradski Toranj; Korzo) Der auffallende gelbe Stadtturm ist eines der wenigen Bauwerke, die das Erdbeben von 1750 überstanden haben. Er war ursprünglich das Tor vom Ufer zur Altstadt. Die Habsburger fügten nach dem Erdbeben die Barockverzierungen hinzu und bestückten das Portal mit Wappen und Kaiserbüsten. Die noch funktionierende Uhr wurde im Jahr 1873 angebracht.

Stadtmuseum MUSEUM
(Muzej Grada Rijeke; ☎051-336 711; www.muzej-rijeka.hr; Muzejski trg 1; Erw./Kind 15/10 Kn; ⌚Mo–Sa 10–20, So bis 15 Uhr) Das kleine Museum in einem schachtelförmigen Gebäude aus den 1970ern zeigt ständig wechselnde Ausstellungen von Kunst bis Lokalgeschichte. Es lohnt sich nicht, extra dafür die Stadt zu durchqueren, wenn man aber wegen der benachbarten Museen eh schon in der Gegend ist, kann man ja mal reinschauen.

Feste & Events

★ Karneval von Rijeka KARNEVAL
(Riječki Karneval; www.rijecki-karneval.hr; ⌚Mitte Jan.–Anfang März) Man darf zwar nicht Rio erwarten, doch der größte Karneval in Kroatien ist sicher ein guter Grund, zwischen Mitte Januar und Aschermittwoch einige Tage in Rijeka zu verbringen. Zum Programm zählen Schauspiel, Straßentänze, Konzerte, Maskenbälle, Ausstellungen und ein Umzug. Sehenswert sind die *zvončari*, tanzende maskierte Männer mit Tierfellen, die mit lauten Glocken böse Geister vertreiben.

Sommernächte von Rijeka THEATER
(Riječke Ljetne Noći; ⌚Juni & Juli) Im Kroatischen Nationaltheater und auf Freilichtbühnen auf dem Korzo und an den Stränden werden Theaterstücke und Konzerte aufgeführt.

Schlafen

★ Hostel Dharma HOSTEL €
(☎051-562 108; www.dharmahostels.com; Spinčićeva 2; B/EZ/DZ 136/270/372 Kn; P ❄ 📶) Clevere Umbaumaßnahmen haben das Eisenschmelzwerk am östlichen Stadtrand in ein empfehlenswertes Hostel samt Yogastudio und Veggie-Restaurant verwandelt. Der Tag beginnt mit einem (gratis) Yogakurs und einem vegetarischen Frühstück; danach kann man es sich im Garten bequem machen.

★ Carnevale HOSTEL €
(☎051-410 555; www.hostelcarnevale.com; Jadranski trg 1; B/Zi. 200/365 Kn; ❄ 📶) Mit den Wänden im Metallic-Look, den bauschigen Stoffen an der Decke, der Bettwäsche mit Tiermustern und den Kunstwerken überall im Haus sorgt das sehr zentral gelegene Hostel für festliche Stimmung. Handtücher werden gestellt (und regelmäßig ausgewechselt), und es gibt Schließfächer auch für großes Gepäck. Einziger Nachteil: Man muss ohne Küche auskommen.

Grand Hotel Bonavia HOTEL €€
(☎051-357 100; www.bonavia.hr; Dolac 4; Zi. ab 475 Kn; P ❄ 📶) Mitten im Zentrum bietet das schachtelförmige Hotel mit umwerfender Glasfassade gut ausgestattete, komfortable Zimmer, die schicker sind, als man erwarten würde. Das Grand Hotel ist bereits um die 140 Jahre alt, die Einrichtung aber sehr modern. Es gibt auch ein Restaurant, ein Spa und einen kleinen Fitnessraum.

Hotel Jadran HOTEL €€€
(☎051-216 600; www.jadran-hoteli.hr; Šetalište XIII Divizije 46; EZ/DZ ab 625/780 Kn; P ❄ @ 📶) Das makellose Vier-Sterne-Hotel 2 km östlich vom Zentrum schmiegt sich an eine Klippe oberhalb der Adria. Am besten bucht man ein Zimmer zum Meer, sodass man vom Balkon aus aufs Wasser schaut. Es gibt auch einen mit Beton eingefassten Strand.

Essen

★ Mlinar BÄCKEREI €
(☎091 23 88 555; www.mlinar.hr; Frana Supila; Stück ab 8 Kn; ⌚Mo–Fr 5.30–20, Sa 6.30–15 Uhr) Die beste Bäckerei der Stadt bietet lecker belegte Baguettes, Vollkornbrote, Croissants und Böreks (mit Fleisch, Spinat oder Käse gefüllte Blätterteigtaschen). Es gibt mehrere Filialen in der Stadt (und in ganz Kroatien).

Maslina Na Zelenom Trgu ITALIENISCH €
(☎051-563 563; www.pizzeria-maslina.hr; Koblerov trg bb; Pizza 32–65 Kn, Hauptgerichte 27–135 Kn; ⌚Mo–Sa 11–24 Uhr) Die beste Pizza im Zentrum gibt's in diesem italienischen Restaurant mit Jugendstil-Deko und Kacheltischen. Die Pizzas sind vor allem bei den in Rijeka lebenden Italienern beliebt. Im Sommer kann man von einem Tisch im Freien auch die hübsche Aussicht auf den Stadtturm von Rijeka (S. 186) genießen.

Stadtmarkt MARKT €
(Tržnica; Ivana Zajca 3; ⌚Mo–Sa 7–14, So bis 12 Uhr) Der Markt von Rijeka ist eine der besten

Adressen hier, um sich mit Obst und Gemüse der Saison einzudecken.

★ **Konoba Nebuloza** KROATISCH €€

(☎051-374 501; www.konobanebuloza.com; Titov trg 2b; Hauptgerichte 50–120 Kn; ⏲Mo–Fr 11–24, Sa ab 12 Uhr) Das etwas gehobenere kleine Restaurant am Fluss bewegt sich zwischen moderner und traditioneller kroatischer Küche und bietet jede Menge Meeresfrüchte sowie ausgewählte Rindfleisch- und Truthahngerichte. Zu den Spezialitäten gehören vakuumgegarter Schwertfisch und Kalbsrumpsteak mit Prosciutto und Käse. Die Runkelrübe (ein Gemüse, das viele vermutlich noch nie gesehen, geschweige denn gegessen haben) scheint es dem Küchenchef besonders angetan zu haben.

★ **Mornar** BISTRO €€

(☎051-312 222; www.facebook.com/bistromornar; Riva Boduli 5a; Hauptgerichte 40–115 Kn; ⏲12–23 Uhr) Inmitten eines weniger reizvollen Teils des Hafens von Rijeka serviert dieses hübsche, kleine Bistro tolle Fisch- sowie einige Grillfleisch- und Nudelgerichte. Das Ambiente ist hell, der Service freundlich, und die Köche verstehen etwas von ihrem Handwerk. Die Fischsuppe ist besonders lecker.

Na Kantunu KROATISCH, MEERESFRÜCHTE €€

(☎051-313 271; Demetrova 2; Hauptgerichte 50–110 Kn; ⏲Mo–Sa 8–23 Uhr) Frische Fische und Meeresfrüchte sind die Stars in diesem hellen, luftigen Restaurant in etwas schmuddeliger Lage am Hafen. Ein guter Ort, um traditionelle Fisch- oder Tintenfischeintöpfe zu probieren! Danach gibt's leckeres Obstgebäck.

Conca D'Oro MEERESFRÜCHTE, ITALIENISCH €€

(☎051-213 782; www.facebook.com/concadorori; Kružna 12; Hauptgerichte 50–150 Kn; ⏲Mo–Sa 1–23 Uhr; 🐾) Die hervorragend zubereiteten Meeresfrüchte sind ein Gedicht, das gilt auch für die italienischen Pastagerichte und Risottos sowie für die erlesenen kroatischen Weine in diesem stilvollen, wenn auch etwas sonderbar dekorierten Restaurant (der Innenraum ist von gaudíesken Säulen und Steinen, die in die Wände eingelassen sind, geprägt). Auf einer Tafel stehen täglich wechselnde Gerichte wie *pečena hobotnica* (gerösteter Tintenfisch).

Feral KROATISCH €€

(☎051-212 274; www.konoba-feral.com; Matije Gupca 5b; Hauptgerichte 60–180 Kn; ⏲Mo–Sa 8–24, Sa 12–18 Uhr) Dieses unscheinbare Restaurant ist bei den Einheimischen tagsüber zwar vor allem als Café beliebt, aber auch die Speisen, die hier auf de Tisch kommen, sind echt gut. Das Grillgemüse und die geräucherten Sardinen sind ebenso lecker wie der gegrillte Fisch oder die perfekt zubereiteten Meeresfrüchte.

Placa 51 KROATISCH €€€

(☎051-546 454; Riva Boduli 3a; Hauptgerichte 59–190 Kn) Gereiftes dalmatisches Rindfleisch, exzellente Thunfisch-Steaks, tolle Oktopus-Vorspeisen – die hervorragende Küche des Placa 51 umfasst eine gute Auswahl nordkroatischer sowie einiger italienischer Gerichte. Genießen kann man all in einladendem, traulichem Ambiente.

Ausgehen & Unterhaltung

Die größte Auswahl von Bars – von Lounge bis schlicht-rustikal – gibt's im (touristischen) Zentrum von Riva und Korzo.

★ **Samovar Bar** CAFE

(☎051-215 521; www.samovar.hr; Trg Matije Vlačića Flaciusa; ⏲Mo–Sa 7–22 Uhr) Die gemütliche, ungewöhnliche Bar hat eine wundervolle Auswahl Tees, tolle Kaffees und andere Getränke, z. B. eine fantastische Rosenlimonade. Die Dekoration ist herrlich retro, von Kronleuchtern bis hin zu Teddybären.

★ **Tunel** BAR, CLUB

(Školjić 12; ⏲Di & Mi 9–24, Do bis 2 , Fr bis 3, Sa 19–3 Uhr; 📶) Das in einem Tunnel unter den Bahngleisen verstecke Juwel verwandelt sich abends (und dann bis spät in die Nacht) vom Café in einen Veranstaltungsort für Comedy und Live-Musik. Am Wochenende sehr (!) gut besucht!

Bačva BAR

(Rudolfa Strohala 3; ⏲Mo–Mi 12–24, Do bis 1, Fr & Sa bis 2 Uhr) Craft- und ausländische Biere,

GÄSTEKARTE

Die **Rijeka & Opatija Tourist Card** (www.touristcard.hr) gewährt Ermäßigungen und gilt für 24/48/72 Stunden (45/75/105 Kn). Zusätzlich ermöglicht die Karte in beiden Städten freien Eintritt zu Museen, an manchen Stellen kostenloses Parken und die Nutzung öffentlicher Verkehrsmittel. Die Gästekarte gibt es in den Tourismusinformationen in Rijeka (S. 188) oder in Opatija (S. 193).

großartige Musik und witzige Deko machen das Bačva zu einem beliebten Ziel für unterhaltsame Abende. Bei Live-Musik (an manchen Wochenenden) steppt hier der Bär.

Život CLUB

(☎051-335 882; www.facebook.com/KlubZivot; Rużićeva 2; ⌚Fr & Sa 22–5 Uhr) Abgefahrener Retro-Nachtclub, der nur am Wochenende geöffnet hat. Das Publikum ist meist Mitte 20 und älter und tanzt zu den Hits der 1980er und 1990er. Die Einrichtung besteht aus einer wirren Mischung aus Omas Antiquitäten und Hipster-Krempel.

CukariKafe BAR

(☎099 58 38 276; Trg Jurja Klovica 2; ⌚Mo–Do 7–24, Fr & Sa bis 2, So 10–22 Uhr) In einer winzigen Gasse der Altstadt versteckt sich die coolste Café-Bar Rijekas. Man besetzt einfach einen Platz auf der mit großen weißen Holzmöbeln bestückten überdachten Terrasse oder drinnen im mit schrulligem Jugendstil-Krimskrams dekorierten Innenraum. Kaffee und Kuchen sind großartig. Dazu gibt's eine beruhigende Hintergrundmusik.

Filodrammatica Bookshop Cafe CAFÉ, BAR

(☎051-211 696; Korzo 28; ⌚7–23 Uhr) Die Café-Bar mit luxuriöser Deko, Sofas und einem Buchladen von VBZ (☎051-324 010; www.vbz.hr; Korzo 32; Mo–Fr 7.30–19.30, Sa bis 17 Uhr) – Kroatiens größtem Verlag– ist stolz auf seine Spezial- und die frischen, sortenreinen Kaffees. Sandwiches und Snacks gibt's auch.

Kroatisches Nationaltheater Ivan Zajc THEATER

(Hrvatsko Narodnog Kažalište Ivana pl Zajca; ☎051-337 114; www.hnk-zajc.hr; Verdieva 5a) Bei seiner Eröffnung 1885 wurde das imposante Theater von der ersten Glühbirne in der Stadt beleuchtet. Heute werden hier auf Kroatisch und Italienisch Theaterstücke, Opern und Ballett gezeigt. Einige der Fresken an der Decke stammen von Gustav Klimt.

Shoppen

★Paška Sirana KÄSE

(☎051-734 205; www.paskasirana.hr; Scarpina 3) Lust auf ein Picknick? In diesem feinen, kleinen Lädchen werden kroatische Käsesorten aller Art angeboten, die man normalerweise vor dem Kauf kosten kann.

Šta Da? GESCHENKARTIKEL & SOUVENIRS

(Užarska 14; ⌚Mo–Fr 10–20, Sa bis 13 Uhr) Wörtlich übersetzt bedeutet *šta da* „was ja" – die Floskel ist ein für Rijeka typischer Ausdruck für „Echt jetzt?" oder „Was Du nicht sagst!" Der coole kleine Laden verkauft T-Shirts, Schmuck und Uhren, viele davon mit dem geschäftseigenen Logo und in dem auffälligen Orange der Stadtbusse.

Praktische Informationen

Clinical Hospital Center Rijeka (Klinički Bolnički Centar Rijeka; ☎051-658 111; www.kbc-rijeka.hr; Krešimirova 42)

Touristeninformation (☎051-335 882; www.visitrijeka.hr; Korzo 14; ⌚Mo–Sa 8–20, So bis 14 Uhr) Hat gute farbige Stadtpläne, einige Broschüren und Listen von Privatunterkünften.

An- & Weiterreise

BUS

Der **Fernbusbahnhof** (☎051-660 300; Trg Žabica 1) liegt im Stadtzentrum. Die Busse nach Opatija (28 Kn, 20 Min.) starten vom Stadtbusbahnhof am Jelačićev trg.

Autotrans (☎051-660 660; www.autotrans.hr) hat seinen Sitz in Rijeka und bietet Verbindungen nach Istrien, Zagreb, Varaždin und an die Kvarner Bucht. Auch **Flixbus** (https://www.flixbus.com) ist einen Versuch wert.

Cres 110 Kn, 2 Std. 20 Min., bis zu 4-mal tgl.
Dubrovnik ab 348 Kn, 12½ Std., 2-mal tgl.
Krk 64 Kn, 1 Std. 20 Min., stündl.
Pula 89 Kn, 2½ Std., bis zu 18-mal tgl.
Rovinj 115 Kn, 2 Std. 20 Min., bis zu 5-mal tgl.
Split ab 236 Kn, 8 Std., bis zu 7-mal tgl.
Zadar 156 Kn, 4 Std., 9-mal tgl.
Zagreb ab 85 Kn, 2½ Std., min. stündl.

FLUGZEUG

Der **Flughafen Rijeka** (Zračna Luka Rijeka; ☎051-841 222; www.rijeka-airport.hr; Hamec 1, Omišalj) befindet sich auf der Insel Krk und wird nur saisonal von April bis Oktober angeflogen. Derzeit bietet **Eurowings** (☎01806-320 320; www.eurowings.com) Nonstop-Flüge ab Stuttgart und Köln an. Die einzigen Inlandsflüge betreibt **Trade Air** (☎091 62 65 111; www.trade-air.com) nach Dubrovnik, Split und Osijek.

SCHIFF/FÄHRE

Jadroagent (☎051-212 466; www.jadroagent.hr; Trg Ivana Koblera 2;) Infos zu allen Schiffsverbindungen in Kroatien.

Jadrolinija (☎051-211 444; www.jadrolinija.hr; Riječki Lukobran bb) Ein Katamaran fährt täglich von Rijeka nach Rab (80 Kn, 1¾ Std.) und Novalja auf Pag (80 Kn, 2¾ Std.).

ZUG

Der **Bahnhof** (Željeznički Kolodvor; www.hzpp.hr; Trg Kralja Tomislava 1) befindet sich zehn

Gehminuten östlich vom Stadtzentrum. Hier gibt's Direktzüge u. a. nach:

Ljubljana 129 Kn, 3 Std., 2-mal tgl.

Osijek 232 Kn, 9 Std., tgl.

Zagreb 119 Kn, 3¾ Std., 3-mal tgl.

Unterwegs vor Ort

BUS

In Rijeka gibt's ein umfangreiches Busnetz. Die orangefarbenen Stadtbusse werden von **Autotrolej** (051-311 400; www.autotrolej.hr) betrieben und starten am Busbahnhof. Tickets für zwei Fahrten bekommt man für 15,50 Kn bei jedem *tisak* (Zeitungsstand). Beim Busfahrer kostet ein Einzelfahrschein 10 Kn.

Dasselbe Unternehmen betreibt auch den bunten Sightseeing-Doppeldeckerbus (Erw./Kind 50/35 Kn) mit offenem Oberdeck, der rund um die Uhr zwischen dem Zentrum von Rijeka, Trsat und Opatija verkehrt. Man kann beliebig oft aus- und wieder zusteigen. Der Fahrschein gilt auch für alle Stadtbusse.

VOM/ZUM FLUGHAFEN

Rijekas Flughafen liegt auf der Insel Krk, 30 km von Rijeka entfernt.

Bei allen ankommenden Flügen wartet ein Flughafenbus, der Reisende in 30 Minuten zum Fernbusbahnhof bringt. Umgekehrt fährt der Bus jeweils zwei Stunden und 20 Minuten vor Abflug vom Busbahnhof ab. Busfahrkarten (50 Kn) bekommt man im Bus.

Ein Taxi vom Flughafen zum Zentrum kostet bis zu 255 Kn für bis zu vier Personen.

TAXI

Die Taxipreise in Rijeka sind – sofern man das richtige Unternehmen wählt – sehr günstig. Die Fahrzeuge von **Cammeo** (051-313 313; www.taxi-cammeo.hr) haben Taxameter und sind modern, günstig und sehr empfehlenswert. Eine Fahrt innerhalb des Zentrums kostet 25 Kn.

RUND UM RIJEKA

In den Bergen um Rijeka leben Wölfe, Bären, Luchse und zahlreiche Vogelarten. Vielfalt gibt's auch im vornehmen Opatija zu entdecken – hier ist sie allerdings ausschließlich von der zweibeinigen Sorte.

Nationalpark Risnjak

Der relativ selten besuchte, obwohl gerade einmal 32 km nordöstlich von Rijeka gelegene **Nationalpark Risnjak** (Nacionalni Park Risnjak; 051-836 133; www.np-risnjak.hr; 2-Tages-Pass Erw./Kind 45/25 Kn) deckt ein Gebiet mit einer Fläche von 63 km² ab. Sein höchster Gipfel ist der Veliki Risnjak (1528 m). Die Landschaft, die die Alpen mit dem Balkangebirge verbindet, ist dicht mit Buchen und Kiefern bewaldet; dazwischen liegen Wildblumenwiesen. Die angenehme Alpenbrise macht den Park, größtenteils Urwald mit nur wenigen Siedlungen, zu einem perfekten Rückzugsort, wenn einem die Hitze und die Menschenmassen an der Küste zu viel werden. Das Highlight ist die Möglichkeit, Wildtiere zu beobachten.

TIERBEOBACHTUNG IM NATIONALPARK RISNJAK

Der Park ist Heimat dreier faszinierender Säugetierarten: von Braunbär, Wolf und Eurasischem Luchs, einer mittelgroßen Wildkatze mit flauschigen Ohren, dem der Park als einer der letzten Zufluchtsorte im Land gilt – und nach dem der Park auch benannt ist (*ris* ist Kroatisch für Luchs). Alle drei Tierarten sind schwer aufzuspüren. Man hat eigentlich nur dann eine Chance auf eine Sichtung, wenn man mehrere Tage mit einem Guide auf Pirsch geht. Weitere im Park vorkommende Tiere sind Wildkatzen, Wildschweine, Rehe, Gämsen und 500 Schmetterlingsarten.

Bei der letzten Zählung wurden im Park 114 Vogelarten nachgewiesen. Vogelbeobachter dürfen auf Begegnungen mit Auerhuhn, Wanderfalke, Sperlingskauz, Habichtskauz, Waldkauz, Weißrückenspecht und den Dreizehenspecht hoffen.

Aktivitäten

Die meisten Besucher kommen zum Wandern hierher, wobei der einfache Leska-Weg vor allem bei Tagesausflüglern beliebt ist. Wer die kleineren Gipfel des Risnjak oder Snježnik erklimmen möchte, sollte sich vorher beim Informationsbüro des Parks beraten lassen. Ein weiteres Highlight ist eine Wanderung zur Quelle des Flusses Kupa.

Sportfischen und Mountainbiken sind ebenfalls möglich.

Leska-Weg WANDERN

Ausgangspunkt des Leska-Wegs, eine einfach zu bewältigende und schattige Wanderung von 4,2 km Länge, ist das Informationsbüro des Parks. Unterwegs erläutern mehrere Dutzend Tafeln mit englischer Übersetzung die

Geschichte, Topografie, Geologie, Flora und Fauna des Parks. Für die Wanderung sollte man etwa zwei Stunden einplanen.

Unterwegs kommt man vorbei an kristallklaren Bächen, hohen Tannenwäldern, bizarren Felsformationen, einer Futterkrippe für Rehe und einer Berghütte samt Picknicktisch.

Schlafen

Hotel Risnjak HOTEL €€
(☎051-508 160; www.hotel-risnjak.hr; Lujzinska 36; EZ/DZ 370/620 Kn; P 📶) Das dreistöckige gelbe Gebäude versprüht einen gewissen Charme, hat 21 Zimmer, ein Restaurant (bekannt für seine Wildgerichte), ein Café mit Bar und einen Fitnessraum. Das Hotel organisiert auch Aktivitäten für Gruppen von zehn und mehr Teilnehmern (Gleitschirmfliegen, Raften, Kanufahren, Paintball, Bogenschießen, Skifahren, Ausflüge in Schluchten). Einfach nachfragen, ob es freie Plätze gibt!

Praktische Informationen

Das **Informationsbüro des Parks** (☎051-836 133; www.np-risnjak.hr; Bijela Vodica 48, Crni Lug; ⊙9–17 Uhr; 📶) befindet sich unmittelbar westlich des Dorfes Crni Lug. Angeschlossen sind ein Restaurant und fünf einfache, saubere B-&-B-Zimmer oben im Haus (EZ/DZ 300/480 Kn; auch HP od. VP möglich).

An- & Weiterreise

Wer mit dem Auto anreist, nimmt auf der Autobahn Zagreb–Rijeka die Ausfahrt nach Delnice und folgt der Ausschilderung.

Zum Park selbst fahren keine öffentlichen Verkehrsmittel, das nahe Delnice jedoch wird von Bussen angefahren:

Opatija 60 Kn, 1 Std. 10 Min., 2-mal tgl.
Pula 139 Kn, 3½ Sdt,, 2-mal tgl.
Rijeka 48 Kn, 45 Min., ca. 1-mal stündl.
Zagreb 99 Kn, 2 Std., 9-mal tgl.

Es gibt auch eine Zugverbindung von Rijeka nach Delnice (43 Kn, 1¼ Std., 6-mal tgl.).

Volosko

☎051 / 315 EW.

Volosko liegt etwa 2 km östlich von Opatija und ist einer der schönsten Orte an diesem Abschnitt der Kvarner Bucht. Das Fischerdorf hat sich in den vergangenen Jahrzehnten zu einem Hotspot für Restaurants entwickelt, ist aber trotzdem kein klassischer Touristenort, sondern einfach nur sehr hübsch. Nach wie vor flicken Fischer im kleinen Hafen ihre Netze, und Steinhäuser mit blumengeschmückten Balkonen säumen ein Gewirr enger Gassen. Ganz gleich, ob man hier nur für einen Drink oder für ein ausgiebiges Gourmet-Essen herkommt, das Flair des Ortes und die wunderbare Umgebung sind schon für sich genommen ein Genuss.

Schlafen & Essen

★**Design Hotel Navis** DESIGN-HOTEL €€€
(☎051-444 600; www.hotel-navis.hr; Ivana Matetića Ronjgova 10; EZ/DZ 1400/1900 Kn; P ❄ @ 📶) Diese atemberaubende Hotel scheint sich an der Klippe festzukrallen und bietet stilvoll eingerichtete Zimmer mit deckenhohen Fenstern und Blick auf die Adria. Es gibt

NICHT VERSÄUMEN

KIKIERIKI IN KASTAV

Wer ein Faible für gutes Essen hat, der sollte nach Kastav fahren. Das auf einem Hügel gelegene befestigte Dorf mit seinen Steinkirchen und Plätzen ist wahrlich nicht arm an Flair. Es liegt nur 10 km von Rijeka bzw. 7 km von Opatija entfernt.

Im wunderbaren Hotelrestaurant **Kukuriku** (☎051-691 519; www.kukuriku.hr; Trg Lokvina 3, Kastav; 6-Gänge-Menü 420–600 Kn; ⊙7–24 Uhr; P ❄ 📶) des Slow-Food-Pioniers Nenad Kukurin verlangt man vergeblich nach einer Speisekarte, stattdessen begeben sich die Gäste voll und ganz in die Hände der Angestellten. Man sagt einfach, ob man lieber Fleisch, Fisch oder ein vegetarisches Gericht möchte und ob man irgendetwas nicht mag oder nicht verträgt (und steckt auch den Kostenrahmen ab). Anschließend bekommt man einen Gang nach dem anderen mit hübsch angerichteten, innovativen Speisen der lokalen Küche aufgetischt.

Obendrein gibt's hier noch 15 extrem schicke Zimmer. Das kann ganz praktisch sein, wenn man zum Essen noch den passenden Tropfen von der ausgezeichneten Weinkarte bestellen will. Und wer sich über die Gockel-Deko überall wundert – *kukuriku* ist das kroatische Wort für „Kikeriki".

ein Spa- und Wellnesscenter und ein gutes Restaurant.

★ Konoba Valle Losca KROATISCH €€
(☎ 095 58 03 757; Andrije Štangera 2; Hauptgerichte 90–100 Kn; ⏲ 11.30–14 & 17–24 Uhr) Das Wort *konoba* bezeichnet eigentlich kleine, familienbetriebene Lokale, die meistens ein ähnliches Angebot haben. In dem von Steinwänden eingerahmten Speisesaal kommt jedoch französische und italienische Küche gepaart mit erstklassigen regionalen Zutaten auf den Tisch – eine völlig andere Liga also. Eilig sollte man es hier nicht haben, denn die von den mehrsprachigen Angestellten servierten leckeren, rustikalen Gerichte wollen in Ruhe und mit Genuss verzehrt werden.

Skalinada KROATISCH €€
(☎ 051-701 109; www.skalinada.org; Uz Dol 17; Snacks & Hauptgerichte ab 25–110 Kn; ⏲ So, Mo, Mi & Do 13–24, Fr & Sa 15–2 Uhr) Ein sehr stimmungsvolles, kleines Restaurant mit Bar, schummriger Beleuchtung, unverputzten Steinwänden und kreativer kroatischer Küche aus saisonalen und regionalen Produkten. Zu den kleinen Häppchen oder Hauptgerichten gibt's eine große Auswahl offener regionaler Weine.

★ Plavi Podrum KROATISCH €€
(☎ 051-701 223; www.plavipodrum.com; Obala Frana Supila 6; Hauptgerichte ab 220 Kn; ⏲ 12–24 Uhr) Das Plavi Podrum ist eines der besten Restaurants in der Kvarner Bucht und bietet wunderbar innovative Küche, perfektioniert durch großartige Weine und Olivenöle. Zu den herausragenden Gerichten zählen Risotto mit Scampi und Trüffel (oder wildem Spargel), Wolfsbarsch, Foie Gras und Kürbis-Koriander-Püree, Scampispieße mit einem Hauch Kaffee sowie schwarze istrische Trüffel mit Seeteufelreduktion und Apfelpüree.

ℹ An- & Weiterreise

Von Opatija aus führt ein 30-minütiger Spaziergang die Küstenpromenade entlang, vorbei an Lorbeerbäumen, Palmen, Feigen, Eichen und herrlichen Villen. Wer öffentliche Verkehrsmittel bevorzugt, nimmt den Bus zwischen Rijeka (25 km, 25 Min.) und Opatija (darauf achten, keinen Expressbus zu besteigen – die halten nicht in Volosko!).

Opatija

☎ 051 / 11 145 EW.

Das elegante Opatija, 13 km westlich von Rijeka, war zur Zeit der Donaumonarchie das schickste Seebad der k. u. k.-Elite – bis heute zeugen davon etliche schöne Jugendstil-Villen der Stadt. Während der jugoslawischen Ära hat Opatija zwar ein wenig von seinem Glanz eingebüßt, konnte sich aber in den letzten zehn Jahren wieder aufrappeln. Längst lockt es mit großartigen Wellnesshotels, einer spektakulären Lage und dem ganzjährig guten Klima ein überwiegend reiferes Publikum an. Im Zuge dessen sind ein paar hervorragende Restaurants entstanden, vor allem in dem hübschen Volosko, gerade die Straße hoch.

Die Stadt erstreckt sich an der Küste zwischen bewaldeten Hügeln und der glitzernden Adria. Das Ufer ist auf der kompletten Länge gesäumt von einer Promenade, dem Lungomare. Tolle Strände darf man nicht erwarten (es gibt keine), aber in geschützten Buchten kann man prima baden.

Geschichte

Bis in die 1840er-Jahre war Opatija ein winziges Fischerdorf mit 35 Häusern und einer Kirche, bis die Ankunft des wohlhabenden Iginio Scarpa aus Rijeka alles ändern sollte: Er ließ die nach seiner Frau benannte Villa Angiolina bauen und legte einen Park mit subtropischen Pflanzen an. In der Villa logierte schon bald der europäische Hochadel, so auch die Gattin des österreichischen Kaisers Ferdinand I., Maria Anna von Savoyen, was Opatijas vornehmen Ruf festigte.

Die direkte Eisenbahntrasse, die 1873 von der Linie Wien–Triest nach Opatija gebaut wurde, beschleunigte den Aufstieg des Ortes. Das erste Hotel, das Quarnero (heute Hotel Kvarner), entstand und zog fortan eine große Zahl wohlhabender Besucher an. Jeder, der etwas auf sich hielt, musste einmal in Opatija gewesen sein. Rumänische und schwedische Könige, russische Zaren und sonstige Prominente der damaligen Zeit ließen sich hier blicken.

Auch heute ist Opatija ein Ferienort für eine gehobenere – manche sagen auch konservativere – Klientel und erfreut sich bei etwas betagteren Urlaubern aus Deutschland und Österreich großer Beliebtheit.

◉ Sehenswertes

Kroatisches Tourismusmuseum MUSEUM
(Hrvatski Muzej Turizma; ☎ 051-603 636; www.hrmt.hr; Park Angiolina 1; Erw./Kind 15/7 Kn; ⏲ April–Juni Di–So 10–18, Juli & Aug. 10-13 & 17–21, Sept.–März Di–So 10–17 Uhr) Das auf drei his-

torische Gebäude verteilte, großartige Museum beherbergt eine Dauerausstellung alter Fotografien, Postkarten, Broschüren und Plakate auf den Spuren der Geschichte des Tourismus, ergänzt von einer stets gut präsentierten Wechselausstellung zum Thema Reisen. Das Highlight sind jedoch die Gebäude selbst. Die restaurierte **Villa Angiolina** ist eines der prächtigsten Häuser in Opatija – ein Schmuckstück aus Trompe-l'œil-Fresken, korinthischen Kapitellen, vergoldeten Spiegeln und geometrischen Bodenmosaiken. Ein architektonischer Frevel sind jedoch die nachträglich eingebauten modernen Fenster.

Die Villa umgibt ein grüner Park, in dem Ginkgos, Zypressen, Steineichen und Japanische Kamelien, das Wahrzeichen von Opatija, wachsen und gedeihen. Auch ein kleines Freilufttheater, in dem Darbietungen im Kostüm stattfinden, steht in der Anlage. Das benachbarte **Schweizer Haus** (1875) war ein Nebengebäude der Hauptvilla und wurde zeitweise als Vorratskammer genutzt. Weiter westlich, hinter der Jakobskirche, befindet sich der **Künstlerpavillon Juraj Šporer** (1900), der ursprünglich als Patisserie erbaut wurde.

Lungomare UFERPROMENADE

Der wunderschöne, von majestätischen Villen und weitläufigen Gärten gesäumte Weg ist offiziell bekannt als „Uferpromenade Franz Joseph I.". Hier kann man sich bestens die Beine vertreten und das bunte Treiben beobachten. Die Promenade ist 12 km lang und verläuft entlang der Küste vorbei an unzähligen Villen, von Volosko über die Dörfer Ičići und Ika bis nach Lovran. Unterwegs kann man in die eindrucksvollen Strandvillen der Reichen spähen.

Vorbei an exotischen Sträuchern, Bambusdickicht und einem Jachthafen gelangt man aber auch zu Felsbuchten, die zu einem Sprung ins Meer einladen – eine tolle Alternative zu Opatijas Betonstränden.

Schlafen

Autocamp Medveja CAMPEN €

(☎051-710 444; www.liburnia.hr/en/camping-medveja; Medveja bb; Stellplatz für 3 Pers. 400 Kn, Wohneinheit 1100 Kn; ⏲Ostern–Mitte Okt.; P❄@) Angesichts des Mangels an billigeren Hotels in Opatija sind die neuen Mobilheime und die schlichten Zimmer mit Bad auf diesem friedlichen Campingplatz eine Überlegung wert. Er befindet sich in einem grünen Tal zwischen den Bergen, das zu einer hübschen Kiesbucht 10 km südlich von Opatija führt. Man kann auch Halb- oder Vollpension buchen; die Einrichtungen sind gut in Schuss.

Borka B&B €€

(☎051-712 118; Maršala Tita 192; EZ/DZ 420/525 Kn; 📶) Das betagte B&B in einer rosafarbenen Villa ist so ziemlich die einzige relativ preiswerte Unterkunft in Opatija. Zum Haus gehören schlichte Zimmer, braun geflieste Badezimmer und ein mit Blumen übersäter Garten.

★**Hotel Miramar** HOTEL €€€

(☎051-280 000; www.hotel-miramar.info; Ive Kaline 11; Zi. ab 1800 Kn; P❄@📶🏊) Das mit seinem ganzen Glamour fast schon kitschig wirkende, aber dennoch fabelhafte Miramar zielt vor allem auf deutsche Gäste ab. Es hat geräumige Zimmer, die sich auf fünf pastellfarbene Gebäude in einem hübschen Garten verteilen. Es gibt auch einen kleinen felsigen Strand, Innen- und Außenpools, ein Wellnesscenter und viele Kronleuchter.

Villa Ariston HOTEL €€€

(☎051-271 379; www.villa-ariston.hr; Maršala Tita 179; Zimmer 1500–2000 Kn; P❄📶) Das historische Hotel in toller Lage neben einer felsigen Bucht hat einen großen Promibonus (Coco Chanel und die Kennedys nächtigten schon im Ariston). Drinnen prunkt die noch immer eindrucksvolle Villa mit weitem Treppenaufgang, Kronleuchtern und viel altem Charme. Die meisten Zimmer haben Meerblick, allerdings sind die Mansardenzimmer für diesen Preis etwas zu klein.

Essen & Ausgehen

★**Kaneta** ISTRISCH €€

(☎051-291 643; Nova 80; Hauptgerichte 50–120 Kn; ⏲Mo–Sa 10–23, So 12–19 Uhr) Das schlichte Familienrestaurant bietet deftige Speisen in großen Portionen – geschmorte Kalbshaxe, gebratenen Tintenfisch, Wildragout, Truthahn, hausgemachte Pasta und Risotto – sowie eine erlesene Weinkarte.

Pizzeria Roko PIZZA €€

(☎051-711 500; www.roko-opatija.com; Maršala Tita 114; Hauptgerichte 45–110 Kn; ⏲11–24 Uhr) In dem erschwinglichen Restaurant – ein allzu seltenes Vergnügen in Opatija – kommen nicht nur großartige und üppig belegte Pizzas auf den Tisch, sondern auch Risottos, Salate, Meeresfrüchte und Kuchen. Die Gerichte werden fantasievoll angerichtet, die Portionen sind groß, und der Service ist hervorragend. Der Speisesaal hat einfache, weiß getünchte Ziegelwände, und jeder, der möchte, kann in die Küche spähen und zuschauen, wie das Essen zubereitet wird.

★ **Bevanda** EUROPÄISCH €€€
(051-493 888; www.bevanda.hr; Zert 8; Festpreismenüs 690–390 Kn, Hauptgerichte 210–385 Kn) Ein marmorner Fußweg führt zu diesem eindrucksvollen Restaurant mit seiner riesigen Terrasse, Aussicht aufs Meer und griechischen Säulen sowie hippen, monochrom gehaltenen Sitzbereichen. Auf der modernen Karte stehen fantastische Fisch und Fleischgerichte und viele andere Genüsse (bspw. Hummer). Bei Kroatiens prestigeträchtiger Restaurant-Preisverleihung belegte es 2017 den siebten Platz.

Hemingway COCKTAIL-BAR
(051-711 205; www.hemingway.hr/opatija; Zert 2; mittags–open end) Die todschicke Bar mit ihren coolen Sitzbereichen und dem Blick auf die Skyline von Rijeka in der Ferne ist ideal für einen Cocktail. Dieses Hemingway ist die Keimzelle der gleichnamigen Kette mit Filialen im ganzen Land. Mit Restaurant.

Shoppen

Kredenca GESCHENKE & SOUVENIRS
(091 54 47 294; www.kredenca.com; Maršala Tita; 9–18 Uhr) Weine, Olivenöle, Marmeladen und ein paar kroatische Handarbeiten, Kosmetika und Accessoires machen das Kredenca zu einer der besten Locations zum Shoppen in der Stadt.

Praktische Informationen

Die kostenlose App Discover Opatija Riviera ist in den jeweiligen App Stores erhältlich.

Da Riva (051-272 990; www.da-riva.hr; Nova 10) Eine gute Quelle für Informationen zu Privatunterkünften und Ausflügen in ganz Kroatien.

Kvarner Touristik (051-703 723; www.kvarner-touristik.com; Maršala Tita 162) Kann Unterkünfte in Opatija und im Norden Kroatiens buchen; bietet auch verschiedene Aktivitäten und Leihservices an.

Touristeninformation (051-271 310; www.visitopatija.com; Maršala Tita 128; Mitte Juni–Aug. Mo–Sa 8–20, So 11–19 Uhr, kürzere Öffnungszeiten während des übrigen Jahres) Büro hat sachkundiges Personal und jede Menge Stadtpläne, Flyer und Broschüren.

An- & Weiterreise

Bus 32 fährt etwa alle halbe Stunde von Rijeka nach Opatija (25 Kn, 20 Min.) und weiter bis Lovran; manche Busse fahren auch weiter nach Süden die Küste entlang.

Weitere Ziele sind u. a.:

Pula 90 Kn, 2 Std., 6-mal tgl.
Rovinj 124 Kn, 3 Std., 2-mal tgl.
Zagreb 112 Kn, 3¼ Std., 4-mal tgl.

Naturpark Učka

Der 160 km² große, nur selten besuchte Park liegt nur 30 Minuten von der Riviera Opatija entfernt und ist ein echter Geheimtipp in Kroatien. Das Naturschutzgebiet umfasst das Gebirgsmassiv Učka und das angrenzende Hochplateau Ćićarija; der Park ist offiziell zwischen Kvarner und Istrien aufgeteilt. Vom höchsten Berg, dem Vojak (1401 m), reicht die Sicht an klaren Tagen bis zu den italienischen Alpen und der Bucht von Triest.

Der Großteil der Region ist von Buchenwäldern bedeckt, es gedeihen aber auch Edelkastanien, Eichen und Hainbuchen sowie 40 weitere Arten. Auf den Bergwiesen weiden friedlich Schafe, Steinadler segeln durch die Luft, Braunbären, Wildschweine und Rotwild durchstreifen die Gegend, und Glockenblumen blühen auf den Wiesen.

Der Poklon-Pass ist der wichtigste Zugangspunkt.

Sehenswertes

Vela Draga SCHLUCHT
Die spektakuläre Schlucht Vela Draga im Osten des Parks bietet mit den aus dem Talboden emporragenden Kalksteinsäulen, den „Feenkaminen", einen überwältigenden Anblick. Raubvögel wie Turm- und Wanderfalken gleiten durch die Lüfte, auch Eulen und Mauerläufer sind hier heimisch. Von der Autobahn ist es ein hübscher, 15-minütiger Abstieg über einen Lehrpfad bis zu einem Aussichtspunkt über der Schlucht.

Mala Učka DORF
Das weitgehend verlassene Dorf in 995 m Höhe hat etwas Faszinierendes an sich. Hier leben nur zwischen Mai und Oktober ein paar Schäfer. Am Ende des Dorfes kann man in dem am Bach gelegenen Haus mit den grünen Fensterläden köstlichen Schafskäse kaufen. Einfach nur nach *sir* (Käse) fragen!

Aktivitäten & geführte Touren

Infos über **Mountainbike-Routen** gibt's im PDF des Parks, downloadbar unter http://www.pp-ucka.hr/en/downloads-3/3628-2/.

★ **Unterwegs mit Rangern** GEFÜHRTE TOUREN
(☎ 051-299 643; www.pp-ucka.hr/en/information-for-visitors/guided-tours; Informationsbüro Poklon; 200 Kn/Pers.; ⏲ Mai–Okt. 10–16 Uhr) Während einer sechsstündigen Tour erkunden man den Park unter Führung eines Rangers entweder zu Fuß und im Allradfahrzeug. Das ist eine wunderbare Möglichkeit, den Park kennenzulernen und an Stellen zu gelangen, die andere Besucher nicht erreichen können. Los geht's um 10 Uhr beim Informationsbüro des Parks, wo die Tour auch endet. Vorausbuchungen unbedingt erforderlich!

Elektrofahrrad-Verleih RADFAHREN
(☎ 051-299 643; www.pp-ucka.hr; Leihrad 1/3/6/9 Std. 40/90/150/180 Kn; ⏲ Juni–Sept. Mo–Fr 9–17, Sa & So bis 19 Uhr, Mai & Okt. 9–17 Uhr) Wer die Hügel des Parks auf besondere Art erklimmen will, kann sich entweder beim Informationsbüro Poklon oder am Hauptinformationsbüro des Parks ein Elektrofahrrad mieten.

Schlafen & Essen

Innerhalb des Parks gibt es sieben Gästehäuser und Berghütten, die aber nur an Wochenenden verfügbar sind. Weitere Informationen gibt es auf der Website des Parks (www.pp-ucka.hr; englisch) unter „Information for Visitors".

Dopolavoro KROATISCH €€
(☎ 051-299 641; www.dopolavoro.hr; Učka 9; Hauptgerichte 59–145 Kn; ⏲ 12–23 Uhr) Das Dopolavoro serviert exzellente Wildgerichte – Rehsteak mit Blaubeeren, Wildschwein mit Waldpilzen, Wildragout – sowie hausgemachte Pasta und köstliche Desserts.

Praktische Informationen

Das Personal im **Parkbüro** (☎ 051-293 753; www.pp-ucka.hr; Liganj 42, Lovran; ⏲ Mo–Fr 8–16.30 Uhr) hilft bei der Planung von Ausflügen. Im Sommer gibt es noch zwei weitere Infostellen: eine in **Poklon** (☎ 051-299 643; ⏲ Mitte Juni–Mitte Sept. 9–18 Uhr), die andere in **Vojak** (☎ 091 89 59 669; ⏲ Mitte Juni–Mitte Sept. 9–18 Uhr).

An- & Weiterreise

Busse der Linie 32 fahren um 9.30 Uhr und 15.15 Uhr von Opatija nach Poklon und jeweils um 10.30 Uhr und 15.45 Uhr wieder zurück. Lovran am östlichen Rand des Parks wird von Rijeka aus ebenfalls von einem Bus angefahren (32 km, 30 Min., 9-mal tgl.). Beim **Informationsbüro Poklon** gibt es einen Parkplatz.

CRES & LOŠINJ

Die beiden nur durch einen 11 m breiten Kanal getrennten, kaum bewohnten und sehr malerischen Inseln des Kvarner-Archipels werden oft als Einheit betrachtet. Sie sind zwar topografisch sehr verschieden, haben aber eine gemeinsame Geschichte.

Naturliebhaber werden sich hier wie im Paradies fühlen. Beide Inseln sind mit Wander und Radwegen überzogen, und vor der Küste lebt die einzig bekannte Delfinpopulation der Adria. Der Großteil des Gebiets vor der Ostküste gehört daher auch zum Delfinschutzgebiet Lošinj, dem ersten seiner Art im gesamten Mittelmeerraum.

Die wildere und grünere Insel Cres (ital. Cherso) wartet mit ein paar abgeschiedenen Campingplätzen, einsamen Stränden, einigen mittelalterlichen Dörfern und wirklich

RADFAHREN IN DER REGION

Die Region Kvarner bietet Fahrradfahrern vielerlei Möglichkeiten, von gemütlichen Ausflügen bis zu anspruchsvollen Klettertouren auf steilen Inselstraßen. Rund um Opatija gibt es mehrere Routen; zwei einfache Wege beginnen am Berg Kastav (360 m), eine sportlichere, viereinhalbstündige Tour führt von Lovran in den Naturpark Učka. Auf Lošinj lockt eine mittelschwere, zweieinhalbstündige Rundfahrt, die in Mali Lošinj beginnt und endet. Auf Krk führt die Fahrt vom Hauptort aus durch die Wiesen, Felder und Dörfer des kaum besuchten Inselinneren. Von Rab aus kann man mit dem Rad die ursprünglichen Wälder der Halbinsel Kalifront erkunden. Und auf Cres führt eine 50 km lange Tour vom Hafen des gleichnamigen Inselhauptorts vorbei am mittelalterlichen Bergdorf Lubenice nach Valun, das ein wahres Juwel an der Küste ist.

Detaillierte Infos über die genannten Routen sind in der Broschüre *Mit dem Fahrrad durch den Kvarner* aufgeführt, die insgesamt 19 Touren beschreibt und in den Touristeninformationen erhältlich ist. Hilfreich sind auch die Websites www.kvarner.hr und www.pedala.hr.

TRAMUNTANA-SCHAF

Das nur auf Cres heimische halbwilde Tramuntana-Schaf ist perfekt an die Karstweiden angepasst, die vor mehr als 1000 Jahren erstmals von den Illyrern erschlossen wurden. Nun jedoch ist die traditionelle Aufzucht frei lebender Schafe auf der Insel gefährdet. Während vor ein paar Jahrzehnten auf Cres noch rund 100 000 Tramuntana-Schafe lebten, ist ihre Population auf rund 15 000 Tiere geschrumpft. Hauptursache dieses Rückgangs ist die Einführung von Wildschweinen durch Kroatiens mächtige Jägerlobby. Die Zahl der Wildschweine, die sich inzwischen auch auf Campingplätzen in Mali Lošinj herumtreiben, ist inzwischen exponentiell angestiegen. Und sie machen Jagd auf Schafe und Lämmer.

Die schwindende Schafpopulation wirkt sich in vielerlei Hinsicht auf das Ökosystem der Insel aus. Gänsegeier finden nicht mehr genügend Schafaas, um zu überleben, und müssen nun an Futterplätzen von Freiwilligen gefüttert werden. Auch die Artenvielfalt der Pflanzen geht zurück: Weideland schrumpft, Wacholder und Dornbusch verdrängen einheimische Gräser und Wildblumen. Einst durchzogen *gromače* (niedrige, von Schafzüchtern genutzte Steinmauern) die Insel; sie dienten als Windschutz und beugten der Bodenerosion vor. Wegen fehlender Instandhaltung verfallen inzwischen viele davon.

abgeschiedenen Plätzchen auf. Die 31 km lange Insel Lošinj (ital. Lussino) ist stärker bevölkert, touristischer und üppiger bewachsen.

Geschichte

Ausgrabungen haben ergeben, dass Lošinj und Cres von der Stein bis zur Bronzezeit besiedelt waren. Die bei den alten Griechen als Apsyrtides bekannten Inseln wurden später von den Römern erobert und gerieten dann unter byzantinische Herrschaft, bevor sich im 6. und 7. Jh. slawische Völker hier niederließen.

Die anschließende venezianische Ära wurde eine Zeit lang von der Herrschaft kroatischungarischer Könige unterbrochen und hielt dann bis zum Fall Venedigs im Jahr 1797. Bis dahin waren Veli Lošinj und Mali Lošinj zu bedeutenden Häfen herangewachsen, während man sich auf Cres dem Wein und Olivenanbau widmete.

Im 19. Jh. boomte auf Lošinj der Schiffsbau, mit dem Aufkommen von Dampfschiffen wurde allerdings der Kurtourismus zur neuen Haupteinnahmequelle. Auf Cres gab es andere Probleme: Nach einer Reblaus-Epidemie waren alle Weinreben vernichtet. Im Grenzvertrag von Rapallo (1922) sind die beiden inzwischen verarmten Inseln Italien zugeschrieben worden. 1945 wurden sie jugoslawisch, seit 1991 gehören sie zu Kroatien.

Heute ist auf beiden Inseln der Tourismus die wichtigste Einnahmequelle, wenngleich es in Nerezine im Norden Lošinjs noch eine kleine Werft gibt und auf Cres noch Olivenanbau, Schafzucht und Fischfang betrieben werden. Bis vor Kurzem war die Aufzucht von Schafen eine der wichtigsten Einkommensquellen der Insel (das Fleisch der Lämmer von Cres ist für sein intensives Aroma bekannt), doch infolge der Ansiedlung von Wildschweinen (für die Jagd) ist das einzigartige Ökosystem von Cres aus der Balance geraten und ein traditionsreiches Kulturgut akut bedroht.

ℹ An- & Weiterreise

BUS

Die meisten Busse auf den Inseln starten (oder enden) in Veli Lošinj mit Zwischenstopp in Mali Lošinj und Cres. Ziele außerhalb der beiden Inseln sind u. a. Malinska auf Krk (130 Kn, 2¾ Std., 2-mal tgl.), Opatija (185 Kn, 3¾ Std., 2-mal tgl.), Rijeka (154 Kn, 4 Std., 3-mal tgl.) und Zagreb (ab 175 Kn, 7 Std., 3-mal tgl.).

SCHIFF/FÄHRE

Jadrolinija (☎ 051-231 765; www.jadrolinija.hr; Riva Lošinjskih Kapetana 22, Mali Lošinj) betreibt die wichtigsten Autofähren zwischen Brestova (auf dem Festland, 29 km südlich von Opatija) und Porozina auf Cres (Erw./Kind/Auto 18/9/115 Kn, 20 Min., 7–13-mal tgl.) sowie zwischen Valbiska auf Krk und Merag auf Cres (Erw./Kind/Auto 18/9/115 Kn, 25 Min., 9- bis 13-mal tgl.). Einmal pro Woche verkehrt eine Autofähre (Juli & Aug. tgl.) zwischen Mali Lošinj und Zadar (Erw./Kind/Auto 59/30/271 Kn, 7 Std.) mit Zwischenstopp an einigen der kleineren Inseln.

Ein Passagierkatamaran verbindet Mali Lošinj täglich mit Rijeka (60 Kn, 4 Std.) über Cres (Ort) (45 Kn, 2½ Std.). Es gibt auch eine Personenfähre, die zweimal täglich von Mali Lošinj zu den Inseln Unije (1½ Std.) und Susak (1 Std.) fährt.

Beli

051 / 35 EW.

Auf einem 130 m hohen Hügel thront über einem hübschen Kieselstrand Beli, eine der ältesten Siedlungen auf Cres. In den gewundenen Gassen und den mit Pflanzen überwucherten kargen Steinhäusern kann man die 4000 Jahre alte Geschichte förmlich greifen. Ein Bummel durch die winzige, aber atmosphärische Siedlung dauert vielleicht gerade mal fünf Minuten, doch jede einzelne Minute lohnt sich – und noch mehr: Von verschiedenen Aussichtspunkten bietet sich ein herrlicher Blick über die Adria bis zum gebirgigen Festland.

Trotz seiner winzigen Bevölkerung ist Beli die größte Siedlung in der Region Tramuntana im Norden der Insel. Wie vergessen wirkt die Gegend mit ihren Urwäldern, verlassenen Dörfern, einsamen Kapellen und den Mythen von guten Elfen. Der Großteil ist mit dichtem Wald aus Eichen, Buchen und Kastanien bedeckt. Zudem ist sie ein bevorzugtes Revier der geschützten Gänsegeier.

Sehenswertes

Strand STRAND

Ein typischer Adriastrand – abgelegen, herrlich ruhig und mit Kieselsteinen übersät – 130 m unterhalb des hübschen Dorfes Beli.

Schutzzentrum für Gänsegeier TIERSCHUTZ

(095 50 61 116; www.facebook.com/BeliVisitorCentre; Beli 4; Erw./Kind 40/20 Kn; 10–16 Uhr) In der Touristeninformation von Beli wurden zuletzt sechs jugendliche Gänsegeier untergebracht, bis sie markiert und in die freie Wildbahn entlassen werden können. Es gibt informative Schaukästen und die Möglichkeit, die Gehege zu besichtigen.

Aktivitäten & Geführte Touren

Bei der Touristeninformation gibt es Infos zu sieben Wanderungen (1–8 km), sechs Themenspaziergängen und drei Radwegen (8,5–18 km). Man kann hier auch nach einem Leihrad fragen oder sich diesbezüglich an Tramontana Outdoor wenden.

Vogelliebhaber erhalten im Besucherzentrum Infos, wo sie Gänsegeier in freier Wildbahn beobachten können.

Tramontana Outdoor GEFÜHRTE TOUREN

(051-840 519; www.tramontana-outdoor.com; Beli 2) Neben verschiedenen Standardtouren hat dieser gut organisierte Anbieter verschiedene Spezialtouren in der Region Tramuntana im Angebot, u. a. SUP-Touren, eine halbtägige Gastro-Tour und einen Ausflug unter dem Motto „Choose Your Own Beach“. Tramontana Outdoor organisiert auch Leihfahrräder.

Schlafen & Essen

Pansion Tramontana B&B €€

(051-840 519; www.beli-tramontana.com; EZ 375–563 Kn, DZ 450–675 Kn; März–Dez.; P) Das hübsche B&B liegt auf dem Weg nach Beli und verfügt über zwölf komfortable Zimmer im Obergeschoss und ein gutes, rustikales Restaurant (Hauptgerichte 55–175 Kn), in dem große Stücke Fleisch auf den Grill kommen. Fisch, Pasta, Risotto und hervorragende Biosalate stehen ebenfalls auf der Karte. Die Mitarbeiter organisieren auch diverse Abenteueraktivitäten, von der Beobachtung von Gänsegeiern bis hin zum Bergsteigen.

Konoba Beli KROATISCH €€

(051-840 515; www.beli-cres.com; Beli 6; Hauptgerichte 45–120 Kn; 10–22 Uhr) Der Speisesaal aus Stein, der mit allerlei landwirtschaftlichen Geräten von einst dekoriert ist, bietet die perfekte Atmosphäre, um Fisch- und Fleischgerichte vom Grill zu genießen. Bei hohen Temperaturen sitzt man auf der großen Terrasse supergemütlich.

Praktische Informationen

Touristeninformation Beli (095 50 61 116; www.facebook.com/BeliVisitorCentre; Beli 4; 10–16 Uhr) Neben Informationen über Gänsegeier gibt es hier auch Infos zu Aktivitäten in der Umgebung.

An- & Weiterreise

Zwischen Beli und Cres verkehren zwei Busse von Autotrans (www.autotrans.hr; 36 km, 30 Min). Abfahrszeiten stehen auf der Website. Andernfalls erreicht man Beli nur mit dem eigenen Auto.

Cres (Ort)

051 / 2879 EW.

Pastellfarbene Reihenhäuser und venezianische Palazzi säumen den mittelalterlichen Hafen des Ortes Cres. Üppig grüne, mit Pinien und Unterholz bewachsene Hügel rahmen die hübsche, geschützte Bucht ein. Beim Bummel über die Uferpromenade und

BEDROHTE GÄNSEGEIER

Mit einer Flügelspannweite von fast 3 m, einer Länge von 1 m und einem Gewicht von 7–9 kg wirkt der Gänsegeier riesig. Meist ist er mit 40 bis 75 km/h eher gemächlich unterwegs, doch kann er durchaus auf 160 km/h beschleunigen. Der kräftige Schnabel und der lange Hals eignen sich perfekt, um in Eingeweiden (meist eines toten Schafes) herumzustochern und zu fressen.

Die Suche nach den raren Schafskadavern erledigen die Gänsegeier im Team: Meist startet eine ganze Kolonie und fliegt in lockerer Formation mit bis zu 1 km Abstand. Sobald ein Geier einen Kadaver entdeckt hat, beginnt er zu kreisen und signalisiert den anderen, dass er Futter gefunden hat. Die Schäfer schätzen die Geier, verhindern diese doch durch die rasche Aasbeseitigung, dass die Krankheit oder Infektion, die das Schaf getötet hat, auf die restliche Herde überspringt.

Laut einer Erhebung lebten 2017 in Kroatien insgesamt 108 Brutpaare (einige Jahre zuvor waren es noch 140) und 76 Nestlinge, mehr als die Hälfte davon auf den Küstenfelsen von Cres, die restlichen in kleinen Kolonien auf den Inseln Krk und Prvić. Gänsegeier folgen ihrer bevorzugten Nahrungsquelle, den Schafherden, fressen aber auch andere Säuger, was für ihren Bestand nicht ganz ungefährlich ist: Die letzten Geier im Nationalpark Paklenica verendeten, weil sie vergiftete Füchse gefressen hatten.

Als bedrohte Tierart stehen Gänsegeier in Kroatien unter Naturschutz. Wer einen Vogel tötet oder beim Nisten stört, riskiert 5000 € Strafe. Gezielt werden sie nur noch selten umgebracht; allerdings sterben häufig Jungtiere, weil sie von Urlaubern mit Motorbooten aufgescheucht und verfolgt werden. Die jungen Vögel können an windstillen Tagen gerade 500 m weit fliegen, bevor sie erschöpft ins Wasser stürzen und ertrinken.

Die Brutgewohnheiten der Geier verhindern große Populationen. Ein Paar bekommt pro Jahr nur ein einziges Junges, das erst nach fünf Jahren ausgewachsen ist. Die heranwachsenden Vögel wandern weit: Ein im Nationalpark Paklenica beringter Gänsegeier wurde im Tschad gefunden – 4000 km von seiner Heimat entfernt! Mit etwa fünf Jahren kehren die Tiere nach Cres zurück – manchmal gar zum selben Felsen, auf dem sie schlüpften –, um einen Partner fürs Leben zu finden.

In Gefangenschaft gehaltene Geier können über 55 Jahre alt werden, ein Alter von 20 bis 30 ist in der Wildnis aber wohl eher üblich. Gefahren für die Jungvögel sind italienische Jäger, Gift und Stromleitungen. Das größte Problem ist allerdings der massive Rückgang der Schafzucht auf Cres (S. 195), wodurch die Nahrungsquellen der Vögel mehr und mehr reduziert werden.

Wer mehr über die kroatischen Gänsegeier erfahren möchte, sollte das Schutzzentrum für Gänsegeier (S. 196) in Beli besuchen.

durch das stimmungsvolle, alte Straßenlabyrinth entdeckt man Zeugnisse aus der Zeit der italienischen Herrschaft, darunter die Wappen mächtiger venezianischer Familien und Renaissance-Loggien.

Die italienische Prägung geht auf die Venezianer zurück, die sich im 15. Jh. hier niederließen, nachdem Osor von der Pest und anderen Seuchen heimgesucht worden war. Am Hafen entstanden öffentliche Gebäude und Adelspaläste, im 16. Jh. folgte die Stadtmauer.

Sehenswertes

Trg Frane Petrića PLATZ

Der Hauptplatz am Hafen war unter venezianischer Herrschaft Schauplatz von Bekanntmachungen, Geschäftsabschlüssen und Festen. Heute wird hier morgens ein Obst- und Gemüsemarkt abgehalten. Bemerkenswert ist das **Tor** aus dem 16. Jh., das von einer blauen Uhr und einem Wappen geziert wird.

Kirche Maria Schnee KIRCHE

(Sv Marije Snježne; Trg Frane Petrića; ⌚ nur zum Gottesdienst) Die Kirche hinter dem Haupttor des Hafens hat ein bemerkenswertes Renaissanceportal, das ein Relief der Jungfrau mit Kind ziert. Durch die Verglasung kann man einen Blick ins Innere der Kirche werfen, die nur während der Gottesdienste geöffnet ist. Wer sie innen besichtigen kann, sollte auf die Holz-Pietà aus dem 15. Jh. (heute hinter Schutzglas) auf dem linken Altar achten.

Cres-Museum MUSEUM

(Creski Muzej; ☎ 051-344 963; Ribarska 7; 10 Kn; ⌚ Mitte Juni–Mitte Sept. Di–So 10–13 & 19–23 Uhr,

April–Mitte Juni & Mitte Sept.–Mitte Okt. Di–So 9–12 Uhr) Wenige Schritte vom Hafen entfernt liegt der im Renaissance-Stil erbaute Arsan-Palast, der das Dorfmuseum beherbergt. Es ist den moderaten Eintrittspreis durchaus wert. Dafür gibt's venezianische Architektur aus dem 16. Jh. zu sehen sowie verschiedene Ausstellungen zum Alltag der Einheimischen.

Aktivitäten

Es gibt eine reizende Promenade an der Westseite der Bucht mit Bereichen zum Sonnenbaden, guten Schwimmstellen sowie schönen Stränden rund ums Hotel Kimen. In der Touristeninformation erhält man eine Karte mit Wander- und Radwegen auf Cres.

Diving Cres TAUCHEN
(051-571 706; www.divingcres.de; Melin 1/20; Boottauchen inkl. Ausrüstung 40 Kn) Die deutsche Crew mit Sitz im Kamp Kovačine veranstaltet u. a. Wracktauchgänge und Kurse, die PADI- bzw. SSI-zertifiziert sind.

Schlafen

Kamp Kovačine CAMPING €
(051-573 150; www.camp-kovacine.com; Melin 1/20; Erw./Stellplatz 104/100 Kn, EZ/DZ 400/745 Kn, Hütte 700 Kn; Ostern–Mitte Okt.; P @) Der große Campingplatz liegt wunderschön an der Spitze einer kleinen, bewaldeten Halbinsel, rund 1 km südwestlich der Stadt. Er bietet hervorragende Duscheinrichtungen, Baderampen am Strand, ein Restaurant und jede Menge Aktivitäten. Ein Teil der Anlage, auch ein Stück vom Strand, ist der FKK-Gemeinde vorbehalten. Privatzimmer gibt's im Tamaris, einem kleinen Gästehaus am Wasser.

Villa Neho B&B €€
(051-571 868; www.villaneho.com; Zazid 5; Zi. 625 Kn;) Die Pension fast unmittelbar am Hafen hat elegante, saubere, aber etwas kleine Zimmer mit trendiger Einrichtung. Einen einheimischen Touch sucht man zwar vergebens, der Standard ist aber etwas höher als bei den meisten anderen B&Bs in Kroatien. Das Frühstück ist solide und für angemessene 110 Kn pro Tag gibt's auch noch Halbpension dazu. Nur Barzahlung.

Hotel Kimen HOTEL €€€
(051-573 305; www.hotel-kimen.com; Melin 1/16; EZ 59–112 €, DZ 70–134 €; P) Der aus der sozialistischen Ära stammende Koloss umfasst 128 Zimmer. Er besticht durch seine großartige Lage am Strand auf einem von Pinien bewachsenen Grundstück. Vor etwa zehn Jahren wurde er vollständig renoviert und bietet nun frisch wirkende Zimmer mit Balkon. Ein Quartier im benachbarten Anbau ist billiger, das Haupthaus ist jedoch viel hübscher.

Essen

★ **Konoba Bukaleta** KROATISCH €€
(051-571 606; Loznati 99; Hauptgerichte 42–120 Kn; April–Sept. 12–23 Uhr) In dem bodenständigen Dorfrestaurant, das seit über drei Jahrzehnten von derselben Familie geführt wird, steht das Cres-Lamm ganz oben auf der Karte – paniert, gegrillt oder am Spieß gebraten – und sollte unbedingt probiert werden (gilt auch für die hausgemachten Gnocchi und Nudeln). Das Lokal ist in Loznati, 5 km südlich von Cres (Ort). Einfach der Beschilderung von der Hauptstraße aus folgen!

Gostionica Belona KROATISCH €€
(Šetalište 23, Travnja 24; Hauptgerichte 55–150 Kn; 11–23 Uhr) Die exzellente Taverne serviert lokale Meeresfrüchte, Lammgerichte, gegrilltes Fleisch und Salate. Die Terrasse an der Straße ist nicht sonderlich einladend, weshalb man sich lieber drinnen einen Platz sucht. Hervorragender Service und eine gute Weinkarte. Das Lokal liegt nur einen kurzen Fußweg vom Hafen entfernt.

Praktische Informationen

Cresanka (051-750 600; www.cresanka.hr; Varozina 25) Bucht Privatzimmer, Apartments, Campingplätze und Hotels.

Tourist Agency Croatia (051-573 053; www.cres-travel.com; Cons 10; Mo–Sa 8–13 & 16–19, Sa 10–13 Uhr) Arrangiert Privatunterkünfte, bietet Internetzugang und verleiht Boote, Fahrräder, Autos und Scooter.

Touristeninformation (051-571 535; www.tzg-cres.hr; Cons 10; Juni–Aug. Mo–Sa 8–12 & 15.30–20, So 9–13 Uhr, Sept.–Mai Mo–Fr 8–14 Uhr) Ist gut mit Karten und Broschüren ausgestattet und hat auch eine Liste mit Unterkünften und zugehörigen Fotos.

An- & Weiterreise

Ab Cres gibt es die folgenden Busverbindungen:

Beli 36 Kn, 30 Min., 2-mal tgl.
Mali Lošinj 60 Kn, 1¼ Std., bis zu 7-mal tgl.
Osor 44 Kn, 45 Min., 4-mal tgl.
Rijeka 110 Kn, 2¼ Std., 3-mak tgl.
Valun 32 Kn, 20 Min., tgl.
Veli Lošinj 65 Kn, 1½ Std., 4-mal tgl.

Unterwegs vor Ort

Gonzo Bikes (051-573 107; Turion 8; pro Std./Tag 25/100 Kn; März–Dez. 9–16 Uhr) Verleiht gute Fahrräder und Campingausrüstung in seinem Laden in Cres sowie ausschließlich Fahrräder in seinen Zweigstellen im Hotel Kimen und auf diversen Campingplätzen.

Valun

051 / 72 EW.

Der hübsche, von Kiesstränden umgebene Küstenort Valun liegt 14 km südwestlich des Ortes Cres geschützt am Fuß der Klippen. Sein Reiz liegt in seiner Ruhe: Die Restaurants sind selten voll, und das Fehlen von Souvenirbuden ist wirklich erfrischend.

Man parkt auf dem Parkplatz oberhalb vom Dorf und geht die steilen Stufen hinab. Rechts vom Hafen führt ein Weg zum Strand und zum Campingplatz. Rund 700 m in der anderen Richtung gibt's noch einen weiteren von Kiefern gesäumten hübschen Kiesstrand.

Sehenswertes

Kirche des hl. Markus KIRCHE

In der Pfarrkirche befindet sich die größte Sehenswürdigkeit des Dorfes: die aus dem 11. Jh. stammende Tafel von Valun. Dieser Grabstein mit glagolitischer und lateinischer Inschrift spiegelt die ethnische Zusammensetzung auf der Insel wider, die von Nachfahren der Römer und Kroatisch sprechenden Neuzuwanderern bewohnt wurde. Leider sind die Öffnungszeiten unvorhersehbar.

Valun Beach STRAND

Die Landzunge nordwestlich des Dorfes wird von einem schönen Kiesstrand umgeben, der von Kiefern begrenzt wird. Hier ist es wesentlich ruhiger als an dem Strand, der östlich der Stadt liegt.

Schlafen & Essen

Camping Zdovice CAMPING €

(051-571 161; Erw./Kind 115/55 Kn; Mai–Sept.;) Der idyllische, kleine Campingplatz mit Volleyballfeld und sauberen sanitären Anlagen wurde auf alten terrassierten Feldern direkt an einem tollen Badestrand angelegt. Das Reisebüro Cresanka in Cres nimmt Buchungen vor.

Konoba Toš-Juna SEAFOOD €€

(Obala Stjepan Mesić; Hauptgerichte 45–100 Kn; 10–23 Uhr) Unter der Handvoll Restaurants in Valun sticht dieses heraus. Es serviert Meeresfrüchte und hat eine hübsche Terrasse, die mit glagolitischen Schriftzeichen verziert ist. Es befindet sich direkt neben dem Hafen und der Kirche in einer umgebauten Olivenpresse mit unverputzten Steinwänden.

An- & Weiterreise

Valun wird nicht besonders gut von öffentlichen Verkehrsmitteln bedient. Busse fahren einmal täglich ab und nach Cres (32 Kn, 20 Min.).

Lubenice

051 / 25 EW.

Dieses mittelalterliche Dorf auf einem Bergkamm, 378 m über dem Meer an der Westküste der Insel gelegen, ist einer der faszinierendsten Orte auf Cres. Fast vollständig verlassen, präsentiert sich Lubencie als ein Labyrinth aus alten, kargen Steinhäusern und Kirchen, die den Eindruck erwecken, sie seien mit den Felsen verschmolzen. Die schmale Straße hier ist gesäumt von Steinzäunen, Olivenhainen und Pinienwäldchen.

Sehenswertes

Die beste Aussicht der Stadt bietet sich von den Felsen oberhalb des westlichen Randes des Parkplatzes: Von hier aus kann man auch den Strand sehen.

★ **Lubenice Beach** STRAND

Lubenice thront über einem der einsamsten und schönsten Strände der Kvarner Bucht, der nur über einen steilen, durch Gebüsch

CAMPEN AM STRAND

An der Westküste der Insel Cres liegt versteckt in dem unscheinbaren Fischerdorf Martinšćica der **Campingplatz Slatina** (051-661 124; www.camps-cres-losinj.com; Martinšcica; Erw./Stellplatz ab 67/63 Kn, Wohneinheit ab 850 Kn; Mai–Sept.) mit Zugang zu zwei hübschen Kiesstränden. Zum Areal gehören auch Restaurants, eine Pizzeria, Cafés, ein Lebensmittelladen, eine Tauchschule sowie ein Boots- und Fahrradverleih. Trotz der Größe (500 Stellplätze) verlaufen sich die Massen, sodass man sich nie beengt fühlt. Im Juli und August beträgt die Mindestaufenthaltsdauer sieben Nächte.

führenden Pfad zu erreichen ist. Der 45-minütige Abstieg ist ein Kinderspiel, der Weg hinauf erweist sich jedoch als echte Herausforderung. Von Valun oder Cres aus fahren auch Wassertaxis zum Strand.

Essen

Konoba Hibernicia KROATISCH €

(Lubenice 17; Hauptgerichte 45–100 Kn; ⌚12–22 Uhr) Das bescheidene, extrem rustikale Lokal mit Steinwänden und einer bei den Katzen im Dorf sehr beliebten Terrasse punktet mit seinen Lammgerichten und dem Schinken aus der Region.

An- & Weiterreise

Wer Zeit und Lust hat, sollte zu Fuß herkommen. Von Valun aus dauert die Wanderung rund eine Stunde.

Wenn man mit dem Auto fährt, sollte man bedenken, dass die Straße nach Lubenice schmal und kurvenreich ist. Man muss am Dorfeingang parken, das kostet für Motorräder/Autos/Wohnmobile 10/15/30 Kn pro Tag.

Im Sommer fahren zweimal täglich außer sonntags Busse von Lubenice nach Cres (34 Kn, 30 Min.).

Osor

051 / 60 EW.

Das von einer Stadtmauer eingefasste winzige Osor ist trotz seiner großen, turbulenten Vergangenheit einer der schönsten Orte der Kvarner Bucht. Das Dorf befindet sich an dem schmalen Kanal zwischen Cres und Lošinj, der angeblich von den Römern ausgehoben wurde. Dank seiner strategisch günstigen Lage kontrollierte Osor die wichtige Schiffspassage. Heute ist der Ort eine Art Museumsstadt mit Kirchen, Skulpturen im Freien und Gassen, die von dem aus dem 15. Jh. stammenden Ortskern ausgehen.

Geschichte

Im 6. Jh. entstand hier ein Bistum, das während des gesamten Mittelalters beide Inseln verwaltete. Bis zum 15. Jh. war Osor ein wirtschaftlich, religiös und politisch bedeutsames Zentrum in der Region, bevor infolge von Pest, Malaria und neuen Seerouten die Wirtschaft zusammenbrach und die Stadt langsam verfiel.

Sehenswertes

Durch ein Tor am Kanal passiert man zunächst die alte Stadtmauer und Überreste einer alten Burg, ehe man ins Ortszentrum gelangt. Sehenswert ist die Statue Daleki Akordi (Ferne Akkorde) von Ivan Meštrović, eine der vielen modernen Skulpturen im Ort zum Thema Musik.

Kirche Mariä Himmelfahrt KIRCHE

(Crkva Uznešenja; ⌚Juni–Sept. 10–12 & 19–21 Uhr) Das reich verzierte Renaissance-Portal der großen, 1498 fertiggestellten Kirche blickt auf den Hauptplatz. Im Barockaltar im Innenraum werden Reliquien des hl. Gaudentius, des Schutzheiligen von Osor, aufbewahrt.

Archäologische Sammlung Osor MUSEUM

(Arheološka Zbirka Osor; 051-237 346; www.muzej.losinj.hr; Gradska Vijećnica; Erw./Kind 35/25 Kn; ⌚Mitte Juni–Mitte Sept. Di–So 10–13 & 19–22 Uhr, restl. Jahr kürzere Öffnungszeiten; Okt.–Ostern nur nach Vereinbarung) Diese Außenstelle des Lošinj-Museums ist in dem aus dem 15. Jh. stammenden Rathaus am Hauptplatz von Osor untergebracht. Es beherbergt eine Sammlung von Steinfragmenten, Reliefs, Keramiken und Skulpturen aus römischer, frühchristlicher und mittelalterlicher Zeit.

Feste & Events

Musikabende von Osor MUSIK

(Osorske Glazbene Večeri; 051-237 110; www.osorfestival.eu; ⌚Mitte Juli–Mitte Aug.) Bereits seit fast 50 Jahren treten bei diesem Fest in der Kathedrale und auf dem Hauptplatz hochkarätige kroatische Musiker auf und geben klassische Konzerte zum Besten.

Schlafen & Essen

Camping Bijar CAMPING €

(051-237 147; www.camps-cres-losinj.com; Erw./Stellplatz 67/79 Kn; ⌚Mai–Sept.; P) Der hübsche Campingplatz ist von Pinien umgeben und liegt 500 m von Osor entfernt an einer schönen Kiesbucht. Hier kann man toll baden oder auch Tischtennis, Volleyball und Basketball spielen. Zur Anlage gehört ein Restaurant, und an der Rezeption hat man WLAN-Empfang.

Konoba Bonifačić KROATISCH €€

(Osor 64; Hauptgerichte 50–110 Kn; ⌚12–23 Uhr) Hier gibt's in besonders schönem Gartenambiente hausgemachte Kost wie leckeres Risotto, traditionelles Schweinefleisch mit Salbei sowie Fleisch und Fisch vom Grill. Und wenn man schon mal da ist, kann man sich auch einen Holundergrappa gönnen.

An- & Weiterreise

Je nach Jahreszeit und Wochentag fahren zwei bis acht Busse pro Tag auf ihrem Weg nach Cres (44 Kn, 45 Min.), Nerezine (20 Kn, 5 Min.), Mali Lošinj (37 Kn, 30 Min.) und Veli Lošinj (40 Kn, 45 Min.) durch Osor.

Wer mit dem Auto von Lošinj nach Osor fährt, muss unter Umständen an der Zugbrücke über den Kavuada-Kanal warten. Sie wird zweimal am Tag (9 & 17 Uhr) hochgezogen, damit Schiffe passieren können.

Nerezine

051 / 415 EW.

Nerezine auf Lošinj ist die erste Ortschaft hinter der Brücke. Sie hat einen hübschen Hafen, den pastellfarbene Häuser und ein paar Café-Bars säumen. Nerezine ist die drittgrößte Siedlung auf Lošinj; alle auf der Inselhauptstraße verkehrenden Busse halten hier. Wer mit dem Auto unterwegs ist, kann hier auf seinem Weg von Rijeka oder Cres gen Süden prima eine Pause einlegen. Viel zu tun gibt's allerdings nicht. Am besten bestellt man sich einen Kaffee oder ein Mittagessen und lässt das Leben an der Adria an sich vorbeiziehen.

Schlafen & Essen

Hotel Manora HOTEL €€€

(051-237 460; www.manora-losinj.hr; Magdalenska 26b; EZ 465–660 Kn, DZ 680–1315 Kn;) Am Ortsrand von Nerezine versteckt sich das innen wie außen leuchtend bunt gestrichene, freundliche Hotel Manora. Es ist sehr familienfreundlich und hat einen schönen Pool, eine Sauna, einen Außenspielplatz und sogar ein Kinderspielzimmer für Schlechtwettertage. Die Zimmer haben Parkettboden und eine stilvolle Beleuchtung.

Konoba Bonaparte KROATISCH €€

(Trg Studenac 1; Hauptgerichte 45–130 Kn; 11–23 Uhr) Die gemütliche Taverne mit rustikaler Einrichtung am Dorfplatz ist die beste Anlaufstelle, wenn man während eines Zwischenstopps hier Hunger verspürt. Wer dem Fisch aus frischem Fang und den Meeresfrüchten nichts abgewinnen kann, bestellt sich einfach ein vorzügliches Steak oder Schnitzel. Im Juli und August kann es nötig sein, fürs Abendessen zu reservieren.

An- & Weiterreise

Von Nerezine gibt es die folgenden Busverbindungen:

Cres 46 Kn, 1 Std., bis zu 7-mal tgl.
Mali Lošinj 34 Kn, 30 Min., bis zu 8-mal tgl.
Rijeka 154 Kn, 3–3½ Std., bis zu 4-mal tgl.
Veli Lošinj 37 Kn, 40 Min., bis zu 8-mal tgl.

Mali Lošinj

051 / 8200 EW.

Mali Lošinj ist ein echter Hingucker: Der natürliche Hafen ist gesäumt von stattlichen, leicht verwitterten mediterranen Häusern und grünen Hügeln. Der Ort liegt auf dem schmalsten Abschnitt der Insel an der Spitze eines langen, geschützten Hafenbeckens und hat Zugang zur West- wie auch zur Ostküste. Imposante Kapitänshäuser aus dem 19. Jh. stehen am Ufer Spalier, und selbst der sommerliche Urlaubertumult kann den Charme und das Flair dieses historischen Viertels nicht schmälern.

Die Resorthotels findet man gleich außerhalb vom Ort an den Kiesstränden **Sunčana Uvala** („sonnige Bucht") und **Čikat**. Die grüne Gegend begann Ende des 19. Jhs. zu boomen, als die feine Gesellschaft aus Wien und Budapest die „gesunde Luft" in Mali Lošinj für sich entdeckte und begann, rund um Čikat Villen und Luxushotels zu errichten. Einige dieser Prachtresidenzen stehen noch immer, aber die meisten der heutigen Hotels sind moderne, von Kiefernwäldern umgebene Bauten.

Sehenswerte & Aktivitäten

Auf Lošinj werden Radfahren und Wandern immer beliebter. Die Insel bietet auch gute Tauchmöglichkeiten mit hervorragender Sicht auf eine vielfältige Meeresfauna. Es gibt ein Wrack aus dem Jahr 1917, eine große, relativ flache Höhle, die für Unerfahrene geeignet ist, und das wunderbare Margarita-Riff vor der Insel Susak. Dank eines schmalen Kiesstrands und der guten Windverhältnisse herrschen in Čikat auch gute Bedingungen zum Windsurfen.

Fritzy-Palast MUSEUM

(Palača Fritzy; www.muzej.losinj.hr; Vladimira Gortana 35; Erw./Kind 35/25 Kn; Mitte Juni–Mitte Aug. Di–So 10–13 & 19–22 Uhr, restl. Jahr kürzere Öffnungszeiten) Die größte Zweigstelle des dreiteiligen Lošinj-Museums (die anderen Häuser liegen in Osor, S. 200, und Veli Lošinj, S. 205) befindet sich in diesem prachtvollen Herrenhaus. Sie zeigt drei verschiedene Sammlungen: eine halbwegs interessante Zusammenstellung von überwiegend aus dem 17. und 18. Jh. stammenden Gemälden, eine interessantere Auswahl von Fotos aus dem frühen 20. Jh. und eine spannende Ausstellung zur Kunst des 20. Jhs.

Das faszinierendste Ausstellungsstück ist zugleich eines der kleinsten: eine nur 10 cm hohe, vermutlich etruskische Tonstatue aus dem 7. Jh. v. Chr., bekannt als *Dame von Čikat*. Im Bereich zur Moderne sollte man sich die Arbeiten der drei bedeutendsten kroatischen Bildhauer des 20. Jhs. anschauen: Ivan Meštrović, Frano Kršinić und Antun Augustinčić.

Garten der feinen Düfte GARTEN
(Miomirisni Otočki Vrt; www.miomirisni-vrt.hr; Bukovica 6; Juli & Aug. 8.30–12.30 & 18–21 Uhr, März–Juni & Sept.–Dez. 8–15 Uhr) GRATIS In diesem duftenden Paradies am südlichen Stadtrand gedeihen zwischen den *gromače* (traditionellen Steinmauern) mehr als 250 einheimische und 100 exotische Pflanzenarten. Als Souvenir kann man natürliche Düfte, Salze und Liköre kaufen.

Rettungszentrum für Meeresschildkröten NATURRESERVAT
(Oporavilište za Morske Kornjače; www.blue-world.org; Sunčana Uvala bb; Juni–Sept. Mo–Fr 10–14 Uhr) GRATIS Das kleine, aber äußerst interessante Zentrum widmet sich der Versorgung und Pflege verletzter Meeresschildkröten, die sich meistens in Plastikmüll oder Fischernetzen verfangen haben. Es gibt hier nicht viel zu sehen, jedoch berichten die Angestellten Besuchern gern von der Arbeit des Zentrums. Und vielleicht bekommt man sogar ein paar der Patienten zu Gesicht. Das Zentrum befindet sich zwischen den Hotels Adriatic und Vespera, gleich oberhalb der Promenade.

ABSTECHER

EINE BUCHT FÜR SICH ALLEIN

Südlich von Mali Lošinj formt sich die Insel zu einer wunderschönen, kaum bewohnten, daumenförmigen Halbinsel mit herrlichen natürlichen Buchten und tollen Wanderwegen (eine Karte ist in der **Touristeninformation** (S. 204) erhältlich. Eine einsame Straße schlängelt sich durch die hügelige bewaldete Landschaft hinab bis nach Mrtvaška am Rand Lošinjs. Die gesamte Halbinsel lässt sich an einem Tag zu Fuß umrunden, Badestopps an einsamen Buchten inklusive. Wer einen faulen Strandtag einlegen möchte, fährt 5 km bis zur Abzweigung nach **Krivica**, parkt dort und steigt in 30 Minuten zur idyllischen, von Kiefern gesäumten und geschützten Bucht hinab. Das smaragdgrüne Wasser eignet sich hervorragend zum Baden.

Mariä-Geburt-Kirche KIRCHE
(Župna Crkva Male Gospe; Sv Marije bb) Die Pfarrkirche (erbaut 1696–1775) thront auf einem Hügel über der Stadt. Im Innenraum befinden sich einige bemerkenswerte Kunstwerke, darunter ein Gemälde der Geburt Mariä aus der Werkstatt eines im 18. Jh. tätigen venezianischen Künstlers und Reliquien des hl. Romulus. Die Kirche öffnet ihre Pforten normalerweise nur während des Gottesdiensts.

Kurse

Sunbird WASSERSPORT
(095 83 77 142; www.sunbird.de) Der deutsche Veranstalter mit Sitz am Strand in der Nähe des Hotel Bellevue bietet Kurse im Windsurfen (ab 1000 Kn) und Katamaransegeln (ab 675 Kn) an. Er verleiht auch Surfbretter (ab 70 Kn/Std.), Kajaks (35/150 Kn pro Std./Tag) und Fahrräder (25/100 Kn).

Subseason TAUCHEN
(098 294 887; Del Conte Giovanni 1) Der Anbieter am Ufer von Čikat hat einen „Discovery"-Kurs und einen SSI-zertifizierten Open-Water-Kurs im Programm.

Schlafen

Camping Village Poljana CAMPING €
(051-231 726; www.campingpoljana.com; Rujnica 9a; Stellplatz 160 Kn, Wohneinheit ab 550 Kn; P ❄ ᯤ) Die von großen Bäumen umgebene Anlage an der nördlichen Zufahrt nach Mali Lošinj hat Stellplätze mit Stromanschluss, gute klimatisierte Wohneinheiten, ein Restaurant und einen Supermarkt. Es gibt hier auch einen kleinen Kiesstrand und einen felsigen FKK-Bereich.

Alaburić B&B €€
(051-231 343; Stjepana Radića 17; Zi. ab 450 Kn; P ᯤ 🐾) In dieser einladenden, familiengeführten Pension warten schlichte, gut ausgestattete Zimmer und Apartments auf Gäste. Sie haben jeweils ein eigenes Bad; zwei der Unterkünfte haben Fenster, aus denen man in der Ferne das Meer sieht. In einer Dorfstraße gleich unterhalb des Gartens der feinen Düfte. Frühstück kostet 50 Kn extra.

ABSTECHER

INSELN RUND UM LOŠINJ

Die beliebtesten Ausflugsziele von Mali Lošinj aus sind die nahe gelegenen, autofreien Inseln Susak, Ilovik und Unije. Das Besondere am winzigen **Susak** (150 Ew., 3,8 km²) ist die dicke Sandschicht auf einem darunterliegenden Kalksteinboden, weshalb die hiesigen Strände einfach herrlich sind. Interessant ist auch die eigenwillige Kultur der Insel: Die Bewohner sprechen einen Dialekt, der für andere Kroaten nahezu unverständlich ist. An Feiertagen und bei Hochzeiten tragen die Frauen eine Tracht, die ein wenig an Ballettkleidung erinnert und aus bunten Röcken und roten Strumpfhosen besteht. Beim Anblick der alten Steinhäuser auf der Insel sollte man bedenken, dass jeder einzelne Stein aus Mali Lošinj herangeschafft und von Hand an sein Ziel gebracht werden musste. In den letzten Jahrzehnten ist die Bevölkerung auf der Insel stetig zurückgegangen (1948 lebten hier noch mehr als 1600 Einwohner); viele Insulaner sind von hier in die USA, nach Hoboken in New Jersey, ausgewandert.

Anders als das flache Susak ist **Ilovik** (85 Ew., 5,8 km²) eine hügelige Insel, die vor allem für ihre Blumenpracht bekannt ist. Sie ist überwuchert mit Oleandern, Rosen und Eukalyptusbäumen und besonders bei Bootsfahrern beliebt, die die einsamen Badebuchten der Insel ansteuern.

Die größte Insel des Lošinj-Archipels, **Unije** (85 Ew., 18 km²), wird geprägt von einer hügeligen Landschaft, dichtem mediterranem Unterholz, Kiesstränden und zahlreichen Buchten und Meeresarmen. Die einzige Siedlung auf der Insel ist ein malerisches Fischerdorf mit steinernen Giebelhäusern.

Reisebüros in Mali Lošinj bieten Ausflüge zu den Inseln an. Man kann sich aber auch die am Hafen vor Anker liegenden Boote anschauen und aus den Angeboten eines auswählen.

Alternativ betreibt Jadrolinija (S. 195) eine Personenfähre, die zweimal am Tag von Mali Lošinj nach Unije (Erw./Kind 16/8 Kn, 1½ Std.) und Susak (Erw./Kind 16/8 Kn, 1 Std.) pendelt. Morgens fährt ein Katamaran von Mali Lošinj nach Rijeka und legt unterwegs in Unije an (20 Kn, 30 Min.).

★ **Boutique Hotel Alhambra** HOTEL €€€
(☎051-260 700; www.losinj-hotels.com; Čikat 16; Zi. ab 3900 Kn; P ❄ @ 🛜 🏊) Die luxuriösen Zimmer – vor allem jene mit Blick aufs Wasser – sind zwar alles andere als günstig, rechtfertigen den Preis aber wegen des sicheren und einzigartigen Gespürs für Stil, Raum und Raffinesse, mit dem sie eingerichtet sind. Der Look ist elegant, ohne übertrieben steif zu wirken, und der Service ist ausgezeichnet.

★ **Mare Mare Suites** HOTEL €€€
(☎051-232 010; www.mare-mare.com; Riva Lošinjskih Kapetana 36; EZ/DZ/Apt. 900/950/1400 Kn; P ❄ @ 🛜) Das historische Stadthaus in erstklassiger Lage am Nordende des Hafens wurde in ein Hotel mit makellosen, individuell gestalteten Zimmern und einem Apartment mit Terrasse umgebaut. Es gibt sogar einen Wellnessbereich auf dem Dach. Gäste dürfen die hiesigen Kajaks und Fahrräder kostenlos nutzen. Beim fachkundigen Personal kann man sich über weitere ähnliche Möglichkeiten in unmittelbarer Nähe informieren.

Essen & Ausgehen

Porto KROATISCH, SEAFOOD €€
(Sv Martin 33; Hauptgerichte 45–130 Kn; ⏲8–23 Uhr) Das gute, familiengeführte Fischrestaurant hinter dem Hügel im Ostteil der Stadt liegt an einer hübschen Bucht neben einer Kirche. Die Spezialität des Hauses ist Fischfilet mit Seeigel, aber auch all die anderen Meeresfrüchte werden hier hervorragend zubereitet und angerichtet.

Baracuda KROATISCH, SEAFOOD €€
(☎051-233 309; Priko 31; Hauptgerichte 59–159 Kn; ⏲12–24 Uhr) Das gemütliche und elegante Baracuda wird wegen des frischen Fischs, des Talents seiner Köche und des kessen Charmes seiner Kellner sehr geschätzt. Gegessen wird auf der großen Terrasse. Normalerweise gibt es auch ein oder zwei Tagesgerichte, die auf der Tafel mit Kreide angeschrieben stehen. Fisch wird hier oft nach Gewicht abgerechnet.

Restaurant Rosemary SEAFOOD €€€
(☎051-231 837; www.facebook.com/restaurant.rosemary; Čikat 15; Hauptgerichte 110–220 Kn;

INSELWANDERN

In der Touristeninformation (S. 204) gibt's eine ausgezeichnete Broschüre über Promenaden und Spazierwege mit Karten zu dem 250 km langen Wegenetz und genauen Zeitangaben zu den einzelnen Wegen; alle fünf Inseln des Archipels (Lošinj, Cres, Ilovik, Susak und Unije) sind abgedeckt. Man kann auf den höchsten Gipfel, den Televrina (589 m), steigen und die großartige Aussicht genießen, zu den abgelegenen Buchten südlich von Mali Lošinj (S. 202) marschieren oder die einsamen Buchten von Susak erkunden.

⌚12–23 Uhr) In dem wunderbaren, einladenden kleinen Restaurant geht's vor allem um Fisch in allen möglichen Variationen, von Pasta mit Trüffeln und Fisch bis hin zu einem perfekten Thunfischtartar. Das hausgemachte Brot und der hübsche Garten sind weitere Pluspunkte.

Priko BAR
(Priko 2; ⌚Mo–Do 11–23 Uhr, Fr & Sa open end; 📶) Im Sommer gibt's abends keine bessere Adresse als die Terrasse dieser Hafenbar, wo fast jeden Abend Livemusik gespielt wird.

Praktische Informationen

Cappelli (☎051-231 582; www.cappelli-tourist.hr; Lošinjskih Brodograditelja 57) Bucht Privatunterkünfte auf Cres und Lošinj sowie Rundfahrten und Ausflüge.

Manora (☎051-520 100; www.manora-losinj.hr; Priko 29) Das Personal des freundlichen, ans Hotel Manora (S. 201) in Nerezine angeschlossenen Reisebüro verleiht Scooter und Mountainbikes .

Sanmar (☎051-238 293; www.facebook.com/sanmar.agencija; Priko 24) Vermittelt Privatunterkünfte, verleiht Mountainbikes (70 Kn/Tag), Mopeds (250 Kn) und Boote (ab 1000 Kn, Führerschein erforderlich) und tauscht Geld um.

Touristeninformation (☎051-231 547; www.visitlosinj.hr; Priko 42; ⌚Juni–Sept. Mo–Sa 8–20, So 9–13 Uhr, Okt.–Mai Mo–Fr 8–15 Uhr) Sehr nützliche Infoquelle mit sachkundigem Personal, tonnenweise praktischen (Hochglanz-)Broschüren und Karten sowie einer umfangreichen Unterkunftsliste mit E-Mail-Adressen und Websites der Betreiber.

An- & Weiterreise

Inselbusse bedienen Veli Lošinj (12 Kn, 12 Min., min. stündl.), Nerezine (34 Kn, 30 Min., 2- bis 9-mal tgl.), Osor (37 Kn, 20–30 Min., 8-mal tgl.) und Cres (Ort; 60 Kn, 1¼ Std., bis zu 7-mal tgl.).

Unterwegs vor Ort

Von Ende April bis Mitte Oktober fährt stündlich ein Shuttle-Bus (10 Kn) vom Stadtzentrum zu den Hotels von Sunčana Uvala und Čikat.

Wer mit dem Auto ins Zentrum von Mali Lošinj fährt, muss eine Gebühr zahlen (20 Kn/2 Std.).

Veli Lošinj

☎051 / 915 EW.

Trotz seines Namens – *veli* ist das kroatische Wort für „groß“, *mali* bedeutet „klein“ – ist Veli Lošinj viel kleiner, verschlafener und weniger überlaufen als das 4 km nordwestlich gelegene Mali Lošinj. Das wirklich reizende Örtchen besteht aus ein paar pastellfarbenen Häusern, Cafés, Hotels und Läden an einer winzigen Bucht. Im April und Mai schwimmen hin und wieder Delfine durch die Meerenge in die Bucht. Ein Muss ist der zehnminütige Küstenspaziergang zur ebenfalls bezaubernden Rovenska-Bucht weiter südöstlich.

Wie im Nachbarort lebten auch in Veli Lošinj reiche Kapitäne, die sich hier Villen bauten und ihre Gärten mit exotischen Blumen und Bäumen bepflanzten, die sie aus fernen Ländern mitgebracht hatten. Beim Bummel vom Hafen die steilen Straßen hoch kann man hie und da solche Anwesen sehen.

Sehenswertes

★ **Meereszentrum Lošinj** NATURZENTRUM
(☎051-604 666; www.blue-world.org; Kaštel 24; Erw./Kind 20/15 Kn; ⌚Juli–Aug. 10–21 , im Juni bis 20 Uhr, Mai & Sept. Mo–Fr 10–18, Sa bis 14 Uhr, Okt.–April Mo–Fr 10–14 Uhr) 🍃 Begleitend zur praktischen Naturschutzarbeit von Blue World will diese informative Einrichtung Einheimische und Gäste mit dem maritimen Leben und den Gefahren, denen es ausgesetzt ist, vertraut machen. In dem modernen Zentrum werden ein ausgezeichnetes Video (in verschiedenen Sprachen), die Rückenwirbel eines 11 m langen Finnwalkalbs und einige Multimedia-Ausstellungen gezeigt. In einem Akustikraum können sich Besucher die Klickgeräusche anhören, mittels derer Delfine miteinander kommunizieren.

Kirche des Hl. Antonius des Eremiten KIRCHE
(Obala Maršala Tita) Der Bau dieser hübschen rosafarbenen Kirche im Barockstil, in der

die Reliquien des hl. Gregor aufbewahrt werden, wurde 1774 von hiesigen Seeleuten finanziert. Sie ist aufwendig mit Marmoraltären, einer großen Sammlung italienischer Gemälde (darunter das Deckenfresko) und einer Pfeifenorgel geschmückt. Normalerweise ist sie nur zum Sonntagsgottesdienst geöffnet, man kann jedoch durch das Metallgitter auch sonst einen Blick ins Innere werfen.

Turmmuseum MUSEUM
(Kula-Lošinjski Muzej; Kula Kastel bb; Erw./Kind 35/25 Kn; ⏲ Juli & Aug. Di–So 10–13 & 19–22 Uhr, restl. Jahr kürzere Öffnungszeiten) Dieser überwältigende Wehrturm im Labyrinth der Straßen hinter dem Hafen wurde 1455 von den Venezianern zur Verteidigung der Stadt vor Piraten erbaut. Heute ist hier eine Niederlassung des Lošinj-Museums untergebracht (die andere befindet sich in Mali Lošinj, S. 201), die sich der Seefahrergeschichte der Insel widmet. Bevor man auf die Zinnen steigt, um den unvergleichlichen Blick auf die Altstadt zu genießen, kann man sich noch Scherben römischer Keramiken, einige Säbel und ein paar alte Postkarten anschauen.

Schlafen

Jugendherberge Veli Lošinj HOSTEL €
(☎051-236 234; www.hfhs.hr; Kaciol 4; B 135 Kn; ⏲ Mai–Okt.; 📶) In einem umgebauten Stadthaus ist eine der besten Jugendherbergen Kroatiens untergebracht. Sie empfängt ihre Gäste mit einer heimeligen Atmosphäre und gastfreundlichem Management. Die Schlafsäle (jeweils mit Schließfächern) sind geräumig, die mit Kiefernholz getäfelten Zimmer recht elegant. Die Terrasse vorn eignet sich prima, um sich am Abend auf ein Bierchen zu treffen.

Hotel Vila Conte HOTEL €€
(☎051-268 697; www.hotel-vilaconte.com; Garina 14; Zi. 445–1180 Kn; P ❄ 📶 🏊) Das elegante Hotel mit weiß getünchten Zimmern liegt nur einen Steinwurf vom Hafen entfernt und ist in der Stadt sicher das beste im mittleren Preissegment. Der Service ist aus-

BLUE WORLD

Das **Blue World Institute of Marine Research & Conservation** (www.blue-world.org) ist eine Nichtregierungsorganisation mit Sitz in Veli Lošinj, die 1999 zum Schutz der Meeresfauna in der Adria gegründet wurde. Neben der angewandten Forschungs und Naturschutzarbeit, zu der auch der Betrieb des Rettungszentrums für Meeresschildkröten (S. 202) in Mali Lošinj gehört, setzt sich das Institut mit Vorträgen und Medienpräsentationen auch für die Förderung des Umweltbewusstseins ein. Zu diesem Zweck wird jährlich am 1. Juli der **Tag des Delfins** in Veli Lošinj veranstaltet, ein richtiges Event mit Fotoausstellungen, Ökomesse, Straßen-Performances, Wasserpolowettbewerben, Schatzsuchen und Ausstellungen von Bildern, die Hunderte Kinder gemalt haben.

Im Rahmen des Adriatic Dolphin Project beobachtet Blue World die Großen Tümmler, die sich häufig in der Gegend vor Lošinj und Cres sehen lassen. Jeder Delfin wird benannt und anhand von Fotos der Zeichnung seiner Rückenflosse katalogisiert.

Noch in den 1960er- und 1970er-Jahren wurden hier Delfine gejagt, und für jeden getöteten Delfin erhielten die Fischer von der Kommunalverwaltung eine Kopfprämie – sie wurden pro Schwanzflosse bezahlt. Und obwohl 1995 die Delfine endlich unter Naturschutz gestellt worden waren, verzeichnete man dennoch bis 2003 einen starken Rückgang der Population der Großen Tümmler. Daraufhin setzte sich Blue World für die Gründung des Delfinschutzgebiets Lošinj ein. Inzwischen soll sich der Bestand aber mit rund 10 000 Tieren stabilisiert haben. Hin und wieder werden auch andere Delfinarten gesichtet, darunter der Blau-Weiße Delfin. Auch Riesenhaie sind schon gesehen worden.

Die größte Gefahr droht den Lošinj-Delfinen von Booten, die Lärm und Unruhe ins Meer bringen. Im Juli und August nähern sich die Delfine normalerweise nicht dem Ufer, trotzdem sollte man ihre Jagdgründe südlich und östlich von Cres meiden, ein Gebiet mit vielen Seehechten. Ein weiteres großes Problem stellt die Überfischung dar, die den Bestand der Beutetiere der Delfine reduziert.

Mit der Patenschaft für einen Delfin (ab 30 €) oder mit Freiwilligenarbeit kann man das Adriatic Dolphin Project unterstützen. Von Mai bis September bietet Blue World hierzu ein zehntägiges Programm an (ab 900 €/Pers. inkl. Kost & Logis; Studentenermäßigung mögl.).

gezeichnet, und es gibt ein sehr anständiges Restaurant.

Villa Mozart B&B €€
(☎098 97 80 051; www.villamozartvelilosinj.com; Kaciol 3; Zi. 600–740 Kn; ❄📶) Die attraktive Pension hat 18 Zimmer mit viel Charakter. Diese sind zwar recht klein, dafür aber mit Fernsehern und winzigen Bädern ausgestattet. Einige der Zimmer (für die sich der Aufpreis lohnt) und die Frühstücksterrasse bieten Blick auf das schimmernde Wasser im Hafen und auf die Kirche. Wer im Juli und August nur eine Nacht bleibt, muss einen Aufpreis von 120 Kn bezahlen.

Essen & Ausgehen

★ **Bora Bar** ITALIENISCH €€
(☎051-867 544; www.borabar.net; Rovenska Bay 3; Hauptgerichte 65–174 Kn; ⌚März–Okt. 12–22 Uhr) Das zwanglos-schicke Restaurant ist die beste Adresse in Veli Lošinj und ein Paradies für Trüffelliebhaber. Zu verdanken ist dies dem italienischen Koch, der seine Leidenschaft für den kostbaren Pilz gern mit seinen Gästen teilt. Wenn man die leckere hausgemachte Pasta mit viel geriebenem Trüffel genießt, sollte man dennoch Platz lassen für die Pannacotta mit Trüffelhonig. Die istrischen Weine stehen ebenfalls sehr hoch im Kurs.

Restaurant Mol SEAFOOD €€
(☎051-236 008; Rovenska 1; Hauptgerichte 65–140 Kn; ⌚10–24 Uhr) Dieses exzellente, familiengeführte Restaurant serviert hervorragende Meeresfrüchte- und Fischgerichte – von einer feinen Fischsuppe oder einem Oktopus-Salat als Vorspeise bis zu Seebarsch oder gegrilltem Tintenfisch als Hauptgericht. Es empfiehlt sich, tagsüber rechtzeitig vorbeizukommen, um einen Tisch am Meer zu reservieren – andernfalls gibt's zum Mittag- oder Abendessen keinen mehr.

Saturn BAR
(Obala Maršala Tita bb; ⌚8–2 Uhr; 📶) Die stimmungsvolle kleine Bar mit Tischen mit Blick auf den Hafen ist die beste der Stadt. Die Playlist ist abwechlungsreich mit westlicher und kroatischer Musik bestückt. An Wochenenden oder wenn die kroatische Fußballnationalmannschaft auf dem Platz ist, kann es reichlich laut werden.

Praktische Informationen

Palma Tourist Agency (☎051-236 179; www.losinj.com; Vladimira Nazora 22) Hat Infos und Internetzugang, tauscht Geld um und vermittelt Privatunterkünfte.

Turist (☎051-236 256; www.island-losinj.com; Obala Maršala Tita 17) Organisiert Ausflüge nach Susak und Ilovik (650 Kn), vermittelt Privatunterkünfte, verleiht Fahrräder und Scooter und tauscht Geld um.

Val Tourist Agency (☎051-236 604; www.val-losinj.hr; Vladimira Nazora 29) Vermittelt Privatunterkünfte, veranstaltet Ausflüge, hat Internetzugang und verleiht Fahrräder und Scooter.

An- & Weiterreise

Von Veli Lošinj aus fahren Busse nach:

Cres Town 65 Kn, 1½ Std., bis zu 7-mal tgl.

Mali Lošinj 12 Kn, 12 Min., 13-mal tgl.

Nerezine 37 Kn, 40 Min., bis zu 8-mal tgl.

Osor 40 Kn, 45 Min., bis zu 8-mal tgl.

Rijeka 154 Kn, 4 Std., bis zu 4-mal tgl.

Wer mit dem Auto unterwegs ist, muss im Sommer oberhalb der Bucht parken und zu Fuß durch die schmalen Kopfsteinpflasterstraßen hinunter in den Ort gehen .

KRK

Die über eine mautpflichtige Brücke mit dem Festland verbundene Insel Krk (ital. Veglia) ist Kroatiens größte Insel und auch eine der meist besuchten und turbulentesten. Im Sommer bevölkern Hunderttausende Europäer die Ferienhäuser, Campingplätze und Hotels. Krk ist nicht einmal die grünste oder schönste Insel, hat aber eine recht vielfältige Landschaft – von Wäldern im Westen bis hin zu sonnenverbrannten Kämmen im Osten.

Vrbnik an der Ostküste ist ein charmantes Dorf abseits der Besuchermassen. Die steile, felsige Nordwestküste der Insel ist im Winter kalten Bora-Winden aus Nordost ausgesetzt, weshalb hier nur wenige Siedlungen zu finden sind. Im Südwesten ist das Klima milder, im Südosten kann es glühend heiß werden.

Krk ist leicht zu erreichen. Die Insel hat eine gute Verkehrsanbindung und Infrastruktur. Der Flughafen Rijeka befindet sich ganz im Norden der Insel, wird aber nur von April bis Oktober angeflogen.

Geschichte

Die ersten bekannten Siedler von Krk waren die illyrischen Liburner. Ihnen folgten die Römer, die sich an der Nordküste ansiedelten. Später fiel Krk an Byzanz, ging dann an

Venedig und schließlich an die kroatisch-ungarischen Könige über.

Im 11. Jh. wurde die Insel ein führendes Zentrum der Glagoliza (S. 212), der ersten, im 9. Jh. von den hll. Kyrill und Method ausgearbeiteten slawischen Schrift. Als die Römische Kirche verlangte, dass die kroatische Kirche sich anpassen und in der Liturgie die lateinische Schrift und Sprache verwenden sollte, begehrte der Klerus in Krk dagegen auf. Schließlich gewährte Rom einigen kroatischen Diözesen einen Dispens zur Weiterverwendung der Landessprache (eine Seltenheit in der katholischen Tradition bis zu den Reformen in den 1960er-Jahren). Die glagolitische Schrift wurde hier noch bis ins 19. Jh. genutzt.

1358 übergab Venedig die Regierungsgewalt über die Insel den Fürsten von Krk, den späteren Frankopanen, die zu einem der reichsten und mächtigsten Geschlechter in ganz Kroatien aufstiegen. Obwohl sie Vasallen Venedigs waren, regierten sie die Insel weitgehend unabhängig, bis 1480 der letzte Spross des Geschlechts die Insel wieder unter den direkten Schutz Venedigs stellte.

Neben dem Tourismus als wichtigstem Wirtschaftszweig gibt es auf der Insel noch zwei kleine Werften (in Punat und Krk); außerdem wird etwas Landwirtschaft und Fischfang betrieben.

An- & Weiterreise

Der Fährhafen befindet sich in Valbiska; von hier legen Fähren zu den Inseln Cres und Rab ab.

Busse fahren von Rijeka über die Brücke nach Malinska (50 Kn, 1 Std., min. stündl.), Krk (Ort; 64 Kn, 1¾ Std., stündl.), Punat (71 Kn, 1¾ Std., 11-mal tgl.) und Baška (84 Kn, 2 1/4 Std., 7-mal tgl.).

Im Sommer gibt's auch Verbindungen zwischen Zagreb und Malinska (105 Kn, 3 Std., 12-mal tgl.), Krk (Ort; 105 Kn, 3 Std., 8-mal tgl.), Punat (115 Kn, 3½ Std., 6-mal tgl.) und Baška (115 Kn, 4 Std., 6-mal tgl.).

Von Malinska fahren Busse nach Cres (79 Kn, 1¼ Std., 2–3-mal tgl.) und Mali Lošinj (129 Kn, 2½ Std., 3-mal tgl.).

Malinska

☎051 / 3471 EW.

Malinska war einst der größte Hafen der Insel für den Export von Holz. Heute ist es schlicht eine Ansammlung bunter Ferienhäuser rund um einen kleinen Jachthafen. Windgeschützt und mit durchschnittlich 260 Sonnentagen im Jahr entwickelte es sich in den letzten Jahren der österreichisch-ungarischen Doppelmonarchie zu einem beliebten Urlaubsziel der Wiener Aristokratie. Heute verbringen in den ordentlichen Gärten und gepflegten Domizilen viele Rentner ihre Zeit. In der umliegenden Region Dubašnica liegen verstreut kleine Dörfer, in denen die Zeit stehengeblieben zu sein scheint.

Malinska ist zwar ein wenig entfernt von den größten Sehenswürdigkeiten der Insel, liegt aber in praktischer Nähe zu den Bushaltestellen für die Busse von Cres nach Rijeka und zum Flughafen.

Schlafen & Essen

Villa Haya APARTMENT €€
(☎051-604 021; www.villahaya.com; Linardići 28/4, Linardići; Apt. 480–950 Kn; P❄📶🏊) Dieser Block mit seinen neun Apartments liegt in einem Dorf im Nirgendwo zwischen Malinska und dem Fährhafen. Nichtsdestotrotz ist die Unterkunft ein entspanntes, günstiges Basislager, sofern man ein eigenes Auto hat. Es hat einen kleinen, blau gefliesten Pool; in 40 Gehminuten erreicht man ein paar einsame Strände.

Pinia HOTEL €€€
(☎051-866 333; www.hotel-pinia.hr; Porat bb; DZ inkl. HP 950–2000 Kn; P❄📶🏊) 4 km westlich vom Hafen thront dieses Hotel mit seiner geschwungenen Fassade oberhalb einer Terrasse, auf der das Frühstück eingenommen wird, und eines grünen Rasens. Man schaut von hier bis hinunter zum Strand. Die Zimmer sind ausgesprochen komfortabel. Gästen stehen ein Hallenbad und ein Wellnesscenter zur Verfügung. Die Preise gelten inklusive Halbpension.

★**Bistro Bukarica** EUROPÄISCH €€
(☎051-859 022; www.bistrobukarica.com; Nikole Tesle 61; Hauptgerichte 70–180 Kn; ⌚11–23 Uhr) Das fantasievolle Restaurant versteckt sich in einer unscheinbaren Anwohnerstraße auf dem Hügel und ist auf jeden Fall einen Besuch wert. Hier vereinen sich asiatische Aromen und die besten kroatischen Lebensmittel zu einer stark europäisch geprägten Küche. Auch die Desserts sind sensationell lecker.

Praktische Informationen

Touristeninformation (☎051-859 207; www.tz-malinska.hr; Obala 46; ⌚Juli & Aug. Mo–Sa 8–21, So 9–13 & 17–20 Uhr, restl. Jahr kürzere Öffnungszeiten)

WELCHER STRAND IST DER RICHTIGE?

Die farbige Broschüre *Plaža & Uvale* (Strände & Buchten) hilft, den ganz persönlichen Lieblingsstrand auf der Insel Krk zu finden. Die Broschüre ist in den Touristeninformationen der Insel erhältlich und bietet Fotos von 31 Krk-Stränden und fünf verlockenden Buchten – mitsamt GPS-Koordinaten.

An- & Weiterreise

Malinska ist eine Art Drehscheibe für den Busverkehr der Insel. Einige Verbindungen:

Cres (Ort) 79 Kn, 1¼ Std., 2- bis 3-mal tgl.
Krk (Ort) 32 Kn, 20 Min., im Sommer stündl.
Mali Lošinj 129 Kn, 2½ Std., 3-mal tgl.
Rijeka 50 Kn, 1 Std., 6- bis 15-mal tgl.

Krk (Ort)

051 / 6281 EW.

Krk an der Südküste der gleichnamigen Insel breitet sich rund um das von einer Stadtmauer gesäumte alte Zentrum aus. Der neuere Teil der Stadt erstreckt sich über die umliegenden Hügel und Buchten und umfasst einen Hafen, Strände, Campingplätze und Hotels. Die Uferpromenade quillt im Sommer mitunter schier über, wenn die vielen Touristen und kroatischen Wochenendausflügler in die schmalen kopfsteingepflasterten Straßen der hübschen Altstadt strömen.

Mal abgesehen von den Menschenmassen ist dieses steinerne Labyrinth das Highlight von Krk. In der ehemaligen römischen Siedlung stehen noch immer Teile der alten Stadtmauer und Stadttore sowie eine prächtige romanische Kathedrale und eine Burg der Frankopanen aus dem 12. Jh.

Man braucht nur ein paar Stunden, um alle Sehenswürdigkeiten zu besichtigen; Krk ist aber ein guter Ausgangspunkt, um den Rest der Insel zu erkunden.

Sehenswertes & Aktivitäten

Kathedrale Mariä Himmelfahrt KATHEDRALE
(Katedrala Uznešenja; Trg Sv Kvirina; Ostern–Sept. 9–13 & 17.30–19.30 Uhr, Okt.–Ostern 8.30–12.30 & 17–18.30 Uhr) GRATIS Die imposante romanische Kathedrale wurde im 12. Jh. auf dem Gelände einer römischen Therme und einer frühchristlichen Basilika errichtet. In der Kathedrale sollte man das seltene frühchristliche Relief an der ersten Säule neben der Apsis beachten: Es zeigt zwei Vögel, die einen Fisch fressen. Im linken Kirchenschiff findet sich eine gotische Kapelle aus dem 15. Jh., die mit dem Wappenschild der Frankopanen geschmückt ist, die zum Beten hierher kamen. Seitlich der Kirche erhebt sich ein hübscher **Kirchturm** aus dem 18. Jh. mit einer Zwiebelkuppel und einer Engelsfigur.

Gleich nebenan steht die ebenfalls romanische **Kirche St. Quirinus**, die aus weißem Stein erbaut wurde und dem Schutzheiligen der Insel geweiht ist. Unter den Kunstwerken und Gewändern, die in der Schatzkammer aufbewahrt werden, befindet sich ein silbernes Altarbild mit Madonnendarstellung aus dem Jahr 1477.

Kaštel FESTUNG
(098 726 884; www.kastel-krk.com; Trg Kamplin; Erw./Kind 22/15 Kn; Juni–Aug. 9–21 Uhr, restl. Jahr kürzere Öffnungszeiten) Die verfallene Festung am Meer diente dem Schutz der Altstadt vor Piratenangriffen. Man kann den kürzlich renovierten Turm aus dem 12. Jh. besteigen, der den Frankopanen einst als Gerichtssaal diente und einen tollen Ausblick bietet. Zuvor sollte man auch noch einen Blick auf die im Hof ausgestellten Steine mit liburnischen und römischen Inschriften werfen.

Aktivitäten

In der Touristeninformation gibt es eine Karte der Insel, mithilfe derer man die Gassen von Krk mit dem Fahrrad erkunden kann. An der Bushaltestelle gibt es einige Leihstationen für Fahrräder (ca. 100 Kn/Tag).

Cable Krk Wakeboard Center WASSERSPORT
(091 26 27 303; www.wakeboarder.hr; pro Std./Tag 104/230 Kn; Mai–Sept. 10 Uhr–Sonnenuntergang) Adrenalinjunkies können sich an diesem 650 m langen Wasserskilift so richtig austoben. Auf Wasserkis oder einem Wakeboard wird man mit einer Geschwindigkeit von 32 km/h über die Wasseroberfläche gezogen. Das Center befindet sich gleich abseits der Hauptstraße am Anfang der Bucht (vor der Ausfahrt nach Punat). Zu dem Komplex gehören auch ein Restaurant, eine Bar und ein Surfbrettladen.

Fun Diving Krk TAUCHEN
(051-222 563; www.fun-diving.com; Braće Juras 3; Tagestour mit 2 Tauchgängen 433 Kn; Ostern–Okt.) Die deutsche Crew veranstaltet Kurse

und Tauchgänge rund um die Insel. Zu den besten Tauchstellen zählen u.a. die *Peltastis*, das Wrack eines 60 m langen griechischen Frachters, sowie die Riffe Punta Silo und Kamenjak mit ihrer artenreichen Meeresfauna (u.a. Schnecken und Tintenfische).

Feste & Events

Jahrmarkt von Krk KULTUR
(8.–10. Aug.) Das venezianisch inspirierte Fest mit Konzerten auf vier Bühnen, mittelalterlich kostümierten Menschen und rund 200 Imbissbuden mit traditionellen Speisen und Kunsthandwerk hat die Stadt drei Tage lang fest im Griff.

Schlafen & Essen

Hotel Marina HOTEL €€€
(051-221 128; www.hotelmarina.hr; Obala Hrvatske Mornarice 8; EZ/DZ ab 850/1350 Kn; P) Das Vier-Sterne-Hotel Marina ist das einzige Hotel in der Altstadt – und ein sehr gutes. Es hat eine exklusive Lage am Wasser, sodass man von den Balkonen der zehn schicken Zimmer direkt auf die Jachten blickt (den schönsten Blick bieten die Zimmer mit Terrasse). Alle Zimmer verfügen über ein stilvolles und dezentes modernes Dekor und hippe Badezimmer. Zudem gibt's ein gutes Restaurant.

★ **Konoba Nono** KROATISCH €€
(051-222 221; www.nono-krk.com; Krčkih Iseljenika 8; Hauptgerichte 35–150 Kn; 11 Uhr–open end) Auf der Terrasse des rustikalen, für seine typische Inselküche bekannten Restaurants am Rand der Altstadt steht neben einigen Tischen auch eine große traditionelle Olivenpresse – ein Beweis dafür, dass das Nono sogar sein eigenes Olivenöl produziert. Es hat auch eigenen Prosciutto, der in manchen Gerichten als Zutat verwendet wird. Die Portionen sind üppig bemessen, und das freundliche Personal hat jede Menge Ahnung. Alles in allem eine wirklich gute Adresse.

In der Altstadt gibt's noch eine kleinere Filiale, das Mali Nono.

Citta Vecchia KROATISCH €€
(095 50 63 179; JJ Strossmayera 36; Hauptgerichte 49–160 Kn; 12–23 Uhr) Traveller schwärmen von diesem Restaurant – wegen der perfekt gegrillten Meeresfrüchte- und Fleischgerichte, des freundlichen Services, der tollen Weinkarte und des heimeligen Gartens. Ohne Zweifel: eines der besten Restaurants der Stadt!

Ausgehen & Nachtleben

★ **Volsonis** BAR, CLUB
(051-880 249; www.volsonis.hr; Vela Placa 8; So–Do 7–24, Fr & Sa bis 1 Uhr) Der coole, dunkle, höhlenartige Club hat eine Terrasse, einen Billardtisch, einen lauschigen Garten und eine Sammlung archäologischer Relikte zu bieten, die bei Renovierungsarbeiten entdeckt wurden. An den Wochenenden spielen hier Bands, und es legen DJs auf. Gäste können aber auch einfach mit einem Kaffee oder Cocktail in der Hand auf der Terrasse relaxen.

Caffettaria XVIII st. BAR
(Vela Placa 1; Mai–Sept. 7–2 Uhr, Okt.–April bis 24 Uhr;) Das Café direkt am Hauptplatz im Eingangsbereich des ehemaligen Rathauses ist perfekt, um Leute zu beobachten und im Schatten einen leckeren Kaffee zu trinken. Gutes WLAN und schöne Sofas zum Chillen!

Praktische Informationen

Aurea (051-221 777; www.aurea-krk.com; Vršanska 26l; 8–14 & 15–20 Uhr) Das Reisebüro hat Inselausflüge im Angebot und hilft bei der Buchung von Privatunterkünften.

Krankenhaus (051-221 224; Vinogradska bb)

Touristeninformation (051-220 226; www.tz-krk.hr; JJ Strossmayera 9; Juni tgl. 8–21 Uhr, Juli & Aug. bis 22 Uhr, restl. Jahr kürzere Öffnungszeiten) Nützlich Infos zur Insel.

An- & Weiterreise

Der Busbahnhof liegt nicht weit vom Meer entfernt, gerade einmal 350 m westlich der Altstadt. Einige Ziele:

Baška 37 Kn, 45 Min., im Sommer 12-mal tgl.
Malinska 32 Kn, 20 Min., im Sommer stündl.
Punat 28 Kn, 15 Min., im Sommer mind. stündl.
Rijeka 64 Kn, 1½ Std., 12-mal tgl.

Punat

051 / 2010 EW.

Das kleine, unauffällige, aber ziemlich ruhige kroatische Küstenstädtchen Punat, 6 km südöstlich von Krk, hat eine hübsche, mit Eisdielen gesäumte Promenade, einen beliebten Jachthafen und ordentliche Strände. Die Hauptattraktion ist die per Boot zehn Minuten entfernte Klosterinsel Košljun.

Sehenswertes & Aktivitäten

Franziskanerkloster Košljun KLOSTER
(Franjevački Samostan Košljun; (051-854 017; www.kosljun.hr; 20 Kn; Mo–Sa 9.30–17, So

10.30–12.30 Uhr) Auf der winzigen Insel Košljun befindet sich ein Franziskanerkloster, das im 16. Jh. an der Stelle einer Benediktinerabtei aus dem 12. Jh. erbaut wurde. Am Hafen in Punat warten Taxiboote, die Besucher zur Insel übersetzen (hin & zurück 25 Kn). Im Sommer gibt es dafür viele Interessenten, sodass man sich ein Boot teilen kann. Man sollte sich angemessen kleiden.

Zu den Highlights zählt das große, seinem Namen entsprechend schauerliche *Jüngste Gericht* von 1653 in der Klosterkirche. Ein kleines Museum zeigt religiöse Gemälde, eine ethnografische Sammlung und eine seltene Ausgabe des *Atlas* von Ptolemäus, der Ende des 16. Jhs. in Venedig gedruckt wurde. Man sollte sich etwas Zeit nehmen, um die bewaldete Insel zu erkunden, auf der rund 400 Pflanzenarten wachsen. Strände oder Badestellen gibt es hier aber keine.

An- & Weiterreise

Busse verbinden Punat:

Baška 36 Kn, 30 Min., im Sommer 12-mal tgl.

Krk (Ort) 28 Kn, 15 Min., im Sommer min. stündl.

Malinska 37 Kn, 40 Min., im Sommer min. stündl.

Rijeka 71 Kn, 1½ Std., 4- bis 9-mal tgl.

Vrbnik

☎051 / 975 EW.

Auf einer 48 m hohen Klippe über dem Meer thront das zauberhafte mittelalterliche Dorf Vrbnik mit seinen steilen Gassen. Es ist zwar kein echter Geheimtipp (selbst Reisegruppen besuchen den Ort hin und wieder), doch die meiste Zeit des Jahres geht es hier friedlich und entspannt zu.

Vrbnik war einst das Zentrum der glagolitischen Schrift und Aufbewahrungsort vieler glagolitischer Handschriften. Dies ist den Priestern zu verdanken, die es hier immer reichlich gab, da viele junge Männer lieber Geistliche wurden als auf venezianischen Galeeren zu dienen.

Heute lockt das Städtchen mit wunderschönen Panoramen und dem in der Region angebauten Weißwein *žlahtina*. Nach dem Bummel durch die engen kopfsteingepflasterten Gassen geht's zum Baden runter an den Strand.

Sehenswertes & Aktivitäten

Ein Spaziergang über die unebenen Kopfsteinpflaster den Hügel hinauf führt zum Glockenturm (S. 210). Informationstafeln in Kroatisch und Englisch informieren über weitere (aber weniger bedeutsame) Gebäude hier.

Ganz in der Nähe führen Schilder zur **Klančić** (Engpass), der angeblich engsten Gasse der Welt (obwohl eine Straße in Reutlingen offiziell diesen Titel hält).

Glockenturm HISTORISCHES GEBÄUDE
Dieser Glockenturm, der zeitweise als Gefängnis diente, thront auf einem Hügel und trägt eine glagolitische Inschrift über dem Eingang, aus der hervorgeht, dass er 1527 erbaut wurde.

Katunar WEIN
(☎091 53 21 224; www.kucavina-ivankatunar.com; Braće Trinajstić 3; ⌚nach Vereinbarung) Teils Weinladen, teils Ladenlokal für Ivan Katunar, eine der angesehensten Familienweinkellereien der Region. Das Personal organisiert auch Weinproben und Führungen über Weingüter. Außerdem werden einem hier so viele Flaschen verkauft, wie man sich leisten kann.

Toljanić-Gospoja WEIN
(☎051-857 201; www.gospoja.hr; Frankopanska 1; ⌚12–18 Uhr) Das Weingut ist die beste Adresse im Ort, um den spritzigen lokalen Weißwein *žlahtina* zu kosten. Auch andere kroatische Weine und Weinbrände können verkostet werden.

Schlafen

★**Hotel-Vinotel Gospoja** HOTEL €€€
(☎051-669 350; www.gospoja.hr; Frankopanska 1; DZ ab 1025 Kn) Wunderschöne Zimmer mit aufwendig gestalteten Wänden und Decken -Dekothema ist Wein – machen dieses Haus zu einem echten zeitgenössischen Highlight. Jedes Zimmer ist nach einer kroatischen Weinsorte benannt. Das Hotel gehört dem Weingut Gospoja, das damit auch in andere Geschäftsbereiche vorstößt. Alles hier hat Stil, auch das sehr gute Restaurant.

★**Luce** BOUTIQUEHOTEL €€€
(☎091 28 57 083; www.konoba-luce.hr; Braće Trinajstić 15; Zi. 960 Kn) Es hat zwar gedauert, bis Vier-Sterne-Klasse nach Vrbnik gekommen ist, aber die Zeitenwende ist da, und dieses Hotel ist ein Teil davon. Die Zimmer sind atemberaubend, mit Sichtmauerwerk, hellen Farbtupfern und beeindruckenden zeitgenössischen Fotografien. Es gibt auch ein gutes Tavernen-Restaurant. Im Sommer zwei Nächte Mindestaufenthalt.

Essen

★ Gospoja – Konoba Žlahtina KORATISCH €€
(☎051-857 142; www.gospoja.hr; Trg Pred Sparov zid 9; Hauptgerichte 50–110 Kn) Dieses elegante Lokal ist Teil des Gospoja-Weinimperiums und bietet die üblichen gegrillten Fisch- und Fleischgerichte sowie ein hervorragendes Meeresfrüchte-Risotto. Aber es stehen auch lokale Spezialitäten wie Lamm- oder Rindereintopf mit *šurlice* (Nudeln) auf der Karte, ebenso Rumpsteak, gefüllt mit Prosciutto und Käse und mit Feigensauce und Gnocchi.

★ Restaurant Nada KROATISCH €€
(☎051-857 065; www.nada-vrbnik.hr; Glavača 22; Hauptgerichte 60–180 Kn; ⏲April–Okt. 11–24 Uhr) Im Nada kann man prima regionale Spezialitäten wie Lamm oder *šurlice* mit Gulasch schlemmen. Es gibt hier zwei reizende Terrassen – eine schön schattig, eine mit Blick aufs Meer – und einen Weinkeller, in dem inmitten von Weinfässern Delikatessen serviert werden. Der Besitzer vermietet auch ein paar hübsche Steinhäuser.

Shoppen

★ AurA LEBENSMITTEL & GETRÄNKE
(Placa Vrbničkog Statuta 1; ⏲9–18 Uhr) Dieser ausgezeichnete kleine Laden in der Altstadt verkauft lokale Weine, Grappa, Olivenöl und Trüffel sowie hausgemachten Schnaps und Marmeladen – alles bio.

Praktische Informationen

Mare Tours (☎051-604 400; www.mare-vrbnik.com; Pojana 4; ⏲Mo–Sa 8–20, So 9–16 Uhr) Das Reisebüro hat Besucherinformationen und vermittelt Privatzimmer.

Touristeninformation (☎051-857 479; Placa Vrbničkog Statuta 4; ⏲10–16 Uhr) Kleines Büro; auf die offiziellen Öffnungszeiten sollte man sich nicht unbedingt verlassen.

An- & Weiterreise

Von hier gibt's Busverbindungen nach:

Krk Town 32 Kn, 30 Min., 2-mal tgl.

Malinska 37 Kn, 40 Min., 2-mal tgl.

Wer mit dem eigenen Auto unterwegs ist, muss am Rand der Altstadt parken (5 Kn/Std.).

Baška

☎051 / 1674 EW.

Nach Baška an der Südspitze der Insel Krk führt eine malerische Straße durch ein fruchtbares Tal, das von stark erodierten Bergen eingerahmt wird. Hier erstreckt sich ein feiner sichelförmiger Strand unterhalb karger Hügel. Da direkt gegenüber die Berge des Festlands aufragen, könnte man meinen, man sei komplett von Gebirge umringt und das Meer ein Hochgebirgssee.

Einen Vorbehalt gibt es allerdings (und es ist ein erheblicher): Im Sommer liegen die Touristen dicht an dicht an diesem hübschen, schmalen Kiesstrand, der sich dann in eine Kampfarena um einen Platz an der Sonne verwandelt.

Die kleine Altstadt aus dem 16. Jh. mit ihren venezianischen Stadthäusern ist recht hübsch, rundherum beherrscht jedoch eine öde Touristenzone mit modernen Apartmentblocks und ewig gleichen Restaurants die Szenerie. Es gibt viele touristische Einrichtungen, hübsche Wanderwege in die umliegenden Berge und etwas abgelegenere Strände im Osten der Ortschaft, die zu Fuß oder per Wassertaxi erreichbar sind.

ABSEITS DER ÜBLICHEN PFADE

STARA BAŠKA

Viele der besten Strände Krks sind vollständig erschlossen und im Sommer leider gnadenlos überlaufen. Wer es idyllischer mag, fährt auf der einsamen Straße südlich von Punat nach **Stara Baška** (nicht gen Südosten nach Baška). Die wunderschöne Route führt vorbei an steilen, kargen Hügeln und einer faszinierenden Mondlandschaft. Stara Baška selbst ist ein ganz gewöhnlicher Urlaubsort mit Ferienwohnungen und Wohnmobilparks; 500 m vor dem ersten Zeltplatz stößt man jedoch auf eine Reihe wunderschöner Buchten mit Kies- und Sandstränden und tollen Bademöglichkeiten. Einfach an der Straße parken und dann einem der felsigen Pfade fünf Minuten lang zur Küste hinunter folgen.

Sehenswertes

St. Lucia KIRCHE, MUSEEM
(Crkva Sv Lucija; 25KN; ⏲Juni–Aug. 9–21 Uhr, Sept.–Mai 10–17 Uhr) Das kleine Gotteshaus ist mehr als nur eine Dorfkirche. Hier wurde einer der bedeutendsten kulturellen Funde Kroatiens gemacht: die aus dem 11. Jh. stammende Tafel von Baška, die 1851 im Boden der Kirche entdeckt wurde. Die glagolitische Inschrift auf der Steintafel ist das äl-

DAS GLAGOLITISCHE ALPHABET

Die glagolitische Schrift gilt allgemein als das älteste bekannte slawische Alphabet und wurde im 9. Jh. von byzantinischen Mönchen aus Thessaloniki erstellt. Der ursprüngliche Zweck war ein missionarischer: Indem sie die slawischen Sprachen in schriftlicher Form niederlegten, hofften die Mönche auf einen größeren Erfolg bei der Konvertierung der Einheimischen zum Christentum. Im 13. Jh. gewährte der Papst dem Bischof von Senj das ungewöhnliche Privileg, die Messe in der Landessprache zu feiern. Jahrhunderte später wurde die allerdings zum Symbol des Widerstands – die regionale katholische Kirche erklärte, dass sie Gott in ihrer Landessprache preisen wolle statt auf Latein.

Ursprünglich hatte das glagolitische Alphabet 41 Buchstaben, die später zur Vereinfachung auf 30 reduziert wurden. Es bestehen erhebliche Ähnlichkeiten zum griechischen Alphabet, wobei einige der Buchstaben nicht-griechische Laute repräsentierten. Sprachwissenschaftler stießen zudem auch auf hebräische und armenische Einflüsse.

Die älteste bekannte glagolitische Inschrift, die **Tafel von Baška**, stammt aus dem 11. Jh. Es handelt sich hierbei um eine 800 kg schwere Steinplatte, auf der eine Landspende an die byzantinische Gemeinde durch König Zvonimir festgehalten ist und der Bau der Kirche beschrieben wird. Das Original befindet sich in der Strossmayer Gallery of Old Masters in Zagreb. In der St.-Lucia-Kirche in Baška auf der Insel Krk, jener Kirche, in der die Tafel gefunden wurde, wird Besuchern in einem Film die Geschichte der Tafel nähergebracht.

Das Tal, das vom Hochland von Krk nach Baška hinabführt, galt als Hochburg glagolitischer Traditionen, hier wurde das Alphabet bis zum 19. Jh. verwendet, lange nachdem es anderswo abgeschafft war. Eine Skulptur, die ein großes „A" aus dem Alphabet darstellt, markiert heute den Punkt, an dem die Straße neben der Zipline Edison abfällt. Andere Stellen, an denen auch heute noch glagolitische Schrift zu sehen ist, sind die St.-Markus-Kirche in Valun, das Dorf Nin in der Nähe von Zadar und der Glockenturm in der Kleinstadt Vrbnik – Letztere war einst ebenfalls eine glagolitische Hochburg.

teste Dokument in kroatischer Sprache, das einen kroatischen König erwähnt. Besucher können ein Video zur faszinierenden Entdeckungsgeschichte der Tafel mit anschließender Übersetzung anschauen und sich dann durch die Kirche führen lassen.

Die gedrungene frühromanische Kirche wurde auf den Fundamenten einer Villa aus dem 4. Jh. errichtet; in der Vorhalle sind eine römische Säule und ein römischer Grabstein verbaut. Das berühmte Original der Steintafel befindet sich heute in der Strossmayer Galerie der Alten Meister (S. 82) in Zagreb; an der Fundstelle ist jedoch eine Replik angebracht. Am Gedenktag der hl. Lucia (13. Dez.) fällt die Sonne direkt auf die Inschrift, die sich auf die Heilige bezieht. Bemerkenswert ist auch die Statue der hl. Lucia, die sie mit einem Engel zeigt, der – als Hinweis auf Lucias grausames Martyrium – ihre ausgerissenen Augen auf einem Tablett präsentiert.

Die Kirche befindet sich im Dorf Jurandvor, nur 2 km vom Ort entfernt, ist also auch zu Fuß problemlos zu erreichen; am Ortseingang von Baška ist sie deutlich sichtbar ausgeschildert.

Strand STRAND

Der Strand von Baška verläuft entlang der Küste südlich der Hauptstraße und bietet einen herrlichen Blick auf das Festland. Im Sommer kann es voll werden, aber normalerweise findet man immer ein Plätzchen, um sein Handtuch auszubreiten.

Aktivitäten

Rund um den Campingplatz Zablaće beginnen mehrere beliebte **Wanderwege**. Ein 8 km langer Weg führt über die kahlen, vom Salzwasser ausgewaschenen Kalksteinfelsen nach Stara Baška, vorbei an blütenförmigen Steinpferchen, in die früher Schafe zusammengetrieben wurden, um sie zu scheren. In der Gegend gibt's auch zwei **Kletterspots**.

Zipline Edison OUTDOOR-ABENTEUR

(☎098 626 061; www.zipline-edison-krk.com; 2 Std. 390 Kn; ⏲10–19 Uhr) Am Ende des Tals, das in Richtung Baška hinabführt, und neben einem Aussichtspunkt, der durch eine Skulptur in Form des glagolitischen Buchstabens „A" gekennzeichnet ist, warten 2 km an Ziplines. Im Sommer sollte man im Voraus buchen, während der anderen Monate ist das nicht nötig.

Schlafen

Naturist Camp Bunculuka CAMPING €
(051-656 223; Erw./Stellplatz 85/200 Kn, Wohneinheit ab 1650 Kn; April–Okt.; P @) Der schattige FKK-Campingplatz mit 400 Stellplätzen liegt 15 Gehminuten östlich vom Hafen auf der anderen Seite des Hügels an einem hübschen Strand. Es gibt hier gute Einrichtungen für Kinder, darunter eine Minigolfanlage und einen Spielplatz, ferner ein Restaurant, einen Obst und Gemüsemarkt, eine Bäckerei und ein Internetcafé. Im Sommer muss man mindestens fünf Nächte bleiben.

Camping Zablaće CAMPING €
(051-656 223; Zablača 40; Erw./Stellplatz 80/230 Kn, Mobilheim 950 Kn; April–Mitte Okt.; P) Der gut ausgestattete Camping Zablaće liegt an einem langen Kiesstrand und wurde 2015 zu einem der besten Campingplätze Kroatiens gewählt. Zur Anlage gehören ausgezeichnete Duschen, eine Waschküche und todschicke Mobilheime mit Grill.

★ **Heritage Hotel Forza** HOTEL €€€
(051-864 036; www.hotelforza.hr; Zvonimira 98, Zi. ab 1400 Kn; P @) Ausgezeichnete Unterkunft. Die Zimmer verfügen über Holzböden und/oder freiliegende Steinwände und überlebensgroße Kunstwerke, die Persönlichkeit und Stil vermitteln.

Hotel Tamaris HOTEL €€€
(051-864 200; www.baska-tamaris.com; Emila Geistlicha bb; Zi. ab 900 Kn; Ostern–Sept.; P @) Am westlichen Ortsrand direkt am Strand liegt dieses kleine, gut geführte Hotel, das ursprünglich als Barackenkomplex für die Armee Österreich-Ungarns erbaut wurde. Die k.u.k.-Truppen haben sich natürlich längst aus dem Staub gemacht, und so bewohnen heute Touristen die ordentlichen, wenn auch etwas kleinen Zimmer und Apartments, die mit Teppichen ausgelegt sind. Fürs Abendessen bezahlt man angemessene 100 Kn extra, das Frühstück kostet weniger attraktive 65 Kn.

Essen

★ **Bistro Francesca** KROATISCH €€
(099 65 47 538; www.bistrofrancesca.com; Zvonimira 56; Hauptgerichte 59–180 Kn; 12–15.30 & 18–24 Uhr) Bei den Fischgerichte hier wird vor allem auf Qualität geachtet – das schwarze Risotto mit Meeresfrüchten ist so etwas wie eine lokale Institution. Lecker sind auch die Jakobsmuscheln mit Blumenkohlcreme und die gemischten Meeresfrüchte. Freundlicher Service.

Cicibela KROATISCH €€€
(051-856 013; www.cicibela.hr; Emila Geistlicha 22a; Hauptgerichte 55–235 Kn; März–Okt. 9–24 Uhr) Das Cicibela mitten auf der Strandpromenade und direkt am Meer ist das beste Restaurant in Baška. Es hat ein schickes Ambiente mit maritimer Dekoration und ein umfangreiches, verlockendes Angebot von Meeresfrüchten und Fleischgerichten. Wer Fisch bestellt, der nach Gewicht berechnet wird, sollte erst nach dem Gesamtpreis fragen, sonst könnte es böse Überraschungen geben.

Praktische Informationen

PDM Guliver (051-864 007; www.pdm-guliver.hr; Zvonimira 98) Das Reisebüro vermittelt Privatzimmer und Apartments.

Primaturist (051-856 132; www.primaturist.hr; Zvonimira 98) Auch dieses Reisebüro vermittelt Privatzimmer und Apartments.

Touristeninformation (051-856 817; www.tz-baska.hr; Zvonimira 114; Juni–Aug. Mo–Sa 8–21 Uhr, Sept.–Mai Mo–Fr bis 14 Uhr) An der Straße, die von der Bushaltestelle wegführt, zwischen Strand und Hafen. Wer wandern gehen möchte, sollte sich hier unbedingt die Karte mit eingezeichneten Wanderwegen besorgen. Die Angestellten sprechen mehrere Sprachen.

An- & Weiterreise

Busse von/nach Baška:

Krk (Ort) 37 Kn, 45 Min., im Sommer 12-mal tgl.

Malinska 44 Kn, 1¼ Std., im Sommer 10-mal tgl.

Punat 36 Kn, 30 Min., im Sommer 12-mal tgl.

Rijeka 81 Kn, 2¼ Std., 4- bis 7-mal tgl.

ÖSTLICHE KVARNER BUCHT

Von Rijeka aus Richtung Süden führt die Küstenstraße durch einige interessante historische Städte.

Crikvenica

051 / 11 400 EW.

Wenn man zügig die Küstenstraße entlangfährt, verpasst man Crikvenica leicht. Aber es lohnt sich, hier einen Abstecher zum Wasser runter zu machen – man wird eines der am schnellsten wachsenden und zugleich attraktivsten Reiseziele der kroatischen Küste vorfinden, das lokales und internationales Publikum anzieht. Die Ufergegend und die Straßen, die gleich dahinter liegen, bieten eine reizvolle Mischung aus Steinarchitektur, farbenfrohen Fassaden und Jugendstil-Gebäuden, und der Aufstieg den steilen Hügel hinauf hat seinen eigenen Reiz. Von den Kiesstränden hat man direkten Blick auf die Insel Krk. Als Basis für die Erkundung der Kvarner Bucht gibt es kaum einen besseren Ort als Crikvenica.

Aktivitäten

Paragliding Kvarner GLEITSCHIRMFLIEGEN
(☎ 095 85 49 995; www.paragliding-kvarner.com) Der Veranstalter bietet Tandemflüge in 770 m Höhe über der Kvarner Bucht. Zur Wahl stehen 15-minütige Panoramaflüge (90 €) und 30-minütige Flüge auf den thermischen Aufwinden (140 €).

Schlafen

Guesthouse Barica PENSION €€
(☎ 091 298 63 59; www.pansion-barica.com; Dolac 29; Zi. 770–1150 Kn, Apt. ab 1500 Kn; P ❄ 📶) Die ruhige Pension in den Hügeln oberhalb der Stadt wird von Travellern wegen des freundlichen Services und der (meerseitigen) Zimmer gelobt, von denen man einen uneingeschränkten Blick auf die Insel Krk hat. Die Zimmer sind mit dunklen Holzmöbeln eingerichtet und vermitteln Stil, den man in vielen vergleichbar günstigen Unterkünften vergebens sucht.

Hotel Crikvenica HOTEL €€€
(☎ 051-505 800; www.hotel-crikvenica.com; Strossmayerovo Šetalište 8; EZ/DZ 600/915 Kn; P ❄ @ 📶) Das überaus komfortable und gut geführte, mehrstöckige Hotel am Wasser strahlt etwas Verspieltes aus. Die schicken Zimmer sind einerseits von beruhigenden Erdtönen und einem dezenten, zeitgenössischen Stil geprägt, andererseits sorgen Farbtupfer aber immer wieder für Auflockerung.

Essen

Restaurant Dida Crikvenica KROATISCH €€
(☎ 051-761 070; www.facebook.com/restaurantdida; Šetalište Vladimira Nazora 77; Hauptgerichte 70–180 Kn; ⏲ 12–23 Uhr) Während man im hübschen Garten des Lokals tolle Steaks, Meeresfrüchte und kroatische Weine genießt, hat man durch die Bäume Meerblick.

Gostionica Zrinski KROATISCH, SEAFOOD €€
(☎ 051-241 116; Kralja Tomislava 43; Hauptgerichte 50–160 Kn; ⏲ 11.30–23 Uhr) Das Restaurant ist stilvoller gestaltet als die durchschnittliche kroatische Taverne – was ein gewisser Ausgleich für den Mangel an Meerblick ist. Vor allem aber sprechen die lecker zubereiteten und stilvoll präsentierten Meeresfrüchte für das Gostionica Zrinski.

Praktische Informationen

Touristeninformation (☎ 051-241 051; www.rivieracrikvenica.com; Trg Stjepana Radića 1c; ⏲ Juni–Mitte Sept. tgl. 8–21 Uhr, restl. Jahr verkürzte Öffnungszeiten & So geschl.) Hat diverse Broschüren und Informationen zu örtlichen Übernachtungsmöglichkeiten.

An- & Weiterreise

Busse verbinden Crikvenica mit Rijeka (47 Kn, 45 Min., min. stündl.), Krk (Ort; ab 62 Kn, 2¾ Std., min. 4.mal tgl.), Zagreb (105 Kn, 3–4 Std., min. stündl.) und Šibenik (182 Kn, 5–6 Std., min. 4-mal tgl.).

Senj

☎ 053 / 7200 EW.

Das von einer Stadtmauer umgebene historische Senj ist die größte Stadt an der Küste zwischen Rijeka und Zadar. Im 16. Jh. war es der Stützpunkt der Uskoken, kroatischer Flüchtlinge, die aus den osmanisch besetzten Gebieten vertrieben worden waren. Mit ihrer eigenen Piratenflotte – in Schwarz und Rot, den Farben von Tod und Blut, gestrichen – entwickelten sie sich zu einer gefürchteten Streitkraft und setzten den türkischen und venezianischen Galeeren arg zu. Wenn man in der Gegend unterwegs ist, lohnt sich ein Besuch ihrer Festung.

Wer mit dem Bus an der Küste unterwegs ist, wird hier auf jeden Fall einige Stunden verbringen, da der Ort ein beliebter Stopp für Kaffee- oder *burek*-Pausen ist.

Sehenswertes

Festung Nehaj BURG
(Tvrđava Nehaj; www.muzej-senj.hr; Erw./Kind 20/10 Kn; ⏲ Juli & Aug. 10–21 Uhr, Mai, Juni, Sept. & Okt. bis 18 Uhr) Die Geschichte der Uskoken kann man im spektakulären Ambiente der Festung Nehaj nachverfolgen, einem massiven Steinklotz, der auf einem 62 m hohen Hügel südlich über der Stadt thront. Die Festung wurde 1558 mit Mitteln des Kaisers

Ferdinand I. fertiggestellt; das heutige Gebäude ist zu weiten Teilen ein Nachbau von 1970. Von den Wehrgängen hat man einen klasse Blick auf die Küste und die Insel Krk.

Städtisches Museum MUSEUM
(☎053-881 141; www.senj.hr/muzej; Milana Ogrizovića 5; Erw./Kind 20/10 Kn; ⏲Juli & Aug. Mo–Fr 7–15 & 18–20, Sa 10–12 & 18–20, So 10–12 Uhr, restl. Jahr Mo–Fr 7–15 Uhr) Das Stadtmuseum ist in einem Palast im Stil der Gotik und Renaissance aus dem 15. Jh. untergebracht. Er wurde von der im Mittelalter hier herrschenden Adelsfamilie Vukasovićs in Auftrag gegeben. Im Museum selbst findet sich eine bunte Mischung von Informationen über die lokale Geschichte der vergangenen 2000 Jahre. Wer sich für Slawistik interessiert, wird Gefallen finden an der Ausstellung über die ehemalige Druckerei, in der religiöse Texte in glagolitischer Schrift gedruckt wurden. Ein völkerkundlicher Bereich zeigt bunte Trachten.

Essen

Kod Veska KROATISCH, SEAFOOD €€
(☎053-884 056; Ruminja Vrata; Hauptgerichte 39–155 Kn; ⏲12–23.30 Uhr) Erst eine richtig gute Fischsuppe als Vorspeise, dann gegrillter Fisch oder Fleisch, zudem freundlicher Service, ansprechende Deko und eine gute zentrale Lage – hier wird man gern satt!

Praktische Informationen

Touristeninformation (☎053-881 068; www.visitsenj.com; Stara 2; ⏲Juni–Mitte Sept. tgl. 8–21 Uhr, restl. Jahr kürzere Öffnungszeiten & So geschl.) Hier gibt's nützliche Infos über die Stadt und die Region.

An- & Weiterreise

Busse von Rijeka nach Split kommen auch durch Senj. Hier wird oft eine längere Kaffeepause eingelegt. Verbindungen ab Senj:

Rijeka 73 Kn, 1½ Std., 13-mal tgl.
Split 206 Kn, 6½ Std., 7-mal tgl.
Zadar 114 Kn, 2¾–3½ Std., 7-mal tgl.
Zagreb 130 Kn, 2¾–4½ Std., 5-mal tgl.

RAB

Das wahnsinnig beliebte Rab (ital. Arbe) ist landschaftlich eine der schönsten Inseln der Kvarner Bucht, weshalb sie 2008 zum Geopark erklärt wurde.

Die dichter besiedelte Südwestküste hat schöne Kiefernwälder und Strände zu bieten, die windumtoste Nordostküste mit hohen Klippen und nur wenigen Siedlungen wirkt dagegen karg. Hohe Berge schützen das fruchtbare Inselinnere vor den kalten Winden, sodass hier Oliven, Wein und verschiedene Gemüsesorten gedeihen. Die schönsten Sandstrände finden sich auf der Halbinsel Lopar.

Kulturelles und historisches Highlight ist die zauberhafte Stadt Rab. Ihr Wahrzeichen sind die vier eleganten Glockentürme, die sich über den alten Steinstraßen erheben. Selbst im Hochsommer, wenn die Insel von Touristen förmlich überrannt wird, vermittelt ein Bummel durch die Altstadt das Gefühl, auf Entdeckungsreise zu sein. Einsame Strände liegen nur eine kurze Bootsfahrt entfernt.

Geschichte

Nachdem von den Römern beherrscht, stand Rab zeitweise unter der Herrschaft der Byzantiner und Kroaten, bevor es 1409 gemeinsam mit Dalmatien an Venedig verkauft wurde. Ackerbau, Fischfang, Weinbau und Salzgewinnung bildeten die wichtigsten Wirtschaftszweige Rabs, der Großteil der Einnahmen floss allerdings an Venedig. Im 15. Jh. löschten zwei Pestepidemien die Bevölkerung nahezu vollständig aus und brachten die Wirtschaft zum Erliegen.

Nach dem Ende der Republik Venedig (1797) fiel die Stadt an Österreich; nur kurz währte das französische Zwischenspiel unter napoleonischer Herrschaft (1805–1813). Die Habsburger begünstigten die italienisch geprägte Elite; erst 1897 wurde Kroatisch als eine offizielle Landessprache anerkannt. Um die Wende zum 20. Jh. kam der Tourismus in Gang.

Nach dem Untergang der Habsburger Donaumonarchie 1918 wurde Rab dem Königreich Jugoslawien zugeschlagen. Für Aufsehen sorgte das von den Behörden offiziell genehmigte Nacktbad Eduards VIII. von England mit seiner Geliebten und späteren Gemahlin Wallis Simpson im Jahr 1936. Anfang der 1940er-Jahre war die Insel bis zur Befreiung 1945 von Italienern und Deutschen besetzt. Unter Tito wurde Goli Otok, die „Nackte Insel" vor der Halbinsel Lopar, zu einem berüchtigten Straflager für Faschisten, Stalinisten und andere politischen Gegner.

Heute ist der Tourismus die Haupteinnahmequelle Rabs. Selbst während der Jugoslawienkriege in den 1990er-Jahren riss der Strom von deutschen und österreichischen Besuchern auf Rab nicht ab.

An- & Weiterreise

BUS

Zur Stadt Rab fahren Busse ab Rijeka (125 Kn, 3 Std., 2-mal tgl.) und Senj (74 Kn, 1½ Std., 5-mal tgl.); von Zadar kommend muss man in Senj umsteigen. In der Hauptsaison gibt es vier Direktbusse pro Tag von Zagreb nach Rab (230 Kn, 5–6 Std.); unbedingt vorab buchen!

SCHIFF/FÄHRE

Jadrolinija (☎ 051-666 111; www.jadrolinija.hr) Täglich verkehrt ein Katamaran zwischen Rijeka (80 Kn, 1¾ Std.) und Novalja auf Pag (45 Kn,45 Min.) mit Zwischenstopp in Rab. Jadrolinija betreibt auch eine Autofähre zwischen Valbiska auf Krk und Lopar (Erw./Kind/Auto 37/19/225 Kn, 1½ Std.), die von Oktober bis Mai zweimal, in der Hauptsaison viermal täglich verkehrt.

Rapska Plovidba (☎ 051-724 122; www.rapska-plovidba.hr) Eine Autofähre pendelt zwischen Mišnjak im Südosten der Insel und Stinica (Erw./Kind/Auto 17/7/98 Kn, 15 Min.) auf dem Festland. Selbst im Winter wird die Strecke zwölfmal pro Tag bedient, in der Hauptsaison fast doppelt so oft. Drei Tage in der Woche (Juni–Aug. tgl.) fährt auch eine Personenfähre von der Stadt Rab nach Lun auf der Insel Pag.

Unterwegs vor Ort

Es gibt elf Busse pro Tag (So 9-mal) zwischen Rab und Lopar (22 Kn, 15 Min.); einige sind auf die Ankunft der Valbiska-Lopar-Fähre abgestimmt.

Taxiboote bringen einen zu allen Inselstränden.

Rab (Ort)

☎ 051 / 8027 EW.

Die von einer Stadtmauer umgebene Stadt Rab zählt zu den spektakulärsten Sehenswürdigkeiten der nördlichen Adria. Dicht hintereinander auf einer schmalen Halbinsel gestaffelt, erheben sich vier Glockentürme wie Ausrufezeichen über den roten Dächern der Altstadt. Ein Labyrinth aus Straßen führt zur Oberstadt mit ihren alten Kirchen und eindrucksvollen Aussichtspunkten. Das azurblau glitzernde Wasser in Rabs winzigem Hafen mit den Bergen im Hintergrund, die die Bucht vor den kühlen Boras (kalte Nordostwinde) schützen, bieten einen malerischen Anblick. Sobald man die Stadt ausgiebig erforscht hat, kann man ein paar Ausflüge unternehmen oder sich mit dem Wassertaxi zu den schönen Stränden überall auf der Insel bringen lassen.

Fünf Gehminuten nördlich der Altstadt findet man das etwas in die Jahre gekommene und abgewirtschaftete Geschäftszentrum des Ortes mit Läden und dem Busbahnhof. An der Küste erstrecken sich Vororte wie Banjol und Barbat im Süden und Palit und Kampor im Norden.

Geschichte

Um 360 v.Chr. waren illyrische Liburner die ersten Siedler von Rab. Der römische Kaiser Augustus erklärte die Hauptsiedlung der Insel 10 v.Chr. zur Stadt und ordnete auch den Bau der ersten Stadtmauer an. Ihren Weg in die Geschichtsbücher fand die Stadt zum ersten Mal 70 n.Chr. unter dem Namen Arba (lat. finster, unklar, grün) durch Plinius den Älteren. Später wurde sie Felix Arba (Glückliches Arba) genannt.

Sehenswertes

Es ist herrlich, durch die schmalen, alten Gassen Rabs zu schlendern und den Hafen, die Oberstadt und die Parks zu erkunden. Die wichtigsten Sehenswürdigkeiten sind die historischen Kirchen und Türme, die kompakt beieinander in der schmalen Gornja (Oberen Straße) stehen, die parallel zur Srednja (Mittlere) und der Donja (Untere) verläuft. Die meisten Kirchen sind nur zum Morgen- und Abendgottesdienst geöffnet, in der restlichen Zeit kann man aber häufig durch die Metallgitter einen Blick ins Innere erhaschen.

Rab ist von einem langen Kiesstrand umgeben. Für Erfrischung nach einer Besichtigstour ist also gesorgt. Aber Vorsicht – auf Seeigel achten!

★ Campanile von St. Maria — TURM

(Toranj Sv Marije; Ivana Rabljanina bb; 15 Kn; ⏲ Mai–Sept. 9.30–13 & 19–21 Uhr) Rabs höchster Glockenturm stammt aus dem 12. Jh. und zählt zu den schönsten an der gesamten kroatischen Küste. Den 26 m hohen Bau krönt eine achtseitige Pyramide, um die eine romanische Brüstung verläuft. Die Pyramide trägt ein Kreuz mit fünf kleinen Kugeln, die Reliquien von verschiedenen Heiligen enthalten. Wer die steile Holztreppe erklimmt, kommt direkt am Schlagwerk heraus und wird mit einem herrlichen Blick auf die Dächer der Altstadt und das Meer belohnt.

Aussichtspunkt — AUSSICHTSPUNKT

In der nordwestlichsten Ecke der Altstadt in einem kleinen Hof mit Fragmenten alter Monumente führt eine Steintreppe hinauf auf die Mauern und zu einem Aussichtspunkt. Von hier hat man einen tollen Blick über Rabs Dächer und die vier Glockentürme der Stadt. Vorsicht ist jedoch mit Kindern geboten: Die Stufen sind steil, und die Geländer haben schon bessere Tage gesehen.

Heilig-Kreuz-Kirche KIRCHE
(Crkva Sv Križa; Gornja bb) Das Bildnis des an einem Kruzifix hängenden Christus soll hier 1556 über das unmoralische Verhalten der Bewohner von Rab geweint haben – daher der gegenwärtige Name der aus dem 13. Jh. stammenden Kirche. Leider ging das wundersame Kreuz im frühen 20. Jh. verloren. Heute dient die Kirche als Veranstaltungsort für Sommerkonzerte während der Musikabende von Rab.

Kloster St. Andreas KIRCHE
(Samostan Sv Andrije; Ivana Rabljanina bb) Das 1018 gegründete Benediktinerkloster hat den ältesten Kirchturm Rabs (er stammt von 1181), in dem bis heute eine Glocke von 1396 schlägt. Durch das Gitter ist das dreigliedrige Kirchenschiff zu sehen; ein Teil des Stucks wurde entfernt, um die originale Steinmauer freizulegen. In der Nähe betreiben die Mönche einen Klosterladen, in dem sie Öl und Honig verkaufen.

Kirche Mariä Himmelfahrt KIRCHE
(Crkva Uznesenjca; Ivana Rabljanina bb) Die Bürger der Stadt nennen ihre prächtigste Kirche einfach nur *katedrala*, obwohl sie im Grunde genommen seit der Auflösung der hiesigen Diözese im Jahr 1828 keine Kathedrale mehr ist. Sie hat eine bemerkenswerte gestreifte Fassade aus rosa- und sandfarbenen Steinen und über dem Tor eine Pietà im gotischen Stil. Drinnen fallen vor allem das Chorgestühl aus dem 15. Jh. und die verwitterten Säulen ins Auge. Im Laufe der Zeit wurde der Bau mehrfach umgestaltet; die hier entdeckten Mosaiken legen jedoch nahe, dass hier seit dem 4. oder 5. Jh. ein christliches Gotteshaus existierte.

Wechselnde Öffnungszeiten, aber normalerweise kann man durch das Metallgitter einen Blick ins Innere werfen.

Abteikirche St. Antonius KIRCHE
(Crkva Sv Antuna Opata; Ivana Rabljanina bb) Am östlichen Ende der Altstadt steht diese Kirche direkt neben einem noch betriebenen Franziskanerinnenkloster. Innen ist sie mit vielen Marmorfliesen versehen; den Altar schmückt eine geschnitzte sitzende Skulptur des hl. Antonius. Hier befindet sich außerdem die letzte Ruhestätte des hl. Martin von Rab; seine Statue steht in einem wunderschön angelegten Park unterhalb der Kirche. Ein toller und entspannter Zwischenstopp auf der Sightseeingtour!

> ABSTECHER
>
> **WANDERUNG: SVETI ILIJA**
>
> Von Rab führt ein Weg nach Nordosten auf den Gipfel Sveti Ilija. Die Wanderung dauert nur ungefähr 30 Minuten und wird mit einer himmlischen Aussicht belohnt.

Komrčar-Park PARK
(Banjol/Obala Kralja Petra Krešimira IV) Der 8,3 ha große Park grenzt an die Altstadt und zieht sich am Ufer entlang bis zum Jachthafen in Palit. Ursprünglich diente die Gegend als Viehweide, bis hier im 19. Jh. – sehr zur Bestürzung der Bürger – Bäume angepflanzt wurden. Der Park ist sehr grün und im Sommer wunderbar kühl. Am besten deckt man an sich im Supermarkt am Hafen für ein Picknick ein und entspannt ein paar Stunden im Gras. Am hafenseitigen Ende gibt's einen guten Kinderspielplatz.

Palast Dominis HISTORISCHES GEBÄUDE
(Srednja bb) Das Gebäude wurde Ende des 15. Jh. für eine prominente Patrizierfamilie erbaut, die hier dem Volk das Lesen und Schreiben beibrachte. Der Palast Dominis ist vor allem wegen seiner Renaissance-Fenster und der markanten Tür mit dem Familienwappen interessant.

Kirche des hl. Johannes des Evangelisten RUINE
(Crkva Sv Ivana Evanđelista; Gornja bb) Nur eine stimmungsvolle Ruine zeugt noch von der romanischen Basilika, von der Teile vermutlich aus dem 5. Jh. stammen. Neben dem restaurierten Kirchturm aus dem 12. Jh. stehen heute lediglich ein paar Säulen zwischen jeder Menge Schutt.

St. Justina KIRCHE
(Crkva Sv Justine; Gornja bb) Die halb verfallene Kirche mit einem Kirchturm von 1672 befindet sich am hübschen **Trg Slobode**, der außerdem mit einer alten Steineiche und Meerblick aufwartet. Unterhalb erstreckt sich ein leicht zugänglicher Strand aus Kies und Beton, an dem man seine vom Sightseeing geschundenen Füße zwischendurch gut abkühlen kann.

Rab (Ort)

0
200 m
A
B
C
D
1
2
3
4
5
6
7
Kloster St. Euphemia (2 km)
Tamaris (500 m)
15
13
Palit
5
Šetalište Mark Antuna Dominisa
Šetalište Kapetana Ivana Dominisa
Jurja Barakovića
Gradska Luka
Komrčar-Park
Šetalište fra Odorika Badurine
Trg Svetog Kristofora
Marina
10
3
Bobotine
A Ugalje
Matije Ponćuna
Besucherzentrum Geopark
Obala Kralja Petra Krešimira IV
Mišnjak (11 km)
11
16
8
Kneza Trpimira
Srednja
Donja
4
14
Gornja
Kneza Domagoja
Trg Municipium Arba
9
Stjepana Radića
Trg Slobode
Put Kaldanca
Ivana Rabljanina
6
1
Campanile von St. Maria
12
Kaldanac
2
7
Obala Svete Eufemije

Rab (Ort)

Highlights
1 Campanile von St. Maria ... C6

Sehenswertes
2 Kirche Mariä Himmelfahrt ... C6
3 Dominis Palace ... B4
4 Heilig-Kreuz-Kirche ... B5
5 Komrčar-Park ... A3
6 Kloster St. Andreas ... C6
7 Abteikirche St. Antonius ... D7
8 Kirche d. hl. Johannes d. Evangelisten. B5
9 St. Justina ... C5
10 Aussichtspunkt ... B4

Schlafen
11 Hostel Rab International ... C4
12 Hotel Arbiana ... D6
13 Valamar Imperial Hotel ... B2

Essen
14 Konoba Rab ... C5
15 Restaurant Velum ... C1

Unterhaltung
16 Dock 69 ... C5

Aktivitäten

Auf Rab gibt es rund 100 km markierte **Wander-** und 80 km **Radwege**, die teilweise im Hauptort der Insel beginnen. In der Touristeninformation (S. 220) erhält man die Karte *Biking and Trekking* und im Besucherzentrum des Geoparks (S. 220) Infos über die neuen „Geotrails". Fahrräder kann man in diversen Reisebüros ausleihen.

Mirko Diving Centre TAUCHEN
(☎051-721 154; Barbat 710; 2 Tauchgänge ab 450 Kn) Das Mirko Diving Centre mit Sitz im nahe gelegenen Barbat veranstaltet Kurse und unterhaltsame Tauchgänge sowie Tauchausflüge zu bekannten Spots, etwa zum Wrack *Rosa* oder zu einem geschützten Amphorenfeld vor dem Kap Sorinj.

Geführte Touren

Viele Reisebüros organisieren ganztägige Bootsausflüge (inkl. Möglichkeit zum Baden & Mittagessen rund 200–275 Kn) zu nahe gelegenen Inseln wie Sveti Grgur und der berüchtigten Goli Otok. Abends kommen Ausflugsboote in den Hafen, sodass man auch direkt mit den Skippern einen Ausflug arrangieren kann. Fahrten zu den Inseln Lošinj und Krk sind ebenfalls im Angebot.

Feste & Events

Musikabende von Rab MUSIK
(Rapske Glazbene Večeri; ⏲Mitte Juni–Mitte Sept.) Bei diesem fantastischen Festival für klassische Musik dreht sich alles um die Donnerstagabendkonzerte, die u. a. in der Heilig-Kreuz-Kirche stattfinden.

Jahrmarkt von Rab FIESTA
(Rapska Fjera; ⏲Juli) Hier wird man Zeuge, wie Rab wieder ins Mittelalter zurückversetzt wird. Die Bewohner hüllen sich in historische Roben, während Trommler, Umzüge, Feuerwerk, Tänze und Wettbewerbe im Armbrustschießen für viel mittelalterliches Flair sorgen.

Sommerfestival MUSIK
(⏲Anfang August) Kroatische Popstars und internationale DJs treten in der Altstadt auf.

Schlafen

Hostel Rab International HOSTEL €
(☎051-602 000; Obala Kralja Petra Krešimira IV 4; B 225 Kn; P 📶) Das Hostel direkt im Zentrum der Halbinsel bietet makellose Badezimmer und in seinen fünf geräumigen, wenn auch etwas langweiligen Schlafsälen saubere Betten mit frischer Bettwäsche. Einige Zimmer bieten Hafenblick, es gibt jedoch keine Kochgelegenheit. Da dies das einzige echte Hostel in Rab ist, ist schnell jedes Bett belegt.

Tamaris HOTEL €€
(☎051-724 925; www.tamaris-rab.com; Palit 285; EZ/DZ 575/850 Kn; P ❄ 📶) Das rund zehn Gehminuten nördlich vom Ort gelegene, gut geführte, kleine Hotel hat aufmerksames Personal. Es steht herrlich ruhig nahe am Meer. Die Zimmer sind schlicht, aber behaglich und mit Laminatboden und weicher Bettwäsche ausgestattet. Manche bieten vom Balkon aus Meerblick.

Valamar Imperial Hotel HOTEL €€
(☎052 465 000; www.valamar.com; Šetalište Mark Antuna Dominisa 9; Zi. 640–1035 Kn; P ❄ 📶 🏊) Dank einer kürzlich durchgeführten Renovierung verströmt dieses wunderschön zwischen den Bäumen des Komrčar-Park gelegene Hotel Stil und Klasse. Zum Komplex gehören Tennisplätze, ein Fitnessstudio, ein Spa und ein sehr ansprechender Außenpool. Die Zimmer sind in beruhigenden, aber

ABSTECHER

EIN HIMMLISCHES ZIEL

Ein 2,5 km langer Spaziergang von Rabs Altstadt über die Uferpromenade Richtung Norden bringt einen zum **Kloster der hl. Euphemia** (Samostan Sv Eufemije; Kampor; Erw./Kind 20/10 Kn; ⌚Mo–Sa 10–12 & 16–19 Uhr), einem friedlichen Franziskanerkloster aus dem 13. Jh. Mönche unterhalten ein kleines Museum mit alten Handschriften und religiösen Gemälden. Sehenswert sind der hübsche Kreuzgang und das ätherisch wirkende Deckenfresko in der barocken Kirche des hl. Bernhard, das in starkem Kontrast zu dem Leiden steht, das das spätgotische Holzkruzifix in der Seitenkapelle ausstrahlt. Bemerkenswert ist auch das Polyptychon der Gebrüder Vivarini aus dem 15. Jh.

dennoch modernen, stahlgrauen Farbtönen gestaltet.

Hotel Arbiana BOUTIQUEHOTEL €€€
(☎051-725 563; www.arbianahotel.com; Obala Kralja Petra Krešimira IV 12; Zi. 1150–2220 Kn; P ❄ 📶) Die eleganteste Adresse in Rab. Das historische Hotel von 1924 hat sich viel von seinem alten Charakter und seiner formellen Eleganz erhalten. Alle 27 Zimmer sind perfekt in Schuss und mit modernen TVs, robusten Schreibtischen und guten Stilmöbeln bestückt; die meisten haben zudem einen Balkon. Das Restaurant des Hotels ist einen Besuch wert, auch wenn man nicht hier übernachtet.

Essen

Restaurant Velum SEAFOOD €€
(☎051-774 855; www.velum.hr; Palit 71; Hauptgerichte 60–170 Kn) Steak, Pizza, gegrilltes Fleisch und Fisch – die Speisekarte bietet wenig Überraschendes. Dafür weiß die Küche, was sie tut (vor allem wenn es um wilden Spargel geht), und der Service ist ausgezeichnet.

Konoba Rab KROATISCH €€
(☎051-725 666; Kneza Branimira 3; Hauptgerichte 75–130 Kn; ⌚Mo–Sa 10–114 & 17–23, So 17–23 Uhr) Eine tolle Adresse für echte Landküche. Das sehr ländlich-rustikal eingerichtete Lokal verteilt sich auf mehrere Ebenen und hat zahllose Ecken und Nischen. Auf der Speisekarte stehen Fleisch und Fisch vom Grill und bei Vorbestellung auch unter einer *peka* (traditionelle gusseiserne Glocke) gegartes Lamm. Der Fisch wird nach Gewicht berechnet.

Unterhaltung

Santos Beach Club CLUB
(☎051-724 145; www.sanantonio-club.com; Pudarica (Strand); ⌚Ende Juni–Anfang Sept. 10 Uhr–Sonnenaufgang) Der nur im Sommer geöffnete Strandclub befindet sich rund 10 km von Rab entfernt an einem abgelegenen Fleckchen Erde unweit des Ablegers der Mišnjak-Autofähre (nachts fahren Shuttle-Boote). Folglich gibt's weit und breit keine Nachbarn, die sich über Lärm beschweren könnten. DJs legen für ein feierwütiges Partypublikum auf, Konzerte und Modeschauen komplettieren das Programm. Tagsüber ist der Club ein Strandtreff mit Liegen und Volleyballfeld.

Dock 69 BAR, CLUB
(Obala Kralja Petra Krešimira IV; ⌚So–Do 8–15 & 19–24, Fr & Sa bis 3 Uhr) Die schicke Lounge-Bar hat eine Terrasse mit Blick auf den Hafen und einen clubähnlichen Innenraum, in dem am Wochenende DJs voll aufdrehen.

Praktische Informationen

Bei der Touristeninformation und der Bushaltestelle gibt's kostenloses WLAN.

Besucherzentrum Geopark (Bobotine bb; ⌚Mo, Di & Do–Sa 10–17, So 15–20 Uhr) Infos zu den „Geotrails“, auf denen man die einzigartige Geologie der Insel erkunden kann. Es gibt hier auch interaktive Infotafeln und Gesteinsproben.

Numero Uno (☎092 16 94 399; www.numero-uno.hr; Banjol 30) Bucht Privatunterkünfte, verleiht Fahrräder und organisiert Wander-, Kajak- und Fahrradtouren.

Post (☎072 303 304; www.posta.hr; Mali Palit 67; ⌚Juni–Sept. Mo–Sa 7.30–21 Uhr, Okt.–Mai Mo–Fr 7–20, Sa bis 14 Uhr)

Stay in Rab (☎051-724 495; www.stayinrab.com; Šetalište Markantuna Dominisa 5) Vermittelt Privatunterkünfte, tauscht Geld um, verleiht Fahrräder und organisiert diverse Bootsausflüge und Trips, auch zu weiter entfernten Orten wie zu den Plitvicer Seen.

Touristeninformation (☎051-724 064; www.rab-visit.com; Trg Municipium Arba 8; ⌚Ostern–Okt. Mo–Sa 8–21, So bis 13 Uhr, Nov.–Ostern Mo–Fr 8–15 Uhr) Das gut organisierte Büro hat hilfsbereite Angestellte und jede Menge nützliche Karten, Broschüren und Flyer. Im Sommer gibt's noch eine zweite Filiale (⌚Juni–Sept. 8–15 Uhr) beim Busbahnhof (Banjol) um die Ecke.

Lopar

051 / 1288 EW.

Der Strandort Lopar ganz im Norden der Insel wirkt mit seinen kleinen Gärten und den mit Rosenstöcken bepflanzten Vorgärten fast ein wenig ländlich. Selbst Anfang Juni ist es noch ein verschlafener Ort, bevor in der Hauptsaison Familien aus Mitteleuropa herbeiströmen. Diese schätzen das hier sehr flache Meer, in dem Kleinkinder wunderbar planschen können. Besonders geeignet ist der 1500 m lange Paradiesstrand in der Crnika-Bucht. Der Strand befindet sich direkt im Ortszentrum; man kann von hier aus fast zu einer kleinen Insel vor der Küste waten.

Auf der Halbinsel gibt es 22 von Kiefernhainen gesäumte Sandstrände, darunter die beiden Strände Livačina und Sahara.

Sehenswertes

★ Paradiesstrand STRAND

(Rajska Plaža) Einer der besten Strände Kroatiens ist dieser sichelförmige Streifen feinen Sandes in Lopars Süden. Ob Minigolf oder Eisdielen – der größte Besuchermagnet in der Region bietet jede Menge Urlaubsspaß und ist der perfekte Ort für Familien. Da der Strand sehr flach abfällt, kann man weit ins warme Wasser der Adria hineinwaten. Vor der Küste liegt eine kleine Insel, die schwimmend oder mit dem Kajak erreicht werden kann.

Livačina (Strand) STRAND

Dieser vor allem auch bei Familien beliebte, von Kiefernhainen gesäumte Strand liegt in einer Bucht östlich von Lopar. Obwohl hier reger Betrieb herrschen kann, ist Livačina eine gute Alternative zum Strand der Stadt, wo es noch lebhafter zugeht.

Sahara (Strand) STRAND

Der beliebte FKK-Strand Sahara liegt in einer wunderschönen, aber flachen Bucht. Auf dem Weg zum Paradiesstrand auf die Hinweisschilder abseits der Hauptstraße achten! Zu Fuß sind es dann noch 1,8 km (30 Min.). Man kann auch die schmale Straße bis zum Parkplatz fahren; von dort sind es dann nur noch 15 Minuten.

Schlafen & Essen

Hotel Epario HOTEL €€

(051-777 500; www.epario.net; Lopar 456a; inkl. HP EZ 266–488 Kn, DZ 415–976 Kn; P ❄ 📶) Das entspannte Epario ist so ziemlich das einzige Hotel im Ort. Der moderne Block hat Fenster zu den Feldern an der Hauptstraße zum Paradiesstrand. Die Zimmer sind mit Schreibtischen, Balkon und gutem Bad ausgestattet. Bis zum Strand und dem großen Konzum-Supermarkt an der nächsten Kreuzung sind es nur einige wenige Minuten zu Fuß.

Essen & Ausgehen

Gostionica Laguna MEDITERRAN €€

(051-775 177; www.laguna-lopar.com; Lopar 547; Hauptgerichte 85–190 Kn; 12–22 Uhr; P ❄ 📶) Die begrünte und überdachte Terrasse dieser freundlichen Taverne ist in diesem Teil der Insel der bei Weitem schönste Ort, um zu essen. Zu den Spezialitäten des Hauses zählen Spanferkel und unter einer *peka* gegarter Oktopus oder Lamm. Es werden aber auch eine große Auswahl von Nudelgerichten, Riesenpizzas sowie Fleisch und Fisch vom Grill serviert. Drinnen gibt's ein mit Matten ausgelegtes Spielzimmer, in dem die Kleinen internationale Freundschaften schließen können, während die Eltern entspannen.

Bamboocho BAR

(Rajska Plaža; 12 Uhr–open end) Am östlichen Ende des Paradiesstrandes steht zwischen einigen Pinien diese skurril aussehende Strandbar unter freiem Himmel, die aus etwas Metallschrott und Bambusstangen zusammengezimmert wurde. Der perfekte Ort für einen Sundowner!

Praktische Informationen

Sahara Tours (051-775 633; www.sahara-lopar.com; Lopar 53, gegenüber dem Tennisplatz) Hat Dutzende Privatzimmer, Ferienhäuser und Apartments zur Vermittlung.

Touristeninformation (051-775 508; www.lopar.com; Lopar 248; Juli & Aug. Mo–Sa 8–22, So bis 14 Uhr, Sept.–Juni Mo–Fr bis 11 Uhr) Hilfsbereites kleines Büro neben dem Konzum-Supermarkt.

Norddalmatien

Inhalt ➡

Lika ... 224
Plitvicer Seen & Umgebung ... 224
Nationalpark Paklenica ... 227
Insel Pag ... 229
Zrće-Strand ... 235
Novalja ... 235
Nin ... 236
Zadar ... 237
Dugi Otok ... 245
Nationalpark Krka ... 248
Šibenik ... 251

Gut essen

- Pelegrini (S. 254)
- Mediteran (S. 255)
- Kaštel (S. 243)
- Pet Bunara (S. 243)

Schön übernachten

- Art Hotel Kalelarga (S. 242)
- Maškovića Han (S. 246)
- Boutique Hostel Forum (S. 242)
- Medulic Palace Rooms & Apartments (S. 254)
- Boškinac (S. 236)

Auf nach Norddalmatien!

Diese Region, die mit dem typischen dalmatischen Cocktail aus historischen Städten, kristallklarem Wasser, rauen Kalksteinbergen, sonnenverwöhnten Inseln, fantastischem Klima und mediterraner Küche aufwartet, ist ein Urlaubsparadies. Zwar sind es die Städte und Inseln weiter im Süden, die im Rampenlicht stehen, doch dafür ist Norddalmatien viel weniger überlaufen – wenn auch nicht gänzlich unentdeckt. Bootsurlauber können zwischen unbewohnten Inseln ohne einen Hauch von Infrastruktur kreuzen und dabei vom Mittelmeer der Antike träumen, und Wanderer können einsame Gegenden erkunden, in denen Bären und Wölfe leben, und im Hinterland drei der beeindruckendsten Nationalparks Kroatiens entdecken.

Ein Kontrastprogramm dazu bietet Zadar, eine Kulturstadt mit vielen Museen, römischen Ruinen und hippen Bars. Sommer-Clubber treffen sich am Strand von Zrće und in Tisno, die zusammen das Zentrum der besten Clubszene Kroatiens bilden.

Reisezeit

Zadar

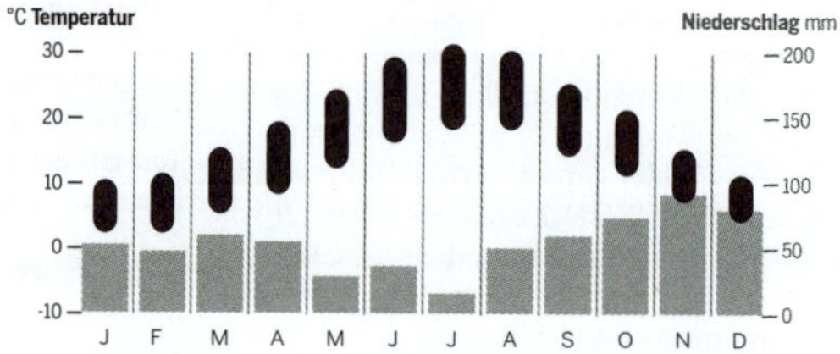

April–Juni Gute Reisezeit mit wärmerem Wetter und niedrigeren Preisen.

Juli & Aug. Höhepunkt der Partysaison in Zrće und Tisno; auch an den Stränden ist jetzt am meisten los.

Sept. & Okt. Das Farbenspiel der Plitvicer Seen und im Nationalpark Krka erleben.

Highlights

1 Die türkisblauen Seen und Wasserfälle im **Nationalpark Plitvicer Seen** (S. 224), Kroatiens bekanntester Naturattraktion, bewundern

2 Im **Nationalpark Krka** (S. 248) an klaren Bächen spazieren, in einem von einem Wasserfall gespeisten See baden und Klöster erforschen

3 In den mit Marmor gepflasterten Straßen der Altstadt von **Zadar** (S. 237) römische Ruinen, Museen, tolle Restaurants und hippe Bars entdecken

4 Beim Gang durch die mittelalterlichen Straßen von **Šibenik** (S. 251) die gefeierte Architektur der Kathedrale des hl. Jakob betrachten

5 Die sinnlichen Freuden der **Insel Pag** (S. 229) – die sonnenverbrannte Landschaft, Wein, rustikale Küche, würzigen Käse und Partys – genießen

6 Bei einer Bootsfahrt zwischen den Inseln des **Nationalparks Kornaten** (S. 249) das Mittelmeer so erleben, wie es in der Antike aussah

LIKA

Diese dünn besiedelte Region erstreckt sich im Landesinneren über ein großes Gebiet zwischen den Bergen an der Küste und der bosnischen Grenze. Sie ist mit einer traumhaften Landschaft gesegnet, mit ertragreichen Feldern und Weideland, aber auch mit dichtem Wald und schroffem Hochland. Wer nach einer Alternative zu Stränden und Inseln sucht, kann diese wundervolle Gegend erkunden. In einigen Teilen hat der Karstcharakter des darunter liegenden Kalksteins ein Märchenland aus Höhlen, Schluchten, Seen und Wasserfällen geschaffen. Die dramatischste der hiesigen Naturattraktionen ist der Nationalpark Plitvicer Seen, eines der absoluten Highlights einer jeden Kroatienreise.

Geschichte

Die Lika, die seit dem frühen 7. Jh. zum kroatischen Kernland gehört, wurde im 16. Jh. von den Osmanen angegriffen und in die Militärgrenze *(vojna krajina)* eingegliedert. Walachische und serbische Flüchtlinge die von den einfallenden Osmanen aus Bosnien vertrieben wurden, ließen sich mit dem Segen der Habsburgermonarchie in der Region nieder, jedoch unter der Bedingung, dass sie bereit waren, für die Verteidigung ihres neuen Zuhauses zu kämpfen. Bei der Volkszählung von 1910 bestand die Bevölkerung zu fast gleichen Teilen aus Orthodoxen und Katholiken, und in vielen Bezirken im Osten gab es eine serbische Mehrheit.

Während des Zweiten Weltkriegs litt die serbische Bevölkerung unter dem Regime der Ustascha. Nachdem Kroatien 1991 seine Unabhängigkeit erklärt hatte, riefen die Serben der Krajina auf ihrem Gebiet eine autonome Republik aus, und in Lika fielen die ersten Schüsse des Krieges. Viele kroatische Einwohner der Region waren gezwungen, ihr Zuhause zu verlassen und zu fliehen. Als die kroatischen Truppen das Gebiet 1995 zurückeroberten, flohen die meisten serbischen Einwohner und ließen viele Häuser und Dörfer verlassen zurück. Einige kehrten jedoch zurück. Heute besteht die Bevölkerung der Region zu 86 % aus Kroaten und zu 12 % aus Serben.

Plitvicer Seen & Umgebung

☎053

Diese herrliche Gegend mit ihren bewaldeten Bergen und türkisblauen Seen ist mit Abstand die schönste Naturattraktion Kroatiens und das absolute Highlight im Hinterland der kroatischen Adriaküste. Sie ist überwältigend schön – so schön, dass die UNESCO sie 1979 in die Liste der Welterbestätten aufnahm. Der Name ist etwas irreführend, denn nicht die Seen sind hier die Attraktion, sondern Hunderte von Wasserfällen, die die Seen miteinander verbinden. Fast scheint es, als habe Kroatien entschieden, all seine Wasserfälle an einem einzigen Ort zu sammeln und für deren Besichtigung Eintritt zu verlangen.

Die außergewöhnliche Schönheit des Parks ist einen Ganztagesbesuch wert, doch auch auf einer Halbtagestour von Zadar oder Zagreb aus kann man viel entdecken. Man sollte in der Lage sein, ein ganzes Stück zu laufen, um die Gegend auskosten zu können.

Geschichte

1893 wurde ein Naturschutzverein zum Schutz der Seen gegründet, 1896 entstand das erste Hotel. 1951 wurden die Grenzen des Nationalparks festgelegt und die Seen entwickelten sich zur großen Touristenattraktion – bis der Bürgerkrieg ausbrach. Tatsächlich begann er am 31. März 1991 in Plitvice, als serbische Rebellen Teile des Hauptquartiers des Parks unter ihre Kontrolle brachten. Der kroatische Polizeibeamte Josip Jović, der hier im Park ermordet wurde, war das erste Opfer des Krieges. Während des Krieges besetzten die Serben das Gebiet und verwandelten die Hotels in Kasernen. Die kroatische Armee eroberte den Park im August 1995 zurück, seither wurden alle Einrichtungen komplett wiederhergestellt.

Sehenswertes

★ Nationalpark Plitvicer Seen — NATIONALPARK

(☎053-751 015; www.np-plitvicka-jezera.hr; Erw./Kind Juli & Aug. 250/110 Kn, April–Juni, Sept. & Okt. 150/80 Kn, Nov.–März 55/35 Kn; ⏲7–20 Uhr) 16 kristallklare Seen fließen innerhalb der Grenzen des stark bewaldeten Nationalparks über eine Reihe von Wasserfällen und Kaskaden ineinander. Das mineralienreiche Wasser rauscht durch Felsen und lagert Kalktuff in ständig wechselnden Formationen ab. Wolken von Schmetterlingen schweben über den 18 km langen Holzbrücken und Pfaden, die sich an den Ufern entlangschlängeln und über die rauschenden Gewässer hinwegführen.

Es dauert etwa sechs Stunden, die Seen zu Fuß zu erkunden. Wer die kostenlosen Boote und Busse des Parks benutzt, die von April bis Oktober alle 30 Minuten fahren, kann zwei Stunden einsparen. Vom Eingang 2 nimmt man den Bus zum obersten der Oberen Seen und wandert zurück zum Ufer des 4 km langen **Kozjak**, dem größten See des Parks. Von hier geht es mit einem Boot zu den Unteren Seen, wo das Highlight der Rundtour wartet: der passend benannte **Veliki Slap**, der höchste Wasserfall Kroatiens (78 m). Dann steigt der Pfad steil nach oben, wobei sich unterwegs tolle Aussichten und Fotomotive bieten, und endet an einer Bushaltestelle, wo man den Bus zurück zum Eingang 2 nehmen kann.

Wer wenig Zeit hat, kann den Bereich der Oberen Seen in zwei Stunden besuchen. Für den unteren Bereich benötigt man etwa drei, aber am besten beginnt man mit der Busfahrt und macht die Bootsfahrt am Ende, denn so spart man sich einen Aufstieg.

Baden ist überall verboten.

Schlafen & Essen

Die vier vom Nationalpark geführten Hotels haben wenig Charme, liegen aber an der Parkgrenze. Genauere Infos liefert die Website des Parks (www.np-plitvicka-jezera.hr). In den umliegenden Dörfern gibt es gute Pensionen, die leicht zu Fuß erreichbar sind. Eine nette Alternative zu den Hotels des Parks sind die Privatzimmer im winzigen Korana, einem idyllischen Dorf an einem rauschenden Bach, zu dem eine schmale Straße nördlich der Korana-Brücke führt.

Plitvice Backpackers HOSTEL €
(☎ 053-774 777; www.plitvicebackpackers.com; Jezerce 62, Jezerce; B/2BZ 150/340 Kn; 📶) In Jezerce, dem Dorf, das am nächsten an den Seen liegt und nur 3 km entfernt vom Eingang 2 ist, befindet sich dieses gut geführte Hostel in einem riesigen Haus an der Hauptstraße. Die Zimmer sind sauber, die Schließschränke geräumig und es gibt eine voll ausgestattete Küche. Die Besitzer kümmern

PLITVICES WUNDERSAME NATUR

Das System der Plitvicer Seen wird in die Oberen und Unteren Seen unterteilt: Die Oberen Seen liegen in dichten Wäldern und sind durch mehrere gewaltige Wasserfälle (*slap*) verbunden. Die Unteren Seen sind kleiner und flacher. Das meiste Wasser führen die beiden Flüsse Bijela und Crna (der „weiße" und der „schwarze" Fluss), die sich südlich des Prošćansko-Sees vereinen. Zusätzlich werden die Seen durch unterirdische Quellen gespeist. Gleichzeitig versickert Wasser im porösen Kalkgestein und tritt an anderen Stellen wieder aus. Alle Wassermassen sammeln sich am Ende im Fluss Korana nahe des Sastavci-Falls.

Barrieren aus Dolomitgestein trennen die Oberen Seen voneinander. Moose und Algen speichern das Kalziumkarbonat (das durch Lösung von Kalk im Wasser mittels Kohlensäure entsteht), lagern es in ihren Wurzeln oder an ihrer Oberfläche ab und sorgen so für ein ständiges Weiterwachsen der Barrieren. Der dabei entstehende Travertin (Kalksinter) bildet allmählich dicke Krusten – Wasserfälle entstehen. Die Unteren Seen wurden durch die vom Wasser der Oberen Seen geformten Vertiefungen geschaffen: Sie sind einem ähnlichen Prozess unterworfen, da sich auch hier kontinuierlich Travertin bildet und die Landschaft immer wieder überformt. Dieser interaktive Prozess zwischen Wasser, Felsen und Pflanzen spielt sich hier recht ungestört ab – und das bereits seit der letzten Eiszeit.

Auch die Farben der Seen wechseln ständig. Meist schimmern sie in surrealem Türkis, changieren aber abhängig von der Anzahl an Mineralien oder Mikroorganismen im Wasser, von Regenfällen und dem Winkel des einfallenden Sonnenlichts. An manchen Tagen schimmern die Seen grün wie Jade, an anderen stahlgrau.

Doch auch die üppig grüne Vegetation des Nationalparks, die sich im Herbst bunt färbt, ist sehenswert: Hier findet man Buchenwälder, Tannen, Fichten und Weymouth-Kiefern, dazwischen wachsen Mehlbeeren, Hainbuchen und Blumeneschen.

Die Könige des Parks sind die Bären (es gibt geschätzte 50) und Wölfe, aber es gibt auch Rotwild, Wildschweine, Kaninchen, Füchse und Dachse. Auch die Vogelwelt beeindruckt mit Falken, Eulen, Kuckucken, Eisvögeln, Wildenten und Fischreihern. Manchmal kann man auch Schwarzstörche und Fischadler sichten.

REISEZEIT

Der Park ist zwar das ganze Jahr über schön, doch die besten Jahreszeiten für einen Besuch sind der Frühling und der Herbst. Im Frühling führen die Wasserfälle viel Wasser, im Herbst sorgt die Laubfärbung für ein farbenprächtiges Schauspiel. Auch im Winter ist die Landschaft spektakulär, doch bei Schneefall kann der Zugang schwieriger sein, und der kostenlose Shuttle-Dienst wird eingestellt. Die schlechtesten Monate für einen Besuch sind zweifellos der Juli und der August – dann tröpfeln die Wasserfälle nur noch, man findet kaum einen Parkplatz, die schiere Besuchermenge macht Wanderungen zu Polonaisen, und lange Schlangen bilden sich an den Bussen und Booten, die die Besucher durch den Nationalpark befördern.

sich sehr um ihre Gäste und fahren sie sogar zum Park und zum Supermarkt und holen sie auch wieder ab.

★House Župan PENSION €€
(047-784 057; www.sobe-zupan.com; Rakovica 35, Rakovica; EZ/DZ 250/370 Kn; P ❄ 📶) Die außerordentlich herzliche Gastgeberin und die sauberen, komfortablen, modernen und preiswerten Zimmer machen diese Pension zu einer hervorragenden Wahl. Es gibt sogar eine Gästeküche und viele weitere Annehmlichkeiten für alle, die sich nach einer Wanderung ausruhen möchten. Die Pension befindet sich in der Kleinstadt Rakovica, 11 km nördlich vom Park, ein Stück abseits der Straße.

Plitvice Mirić Inn PENSION €€
(098 93 06 508; www.plitvice-croatia.com; Jezerce 18/1, Jezerce; EZ/DZ 550/780 Kn; April–Okt.; P ❄ 📶) Diese von einer wunderbaren Familie geführte, blumengeschmückte Pension liegt nur 1,5 km vom Eingang 2 entfernt und bietet 13 gepflegte Zimmer, die sich auf zwei benachbarte Gebäude verteilen. Die Zimmer im neueren Anbau sind etwas größer, doch alle Zimmer sind sehr komfortabel. Wer die Gelegenheit hat, sollte die selbst gebackenen Leckereien probieren.

House Tina PENSION €€
(047-784 197; www.housetina.com; Grabovac 175, Grabovac; DZ/Bungalow 560/875 Kn; P ❄ 📶) Die große, familiengeführte Pension ist pfiffig und modern, hat aber gleichzeitig ein ländliches Ambiente. Sie bietet im Haupthaus und in den beiden rustikalen Bungalows im Garten erstklassige familienfreundliche Unterkünfte. Die Pension liegt 9 km entfernt vom Eingang 1, jedoch organisieren die Besitzer den Hin- und Rücktransport gegen eine relativ kleine Gebühr.

Villa Lika PENSION €€€
(053-774 302; www.villa-lika.com; Mukinje 63, Mukinje; Zi. ab 950 Kn; April–Okt.; P ❄ 📶 🏊) Die beiden großen Häuser direkt an der Bushaltestelle in Mukinje beherbergen 15 strahlend weiße Zimmer, die mit bunten Vorhängen und Fließen geschmückt sind und sich um einen wunderbaren Pool reihen. Das neu eröffnete Restaurant serviert internationale und kroatische Gerichte (in kleinen Portionen).

Hotel Degenija HOTEL €€€
(047-782 143; www.hotel-degenija.com; Selište Drežničko 57a, Selište Drežničko; EZ/DZ ab 700/990 Kn; P ❄ 📶) Das Hotel an der Straße 4 km nördlich vom Eingang 1 bietet eine frische Atmosphäre. Die 20 schicken Zimmer haben internationalen Standard. Außerdem gibt es ein schönes **Restaurant** (Hauptgerichte 55–140 Kn; 7–23 Uhr; 📶).

★Lička Kuća KROATISCH €€
(053-751 024; Rastovača; Hauptgerichte 70–195 Kn; März–Nov. 11–22 Uhr) Das im Jahr 1972 erbaute und nach einem Brand 2012 im Jahr 2015 aus traditionellem Stein wieder aufgebaute Restaurant ist auf Tourismus getrimmt und in der Hauptsaison rappelvoll, aber das Essen schmeckt ausgezeichnet. Zu den Spezialitäten gehören langsam gegartes Lamm, luftgetrockneter heimischer Schinken und Bergforelle. Eines der besten Restaurants für traditionelle kroatische Küche auf dem norddalmatischen Festland!

Praktische Informationen

An beiden Haupteingängen des Parks gibt es Parkplätze (pro Std./Tag 7/70 Kn) und Touristeninformationen, die Broschüren und Karten vorrätig haben. Das **Hauptbüro des Parks** (053-751 014; www.np-plitvicka-jezera.hr; Josipa Jovića 19, Plitvička Jezera) befindet sich in Plitvička Jezera.

An- & Weiterreise

Busse halten an beiden Parkeingängen; in der Nähe der Bushaltestelle bei Eingang 2 befindet sich ein kleiner Fahrkartenschalter. Busse fahren u. a. nach:

Šibenik 118 Kn, 4 Std., 3-mal tgl.
Split 174 Kn, 4½ Std., 6-mal tgl.
Zadar 95 Kn, 2½ Std., 7-mal tgl.
Zagreb 89 Kn, 2 Std., mehrmals tgl.

Gospić

☎053 / 6575 EW.

Eines der schönsten Städtchen auf dem norddalmatischen Festland ist das an einem Fluss gelegene Gospić, das von den zerklüfteten Bergen umgeben ist, die für diese Region so typisch sind. Der Hauptgrund hierher zu kommen, ist das nahe gelegene Nikola-Tesla-Gedenkmuseum, aber die Stadt selbst lohnt auch einen Spaziergang. Die Terrakottadächer und der ansehnliche Kirchturm sorgen für eine schöne Kulisse, die sich auch in den Straßen in äußerst hübscher Architektur widerspiegelt. Gospić eignet sich für einen Halt auf der Fahrt von Norden nach Süden (oder umgedreht) oder für einen Ausflug von der Küste aus.

Geschichte

Obwohl der erste Beleg einer Siedlung hier aus dem Jahr 1263 stammt, wurde der Name Gospić erst im frühen 17. Jh. verwendet. Die Stadt erlangte im 20. Jh. traurige Berühmtheit: In der Nähe wurde im Zweiten Weltkrieg ein von den Nazis unterstütztes Konzentrationslager eingerichtet. Mehr als 42 000 Menschen sollen dort ermordet worden sein.

Das hier überhaupt noch etwas steht, ist bemerkenswert: 1991 wurde die Stadt beim Kampf zwischen kroatischen und serbischen Truppen, die die Republik der serbischen Krajina unterstützten, mehrmals bombardiert. Erst 1995 kam es zum Frieden.

Sehenswertes

Nikola-Tesla-Gedenkmuseum MUSEUM
(☎053-746 530; www.mcnikolatesla.hr; Smiljan; Erw./Kind 50/20 Kn; ⊙April–Okt. Di–So 8–20 Uhr, Nov.–März Di–So 9–15 Uhr) Es ist schon erstaunlich, dass einer der größten Geister der modernen Welt aus einem so friedlichen, traditionellen Ort wie dem winzigen Dorf Smiljan, 5 km westlich von Gospić, kam. Doch genau hier wurde Nikola Tesla geboren, der Mann, der die Funktechnik erfunden und dafür gesorgt hat, dass wir Strom ins Haus geliefert bekommen. Dieses faszinierende Museum zeigt Ausstellungen über sein Leben und Nachbauten seiner berühmtesten Erfindungen.

Teslas Vater war ein serbisch-orthodoxer Priester. Das Haus, die Scheune und die Kirche, die hier standen, wurden während des Krieges in den 1990er-Jahren niedergebrannt. Das heutige Gebäude ist ein Nachbau, den die kroatische Regierung finanziert hat.

Schlafen & Essen

Hotel Stara Lika HOTEL €€
(☎053-658 160; www.hotelstaralika.hr; Dr Franje Tudjmana 1; Zi./Suite ab 355/460 Kn; P❄🛜) Eine hervorragende Wahl in einem eleganten Gebäude mit klassisch eingerichteten Zimmern, in denen Holzschreibtische und Ledersessel stehen. Das Hotel ist herrlich komfortabel, der Service gut und im Winter ist es hier angenehm warm. Wer an die Sommerpreise an der Küste gewöhnt ist, wird angesichts des ausgezeichneten Preis-Leistungs-Verhältnisses angenehm überrascht sein.

Bistro Travel BISTRO €€
(☎099 779 00 59; www.facebook.com/bistrowinetravel; Smiljanska 32; Hauptgerichte 50–130 Kn; ⊙12–23 Uhr) Das Bistro Travel ist ein ungewöhnlicher Fund in dieser Lage. Hier gibt es großartige Pizza und leckere „Festland"-Gerichte (die Steaks sind besonders gut) sowie einige Meeresfrüchtegerichte. Der Service ist freundlich.

Praktische Informationen

Touristeninformation (☎053-560 754; www.visitgospic.com/hr; Karlovića 1; ⊙7–15 Uhr).

An- & Weiterreise

Ein Bus verbindet einmal täglich Gospić mit Šibenik (135 Kn, 3¼ Std.), Zagreb (115 Kn, 3½ Std.) und Split (189 Kn, 5 Std.).

Nationalpark Paklenica

Die schroffen Gipfel des Velebit-Massivs, die sich über 145 km erstrecken, bilden eine natürliche Barriere zwischen dem kroatischen Landesinneren und der Adria – ein beeindruckender Anblick. 95 km² dieses Kalksteingebirges nimmt der **Nationalpark Paklenica** (☎023-369 155; www.np-paklenica.hr; Erw./Kind Juni–Sept. 60/30 Kn, März–Mai & Okt. 40/20 Kn, Nov.–Feb. 20/10 Kn; ⊙Kioske am Eingang Juni–Sept. 6–20.30 Uhr, Okt.–Mai 7–15 Uhr) ein, der einige der dramatischsten alpinen

SICHER WANDERN IN PAKLENICA

In einigen höher gelegenen Regionen des Parks stellen Landminen aus den 1990er-Jahren noch immer eine Gefahr dar. Man sollte immer auf den deutlich ausgeschilderten Wegen bleiben und mit den Mitarbeitern des Nationalparkbüros sprechen, wenn man eine davon abweichende Strecke in Angriff nehmen möchte.

Anblicke Kroatiens bietet. Der Nationalpark eignet sich hervorragend, um Schluchten zu durchwandern, Felswände zu erklettern oder an einem der vielen Flüsse, die den Park durchziehen, zu spazieren.

Die zwei größten Attraktionen im Park sind die Schluchten von Velika Paklenica (Große Paklenica) und Mala Paklenica (Kleine Paklenica), in denen sich die Felsen 400 m hoch in den azurblauen Himmel erheben. Unterwegs sieht man vielleicht Tiere, z. B. Steinadler, Gänsegeier, Wanderfalken und – mit sehr viel Glück– Luchse und Bären. In der Nähe der Parkeingänge sammeln sich außerdem Gämsen.

Sehenswertes

Manita Peć HÖHLE

(Erw./Kind 30/15 Kn; Juli–Sept. 10–13 Uhr, April–Juni & Okt. an weniger Tagen) In der einzigen öffentlich zugänglichen Höhle im Park wimmelt es nur so von Stalagmiten und Stalaktiten, die durch eine geschickte Beleuchtung in der 40 m langen und 32 m hohen Hauptkammer ins rechte Licht gerückt werden. Die Höhle kann nur im Rahmen einer 30-minütigen Führung besichtigt werden.

Wie Wanderung zur Höhle vom Parkplatz am Eingang 1 dauert etwa 90 Minuten. Der Pfad steigt zunächst an und führt in die Schlucht Velika Paklenica. Vorbei an einem Wasserfall mit einem Bach auf der rechten Seite kommt man zur Anića Luka, einem grünen, halbrunden Plateau. Nach einem weiteren Kilometer führt ein steiler Weg hinauf zur Höhle.

Aktivitäten

Wandern

Die meisten Wanderungen im Park sind als Tagestouren angelegt und beginnen an einem der beiden Parkeingänge (diese erreicht man von Starigrad-Paklenica an der Küste) oder an einer der Berghütten. Aufgrund der Landschaftsform sind die meisten recht anstrengend, aber es gibt auch einige kürzere Wanderungen, die für Untrainierte besser geeignet sind. Im Nationalparkbüro (S. 229) kann man einfach fragen, welche Wanderungen für welches Niveau empfehlenswert sind. Auf der Website des Parks werden die neun beliebtesten Wanderungen vorgestellt, von eineinhalbstündigen Spaziergängen zu 7-stündigen Wanderungen (inklusive eines vertikalen Abgrunds, an dem es 1250 m in die Tiefe geht).

Klettern

Im Nationalpark gibt es viele Kletterrouten mit unterschiedlichen Anforderungen, von Routen für Anfänger bis hin zu welchen für extrem Waghalsige. Die festen, teilweise scharfen Kalksteinfelsen sorgen für unterschiedliche schwierige Klettertouren, darunter 72 kurze und 250 längere. Die Anfängerrouten befinden sich an den Eingängen zum Park, wo die Felswände bis zu 40 m hoch sind. Doch die besten und schwierigsten Routen warten am **Anića Kuk**. Die meisten Routen sind mit Haken versehen.

Mosoraški (350 m), Velebitaški (350 m) und Klin (300 m) sind die beliebtesten Kletterrouten.

Der Frühling ist die beste Jahreszeit zum Klettern, denn im Sommer kann es heiß und im Winter windig werden. Der Kletterführer *Paklenica* von Boris Čulić enthält umfassende Informationen für Kletterer und ist im Parkbüro erhältlich.

Schlafen & Essen

Im Nationalpark befinden sich einige rustikale Unterkünfte für Wanderer und Kletterer, doch die meisten Besucher übernachten lieber etwas komfortabler in Starigrad-Paklenica, der kleinen Siedlung, die sich in der Nähe der Parkeingänge an der Küstenstraße erstreckt. Sie ist zwar nicht besonders *stari* (alt) und auch nicht gerade eine *grad* (Stadt), doch dafür kann man hier nach einem Tag im Nationalpark ins kühle Wasser springen.

Nationalpark

Hartgesottene können es sich in einer der drei einfachen, kostenlosen Berghütten bequem machen: Ivine Vodice, Struge oder Vlaški Grad. Es gibt keinen Strom und den Schlafsack muss man mitbringen, doch alle haben eine Quelle, die nur im Hochsommer versiegt. Ehe man aufbricht, sollte man sich bei den Park-Rangern oder in der Planinarski Dom Paklenica nach den aktuellen Bedingungen erkundigen.

Planinarski Dom Paklenica HÜTTE €
(☎ 023-301 636; www.pdpaklenica.hr; B 100 Kn; ⏲ ganzjährig Sa & So, Mitte Juni–Mitte Sept. tgl.) Diese Berghütte beherbergt 50 Betten in vier Räumen und bietet Luxus wie fließendes Wasser, eine Toilette und Strom. Eine Küche und einen Speiseraum gibt es ebenfalls. Den Schlafsack muss man selbst mitbringen. Zur Hütte, die oberhalb der Schlucht Velika Paklenica liegt, führt eine zweistündige Wanderung. An den Sommerwochenenden sollte man im Voraus reservieren.

Starigrad-Paklenica

Camp „National Park" CAMPING €
(☎ 023-369 155; www.paklenica.hr; Camping Erw./Stellplatz 40/35 Kn; ⏲ Mitte März–Mitte Nov.) Neben dem Verwaltungsgebäude des Parks, auf einem Stück kiesigem Adriastrand, liegt dieser einfache Campingplatz, der Raum für 100 Übernachtungsgäste bietet. Der Campingplatz ist bei Kletterern und anderen Abenteurern beliebt, die auf dem Weg in die Kalksteinschluchten des Nationalparks Paklenica sind. Der Strand eignet sich hervorragend zum Schwimmen. Leider ist es nicht möglich, im Voraus zu reservieren.

Pansion Kiko PENSION €€
(☎ 023-369 784; www.pansion-kiko.com; Ante Starčevića bb, Seline; Zi. 813 Kn; P ❄ 📶) Außerhalb Starigrad-Paklenica, in dem Küstendorf Seline, bietet die hervorragende Pension 12 Zimmer mit Balkonen und Zugang zu einem Privatstrand sowie ein gutes Restaurant. Die freundliche Familie, die die Pension betreibt, tut alles, um es ihren Gästen so angenehm wie möglich zu machen. Die Pension eignet sich als Ausgangsbasis für Erkundungen des Nationalparks Paklenica.

Buffet Dinko KROATISCH €€
(☎ 091 51 29 445; www.dinko-paklenica.com; PakleniČka 1; Hauptgerichte 59–135 Kn; ⏲ 7–23 Uhr) An der Kreuzung der Küstenschnellstraße und der Zugangsstraße zum Eingang 1 in Starigrad liegt dieses beliebte Restaurant mit schattiger Terrasse und großer Karte, auf der sich gegrillte Fleisch- und Meeresfrüchtegerichte finden. Die Portionen sind normalerweise riesig. Die Besitzer vermieten auch **Zimmer** (☎ 098 402 007; Selina 10; Zi. 260 Kn, Apt. 295–370 Kn).

Praktische Informationen

Büro des Nationalparks Paklenica (☎ 023-369 155; www.paklenica.hr; Dr Franje Tuđmana 14a, Starigrad-Paklenica; ⏲ Mo–Fr 7–15 Uhr) Verkauft Broschüren und Karten. Der Parkführer *Paklenica National Park* bietet einen hervorragenden Überblick über den Park und enthält detaillierte Informationen über Wanderungen. Klettergenehmigungen kosten 60 bis 80 Kn, je nach Jahreszeit. Kletterer sollten sich von den Führern im Nationalparkbüro beraten lassen. Das Hauptbüro befindet sich in Starigrad-Paklenica; weitere Büros gibt es an den Parkeingängen.

Kroatischer Bergsteigerverband (S. 39) Bietet aktuelle Infos und eine nützliche Karte des Parks. Das Büro des Verbands befindet sich in Zagreb.

Touristeninformation Starigrad (☎ 023-369 245; www.rivijera-paklenica.hr; Trg Tome Marasovića 1, Starigrad-Paklenica; ⏲ Juli & Aug. 8–21.30 Uhr, Juni & Sept bis 20 Uhr, Okt.–Mai Mo–Fr bis 14 Uhr) Im Zentrum von Starigrad-Paklenica, gegenüber der Marina.

Anreise & Unterwegs vor Ort

Die meisten Busse, die auf der Küstenschnellstraße fahren, halten in Starigrad-Paklenica. Fahrziele sind u. a. Rijeka (135 Kn, 3¾ Std., 5-mal tgl.), Zadar (28 Kn, 1 Std., 5-mal tgl.), Split (118 Kn, 4 Std., 5-mal tgl.) und Dubrovnik (ab 221 Kn, 9 Std., 3-mal tgl.).

In Starigrad-Paklenica gibt es keine Taxis. Einige Hotels bringen ihre Gäste zum Parkeingang und holen sie dort auch wieder ab.

INSEL PAG

Die Insel Pag wirkt wie aus einem italienischen Film der 1950er-Jahre und wäre der perfekte Drehort für einen Schwarzweißfilm von Antonioni. Sie ist kahl, felsig und in Sepiatöne getaucht, mit weiten, leeren Landschaften, die sich bis zum Horizont zu erstrecken scheinen. Wenn der Himmel stürmisch ist, ist die Insel inmitten der Adria der wohl am dramatischsten wirkende Ort ganz Kroatiens. Die felsigen Karstformationen bilden eine Mondlandschaft, die von zwei Bergketten, Gebüsch und einem Dutzend Dörfer und Weiler geprägt wird.

Das heutige Pag ist eine ungewöhnliche Mischung. Die Insel hat eine lange Tradition der Käse- und Weinherstellung; *paški sir* (Pager Käse) ist einer der berühmtesten kulinarischen Exportprodukte Kroatiens. Hergestellt wird er in dem eher unscheinbaren Dorf Kolan. Die bekannte aufwendige Pager

ABSEITS DER ÜBLICHEN PFADE

LIKAS VERSTECKTE PERLEN

Mit Ausnahme der Plitvicer Seen kann fast die ganze Region Lika als „abseits der Touristenpfade" beschrieben werden. Wer ein Auto hat und wem es nichts ausmacht, etwas unterwegs zu sein, kann hier viel entdecken.

Kuterevo Bärenrefugium (☎053-799 001; www.kuterevo-medvjedi.org; Pod Crikvon 109, Kuterevo; Eintritt gegen Spende; ⊙Öffnungszeiten variieren) Das im Jahr 2002 eröffnete Refugium arbeitet mit den Dorfbewohnern zusammen, um verwaiste Bären zu schützen, die sonst vielleicht dem Autoverkehr, Jägern oder Wilderern zum Opfer fallen würden. Vom Frühjahr bis zum Spätherbst führen Freiwillige die Besucher gern im Refugium herum, erklären die Geschichte eines jeden Bärs und erläutern Dinge rund um den Schutz der Bären. Die beste Chance, die Bären in Aktion zu erleben, hat man einige Stunden vor Sonnenuntergang.

Das Dorf Kuterevo befindet sich im nördlich gelegenen Velebit-Massiv, 48 km südöstlich von Senj an der D23 und der D50. Die Webseite ist zwar auf Kroatisch, aber E-Mails werden auf Englisch beantwortet.

Zipline Beware of the Bear (☎095 846 41 71; www.ziplineplitvice.com; Rudopolje-Vrhovine; Erw./Kind Juni–Sept. 280/140 Kn, Okt. –Mai 240/120 Kn; ⊙10–19 Uhr) Mit 1700 m ist dies Europas längste Zipline. Bei optimalen Windbedingungen kann man eine Geschwindigkeit von bis zu 120 km/h erreichen, während man 80 m über der Erde dahinsaust. Das fühlt sich wirklich wie Fliegen an!

Die Zipline befindet sich in Rudopolje-Vrhovine, 44 km westlich des Eingangs 1 zum Nationalpark Plitvicer Seen. Um hierher zur kommen, benötigt man ein eigenes Auto.

Linden Tree Retreat & Ranch (☎053-685 616; www.lindenretreat.com; Velika Plana 3, Velika Plana; Zi. 590–900 Kn/Pers.) Versteckt in den rauen Ausläufern des Velebit-Massivs liegt diese einsame Ferienranch 27 km nordwestlich von Gospić. Sie bietet stimmungsvolle Unterkünfte in Tipis oder Holzhütten. Das Highlight der Ranch sind jedoch die Reitpferde (2-stündiger Ausritt 390 Kn, ganztägige Tour 1280 Kn); außerdem kann man mit dem Pferdewagen mitfahren, geführte Wanderungen zu Höhlen unternehmen, mountainbiken und klettern.

Grabovača-Höhlenpark (Pećinski Park Grabovača; ☎053-679 233; www.pp-grabovaca.hr; Perušić; geführte Touren Erw./Kind 50/35 Kn; ⊙Juni 10–18 Uhr, Juli & Aug. bis 21 Uhr, April, Mai, Sept. & Okt. 9–17 Uhr, Nov. 8–15 Uhr, Dez.–März geschl.) In der Samograd, der größten Höhle dieses überwältigenden Systems, befinden sich vier wunderschöne Kammern, von denen die größte genug Platz bietet, um ein Konzert zu veranstalten. Touren führen 480 handgehauene Stufen hinunter in die Tiefe (nicht für Kleinkinder geeignet). Infos zu den Touren gibt es auf der Website. Besucher sollten sich warm anziehen und festes Schuhwerk tragen. Der Höhlenkomplex liegt am Rand von Perušić, einem kleinen Städtchen 12 km nördlich von Gospić.

Perušić ist auch für seine schöne Zwiebelturmkirche und die perfekte türkische Festung bekannt.

Spitze wiederum schmückt viele kroatische Wände. Gleichzeitig hat sich die Insel zu einem Clubbing-Mekka entwickelt mit Novalja als Partystadt und dem Strand Zrće als Hotspot des sommerlichen Nachtlebens.

An- & Weiterreise

BUS

Busse verbinden Novalja und Pag (Stadt) das ganze Jahr über mit Zadar. Im Sommer fahren außerdem Busse nach/ab Šibenik, Split, Rijeka und Zagreb.

SCHIFF/FÄHRE

Täglich verbindet ein Katamaran von **Jadrolinija** (☎in Rijeka 051-666 111; www.jadrolinija.hr) Novalja mit Rab (40 Kn, 55 Min.) und Rijeka (60 Kn, 2¾ Std.)

Regelmäßig verkehren von Jadrolinija betriebene Autofähren zudem von Žigljen an der Nordostküste Pags nach Prizna auf dem Festland (Erw./Kind/Auto 14/7/80 Kn, 15 Min.); sie starten ungefähr alle 90 Minuten (im Juli und August stündlich). Wer von Norden kommt, spart so verglichen mit der Fahrt über die Brücke mindestens eineinhalb Stunden Zeit.

Unterwegs vor Ort

Täglich absolvieren drei bis elf Busse die 40-minütige Fahrt zwischen Pag (Stadt) und Novalja (ab 39 Kn).

Pag (Ort)

023 / 3700 EW.

Pag liegt entzückend am Rand einer Landspitze zwischen sonnenverbrannten Hügeln. Im Osten erstreckt sich eine azurblaue Bucht, im Westen stößt man auf im Sonnenlicht funkelnde Salzpfannen. Die historische Altstadt ist ein Netz aus engen Gassen und ausgeblichenen Steinhäusern. Ganz in der Nähe befinden sich auch einige Kiesstrände.

Geschichte

Pag verdankt seine Gründung dem Wohlstand durch den Salzhandel Anfang des 15. Jhs. (Pag-Salz kann immer noch in jedem Supermarkt gekauft werden). Damals war Starigrad nicht mehr in der Lage, die wachsende Bevölkerung unterzubringen. Also beauftragten die Venezianer, die ihren alten Besitz zurückgewonnen hatten, den besten Baumeister seiner Zeit, Juraj Dalmatinac, mit der Planung einer neuen Stadt. Die Grundsteinlegung erfolgte im Jahr 1443. Im Stadtzentrum befindet sich ein Platz mit einer Kathedrale, einem Rektorenpalast sowie der unvollendeten Residenz des Bischofs. Im Jahr 1499 begann Dalmatinac mit dem Bau der Stadtmauern, doch nur die Nordecke und Teile der Burganlage haben die Jahrhunderte überdauert.

Sehenswertes

Stiftskirche Mariä Himmelfahrt KIRCHE

(Zborna Crkva Marijinog Uznesenja; Trg Kralja Petra Krešimira IV; Mai–Sept. 9–12 & 17–19 Uhr, Okt.–April zur Messe geöffnet) GRATIS Die einfache gotische Kirche, ein Werk des Baumeisters Juraj Dalmatinac, bildet mit den bescheidenen umliegenden Gebäuden ein harmonisches Ensemble. Die Lünette über dem Portal zeigt die Jungfrau mit Frauen aus Pag mit mittelalterlicher Kleidung und Kopfschmuck, daneben befinden sich zwei Reihen mit unvollendeten Heiligenskulpturen. Die im 16. Jh. fertiggestellte Kirche wurde im Inneren im 18. Jh. umgebaut und mit barockem Deckenschmuck ausgestattet.

Pag Lace Gallery MUSEUM

(Galerija paške čipke; Trg Kralja Petra Krešimira IV; Eintritt 10 Kn; Juni & Sept. 9–12 Uhr, Juli & Aug. 9–12 & 19–22 Uhr, Mai 10–13 Uhr, bei der Touristeninformation kann man telefonisch um Zugang von Okt.–April bitten) Das Museum befindet sich im spektakulären Fürstenpalast (Kneževa Palača), der von Juraj Dalmatinac entworfen wurde. Dieses Museum zeigt einige außergewöhnlich komplizierte Muster. Die Geschichte der Spitzenherstellung in Pag und ihre Bedeutung für die örtliche Bevölkerung wird mit Fotos und Infotafeln geschickt in Szene gesetzt.

Geführte Touren

★ **Pag Tours** GEFÜHRTE TOUREN

(091 42 28 868, 023-318 593; www.pagtours.hr; Petra Rumore) Dieser Veranstalter bietet etwas ungewöhnliche Touren, die das Spitzen-, Salz- und Steinerbe der Stadt erforschen (100 Kn/Pers.). Dienstags kann man außerdem Pag mit dem Fahrrad erkunden (100 Kn). Andere Ausflüge umfassen UFO-, Vogelbeobachtungs- und Gastronomietouren auf der Insel. Der Veranstaltet vermietet auch Kajaks und Boote.

Feste & Events

Pag Karneval KULTURELL

(letztes Juliwochenende) Der Karneval von Pag ist seit 80 Jahren eine feste Tradition. Er bietet eine gute Gelegenheit, um den traditionellen *kolo* (einen turbulenten slawischen Rundtanz) und die kunstvollen Inseltrachten zu bewundern. Der Hauptplatz füllt sich mit Tänzern und Musikern, und eine Schauspieltruppe führt das volkstümliche Stück *Paška Robinja* („Das Sklavenmädchen aus Pag") auf.

Schlafen & Essen

Camping Šimuni CAMPINGPLATZ €

(023-697 441; www.camping-simuni.hr; Šimuni bb; Camping Erw./Kind/Stellplatz 89/60/215 Kn, Einheit ab 880 Kn; P ❄) Dieser große Komplex liegt in einer umwerfenden Bucht mit Kiesstrand, die sich etwa 12 km von Pag (Stadt) entfernt in Richtung Novalja befindet. Der Campingplatz hat ein tolles Flair und bietet viele Aktivitäten. Alle Nahverkehrsbusse halten hier.

Hotel Pagus HOTEL €€€

(023-611 310; www.hotel-pagus.hr; Ante Starčevića 1; Zi. ab 1380 Kn) Das Vier-Sterne-Hotel verfügt über schöne Zimmer mit Ledersesseln; die Zimmer mit Meerblick bieten herrliche Aussichten. Das Hotel liegt einen kurzen, schönen Spaziergang vom Stadtzen-

SIMONE SIMONE/GETTY IMAGES ©

1. Kornaten (S. 249)
Der Nationalpark Kornaten umfasst 89 der 140 Inseln der Kornaten und schützt einen Teil des größten und dichtesten Archipels der Adria.

2. Nationalpark Plitvicer Seen (S. 224)
Die Welterbestätte besteht aus Seen, die durch Wasserfälle und Kaskaden miteinander verbunden sind.

3. Käse (S. 234)
Es gibt hier keinen anderen Käse, der so ist wie der unverwechselbare *paški sir* (Pager Käse) von Pag (S. 231).

4. Kathedrale des hl. Jakob (S. 253), Šibenik
Diese Welterbestätte ist das größte Meisterwerk des Baumeisters und Bildhauers Juraj Dalmatinac.

FESUS ROBERT/SHUTTERSTOCK ©

ISA_OZDERE/SHUTTERSTOCK ©

3

LAURA EDWARDS/LONELY PLANET ©

trum entfernt. Der Service ist professionell und aufmerksam.

★ Trapula Wine & Cheese Bar KROATISCH €€
(☎099 27 19 014; www.facebook.com/TrapulaWineAndCheeseBar; Trg Kralja Petra Krešimira IV; Tapas ab 40 Kn; ⌚8–22 Uhr) Die Esslokale auf dem Hauptplatz sollte man eher vermeiden: Sie müssen sich nicht so anstrengen wie andere Lokale, um Gäste anzuziehen. Diese schöne Weinbar auf dem Hauptpatz ist allerdings die Ausnahme davon – sie bietet eine ausgezeichnete Auswahl an Weinen (Glas oder Flasche) und Tapas. Am besten bestellt man eine Platte mit lokalem Pager Käse und Schinken. Ein Traum!

Shoppen

Kein Besucher sollte die Insel verlassen, ohne ein Stückchen Spitze gekauft zu haben. Die Preise sind relativ günstig, und jede verkaufte Spitze trägt dazu bei, eine alte Tradition am Leben zu erhalten. An einem kleinen, runden Spitzendeckchen oder einem Stern mit 10 cm Durchmesser arbeiten die Frauen etwa 24 Stunden. An der Kralja Tomislava oder Kralja Dmitra Zvonimira kann man direkt bei den Spitzenproduzentinnen kaufen; sie haben fast alle feste Preise.

Praktische Informationen

Mediteran Pag (☎023-611 238; www.mediteranpag.com; Golija 43; ⌚Öffnungszeiten variieren) Agentur mit einem großen Angebot an Privatunterkünften und Ausflügen.

Meridian 15 (☎023-612 162; www.meridijan15.hr; Ante Starčevića 1; ⌚Öffnungszeiten variieren) Das Reisebüro veranstaltet Ausflüge zu Inseln und Nationalparks, u. a zum Nationalpark **Paklenica** (S. 227), und bucht ebenfalls Unterkünfte.

Touristeninformation (☎023-611 286; www.tzgpag.hr; Vela bb; ⌚Juli & Aug 8–22 Uhr, Juni & Sept. Mo–Fr 8–20, Sa & So bis 13 Uhr, Okt.–Mai Mo–Fr 8–15 Uhr) Dieses Büro bietet einige Broschüren und Informationen über die Stadt und die Insel.

PAGER KÄSE

Es gibt keinen Käse, der mit dem unverkennbaren *paški sir* (Pager Käse) zu vergleichen wäre. Sein salzig würziger Geschmack erinnert an die Insel, von der er stammt. Die Meereswinde, die über die flachen Hügel Pags wehen, hinterlassen eine dünne Salzschicht auf dem Boden und den Pflanzen, die auf ihm wachsen. Die 35 000 freilaufenden Schafe können sich nach Herzenslust an den salzigen Kräutern und Pflanzen laben, wodurch sich der salzige Geschmack auf ihr Fleisch und ihre Milch überträgt.

Zur Herstellung des Pager Käses wird die im Mai gewonnene Milch verwendet; dann ist der Geschmack so intensiv wie zu keiner anderen Zeit. Man braucht 20 l Schafsmilch um ein einziges Käserad herzustellen; jedes Schaf gibt am Tag rund einen halben Liter Milch. Die Milch wird nicht pasteurisiert, wodurch sich während des Fermentierungsprozesses der Geschmack noch stärker entfaltet. Am Ende der Fermentierung wird der Käse mit Meersalz und Olivenöl eingerieben, ehe er anschließend für 6 bis 24 Monate reift. Das Ergebnis ist ein würziges, festes Produkt, ein aromatischer, trockener und krümeliger Käse. Er wird als Vorspeise in dünnen Scheiben mit schwarzen Oliven aufgetischt, kann aber auch gerieben anstelle von Parmesan verwendet werden. Er wird gern auf kroatischen Hochzeiten gereicht, zusammen mit Schinken und kroatischem Wein.

Die Käsehersteller von Pag haben zahlreiche Preise eingeheimst. Im Jahr 2017 gewann Sirana Gligoras *paški sir* zum dritten Mal die Goldmedaille für den „besten Hartkäse aus Schafsmilch" bei den International Cheese Awards in Großbritannien.

Es lohnt sich auch, den an Ricotta erinnernden *skuta* zu probieren, ein rarer Weichkäse mit mildem Geschmack, den man in den Restaurants rund um Novalja bekommt, u. a. im Boškinac (S. 236).

Viele Geschäfte auf der Insel verkaufen Käse, z. B. **Sirana Gligora** (☎023-698 052; www.gligora.com; Figurica 20; ⌚7.30–20 Uhr) und **Sirana Mih** (☎023-698 011; www.siranamih.hr; Stanić 29; ⌚8–20 Uhr) in Kolan sowie **Paška Sirana** (☎023-600 810; www.paskasirana.hr; Zadarska 5; ⌚Mo–Sa 7–15 Uhr) und **Siroteka** (Vela 12; ⌚Di–Sa 10–17, So 9–14 Uhr) in Pag (Stadt). **Sirana Gligora** (Figurica 22; 84 Kn/Pers.; ⌚ Mo–Fr nach Vereinbarung) veranstaltet außerdem ausgezeichnete Führungen und Verkostungen.

Zrće-Strand

053

Der Strand von Zrće, 3 km südöstlich von Novalja, erhebt den Anspruch, das Ibiza Kroatiens zu ein. Anders als auf Ibiza befinden sich die Clubs und Bars jedoch direkt am Strand, und was Zahl und Größe angehen, hat Zrće noch einen langen Weg vor sich. Im Prinzip gibt es hier drei Hauptclubs sowie einige Bars, die sich dazwischen verteilen. Alle öffnen Ende Juni und schließen spätestens Mitte September. Die Eintrittspreise hängen von den Events ab: Zu Saisonbeginn ist der Eintritt normalerweise frei, Mitte August – wenn berühmte DJs auftreten – kann er jedoch bis zu 40 € betragen.

Der Strand selbst ist eine 1 km lange malerische, baumlose Bucht mit Kieseln und Blick auf einen trockenen Streifen des Ostteils der Insel, hinter dem am Horizont hohe Berge aufragen. Sonnenschirme kann man sich ausleihen. Außerhalb der Saison hat man diesen Strand für sich alleine.

Feste & Events

Hideout MUSIK
(www.hideoutfestival.com; Ende Juni/Anfang Juli) Während dieses Festivals, das Zrće auf die Landkarte der Elektronischen Tanzmusik EDM (Electronic Dance Music) gesetzt hat, übernehmen die Bars und Clubs den Strand. Bekannte DJs geben sich die Ehre, und mehrere Nächte lang ist der Teufel los.

Sonus MUSIK
(www.sonus-festival.com; Mitte Aug.) Fünf Tage und Nächte dreht sich am Strand von Zrće alles um EDM. In der Vergangenheit waren Musiker wie John Digweed und Laurent Garnier dabei.

Ausgehen & Nachtleben

★ **Papaya** CLUB
(www.papaya.com.hr; Juni–Sept. 10–6 Uhr) Das Zentrum der Partyszene am Strand von Zrće ist das Papaya, das zu einem der besten Clubs der Welt gewählt wurde (Platz 6 auf der *DJ-Mag*'s-Liste von 2017) und mit Palmen, Wasserfällen und einer Art Muscheldach über der Tanzfläche aufwartet. Wenn viel los ist, drängen sich 500 Gäste auf den Terrassen.

Kalypso CLUB
(www.kalypso-zrce.com; Juni–Sept. 10–6 Uhr) Das Kalypso ist der coolste Club am Strand. Er liegt in einer Bucht am Nordende des Strandes und bietet unzählige Cabaña-ähnliche, von Palmen umgebene Bars. Tagsüber kann man auf den Liegen am kleinen Pool chillen, nach Einbruch der Dunkelheit trifft sich hier ein schickes Publikum zum Deep-House-Mix der DJs.

Aquarius CLUB
(www.aquarius.hr; Juni–Sept.) Das Aquarius wurde mehrmals zu einem der 100 besten Clubs der Welt gekürt. Der Club ist riesig und hat coole Nischen, tolle Ausblicke und einen verglasten Bereich. Top-DJs und Events ziehen hier ein sehr schönes Publikum an.

An- & Weiterreise

Im Sommer verkehren Shuttlebusse zwischen Novalja und dem Strand von Zrće (12 Kn). Wer laufen oder radeln möchte: Der Strand liegt nur 4,1 km vom Zentrum Novaljas entfernt.

Novalja

053 / 3961 EW.

In einem Land voller schläfriger Ferienresorts tanzt Novalja aus der Reihe. In den pulsierenden Bars und Clubs des Ortes geht es nachts so wild zu wie nirgendwo sonst in Kroatien. Daher zieht es vor allem ein junges Publikum hierher: Je nachdem, ob man unter oder über 35 ist, befindet man sich demnach im Paradies oder in der Hölle. Das Kulturleben beschränkt sich auf die lärmige Clubszene am nahen Strand von Zrće, historische Sehenswürdigkeiten gibt es nicht. Dafür herrscht auf der Promenade im Sommer Leben, und in der Nähe gibt es einige schöne Strände. Im Winter verwandelt sich Novalja wieder in ein kaltes, fast unbewohntes, verschlafenes Nest.

Schlafen & Essen

Die besten Unterkünfte liegen fast alle etwas außerhalb des Ortszentrums. Während der Partysaison im Sommer ist es unheimlich schwer, eine Unterkunft zu finden, besonders wenn die großen Events stattfinden, darum sollte man für diese Zeit unbedingt im Voraus buchen.

Big Yellow Hostel HOSTEL €
(053-663 539; www.bigyellowhostel.com; Lokunje 1; B/Zi. inkl. Frühstück ab 230/550 Kn; P @) Dies ist das Beste einer Reihe neuer Hostels, die auf junges Partyvolk zugeschnitten sind. Es bietet eine relaxte Atmosphäre mit

ABSEITS DER ÜBLICHEN PFADE

DIE OLIVENGÄRTEN VON LUN

Nahe der nördlichen Spitze von Pag (Insel), wo die Straße hinunter in das stille Dorf Lun leitet, führen ausgeschilderte Wanderwege zwischen den Steinzäunen und -häusern hindurch, die mit der uralten Tradition des Olivenanbaus in Verbindung gebracht werden. Schilder weisen auf einige der ältesten Bäume hin (sie sind bis zu 1600 Jahre alt!); die jahrhundertealten Mauern werden teilweise nicht mal mehr durch einen einzigen Tropfen Mörtel zusammengehalten. Es gibt auch ein Amphitheater, in dem manchmal Vorführungen stattfinden; im Sommer verkaufen Einheimische hier und da Olivenöle und andere Olivenprodukte.

Post-Clubbing-Vibe, kostenloses Frühstück und schlichte Vier- bis Achtbettzimmer, einige davon mit Balkons und tollen Meerblicken. Das Hostel liegt in der Nähe der Bushaltestelle für Busse zum Strand von Zrće. Das Ganze ist nicht schick, doch es erfüllt seinen Zweck.

Barbati HOTEL €€
(☎091 12 11 233; www.barbati.hr; Vidalići 39; Zi./Apt. ab 720/1800 Kn; P ❄ @ ☜ ≋) Gegenüber vom Zrće (man hört den Lärm in der Ferne), auf der anderen Seite der Bucht und ca. 6 km von Novalja entfernt, liegt dieses schmucke kleine Hotel. Es hat schön gestaltete Zimmer, einen winzigen Pool und eine attraktive Bar mit Restaurant am Ufer.

★ **Boškinac** HOTEL €€€
(☎053-663 500; www.facebook.com/hotel.boskinac; Škopaljska 120; Zi. 1750 Kn; P ❄ ☜ ≋) Das wunderbare kleine Weingut-Hotel ist mit Abstand das eleganteste Fleckchen auf der Insel zum Übernachten, Essen und Ausgehen. Es bietet acht riesige Zimmer und drei Suiten in idyllischer ländlicher Umgebung inmitten von Weinreben. Auch wer nicht in diesem Hotel übernachtet, sollte hierher kommen, um den Wein zu probieren (der Weinkeller ist von 12–1 Uhr geöffnet) und im renommierten Restaurant zu essen (Hauptgerichte 70–160 Kn).

Der Cabernet-Merlot-Verschnitt ist hervorragend; zudem ist das Boškinac das einzige Weingut der Welt, das den Gegić-Wein herstellt. Diese Rebsorte stammt von der Insel und ergibt einen eleganten Weißwein. Das Weingut liegt etwa 3 km nördlich von Novalja; man folgt einfach den Schildern in Richtung Stara Novalja.

Starac i More MEERESFRÜCHTE €€
(☎053-662 423; Braće Radić bb; Hauptgerichte 49–120 Kn; ⊙12–23.30 Uhr) Wer im clubbenden Novalja kroatische Authentizität sucht, findet sie in dieser charaktervollen Taverne, die übersetzt „Der alte Mann und das Meer“ heißt. Das Restaurant befindet sich etwas zurückgesetzt vom Ufer und ist mit Fischdeko geschmückt (darunter einige Riesenfische). Die Meeresfrüchte hier sind die besten der Stadt und die Kellner empfehlen den passenden Wein zum Essen.

ℹ Praktische Informationen

Aurora (☎053-663 493; www.aurora-novalja.com; Slatinska 9; ⊙9–20 Uhr) Eine gut organisierte Agentur, die Apartments und Zimmer vermittelt und Ausflüge anbietet.

Sunturist (☎053-661 211; www.sunturist.hr; Silvija Strahimira Kranjčevićeva bb; ⊙Öffnungszeiten variieren) Bucht Privatunterkünfte und bietet Ausflüge.

Touristeninformation (☎053-661 404; www.visitnovalja.hr; Trg Briščić 1; ⊙Juni–Sept. 8–20 Uhr, Okt.–Mai Mo–Fr bis 15 Uhr) Bietet Gratis-Karten und Fahrpläne für Busse und Fähren.

NIN

☎023 / 2825 EW.

Eines der hübschesten Städtchen im Hinterland von Zadar ist Nin, in dessen Mitte eine winzige Insel liegt. Das Städtchen war einst Sitz von Bischöfen und Königen, die zwei der schönsten Kirchen in Dalmatien hinterließen. Nin ist ein entzückender Ort, der herrliche Küstenlandschaft und kulturelle Sehenswürdigkeiten vereint. Besucher sollten nach den glagolitischen Inschriften (S. 212) an einigen der älteren Gebäude der Stadt Ausschau halten.

Geschichte

Eine erste Siedlung wurde an der Stelle der heutigen Altstadt vor fast 3000 Jahren gegründet. Ab dem 9. Jh. v. Chr. war Nin ein Zentrum für den Handel mit den Römern und Griechen. In der Gegend wurden römische Villen entdeckt, die auf eine etablierte und wohlhabende Handelsgemeinschaft schließen lassen. Neben seiner strategischen Bedeutung war Nin auch ein bedeutender Salzhersteller.

Nin kam im 7. Jh. n. Chr. unter kroatische Herrschaft; um 900 n. Chr. war die Stadt Sitz des kroatischen Bischofs. Nin wird auch als erste kroatische Königsstadt betrachtet. Im Jahr 1409 kam sie unter die Herrschaft Venedigs; die strategische Position der Stadt war so bedeutend, dass die Venezianer sie lieber zerstörten, als sie im Jahr 1571 und dann wieder im Jahr 1646 den Ottomanen zu überlassen.

Sehenswertes

Heilig-Kreuz-Kirche KIRCHE
(Crkva Svetog Križa; Petra Zoranića 8; Juni–Aug. 6–21 Uhr, sonst kürzer) GRATIS Diese ansprechende präromanische weiße Kirche aus dem 9. Jh. wird angesichts ihrer Rolle als ehemaliger Bischofssitz oft als kleinste Kathedrale der Welt bezeichnet. Vor dem 14. Jh. wurde sie als königliche Kapelle genutzt, obwohl sie angenehm schmucklos ist. Die Fenster sind perfekt platziert, um den Sonnenstrahlen das Eindringen zu ermöglichen und wodurch die kleine Kirche als Sonnenuhr fungiert.

Salzmuseum MUSEUM
(Solana Nin; 023-264 021; www.solananin.hr; Ilirska 7; geführte Touren Erw./Kind 65/20 Kn; 8–22 Uhr) Nins Salz war einst für seinen hohen Jodanteil berühmt, was es für kulinarische und medizinische Zwecke begehrt machte. Dieses kleine Museum führt mithilfe einer Multimedia-Präsentation durch die salzige Geschichte der Stadt. Die Salzindustrie erfährt im Moment eine Art Aufschwung, und lokales Salz wird wieder zum Kauf angeboten. 45-minütige Führungen finden stündlich statt. Sie führen zu einem zerfallenden römischen Tor und um die Salzseen und sind mit faszinierenden Expertenkommentaren angereichert.

Kirche des hl. Nikolaus KIRCHE
(Sveti Nicola; Prahulje; Öffnungszeiten variieren) Diese ungewöhnliche frühromanische Kirche sitzt auf ihrem eigenen Hügel abseits der Straße 306 südwestlich von Nin. Das kleine hübsche Bauwerk wurde im späten 11. oder frühen 12. Jh. gebaut; die Zinnen auf dem Dach zeugen von ihrer einstigen strategischen Bedeutung. Hier wurden sieben kroatische Könige gekrönt (daher kommt auch der inoffizielle Name „Krönungskirche"). Die Kirche wurde als Festung zum Schutz gegen eine ottomanische Invasion gebaut. In Kriegszeiten diente sie als Aussichtspunkt.

Schlafen & Essen

Mendula Zadar Eco Village HOTEL €€€
(Žerava 1; Apt. 2100 Kn; P) Zwischen Nin und Zadar (9 km in jede Richtung) liegt dieses attraktive Hotel in ruhiger ländlicher Lage, das sich gut als Ausgangsbasis für Besichtigungen beider Städte eignet. Die Apartments sind elegant und modern und haben freigelegtes Mauerwerk, Betonböden und hübsche Wände. Die meisten blicken auf den Swimmingpool. Buchen kann man in den Reisebüros oder online.

Konoba Bepo MEERESFRÜCHTE, KROATISCH €€
(023-280 336; www.konoba-bepo.hr; Dražnikova 76; Hauptgerichte 45–160 Kn; Mai–Sept. 12–23 Uhr) Mit seiner Terrasse samt Meerblick und seinen frischen Meeresfrüchten bedient das Konoba eine ewig erfolgreiche kroatische Devise. Der Service ist schnell und freundlich und das Essen – gegrillte Meeresfrüchte und Fisch, Pasta und andere Küstengerichte – verlässlich gut.

Praktische Informationen

Touristeninformation (023-265 247; www.nin.hr; Trg Braće Radića 3; Juni–Aug. 8–20 Uhr, sonst kürzer) Hier gibt es Informationen zur Stadt und zu den Unterkünften.

An- & Weiterreise

Wer nach Nin möchte, braucht einen eigenen fahrbaren Untersatz. Öffentliche Verkehrsmittel fahren unregelmäßig oder gar nicht.

ZADAR

023 / 75 437 EW.

Mit seiner historischen Altstadt auf einer kleinen Halbinsel, die voller römischer Ruinen, mittelalterlicher Kirchen, kosmopolitischer Cafés und ausgezeichneter Museen steckt, ist Zadar eine faszinierende Stadt. Sie ist nicht so überfüllt und ihre einzigen beiden Attraktionen – das akustische Spektakel der Meeresorgel und das visuelle Spektakel des Kunstwerks *Gruß an die Sonne* – muss man einfach gehört bzw. gesehen haben.

Zadar ist zwar kein perfektes Postkartenidyll, doch gerade die Mischung aus antiken Überbleibseln, Habsburger Eleganz und der Lage am Meer lassen die hässlichen Hochhäuser im hügeligen Hinterland in den Hintergrund treten. Zadar ist kein zweites Dubrovnik, aber eben auch keine Museumsstadt – dies ist eine lebendige, dynamische

Zadar

Stadt, die Einwohner und Besucher gleichermaßen lieben.

Zadar fungiert auch als wichtiger Verkehrsknotenpunkt mit ausgezeichneten Fährverbindungen zu den Inseln der Region.

Geschichte

Zadar war bereits im 9. Jh. v. Chr. vom illyrischen Stamm der Liburner bewohnt. Im 1. Jh. v. Chr. war es eine kleinere römische Kolonie. Im 6. und 7. Jh. n. Chr. siedelten hier Slawen. Schließlich geriet Zadar unter die Herrschaft der kroatisch-ungarischen Könige.

Der Aufschwung der Macht Venedigs Mitte des 12. Jhs. wurde erbittert bekämpft; in den folgenden 200 Jahren gab es eine Reihe von Volksaufständen, doch dann erwarb Venedig 1409 die Stadt und ganz Dalmatien.

Häufige Kriege zwischen Venedig und den Türken führten im 16. Jh. zum Bau der berühmten Stadtmauer von Zadar, die teilweise auf den Ruinen römischer Befestigungsanlagen errichtet wurde. Als Venedig 1797 fiel, geriet die Stadt an österreichische Machthaber, die die Stadt mithilfe ihrer städtischen italienisierten Aristokratie verwalteten. Der italienische Einfluss hielt bis ins 20. Jh. an, denn gegen Ende des Ersten Weltkriegs eroberten die Italiener die Stadt (die sie Zara nennen), und mit dem Vertrag von Rapallo wurde sie 1922 Italien zugeschlagen.

Als Italien 1943 vor den Alliierten kapitulierte, wurde die Stadt von den Deutschen besetzt und dann von den Alliierten zerbombt – fast 60 % der Altstadt wurden zerstört. Nach dem Krieg wurde die Stadt dem Originalstraßenplan entsprechend wieder aufgebaut.

Im November 1991 geschah etwas Ähnliches, als Zadar drei Monate lang von jugoslawischen Raketen beschossen wurde. Heute sind jedoch fast alle Wunden des Krieges beseitigt, und Zadar hat sich zu einer der dynamischsten Städte Kroatiens entwickelt.

Zadar

Highlights

1 Meeresorgel A1
2 Gruß an die Sonne A1

Sehenswertes

3 Archäologisches Museum C2
4 Glockenturm B2
5 Franziskanerkloster A2
6 Museum für antikes Glas D3
7 Museum der Illusionen D3
8 Museum für sakrale Kunst C2
9 Narodni trg C3
10 Römisches Forum B2
11 Domkirche der hl. Anastasia B2
12 Kirche St. Donatus B2
13 Kirche St. Simeon D3

Aktivitäten, Kurse & Touren

Zadar Walking Tours .... (siehe 9)

Schlafen

14 Almayer - Art & Heritage Hotel B1
15 Apartments Donat B2
16 Art Hotel Kalelarga C3
17 Boutique Hostel Forum B2
18 Hotel Bastion B1

Essen

19 4 Kantuna C3
Corte Vino & More .... (siehe 14)
20 Foša D4
Gourmet Kalelarga .... (siehe 16)
Kaštel .... (siehe 18)
21 Kornat B1
22 Mlinar C3
23 Pet Bunara D3

Ausgehen & Nachtleben

24 Cogito Coffee C2
25 Garden Lounge B1
26 La Bodega C3

Unterhaltung

27 Arsenal B1

Shoppen

28 Gligora C2
29 Natura Zara C2

Sehenswertes

★ Meeresorgel — DENKMAL

(Morske orgulje; Istarska Obala) GRATIS Zadars unglaubliche Meeresorgel des einheimischen Architekten Nikola Bašić ist einzigartig. In den mit Öffnungen versehenen Steinstufen, die hinunter zum Meer führen, verbirgt sich ein System aus Flöten und Orgelpfeifen, das wehmütige Töne erzeugt, wenn durch die Bewegung des Meeres Luft hindurchgedrückt wird. Das Ergebnis ist hypnotisierend. Die lieblichen Töne werden lauter, wenn ein Boot oder eine Fähre vorbeikommt. An den Stufen an der Promenade kann man schwimmen und dabei dem Klang der Meeresorgel lauschen. Der Ort eignet sich hervorragend, um von hier aus dem Sonnenuntergang zuzusehen, während die faszinierenden Töne der bekanntesten Attraktion von Zadar im Hintergrund ertönen.

★ Gruß an die Sonne — DENKMAL

(Pozdrav Suncu; Istarska Obala) Auch dieses verrückte, wundervolle Kunstwerk stammt von Nikola Bašić, dem lokalen Architekten, der die nahe gelegene Meeresorgel entwarf. Der in das Pflaster eingelassene, 22 m große Kreis ist mit 300 mehrschichtigen Glasplatten belegt, die im Laufe des Tages das Sonnenlicht einfangen. Zum Klang der Meeresorgel, der von der Wellenenergie erzeugt wird, produzieren sie von Sonnenuntergang bis Sonnenaufgang eine psychedelische Lichtshow, die das Sonnensystem simulieren soll. Außerdem wird so viel Energie erzeugt, dass damit die gesamte Beleuchtung der Hafenpromenade betrieben werden kann.

Jeden Abend wimmelt es hier nur so von Travellern, aufgeregten Kindern und Einheimischen, vor allem bei Sonnenuntergang, wenn das Meer und das beleuchtete Pflaster für spektakuläre Postkartenansichten sorgen.

Museum für antikes Glas — MUSEUM

(Muzej antičkog stakla; ☎023-363 831; www.mas-zadar.hr; Poljana Zemaljskog Odbora 1; Erw./Kind 30/10 Kn; ⊙Mai–Sept. Mo–Sa 9–21 Uhr, Okt.–April Mo–Sa 9–16 Uhr) Es ist schon erstaunlich, dass ein so zerbrechliches Material wie Glas die Erdbeben und Kriege, die diese Region im Lauf der Jahrtausende erschüttert haben, überlebt hat, doch dieses eindrucksvolle Museum zeigt Tausende Objekte aus Glas: Kelche, Gläser, Schmuck und Amulette. Viele der größeren Glasurnen wurden von der hiesigen römischen Nekropole (Friedhof) geborgen. Das Design des Museums ist grandios, große beleuchtete Vitrinen und ätherische Musik verstärken das Erlebnis noch.

Kirche St. Simeon — KIRCHE

(Crkva Sv Šime; Poljana Šime Budinića bb; ⊙Mai–Okt. Mo–Fr 8.30–12 & 17–19, Sa 8.30–12 Uhr)

ABSEITS DER ÜBLICHEN PFADE

SILBA

Am äußeren Rand des Archipels, das sich von der norddalmatischen Küste in die Adria erstreckt, eignet sich die Insel Silba als Ausflugsziel für alle, die den Massen entkommen möchten (obwohl Massen im Sommer relativ ist). Die nur 15 km² große Insel ist recht flach, bietet aber einige schöne Ecken. Sie ist außerdem sehr hübsch und still, da es nur wenig Verkehr gibt. Unter den zahlreichen bezaubernden Stränden lohnt sich ein Ausflug zum ungewöhnlich steilen und felsigen **Vele Stene (großer Fels)**, zum **Dobre Vode** mit seinem flachen Sandboden und zum weitläufigeren **Nozdre** mit den markanten Felsformationen.

Man sollte auch nicht den **Toreta** in Silba, der einzigen Siedlung auf der Insel, verpassen. Der zylindrische Steinturm mit seiner äußeren Wendeltreppe wird mit einer lokalen Liebeslegende in Verbindung gebracht – ein Seemann soll ihn für seine Herzensdame erbaut haben, damit sie von dort aus auf seine Rückkehr warten konnte ... sie wurde allerdings des Wartens müde und heiratete einen anderen. Der Turm bietet dennoch eine fantastische Aussicht.

Wer hier bleiben will, nachdem die Tagesausflügler nach Hause gefahren sind, oder ein Boot mieten möchte oder anderweitige Informationen benötigt, findet diese auf der Website www.silba.org.

Die Insel Silba kann nur mit Fähren von **Jadrolinija** (www.jadrolinija.hr) erreicht werden, die von/nach Zadar (Erw./Kind 31/15,50 Kn, 4 Std., tgl.) und Mali Lošinj (Erw./Kind/Auto ab 31/15,50/170 Kn, 2½ Std., tgl.) fahren.

Schon die Fassade dieser Barockkirche aus dem 17. Jh. ist schön, doch wirklich bemerkenswert ist das, was sich im Inneren verbirgt. Den Ehrenplatz über dem Hauptaltar nimmt der Sarkophag des hl. Simeon ein, ein Meisterwerk mittelalterlicher Goldschmiedearbeit. Der 1377 in Auftrag gegebene Sarg besteht aus Zedernholz und ist innen und außen mit fein gearbeiteten vergoldeten Silberreliefs bedeckt.

Narodni trg — PLATZ

(Volksplatz) Aus den vielen Café-Bars an diesem hübschen kleinen Platz, der traditionell das Zentrum des öffentlichen Lebens Zadars ist, erklingt zu jeder Tageszeit Stimmengewirr. Die Westseite wird von der 1562 erbauten **Stadtwache** aus der späten Renaissance beherrscht; der Glockenturm wurde 1798 unter österreichischer Verwaltung angebaut. Von der gegenüberliegenden **Loggia** aus dem Jahr 1565, in der Kunstausstellungen gezeigt werden, wurden einst öffentliche Bekanntmachungen und Urteile verkündet.

Archäologisches Museum — MUSEUM

(Arheološki Muzej; ☎023-250 516; www.amzd.hr; Trg Opatice Čike 1; Erw./Kind 30/15 Kn; ⏲Juni & Sept. 9–21 Uhr, Juli & Aug. bis 22 Uhr, Apr., Mai & Okt. bis 15 Uhr, Nov.–März Mo–Fr 9–14, Sa bis 13 Uhr) Eine Vielzahl prähistorischer, antiker und mittelalterlicher Relikte, hauptsächlich aus Zadar und Umgebung, erwartet Besucher in diesem faszinierenden Museum. Zu den Highlights zählen eine 2,5 m hohe Marmorstatue von Augustus aus dem 1. Jh. und ein Modell des originalen antiken Forums.

Römisches Forum — RUINEN

(Zeleni trg) Eines der faszinierendsten Dinge in Zadar sind die römischen Ruinen, die sich scheinbar willkürlich in der Stadt erheben. Dies ist nirgends so auffällig wie an der Stelle des antiken Forums, das zwischen dem 1. Jh. v. Chr. und dem 3. Jh. n. Chr. gebaut wurde. Wie zu Zeiten der Römer ist es das Zentrum des öffentlichen und religiösen Lebens und wird an einer Seite von der Kirche St. Donatus beherrscht.

Zwischen den Ruinen der Tempel und Kolonnaden steht eine intakte römische Säule, die im Mittelalter als Schandpfahl diente, an dem Übeltäter angekettet und öffentlich gedemütigt wurden. In unmittelbarer Nähe stehen römische Überreste, darunter Altäre mit Reliefs der mythischen Gestalten Jupiter Ammon und Medusa. Ganz oben sieht man die Aushöhlungen, die für Blutopfer benutzt wurden. Man nimmt an, dass sich hier ein Tempel aus dem 1. Jh. v. Chr. befand, der Jupiter, Juno und Minerva geweiht war.

Kirche St. Donatus — KIRCHE

(Crkva Sv Donata; Šimuna Kožičića Benje bb; Eintritt 20 Kn; ⏲Mai–Sept. 9–21 Uhr, Okt.–April 9–16 Uhr)

Die ungewöhnliche runde Kirche im byzantinischen Stil, die Anfang des 9. Jhs. erbaut wurde, ist nach dem Bischof benannt, der sie errichten ließ. Als einer von wenigen Bauten des frühen kroatischen Königreichs, die die Invasion der Mongolen im 13. Jh. überdauert haben, ist sie ein bedeutendes Kulturdenkmal. Im schmucklosen Inneren befinden sich zwei römische Säulen, die aus dem Forum stammen. Auch die Bodenplatten, die zum Vorschein kamen, als der Originalfußboden entfernt wurde, kommen aus dem Forum.

Die Kirche wird seit etwa 200 Jahren nicht mehr als Gotteshaus genutzt und dient heute oft als Konzertsaal oder Ausstellungsraum.

Domkirche der hl. Anastasia KATHEDRALE
(Katedrala Sv Stošije; Trg Sv Stošije; ⌚Mo–Fr 6.30–19, Sa 8–9, So 8–9 & 18–19 Uhr) GRATIS Zadars Domkirche wurde im 12. und 13. Jh. erbaut. Hinter der aufwendig verzierten Fassade verbirgt sich das dreischiffige Innere mit Resten von Fresken in den Seitenapsiden. Während des Zweiten Weltkriegs erlitt die Kathedrale schwere Beschädigungen durch Bomben, wurde seitdem aber rekonstruiert. Auf dem Altar in der linken Apsis befindet sich ein Marmorsarkophag mit den Überresten der hl. Anastasia, und im Chor steht ein aufwendig mit Schnitzereien verziertes Chorgestühl. Wenn die Kirche geschlossen ist, was oftmals vorkommt, kann man durch ein gläsernes Vestibül einen Blick in die Kirche hineinwerfen.

Der **Glockenturm** (Široka; ⌚ Juni–Aug. Mo–Sa 9–22 Uhr, Rest des Jahres verkürzte Öffnungszeiten) bietet einen schönen Blick auf die Altstadt.

Museum der Illusionen MUSEUM
(Muzej Iluzija; ☎023-316 803; www.zadar.muzejiluzija.com; Poljana Zemaljskog Odbora 2; Erw./Kind 60/40 Kn; ⌚Juni–Sept. 9–24 Uhr, April, Mai, Okt. & Nov. 10–20 Uhr, Dez.–März 10–16 Uhr) Dieses unterhaltsame Museum ist optischen und anderen Illusionen gewidmet. Es gibt einen Vortex-Tunnel, Hologramme, ein Spiegelzimmer, ein Zimmer der Unendlichkeit und viele interaktive Ausstellungsstücke, an denen man verzweifeln kann.

Museum für sakrale Kunst MUSEUM
(Trg Opatice Čike bb; Erw./Kind 30/10 Kn; ⌚Mo–Sa 10–13 & 17–19, So 10–13 Uhr) Das beeindruckende Museum in einem Benediktinerkloster zeigt eine schöne Sammlung von Reliquien, Skulpturen, Textilien und Gemälden. Sehr bemerkenswert sind die Werke der venezianischen Meister Paolo Veneziano und Vittore Carpaccio.

Franziskanerkloster KLOSTER
(Franjevački Samostan; www.svetifrane.org; Trg Sv Frane 1; Erw./Kind 10/5 Kn; ⌚9–18 Uhr) Der Eintrittspreis für dieses alte Kloster ermöglicht auch den Zugang zu einem hübschen Renaissancekreuzgang, zur gotischen Kirche (die älteste ihrer Art in Dalmatien, 1280 geweiht) und zur Sakristei, in der 1358 ein Vertrag unterzeichnet wurde, in dem Venedig seine Rechte an Dalmatien an den kroatisch-ungarischen König Ludwig I. abtrat. Zu den Highlights der Sakristei gehören ein bemaltes Holzkruzifix aus dem 12. Jh., ein Polyptychon aus dem 15. Jh. von der Insel Ugljan und ein Gemälde von Jacopo Bassano aus dem 16. Jh., das den toten Christus zeigt.

Aktivitäten

An der Küstenpromenade südlich der Altstadt gibt es einen **Badebereich** mit Sprungbrettern, einem Park und einem Café. Vom Landtor folgt man zunächst der Straße, die eine Kurve nach rechts macht, und dann der Kralja Dmitra Zvonimira. Die Promenade führt zu einem Strand vor dem Hotel Kolovare und schlängelt sich dann noch etwa 1 km an der Küste entlang.

Geführte Touren

Reisebüros in der Stadt bieten Bootsausflüge zur Telašćica-Bucht und zu den schönen Kornaten an, die in der Regel das Mittagessen und eine Badepause am Meer oder an einem Salzsee beinhalten. Man kann an der Liburnska Obala (wo die Ausflugsboote ankern) herumfragen oder sich ans **Reisebüro Aquarius** (☎023-212 919; www.aquariuszadar.com; Nova Vrata bb; ⌚Öffnungszeiten variieren) wenden. Auch organisierte Touren zu den Nationalparks Paklenica, Krka und Plitvice sind beliebt; so kommen Besucher zu den Parks, ohne sich um Verkehrsmittel Sorgen machen zu müssen.

Zadar Walking Tours GEFÜHRTE TOUREN
(☎091 32 79 777; www.zadarwalkingtour.com; 100 Kn/Pers.; ⌚10, 12 & 18 Uhr) Diese 100-minütigen Touren eignen sich hervorragend, um einen Überblick über die Stadt und ihre Geschichte zu erhalten. Die Führer sind ausgezeichnet und kennen alle Legenden und Anekdoten Zadars sowie viele historische Details. Man muss im Voraus buchen oder zehn Minuten vor Beginn an

der Straßenlampe am Narodni trg (Volksplatz) sein.

Feste & Events

Full Moon Festival KULTUR

(Noć Punog Miseca; Ende Juli) Zu diesem Festival in der Vollmondnacht im Juli sind die Uferpromenaden der Stadt mit Fackeln und Kerzen beleuchtet, Stände verkaufen lokale Delikatessen, und die Boote verwandeln sich in einen schwimmenden Fischmarkt.

St. Donatus Musical Evenings MUSIK

(Glazbene večeri u Sv Donatu; 023-627 762; www.donat-festival.com; Ende Juli & Anfang Aug.) Klassische Konzerte mit bekannten Künstlern aus der ganzen Welt in der Kirche St. Donatus.

Schlafen

Windward Hostel HOSTEL €

(091 62 19 197; www.facebook.com/windward.hostel.zadar; Gazića 12; B/DZ 112/450 Kn;) Nur 1,5 km entfernt von der Altstadt liegt dieses Hostel mit 20 Betten und Segelmotto – der Betreiber ist ein passionierter Segler. Die makellosen Zimmer sind mit großen Schließschränken, elektrischen Jalousien und eigenen Leselampen ausgestattet. In der Nähe gibt es einen Supermarkt und eine Bäckerei, und die Mitarbeiter organisieren Segeltörns und -unterricht.

Drunken Monkey HOSTEL €

(023-314 406; www.themonkeytroophostels.com; Jure Kastriotica Skenderbega 21; B/Zi. ab 175/450 Kn;) In einem Vorstadtviertel versteckt sich dieses freundliche kleine Hostel mit bunten Zimmern, kleinem Pool, Gästegrill und insgesamt toller Atmosphäre. Die Mitarbeiter können Ausflüge zu den Plitvicer Seen und dem Nationalpark Krka organisieren. Falls nichts frei ist, kann man im zugehörigen Lazy Monkey nachfragen, das ähnliche Standards und Preise bietet.

★ **Boutique Hostel Forum** HOSTEL €€

(023-253 031; www.hostelforumzadar.com; Široka 20; B/DZ/Suite ab 155/665/725 Kn) Herrlich farbenfrohe Schlafsäle und elegante schwarz-weiße Doppelzimmer und Suiten, einige mit super Blicken auf die Skyline und Teilblicken auf das Meer, machen dies zum besten Hostel und Mittelklassehotel in der Altstadt. Die Lage könnte nicht besser sein, und die Unterkünfte sind für den Preis unschlagbar.

Apartments Donat APARTMENT €€

(095 82 56 390; www.apartmentsdonat.com; Nadbiskupa Mate Karamana 12; Apt. ab 700 Kn) Dank ansprechender moderner Apartments in guter Lage in der Altstadt ist dies eine ausgezeichnete Wahl. Einige Zimmer befinden sich auf dem Dachboden, die meisten sind mit Kunst an den Wänden ausgestattet oder haben freigelegtes Mauerwerk.

★ **Art Hotel Kalelarga** HOTEL €€€

(023-233 000; www.arthotel-kalelarga.com; Majke Margarite 3; EZ/DZ inkl. Frühstück 1515/1810 Kn;) Das Boutique-Hotel mit zehn Zim-

ABSEITS DER ÜBLICHEN PFADE

NADIN

Das winzige Dorf Nadin befindet sich 32 km östlich von Zadar und lohnt einen Ausflug, falls man sich für Olivenöl und Wein interessiert.

Uljara Nadin (023-663 114, 091 569 97 82; www.uljara-nadin.hr; Nadin 58b, Nadin; Tour & Verkostung ab 75 Kn; nach Vereinbarung) Uljara Nadin bietet Olivenölproben (u. a. erfährt man hierbei, wie man den Unterschied zwischen gutem und schlechtem Olivenöl erkennt), eine Führung zu den Produktionsabläufen und einen schönen Laden, in dem man alles kaufen kann. Es ist eine wunderbare Einführung in das, was man getrost als eine Art kroatische Obsession bezeichnen kann.

Vinarija Škaulj (091 389 14 21; www.vinarija-skaulj.hr; Nadin; nach Vereinbarung) Touren, Verkostungen und Verkauf machen das Vinarija Škaulj zu einem lohnenden Abstecher von der E71 aus . Das Bio-Weingut ist für seine Rotweine bekannt (Cabernet Sauvignon, Merlot and Syrah); auf jeden Fall sollte man jedoch den heimischen Weißwein *maraština* probieren, den es nur an der Küste und im Hinterland Dalmatiens gibt. Es ist ratsam, das Weingut im Voraus wegen Verkostungen zu kontaktieren. Man kann auch einfach auftauchen, aber dann ist vielleicht niemand vor Ort, der einen herumführen kann.

mern, das wegen seiner Lage in der Altstadt unter strengen Denkmalschutzauflagen entworfen und gebaut wurde, ist von zurückhaltender, luxuriöser Schönheit. Das unverputzte Mauerwerk und die Brauntöne verleihen den großen Zimmern jede Menge Stil und Atmosphäre. Das Gourmetfrühstück wird im hoteleigenen stilvollen Café „Gourmet Kalelarga" serviert.

★ Almayer - Art & Heritage Hotel HERITAGE HOTEL €€€
(☎ 023-335 357; www.almayer.hr; Braće Bersa 2; DZ/Suite 1745/2200 Kn; P❄@📶) Dieses Hotel, das versteckt nahe der Spitze der Altstadt-Halbinsel liegt, bietet elegante Zimmer in einem herrlichen, denkmalgeschützten Steingebäude. Der diskrete Service und das fabelhafte Frühstück sind im Preis inbegriffen.

★ Hotel Bastion HOTEL €€€
(☎ 023-494 950; www.hotel-bastion.hr; Bedemi Zadarskih Pobuna 13; Zi. 1320–2730 Kn; P❄📶) Die auf den Ruinen einer venezianischen Festung erbaute Bastion strahlt viel Charakter und Eleganz aus. Die 23 Zimmer und fünf Suiten kombinieren das Flair des frühen 20. Jhs. mit moderner Zweckmäßigkeit. Zum Hotel gehören ein erstklassiges Restaurant und ein Spa. Das Hotel Bastion ist wahrlich ein edles Hotel in ausgezeichneter Lage.

Essen

Mlinar BÄCKEREI €
(☎ 091 23 88 620; www.mlinar.hr; Široka 1; Snacks ab 8 Kn; ⏲ Mo-Fr 6.30–23, Sa & So 7–23 Uhr) Die Filiale der nationalen Kette ist die beste Bäckerei der ganzen Stadt. Hier kann man frühstücken oder snacken. Es gibt Vollkornbrot, Croissants, süße Teilchen und *burek* (mit Fleisch, Spinat oder Käse gefüllte Pastete).

★ Kaštel MEDITERRAN €€
(☎ 023-494 950; www.hotel-bastion.hr; Bedemi Zadarskih Pobuna 13; Hauptgerichte 70–190 Kn; ⏲ 7–23 Uhr) Das Nobelrestaurant des Hotels Bastion serviert moderne Versionen traditioneller kroatischer Küche (Tintenfischeintopf, gefüllter Kalamar, Pager Käse). Auch französische und italienische Einflüsse sind unübersehbar, besonders in der Reihe köstlicher Desserts. Gäste können innen an mit weißen Tischtüchern gedeckten Tischen oder außen auf den Befestigungsanlagen mit Blick auf den Hafen speisen – ein denkwürdiger Abend ist garantiert.

★ Pet Bunara DALMATISCH €€
(☎ 023-224 010; www.petbunara.com; Stratico 1; Hauptgerichte 65–160 Kn; ⏲ 12–23 Uhr) In diesem stimmungsvollen Lokal mit unverputzten Wänden innen und einer hübschen, von Olivenbäumen gesäumten Terrasse außen kann man sich dalmatische Suppen und Eintöpfe, hausgemachte Pasta und regionale Spezialitäten wie Tintenfisch oder Pute schmecken lassen. Man sollte aber unbedingt noch Platz für ein Stück traditionellen Feigenkuchen nach Art Zadars oder für ein Stück Kirschtorte lassen.

4 Kantuna ITALIENISCH, INTERNATIONAL €€
(☎ 091 31 35 382; www.restaurant4kantuna.com; Varoshka 1; Pizza 48–63 Kn, Hauptgerichte 68–175 Kn; ⏲ 11–23 Uhr) Neben seiner coolen Lage in einer kleinen Gasse und seinem eleganten Essbereich macht das 4 Kantuna auch die kleinen Dinge richtig: Guter Service und hochwertige Küche, ohne das man für dieses Privileg übermäßig viel auf den Tisch legen muss. Es gibt Pizza, Pasta, Risotto und eine Handvoll ausgewählte Fleisch- und Fischgerichte.

Gourmet Kalelarga CAFÉ €€
(☎ 023-233 000; www.arthotel-kalelarga.com/gourmet; Široka 23; Frühstück 28–60 KN, Hauptgerichte 59–155 Kn; ⏲ 7–22 Uhr) Das schicke, kleine beigefarbene Café unter dem Art Hotel Kalelarga ist die beste Option, wenn man Appetit auf ein warmes Frühstück oder himmlischen Kuchen hat. Im Laufe des Tages verschiebt sich der Schwerpunkt auf herzhafte dalmatische Gerichte. Der Service ist erstklassig.

Restaurant Niko MEERESFRÜCHTE €€
(☎ 023-337 888; www.hotel-niko.hr; Obala Kneza Domagoja 9; Hauptgerichte 70–170 Kn; ⏲ 12–24 Uhr) Dieses beliebte Restaurant in einem **Hotel** (EZ/DZ 8250/1140 Kn; P❄📶) ist bekannt für seinen gegrillten Fisch und andere Meeresfrüchtegerichte, obwohl auf der Karte auch Optionen mit und ohne Fleisch stehen. Es gibt kein besseres Restaurant in Borik.

★ Corte Vino & More INTERNATIONAL €€€
(☎ 023-335 357; www.facebook.com/cortevinomore; Braće Bersa 2; Hauptgerichte 80–180 Kn; ⏲ 12–14.30 & 19–22.30 Uhr) Eine der elegantesten Erfahrungen in Sachen Essen kann man im Restaurant des Al Mayer Heritage Hotels in Zadar machen: Hier gibt's herrliches Interieur, wunderbar aufmerksamer Service und hochwertige saisonale Gerichte, von traditionellen kroatischen Speisen

zu subtilen, neuen Kreationen. Es wartet außerdem eine fabelhafte Weinliste samt kenntnisreichen Kellnern.

Foša MEERESFRÜCHTE €€€
(☎023-314 421; www.fosa.hr; Kralja Dmitra Zvonimira 2; Hauptgerichte 130–270 Kn; ⊙12–13 Uhr) Mit der tollen Terrasse, die in den Hafen hineinragt, und der eleganten Inneneinrichtung, die alte Steinwände und den Stil des 21. Jhs. kombiniert, zeigt das Foša echte Klasse. Der Schwerpunkt von Koch Damir Tomljanović liegt auf frischem Fisch, der gegrillt oder gebacken in der Salzkruste serviert wird. Ein weiteres vorzügliches Gericht ist die Rinderlende mit Trüffeln. Toll sind auch die adriatischen Shrimps mit Gnocchi aus geräucherten Muscheln.

Kornat MEDITERRAN €€€
(☎023-254 501; www.restaurant-kornat.hr; Liburnska Obala 6; Hauptgerichte 120–190 Kn; ⊙Mo–Sa 12–24 Uhr) Das feine Restaurant, das wunderschön am Hafen liegt, ist schon immer eines der besten in Zadar. Die Küche kombiniert frische kroatische Zutaten mit reichhaltigen französischen Saucen und italienischen Elementen.

Ausgehen & Unterhaltung

Zadar hat eine lebendige, vielseitige Barszene, was den zahlreichen Studenten zu verdanken ist. Im Viertel Varoš auf der südwestlichen Seite der Altstadt gibt's interessante kleine Bar-Cafés, in denen sich kreative Typen treffen.

★**La Bodega** WEINBAR
(☎099 46 29 440; www.labodega.hr/zadar; Široka 3; ⊙So–Do 7–1, Fr & Sa bis 1.30 Uhr) Dies ist eine der angesagtesten Bars von Zadar und bietet modernes, exzentrisches Industrie-Design, einen Tresen, über dem Schinken und Knoblauch baumeln, portugiesische Kacheln und eine einladende, zur Straße hin offene Front. Hier gibt es eine gute Auswahl an kroatischen Weinen (Glas oder Flasche), die am besten zu einem Pager-Käse-Teller (S. 234) und Schinken-Teller schmecken.

Podroom CLUB
(☎099 74 98 451; www.podroom.club; Marka Marulića bb; ⊙Fr 12–6, Sa 1–6.30 Uhr) Einer der größten Clubs in Zadar lockt regelmäßig kroatische und internationale DJs, hauptsächlich im Sommer. Er liegt in Laufnähe zur Altstadt, und los geht es hier erst gegen 2 Uhr morgens. Im Podroom finden außerdem Auftritte von Livebands statt. Der Eintrittspreis hängt immer vom jeweiligen Event ab.

Cogito Coffee CAFÉ
(Poljana Pape Aleksandra III B; ⊙Di–So 8–16 Uhr) Viele Einheimische schwören, dass es im Cogito den besten Kaffee der Altstadt gibt. Zudem warten hier Cocktails und Craft-Biere. Das Cogito liegt weit genug von der Haupttouristenmeile entfernt, um den Flair eines Nachbarschafts-Cafés zu verströmen.

Garden Lounge BAR
(☎023-250 631; http://thegarden.hr/the-garden-lounge; Liburnska Obala 6; ⊙Mai–Okt. 10–1 Uhr) Hoch oben auf den Mauern der Altstadt thront diese unheimlich coole Bar-Club-Garten-Kombi mit Hafenblick, Tagesliegen, geschützten Alkoven, rauschenden Vorhängen und moderner Elektromusik, die stark an Ibiza erinnert. Alles. Sehr. Gechillt.

Arsenal KONZERTHALLE
(☎023-253 821; www.arsenalzadar.com; Trg Tri Bunara 1) Dieses riesige ehemalige Schiffslagerhaus wird heute vorwiegend für Konzerte, Kunstausstellungen und private Veranstaltungen genutzt. Infos zu Events gibt's auf der Website.

Shoppen

★**Natura Zara** ESSEN & TRINKEN
(☎098 888 585; www.facebook.com/Naturazara; Brne Karnarutića 7; ⊙März–Okt. 8–21 Uhr) Dieser himmlische kleine Laden, der versteckt in einer ruhigen Altstadtstraße liegt, verkauft hochwertige kroatische Weine, Öle, Honig, Trüffeln und Likör, alle hergestellt von kleinen Familienunternehmen und alles mit Fokus auf Umweltverträglichkeit.

Gligora ESSEN & TRINKEN
(☎023-700 730; www.gligora.com; Hrvoja Vukčić Hrvatinića 5; ⊙Mo–Fr 7–20, Sa & So bis 14 Uhr) Schafskäse von der Insel Pag ist eine gefeierte kroatische kulinarische Tradition. Das Gligora verkauft preisgekrönten Käse, Olivenöle, Weine und andere Leckereien.

Praktische Informationen

Krankenhaus Zadar (Opća Bolnica Zadar; ☎023-505 505; www.bolnica-zadar.hr; Bože Peričića 5)

Touristeninformation (☎023-316 166; www.zadar.travel; Jurja Barakovića 5; ⊙Mai–Juli & Sept. 8–23 Uhr, Aug. bis 24 Uhr, Okt.–April Mo–Fr 8–20, Sa & So 9–14 Uhr; 📶) Hier gibt es eine gute farbige Karte sowie Audioguides (40 Kn) für eine Stadtbesichtigung auf eigene Faust.

An- & Weiterreise

BUS

Der **Busbahnhof** (☎ 060 305 305; www.liburnija-zadar.hr; Ante Starčevića 1) liegt ca. 1 km südöstlich der Altstadt. Neben den Standardbussen sollte man den **FlixBus** (www.flixbus.com) ausprobieren.

Inländische Fahrziele sind u. a.:

Dubrovnik 182 Kn, 8 Std., bis zu 6-mal tgl.

Rijeka 156 Kn, 4½ Std., 12-mal tgl.

Šibenik 43 Kn, 1½ Std., mind. stündl.

Split 86 Kn, 3 Std., stündl.

Zagreb 110 Kn, 3½ Std., stündl.

FLUGZEUG

Der kürzlich renovierte **Flughafen Zadar** (☎ 023-205 800; www.zadar-airport.hr) liegt 12 km westlich vom Zentrum. Croatia Airlines fliegt von Zagreb nach Zadar. Außerdem gibt es internationale Flüge nach Brüssel, Dublin, London, München, Paris, Warschau und zu vielen anderen Zielen, oft auch mit Billigfliegern.

SCHIFF/FÄHRE

Passagierfähren von **G&V Line** (www.gv-zadar.hr) fahren 3-mal täglich nach Dugi Otok und halten unterwegs in Sali (25–40 Kn, 45 Min.) und Zaglav (25–40 Kn, 40 Min.).

Fähren von **Jadrolinija** (☎ 023-254 800; www.jadrolinija.hr; Liburnska Obala 7) halten direkt an der Altstadt. Die großen internationalen Fähren legen an der Istarska Obala an und die kleineren Boote an der Liburnska Obala, wo sich auch das Ticketbüro befindet. Von Juni bis September fahren sechs Fähren pro Woche ins italienische Ancona und zurück, im Juli und August sogar 14 pro Woche (Passagier/Auto ab 407/510 Kn).

Örtliche Fähren steuern u. a. Mali Lošinj (Erw./Kind/Auto 59/30/250 Kn, 6¾ Std., Juli u. Aug. tgl.), Brbinj auf Dugi Otok (30/15/176 Kn, 1¼ Std., 2- bis 3-mal tgl.) und Preko auf Ugljan (18/9/103 Kn, 25 Min., 11- bis 17-mal tgl.) an. Außerdem fahren Katamarane für Fußgänger nach Božava auf Dugi Otok (40 Kn, 1¼ Std., 3-mal tgl.).

Unterwegs vor Ort

BUS

Liburnija (www.liburnija-zadar.hr) Die lokale Busgesellschaft Liburnija betreibt zehn Buslinien, die alle über den Busbahnhof fahren. Karten kosten im Bus 10 Kn, am *tisak* (Zeitungskiosk) bekommt man zwei Tickets für 16 Kn. Die Busse 5 und 8 (in der Regel mit „Puntamika" ausgeschildert) fahren regelmäßig von und nach Borik.

FAHRRAD

Calimero (☎ 023-311 010; www.rent-a-bike-zadar.com; Zasjedanja Zavnoh 1; pro Std./Tag ab 40/120 Kn; ⏲ Mo–Fr 8–20, Sa bis 13 Uhr) Zadars beste Stelle, um ein Fahrrad zu mieten. In Laufnähe zur Altstadt.

VOM/ZUM FLUGHAFEN

Die Busfahrzeiten (25 Kn einfache Fahrt) sind alle auf die Flüge von Croatia Airlines abgestimmt. Sie starten vor dem Hauptterminal. Zum Flughafen fahren die Busse eine Stunde vor Abflug ab der Altstadt (Liburnska Obala) und dem Busbahnhof.

Ein Taxi in die Altstadt kostet etwa 150 Kn, nach Borik 180 Kn.

DUGI OTOK

☎ 023 / 1625 EW.

Dugi Otok, die größte Insel in der Region Zadar, wirkt wie von der Zeit vergessen und bietet relativ unberührte Naturschönheit. Der Name bedeutet „lange Insel" und tatsächlich ist die Insel, die sich von Nordwesten nach Südosten erstreckt, 43 km lang, aber nur 4 km breit. Die Südostküste prägen Hügel und Klippen, in der Nordhälfte befinden sich dagegen Weingärten, Obsthaine und Schafweiden. Dazwischen ragen mehrerer Karstberge auf, darunter der Vela Straža, mit 338 m der höchste Punkt der Insel.

Geschichte

Ruinen auf der Insel erzählen von den Siedlungen der Illyrer, Römer und ersten Christen, doch schriftlich wird die Insel erst Mitte des 10. Jhs. erwähnt. Später war sie im Besitz der Klöster von Zadar. Die Siedlungen wuchsen mit den türkischen Angriffen im 16. Jh., als Zuwanderer aus anderen Küstenregionen hierherkamen.

Das Schicksal von Dugi Otok war lange Zeit eng mit Zadar verbunden, das ja von Venedig an Österreich und dann Frankreich überging. Als jedoch Norddalmatien an das faschistische Italien von Mussolini fiel, blieb die Insel kroatisch. Ältere Inselbewohner erinnern sich noch an das harte Leben, als es medizinische Versorgung und eine Verwaltung nur in Šibenik gab. Wer dorthin wollte, musste eine lange und beschwerliche Bootsfahrt die Küste entlang auf sich nehmen.

Begrenzender Faktor für die wirtschaftliche Entwicklung ist seit jeher der Trinkwassermangel: Das gesamte Wasser muss aus Niederschlägen gewonnen oder per Boot von Zadar aus auf die Insel transportiert werden. Wie auf vielen Inseln Dalmatiens sank in den vergangenen Jahrzehnten auch

ABSEITS DER ÜBLICHEN PFADE

NATURPARK VRANSKO-SEE

Der wunderschöne Vransko-See ist Kroatiens größter Natursee und eines der am besten erhaltenen Feuchtgebiete im Mittelmeergebiet. Ein besonderes Highlight ist das Beobachten von Vögeln. 261 Arten wurden hier verzeichnet und Wandervögel, die Feuchtgebiete bevorzugen – z. B. Reiher, Kormorane, Strandläufer, Lappentaucher und Grasmücken –, kampieren hier zu Zehntausenden von August bis Oktober. Das nördliche Ende des Sees ist ein ausgewiesenes Vogelreservat mit Fußwegen, Vogelbeobachtungstürmen und Wanderwegen. Hier kann man außerdem Radfahren, Reiten und Kajakfahren.

Das **Büro des Naturparks Vransko-See**(☎023-383 181; www.pp-vransko-jezero.hr; Kralja P Svačića 2, Biograd Na Moru; ⏲Öffnungszeiten variieren) in der Stadt Biograd Na Moru kann Führer und Aktivitäten organisieren. Der See befindet sich am südöstlichen Rand der Stadt.

Gleich abseits der nordöstlichen Spitze des Sees, in der kleinen Siedlung Vrana, befindet sich eine der besten Unterkünfte Dalmatiens, das **Maškovića Han** (☎023-333 230; www.maskovicahan.hr; Marina 1, Vrana, Pakoštane; Zi. 890 Kn; P ❄ @ 📶). In einem wieder aufgebauten, 370 Jahre alten Sandsteinhof gibt es ein kleines Museum, ein zauberhaftes Restaurant und herrliche Zimmer.

auf Dugi Otok die Bevölkerungszahl – besonders die Jugend wandert ab. Heute leben hier nur noch die Alten und besonders hartgesottene Insulaner, die den trockenen Sommern und den eiskalten, von der Bora geprägten Wintern trotzen.

An- & Weiterreise

Die **G&V Line** (☎023-250 733; www.gv-zadar.com) betreibt täglich drei Passagierfähren, die in Sali (25–40 Kn, 45 Min) und Zaglav (25–40 Kn, 1 Std.) halten.

Die Katamarane von **Jadrolinija** (www.jadrolinija.hr) fahren täglich von Zadar nach Božava (40 Kn, 1¼ Std.) und Brbinj (40 Kn, 1¾ Std.). Das Unternehmen betreibt im Sommer 3-mal täglich außerdem eine Autofähre nach Brbinj (Erw./Kind/Auto 30/15/176 Kn).

Unterwegs vor Ort

Der einzige Bus auf Dugi Otok verkehrt zwischen Božava und Brbinj im Norden; die Fahrzeiten sind auf die Fährverbindungen abgestimmt. In Sali und Božava kann man auch Roller mieten. Wer die Insel erkunden möchte, braucht eigene Räder, egal ob diese zu einem Fahrrad oder einem Auto gehören.

Veli Rat & Punta Bjanca

62 EW.

Veli Rat ist ein hübsches Dorf mit einer Marina in einer geschützten Bucht in der Nähe der Nordwestspitze der Insel. Abgesehen von einem einsamen Laden mit Bar gibt es hier kaum etwas. 3 km weiter Richtung Inselspitze kommt man zu dem markanten Leuchtturm Punta Bjanca.

Sehenswertes

Leuchtturm Punta Bjanca LEUCHTTURM

Nahe der nördlichen Spitze von Dugi Otok befindet sich der Leuchtturm Punta Bjanca (1849). Er ist 42 m hoch und damit der höchste Leuchtturm an der gesamten Adria. In der Nähe steht eine Kapelle, die dem hl. Nikolaus, dem Schutzheiligen der Matrosen, gewidmet ist. Die Küste ist fast perfekt nach Westen ausgerichtet – einen schöneren Ort, um den Sonnenuntergang zu beobachten, dürfte sich kaum finden lassen.

Schlafen

Camp Kargita CAMPING €

(☎098 532 333; www.camp-kargita.hr; Erw./Kind/Stellplatz 70/42/155 Kn; ⏲April–Okt.) Der nette kleine Zeltplatz liegt praktisch im Schatten des Leuchtturms Punta Bjanca und wirkt wunderbar abgeschieden. In der Nähe gibt's einen felsigen Strand. Alles ist recht neu, die Sanitäranlagen sind in gutem Zustand.

Božava

125 EW.

Das friedliche kleine Božava drängt sich um einen hübschen Naturhafen und hat sich innerhalb weniger Generationen von einem Fischerdorf zu einem Ferienresort entwickelt. In Dorf wachsen blühende Bäumen und es gibt einige schöne schattige Wanderwege entlang der Küste. Wirtschaftlich dominiert hier der Tourismus mit den vier Hotels des „Touristendorfes" sowie einigen Restaurants am Hafen.

Im Sommer zuckelt ein kleiner „Zug" (10 Kn) zwischen den Hotels und der Sakarun-Bucht hin und her. Der Strand – vorwiegend Kiesel und mit einem schmalen Sandstreifen – ist einer der schönsten der Insel, allerdings gibt es kaum Schatten und das Wasser ist extrem flach (wodurch er sich aber toll für Familien mit Kleinkindern eignet). Wer mit dem Auto aus Božava kommt, biegt nach rechts auf die Inselhauptstraße ab und nimmt nach 3 km die Abzweigung nach links.

Schlafen

Hotel Maxim HOTEL €€€
(☎ 023-291 291; www.hoteli-bozava.hr; Božava 46; EZ/DZ ab 775/1550 Kn; P ❄ @ ≋) Božavas nobelste Unterkunft ist das Vier-Sterne-Hotel Maxim. Die eleganten Zimmer und Apartments sind mit Satelliten-TV, Kühlschrank und Balkon mit Meerblick ausgestattet. Zudem gibt es eine nette Terrasse mit kleinem Pool, Tennisplätze mit Flutlicht und ein kleines Spa.

Praktische Informationen

Touristeninformation (☎ 023-377 607; www.dugiotok.hr; Božava bb; ⏲ Juni–Sept. Mo–Fr 9–13 & 17–20, Sa bis 14 Uhr) Direkt über dem winzigen Hafen; vermittelt Mietwagen, Räder und Roller sowie Privatunterkünfte.

Sali

750 EW.

Sali, die größte Stadt auf Dugi Otok, ist verglichen mit den anderen Ortschaften, die sich auf der Insel verteilen, eine echte Metropole. Die Stadt, deren Name auf die heute nicht mehr betriebenen Salinen zurückgeht, wirkt etwas heruntergekommen. Der kleine Hafen wird von Fischerbooten genutzt und füllt sich im Sommer mit kleinen Passagierbooten und Jachten, die auf dem Weg zur Telašćica-Bucht und den Kornaten einen Zwischenstopp einlegen.

Aktivitäten

Tome BOOTSFAHRTEN
(☎ 023-377 489; www.tome.hr) Bietet eine ganztägige Bootstour zur Telašćica-Bucht und zu den Kornaten (max. 6 Pers. 2500 Kn) inklusive Essen und Eintritt. Man kann auch ein Boot mit Skipper mieten und eine eigene Route wählen (1500 Kn). Angeltouren (ab 2500 Kn) lassen sich ebenfalls arrangieren.

Essen & Trinken

Spageritimo KROATISCH €€
(☎ 023-377 227; Sali bb; Hauptgerichte 45–135 Kn; ⏲ 11–22 Uhr) Salis bestes Restaurant ist diese Taverne am Hafen, die sich auf fangfrische lokale Meeresfrüchte spezialisiert hat. Der Service ist hervorragend und die Besitzer stellen ihr eigenes Olivenöl her. Einige Besucher beschweren sich jedoch über zu kleine Portionen.

Maritimo BAR
(Obala Petra Lorinija bb; ⏲ 11–1 Uhr) In dieser stimmungsvollen Weinbar, die Salis Herz und Seele ist, herrscht bei jedem Wetter Leben. Sie ist mit einer langen Holztheke und alten Fotos an den Wänden ausgestattet und hat jede Menge Charakter. Auf der beliebten Terrasse kann man wunderbar einen Cocktail, einen Kaffee oder ein Fassbier genießen.

Praktische Informationen

Touristeninformation (☎ 023-377 094; www.dugiotok.hr; Obala Kralja Tomislava bb; ⏲ Juli & Aug. Mo–Sa 8–20, So 11–13 Uhr, Sept.–Juni Mo–Fr 8–15 Uhr) Am Hafen.

Unterwegs vor Ort

Louvre (☎ 098 650 026; Obala Kralja Tomislava bb) Vermietet Roller und Mountainbikes.

Telašćica-Bucht

Die südöstliche Spitze von Dugi Otok wird durch die tief ins Land einschneidende **Telašćica-Bucht** (Park prirode Telašćica; www.telascica.hr; 25 Kn) zweigeteilt. Die Bucht ist mit fünf kleinen Inseln und fünf noch kleineren Inselchen gesprenkelt. Das gut geschützte azurblaue Wasser bildet einen der größten, schönsten und unberührtesten Naturhäfen der Adria. Aus diesem Grund wird die Bucht auch gern von Jachtkapitänen angesteuert.

Die Kornaten (S. 249) erstrecken sich bis fast an den Rand der Telašćica-Bucht. Die Topografie beider Inselgruppen ist identisch: Kahler weißer Sandstein mit buschbewachsenen Fleckchen. Die Westseite ist dem Meer zugewandt, dort haben der Wind und die Wellen bis zu 166 m hohe kahle Meeresklippen geformt. In diesem Teil von Dugi Otok gibt es keine Städte, Siedlungen oder Straßen.

Sehenswertes

Mir-See SEE

Der Mir-See, ein Salzsee, wird durch unterirdische Kanäle gespeist, die durch den Kalkstein zum Meer führen. Hier lebt eine einheimische Aalgattung. Das Wasser des von Kiefern umgebenen Sees ist klar und viel wärmer als das Meerwasser, doch der Grund ist schlammig. Wie es bei Schlamm von ungewöhnlichen Orten oft der Fall ist, soll dieser hier gut für die Haut sein.

An- & Weiterreise

Die Telašćica-Bucht ist nur zu Boot oder zu Fuß von Sali aus erreichbar. Die Wanderung ist 3 km lang. **Adamo Travel** (023-377 208; www.adamo.hr; Obala Kralja Tomislava bb; Mo–Sa 8–18 Uhr) in Sali bietet Ausflüge an.

GESPANSCHAFT ŠIBENIK-KNIN

Die Region, die zwischen den größeren und mehr Aufmerksamkeit fordernden Städten Zadar und Split liegt, wird unberechtigterweise oft übersehen. Doch hat sie jede Menge interessanter Attraktionen zu bieten, darunter die tolle mittelalterliche Altstadt von Šibenik und zwei Nationalparks – die unberührten Kornaten und das wasserreiche Märchenland des Krka im Landesinneren.

Tisno & Murter

022 / 5220 EW.

Die hübsche kleine Stadt Tisno erstreckt sich zu beiden Seiten der Brücke, die die Insel Murter mit dem Festland verbindet. Tisnos noch relativ junger Ruhm als Gastgeber mehrerer bekannter Musikfestivals passt so gar nicht zu seinem ansonsten schläfrigen Charakter.

Die größte Siedlung der Insel ist das Dorf Murter. Es ist zwar weniger bemerkenswert, aber eine ausgezeichnete Basis, um die Kornaten zu erkunden. In die steilere Südwestküste Murters schneiden zahlreiche kleine Buchten; am bekanntesten ist die Slanica, in der man prima schwimmen kann.

Sehenswertes

★ **Colentum-Strand** STRAND

GRATIS An Murters nördlicher Küste, entlang des westlichen Randes der Halbinsel Gradina, nördlich der Siedlung Marina Hramina, befindet sich einer der ungewöhnlichsten Strände Dalmatiens. Der 2017 für die Öffentlichkeit zugänglich gemachte Colentum-Strand (manchmal auch „Kolentum“ geschrieben) ist ein 200 m langer Sandbogen mit einer ganz besonderen Attraktion: Am südlichen Ende stürzen die Überreste einer römischen Villa, die aus dem 1. Jh. n. Chr. stammen, ins Meer. Ein bewegender Anblick und nicht zuletzt ein hübscher Ort zum Schwimmen.

Schlafen

Heritage Hotel Tisno HOTEL €€€

(022-438 182; www.hoteltisno.com; Zapadna Gomilica 8, Tisno; Zi. 500–1500 Kn;) Das Haus aus dem späten 19. Jh. am Ufer von Tisno, das recht prächtig wirkt, wurde in ein großartiges kleines Hotel verwandelt. Die Zimmer mit den purpurroten Vorhängen und dem polierten Holz verströmen historischen Charakter, sind aber kein bisschen muffig.

Praktische Informationen

Touristeninformation (022-434 995; www.tzo-murter.hr; Butina 2, Murter; Juni–Aug. 8–22 Uhr, Sept.–Mai bis 15 Uhr) Eine mäßig hilfreiche Touristeninformation.

An- & Weiterreise

Die Busse auf der Küstenstraße halten an der Abzweigung nach Tisno, die sich 6 km entfernt vom Zentrum befindet. Mindestens fünf Busse verkehren täglich zwischen Tisno und Šibenik (19 Kn, 25 Min.). Für anderer Ziele braucht man ein eigenes Auto.

Nationalpark Krka

022

Entlang des 73 km langen Flusses Krka verläuft der **Nationalpark Krka** (022-201 777; www.npkrka.hr; Erw./Kind Juli & Aug. 200/120 Kn, April–Juni, Sept. & Okt. 110/80 Kn, Nov.–März 30/20 Kn) von der Adriatischen Küste bei Šibenik zu den Bergen im kroatischen Landesinneren. Der Nationalpark ist ein magischer Ort, voller Wasserfälle und Schluchten und einem Fluss, der durch eine 200 m tiefe Karstschlucht rauscht. Doch auch von Menschen geschaffene Sehenswürdigkeiten locken Besucher herbei: Die Abgeschiedenheit zog viele Mönche an, die hier Klöster bauten.

Es gibt fünf Eingänge zum Park: bei Skradin, Lozovac, Roški Slap, Burnum und beim Kloster Krka – alle sind mit dem Auto erreichbar.

ABSTECHER

DIE KORNATEN

Der **Nationalpark Kornaten** (☎ 022-435 740; www.np-kornati.hr) besteht aus 89 der 140 Inseln der Kornaten und umfasst einen Teil des größten und dichtesten Archipels der Adria. Die typischen Karstinseln sind durchsetzt von Spalten, Höhlen, Grotten und zerklüfteten Klippen; die einstige Vegetation aus immergrünen Pflanzen und Steineichen wurde vor langer Zeit durch Brandung vernichtet. Die Entwaldung konnte aber der Schönheit der Inseln nichts anhaben – stattdessen kommen dadurch die bizarren Felsformationen noch besser zur Geltung. Die strahlend weißen Steine vor dem tiefblauen Wasser der Adria sind ein faszinierender Anblick.

Die beiden Inselgruppen, die im offenen Meer liegen, bilden den Nationalpark Kornaten, und bieten eine dramatisch zerklüftete Küste. Das größte Eiland des Parks ist die Insel Kornat: Sie ist 25 km lang, aber nur 2,5 km breit. Die Inseln und die sie umgebende Meeresfläche sind unter Schutz gestellt. Der Fischfang ist beschränkt, damit sich die Bestände erholen können. Die Insel Piškera, die zum Gebiet des Nationalparks gehört, war bereits im Mittelalter besiedelt und diente lange Zeit als Sammel- und Lagerstelle für Fisch.

Das **Nationalparkbüro Kornaten** (☎ 022-435 740; www.kornati.hr; Butina 2, Murter; ⏲ Mo–Fr 8.30–17 Uhr) befindet sich in Murter und bietet jede Menge Informationen.

Wer kein Boot hat, bucht einen Ausflug von Zadar, Sali, Šibenik, Split oder einem anderen Küstenort oder eine private Tour von Sali oder Murter aus.

Sehenswertes

★ Kloster Krka KLOSTER

(Manastir Krka; ⏲ 10–18 Uhr) Dies ist nicht nur das bedeutendste serbisch-orthodoxe Kloster Kroatiens, es ist auch eine der wichtigsten Stätten dieser Religionsrichtung überhaupt. Architektonisch ist das Kloster, das an einem friedlichen Fleckchen über dem Fluss und einem kleinen See liegt, eine ungewöhnliche Kombination aus byzantinischen und mediterranen Elementen. Von Mitte Juni bis Mitte Oktober ist ein Mitarbeiter des Nationalparks vor Ort, der Besucher herumführt. In der übrigen Zeit kann man die Kirche allein besichtigen und den Pfad am See entlangspazieren.

Das dem Erzengel Michael geweihte Kloster wurde 1345 von Jelena Šubić, der Frau eines lokalen kroatischen Adligen und Halbschwester des serbischen Zaren Dušan, gegründet. Seine christlichen Wurzeln reichen aber viel weiter zurück. Unter dem Komplex befindet sich ein Höhlensystem mit Katakomben, die mit frühen christlichen Zeichnungen geschmückt sind, die möglicherweise aus dem 1. Jh. stammen. Der lokalen Legende zufolge sollen der heilige Titus und vielleicht sogar der Apostel Paulus die versteckte Kirche besucht haben. Bei den Führungen sieht man nur einen kleinen Bereich der Höhle mit Zeichnungen und menschlichen Knochen, doch das Höhlensystem erstreckt sich noch mindestens 100 m weiter, möglicherweise sogar einige Kilometer.

Während des Krieges in den 1990er-Jahren wurden die wichtigsten Schätze des Klosters, darunter Manuskripte und religiöse Requisiten von unschätzbarem Wert, in Belgrad in Sicherheit gebracht. Ein neues Museum wurde gebaut, in dem die Objekte ausgestellt werden sollen. Das Kloster selbst wurde während der Kämpfe von UN-Truppen geschützt. Im Komplex befindet sich auch das älteste Seminar der serbisch-orthodoxen Kirche. Es wurde 2001 wieder eröffnet; heute studieren hier 50 Theologiestudenten.

Boote vom Roški Slap zum Kloster Krka fahren nach Vereinbarung (2½ Std., nur April–Okt.).

Skradinski Buk WASSERFALL

Das Highlight des Nationalparks Krka ist eine einstündige Rundwanderung, die über Holzstege auf kleine Inseln im smaragdgrünen, fischreichen Fluss führt und am größten Wasserfall des Nationalparks endet. Der Skradinski Buk stürzt über eine Länge von 800 m fast 46 m hinunter bis in den untersten See, der ein beliebter Badesee ist. In der Nähe wurde eine Gruppe historischer Mühlenhütten in traditionelle Handwerkstätten, Souvenirgeschäfte und Lokale verwandelt. Im Sommer ist im gesamten Gebiet die Hölle los.

Vom Eingang Lozovac bringen Busse (im Eintrittspreis enthalten) die Besucher vom großen Parkplatz (ebenfalls kostenfrei) auf einer Serpentinenstraße hinunter zum Skradinski Buk. Von November bis Februar fahren die kostenlosen Boote und Busse nicht, dafür kann man dann aber direkt bis zu den Wasserfällen fahren.

Franziskanerkloster der Barmherzigen Muttergottes KLOSTER
(Franjevački samostan Majke od Milosti; ☎022-775 730) Flussaufwärts vom Wasserfall Skradinski Buk weitet sich der Fluss Krka in den Viskovac-See, der von Schilf und Rohr gesäumt wird, wo sich Sumpfvögel verstecken. In der Mitte des Sees befindet sich eine baumgesäumte Insel – der perfekte Ort für ein Kloster. Dieses wurde im 14. Jh. von augustinischen Einsiedlern gebaut und 1445 von Franziskanern erweitert, die vor der Invasion der Osmanen in Bosnien geflohen waren. Die Kirche wurde im 17. Jh. umfangreich umgebaut, 1728 wurde der Glockenturm errichtet. Während der Bootstouren zum Wasserfall Skradinski Buk wird auf der Insel eine halbe Stunde Pause gemacht.

Skradin DORF
Skradin ist ein hübscher Ort am Fluss, in dessen Hauptstraße sich bunte und kahle Steinhäuser abwechseln. Darüber thront die Ruine einer Festung. Abgesehen vom Ort selbst liegt der Vorteil, den Ausflug zum Nationalpark in Skradin zu beginnen, darin, dass der Parkeintritt eine Bootsfahrt durch die Schlucht zum Wasserfall Skradinski Buk beinhaltet. Der Nachteil ist, dass sich an den Booten im Sommer lange Schlangen bilden können.

Roški Slap WASSERFALL
(Erw./Kind Juli & Aug. 100/55 Kn, April–Juni, Sept. & Okt. 60/40 Kn, Nov.–März 30/20 Kn, inkl. Parkeintritt; ⏲Juli & Aug. 9–20 Uhr, sonst kürzer) Dieser 650 m lange Abschnitt des Flusses ist von außergewöhnlicher Schönheit. Er beginnt mit flachen Stufen, die in eine Reihe von Abzweigungen und Inselchen übergehen, und mündet in einen 23 m hohen Wasserfall. Auf der Ostseite können Interessierte Wassermühlen besuchen, mit denen früher Weizen gemahlen wurde. Boote legen am Wasserfall Skradinski Buk ab (Erw./Kind 140/95 Kn, 3½ Std.).

Burnum RUINEN
(Erw./Kind 40/30 Kn, im Parkeintritt enthalten; ⏲April–Juni, Sept. & Okt. 10–18 Uhr, Juli & Aug. 9–20 Uhr) Gleich abseits der Hauptstraße von Kistanje nach Knin, 6 km nach der Abzweigung zum Kloster, liegen die Überreste des einzigen römischen Militäramphitheaters in Kroatien. Mit Backsteinen gesäumte Erdhügel bestimmen die markante ovale Form des Baus, in dem einst die hier stationierten Truppen unterhalten wurden. Etwas weiter die Straße entlang befinden sich zwei elegante weiße Bögen eines verfallenen Aquäduktes. In der Nähe gibt es einige **Aussichtspunkte** mit Blick auf den Wasserfall.

Schlafen

Guest House Ankora PENSION €€
(☎095 910 70 68; www.guesthouseankora.com; Mesarska 5a, Skradin; Zi./Apt. 490/950 Kn) Einfache, aber mit Liebe gepflegte Zimmer und Apartements in einer guten, zentralen Lage in Skradin machen diese Pension zu

TISNOS FESTIVALSAISON

Zwischen Juli und August ist Tisno von weltweit gefeierter elektronischer Tanzmusik erfüllt. Unzählige Musikstile sind vertreten, und die Musik ist ausgesprochen vielfältig: Cosmic Disco, Soul und Funk, Electronica mit Folkanklängen, Deep House und jazzige Lounge-Musik. Das Zentrum all dieser Festivals ist die Garden Bar in Zadar.

Der Festivalort, nur 1 km von Tisno entfernt, ist eine ganz große Sache: Er bietet einen privaten Sandstrand, 80 Apartments und einen luxuriösen Campingplatz mit 30 m² großen Zelten – diese Zelte aus indischer Shikar-Baumwolle verfügen über elektrische Ventilatoren und Licht, richtige Betten und Moskitonetze und sogar über ein eigenes Ankleidezimmer und eine Veranda. All dies steht den Partywütigen bereit, damit sie hier bleiben und so viel Lärm machen können, wie sie wollen, ohne die Einheimischen zu verärgern. Es gibt schattige Areale zum Chillen und drei Musikbereiche, darunter den Open-Air-Club Barbarella, der mit dem Bus oder Wassertaxi einen Katzensprung entfernt ist. Die Argonaughty-Schiffspartys mit dem prickelnden Adriawasser sind berühmt-berüchtigt und das Ganze ist ein ziemliches Spektakel.

Zum Zeitpunkt des Schreibens befand sich alles im Fluss. Infos zu den nächsten Sommerevents gibt es auf www.thegarden.hr/events.

ABSTECHER

RAUBVOGELRETTUNG

Sokolarski Centre (☎091 50 67 610; www.sokolarskicentar.com; Škugori bb; Erw./Kind 50/40 Kn; ⊙April–Nov. 9–19 Uhr) Dieses Zentrum, das sich dem Schutz der Raubvögel in Kroatien verschrieben hat, ist eine Art Krankenhaus für verletzte Raubvögel – jährlich sind es etwa 150. In einer höchst unterhaltsamen und aufschlussreichen Präsentation demonstriert der Direktor des Zentrums, Emilo Mendušić, mit zahmen Uhus und Wüstenbussarden den Besuchern die Agilität und Fähigkeiten dieser Vögel. Gerettete heimische Vögel werden nicht bei den Shows eingesetzt; sie bleiben nur solange im Zentrum, bis sie gesund genug sind, um wieder in die Wildnis entlassen zu werden.

Die meisten Patienten des Zentrums waren Opfer von Kollisionen auf den Straßen Kroatiens. Andere Gefahren für die Vögel sind illegale Vergiftung, Jäger und Pflanzenschutzmittel.

Das Sokolarski Centre ist etwa 7 km von Šibenik entfernt und nicht mit öffentlichen Verkehrsmitteln zu erreichen. Es ist nicht ganz leicht zu finden: Man nimmt die Straße zum Nationalpark Krka, biegt in Bilice nach Osten ab und achtet auf die Schilder.

einer ausgezeichneten Ausgangsbasis für Erkundungen des Nationalparks. Weitere Pluspunkte sind die Steinwände in einigen Zimmern, der Whirlpool im Freien und der freundliche Service. Im Sommer muss man mindestens drei Nächte bleiben.

Vila Barbara APARTMENT €€€
(☎095 884 58 01; www.vilabarbara.com; Zagrađe 17, Skradin; Apt. 1200 Kn; P) Die Vila Barbara bietet farbenfrohe Apartments, eine ruhige Terrasse und einen Whirlpool. Hier wird man herzlich willkommen geheißen und die Lage, nicht weit weg vom Wasser, ist hervorragend.

Praktische Informationen

An jedem Parkeingang befinden sich Informationsbüros.

Nationalparkbüro Krka (☎022-771 688; www.npkrka.hr; Skradin; ⊙8–20 Uhr) Befindet sich unweit vom Hafen in Skradin; hat gute Karten und Infos und kann Exkursionen organisieren.

Touristeninformation Skradin (☎022-771 329; www.skradin.hr; Trg Male Gospe 3; ⊙Mo–Fr 9–17 Uhr) Die Haupttouristeninformation befindet sich im Rathaus, von Ostern bis Oktober ist aber auch ein Kiosk beim Nationalparkbüro besetzt.

An- & Weiterreise

Zahlreiche Agenturen organisieren Ausflüge von Šibenik, Zadar und anderen Küstenstädten zum Nationalpark, man kann ihn aber auch leicht auf eigene Faust besuchen. Im Sommer fahren täglich sieben Busse (sonntags drei) vom **Autotransport Šibenik** (☎022-212 557; www.atpsi.hr) von Šibenik nach Lozovac und Skradin (28 Kn, 25 Min.). Im Winter verkehren nur Busse, die auf die Schulzeiten abgestimmt sind.

Šibenik

☎022 / 34 500 EW.

Šibenik mag auf den ersten Blick nicht viel hermachen, wenn man durch die etwas schäbigen Vororte fährt. Die Stadt hat allerdings ein prächtiges mittelalterliches Zentrum, das strahlend weiß vor dem ruhigen Wasser der Bucht liegt. Es ist das pure Vergnügen, das Labyrinth der steinernen Seitenstraßen und Gassen zu erkunden. Šibenik ist auch ein wichtiger Ausgangspunkt für Besuche im Nationalpark Krka und der Kornaten.

Geschichte

Im Gegensatz zu vielen anderen dalmatischen Küstenstädten wurde Šibenik nicht von den Illyrern, Griechen oder Römern gegründet, sondern im 11. Jh. vom kroatischen König Petar Krešimir IV. 1116 wurde die Stadt von Venedig erobert, danach wurde sie zwischen Venedig, Ungarn, Byzanz und Bosnien herumgereicht, ehe Venedig 1412 endgültig die Macht über sie erlangte. Im 16. und 17. Jh. griffen regelmäßig Osmanen die Stadt an und behinderten den Handel und die Landwirtschaft.

Die venezianische Herrschaft wurde 1797 von der Herrschaft Österreichs abgelöst, die bis 1918 währte. Der einheimische Ingenieur und Erfinder (und spätere Bürgermeister) Ante Šupak, der an die Entdeckungen seines Landsmanns Nikola Tesla anknüpfte, baute 1895 am Fluss Krka eines der ersten Wasserwerke der Welt, und Šibenik war die dritte Stadt überhaupt, die eine Straßenbeleuchtung mit Wechselstrom bekam.

Šibenik wurde 1991 von der jugoslawischen Armee angegriffen und beschossen,

Šibenik

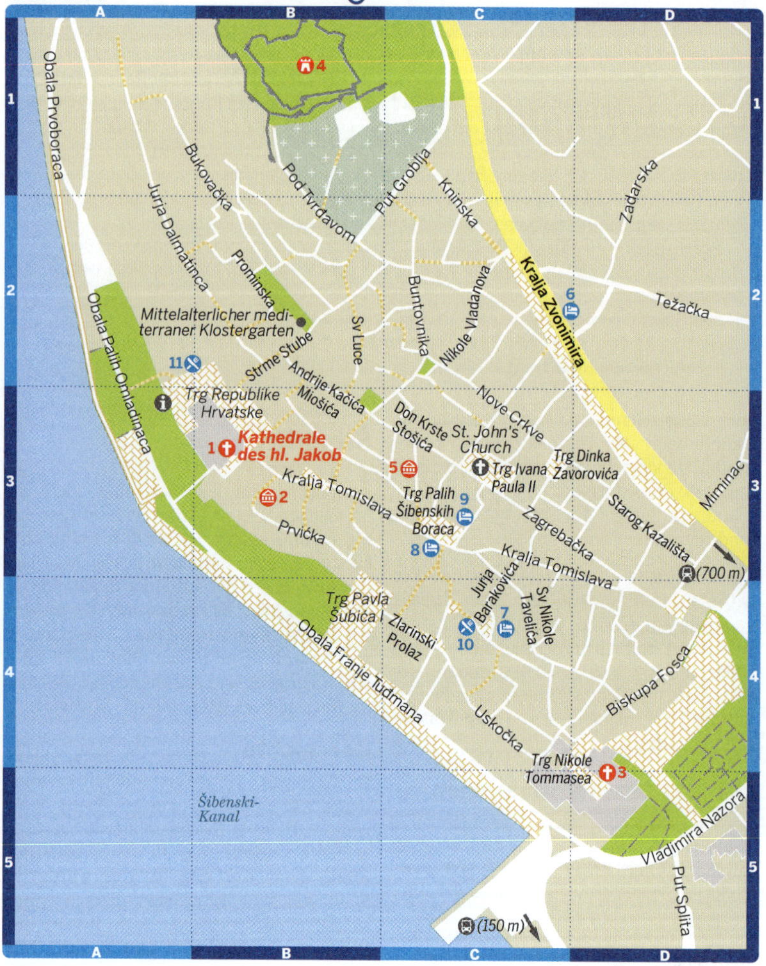

Šibenik

Highlights
1 Kathedrale des hl. Jakob B3

Sehenswertes
2 Stadtmuseum Šibenik B3
3 Kirche des hl. Franziskus D5
4 Festung des hl. Michael B1
5 Museum des Sieges C3

Schlafen
6 Hostel Mare C2
7 Indigo C4
8 King Kresimir Heritage Hotel C3
9 Medulic Palace Rooms & Apartments C3

Essen
10 Konoba San Antonio C4
11 Pelegrini A2

bis es 1995 als Teil der „Operation Sturm" von den kroatischen Truppen befreit wurde. Heute sind kaum noch Spuren des Krieges sichtbar, doch die Aluminiumindustrie der Stadt wurde zerstört und die Arbeitslosigkeit stieg auf über 50%. In den vergangenen Jahren hat Šibenik ein echtes Comeback erlebt, und der Tourismus hat sich mit der Zeit zu einem lebenswichtigen Zweig der lokalen Wirtschaft entwickelt.

Sehenswertes

Viele der schönen kleineren Kirchen Šibeniks sind nur zur Messe geöffnet.

★ Kathedrale des hl. Jakob KATHEDRALE
(Katedrala Svetog Jakova; Trg Republike Hrvatske; Erw./Kind 20 Kn/frei; ⌚9.30–18.30 Uhr) Diese Welterbestätte, das krönende architektonische Prachtstück der dalmatischen Küste und das Meisterwerk seines Hauptarchitekten Juraj Dalmatinac, lohnt auf jeden Fall einen Umweg. Die Kathedrale wurde ausschließlich aus Stein von Steinbrüchen auf den Inseln Brač, Korčula, Rab und Krk erbaut und soll die größte Kirche der Welt sein, die ganz aus Stein ohne stützende Ziegel- oder Holzkonstruktionen gebaut wurde. Bemerkenswert ist auch, dass das Innere des Bauwerks mit dem Äußeren korrespondiert.

Dalmatinac war nicht der erste (und auch nicht der letzte) Architekt, der an der Kathedrale arbeitete. Mit dem Bau wurde 1431 begonnen, doch nachdem sich zehn Jahre lang diverse venezianische Baumeister daran versuchten, beauftragte die Stadt schließlich den aus Zadar stammenden Dalmatinac, der das geplante Bauwerk vergrößerte und es im Übergangsstil von Gotik zu Renaissance neu konzipierte. Der ungewöhnliche Kuppeldachkomplex wurde nach Dalamtinacs Tod von Nikola Firentinac fertiggestellt, der die Fassade im reinen Renaissancestil weiterbaute. 1536 war das Bauwerk fertig.

Das ungewöhnlichste Element der Kathedrale ist der **Fries** aus 71 Köpfen an den Außenmauern an der Rückseite des Gebäudes. Diese Porträts – gelassen, verärgert, komisch, stolz und ängstlich – scheinen fast wie Karikaturen, sind aber Darstellungen gewöhnlicher Bürger des 15. Jhs. Für den Bau wurde sehr viel Geld benötigt, und man sagt, je geiziger die Person gewesen sei, desto fieser sei die Karikatur.

Bemerkenswert ist auch das **Löwenportal** an der Nordseite, das von Dalmatinac und Bonino da Milano geschaffen wurde: Zwei Löwen tragen hierbei Stützsäulen mit den Figuren von Adam und Eva, die über ihre Nacktheit entsetzlich beschämt wirken.

Beim Betreten sollte man die ausgezeichnete Broschüre (in mehreren Sprachen erhältlich) mitnehmen; sie beschreibt einen Rundgang zu den Kunstwerken und architektonischen Elementen im Innenraum. Eines der Highlights ist Dalmatinacs außergewöhnliches **Baptisterium** in der hinteren Ecke mit einer kunstvoll mit Schnitzereien verzierten Decke und einem Taufbecken, das von drei Engeln gestützt wird.

Andere bemerkenswerte Kunstwerke im Inneren der Kathedrale sind das Grab des Bischofs Šižigorić (von Dalmatinac), der den Bau der Kathedrale unterstützte, das Altargemälde des hl. Fabian und hl. Sebastian (von Filippo Zaniberti) und ein besonders gruseliges gotisches Kruzifix aus dem 15. Jh. (von Juraj Petrović).

Stadtmuseum Šibenik MUSEUM
(Muzej grada Šibenika; ☎022-213 880; www.muzej-sibenik.hr; Gradska Vrata 3; Erw./Kind 30/10 Kn; ⌚Di–Fr 8–20, Sa & So 10–20 Uhr) Das gut kuratierte Museum, das sich auf die Stadt und ihre Umgebung spezialisiert hat, befindet sich in einem Rektorenpalast aus dem 17. Jh. Die Dauerausstellung, die Exponate aus der Frühgeschichte bis zum Ende der venezianischen Periode zeigt, ist in vier Epochen

ABSTECHER

OBONJAN

Die winzige autofreie Insel **Obonjan** (www.obonjan-island.com; ⌚Ende Juli–Anfang Sept.), rund 10 km von Šibenik entfernt, entwickelt sich gerade zu einem Ferienresort mit dem gewissen Etwas. Die Unterkünfte sind safariartige Zelthütten mit Blick auf die Adria. Die Hauptattraktion hier ist jedoch das vierwöchige Kulturprogramm von Ende Juli bis Anfang September mit DJs, Filmvorführungen, Workshops, Kunst- und Sport-Events. Hier gibt es außerdem vier Restaurants, drei Bars, kostenloses Yoga und Bootsfahrten in die Umgebung.

Ab Šibenik fahren täglich drei Boote, wenn das Resort geöffnet ist. Die Fahrt kostet 105 Kn pro Strecke. Meist ist viel los – unbedingt im Voraus buchen. Auf der Website gibt es Infos zu Preisen und Pauschalangebote für alle, die hier übernachten möchten.

unterteilt. Überall gibt es englische Übersetzungen und das ein oder andere Video verleiht dem Museum Pepp.

Festung des hl. Michael FESTUNG

(Tvrđava Sv Mihovila; Erw./Kind 40/20 Kn; ⌚8–22 Uhr) Der Aufstieg hoch zu dieser großen mittelalterlichen Festung wird mit einer herrlichen Aussicht von den Festungsmauern auf Šibenik, den Fluss und die Adriainseln belohnt, der bei Sonnenuntergang besonders beeindruckend ist. Teile der Festung stammen aus dem 13. Jh., doch die verbleibenden Mauern wurden mit einer Unterstruktur aus poliertem Beton verstärkt und werden im Sommer als Bühne genutzt.

Kirche des hl. Franziskus KIRCHE

(Crkva Sv Frane; Trg Nikole Tommasea 1; ⌚7.30–19.30 Uhr) Die gewaltige Kirche des Franziskanerklosters stammt vom Ende des 14. Jhs. In der Kirche sind schöne Fresken und venezianische Barockgemälde zu sehen, doch das Highlight ist die bemalte Holzdecke aus dem Jahr 1674. Dies ist die Hauptkirche des hl. Nikola Tavilić, eines Franziskanermissionars, der der erste kroatische Heilige wurde, nachdem er 1391 in Jerusalem den Märtyrertod gestorben war. Im Innenhof nebenan befindet sich eine Ausstellung zur Geschichte der Kirche.

Museum des Sieges MUSEUM

(Muzej Pobjede Šibenik; Fra Nikole Ružića 1; ⌚Mo–Sa 10–13 & 17–19 Uhr) Das auch als Museum des Sieges und der Befreiung von Dalmatien bekannte Archiv dokumentiert den antifaschistischen Kampf in Dalmatien. Das Museum wurde im Jahr 2016 eröffnet und ist das erste seiner Art in Kroatien. Sein Schwerpunkt liegt auf dem Zweiten Weltkrieg; es gibt Multimedia- und Fotoausstellungen auf Kroatisch und Englisch und einige interessante historische Aufnahmen.

Schlafen

★Indigo HOSTEL €

(☎022-200 159; www.hostel-indigo.com; Jurja Barakovića 3; B 129 Kn; ❄📶) Dieses freundliche kleine Hostel hat auf jeder der vier Etagen einen Vierbettschlafsaal mit Stockbetten aus Kiefernholz und verschließbare Schubfächer und wird von allen gelobt, die hier eine oder mehrere Nächte verbracht haben. Von der Terrasse ganz oben bietet sich Ausblick auf das Meer. Das gesamte Hostel ist skurrilerweise mit Jeans dekoriert. Leider gibt es hier keine Küche.

Hostel Mare HOSTEL €

(☎022-215 269; www.hostel-mare.com; Kralja Zvonimira 40; B 100–159 Kn, Zi. 330–450 Kn ❄📶) Von der verkehrsreichen Straße öffnet sich eine schwere Tür auf einen gepflasterten Hof; dahinter liegt dieses luftige Hostel. Die Einrichtung ist frisch, hell und modern (im IKEA-Stil), in den Schlafsälen befinden sich Schließfächer, in denen Rucksäcke Platz haben, und auch ein Doppelzimmer mit eigenem Bad ist vorhanden. Hier können auch Fahrräder untergestellt werden. Das Frühstück muss extra bezahlt werden.

★Medulic Palace Rooms & Apartments APARTMENT €€

(☎095 53 01 868; www.medulicpalace.com; Ivana Pribislavića 4; Zi. 310–630 Kn, Apt. 365–815 Kn; ❄📶) Wunderbar zentral und mit freigelegten Stein- oder Backsteinwänden bietet das Medulic ein hervorragendes Preis-Leistungs-Verhältnis. Die Standard-Zimmer haben weniger Charakter, aber die Apartments und Luxuszimmer sind günstig und eignen sich hervorragend für einen kurzen oder auch längeren Aufenthalt.

King Kresimir HISTORISCHES HOTEL €€€

(☎022-427 461; www.hotel-kingkresimir.com; Dobrić 2; Zi. ab 1075 Kn; ❄@📶) Direkt am Hauptplatz in einem ehemaligen Herrenhaus, das gotische und barocke Elemente kombiniert, bietet dieses Hotel luxuriöse Zimmer. Einige sind mit Himmelbetten ausgestattet, andere punkten mit Blicken aufs Meer, und das ganze Haus verströmt eine elegante, professionelle Atmosphäre.

Essen

★Pelegrini MEDITERRAN €€

(☎022-213 701; www.pelegrini.hr; Jurja Dalmatinca 1; Hauptgerichte 79–185 Kn, 3-/4-/5-Gänge-Menü 440/570/700 Kn; ⌚12–24 Uhr) Das wundervolle Restaurant setzt die kulinarische Messlatte in Šibenik hoch und hat sich von der ganzen Welt in Sachen Aromen inspirieren lassen. Im Kern ist die Küche mediterran, aber mit japanischen und französischen Einflüssen. Dalmatische Weine sind auf der Weinkarte gut vertreten. Wer einen Tisch im Freien möchte, reserviert am besten im Voraus.

Konoba San Antonio KROATISCH €€

(☎098 16 42 141; Dobrić 1; Hauptgerichte 40–160 Kn; ⌚8–23 Uhr) Diese Taverne mit hübscher Terrasse in der Altstadt bietet seit jeher gute Meeresfrüchte-, Fisch- und Grillfleischgerichte. Besonders gut ist das Lachscarpaccio. Der Besitzer Antonio sorgt für jede Menge Wärme und Energie.

Praktische Informationen

Krankenhaus Šibenik (Opća bolnica Šibenik; ☎ 022-641 641; www.bolnica-sibenik.hr; Stjepana Radića 83)

Touristeninformation (☎ 022-214 411; www.sibenik-tourism.hr; Obala Palih Omladinaca 3; ⌚ Mai–Okt. 8–21 Uhr, Nov.–April Mo–Fr bis 16 Uhr) Hilfreiche Touristeninformation im Herzen der Altstadt.

An- & Weiterreise

Von Šibeniks **Busbahnhof** (☎ 060 368 368; Draga 14) fahren regelmäßig Busse; er liegt nur einen kurzen Fußweg von der Altstadt entfernt.

Zu den Zielen gehöre u. a.:

Dubrovnik 148 Kn, 6½ Std., mind. 2-mal tgl.

Rijeka 200 Kn, 6½ Std., mind. 4-mal tgl.

Split 48 Kn, 1½ Std., 12-mal tgl.

Zadar 43 Kn, 1½ Std., mind. stündl.

Zagreb ab 132 Kn, 5–7 Std., mind. stündl.

Primošten

☎ 022 / 3050 EW.

Das hübsche kleine Primošten liegt 28 km südlich von Šibenik, dort, wo sich früher eine kleine Insel direkt von der Küste befand. Während der Bedrohung durch die Türken im 16. Jh. wurde sie befestigt, und als die Türken verschwanden, ersetzte man die Zugbrücke zum Festland durch einen Damm.

Im Winter fällt der Ort in einen Tiefschlaf, doch im Sommer erwacht er zum Leben: Auf dem Hauptplatz spielen Bands, interessante Souvenirläden verkaufen ihre Waren und aufgeregte Kinder rennen durch die Kopfsteinpflasterstraßen. Romantiker spazieren den Hügel hinauf zur Kirche des hl. Georg, um den Sonnenuntergang zu betrachten, und drehen im Dunkeln eine Runde am Ufer der Halbinsel. Primošten ist eine der schönsten Städte entlang der Küste.

Schlafen & Essen

Golden Rays Luxury Resort €€€

(☎ 099 20 62 404; www.goldenrays.hr; Tepli bok 69b; Apt. ab 2365 Kn; P ❄ @ ᯤ ≋) Die weitläufigen Blicke auf die Adria von den bodentiefen Fenstern aus und die zeitgenössische Eleganz, die sich durch das gesamte Resort zieht, machen das Golden Rays zu einer wunderbaren Wahl. Mehrere Swimmingpools, viel Komfort und professioneller Service runden das unfassbar gute Angebot ab.

★ **Mediteran** MEDITERRAN €€€

(☎ 022-571 780; www.mediteran-primosten.hr; Briga 13; Hauptgerichte 95–250 Kn; ⌚ 13–24 Uhr) Das Mediteran befindet sich in einem schönen alten Steingebäude, aber im Sommer spielt sich hier alles im Hof und auf der kleinen Terrasse im 1. Stock ab. Die Gerichte des Kochs Pero Savanović sind moderne Versionen traditioneller dalmatischer Speisen und setzen köstliche regionale Produkte in Szene. Wer während der Trüffelsaison in Istrien herkommt, den erwarten echte Leckerbissen; besonders gut ist der Seeteufel mit Trüffelsoße.

Praktische Informationen

Touristeninformation (☎ 022-571 111; www.tz-primosten.hr; Trg biskupa Josipa Arnerića 2; ⌚ Juli & Aug. 8–21 Uhr, sonst kürzer)

An- & Weiterreise

Busse fahren mindestens stündlich von Šibenik nach Primošten (18 Kn, 30 Min.) und von dort normalerweise weiter nach Split (38 Kn, 1 Std.).

Rogoznica

☎ 022 / 2450 EW.

Das relaxte Rogoznica, ein gut geschützter Hafen auf einer Halbinsel 38 km südlich von Šibenik, ist bei eingeweihten Seglern und friedliebenden Urlaubern beliebt. Mit seinen Kiesstränden, den stillen historischen Straßen und den guten Restaurants eignet sich das Städtchen hervorragend als Ausgangsbasis für Erkundungen der Umgebung von Šibenik, falls man keine Lust auf eine Stadt hat. Rogoznica bietet außerdem das beste Klima Kroatiens – hier gibt es mehr Sonnentage als in jedem anderen Küstenort.

Sehenswertes

★ **Drachenaugensee** SEE

(Zmajevo Oko) Eines der bemerkenswerten Naturphänomene in Norddalmatien ist der Drachenaugensee, ein 10 000 m² großes Oval, das von 4 bis 24 m hohen Klippen umgeben ist. Der bis zu 15 m tiefe See ist durch Unterwasserkanäle und Risse in den umliegenden Kalksteinen mit dem Meer verbunden. Was ihn so ungewöhnlich macht, ist seine Basis aus Schwefelwasserstoff. Auch wenn man hier schwimmen kann, wird das Wasser wärmer, je tiefer man taucht. Manchmal „kocht" der See, wenn die Salze und das heiße Wasser an die Oberfläche dringen.

Schlafen & Essen

Hotel Life HOTEL €€€

(☎022-558 128; www.hotel-life.hr; Rtić 12e; Zi. 1500 Kn; P ❄ ☎ ≋) In der Bucht von Zečevo, zwischen Rogoznica und Primošten, liegt dieses kleine familiengeführte Hotel, das Zimmer mit minimalistischem Schick in der Nähe eines ruhigen Kiesstrandes bietet. Die in Weiß- und Grautönen gehaltenen Zimmer sind modern. Hier gibt es außerdem ein Restaurant und einen kleinen Pool, der sich hervorragend für ein morgendliches Bad eignet.

Atrium KROATISCH, MEERESFRÜCHTE €€

(☎098 170 92 73; www.restaurantatrium.com; Miline 44; Hauptgerichte 65–190 Kn; ⏲12–24 Uhr) Das Atrium wird von Reisenden beständig für seinen guten Service und sein ausgezeichnetes Essen gelobt. Es macht die kleinen Dinge richtig, z. B. Kalamari, Wolfsbarsch und Gemüse, alles ist bis zur Perfektion gegrillt. Weitere großartige Gerichte sind der Oktopussalat und das Thunfischcarpaccio.

Praktische Informationen

Touristeninformation (☎022-559 253; www.loverogoznica.eu; Obala Kneza Domagoja 56) Hilfreiches Büro mit einer besonders informativen Website. Es ist auch für die umliegenden Dörfer zuständig.

An- & Weiterreise

Busse verbinden Rogoznica mit Šibenik (26 Kn, 45 Min., mind. stündl.) und Split (36 Kn, 1 Std., mind. 8-mal tgl.).

Split & Zentraldalmatien

☎ 021

Inhalt ➡

Split 260
Kaštela 279
Trogir 280
Makarska Riviera 288
Brač (Insel) 291
Supetar 293
Bol 295
Hvar (Insel) 297
Hvar (Ort) 298
Stari Grad 306
Vis (Insel) 308
Vis (Ort) 309

Gut essen

- Konoba Marjan (S. 272)
- Vinotoka (S. 294)
- Konoba Fetivi (S. 272)
- Zoi (S. 271)
- Pojoda (S. 311)

Schön übernachten

- Korta (S. 269)
- Apartments Magdalena (S. 269)
- Heritage Hotel Antique Split (S. 267)
- Villa Split (S. 267)

Auf nach Split & Zentraldalmatien!

Zentraldalmatien ist Kroatiens vielfältigste Region und bietet die meiste Action. Hier gibt es schöne Inseln, ruhige Häfen, zerklüftete Berge, Schlösser, eine aufstrebende kulinarische Szene und drei UNESCO-Welterbestätten: den Diokletianpalast in Split, die mittelalterliche Stadt Trogir und die uralten, streifenförmig angelegten Felder in der Ebene von Stari Grad auf der Insel Hvar. Überall bildet das zerklüftete, bis zu 1500 m hohe Dinarische Gebirge die spektakuläre Kulisse.

Zu den Hotspots gehören die muntere, mediterran anmutende Stadt Split und die prächtige kleine Stadt Hvar auf der glamourösesten Party-Insel an der Adria, wo sich Reichtum und Trash ein Stelldichein geben. Wer lieber entspannen möchte, findet verstreut über die Inseln in der Region verführerische Sandstrände und kieselbedeckte Buchten.

Zu guter Letzt ist es in Dalmatien zudem meist wärmer als in Istrien oder an der Kvarner-Bucht. Von Mitte Mai bis Ende September kann man hier ins kristallklare Wasser springen.

Reisezeit

Split

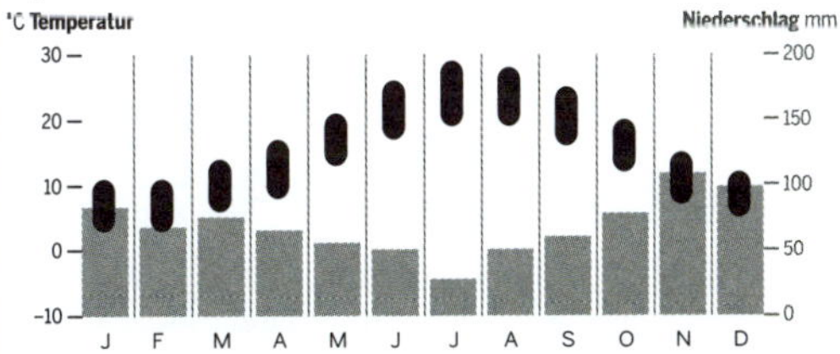

Mai Sonnig, relativ geringer Andrang, aber das Meer ist bereits warm genug zum Baden.

Juni–Aug. Bestes Wetter und viele Festivitäten, aber auch der Höhepunkt des Touristenansturms.

Sept. Nach dem Abzug der Urlaubermassen winken günstigere Preise bei immer noch warmem Meer.

Highlights

1 Im **Diokletianpalast** (S. 260) das antike Herz von Split entdecken, ein Viertel, in dem Tag und Nacht etwas los ist

2 Die Küche und die Strände von **Vis** (S. 308), einer der abgelegensten Inseln Kroatiens, entdecken

3 Bei der hübschen Stadt Bol am **Zlatni Rat** (S. 295) die Seele baumeln lassen, dem hübschesten Strand Kroatiens

4 Endlose Strandtage in **Hvar (Ort)** (S. 298) mit Cocktails zum Sonnenuntergang und Tanzen in den Gassen abschließen

5 Auf spektakuläre Gipfel des **Naturparks Biokovo** (S. 290) steigen und den Ausblick über die Adria bis ins ferne Italien genießen

6 In der winzigen Welterbestätte **Trogir** (S. 280) hervorragend erhaltene romanische und Renaissance-Architektur bewundern

7 Die historischen Weiler im Innern der Insel **Brač** (S. 292) und die verschlafenen kleinen Städtchen an ihrer Küste erkunden

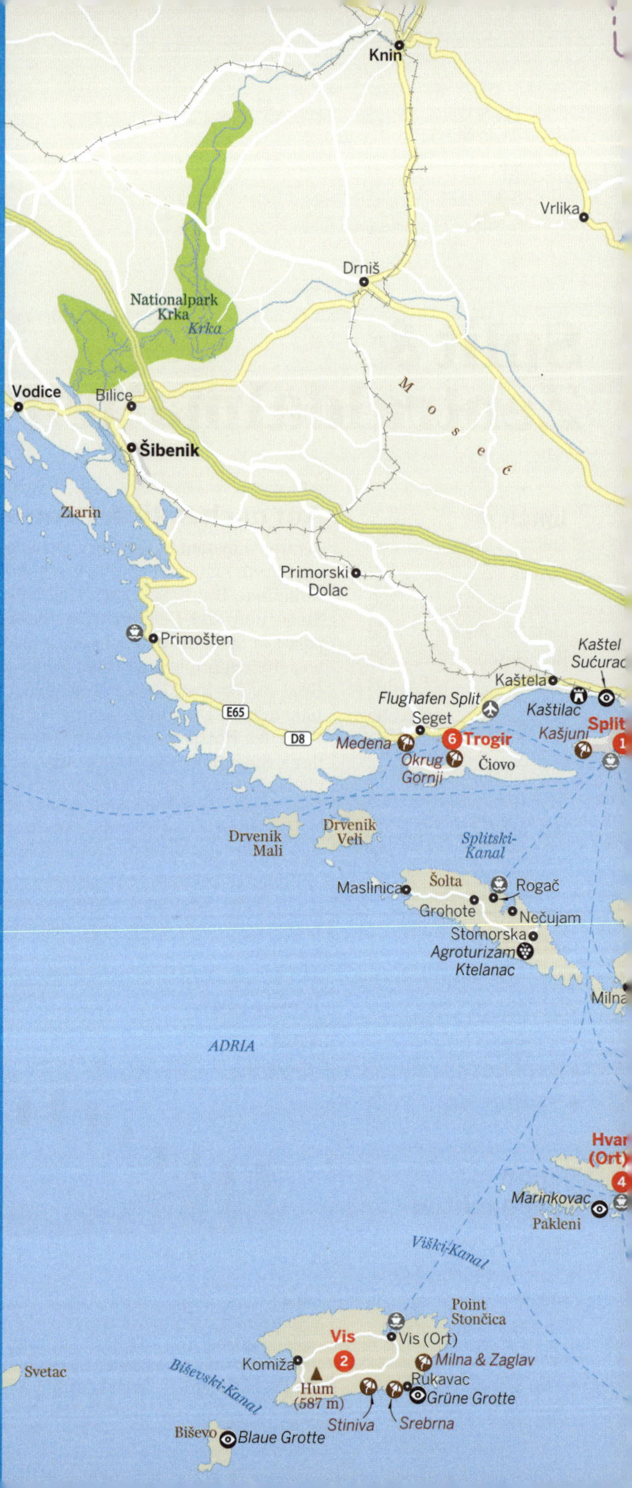

0
20 km
BOSNIEN & HERZEGOWINA
Šuica
Livno
Peručko Lake
E71
Svilaja
1
Dinara
Cetina
Glavice
Sinj
Otok
Brnaze
Stipaniči
Buško Jezero
E71
1
Trilj
Aržano
Raško Polje
Kozjak
Klis
Festung Klis
Dugopolje
60
Solin
V Kabal (1339 m)
Stobreč
Lovreć
Podstrana
Imotski
60
Jesenice
Omiš
Cetina
Dugi Rat
E65
D8
Brački-Kanal
Supetar
Postira
Zagvozd
Brela
Škrip
Dol
Baška Voda
Sv Jure (1762 m)
Donji Humac
Pučišća
Naturpark Biokovo
5
Biokovo
7 Brač
Eremitage Blača
Vidova Gora (778 m)
Flughafen Brač
Buba
Makarska
Selca
Botanischer Garten Kotišina
Bol
3
Drachenhöhle
Sumartin
Tučepi
Zlatni Rat
Hvarski-Kanal
Podgora
Vrgorac
Igrane
Živogošće
Mekićevica
Stari Grad
Vrboska
Drvenik
Milna
Jelsa
Sv Nikola (626 m)
Sućuraj
Zaraće
Dubovica
Hvar
Zavala
Šćedro
Kap Lovišće
Korčulanski-Kanal
Halbinsel Pelješac
Korčula

SPLIT

178 000 EW.

Split (Spalato auf Italienisch), Kroatiens zweitgrößte Stadt, ist der perfekte Ort, um zu erfahren, wie das Leben in Dalmatien wirklich aussieht. Diese überschwängliche Stadt bietet die richtige Balance zwischen Tradition und Moderne. Man kann durch den Diokletianpalast schlendern, der als eines der eindrucksvollsten römischen Relikte der Erde zum UNESCO-Weltkulturerbe gehört, und sich in Dutzenden Bars, Restaurants und Läden tummeln, die Splits alte Mauern stimmungsvoll zum Leben erwecken – wie schon seit Tausenden von Jahren.

Obendrein erfreut sich Split einer einmaligen Lage: Die dramatischen Berge an der Küste bilden eine perfekte Kulisse für das türkisfarbene Wasser der Adria und helfen dabei, die Aufmerksamkeit von den vielen hässlichen Hochhausklötzen in den Vororten abzulenken. Wohl auch deshalb wird sich Split nie in ein Märchenland wie Dubrovnik verwandeln – aber das macht es vielleicht umso schöner.

Geschichte

In Spalatum (Split) ließ der römische Kaiser Diokletian (245–313 n. Chr.), bekannt für seinen Umbau des römischen Reiches und der Verfolgung früher Christen, zwischen 295 und 305 seinen Altersruhesitz erbauen. Nach seinem Tod nutzten weitere römische Herrscher den riesigen Steinpalast als Residenz. Als die nahe gelegene Siedlung Salona (das heutige Solin) im 7. Jh. von den Awaren und Slawen zerstört wurde, flohen viele der romanisierten Bewohner nach Split und verbarrikadierten sich hinter den befestigten Palastmauern. Aus dem Palastkomplex entwickelte sich schließlich die heutige Stadt.

Die Region wurde zunächst von den Byzantinern, dann von Kroaten beherrscht. Vom 12. bis 14. Jh. war das mittelalterliche Split relativ unabhängig und wuchs über seine alten Grenzen hinaus: Der westliche Teil der Altstadt um den Narodni Trg wurde nun der Mittelpunkt des städtischen Lebens, der religiöse Mittelpunkt lag auch weiterhin innerhalb der Palastmauern.

Im Jahr 1420 eroberten die Venezianer Split und leiteten einen allmählichen Niedergang der Stadt ein. Im 17. Jh. wurde sie dann zum Schutz vor den Osmanen mit starken Stadtmauern gesichert. 1797 kamen die Österreicher und blieben bis 1918.

Sehenswertes

Die stets belebte Uferpromenade – offiziell Obala hrvatskog narodnog preporoda (Uferpromenade der Nationalen Kroatischen Renaissance), besser bekannt als Riva – ist der zentrale Orientierungspunkt in Split. Östlich von hier, vorbei an der Werft, liegen die brummenden Strände in den Buchten Bačvice (S. 274), Firule (S. 274), Zenta und Trstenik. Die bewaldeten Marjan-Hügel dominieren das Westende der Stadt; zu ihren Füßen warten noch bessere Strände.

Altstadt

★Diokletianpalast HISTORISCHE STÄTTE

(Karte S. 268) Diese außerordentliche Anlage in hervorragender Lage am Hafen gehört zu den imposantesten, heute noch existierenden Gebäudekomplexen der römischen Antike. Wer in Split ist, wird sich hier die meiste Zeit aufhalten, denn es handelt sich nicht wirklich um einen Palast und auch nicht um ein Museum, sondern um das schlagende Herz der Stadt. In den labyrinthischen Straßen voller Bars, Läden und Restaurants tummeln sich die Menschenmassen. Die gesamte Anlage, die als Festung, Kaiserresidenz und geschützte Stadt errichtet wurde, misst 215 m von Norden nach Süden und 180 m von Osten nach Westen.

Im Lauf der Jahrhunderte kamen immer mehr Gebäude zum ursprünglichen Bestand hinzu, aber diese Veränderungen steigerten noch den Reiz dieser faszinierenden Stätte. Der Palast wurde im 4. Jh. aus glänzend weißem Stein errichtet, der von der Insel Brač hierher geschafft wurde; die Bauarbeiten zogen sich über zehn Jahre hin. Diokletian scheute keine Kosten: Aus Italien und Griechenland wurde Marmor herbeigebracht, aus Ägypten kamen Säulen und 12 Sphingen.

In der Mitte jeder Mauer befindet sich ein nach einem Metall benanntes Tor: im Norden das **Goldene Tor** (Zlatna Vrata; Karte S. 268; Dioklecijanova bb), im Süden das **Bronzene Tor** (Brončana Vrata; Karte S. 268; Obala hrvatskog narodnog preporoda bb), im Osten das **Silberne Tor** (Srebrna Vrata; Karte S. 268) und im Westen das **Eiserne Tor** (Željezna Vrata; Karte S. 268). Zwischen dem östlichen und dem westlichen Tor verläuft der schnurgerade Decumanus (die Krešimirova), der die kaiserliche Residenz mit ihren Repräsentationsbauten und Tempeln (im Süden) von den Unterkünften der Soldaten und der Dienerschaft im Norden abgrenzt.

Innerhalb der Palastmauern befinden sich 220 Gebäude, in denen rund 3000 Menschen leben. Hinter den engen Straßen verbergen sich Gassen und Höfe, die teils verlassen und unheimlich sind, während andere dank Bars und Cafés von Musik und Leben erfüllt werden. Über den Straßen hängen die Einwohner ihre Wäsche zum Trocknen auf, Kinder kicken Bälle gegen die antiken Mauern, und alte Frauen schauen aus den Fenstern dem Treiben auf der Straße zu.

➡ **Peristyl**

(Karte S. 268) Der malerische, von Kolonnaden eingefasste römische Peristyl (Hof) liegt im Zentrum des Diokletianpalastes. Im Sommer tragen fast immer als Legionäre verkleidete kräftige einheimische Burschen zum Lokalkolorit bei. Sehenswert ist die Sphinx aus schwarzem Granit, die nahe der Kathedrale zwischen den Säulen sitzt. Sie wurde im 15. Jh. v. Chr. geschaffen und war eine von zwölf, die während der Errichtung des Palastes aus Ägypten herbeigeschafft wurden.

➡ **Gewölberäume des Diokletianpalasts**

(Supstrukcije Dioklecijanove palače; Karte S. 268; www.mgst.net; Obala hrvatskog narodnog preporoda bb; Erw./Kind 42/22 Kn; ⌚ April–Sept. 8.30–21, Okt. So bis 17, Nov.–April Mo–Sa 9–17, So bis 14 Uhr) Das Bronzene Tor ermöglichte einst einen direkten Zugang vom Wasser in die Gewölberäume des Diokletianpalasts, wo Waren entladen und gelagert werden konnten. Heute ist der ehemalige Lieferanteneingang von der Riva aus der Hauptzugang zum Palast. Der Mittelteil der Räume ist heute ein geschäftiger Markt mit Souvenirständen; wer die Kammern an beiden Seiten besichtigen will, braucht ein Ticket.

Abgesehen von ein paar Sarkophagen und Säulenresten sind die Gewölberäume und -korridore zwar mehr oder weniger leer, strahlen aber eine faszinierende Zeitlosigkeit aus, die das Eintrittsgeld wert ist. Für Fans von *Game of Thrones*: Hier hält Daenerys Targaryen ihre schuppige Drachenbrut, wenn sie in Meereen weilt.

➡ ★ **Kathedrale des hl. Domnius**

(Katedrala sv Duje; Karte S. 268; Peristil bb; Kathedrale/Glockenturm 35/20 Kn; ⌚ Juni–Sept. 8–20 Uhr, Mai & Okt. 7–12 & 17–19 Uhr, Nov.–Feb. 7–12 Uhr, März & April 8–17 Uhr) Splits achteckiger Dom gehört zu den am besten erhaltenen Gebäuden der römischen Antike. Ursprünglich wurde er als Mausoleum für Kaiser Diokletian erbaut, der die letzten großen Christenverfolgungen anordnete und hier im Jahr 312 beigesetzt wurde. Nachdem sich die Christen im 5. Jh. endgültig durchgesetzt hatten, wurden der Sarkophag des Kaisers zerstört und sein Grabmal in eine seiner Opfer geweihten Kirche umgewandelt. Das Ticket für die Kathedrale gilt auch für die Krypta, die Schatzkammer und die Taufkapelle (den ehemaligen Jupitertempel).

Die Fassade ist außen immer noch von der originalen, aus 24 Säulen bestehenden Kolonnade umgeben. Viel später kam der hohe romanische **Glockenturm** hinzu: Er wurde zwischen dem 13. und 16. Jh. errichtet und 1908, nachdem er eingestürzt war, wieder aufgebaut. Wer hinaufsteigen und von oben auf die Dächer der Stadt blicken will, muss ein separates Ticket kaufen. Der Aufstieg eignet sich nur für Schwindelfreie, weil die steilen Steinstufen schnell einem leichten Metallgerüst weichen, durch dessen Lücken der Blick in die Tiefe geht.

Im Sommer betreten Besucher den Dom durch die Sakristei, die sich in einem Anbau hinter der rechten Seite des Gebäudes befindet. In der Sakristei wird auch der **Domschatz** der Kathedrale verwahrt, der mit Reliquiaren, Ikonen, Messgewändern sowie illuminierten Handschriften und Dokumenten in glagolitischer Schrift (S. 212) prunkt. In der Nebensaison dient das vordere Portal als Besuchereingang, und die Schatzkammer bleibt geschlossen (wenn das der Fall ist, zahlen Besucher 10 Kn weniger Eintritt).

Der überkuppelte Innenraum ist mit zwei Reihen korinthischer Säulen und einem Fries hoch oben an den Mauern geschmückt, auf dem überraschenderweise immer noch Porträts des Kaisers und seiner Frau zu sehen sind. Links vom Hochaltar befindet sich der von dem Bildhauer Juraj Dalmatinac (bekannter als Giorgio da Sebenico) geschaffene Altar des hl. Anastasius (Sveti Staš; 1448) mit einem Relief der *Geißelung Christi*, die zu den schönsten Skulpturen dieser Zeit in Dalmatien zählt.

Das aus dem 13. Jh. stammende romanische Gestühl im Chor ist das älteste, das in Dalmatien erhalten geblieben ist. Zu den weiteren Highlights zählen die Kanzel aus dem 13. Jh., der 1427 von Bonino da Milano geschaffene Altar rechts und das mit Wandmalereien von Dujam Vušković geschmückte Gewölbe über dem Hochaltar. Beim Hinausgehen sollte man noch einen Blick auf die bemerkenswerten Szenen aus dem Leben Christi auf den hölzernen Eingangstüren werfen, die im 13. Jh. von Andrea/Andrija

Split

0 — 500 m

A
B
C
D
E
F
G
1
2
3
4
Salona (7 km);
Festung Klis (12 km)
Stobreč (6,5 km);
Podstrana (9 km)
s. Karte Split Zentrum (S. 268)
LOVRET
DOBRI
BOL
MANUŠ
VELI VAROŠ
LUČAC
BAČVICE
Kaštelanska
Zrinsko-Frankopanska
Starčevićeva
Lučićeva
Lovretska
Trg Hrvatske Bratske Zajednice
Regionalbus-bahnhof
Domovinskog Rata
Slobode
Velebitska
Dubrovačka
Bruna Bušića
Slavonska
Nikole Tesle
Gundulićeva
Trščanska
Mažuranćevo
Matoševa
Kavanjinova
Manđerova
Bihaćka
Gorička
Vukovarska
Marjanski-Tunnel
Mandalinski
Nazorov Prilaz
Svačićeva
Slavićeva
Livanjska
Krstulovića dovori
Riječka
Tolstojeva
Istarska
Plinarska
Sinjska
Zagrebačka
Marmontova
Kralja Tomislava
Križeva
Milićeva
Držićeva
Lisinskog
Trg Republike
Senjska
Waldpark Marjan
Obala Hrvatskog Narodnog Preporoda (Riva)
Rokova
Matice Hrvatske
Treppen zum Marjan-Hügel
Jüdischer Friedhof
Botićevo
Trumbićeva Obala
Radunica
Mosorska
Barakovićeva
Obala Lazareta
Marasovića
Dražanac
Obala Kneza Branimira
Hafen
Radovanova
Petrova
Kralja Zvonimira
Pojišanska
Poljička
Obala kneza
Gat Sv Petra
Touring
Split
1
4
6
8
10
12
13
14
15
16
17
18
20
21
22
23
24

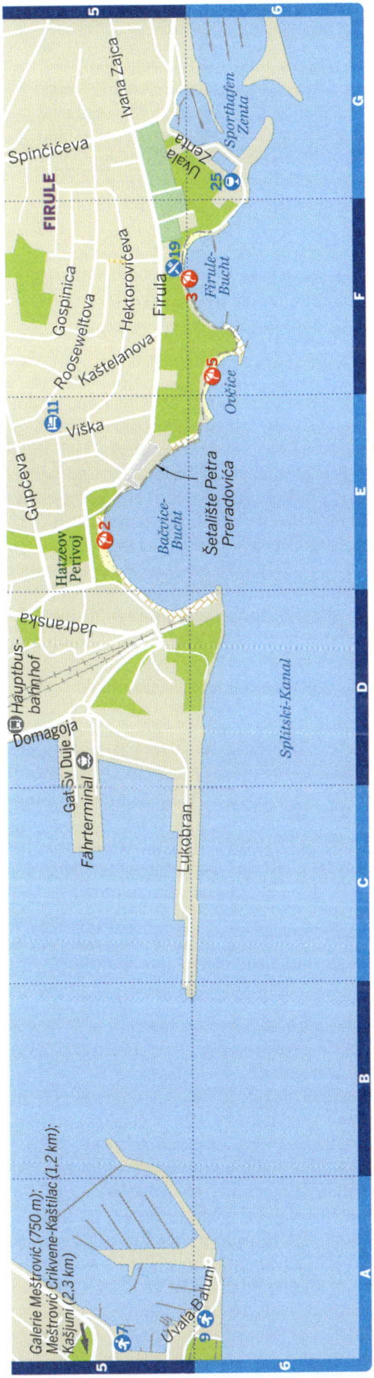

Split

Sehenswertes
- 1 Archäologisches Museum B1
- 2 Bačvice E5
- 3 Firule F6
- 4 Waldpark Marjan A4
- 5 Ovčice F6

Aktivitäten, Kurse & Touren
- 6 CroActive & Adventure D4
- 7 Nautika Centar Nava A5
- 8 Red Adventures D4
- 9 Ultra Sailing A6

Schlafen
- 10 Apartments Magdalena B3
- 11 Beach Hostel Split E5
- 12 CroParadise Green Hostel D3
- 13 Hostel Emanuel D3
- 14 Korta B3
- 15 Splendida Palace D3
- 16 Tchaikovsky Hostel C2
- 17 Vila Baguc B3
- 18 Villa Varoš B3

Essen
- 19 Dvor F5
- 20 Konoba Fetivi B3
- 21 Konoba Marjan B3
- 22 Konoba Matejuška B3
- 23 Konoba Stare Grede D1

Ausgehen & Nachtleben
- 24 Vidilica A3
- 25 Zenta G6

Buvina geschnitzt wurden. Sie verteilen sich auf 28 Quadrate, 14 auf jedem Türflügel und erinnern stilistisch an romanische Miniaturen jener Zeit.

Unbedingt sehenswert ist die **Krypta**, die man von außen durch eine Tür an der rechten Seite der Kirche erreicht. Die unheimlich stille Kammer, in der es auch an den heißesten Tagen kühl bleibt, ist heute eine der hl. Lucia geweihte Kapelle.

Wer sich für die technischen Aspekte der Architektur interessiert, sollte sich auch die kostenlose Ausstellung **Neue Erkenntnisse zur Kathedrale von Split** (Nova istraživanja Splitske katedrale; Karte S. 268; Peristil bb; ⌚ Di–So 10–13 & 17–20 Uhr) GRATIS im Gebäude gegenüber des Haupteingangs ansehen.

➡ **Jupitertempel**

(Jupiterov hram; Karte S. 268; 10 Kn, im Ticket für die Kathedrale enthalten; ⌚ Mai–Okt. Mo–Sa 8–19, So 12.30–18.30 Uhr, Nov.–April bis 17 Uhr) Das wunderbar erhaltene Gebäude, einst ein Tempel für den Göttervater, ist heute die

INSIDERWISSEN

PICIGIN

Wer etwas Spaß sucht, kann sich am Strand den Einheimischen anschließen und *picigin* spielen, eine sehr spezielle dalmatische Sportart. Die Regeln sind einfach: Man steht bis zu den Knien oder der Hüfte im seichten Wasser und wirft den Mitspielern mit der Handfläche einen kleinen Ball (von der Größe eines Squashballs) zu. Ber Ball soll aufgefangen werden und nicht die Wasserfläche berühren. Dabei soll man möglichst viel Einsatz zeigen und so viel Aufmerksamkeit wie möglich erregen. Natürlich werden alle Leute um einen herum dabei nassgespritzt.

Auf der „zentralen" *picigin*-Webseite www.picigin.org und in diversen YouTube-Videos werden Spieltechniken demonstriert (die sich übrigens in Split, Krk und anderen Teilen der Küste unterscheiden). Wer tough genug ist, besucht das *picigin*-Spiel zu Silvester. Im Juni kann man die besten Spieler bei dem ironischerweise **Weltmeisterschaft** (Prvenstvo Svita u Piciginu; ⌚ Juni) genannten Event beobachten.

Taufkapelle der Kathedrale. Erhalten sind das originale Tonnengewölbe und der dekorative Fries, die Stelle der Jupiterstatue nimmt heute aber eine von Ivan Meštrović geschaffene auffällige Bronzestatue Johannes des Täufers ein. Das Taufbecken besteht aus behauenen Steinen des 13. Jhs., die einst zum Lettner der Kathedrale gehörten.

Von den Säulen, die früher eine Vorhalle trugen, ist nur eine erhalten. Eine Sphinx aus schwarzem Granit bewacht den Eingang. Sie war schon uralt, als die Römer sie im 3. Jh. aus Ägypten herschafften. Später schlugen die frühen Christen ihr den Kopf ab, weil sie sie als ein heidnisches Kultbild betrachteten.

➡ Ethnographisches Museum Split

(Etnografski muzej Split; Karte S. 268; ☎ 021-344 161; www.etnografski-muzej-split.hr; Iza Vestibula 4; Erw./Kind 20/10 Kn; ⌚ Juni–Sept. Mo–Sa 9.30–20, So bis 13 Uhr, Okt. Mo–Fr 9.30–18, Sa & So 10–14 Uhr, Nov.–Mai Mo–Fr 9.30–16, Sa bis 14 Uhr) Das nicht sehr spektakuläre Museum in den einstigen Schlafgemächern des Kaisers, die später von einem Kloster genutzt wurden, zeigt traditionelle Trachten, Schmuck, Spitze, Waffen, Spielzeug und Arbeitsgeräte sowie im Erdgeschoss Wechselausstellungen. Man sollte unbedingt die rekonstruierte römische Treppe hinauf zu der umlaufenden Renaissance-Terrasse auf dem Vestibül nehmen, denn der Ausblick von dort ist allein schon ein Grund für den Besuch dieses Museums.

➡ Stadtmuseum Split

(Muzej grada Splita; Karte S. 268; ☎ 021-360 171; www.mgst.net; Papalićeva 1; Erw./Kind 22/12 Kn; ⌚ April–Sept. 8.30–21, Okt.–März Di–Sa 9–17, So bis 14 Uhr) Der große Papalić-Palast wurde im 15. Jh. von Juraj Dalmatinac für einen der vielen Adligen erbaut, die in der Altstadt lebten. Er gilt als Paradebeispiel der Spätgotik, mit aufwendig geschnitztem Eingangstor, das von der bedeutenden Stellung seiner ursprünglichen Bewohner zeugt. Das Innere wurde umfassend restauriert und beherbergt heute dieses Museum, das interessante Ausstellungen zum Diokletianpalast (S. 260) und der Entwicklung der Stadt zeigt.

Die Erklärungen sind auf Kroatisch, aber Wandtafeln in verschiedenen Sprachen bieten einen historischen Rahmen für die Ausstellungen mit mittelalterlichen Skulpturen, Waffen aus dem 17. Jh., edlen Möbeln, Münzen, Dokumenten und Zeichnungen.

Statue des Gregor von Nin — STATUE

(Karte S. 268; Kralja Tomislava bb) Die monumentale, von Ivan Meštrović geschaffene Statue ist eines der Wahrzeichen von Split. Dargestellt ist ein kroatischer Bischof des 10. Jhs., der sich für das Recht einsetzte, im Gottesdienst das Altkirchenslawische anstelle des Lateinischen zu verwenden. Der linke große Zeh der Statue glänzt wie poliert – es heißt, dass das Berühren des Zehs Glück bringt und sicherstellt, dass man noch einmal nach Split kommen wird.

Galerie der schönen Künste — GALERIE

(Galerija umjetnina Split; Karte S. 268; ☎ 021-350 110; www.galum.hr; Kralja Tomislava 15; Erw./Kind 40/20 Kn; ⌚ Di–Fr 10–18, Sa & So bis 14 Uhr) In einem Gebäude, in dem sich einst das erste, 1792 eröffnete Hospital der Stadt befand, zeigt diese Galerie 400 Kunstwerke aus 700 Jahren. Die chronologisch aufgebaute Dauerausstellung im Obergeschoss zeigt Ikonen, Werke von Künstlern wie Paolo Veneziano, Albrecht Dürer und Guido Reni sowie Arbeiten moderner kroatischer Künstler wie Vlaho Bukovac, Ivan Meštrović und Cata Dujšin-Ribar. Die Sonderausstellungen im Erdgeschoss wechseln alle paar Monate.

Umgebung

Archäologisches Museum MUSEUM

(Arheološki muzej; Karte S. 262; 021-329 340; www.armus.hr; Zrinsko-Frankopanska 25; Erw./Kind 20/10 Kn; Juni–Sept. Mo–Sa 9–14 & 16–20 Uhr, Okt.–Mai Sa nachmittags & So geschl.) Dieses Museum etwas nördlich vom Zentrum ist eine Schatztruhe der antiken Skulptur und Mosaikkunst. Die meisten Stücke der umfangreichen Sammlung stammen aus der römischen Siedlung und dem benachbarten antiken Salona (S. 284; Solin), hinzu kommen einige griechische Töpferwaren von der Insel Vis, Schmuckstücke und Münzen. In einem Saal sind zudem stein- bis eisenzeitliche Artefakte ausgestellt.

Viele der interessantesten Werke, darunter die größeren Statuen und Sarkophage, sind draußen im Kreuzgang aufgestellt.

Meštrović-Galerie GALERIE

(Galerija Meštrović; 021-340 800; www.mestrovic.hr; Šetalište Ivana Meštrovića 46; Erw./Kind 40/20 Kn; Mai–Sept. Di–So 9–19, Okt.–April Di–So bis 16 Uhr) In diesem tollen Kunstmuseum kann man eine umfassende, gut präsentierte Sammlung mit Werken von Ivan Meštrović bestaunen, dem bedeutendsten Bildhauer Kroatiens, der das riesige Herrenhaus in den 1930er-Jahren als sein Wohnhaus erbaute. Obwohl er ursprünglich beabsichtigte, hier in den Ruhestand zu gehen, wanderte er kurz nach dem Zweiten Weltkrieg in die USA aus. Im Eintritt ist auch der Besuch des nahen Kaštilac enthalten, einer Festung, die weitere Arbeiten von Meštrović beherbergt.

Kirche Maria della Salute KIRCHE

(Gospa od zdravlja; Karte S. 268; 021-344 988; www.gospa-od-zdravlja.com; Trg Gaje Bulata 3; 7–12 & 17–20 Uhr) Die auffällige, 1937 fertiggestellte modernistische Kirche zeichnet sich durch eine schlichte, klare Formensprache aus. Sie grenzt an ein Kloster, das 1723 von Franziskanern gegründet wurde, die aus dem von den Türken beherrschten Bosnien geflohen waren. Innen tragen rechteckige, granitverkleidete Pfeiler die hohe Decke. Die Stirnwand ist von einem großen Fresko von Ivo Dulčić (1959) ausgefüllt, das einen stilisierten Christus über einer Menge von Bauern zeigt, die an der adriatischen Küste in traditioneller Tracht ihrer Arbeit nachgehen.

Waldpark Marjan PARK

(Park-šuma Marjan; Karte S. 262; www.marjan-parksuma.hr) Das bis zu 178 m über den westlichen Stadtrand von Split aufragende Naturschutzgebiet hat für die Einheimischen eine große Bedeutung. Der Blick über die Stadt und die umliegenden Inseln ist herrlich, und die schattigen Wege bieten willkommene Erholung von der Hitze und dem sommerlichen Touristenansturm. Sie führen durch duftende Kiefernwälder zu malerischen Aussichtspunkten, einem jüdischen Friedhof des 16. Jhs., mittelalterlichen Kapellen und Höhlen, in denen einst christliche Eremiten hausten. Kletterer wagen sich an die Klippen nahe dem Ende der Halbinsel.

Meštrović Crikvene-Kaštilac MUSEUM

(021-340 800; www.mestrovic.hr; Šetalište Ivana Meštrovića 39; Erw./Kind 40/20 Kn, mit Ticket für die Galerie Meštrović frei; Mai–Sept. Di–So 9–19 Uhr) Ivan Meštrović kaufte 1939 dieses befestigte Haus aus dem 16. Jh., das sich nahe der Galerie Meštrović in einem Olivenhain befindet, und restaurierte es, um in der Kapelle seinen Zyklus von Holzreliefs mit Szenen aus dem Leben Christi unterzubringen. Im Zentrum des Komplexes blickt die große Steinskulptur *Der Autor der Apokalypse* auf den hübschen Innenhof.

Geführte Touren

Connecto Tours TOUR

(021-312 594; www.connectotours.com; April–Okt.) Angeboten werden private Touren, Tagesausflüge zum Nationalpark Krka (27 €), nach Bol (49 € inkl. Picknick), Dubrovnik (67 €), Mostar und Međugorje (67 €), zu den Kornaten (69 €), den Plitvicer Seen (65 €), nach Trogir und Zadar (79 €), zur Blauen Grotte und nach Hvar (125 €) sowie ein die ganze Nacht dauernder Ausflug nach Zrće (89 €). Hinzu kommen noch Raften auf der Cetina (45 €), Quad-Bike-Touren (90 €) und eine Jetski-Safari (130 €).

Portal TOUR

(Karte S. 268; 021-360 061; www.split-excursions.com; Trg Republike 1; Mai–Sept. 7–21 Uhr, Okt.–April Mo–Fr 8–15, Sa bis 13 Uhr) Der örtliche Veranstalter ist eine gute Adresse zum Buchen von Ausflügen und Aktivitäten. Angeboten werden Rafting- (320 Kn), Canyoning- (350 Kn) und Quad-Bike-Touren (350 Kn), Tauchausflüge (300 Kn) und Bootstouren zur Blauen Grotte (940 Kn). Bustouren gibt's u. a. nach Šibenik und Krka (450 Kn), Dubrovnik (500 Kn), Mostar und Međugorje (500 Kn) sowie zu den Plitvicer Seen (710 Kn). Hinzu kommt eine beliebte Transportverbindung über die Plitivicer Seen nach Zagreb (140 Kn).

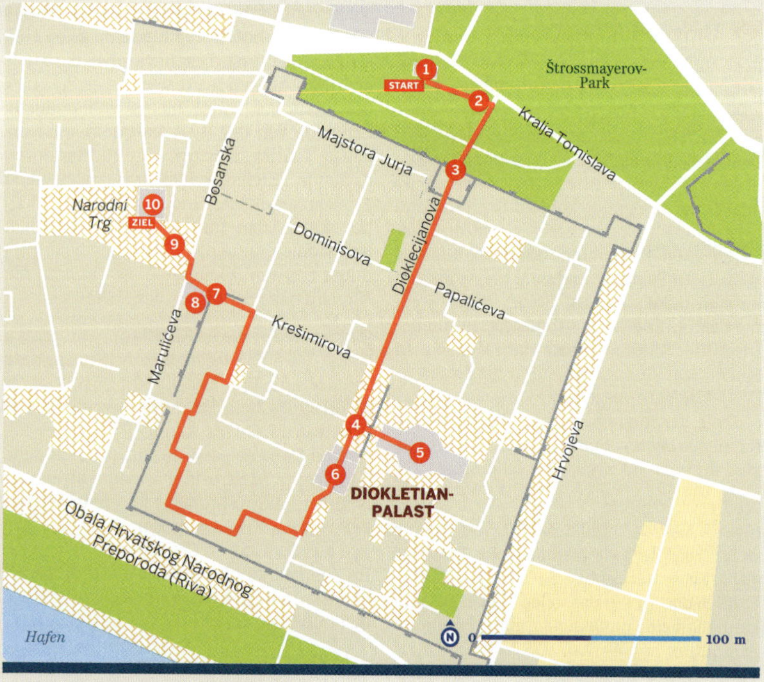

Stadtspaziergang
Splits Altstadt

START ARNERIUSKAPELLE
ZIEL NARODNI TRG
LÄNGE/DAUER 500 M/1 STD.

Los geht's am nordwestlichen Eckturm des Diokletianpalastes bei den Überresten der ① **Arneriuskapelle**, die einst zur Kirche der hl. Euphemia gehörte. Durch das Schutzglas sieht man die Altarplattform und den Sarkophag, den der Frührenaissance-Meister Giorgio da Sebenico/Juraj Dalmatinac schuf.

Nun geht es zu der imposanten Statue des ② **Gregor von Nin** (S. 264), deren Zeh zu reiben Glück verheißt, und die Stufen hinunter zum ③ **Goldenen Tor** (S. 260). Hier führte der Hauptprozessionsweg zum Palast hindurch. Dieser war mit Statuen, Säulen und Bögen geschmückt, deren Überreste heute noch sichtbar sind.

Im Palast geht es auf der Nord-Süd-Achse, der Dioklecijanova, zum ④ **Peristyl** (S. 261), dem Zeremonialhof vor den kaiserlichen Gemächern. Dahinter erhebt sich Diokletians Mausoleum, die heutige ⑤ **Kathedrale des hl. Domnius** (S. 261).

Am entgegengesetzten Ende führen Stufen hinauf zum ⑥ **Vestibül** (S. 276), einem prächtigen, riesigen überkuppelten, zum Himmel offenen Raum, der einst den herrschaftlichen Eingang zu den Privatgemächern des zurückgetretenen Kaisers bildete.

Durch das Vestibül geht es weiter zur rechten Ecke des kleinen Platzes, dann rechts in die Andrije Alješija und weiter durch das von mittelalterlichen Gebäuden gesäumte Straßengewirr zur Krešimirova, der Ost-West-Achse des Palastes.

Nun wendet man sich nach links und verlässt den Palastbereich durch die Bogen des ⑦ **Eisernen Tors** (S. 260). Das Gebäude direkt links nach dem Durchschreiten des äußeren Teils des Doppeltors – leicht an dem an der Ecke angebrachten Relief des hl. Antonius des Großen zu erkennen – ist der 1394 erbaute ⑧ **Palast Ciprianis-Beneditti**.

Nun steht man auf dem ⑨ **Narodni trg**. Einst war der Platz von Gebäuden im Stil der venezianischen Gotik eingefasst, von denen aber nur noch das ⑩ **Alte Rathaus (Vjećnica)** erhalten ist.

Ziggy Star TOUR
(Karte S. 268; ☎099 54 97 385; www.pubcrawlsplit.net; Pub-Crawl 15 €; ⌚ab 22 Uhr) Der wohl nach dem mythischen Rockmusiker, der alles zu weit trieb, benannte Crawl bietet Gelegenheit, auf einer ganznächtlichen Kneipentour seine Grenzen auszutesten. Nach einer „Power Hour" mit Cocktails und Schnäpsen geht's weiter zu einer Bar an der Riva, dann in einen Club und schließlich zu einem Frühstück.

Red Adventures ABENTEUERTOUR
(Karte S. 262; ☎091 79 03 747; www.red-adventures.com; Kralja Zvonimira 8) Der Veranstalter ist auf Aktivurlaub spezialisiert und veranstaltet Kajaktouren im Meer (ab 38 €), Klettertouren (ab 50 €), maßgeschneiderte Wanderungen (ab 30 €) sowie Radtouren rund um Split (ab 35 €). Das Unternehmen vermietet außerdem Fahrräder, Kajaks und Autos, chartert Jachten und vermittelt Transporte und Privatunterkünfte.

CroActive & Adventure OUTDOOR
(Karte S. 262; ☎021-277 344; www.croactive-holidays.com; Kralja Zvonimira 14) Veranstaltet eine malerische halbtägige Kajaktour um die Halbinsel Marjan (300 Kn), Rafting-Ausflüge auf der Cetina (350 Kn zzgl. 125 Kn für den Transport), Wanderungen, Kletter-, Rad- und Canyoningtouren, Segeltörns, Seilrutschen-Aktionen und Stehpaddeln sowie Wein- und kulinarische Touren. Auch mehrtägige Exkursionen sind im Angebot.

Split Walking Tours TOUREN
(Karte S. 268; ☎099 82 15 383; www.splitwalkingtour.com; Dioklecijanova 3) Bietet Stadtspaziergänge auf Englisch, Spanisch, Italienisch, Deutsch, Spanisch und Französisch an, die zu festen Zeiten am Goldenen Tor beginnen (s. Website). Man hat die Wahl zwischen der 75-minutigen Tour durch den Diokletianpalast (100 Kn) und dem zweistündigen Stadtspaziergang durch Split (160 Kn), der auch den Palast und den mittelalterlichen Teil der Stadt einschließt. Zudem stehen Kajaktouren, Tauchen, Radtouren, Bootstrips und andere Ausflüge auf dem Programm.

Feste & Events

Sudamja RELIGION
(⌚Mai) Die Festlichkeiten für Splits Schutzheiligen, den hl. Domnius (Sv Duje) beginnen Anfang Mai. Dabei stehen Konzerte, Dichterlesungen, Ausstellungen und eine Ruderregatta auf dem Programm. Am eigentlichen Festtag, dem 7. Mai (der auch als Split-Tag bezeichnet wird), gibt's eine Prozession, eine Messe, Feuerwerk und einen Jahrmarkt an der Riva.

Summer Colours of Split MUSIK
(Splitski litnji koluri; ⌚Mitte Juni–Mitte Sept.) Allabendlich Livemusik auf der Riva, Konzerte unterhalb des Diokletianpalasts, ein Rock-Wochenende, ein Techno-Wochenende und die Diokletian-Tage, drei Tage voller Tuniken, Togas, Legionäre und spärlich bekleideter Gladiatoren.

Ultra Europe MUSIK
(www.ultraeurope.com; Poljud Stadium; 3-Tagesticket ab 129 €; ⌚Juli) Eines der größten Festivals für elektronische Musik übernimmt für drei Tage im Juli das städtische Poljud-Stadion, bevor es für den Rest der Destination Ultra Croatia Music Week zu den Inseln weiterzieht. Besucher strömen aus aller Welt hierher, um zu den Tracks gefeierter DJs zu raven.

Sommerfestival Split DARSTELLENDE KUNST
(Splitsko Ljeto; www.splitsko-ljeto.hr; ⌚Mitte Juli–Mitte Aug.) Anlässlich des Festivals gibt's Kunstausstellungen, Opern-, Theater- sowie Ballettvorstellungen und Konzerte.

Schlafen

Wie bei einer Großstadt, die ein wichtiges Touristenziel ist, nicht anders zu erwarten, liegen die Unterkunftspreise in Split tendenziell höher als im Landesdurchschnitt, sind aber immer noch günstiger als in Dubrovnik oder Hvar. Split hat aber auch eine gute Auswahl an Hostels und ein paar Anbieter von ausgezeichneten Ferienwohnungen der mittleren Preiskategorie.

Altstadt

★Heritage Hotel Antique Split HOTEL €€€
(Karte S. 268; ☎021-785 208; www.antique-split.com; Poljana Grgura Ninskog 1; Zi. ab 267€ ❄📶) Mehr Palast geht nicht: Dieses grandiose Boutiquehotel vermietet acht schicke Zimmer mit Natursteinwänden und beeindruckenden Bädern. In manchen wacht man sogar mit einem unglaublichen Ausblick auf die Kathedrale auf.

★Villa Split B&B €€€
(Karte S. 268; ☎091 40 34 403; www.villasplitluxury.com; Bajamontijeva 5; Zi. ab 215 €; P❄📶) Das wundervolle Boutique-B&B ist in die

Split Zentrum

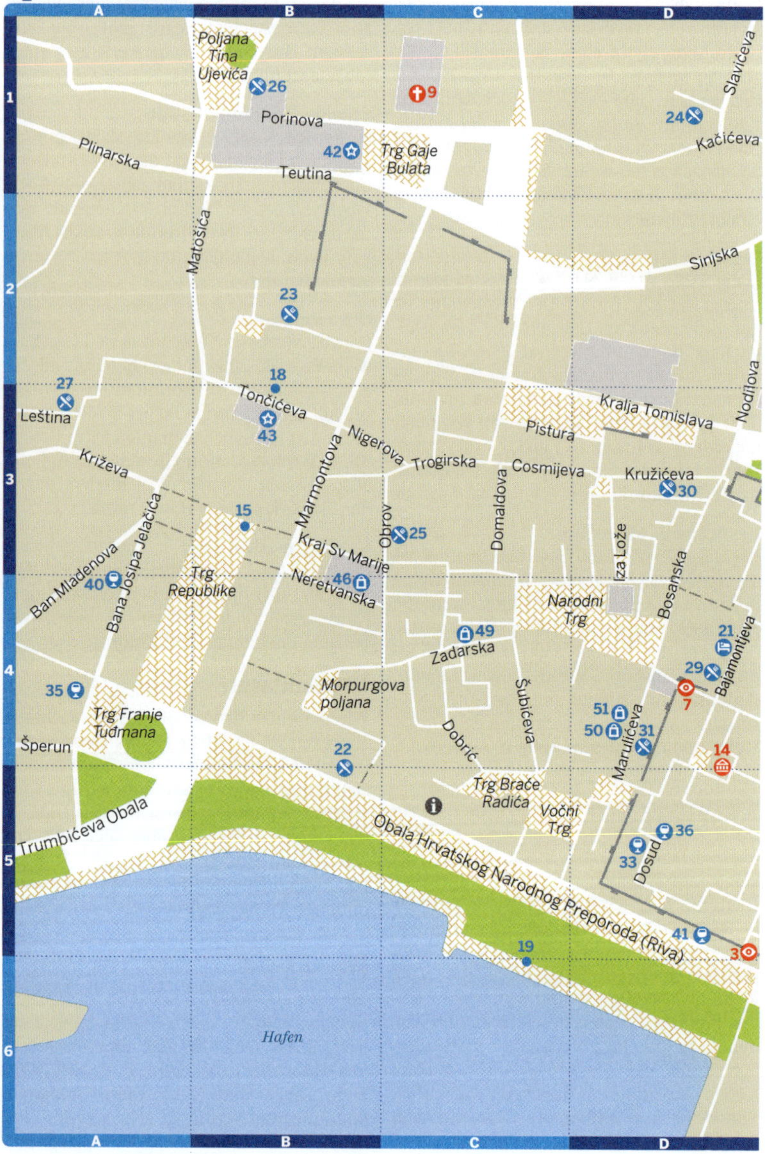

von den Römern errichtete Mauer des Diokletianpalasts eingebaut und bietet nur drei Zimmer – das beste ist das etwas größere auf dem Dachboden. Wer gern Antike gegen Mittelalter tauschen möchte, kann aus sechs größeren Zimmern in einem Gebäude aus dem 10. Jh. am Hauptplatz wählen.

Umgebung

Hostel Emanuel HOSTEL €

(Karte S. 262; ☎021-786 533; hostelemanuel@gmail.com; Tolstojeva 20; B 222 Kn; ❄@📶) Das hippe Hostel bietet eine farbenfrohe Einrichtung und eine entspannte Atmosphäre. Zu jedem

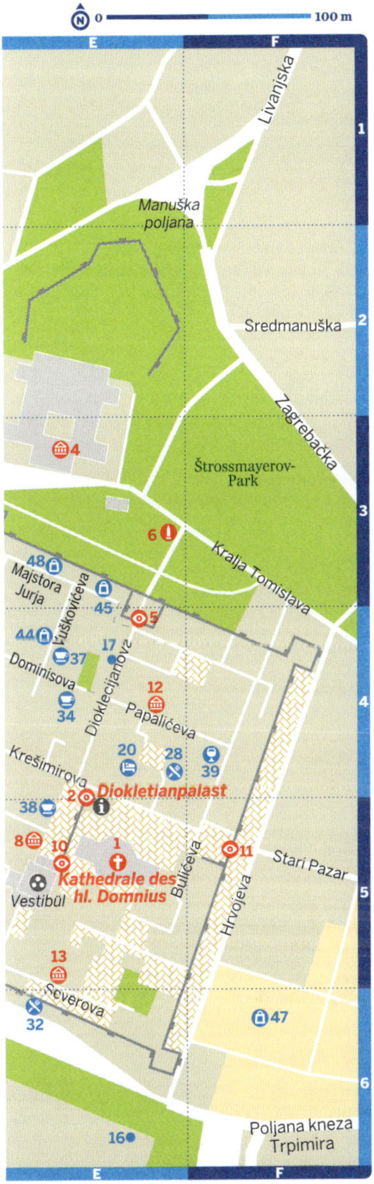

Schlafplatz in den beiden Schlafsälen (5 bzw. 10 Betten) gehören ein Schließfach, Vorhänge, eine Leselampe und eine Steckdose.

Tchaikovsky Hostel HOSTEL €
(Karte S. 262; ☎ 021-317 124; www.tchaikovskyhostel.com; Čajkovskoga 4; B 170–240 Kn; ❄@📶) Das umgebaute Apartment in einem Wohnblock im Viertel Dobri bietet vier ordentliche Schlafsäle mit Holzbetten und Einbauregalen. Es gibt eine kleine Küche, aber nur ein Badezimmer.

Beach Hostel Split HOSTEL €
(Karte S. 262; ☎ 092 17 67 599; www.facebook.com/splitbeachhostel; Viška 9; B 197–205 Kn; ⏲ April–Okt.; @📶) Das nur einen Sprung vom Strand von Bačvice (S. 274) entfernte gemütliche Hostel wird von der freundlichen Norwegerin Ladybird geführt, die für entspannte Atmosphäre sorgt. Es gibt kostenlosen Kaffee und Tee, farbenfrohe Cartoons an den Wänden und eine Terrasse mit einer bereitliegenden Gitarre.

CroParadise Green Hostel HOSTEL €
(Karte S. 262; ☎ 091 44 44 194; www.croparadise.com; Čulića Dvori 29; B 200 Kn, Zi. 500 Kn, ohne Bad 460 Kn; ❄@📶) Dieses ungeheuer beliebte Hostel (das 2016–2018 den Preis für das beliebteste Hostel von Hostelworld gewonnen hat) bietet eine Reihe farbenfroher Schlafsäle und kleiner Apartments, die sich auf drei Apartmentgebäude in dem zentralen Viertel Manuš verteilen. Zu jedem Schlafsaal gehören Schließfächer, weiterhin gibt's eine kleine Küche, eine Waschküche und einen Fahrrad- und Motorroller-Verleih.

★ **Korta** APARTMENTS €€
(Karte S. 262; ☎ 021-571 226; www.kortasplit.com; Plinarska 31; Apt. ab 94 €; ❄📶) Die schlichten, aber eleganten Apartments, die sich um einen Hof im historischen Viertels Veli Varoš verteilen, bieten weiß getünchte Zimmer mit großen TVs und Fotos des ländlichen Kroatien an den Wänden und Bäder mit Steinfliesen. Viele Wohnungen haben einen Balkon.

★ **Apartments Magdalena** APARTMENTS €€
(Karte S. 262; ☎ 098 423 087; www.magdalena-apartments.com; Milićeva 18; Apt. 465–611 Kn; ❄📶) Das Apartment im obersten Stock des Magdalena wird man nicht mehr verlassen wollen, wenn man erst einmal den Blick aus dem Dachfenster auf die Altstadt genossen hat. Die drei Wohnungen sind komfortabel und voll ausgestattet. Die nicht auf dem Gelände wohnenden Eigentümer sorgen für vorbildliche Gastlichkeit: Bier und Säfte im Kühlschrank, eine Ersatzzahnbürste im Schrank und sogar ein Handy mit Guthaben stehen bereit.

Villa Varoš PENSION €€
(Karte S. 262; ☎ 021-483 469; www.villavaros.hr; Miljenka Smoje 1; EZ/DZ/Apt. ab 50/80/121 €;

Split Zentrum

Highlights
1 Kathedrale des hl. Domnius E5
2 Diokletianpalast E4

Sehenswertes
3 Bronzenes Tor D5
Gewölberäume des Diokletianpalasts ..... (siehe 3)
4 Galerie der schönen Künste E3
5 Goldenes Tor E4
6 Statue des Gregor von Nin E3
7 Eisernes Tor D4
8 Neue Erkenntnisse zur Kathedrale E5
9 Kirche Maria della Salute C1
10 Peristil E5
11 Silbernes Tor F5
12 Stadtmuseum Split E4
13 Ethnographisches Museum Split E5
14 Jupitertempel D4

Aktivitäten, Kurse & Touren
15 Portal B3
16 Split Rent Agency E6
17 Split Walking Tours E4
18 Summer Blues B3
19 Ziggy Star C6

Schlafen
20 Heritage Hotel Antique Split E4
21 Villa Split D4

Essen
22 Brasserie on 7 ..... B5
23 Chops.Grill B2
24 Gušt D1
25 Kruščić C3
26 Luka B1
27 Makrovega A3
28 Portofino E4
29 Trattoria Bajamont D4
30 Villa Spiza D3
31 Zinfandel D4
32 Zoi E6

Ausgehen & Nachtleben
33 Academia Ghetto Club D5
34 D16 ..... E4
35 Fabrique A4
36 Fluid D5
37 Galerija E4
38 Luxor E5
39 Marcvs Marvlvs Spalatensis F4
40 Paradox A4
41 St. Riva D5

Unterhaltung
42 Kroatisches Nationaltheater Split B1
43 Städtisches Puppentheater Split B3

Shoppen
44 Arterija E4
45 Bag & Co E3
Basar im Diokletianpalast ..... (siehe 3)
46 Fischmarkt B4
47 Markt F6
48 Studio Naranča E3
49 Think Pink C4
50 Think Pink D4
51 Uje D4

❄📶) Das einem in New York lebenden Kroaten gehörende Villa Varoš bietet in ruhiger, aber zentraler Lage schlichte, saubere Zimmer mit Holzmöbeln, TVs und angeschlossenen Bädern. Es gibt auch ein paar Leihfahrräder.

★ **Splendida Palace** BOUTIQUEHOTEL €€€
(Karte S. 262; ☎021-838 485; www.splendidapalace.com; Rokova 26; Zi. mit Frühstück ab 239 €; ⏲April–Okt.; P❄📶🏊) Man muss schnell zugreifen, um sich eines der zehn Zimmer dieses familiengeführten Boutiquehotels zu sichern, das an einer ruhigen Seitenstraße in einem Haus aus dem 19. Jh. residiert. Die Zimmer sind nach Wahrzeichen der Stadt benannt, die in Form großformatiger Schwarzweißfotos das jeweilige Zimmer schmücken. Es gibt ein Frühstücksbüffet und ein kleines Tauchbecken im Hinterhof.

Vila Baguc B&B €€€
(Karte S. 262; ☎021-770 456; www.baguc.com; Plinarska 29/2; Zi. ab 145 €; ❄📶) Dieses 150 Jahre alte restaurierte Wohnhaus in Veli Varoš bietet vier Gästezimmer auf vier Stockwerken. Trotz moderner Ausstattung haben sie originale Elemente wie freigelegte Steinmauern. Die Villa liegt abseits der Straße, nur fünf Fußminuten vom Zentrum entfernt.

Essen

Altstadt

Kruščić BÄCKEREI €
(Karte S. 268; ☎099 26 12 345; www.facebook.com/Kruscic.Split; Obrov 6; Stück 6–15 Kn; ⏲8–14 Uhr) Splits beste Bäckerei serviert leckere Brote, Gebäck und Pizzastücke. Herzhaftes steht im Vordergrund, aber auch Süßschnäbel kommen nicht zu kurz.

Villa Spiza DALMATISCH €€
(Karte S. 268; Kružićeva 3; Hauptgerichte 50–100 Kn; ⏲Mo–Sa 12–24 Uhr) Das bei Einheimischen sehr beliebte Lokal gleich vor

den Mauern des Diokletianpalastes bietet täglich wechselnde hervorragende Gerichte der dalmatischen Küche – Calamari, Risotto, Kalbfleisch – zu vernünftigen Preisen. Im farbenfrohen Innenraum gibt's nur einen Tisch und ein paar Bänke, man muss sich also darauf einstellen, ein wenig zu warten.

Trattoria Bajamont DALMATISCH, SEAFOOD €€
(Karte S. 268; ☎099 54 26 675; www.trattoriabajamont.fullbusiness.com; Bajamontijeva 3; Hauptgerichte 60–150 Kn; ⌚Mo–Sa 8–23 Uhr) Das winzige Lokal innerhalb der Mauern des Diokletianpalastes wirkt mit seinen alten Nähmaschinen wie das Wohnzimmer der Großmutter. Es gibt kein Restaurantschild; das aktuelle Angebot ist mit Textmarker angeschrieben. Zu essen gibt's traditionelle Meeresfrüchtegerichte wie *brujet* (einen mit Wein, Zwiebeln und Kräutern zubereiteten Meeresfrüchteeintopf mit Polenta). Eine Filiale ist auf der anderen Straßenseite.

★ Zoi MEDITERRAN €€€
(Karte S. 268; ☎021-637 491; www.zoi.hr; Obala hrvatskog narodnog preporoda 23; Hauptgerichte 120–180 Kn; ⌚18.30–24 Uhr) Das über eine versteckte Tür an der Uferpromenade zugängliche Restaurant im Obergeschoss serviert raffinierte modern-mediterrane Gerichte, die wunderbar aussehen und wunderbar munden. Das Dekor ist zugleich elegant und äußert hip: Leuchtende Farbakzente in Magenta kontrastieren mit den freiliegenden Mauern des Diokletianpalastes. Die Dachterrasse gehört zu den eindrucksvollsten Locations für ein Abendessen in Split.

★ Portofino ITALIENISCH €€€
(Karte S. 268; ☎091 38 97 784; www.facebook.com/portofinosplit; Poljana Grgura Ninskog 7; Hauptgerichte 95–250 Kn; ⌚17–23 Uhr) Das Restaurant, das bis auf einen überraschend ruhigen Platz im Zentrum des Diokletianpalastes ausgreift, verzaubert seine Gäste mit freundlichem Service, elegantem Dekor, kostenlosen Appetithäppchen und köstlichen Pastagerichten. Zu den weiteren Spezialitäten zählen Steaks und Meeresfrüchte.

Zinfandel EUROPÄISCH €€€
(Karte S. 268; ☎021-355 135; www.zinfandelfoodandwinebar.com; Marulićeva 2; Hauptgerichte 140–270 Kn; ⌚Mo–Sa 8–24 Uhr) Die Atmosphäre erinnert vielleicht an eine gehobene Weinstube, aber das Essen ist erstklassig. Auf der Karte stehen u. a. leckeres Risotto, hausgemachte Pasta mit frischen Trüffeln, Burger, Steaks und Fisch. Dazu gibt's eine große Auswahl an offenen Weinen aus der Region und ein gutes Biersortiment.

Chops.Grill GRILL €€€
(Karte S. 268; ☎091 36 50 000; www.chops-grill.com; Tončićeva 4; Hauptgerichte 90–250 Kn; ⌚8–24 Uhr) Koteletts, Steaks, Hähnchenbrust, Entenbrust, Thunfisch, Wolfsbarsch, Hummer, Scampi – alles Erdenkliche gibt's hier vom Grill. Die Beilagen, u. a. getrüffelte Stampfkartoffeln, sind ebenfalls lecker. Gaslampen sorgen in dem schlichten, modernen Ambiente für Farbe und Bewegung.

Brasserie on 7 MODERN-EUROPÄISCH €€€
(Karte S. 268; ☎021-278 233; www.brasserieon7.com; Obala hrvatskog narodnog preporoda 7; Hauptgerichte morgens 68–94 Kn, mittags 88–150 Kn, abends 105–240 Kn; ⌚April–Sept. 7.30–23.30 Uhr, Okt.–März 8–16 Uhr) Das beste Restaurant an der Riva ist diese Brasserie, deren Tische draußen an der Uferpromenade ideal sind, um Passanten zu beobachten. Hier kann man mit einem warmen Frühstück in den Tag starten, ihn mit einem Cocktail beschließen und sich in den Stunden dazwischen ein leichtes Mittagessen, ein ausführlicheres Abendessen oder einen Wein zu einer Käseplatte gönnen. Der Service ist ausgezeichnet.

Umgebung

Gušt PIZZA €
(Karte S. 268; ☎021-486 333; www.pizzeria-gust.hr; Slavićeva 1; Pizzas 40–62 Kn; ⌚Mo–Sa 9–23 Uhr) Splits eingefleischte Pizzafans schwören auf diesen günstigen Laden mit viel Lokalkolorit, der köstliche Pizzas neapolitanischer Art liefert. Im Winter sitzt man gemütlich drinnen zwischen den Stein- und Backsteinmauern.

Makrovega VEGETARISCH €
(Karte S. 268; ☎021-394 440; www.makrovega.hr; Leština 2; Hauptgerichte 60–75 Kn; ⌚Mo–Fr 10–22, Sa bis 17 Uhr; 📶) Diese fleischfreie Oase, die sich in einer Gasse hinter einem Hof versteckt, bietet makrobiotische, vegetarische, vegane und auch Rohkost. Die Pastagerichte, Currys und Salate sind mit Seitan und Tofu zubereitet, und es gibt auch ausgezeichneten Kuchen. Besonders stimmungsvoll ist das Lokal aber nicht.

Luka SÜSSSPEISEN €
(Karte S. 268; Svačićeva 2; Stück 8–12 Kn; ⌚Mo–Sa 8.30–23, So 10–23 Uhr; 📶) Das niedliche, kleine Luka versorgt die Einheimischen an

einem der am wenigsten touristischen Plätze der Innenstadt mit Muffins, Kuchen und Kaffee. Im Sommer stehen die Leute draußen für das hausgemachte Eis Schlange.

★ Konoba Fetivi DALMATISCH, SEAFOOD €€
(Karte S. 262; ☎ 021-355 152; www.facebook.com/KonobaFetivi; Tomića stine 4; Hauptgerichte 70–95 Kn; ⌚ Di–So 12–23 Uhr) Das zwanglose, von einer Familie geführte Fetivi wirkt mit dem Fernseher in der Ecke, in dem Sport läuft, im Gegensatz zu anderen Lokalen, die sich auch als *konoba* bezeichnen, tatsächlich wie eine Taverne. Das ändert aber nichts daran, dass das Essen wirklich erstklassig ist. Meeresfrüchte stehen im Zentrum. Der Tintenfisch-Eintopf mit Polenta ist sehr zu empfehlen, und die im Ganzen zubereiteten Fische sind absolut frisch.

★ Konoba Matejuška DALMATISCH, SEAFOOD €€
(Karte S. 262; ☎ 021-814 099; www.konobamatejuska.hr; Tomića Stine 3; Hauptgerichte 75–140 Kn; ⌚ April–Okt. 12–23 Uhr, Nov.–März Mi–Mo bis 21 Uhr) Die gemütliche, rustikale Taverne in einer nur ein paar Minuten vom Ufer entfernten Gasse ist auf gut zubereitete Meeresfrüchte spezialisiert, wie die perfekt zubereitete Fischplatte für zwei Personen beweist. Der gegrillte Tintenfisch ist ebenfalls ausgezeichnet und wird mit *blitva* (Mangold in Olivenöl mit weich gekochten Kartoffeln), einer typischen Beilage der dalmatischen Küche, serviert. Vorab reservieren!

Dvor EUROPÄISCH €€
(Karte S. 262; ☎ 021-571 513; www.facebook.com/Dvor.Split; Firula 14; Frühstück 30–35 Kn, Mittagessen 70–90 Kn, 5-Gänge-Abendmenü 170 Kn; ⌚ 8–24 Uhr) Besser kann man in Split nicht in den Tag starten als mit einem Kaffee und einem Omelette auf der Gartenterrasse dieses gehobenen Restaurants mit Blick auf den Strand von Firule (S. 274). Bekannter ist das Dvor jedoch für seine raffinierten Abendmenüs, bei denen u. a. Lendensteaks, Schweinebauch-Confit und knuspriger Wolfsbarsch auf der Karte stehen.

Konoba Stare Grede DALMATISCH €€
(Karte S. 262; ☎ 021-643 901; Domovinskog rata 46; Hauptgerichte 49–145 Kn; ⌚ Mo–Fr 9–23, Sa & So 12–23 Uhr; 📶) Der einfache Treff liegt 1 km von Zentrum entfernt an der stark befahrenen, aus der Stadt führenden Hauptstraße. Hier genießen Arbeiter *marenda*, ein dalmatisches Mittagsgericht, in rustikaler, von Balken, Holztischen und Steinmauern geprägter Atmosphäre.

★ Konoba Marjan DALMATISCH, SEAFOOD €€€
(Karte S. 262; ☎ 098 93 46 848; www.facebook.com/konobamarjan; Senjska 1; Hauptgerichte 84–160 Kn; ⌚ Mo–Sa 12–23 Uhr; 📶) Die freundliche kleine Taverne in Veli Varoš bietet hochwertige dalmatische Kost. Zu den Spezialitäten des Tages gehören Tintenfisch-*brujet* (ein sehr zu empfehlender Meeresfrüchteeintopf), *gregada* (Fischeintopf mit Kartoffeln) und Pasta mit Garnelen. Auf der ausgezeichneten Weinkarte stehen Weine kleiner örtlicher Winzereien, und es gibt auch ein paar Tische draußen auf der zum Marjan-Hügel führenden Straße.

Ausgehen & Nachtleben

Split bietet vor allem im Frühjahr und Sommer ein tolles Nachtleben. Am Freitag und Samstag tönt abends laute Musik innerhalb des Palastbezirks; bei der Wanderung durch das Straßenlabyrinth entdeckt man immer wieder neue Lokale. Im Palastbezirk schließen die Bars gegen 1 Uhr (schließlich gibt's hier Anwohner), aber die im Osten liegenden Strandbars und Clubs bleiben bis in die frühen Morgenstunden geöffnet.

Altstadt

★ Marcvs Marvlvs Spalatensis WEINBAR
(Karte S. 268; www.facebook.com/marvlvs; Papalićeva 4; ⌚ Juni–Aug. 11–24, Sept.–Mai Mo–Sa bis 23 Uhr; 📶) Das gotische Gebäude aus dem 15. Jh. war passenderweise einst das Zuhause von Marko Marulić, dem „Dante Kroatiens". Heute beherbergt es eine wundervolle kleine „Bibliothek und Jazzbar" – mit Büchern vollgestopfte kleine Räume, die von ewig jungen Bohemians, gequälten Poeten und wehmütigen Akademikern bevölkert werden. Hier gibt's Käse, Schach, Kartenspiele und Zigarren sowie oft Livemusik.

★ Paradox WEINBAR
(Karte S. 268; ☎ 021-787 778; www.paradox.hr; Bana Josipa Jelačića 3; ⌚ 8–24 Uhr; 📶) Die stilvolle Weinbar bietet eine fantastische Dachterrasse, ein gewaltiges Sortiment kroatischer Weine (mehr als 120, darunter 40 offene) und eine Auswahl regionaler Käsesorten, die man zum Wein genießen kann. Das Personal kennt sich bestens mit den Weinen aus. An den meisten Wochenenden gibt's auch Livemusik.

D16 CAFÉ
(Karte S. 268; ☎ 091 79 00 705; www.d16coffee.com; Dominisova 16; ⌚ Mo–Sa 7–19, So 9–19 Uhr;

(📶) Die Baristas des D16 nehmen Kaffee ernst und kennen sich bestens damit aus. Die hippe kleine Spezialrösterei in den Seitengassen des Diokletianpalastes ist die beste Adresse für einen perfekten Flat White, einen Eiskaffee oder einen Espresso mit Mandelmilch. Allerdings zahlt man hier auch doppelt soviel dafür wie in einem schlichteren Café.

Academia Ghetto Club BAR, CLUB
(Karte S. 268; ☎099 67 18 308; Dosud 10; ⌚16–24 Uhr; 📶) Splits unkonventionellste Bar hat antike römische Mauern, einen großen Hof mit Springbrunnen, eine mit Kronleuchtern ausstaffierte Piano-Lounge und einen rot verkleideten Clubraum, an dessen Wänden Gedichte prangen. Die Musik ist toll, aber der Service manchmal furchtbar schlecht.

Fluid BAR
(Karte S. 268; ☎095 67 00 002; www.facebook.com/fluid.split; Dosud 1; ⌚Juni–Aug. 9–1 Uhr, Sept.–Mai Fr & Sa 18–1 Uhr) Das schicke kleine Lokal mit Sitzkissen auf der Gasse ist toll, wenn man einen Cocktail trinken und Leute beobachten will.

Galerija CAFÉ, BAR
(Karte S. 268; Vuškovićeva 3; ⌚Mo Sa 8–21, So 10–24 Uhr) Die Einheimischen treffen sich hier mit Freunden, weil man sich im Galerija ungestört von lauter Musik unterhalten kann – aber nicht an den Wochenenden, wenn DJs auflegen. Hier bekommt man – hierzulande eine Seltenheit – auch Sojamilch. Das Ambiente gibt sich mit Zierkissen, interessanter Kunst, Kandelabern, Bugholzstühlen und einer mit Velourssamt bezogenen Couch gemütlich und elegant. Im Sommer greift die Action auf den winzigen Platz vor dem Café aus.

St. Riva BAR
(Karte S. 268; Obala hrvatskog narodnog preporoda 18; ⌚7–24 Uhr; 📶) Trotz mieser Technomusik und schlechter Cocktails ist das St. Riva ein toller Ort zum Abhängen. Man schnappt sich einen Platz auf der schmalen Terrasse, die in die Mauern des Diokletianpalastes eingebaut ist, und schaut dem Getümmel unten auf der Riva zu. Später am Abend wird drinnen im kleinen Clubraum getanzt.

Fabrique BAR
(Karte S. 268; ☎098 17 51 271; www.fgroup.hr; Trg Franje Tuđmana 3; ⌚Mai–Okt. 9–2 Uhr, Nov.–April bis 24 Uhr; 📶) In der großen, bunten und knalligen Bar im Industrielook hängen schräge Lampen zwischen den Backsteinbögen, und an den kleinen, eleganten Tischen hält die Schickeria der Stadt bei Bier und Grillspeisen Hof. Auf der umfangreichen Karte stehen viele regionale Craft-Biere und diverse Gin-Tonic-Spezialitäten. Im Lauf des Abends verwandelt sich die Bar mehr oder weniger in einen Club.

Luxor CAFÉ
(Karte S. 268; ☎021 341 082; www.facebook.com/Lvxor1700; Peristyl bb; ⌚8–24 Uhr; 📶) Ja, das Luxor ist touristisch, doch die Café-Bar serviert eben auch tollen Kaffee und Kuchen direkt im zeremoniellen Herzen des Diokletianpalasts. Auf den Treppen liegen Sitzkissen und abends gibt's Livemusik.

Umgebung

Zenta CLUB
(Karte S. 262; ☎099 33 51 979; www.zentasplit.com; Uvala Zenta 3; 20-80Kn; ⌚ab 23 Uhr, wechselnde Öffnungstage) Mit einer Uferterrasse und zwei Etagen drinnen dreht Splits Top-Nachtclub im Sommer bei seinen Themennächten (z. B. Trash am Montag und Recesija – billige Drinks, R&B, Electronica und Balkan-Pop – am Freitag) so richtig auf.

Vidilica CAFÉ, BAR
(Karte S. 262; Nazorov Prilaz 1; ⌚8–24 Uhr; 📶) Es lohnt sich, die Steintreppen im alten Viertel Veli Varoš bis hinauf zu diesem Café auf dem Hügel zu erklimmen, um bei herrlichem Blick auf die Stadt, den Hafen und die Berge einen Drink zum Sonnenuntergang zu genießen.

☆ Unterhaltung

In Split gibt's während des Sommers viele kostenlose Veranstaltungen; in der Touristeninformation erfährt man, was gerade in der Stadt los ist. Split besitzt eine Reihe angesehener Theater, die meisten Vorstellungen finden aber auf Kroatisch statt.

Kroatisches Nationaltheater Split THEATER
(Hrvatsko narodno kazalište Split; Karte S. 268; ☎021-306 908; www.hnk-split.hr; Trg Gaje Bulata 1) In dem prächtigen, 1891 errichteten Theater gibt's Theater-, Opern-, Ballettvorstellungen und Konzerte. Karten erhält man an der Kasse oder online.

Städtisches Puppentheater Split THEATER
(Gradsko kazalište lutaka Split; Karte S. 268; ☎021-395 958; www.gkl-split.hr; Tončićeva 1) Die Vorstellungen sind zwar meist auf Kroatisch,

FAULE TAGE IN SPLIT

KAŠJUNI

Hauptsächlich wegen der grünen Umgebung und der vornehmen Strandbar ist der **Kašjuni** (Šetalište Ivana Meštrovića bb) Splits ansprechendster Strand. Man erreicht ihn auf einem langen, lohnenden Spaziergang durch den Waldpark Marjan (S. 265). Wem das zu anstrengend erscheint, der kann auch ein Taxi nehmen.

BAČVICE

Der Sandstrand **Bačvice** (Karte S. 262) ist der geschäftigste der Stadt. Er wird von Restaurants, Bars, Nachtclubs und sehr viel Beton gesäumt. Man kann nach Leuten Ausschau halten, die sich ins flache Wasser fallen lassen und sich dabei mit den Handflächen gegenseitig einen Ball zuwerfen. Sie widmen sich der dalmatischen Sportart *picigin* (S. 264), eine gute Gelegenheit für die jungen Leute in Split, so richtig auf sich aufmerksam zu machen.

OVČICE

Die nächste Bucht an der Promenade ist **Ovčice** (Karte S. 262; Šetalište Petra Preradovića bb), ein etwas weniger zubetonierter Strand mit kleinen Kieseln und einer Strandbar.

FIRULE

An der hufeisenförmigen Bucht von **Firule** (Karte S. 262) gibt's einen schmalen Sandstrand mit einer Bar am entgegengesetzten Ende. Viel Platz, um sich auszubreiten, findet man hier nicht, aber die Klippen und die Kiefern bilden eine viel schönere Kulisse als der Betondschungel am Bačvice.

1. Bačvice
2. Waldpark Marjan (S. 265)
3. Kašjuni

MRAK.HR/SHUTTERSTOCK ©

ALEX RINKUS/SHUTTERSTOCK ©

Im Sommer überlassen die Einwohner von Split ihr antikes Stadtzentrum den Touristen und strömen zu den Stränden, die an ihre Vorstädte grenzen. Die jüngeren Leute kehren abends zurück, um die Bars und Clubs unsicher zu machen.

KLAPA IN DIE HÄNDE!

Nur wenige Besucher verlassen Dalmatien wieder, ohne wenigstens einmal von den wohlklingenden Tönen eines *klapa*-Lieds verzaubert worden zu sein. Bei dieser A-capella-Tradition stehen ein paar gestandene Männer im Kreis und singen echte Schnulzen über Liebe, Betrug, Patriotismus, Tod, Schönheit und andere lebensbejahende Themen in honigsüßen mehrstimmigen Harmonien. In Split erwischt man *klapa*-Gruppen am ehesten im Vestibül (Peristil bb) GRATIS, dem runden Foyer an der Südseite des Peristyls (S. 261) innerhalb der Palastmauern.

aber die Kleinen sprechen ja bestimmt fließend die Marionettensprache.

Shoppen

Im Zentrum von Split gibt's viele Läden für Reisende und gutbetuchte Einheimische. Die wichtigste Einkaufsmeile, in der die großen Namen versammelt sind, ist die Marmontova, interessante regionale Boutiquen liegen verstreut im Gebiet des Diokletianpalastes.

Arterija MODE & ACCESSOIRES
(Karte S. 268; ☎091 54 77 141; Vuškovićeva 5; ⌚Mai–Okt. 10–21 Uhr, Nov.–April Mo–Fr 10–14 & 16–20, Sa 10–14 Uhr) Der kleine Laden präsentiert interessante Damenmode, Schmuck und Schuhe der örtlichen Modeschöpferin Gorana Gulišija (und ausgewählte Stücke anderer Designer aus der Region).

Bag & Co MODE & ACCESSOIRES
(Karte S. 268; ☎091 51 43 126; www.bagbyag.com; Majstora Jurja 17; ⌚April–Nov. 9–21 Uhr) In dem kleinen Laden findet man bunte, gemusterte, oft aus recycelten Materialien hergestellte Hand-, Einkaufs- und Umhängetaschen der Designerin Ana Gjivoje.

Think Pink MODE & ACCESSOIRES
(Karte S. 268; Zadarska 4; ⌚9a–21 Uhr) Hier gibt's schrille Frauenmode und Schmuck von einheimischen Designern. Um die Ecke findet sich noch ein zweiter **Laden** (Karte S. 268; Marulićeva 1; ⌚9–21 Uhr).

Uje ESSEN & TRINKEN
(Karte S. 268; ☎021-342 719; www.uje.hr; Marulićeva 1; ⌚Mo–Fr 8–20.30, Sa bis 14 Uhr) Für ein so kleines Geschäft bietet das Uje ein überraschend großes Sortiment hochwertiger kroatischer Olivenöle, außerdem regionale Marmelade, Pastasaucen, *rakija* (Grappa), Wein, Seifen und Holzprodukte.

Studio Naranča DESIGN
(Karte S. 268; ☎021-344 118; www.studionaranca.com; Majstora Jurja 5; ⌚Mai–Sept. Mo–Sa 10–19, So bis 14 Uhr) Das „Studio Orange" zeigt Werke des örtlichen Künstlers Pavo Majić und verkauft originale Kunstwerke und sehr coole T-Shirts, Einkaufstaschen und Postkarten nach seinen Entwürfen.

Basar im Diokletianpalast MARKT
(Karte S. 268; Obala hrvatskog narodnog preporoda bb; ⌚9–21 Uhr) Die Hauptpassage durch den Keller des Diokletianpalasts ist mit Ständen gesäumt, die Schmuck, Souvenirs aus Brač-Stein, Schals, T-Shirts, handgefertigte Seifen und Drucke verkaufen. Für eine „Touristenfalle" ist die Qualität überraschend gut.

Fischmarkt MARKT
(Ribarnica; Karte S. 268; Obrov 5; ⌚6.30–14 Uhr) Splits Fischmarkt mit Ständen drinnen und draußen ist genauso chaotisch und geruchsintensiv, wie man es sich vorstellt – ein sehenswertes Spektakel! Die Einheimischen feilschen hier täglich um den schuppigen, glitschigen Fang ihrer Kette rauchenden Lieblingshändler. Um 11 Uhr ist der Spuk schon vorbei und kaum noch etwas übrig.

Markt MARKT
(Karte S. 268; Hrvojeva bb; ⌚6.30–14 Uhr) Hier kann man sich mit Obst, Gemüse und Blumen eindecken. Morgens ist am meisten los, aber ein paar Stände bleiben im Sommer auch nachmittags geöffnet und verkaufen Kirschen und Erdbeeren an Touristen.

Praktische Informationen

MEDIZINISCHE VERSORGUNG

KBC Split (Klinički bolnički centar Split; ☎021-556 111; www.kbsplit.hr; Spinčićeva 1) Krankenhaus.

REISEBÜROS

Daluma Travel (☎021-338 424; www.daluma-travel.hr; Obala Kneza Domagoja 1) Bucht Ausflüge und Bootstouren, besorgt Privatunterkünfte und vermietet Autos, Motorroller und Räder.

Turistički Biro (☎021-347 100; www.turistbiro-split.hr; Obala hrvatskog narodnog preporoda 12) Bucht Touren und Privatunterkünfte.

TOURISTENINFORMATION

Splits Touristeninformationen verteilen die kostenlose, 72 Stunden gültige **Split Card**, mit der man kostenlosen oder ermäßigten Zugang zu Attraktionen und Rabatt bei Autovermietern, in Restaurants, Läden und Theatern erhält. Von April bis September kann man die Karte erhalten, wenn man mehr als vier Nächte in Split verbringt, in den übrigen Monaten dann, wenn man in einem teilnehmenden Hotel mehr als zwei Übernachtungen gebucht hat.

Touristeninformation Peristil (Karte S. 268; ☎ 021-345 606; www.visitsplit.com; Peristil bb; ⊙ Juni–Sept. 8–21 Uhr, April, Mai & Okt. Mo–Sa 8–20, So bis 17 Uhr, Nov.–März Mo–Fr 9–16, Sa bis 14 Uhr)

Touristeninformation Riva (Karte S. 268; ☎ 021-360 066; www.visitsplit.com; Obala hrvatskog narodnog preporoda 9; ⊙ Juni–Sept. 8–21 Uhr, April, Mai & Okt. Mo–Sa 8–20, So bis 17 Uhr, Nov.–März Mo–Fr 9–16, Sa bis 14 Uhr)

An- & Weiterreise

Der Busbahnhof, der Bahnhof und das Fährterminal liegen auf der Ostseite des Hafens, einen kurzen Fußweg von der Altstadt entfernt.

AUTO

Diverse Mietwagenfirmen haben einen Schalter am Flughafen, darunter auch **Dollar Thrifty** (☎ 021-399 000; www.subrosa.hr; Trumbićeva obala 17), die auch ein Büro in der Stadt unterhalten. Bei **Daluma Travel** (S. 276) und **Split Rent Agency** (Karte S. 268; ☎ 091 59 17 111; www.split-rent.com; Obala Lazareta 3) kann man Autos, Motorroller und Motorräder leihen.

BUS

Die meisten internationalen und Intercity-Busse nutzen den **Hauptbusbahnhof** (Autobusni Kolodvor Split; Karte S. 262; ☎ 060 327 777; www.ak-split.hr; Obala kneza Domagoja bb) neben dem Hafen. Im Sommer empfiehlt es sich, Bustickets mit Platzreservierung vorab zu reservieren. Wer Gepäck verstauen will, findet in der Nähe eine **garderoba** (Gepäckaufbewahrung; Obala kneza Domagoja 12; 1. Std. 5 Kn, weitere Std. je 1,50 Kn; ⊙ Mai–Sept. 6–22 Uhr).

Inlandsbusse fahren u. a. nach Zagreb (157 Kn, 5 Std., mind. stündl.), Pula (300 Kn, 10 Std., 5-mal tgl.), Rijeka (244 Kn, 8 Std., 8-mal tgl.), Zadar (90 Kn, 3 Std., mind. stündl.) und Dubrovnik (127 Kn, 4½ Std., mind. 11-mal tgl.). Achtung: Die Busse nach Dubrovnik fahren kurz durch bosnisches Gebiet, man muss also seinen Pass bereithalten.

Touring (Karte S. 262; ☎ 021-338 503; www.touring.hr; Obala kneza Domagoja 10; ⊙ Mo–Fr 8–20, Sa & So 9–15 Uhr), in der Nähe des Busbahnhofs, vertritt die Deutsche Touring und verkauft Bustickets zu Städten in Deutschland.

FLUGZEUG

Der **Flughafen Split** (Zračna luka Split; ☎ 021-203 555; www.split-airport.hr; Dr. Franje Tuđmana 1270, Kaštel Štafilić) befindet sich in Kaštela, 24 km nordwestlich des Zentrums von Split. Im Sommer wird er von Dutzenden von Fluglinien aus ganz Europa angeflogen, darunter von Austrian Airlines, British Airways, easyJet, Norwegian Air Shuttle und Scandinavian Airlines. Die folgenden Fluglinien sind ganzjährig im Einsatz:

Croatia Airlines (☎ 021-203 305; www.croatiaairlines.com) Die nationale Fluggesellschaft bietet ganzjährig Flüge nach Zagreb, Rom, München und Frankfurt am Main. Im Sommer gibt's auch Inlandsflüge nach Dubrovnik und Osijek sowie internationale Flüge zu vielen europäischen Städten.

Eurowings (www.eurowings.com) fliegt ganzjährig nach Köln/Bonn, Düsseldorf und Stuttgart und saisonal auch zu anderen Städten in Deutschland und Österreich.

Trade Air (www.trade-air.com) fliegt nach Dubrovnik, Pula und Rijeka.

SCHIFF/FÄHRE

In Splits extrem geschäftigen Fährhafen kann es schon mal ganz schön hektisch zugehen – also am besten frühzeitig da sein! Die meisten Inlandsfähren legen am Gat Sv Petra ab, dem ersten von drei großen Piers. Hier gibt's auch Tickets von Jadrolinija und Kapetan Luka. Die riesigen internationalen Fähren fahren am Gat Sv Duje ab, dem zweiten Pier, an dem sich auch ein großes **Fährterminal** (Karte S. 262) mit Ticketbüro für großen Linien befindet.

Im Juli und August sowie an den Wochenenden muss man Stunden vor dem Ablegen der Autofähre erscheinen und sich mit seinem Auto in die Abfertigungsschlange einreihen. In der Nebensaison stellt sich dieses Problem nur ganz selten.

Jadrolinija (☎ 021-338 333; www.jadrolinija.hr; Gat Sv Duje bb) betreibt die meisten Fähren zwischen Split und den Inseln (S. 278) und die Nachtfähren nach **Ancona** in Italien.

Kapetan Luka (Krilo; ☎ 021-645 476; www.krilo.hr) bietet folgende Verbindungen mit Hochgeschwindigkeits-Katamaranen:

- Täglich nach **Hvar** (90 Kn, 1 Std.) und von Juni bis September zweimal täglich nach **Korčula** (130 Kn, 2½ Std.).
- Ein zusätzliches Boot nach **Hvar** fährt zwischen April und Oktober täglich und zwischen Mai und September zweimal täglich.
- Von Mai bis Mitte Oktober fährt ein Katamaran täglich nach **Milna auf Brač** (40 Kn, 25 Min.), nach **Hvar**, **Korčula** (130 Kn, 2¼ Std.), **Pomena auf Mljet** (140 Kn, 3 Std.) und **Dubrovnik** (210 Kn, 4¼ Std.).
- Von Juni bis September fährt ein Katamaran täglich nach **Bol auf Brač** (80 Kn, 50 Min.), **Makarska** (100 Kn, 1½ Std.), **Korčula** (130 Kn, 2¾ Std.), **Sobra auf Mljet** (140 Kn, 4 Std.) und **Dubrovnik** (210 Kn, 5 Std.).

JADROLINIJA-FÄHRLINIEN AB SPLIT

Die unten angegebenen Fahrpläne der Fähren gelten zwischen Juni und September. Außerhalb dieser Zeit verkehren die Fähren nach einem eingeschränkten Fahrplan.

Autofähren

ZIEL	PREIS (PERS./AUTO, KN)	DAUER (STD.)	HÄUFIGKEIT
Ancona (Italien)	ab 300/440	11	3- bis 4-mal
Drvenik Mali	30/150	2¼	wöchentl.
Drvenik Veli	30/150	2	wöchentl.
Rogač (Šolta)	33/154	1	tgl. 5- bis 6-mal
Stari Grad (Hvar)	47/310	2	tgl. 5- bis 7-mal
Supetar (Brač)	33/154	¾	tgl. 12- bis 14-mal
Ubli (Lastovo)	68/470	4½	tgl.
Vela Luka (Korčula)	60/470	2¾	tgl. 2-mal
Vis (Vis)	54/340	2¼	tgl. 2- bis 3-mal

Katamarane

ZIEL	PREIS (KN)	DAUER (STD.)	HÄUFIGKEIT
Bol (Brač)	55–80	1	tgl. 2-mal
Dubrovnik	210	6	tgl.
Hvar (Hvar)	55–110	1–2	tgl. 4- bis 8-mal
Jelsa (Hvar)	55	1½	tgl.
Korčula (Korčula)	160	3¾	tgl.
Milna (Brač)	40	½	wöchentl.
Ubli (Lastovo)	70	3¼	tgl.
Vela Luka (Korčula)	60	2¼	tgl.
Vis (Vis)	55	1½-2½	tgl.

Bura Line (☎ 095 83 74 320; www.buraline.com; Obala kralja Zvonimira bb; Erw./Kind 35/18 Kn) pendelt von Mai bis September täglich vier- bis sechsmal mit einem kleinen Boot zwischen Split und **Trogir**.

SNAV (www.snav.it) betreibt zwischen April und Oktober nächtliche Autofähren von/nach **Ancona** (ab 34 €, 11 Std.).

ZUG

Aus Zagreb (194 Kn, 6½ Std., tgl. 4-mal) und Knin (65 Kn, 2¼ Std., tgl. 3-mal) fahren Züge zum **Bahnhof Split** (Željeznica stanica Split; ☎ 021-338 525; www.hzpp.hr; Obala kneza Domagoja 9; ⏲6–22 Uhr). Am Bahnhof gibt's Schließfächer (15 Kn/Tag) in die Koffer passen, man kann sie hier aber nicht über Nacht lassen. Nahe, draußen auf der Straße gibt's noch eine **garderoba** (☎ 098 446 780; Obala kneza Domagoja 5; 15 Kn/Tag; ⏲Juli & Aug. 6–22 Uhr, Sept.–Juni 7.30–21 Uhr).

Unterwegs vor Ort

ZUM/VOM FLUGHAFEN

Flughafen Shuttlebus (☎ 021-203 119; www.plesoprijevoz.hr; Fahrt 30 Kn) Fährt mindestens 14-mal täglich die 30-minütige Strecke zwischen dem Flughafen und dem Spliter Busbahnhof (Gleis 1).

Stadtbusse 37 & 38 Die Busse zwischen Split und Trogir verkehren regelmäßig und halten alle 20 Minuten nahe dem Flughafen. Die Fahrt dauert vom lokalen Busbahnhof in der Domovinskog Rata (s. unten) 50 Minuten und damit länger als mit dem Shuttlebus, ist dafür aber auch billiger (17 Kn ab Split, 13 Kn ab Trogir).

Taxi Ein Taxi ins Zentrum von Split kostet zwischen 250 und 300 Kn.

ÖFFENTLICHE TRANSPORTMITTEL

Promet Split (☎ 021-407 888; www.promet-split.hr) betreibt ein umfangreiches Netz von Nahverkehrsbusbussen in Split (11 Kn/Fahrt) und in der Umgebung, das bis Klis (13 Kn), Solin (13 Kn), Kaštela (17 Kn), Trogir (17 Kn) und Omiš (22 Kn) reicht. Man kann die Tickets im Bus kaufen, aber am **lokalen Busbahnhof** (Karte S. 262) und an Kiosken erhält man sogenannte „Duplo"-Fahrscheine für Hin- und Rückfahrt zum Preis von nur 17 Kn. Die Busse fahren zwischen 5.30 und 23.30 Uhr ungefähr alle 15 Minuten.

RUND UM SPLIT

Kaštela

38 700 EW.

Wer Angst vor Angreifern hat, kann sich nicht viel besser einrichten als mit den Bergen im Rücken und dem Meer vor der Nase. Zumindest dachte das der dalmatische Adel, als er sich im 15. und 16. Jh. der Bedrohung einer osmanischen Invasion gegenübersah. Nach und nach zogen die reichen Familien aus Split auf den 20 km langen Küstenstreifen zwischen Trogir und Split in neu erbaute, solide palastartige Villen, bis insgesamt 17 Kastelle standen, einige mit Festungsdörfern, die in der Folge um sie herum entstanden. Die Türken haben sie nie erreicht; viele der Bauten stehen noch heute.

Kaštela ist heute eine eigene Gemeinde. Sie umfasst sieben kleine Hafenstädte, die alle nach einer Burg benannt sind und gemeinsam die zweitgrößte Stadt in der Provinz Split-Dalmatische Küste bilden. Von Split Richtung Trogir sind dies: Kaštel Sućurac, Kaštel Gomilica, Kaštel Kambelovac, Kaštel Lukšić, Kaštel Stari, Kaštel Novi und Kaštel Štafilić.

Sehenswertes & Aktivitäten

Die Hauptfernstraße führt durch die Industriegebiete am Rand von Kaštela und vermittelt einen wenig vorteilhaften Eindruck, wenn man sich aber zum Wasser wendet, kommt ein ganz anderes Kaštela, bestehend aus historischen Dörfern, die sich an die felsigen Buchten schmiegen, in Sicht. Verwirrenderweise entsprechen die Namen der sieben Siedlungen nicht immer dem der Kastelle, um die herum sie liegen. Manche Siedlungen haben mehr als eine Festung, und bei anderen gibt es auch gar keine mehr.

Wer nur einen Teil von Kaštela besuchen will, sollte sich für **Kaštel Lukšić** entscheiden, wo sich das Dvorac Vitturi erhebt, die größte und am besten erhaltene Festung von Kaštela. Heute sind darin ein Museum und die Touristeninformation untergebracht. Außerdem befinden sich in diesem Dorf eine große Barockkirche und das gar nicht wie eine Burg aussehende Kaštel Rušinac, ein Privathaus mit einem von mächtigen Wällen eingefassten Garten.

Kaštilac FESTUNG

(Kaštel Gomilica) Mitten am Ufer liegt die quadratische Festung Kaštel Gomilica auf einem vorgelagerten Felsen, der mit dem Festland durch eine Brücke verbunden ist. Das Kastell wurde für eine Gemeinschaft von Benediktinernonnen errichtet; heute drängen sich hier Privatwohnungen. *Game-of-Thrones*-Fans werden den Ort wiedererkennen: Er war eine der Kulissen für die Stadt Braavos. Rund um die Festungsinsel finden sich flache Sandstrände.

Stadtmuseum Kaštela MUSEUM, FESTUNG

(Muzej grada Kaštela; ☎ 021-260 245; www.muzej-grada-kastela.hr; Lušiško Brce 1, Kaštel Lukšić; Erw./Kind 15/5 Kn; ⌚ Juni–Sept. Mo–Fr 9–20, Sa 18–21, So 9–13 Uhr, Okt.–Mai Mo–Fr 9–16, Sa bis 13 Uhr) Das im späten 15. und frühen 16. Jh. erbaute Dvorac Vitturi war bis 1943 der Wohnsitz der Familie Vitturi und diente anschließend als Schule. Heute ist das Gebäude ein kleines Museum: Einer der Säle im Obergeschoss zeigt archäologische Funde (darunter römische Münzen, Schmuck und Töpferwaren), ein anderer, der dem Lebensstil des örtlichen Adels gewidmet ist, Möbel, Waffen und Kostüme.

Kaštel Sućurac ALTSTADT

Kaštel Sućurac besitzt einen ansprechenden Streifen von Ufercafés und ein historisches Zentrum rund um die Ruinen eines gotischen Bischofspalasts aus dem 15. Jh. Der Glockenturm ist der einzige Überrest der Pfarrkirche aus dem 16. Jh., der 1943 bei einem alliierten Bombenangriff zerstört wurde, der 67 Menschenleben forderte.

Kaštel Štafilić ALTSTADT

Kaštel Štafilić ist von zwei gedrungenen Festungen an seinem Ufer geprägt: dem Kaštel Štafileo-Rotondo (1508) und dem Fort Nehaj (1558). Im Ort finden sich außerdem eine große Renaissancekirche und in einer Nebenstraße (abseits der Sv Lucije) ein 1500 Jahre alter Olivenbaum.

Weingut Putalj WEIN

(☎ 092 37 41 545; www.putalj.com; Putaljski, Kaštel Sućurac; 80 €/Pers.) Das von einer Familie geführte, hoch in den Bergen (mit fabelhaftem Ausblick) gelegene Weingut veranstaltet am frühen Abend dreistündige Führungen durch den Weinberg und die Produktionseinrichtungen, an die sich eine – von Brot, Prosciutto und Käse begleitete – Verkostung von Wein und Olivenöl auf einer Terrasse inmitten der Weinreben anschließt. Im Preis ist der Transport von/nach Split enthalten. Auch Marktbesuche und Kochkurse lassen sich vereinbaren.

ABSTECHER

DRACHEN JAGEN NACH KLIS

Die **Festung Klis** (Tvrđava Klis; ☎021-240 578; www.tvrdavaklis.com; Klis bb; Erw./Kind 40/15 Kn; ⌚9.30–16 Uhr) beherrscht das nach Split führende Tal und erhebt sich auf einer Kalksteinspitze, die an der höchsten Stelle 385 m erreicht. Die lange und schmale Form der Festung (304 x 53 m) verdankt sich beständigen Erweiterungen im Lauf der Jahrhunderte. Drinnen kann man die ganzen Befestigungsanlagen erklimmen und das kleine Museum besuchen, in dem Schwerter, Kostüme und detaillierte Informationen zu der blutigen Vergangenheit der Anlage zu finden sind.

Die Geschichte von Klis lässt sich kurz so zusammenfassen: Gegründet wurde die Siedlung im 2. Jh. v. Chr. von den Illyrern. Dann wurde sie von den Römern erobert und war im Mittelalter eine Festung des kroatischen Fürsten Trpimir. 25 Jahre überstand sie zahlreiche Angriffe, ehe sie 1537 in die Hand der Türken fiel, 1596 auf kurze Zeit zurückerobert wurde und schließlich 1648 in den Besitz Venedigs kam. *Game of Thrones*-Fans werden in ihr Meereen wiedererkennen, wo Daenerys Targaryen in Staffel vier die ganzen widerwärtigen Sklavenmeister kreuzigen ließ. Wer Schwierigkeiten hat, sich die Szenen vorzustellen, findet in einem Raum als Gedächtnisstütze Szenenfotos aus der Serie.

Klis liegt 12 km nordöstlich vom Stadtzentrum und ist mit dem Stadtbus 22 (13 Kn) vom Trg Gaje Bulata oder von Splits Regionalbusbahnhof aus zu erreichen.

Klis ist berühmt für seine Restaurants, die Lamm vom Spieß bieten. Schon seit 1877 strömen die Einwohner Splits zum **Restoran Perlica** (☎021-240 004; www.restoran-perlica.hr; Trg Grlo 1, Klis; Hauptgerichte 50–150 Kn; ⌚9–22 Uhr; P 📶 👪), wenn sie solch einen fettigen, rauchigen, mit Knoblauch gewürzten Schmaus gönnen wollen. Von der Festung aus geht's 1,7 km (ca. 20 Gehminuten) auf der von Split wegführenden Hauptstraße weiter. Am besten bestellt man die „Plata Perlica", eine große Portion Lamm mit Kartoffeln und Gemüse.

ℹ Praktische Informationen

Touristeninformation (☎021-227 933; www.kastela-info.hr; Dvorac Vitturi, Lušiško Brce 5, Kaštel Lukšić; ⌚Juni–Okt. Mo–Fr 8–20, Sa 8–12 & 17–20, So 8–12 Uhr)

ℹ An- & Weiterreise

Der Bus 37 fährt alle 20 Minuten von Split nach Trogir und hält in allen Ortschaften von Kaštela. Kaštela kann man am besten zu Fuß oder per Fahrrad erkunden. Das Auto lässt man besser stehen, denn die Straßen sind schmal, die Parkplatzsituation ist schrecklich und die Straßenausschilderung schlecht.

Trogir

13 200 EW.

Das zauberhafte Trogir (von den Venezianern Trau genannt) liegt inmitten mittelalterlicher Mauern auf einer winzigen Insel, die durch Brücken mit dem Festland und der weitaus größeren Insel Čiovo verbunden ist. An Sommerabenden trifft sich Gott und die Welt auf der breiten Uferpromenade, die von Bars, Cafés und Jachten gesäumt ist, während die labyrinthisch verästelten Marmorgässchen geheimnisvoll unter altmodischen Straßenlaternen glänzen.

In der Altstadt sind viele wunderschöne Gebäude aus der Blütezeit der Stadt zwischen dem 13. und 15. Jh. erhalten geblieben. 1997 bescherten ihr die vielen romanischen und Renaissance-Bauwerke den Titel einer Weltkulturerbestätte.

Trogir bietet sich als Tagesausflug von Split aus an, ist aber auch eine gute Alternative als Basislager, wenn man ein paar entspannte Tage abseits der deutlich größeren Stadt verbringen möchte.

Geschichte

Umgeben von hohen Bergen im Norden und Wasser auf allen Seiten lag Trogir sicher in seinen Mauern und erwies sich für seine frühen Siedler als gute Wahl. Es wurde im 3. Jh. v. Chr. von griechischen Kolonisten gegründet und später romanisiert. Dank seiner strategisch günstigen Lage erhielt sich der Ort auch während der byzantinischen und kroatischen Herrschaft ein gewisses Maß an Autonomie, während der Handel und die nahen Minen seine wirtschaftliche Stabilität sicherten.

Im 13. Jh. florierten Bildhauerei und Architektur und spiegelten eine lebendige, dynamische Kultur wider. Als Venedig Dalmatien 1409 erwarb, weigerte sich Trogir, die neuen Herrscher zu akzeptieren, woraufhin die Venezianer die Stadt belagerten und unterwarfen. Während jedoch der Rest Dalmatiens unter venezianischer Herrschaft stagnierte, brachte Trogir weiter große Künstler hervor, die zur Schönheit der Stadt beitrugen.

Sehenswertes

★St.-Laurentius-Kathedrale KATHEDRALE

(Katedrala svetog Lovre; ☎021 881 426; Trg Ivana Pavla II; 25 Kn; ⌚Juni–Aug. Mo–Sa 8–20, So 12–18 Uhr, Sept.–Mai bis 18 Uhr) Trogirs Hauptattraktion ist diese dreischiffige venezianische Kathedrale, die vom 13. bis zum 15. Jh. errichtet wurde und einer der schönsten Kirchenbauten in Kroatien ist. Meister Radovan schuf das prächtige romanische **Portal**, das von den auf Löwen stehenden nackten Figuren von Adam und Eva flankiert ist, im Jahr 1240. Weitere schöne Skulpturen finden sich am Ende des Portikus im **Baptisterium** von 1464; die Cherubim wurden von dem Bildhauer Andrea Alessi (Andrija Aleši) geschaffen.

Drinnen sollte man die im 15. Jh. erbaute reich geschmückte **Kapelle des Seligen Johannes von Trogir (Giovanni/Ivan Orsini)** keinesfalls auslassen. Sie befindet sich auf halber Länge der linken Seitenwand und ist Trogirs erstem Bischof geweiht. Einen Blick lohnt auch die **Schatzkammer**, in der ein Elfenbeintriptychon und mehrere Reliquiare aus Silber aufbewahrt werden. Wer seinen Blick über die Altstadt schweifen lassen will, kann den 47 m hohen **Glockenturm** der Kathedrale besteigen.

Museum für sakrale Kunst MUSEUM

(Muzej sakralne umjetnosti; ☎021 881 426; Trg Ivana Pavla II 6; 10 Kn; ⌚Mo–Sa 8–20, Juni–Sept. 11.30–19 Uhr) Zu den Highlights dieses kleinen Museums gehören illuminierte Handschriften, ein großes Gemälde von Bellini, das Hieronymus und Johannes den Täufer zeigt, ein beinahe lebensgroßes Triumphkreuz und die schummrig beleuchteten Fragmente einer Ikone aus dem 13. Jh., die einst den Altar der Kathedrale zierte.

Kloster des hl. Nikolaus KLOSTER

(Samostan svetog Nikole; ☎02-881 631; Gradska 2; Erw./Kind 10/5 Kn; ⌚Juni–Sept. 10–13 & 16.15–17.45 Uhr, übrige Monate nach Vereinbarung) Die Schatzkammer dieses Benediktinerklosters birgt ein eindrucksvolles, aus orangerotem Marmor gefertigtes Relief des 3. Jhs., welches Kairos, den griechischen Gott der günstigen Gelegenheit darstellt.

Okrug Gornji STRAND

(Šetalište Stjepana Radića bb) Trogirs beliebtester Strand, der Okrug Gornji (auch als Copacabana bezeichnet), liegt 1,7 km südlich der Altstadt auf der Insel Čiovo und ist auf der Straße und per Boot erreichbar. Der 2 km lange Kieselstrand wird von Cafés, Bars, Eisdielen und Ferienwohnungen gesäumt.

Strand von Medena STRAND

Dieser Strandabschnitt an der Seget Riviera 4 km westlich der Altstadt verfügt über eine lange Promenade mit Bars, Tennisplätzen, Minigolfanlagen, Eisdielen und Ständen, die Jetskis, Kajaks und Surfbretter vermieten. Der Strand liegt zwar auf dem Gelände des Hotels Medena, einer in die Jahre gekommenen Hotelburg, ist aber für die Öffentlichkeit zugänglich, und es gibt auch Parkplätze auf dem Gelände.

Stadtmuseum Trogir MUSEUM

(Muzej grada Trogira; ☎021-881 406; www.muzejgradatrogira.blogspot.com; Gradska vrata 4; Erw./Kind 20/15 Kn; ⌚Juli & Aug. tgl. 10–13 & 18–21 Uhr, Juni & Sept. Mo–Sa, Okt.–Mai Mo–Fr 9–14 Uhr) Das in dem ehemaligen Palast Garagnin-Fanfogna untergebrachte Museum zeigt Bücher, Dokumente, Zeichnungen und Trachten aus Trogirs langer Geschichte.

Cipiko-Palast PALAST

(Velika palača Cipiko; Gradska 41) Der Palast gegenüber der Kathedrale war im 15. Jh. Wohnsitz einer prominenten Familie. Das Gebäude ist zwar nicht für die Öffentlichkeit zugänglich, man kann aber einen Blick auf die fein gearbeiteten Fenster-Triforien an der Fassade werfen, die von Andrea Alessi (Andrija Aleši) geschaffen wurden.

Rathaus HISTORISCHES GEBÄUDE

(Gradska vijećnica; Trg Ivana Pavla II 1; ⌚Mo–Fr 7–19 Uhr) Dieses Gebäude aus dem 15. Jh. neben der Kathedrale besitzt einen gotischen Hof, der mit Wappen, einer monumentalen Freitreppe und einem Brunnen geschmückt ist, auf dem der geflügelte Löwe des hl. Markus, das Emblem der Republik Venedig, prangt.

St. Sebastian KIRCHE

(Crkva Sv Sebastijana; Trg Ivana Pavla II) In dieser Kirche von 1476 finden keine Gottesdienste mehr statt. Sie beherbergt Sarkophage und Fotos der Einwohner des Ortes, die im Krieg in den 1990er-Jahren getötet wurden. Ihren Turm ziert eine große blaue Renaissance-Uhr.

Trogir

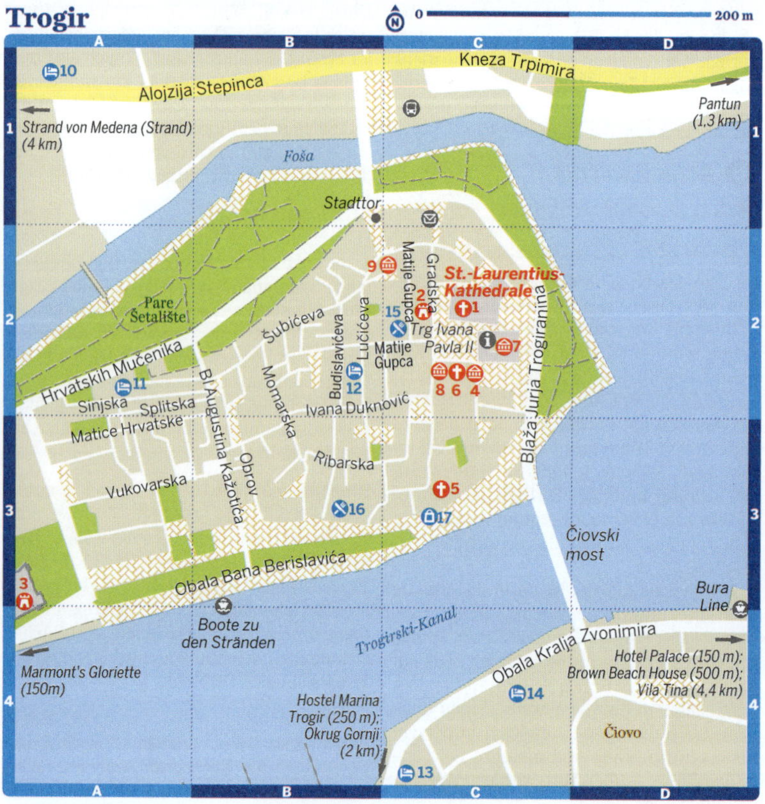

Stadtloggia HISTORISCHES GEBÄUDE
(Gradska loža; Trg Ivana Pavla II) Das offene, im 13. Jh. errichtete Gebäude am Hauptplatz enthält ein interessantes Relief des berühmten kroatischen Bildhauers Ivan Meštrović.

Festung Kamerlengo FESTUNG
(Kaštel Kamerlengo; Hrvatskog proljeća 1971 bb; Erw./Kind 25/20 Kn; ⌚9–19 Uhr) Die von den Venezianern gegen 1420 errichtete Festung war einst mit den Stadtmauern verbunden. Heute ist sie ein weitgehend leere Hülle, man kann aber oben auf der Mauerkrone herumspazieren. Während des Sommerfestivals von Trogir finden in der Festung Konzerte statt.

Marmonts Gloriette HISTORISCHES GEBÄUDE
(Marmontov glorijet) Der elegante Pavillon an der Westspitze der Insel von Trogir wurde während der napoleonischen Besetzung Dalmatiens von den Franzosen erbaut. Seinerzeit sprang er in eine sumpfige Lagune vor, und Marschall Marmont saß gern in dem von Wasser umgebenen Säulenrund beim Kartenspiel.

Feste & Events

Sommerfestival von Trogir MUSIK
(Trogirsko ljeto; ⌚Juli & Aug.) Anlässlich dieses Musikfests gibt's Konzerte mit klassischer und volkstümlicher Musik in Kirchen, in der Festung und auf den Plätzen. Plakate, die die Events ankündigen, sind in der ganzen Stadt aufgehängt.

Schlafen

Hostel Marina Trogir HOSTEL €
(☎021-883 075; www.hostelmarina-trogir.com; Cumbrijana 16; B 175 Kn; ⌚Mai–Okt.; ❄📶) Das von einem deutschen Paar geführte ausgezeichnete Hostel umfasst nur vier Schlafsäle für je sieben oder acht Personen. Die eigens angefertigten Stockbetten bieten koffergroße Schließfächer unter den Betten, Leselampen und Trennvorhänge für

Trogir

Highlights

1 St.-Laurentius-Kathedrale C2

Sehenswertes

2 Cipiko-Palast C2
3 Festung Kamerlengo A3
4 Museum für sakrale Kunst C2
5 Kloster des hl. Nikolaus C3
6 St. Sebastian C2
7 Rathaus C2
8 Stadtloggia C2
9 Stadtmuseum Trogir C2

Schlafen

10 ApartHotel Bellevue A1
11 Hotel Pašike A2
12 Hotel Tragos B2
13 Villa Moretti C4
14 Villa Tudor C4

Essen

15 Konoba Trs C2
16 Pizzeria Mirkec B3

Shoppen

17 Kleine Loggia C3

die unteren (aber nicht die oberen) Betten. Hinzu kommen außerdem noch eine Gemeinschaftsküche sowie separate Bäder für Männer und Frauen.

Villa Moretti HISTORISCHES HOTEL €€
(☎021-885 326; www.villamoretti.com; Lučica 1; Zi. 90–120 €; P ❄ 📶) In dem Palazzo aus dem 17. Jh., der sich seit 1792 im Besitz der gleichen Familie befindet, gibt's fünf geräumige, mit Antiquitäten ausstaffierte Zimmer, die über eine prächtige Treppe aus Marmor und Schmiedeeisen erschlossen sind. Zwei Zimmer öffnen sich nach hinten zu einer großen Terrasse, und alle bieten einen herrlichen Blick über die Altstadt. Die Bäder sind groß, aber ein wenig betagt.

Villa Tudor HOTEL €€
(☎091 25 26 652; www.facebook.com/VillaTudor Trogir; Obala kralja Zvonimira 12; Zi/Appartment ab 104/171 €; P ❄ 📶) Dieses kleine familiengeführte Hotel vermietet stilvolle Zimmern mit freigelegtem Mauerwerk und hellblauen Wänden und dem besten Blick auf die von Wasser umrahmte Altstadt Trogirs – eine wirklich außergewöhnliche Unterkunft. Die Doppelverglasung ist in der geschäftigen Umgebung Gold wert.

Hotel Tragos HISTORISCHES HOTEL €€
(☎021-884 729; www.tragos.hr; Budislavićeva 3; Zi ab 105€; ⏲Mai–Okt.; ❄ 📶) Das mittelalterliche Wohnhaus ist hübsch mit Natursteinwänden und Originaldetails restauriert worden. Alle zwölf Zimmer sind elegant und hübsch eingerichtet, Satelliten-TV und Minibar gehören zum Standard. Auch wer hier nicht übernachtet, sollte das Hotelrestaurant wegen seiner hervorragend zubereiteten Hausmannskost aufsuchen (Hauptgerichte ab 55 Kn); besonders lecker ist der *trogirska pašticada* (Rindereintopf nach Trogir-Art).

Vila Tina HOTEL €€
(☎021-888 001; www.vila-tina.com; Domovinske zahvalnosti 63, Arbanija; Zi. ab 85 €; P ❄ @ 📶) Das Hotel in einer kleinen Siedlung am Meer, 5 km östlich von Trogir, ist für Gäste geeignet, die über ein Auto verfügen und die kleine, mit Beton eingefasste Badestelle direkt vor der Türschwelle zu schätzen wissen. Manche der geräumigen, ordentlichen Zimmer haben große, aufs Meer blickende Balkone. Als Extras gibt's einen Whirlpool und eine Infrarotkabine.

ApartHotel Bellevue HOTEL €€
(☎021-492 000; www.bellevue.com.hr; Alojzija Stepnica 42; Zi./Apt. ab 116/139 €; ⏲April–Okt.; P ❄ 📶) In dem an Trogirs Landseite gelegenen, furchtbar an die 1990er-Jahre erinnernden Block gibt's geräumige, schlicht eingerichtete Zimmer und Apartments. Einige haben gekurvte Balkone mit Blick auf die Altstadt, aber die nach hinten gerichteten Zimmer sind ruhiger, und so toll ist der Blick von dieser Seite von Trogir ohnehin nicht.

Brown Beach House HOTEL €€€
(☎021-355 400; www.brownhotels.com; Gradine 66; EZ/DZ ab 208/260 €; ⏲März–Okt.; P ❄ 📶 🏊) Dieses luxuriöse Anwesen, das erste Haus dieser kleinen Hotelkette außerhalb Israels, ist viel schicker, als der Name vermuten lässt. Man kann kaum glauben, dass das große Steingebäude einst eine Tabakfabrik war. Die 42 sehr geräumigen Zimmer sind stilvoll, und der Eindruck raffinierten Glamours reicht hinunter bis zum Pool im Schachbrettmuster und zum Privatstrand.

Hotel Pašike HISTORISCHES HOTEL €€€
(☎021-885 185; www.hotelpasike.com; Splitska 4; Zi. ab 143 €; ❄ 📶) Das angenehme Hotel betont seine Herkunft aus dem 15. Jh. mit alten Möbeln, dunklem Holz und aufwändigen Betten. Das freundliche Personal trägt

ABSTECHER

DIE RÖMISCHE STADT SALONA

Die Ruinen der antiken Stadt **Salona** (☎021-213 358; Don Frane Bulića bb, Solin; Erw./Kind 30/15 Kn; ⌚Mo–Sa 9–19, So bis 14 Uhr) am Fuß der Berge gleich nordöstlich von Split, bilden die wichtigste archäologische Stätte Kroatiens. Man bezahlt den Eintritt zur Anlage im Tusculum nahe dem nördlichen Eingang. Das Gebäude wurde 1898 von Monsignore Frane Bulić, dem Begründer der Archäologie vor Ort, als Basislager für seine Grabungen errichtet; im Salon finden sich Exponate zu den frühen archäologischen Unternehmungen.

Salona wurde erstmals 119 v. Chr. als eine Stadt der Illyrer erwähnt und besaß damals wohl schon Stadtmauern. Die Römer eroberten den Ort 78 v. Chr.; unter Augustus war Salona dann der Verwaltungssitz der römischen Provinz Dalmatien. Kaiser Diokletian erbaute wegen des nahen Salona am Ende des 3. Jhs. seinen Palast in Split. Doch die glanzvolle Zeit endete im 7. Jh., als zunächst die Awaren und dann die Slaven einfielen und die Stadt dem Erdboden gleich machten. Die Einwohner flüchteten sich hinter die alten Mauern des Diokletianpalastes und auf die benachbarten Inseln und gaben Salona dem Verfall preis.

Viele von Salonas antiken Schätzen sind heute im Archäologischen Museum von Split (S. 265) ausgestellt, aber auch vor Ort ist noch viel erhalten. Zahlreiche Sarkophage sind über das als Manastirine bezeichnete Areal zwischen dem Parkplatz und dem Museum verstreut. Dies war die Begräbnisstätte der christlichen Märtyrer in der Zeit der Christenverfolgungen; hier finden sich auch Überreste einer frühchristlichen Basilika.

Vom Tusculum führt ein von Zypressen gesäumter Pfad gen Süden zur nördlichen Stadtmauer. Von hier hat man einen Überblick über die Fundamente der Gebäude des Bischofsbezirks, zu dem eine dreischiffige Kathedrale des 5. Jhs mit einem achteckigen Baptisterium und die Reste der Basilika des Bischofs Honorius gehören, die den Grundriss eines griechischen Kreuzes besitzt. Die Ruinen der öffentlichen **Thermen** befinden sich gleich jenseits der schmalen Gasse an der Rückseite der Basilika.

Gleich hinter dem Bischofskomplex und etwas nach rechts liegt das monumentale, aus dem 1. Jh. stammende östliche Stadttor, die Porta Caesarea, die später, als die Stadt sich nach Osten ausweitete, seine Funktion verlor und ins Stadtgebiet fiel. Man kann immer noch die Rillen sehen, die antike Räder in der Steinstraße hinterließen, sowie auch die Überreste eines abgedeckten Aquädukts, der auf der Mauerkrone verlief. Er wurde wahrscheinlich im 1. Jh. n. Chr. erbaut und versorgte Salona und den Diokletianpalast mit Wasser aus dem Fluss Jadro. Die ursprüngliche Stadt breitete sich von hier nach Westen bis zu dem riesigen Amphitheater aus dem 2. Jh. aus, das im 17. Jh. von den Venezianern zerstört wurde, damit sich in ihm keine türkischen Angreifer verschanzen konnten. Seinerzeit fanden 18 000 Zuschauer in ihm Platz, was eine Vorstellung von Größe und Bedeutung des antiken Salona vermittelt.

Der Hauptweg zum Amphitheater folgt dem Verlauf der antiken Mauer. Gleich rechts des Wegs (d. h. außerhalb der Mauer) kommt man an einer weiteren früchchristlichen Begräbnisstätte vorbei, wo Märtyrer, die im Amphitheater getötet worden waren, beerdigt wurden. Hier befinden sich auch die Überreste der zu ihren Ehren erbauten **Basilika der fünf Märtyrer** (Kapljuč basilica).

Weitere Ruinen lassen sich in den Weinbergen und Obsthainen links vom Weg entdecken, darunter die kaum erkennbaren Reste des Forums und, ganz in der Nähe, eines Theaters und eines Dionysostempels.

Salona ist von Split aus gut mit dem Stadtbus 1 (einfache Strecke/hin & zurück 13/22 Kn) zu erreichen, der vom Trg Gaje Bulata jede halbe Stunde zum Parkplatz von Salona fährt.

traditionelle Trachten, was das historische Flair zusätzlich betont. Von der kleinen Dachterrasse blickt man über die Altstadt.

Hotel Palace HOTEL €€€
(☎021-685 555; www.hotel-palace.net; Gradine 8; EZ/DZ 125/165 €; P ❄ @ 📶) Eine protzige Rezeption mit Messingsäulen und hellen Deckenpaneelen begrüßt in diesem großen, pfirsichfarbenen Hotelpalast auf der Insel Čiovo die Gäste. Die Schlafzimmer sind erfreulicherweise viel zurückhaltender gestaltet. Es gibt auch einen kleinen Spa-Komplex und einen Fitnessraum.

Essen

Pizzeria Mirkec PIZZA €€
(☎ 021-883 042; www.pizzeria-mirkec.hr; Budislavićeva 15; Hauptgerichte 45–180 Kn; ⏲ 9–24 Uhr) Dieses entspannte Lokal bietet Dutzende Tische auf der Promenade direkt am Wasser, während sich das eigentliche Restaurant gleich um die Ecke befindet. Es serviert leckere Holzofenpizzas, Omeletts, Steaks, Pasta, gegrillten Fisch und, bei Vorbestellung, traditionelle Gerichte, langsam unter der *peka* gegart. Das Frühstück (50 Kn) ist ebenfalls eine preiswerte Option.

Konoba Trs DALMATISCH €€€
(☎ 021-796 956; www.konoba-trs.com; Matije Gupca 14; Hauptgerichte 105–230 Kn; ⏲ Mo–Sa 11–24, So 17–24 Uhr) Dieses rustikale kleine Lokal könnte nicht traditioneller aussehen: Holzbänke und alte Steinmauern im Inneren und ein einladender, von Weinreben beschatteter Innenhof draußen. Auf der Karte stehen dalmatische Klassiker mit origineller, zeitgenössischer Note, etwa panierte Oktopusarme oder die Spezialität des Hauses: Lamm-*pašticada* mit Muskat, serviert mit herzhaften Pfannkuchen.

Shoppen

Kleine Loggia MARKT
(Mala loža; Obala Bana Berislavića 11; ⏲ Mai–Sept. 9–21 Uhr) Dieser historische Markt in einer halb offenen Halle schmiegt sich an die Stadtmauer und wird noch immer von Straßenhändlern genutzt, auch wenn sie heute hauptsächlich Schmuck verkaufen. Hier findet man interessante Stücke aus Steinen und Perlen aus der Region.

Praktische Informationen

Atlas Trogir (☎ 021-881 374; www.atlas-trogir.hr) Arrangiert Privatunterkünfte, organisiert Ausflüge und vermietet Autos, Roller, Fahrräder und Boote.

Portal Trogir (S. 44) Arrangiert Privatunterkünfte, verleiht Fahrräder, Roller und Kajaks und bucht Ausflüge und Abenteueraktivitäten (Quad-Safaris, Rafting, Tauchen, Canyoning).

Touristeninformation (☎ 021-885 628; www.tztrogir.hr; Trg Ivana Pavla II 1; ⏲ Mai–Sept. 8–20, Okt.–April Mo–Fr 9–17 Uhr) Im Rathaus; verteilt Stadtpläne.

An- & Weiterreise

BUS

Die Intercity-Busse halten am **Busbahnhof** (☎ 021-882 947; Kneza Tripimira bb) auf dem Festland nahe der Brücke nach Trogir. Busse fahren u. a. nach Zagreb (148 Kn, 6½ Std., tgl. 10-mal), Rijeka (230 Kn, 7½ Std., tgl. 3-mal), Zadar (73 Kn, 2½ Std., tgl. 11-mal), Split (20 Kn, 30 Min., häufig) und Dubrovnik (137 Kn, 5½ Std., tgl. 5-mal).

Der Stadtbus 37 aus Split (17 Kn) fährt alle 20 Minuten auf der Küstenstraße über Kaštela und hält auch am Flughafen. Dieser Bus ist viel langsamer als die Intercity-Busse, die die Autobahn benutzen.

SCHIFF/FÄHRE

Bura Line (S. 278) pendelt zwischen Mai und September vier- bis sechsmal täglich von/nach Split.

Jadrolinija (S. 277) betreibt täglich drei Autofähren (16/150 Kn pro Pers./Auto) von Trogir nach Drvenik Veli (1 Std.) und weiter nach Drvenik Mali (80 Min.).

Unterwegs vor Ort

Im Sommer fahren kleine Passagier-**Boote** von der Obala Bana Berislavića rechts vor dem Hotel Concordia zu den Stränden von Okrug Gornji (25 Kn) und Medena (20 Kn). Die Fahrt dauert rund 45 Minuten.

Šolta

Die 59 km² große hübsche, bewaldete Insel ist ein beliebtes Ausflugsziel für die Einwohner von Split, wenn sie der schwülen Sommerhitze entkommen wollen. Die Römer nannten die Insel Solentia (Sonne), aber schon im 4. Jh. v. Chr. trat sie unter ihrem griechischen Namen Olynthia ins Licht der Geschichte.

Der Hauptzugangspunkt zur Insel ist **Rogač**, wo die Fähren aus Split am Rand einer breiten Bucht anlegen. Eine Straße führt rund um die Bucht zu kleineren Buchten mit felsigen Stränden, eine weitere führt den Hügel hinauf nach **Grohote**, dem Verwaltungszentrum der Insel

Maslinica ist die schönste Siedlung auf der Insel; zu ihr gehören sieben vorgelagerte Inselchen. **Stomorska** ist ein weiteres prächtiges Dorf, dessen geschützter Hafen bei Seglern beliebt ist. Im Inselinneren gibt's mehrere lohnenden, familiengeführte „Agrotourismus"-Höfe, wo Besucher Olivenöl, *rakija* (Grappa) und Wein probieren und kaufen können.

In der Nebensaison ist auf Šolta nahezu alles geschlossen; dann kann es schwierig sein, eine Autovermietung oder ein geöffnetes Restaurant zu finden.

Sehenswertes

Agroturizam Ktelanac WEINGUT

(☎098 385 376; www.agroturizamkastelanac.com; Duga gomila 7, Gornje Selo; ⊙Juni–Okt. 8–22 Uhr, Nov.–Mai nach Vereinbarung) Auf dem von einer Familie geführten Hof in Gornje Selo („Oberes Dorf") kann man ausgezeichnetes Olivenöl und *dobričić,* die Rotweinsorte der Insel, bei einem Teller mit hausgemachtem Brot und Oliven probieren.

Schlafen & Essen

Martinis Marchi HOTEL €€€

(☎021-572 768; www.martinis-marchi.com; Sv Nikole 51, Maslinica; Suite ab 311 €; ⊙April–Sept.; ❄ 🏊) Das 1703 errichtete Kastell am Meer wurde in ein luxuriöses Heritage-Hotel mit sieben Suiten, Gärten, einer Marina, einer Restaurantterrasse und einem Spa umgewandelt.

Konoba Momčin Dvor DALMATISCH €€

(Šoltanskih žrtava 18, Grohote; Hauptgerichte 110 Kn; ⊙10–14 & 18–22 Uhr; 📶) Die über eine kopfsteingepflasterte Nebenstraße zu erreichende sehr stimmungsvolle Schänke ist ganz traditionell und hat eine treue Stammkundschaft. Es gibt keine Karte, und das Angebot beschränkt sich auf einige wenige Optionen, z. B. gegrillter Fisch mit *blitva* oder unter einer *peka* gedünstetes Lamm.

Praktische Informationen

Touristeninformation Maslinica (☎021-659 220; www.visitsolta.com; Briga bb; ⊙Juni–Sept. So–Mi 8–15, Fr & Sa 15–21 Uhr)

Touristeninformation Rogač (☎021-654 491; www.visitsolta.com; Obala Sv Terezije 1; ⊙Juni–Sept. Do–Di 8–14, Mi bis 12.30 Uhr)

Touristeninformation Stomorska (☎021-658 192; www.visitsolta.com; Riva Pelegrin 8; ⊙Juni–Sept. Mo, Fr & Sa 8–14, Mi, Do & So 14.30–21 Uhr)

Anreise & Unterwegs vor Ort

Vier bis sechs Autofähren von **Jadrolinija** (☎021-654 664; www.jadrolinija.hr; Obala Sv Tereze bb) fahren täglich zwischen Split und Rogač (Pers./Auto 33/154 Kn, 1 Std.). Täglich fahren drei Busse zwischen Rogač und Stomorska über Gornje Selo und weitere drei zwischen Rogač und Maslinica (je 12 Kn).

Stobreč & Podstrana

Die beiden benachbarten Siedlungen unter den Bergen am Fuß der Halbinsel von Split sind die ersten einer langen Reihe von Strandorten, die sich Richtung Südosten an der Küste entlangziehen. Sie nehmen die beiden entgegengesetzten Seiten einer geschützten Bucht ein, die vom Fluss Žrnovnica durchschnitten wird.

Mit einer Marina und einem teilweise mit Sand bedeckten Strand ist Stobreč der hübschere der beiden Orte. Gegründet wurde er im 3. Jh. v. Chr. als die griechische Stadt Epetion. Podstrana hat den Nachteil, dass die Küstenautobahn direkt durch den Ort führt, es kann aber mit ein paar schönen Stränden aufwarten.

Schlafen & Essen

Camping Stobreč CAMPING €

(☎021-325 426; www.campingsplit.com; Sv Lovre 6, Stobreč; pro Erw./Kind/Stellplatz ab 60/33/74 Kn, Hütten ab 418 Kn; @ 📶 🐾) Auf einer hübschen, von Kiefern beschatteten Landzunge am Ende der Uferpromenade von Stobreč bietet dieser gut ausgestattete Platz zwei Strände, Bars, ein Restaurant, einen Laden, einen Spielplatz und jede Menge Aktivitäten in der Nähe. Das ist der beste Campingplatz in unmittelbarer Nähe von Split. Anders als die meisten Campingplätze in Kroatien ist er ganzjährig geöffnet.

Le Méridien Lav HOTEL €€€

(☎021-500 500; www.lemeridienlavsplit.com; Grljevačka 2a, Podstrana; Zi./Suite ab 248/478 €; P ❄ @ 📶 🏊) Der Fünf-Sterne-Gigant zieht sich mit fünf untereinander verbundenen Gebäuden, 381 neutral gestalteten Zimmern, einer Marina, einem Kasino und üppigen Gartenanlagen 800 m weit am Strand hin. Aus den Zimmern hat man einen wundervollen Blick auf Split.

Kaša Grill & Bar KROATISCH €€

(☎021-325 083; www.facebook.com/kasagrillbar; Alojzija Stepinca 17, Stobreč; Hauptgerichte 50–120 Kn; ⊙12–15 & 18–24 Uhr; 📶) Grillfleisch steht im Mittelpunkt dieses freundlichen, familiengeführten Restaurants, das sich an einer Wohnstraße abseits des Ufers in Stobreč versteckt. Neben örtlichen Spezialitäten wie mit Käse und Prosciutto gefüllten Steaks gibt's hier u. a. Lammkoteletts, Kalbsleber, Hühnerfilets und Burger.

Praktische Informationen

Touristeninformation Podstrana (☎091 33 38 440; www.visitpodstrana.hr; Jurasova 2; ⊙Juli & Aug. Mo–Sa 8–12 & 16–20 Uhr, Sept.–Juni Mo–Fr 8–16 Uhr)

Touristeninformation Stobreč (☎ 021-324 016; www.visitstobrec.com; Sv Lovre 4; ⏲ April–Okt. 8–21 Uhr, Nov.–März Mo–Fr 9–16, Sa bis 14 Uhr)

An- & Weiterreise

Der Bus 25 fährt von einer Haltestelle vor dem Gemüsemarkt in Split regelmäßig nach Podstrana.

Omiš

15 000 EW.

Das legendäre Piratenversteck Omiš sitzt vor der vielleicht spektakulärsten Kulisse überhaupt an der dalmatischen Küste. An der Mündung der Cetina und am Ende einer malerischen Schlucht steht die Stadt vor kargen Steinwänden aus grau marmorierten Felsen mit zerklüfteten Gipfeln.

Der Verkehr auf der Küstenstraße kommt fast zum Stillstand, wenn sie sich zu der von dichten Eichen gesäumten Hauptstraße verengt. Auf der Landseite führt ein atmosphärisch dichtes Labyrinth aus alten Gassen zu einer kleinen Burg. Auf der anderen Seite erstreckt sich ein sandiger Kiesstrand, der im Sommer Scharen von vergnügten Familien anlockt.

Sehenswertes & Aktivitäten

Omiš bietet sich dank seiner beneidenswerten Lage für viele Aktivitäten an. Die entspannteste Option ist eine Bootsfahrt den Flusscanyon hinauf zum hübschen Radmanove Mlinice (Radmans Mühle; ca. 100 Kn). Kleine Boote liegen nebeneinander an der Brücke und legen ab, wenn sie voll sind. Weitere beliebte Aktivitäten sind Wandern, Raften und Ziplining.

St.-Michaelskirche KIRCHE
(Župna crkva sv Mihovila; Trg Sv Mihovila; ⏲ unterschiedliche Öffnungszeiten) Die im frühen 17. Jh. errichtete Pfarrkirche von Omiš steht an einem sonnigen Platz im Zentrum der Altstadt und hat einen prächtigen, aus Stein von der Insel Brač gehauenen Eingang, den korinthische Säulen schmücken, die mit einem interessanten Schuppenmuster bedeckt sind. Die einschiffige Kirche besitzt ein hohes Deckengewölbe, einen vergoldeten Hochaltar und ein paar schöne Gemälde.

Festung Mirabela BURG
(Tvrđava Mirabela; 20 Kn; ⏲ Mai–Okt. 9–21 Uhr) Dieser kleine Turm ist auch als Peovica bekannt und wurde im 13. Jh. auf einem byzantinischen Fundament aus dem 9. Jh. erbaut. Er ist über mehrere steile Treppen zu erreichen. Zwar gibt es im Inneren nicht viel zu sehen, doch lohnt es sich allemal, die Stufen hinaufzusteigen und auch die letzte Leiter zu erklimmen – man wird mit einem tollen Ausblick auf die Stadt belohnt.

Zipline ABENTEUERSPORT
(☎ 095 82 22 221; www.zipline-croatia.com; Josipa Pupačića 4; 400 Kn/Ride) An acht Seilen braust man in einer Höhe von bis zu 150 m über die Schlucht der Cetina – die längste Teilstrecke beträgt 700 m. Im Preis ist die Abholung aus Omiš inbegriffen.

Schlafen & Essen

Hotel Plaža HOTEL €€€
(☎ 021-755 260; www.hotelplaza.hr; Trg kralja Tomislava 6; Zi. ab 122 €; P ❄ 📶) Direkt am Strand liegt dieses große, moderne Hotel mit reich dekorierten Zimmern, von denen viele Balkone und einen Blick aufs Meer haben. Zu den Einrichtungen gehören ein Restaurant, ein kleiner Fitnessraum und ein Spa. Das freundliche Personal hilft den Gästen bei der Vereinbarung von örtlichen Aktivitäten.

La Fabbrica GASTROPUB €€
(☎ 091 89 00 212; www.facebook.com/lafabbricaomis; Fošal 19; Hauptgerichte 50–120 Kn; ⏲ So–Do

RAFTEN AUF DER CETINA

Die Cetina ist mit 105 km der längste Fluss Zentraldalmatiens und entspringt bei dem gleichnamigen Dorf. Sie strömt durch das Dinarische Gebirge, dann durch die Felder um Sinj und nimmt Fahrt auf, bis sie in der Nähe von Nova Sela ein Kraftwerk speist. Das ist eine außerordentlich malerische Strecke. Der klare blaue Fluss wird von hohen, dicht bewaldeten Felswänden eingefasst. Stromaufwärts von Omiš kann man vom Frühjahr bis in den Herbst raften, nach starken Regenfällen sind die Stromschnellen aber reißend, daher sollten unerfahrene Rafter im Sommer kommen.

Rafting-Veranstalter preisen ihre Touren am Flussufer an der der Altstadt zugewandten Seite der Brücke von Omiš an. Die besseren Veranstalter verlangen 200 Kn und mehr. Es gibt auch billigere Veranstalter, die aber nicht so gut sind.

9–24, Fr & Sa bis 2 Uhr; 📶) Das hipste Restaurant der Stadt serviert Burger und Steaks, traditionelle Gerichte wie *pašticada*, Pasta und Grillfisch, aber auch gewagtere Dinge wie eine Trüffel-Cappuccino-Suppe. Es herrscht eine relaxte Baratmosphäre, und im Sommer gibt's regelmäßig Livemusik.

Ausgehen & Nachtleben

Lix BAR

(Ivana Katušića 5; ⌚9–24 Uhr) Die Boheme-Typen der Stadt treffen sich in dieser winzigen Altstadtbar mit Tischen draußen auf der marmorgepflasterten Gasse und drinnen zwischen den Steinmauern im Innenraum.

Turjun BAR

(Fošal 9; ⌚Mai–Sept. 7–2 Uhr, Okt.–April bis 22 Uhr; 📶) Die Einheimischen versammeln sich in dem Turm, dem letzten Überrest des historischen Stadttors, oder sie genießen am Fußweg davor die Nachmittagssonne.

Praktische Informationen

Touristeninformation (☎021-861 350; www.visitomis.hr; Fošal 1a)

An- & Weiterreise

Der Stadtbus 60 aus Split (22 Kn) fährt alle halbe Stunde hierher. Andere Busse fahren u. a. nach Makarska (32 Kn, 45 Min., stündl.), Dubrovnik (121 Kn, 4 Std., tgl. 4-mal), Šibenik (62 Kn, 2½ Std., tgl. 2-mal) und Zagreb (140 Kn, 6 Std., tgl. 9-mal).

MAKARSKA RIVIERA

Die Makarska Riviera ist ein 58 km langer Küstenabschnitt am Fuß des Biokovo-Gebirges, dessen Klippen und Kämme die spektakuläre Kulisse für eine Reihe schöner Kieselstrände bilden. Die Hügelhänge sind vor rauen Winden geschützt und mit üppiger mediterraner Vegetation (Kiefernwäldern, Olivenhainen und Obstbäumen) bedeckt.

Wer vor allem auf einen Strandurlaub ohne die Ablenkung durch viele historische Sehenswürdigkeiten aus ist, ist an diesem Streifen mit seinem kristallklaren Wasser genau richtig. Leider ist dies aber auch einer der bebautesten und bei Pauschaltouristen besonders beliebten Abschnitte an der dalmatischen Küste. Im Juli und August drängen sich die Urlauber an der gesamten Riviera, und in vielen Hotels muss man dann mindestens sieben Nächte buchen.

Brela

1710 EW.

Der längste und vielleicht auch schönste Küstenabschnitt Dalmatiens erstreckt sich längs des Ferienorts Brela. Auf 6 km ziehen sich Kieselstrände um die dicht mit Kiefern bewachsenen Buchten, an denen man wunderbar klares Wasser und fantastische Sonnenuntergänge findet. Eine schattige Uferpromenade mit Bars und Cafés windet sich um die Buchten beiderseits des Ortes. Der beste Strand ist **Punta Rata**, eine prächtige Stelle mit Kieseln und Kiefern rund 300 m nordwestlich vom Ortszentrum.

Schlafen & Essen

Sentido Bluesun Berulia HOTEL €€€

(☎021-603 599; www.brelahotelberulia.com; Frankopanska 66; Zi. ab 212 €; ⌚Mai–Okt.; P ❄ 📶 🏊) Der frisch renovierte Vier-Sterne-Koloss mit 199 Zimmern und einem Freiluftpool erhebt sich 300 m östlich vom Ortszentrum nur einige Meter vom Strand entfernt.

Del Posto DALMATISCH €€

(☎021-604 890; Obala Sv Nikole 71, Baška Voda; Hauptgerichte 50–90 Kn; ⌚7–23 Uhr; 📶) Wer sich etwas gönnen will, unternimmt einen 20-minütigen Spaziergang zu diesem eleganten Restaurant mit Weinbar auf der Terrasse des schicken Grand Hotel Slavia in Baška Voda, der nächsten Ortschaft an der Küste. Angesichts des recht exklusiven Ambientes sind die Preise überraschend vernünftig.

Praktische Informationen

Berulia Travel (☎021-618 519; www.beruliatravel-brela.hr; Frankopanska 111) Vermittelt Privatunterkünfte, wechselt Geld, bucht Ausflüge und arrangiert Flughafentransfers.

Touristeninformation (☎021-618 455; www.brela.hr; Trg Alojzija Stepinca bb; ⌚Mai–Sept. 8–20, Okt.–April Mo–Fr 8–15 Uhr) Verteilt einen Stadtplan und eine Fahrradkarte für die Region.

An- & Weiterreise

Die meisten Busse, die über die Autobahn fahren, halten nahe der Ausfahrt nach Brela, 1 km über dem Ortszentrum. Busse fahren u. a. nach Zagreb (170 Kn, 6¼ Std., tgl. 9-mal), Šibenik (66 Kn, 3 Std., tgl. 2-mal), Split (35 Kn, 1 Std., stündl.), Makarska (18 Kn, 20 Min., stündl.) und Dubrovnik (110 Kn, 3½ Std., tgl. 4-mal).

Kostenlose Parkplätze sind selbst in der Nebensaison kaum zu finden.

Makarska

13 900 EW.

Makarska ist ein Strandresort, das spektakulär am wunderbaren Biokovo-Gebirge liegt. Während der Stadtrand etwas schäbig ist, gibt es eine lange Hafenpromenade und einen schönen Ortskern mit Häusern aus Kalkstein, der bei Sonnenuntergang in pfirsichfarbenes Licht getaucht wird. Aktivurlauber quartieren sich hier ein, um in der Umgebung zu wandern und zu klettern oder am Gleitschirm durch die Luft zu schweben. Sie schwingen sich aufs Mountainbike, windsurfen oder schwimmen in der Adria. Dabei wissen sie die guten Verkehrsanschlüsse zu schätzen.

Ein beliebtes Ziel ist Makarska bei Urlaubern aus dem benachbarten Bosnien, die in den Sommermonaten den langen, steinigen Strand der Stadt in Beschlag nehmen.

In der Hauptsaison geht es folgerichtig sehr lebhaft zu, das Nachtleben brummt und Familien mit Kindern wird viel geboten. Wer in Strandbars und Clubs abhängen möchte, Volleyball spielen und einfach ausruhen will, dem wird Makarska gefallen. Deutlich ruhiger wird es in der Nebensaison.

Sehenswertes & Aktivitäten

Makarskas Hafen und das historische Zentrum liegen an einer großen Bucht, die im Südosten von Kap Osejava und im Nordwesten von der Halbinsel Sveti Petar begrenzt wird. Der mit Kieseln bedeckte und von Hotels gesäumte **Stadtstrand** erstreckt sich vom Sveti Petar Park an der Bucht Richtung Nordwesten. Wer Partystimmung sucht, marschiert über den Stadtstrand hinaus zum **Buba-Strand** nahe dem Hotel Rivijera, wo im Sommer den ganzen Tag über laute Musik dröhnt. Im Südosten finden sich felsigere, schönere Strände, z. B. der bei FKK-Fans beliebte **Nugal**.

Städtisches Museum Makarska MUSEUM
(Gradski muzej Makarska; ☎021-612 302; Obala kralja Tomislava 17; 10 Kn; ⌚Mo–Sa 9–13 Uhr) An Regentagen kann man anhand der Sammlung von Fotos, alten Steinen und Seefahrtsrelikten etwas über die Stadtgeschichte erfahren und dabei die Zeit totschlagen.

Franziskanerkloster & Muschelmuseum KLOSTER
(Franjevački samostan & Malakološki muzej; ☎099 88 52 165; Franjevački 1; Museum 15 Kn; ⌚Museum Mai–Sept. 10–12 Uhr, Okt.–April nach Vereinbarung) In der Apsis der Klosterkirche lässt sich ein riesiges zeitgenössisches Mosaik bestaunen. Hinten (Eingang von der Alkarska) versteckt sich ein gut präsentiertes **Muschelmuseum**, dessen Exponate ein verstorbener Mönch mit viel Liebe zusammengetragen hat.

Wine Club Croatia WEIN
(☎091 57 70 053; www.wineclubcroatia.com; Workshop 300 Kn) Der begeisterte und charmante Weinkenner Daniel Čečavac veranstaltet ausgezeichnete Weinverkostungs-Events im Park und den Hotels von Kap Osejava (sowie in Baška Voda und Split), bei denen fünf hervorragende Weine und örtliche kulinarische Spezialitäten präsentiert werden. Er veranstaltet außerdem private Wein- sowie kulinarische und Sightseeingtouren (für 2–8 Pers.) zur Halbinsel Pelješac (1650 Kn), nach Vrgorac (1250 Kn) und Imotski (850 Kn).

Schlafen

Hostel Makarska SUBTUB HOSTEL €
(☎021-615 372; www.hostelmakarska.com; Prvosvibanjska 15; B 120 Kn, Zi. ab 280 Kn, ohne Bad ab 260 Kn; ⌚Mai–Sept.; P❄📶) Durch größere Renovierungen ist das seit langem beliebte Hostel zu einem der schicksten an der dalmatischen Küste geworden. Die neuen Deluxe-Zimmer sind mit künstlerischen Strichzeichnungen an den Wänden geschmückt und verfügen über stilvolle, schwarz und weiß gestaltete Bäder. Es gibt separate Schlafsäle (mit je 8 Betten) für Männer und Frauen sowie eine kleine Bar, in der auch das Frühstück serviert wird. Unbedingt sollte man Athena begrüßen, das Hündchen des Hostels.

★ **Maritimo** HOTEL €€€
(☎021-679 041; www.hotel-maritimo.hr; Cvitačke 2a; Zi ab 930 Kn; P❄📶) Das ausgezeichnete Hotel steht unmittelbar am Strand. Das Personal ist freundlich, die modernen Zimmer punkten mit Kühlschränken, Safes, guten Bädern und Balkone, die aufs Meer blicken. Frühstück wird auf der Terrasse am Wasser serviert – so könnte jeder Tag beginnen.

Essen & Ausgehen

Konoba Kalalarga DALMATISCH €
(Kalalarga 40; Hauptgerichte ab 50 Kn; ⌚Di–So 9–2 Uhr; 📶) Diese Schänke ist von gedämpfter Beleuchtung und dunklem Holz geprägt, besitzt aber auch Bänke draußen in der vom Hauptplatz von Makarska ausgehenden Gasse. Das Essen ist so wie von der *baba* (Oma): Es gibt z. B. traditionelle dalmatische Gerichte wie

ABSTECHER

LECKERES IN TUČEPI

Wer ein Auto hat, findet ein paar tolle Restaurants in den Hügeln über dem Dorf Tučepi südöstlich von Makarska.

Jeny Restaurant (☎091 58 78 078; www.restaurant-jeny.hr; Čovići 1, Gornji Tučepi; Menü mit/ohne Wein 780/600 Kn; ⊙Mitte Mai–Sept. 18–24 Uhr;) In diesem feinen Speiserestaurant an den Hängen des Berges Biokovo liegt der Schwerpunkt auf mediterraner Küche mit französischem Einschlag. Es gibt keine Gerichte von der Karte, sondern nur ein Sieben-Gänge-Menü, das auf Vegetarier oder Menschen mit Nahrungsmittelunverträglichkeiten abgestimmt werden kann – einfach beim Reservieren Bescheid sagen! Der atemberaubende Blick auf die Riviera entschädigt für das wenig interessante Dekor.

Konoba Ranč (☎021-623 563; www.ranc-tucepi.hr; Kamena 62, Tučepi; Hauptgerichte 90–200 Kn; ⊙April–Sept. 18–1 Uhr) Das rustikale Lokal abseits der Touristenströme lohnt die zehnminütige Anfahrt aus Makarska – von der Fernstraße aus der Ausschilderung folgen! Man speist auf aus Baumstämmen gefertigten Stühlen unter Olivenbäumen Grillfleisch und Fisch, mit Vorbestellung auch *peka* (Fleisch oder Meeresfrüchte aus dem Schmortopf) und trinkt dazu den Wein des Hauses. Gelegentlich gibt's auch *klapa*-Konzerte (S. 276).

pašticada (mit hausgemachter Pasta). Eine Speisekarte gibt's nicht - der Kellner erzählt, was gerade angeboten wird.

Grabovac WEINBAR
(Kačićev trg 11; ⊙April–Okt. 9–2 Uhr;) Direkt am Hauptplatz vor der Kirche serviert dieser Außenposten eines berühmten Weinguts aus Imotski (der Weinregion direkt hinter den Bergen an der bosnischen Grenze) seinen eigenen Schankwein, begleitet von schmackhaften Häppchen, z. B. regionalem Käse und *pršut* (Prosciutto).

Deep CLUB
(www.facebook.com/deepmakarska; Šetalište dr fra Jure Radića 5a; ⊙Juni–Mitte Sept. 9–5 Uhr;) In einer Höhle nahe dem **Hotel Osejava** (☎021-604 300; www.osejava.com; Šetalište dr fra Jure Radića bb; EZ/DZ ab 159/189 €; P) lockt das Deep seine trendbewusste Kundschaft mit Cocktails und DJs, die die neusten Rhythmen auflegen. Nach 23 Uhr gilt ein Grundpreis.

Praktische Informationen

Touristeninformation (☎021-612 002; www.makarska-info.hr; Obala kralja Tomislava 16; ⊙8–20 Uhr) Veröffentlicht einen nützlichen Stadtführer inklusive Stadtplan.

An- & Weiterreise

BUS

Vom **Busbahnhof** (☎021-612 333; Ante Starčevića 30; ⊙5–22.30 Uhr), vom Hafen 300 m den Hügel hinauf, fahren Busse von/nach Dubrovnik (105 Kn, 3 Std., 8-mal tgl.), Split (50 Kn, 1¼ Std., mind. stündl.), Šibenik (100 Kn, 3 Std., mind. 4-mal tgl.), Rijeka (275 Kn, 7 Std., 2-mal tgl.) und Zagreb (175 Kn, 6 Std., 10-mal tgl.).

SCHIFF/FÄHRE

Jadrolinija (☎021-679 515; www.jadrolinija.hr; Obala kralja Tomislava 15) betreibt Autofähren nach Sumartin auf Brač (Pers./Auto 30/150 Kn, 1 Std., 3-mal tgl., Juni & Sept. 4-mal, Juli & Aug. 5-mal).

Zwischen Juni und September betreibt **Kapetan Luka** (S. 277) täglich einen Hochgeschwindigkeitskatamaran nach Dubrovnik (160 Kn, 3¼ Std.), Sobra auf Mljet (140 Kn, 2¼ Std.), Korčula (130 Kn, 1 Std.), Bol auf Brač (90 Kn, 35 Min.) und Split (100 Kn, 1½ Std.).

Naturpark Biokovo

Das mächtige Biokovo-Kalksteinmassiv, die stimmungsvolle Kulisse Makarskas, bietet Wandermöglichkeiten mit vielen Aussichtspunkten. Man kann über eine 23 km lange, raue, einspurige Straße auch direkt auf den Sveti Jure (1762 m), den höchsten Gipfel des Gebirges, fahren. Den Eintritt in den **Naturpark Biokovo** (Park Prirode Biokovo; www.biokovo.com; Erw./Kind 50/25 Kn; ⊙Mitte Mai–Sept. 7–20 Uhr, April–Mitte Mai & Okt.–Mitte Nov. 8–16 Uhr) bezahlt man am Kiosk des Parks am Beginn der Biokovska, der auf den Berg führenden Hauptstraße.

Sehenswertes & Aktivitäten

Wanderer können in Makarska starten oder bis zum Parkeingang fahren. In der Touristeninformation von Makarska erhält man

Infos, welche Wege für einen geeignet sind. Man sollte viel Wasser, Sonnencreme, einen Hut und wasserdichte Kleidung mitnehmen, da das Wetter auf dem Berg plötzlich umschlagen kann. Diverse Anbieter veranstalten geführte Wanderungen und Autotouren.

Botanischer Garten Kotišina NATURSCHUTZGEBIET
(Botanički vrt Kotišina) GRATIS Gleich oberhalb des Dorfs Kotišina liegt dieser Park, der klein traditioneller botnaischer Garten ist, sondern ein wildes, 16,5 ha großes Naturgebiet am Berghang mit gut beschilderter, indigener Vegetation. In einer Höhe zwischen 350 und 500 m über dem Meeresspiegel bieten sich spektakuläre Ausblicke über die Inseln Brač und Hvar. Felspfade führen an einer Festung vorbei und in eine Schlucht hinauf. Gutes Schuhwerk ist unverzichtbar.

Schlafen

Auf der Website des Naturparks gibt's eine Liste mit Berghütten, die vor allem von Bergsteigern und „echten" Wanderern genutzt werden. Ansonsten kann man sein Lager in Makarska aufschlagen und Tagesausflüge unternehmen.

An- & Weiterreise

Um den Parkeingang von Makarska aus zu erreichen, fährt man auf der Magistrale Richtung Südosten und biegt auf die Straße nach Vrgorac ab. Nach 6 km liegt der Eingang links.

BRAČ (INSEL)

14 500 EW.

Zwei Dinge haben Brač berühmt gemacht: der schimmernd weiße Kalkstein, aus dem der Diokletianpalast in Split (und, wenn man der Behauptung Glauben schenkt, das Weiße Haus in Washington, D.C.) erbaut wurden, und Zlatni Rat, der Kieselstrand bei Bol, der sich in die Adria hineinzieht und 90 % aller touristischen Werbeplakate Kroatiens ziert.

Auf der größten Insel Zentraldalmatiens findet man mehrere Städte und Dörfer und eine spektakuläre Landschaft aus steilen Klippen, tintenblauem Wasser und Kiefernwäldern. Das Inselinnere ist von Felsbrocken übersät: Jahrhundertelang schufteten hier die Frauen und brachten die Felsbrocken weg, um das Land für Weinberge und Obsthaine freizuräumen. Wegen der rauen Lebensbedingungen zogen viele Menschen aufs Festland, um dort Arbeit zu finden, so dass das Inselinnere heute fast verlassen ist.

Die beiden wichtigsten Zentren, Supetar und Bol, sind sehr verschieden: Supetar ist nett und bescheiden, während Bol ein exklusiveres Flair verströmt.

Geschichte

In der Kopačina-Höhle in der Nähe von Supetar wurden die Überreste einer jungsteinzeitlichen Siedlung gefunden. Die ersten Einwohner, die es in die Geschichtsbücher schafften, waren jedoch die Illyrer, die in Škrip eine Festung erbauten, um sich vor einer griechischen Invasion zu schützen. Die Römer trafen 167 v. Chr. hier ein und machten sich rasch daran, die Steinbrüche nahe Škrip zu plündern und Sommerresidenzen rund um die Insel zu errichten.

Ab dem 11. Jh. gaben sich die Herren über die Insel die Türklinke in die Hand. Sie gehörte zu Venedig, Byzanz, Ungarn und Kroatien, nochmals zu Venedig und Byzanz, dann zu Omiš, wieder zu Venedig, gefolgt von Bosnien und Dubrovnik, bevor sich die Venezianer ab 1420 endgültig Brač sicherten und bis 1797 blieben. Während dieser Zeit wurden die Dörfer im Inselinneren von der Pest heimgesucht und die Einwohner zogen in die „gesünderen" Siedlungen an der Küste, was zu einer Wiederbelebung der Städte Supetar, Bol, Sumartin und Milna führte.

Nach einer kurzen Phase unter napoleonischer Herrschaft fiel die Insel in die Hände der Österreicher. Der Weinanbau florierte, bis die Reblaus um 1900 die Reben der Insel zerstörte und eine Auswanderungswel-

PAUSCHALPAKET

Das **Sensimar Adriatic Beach Resort** (021-681 400; www.sensimaradriaticbeach.com; Porat 136, Živogošće; EZ/DZ All inclusive ab 217/288 €; Mai–Sept.; P ❄ 📶 ≋) ist das beste der Pauschalhotels. Es hat einen Pool mit Blick auf den Strand und viele Bars und Restaurants. Die meisten Zimmer haben einen Ausblick, viele auch eine Balkon, und es gibt sogar „Swim-up Rooms", die sich zu einem Langschwimmbecken öffnen. Die Gäste kommen zu etwa 90 % aus Großbritannien und zu 10 % aus Skandinavien. Im Preis sind Frühstück, Mittag- und Abendessen inbegriffen.

ABSEITS DER ÜBLICHEN PFADE

RUHIGE REFUGIEN AUF BRAČ

Sumartin, die Ankunftsstelle auf Brač, wenn man aus Makarska kommt, ist ein verschlafener Hafen mit ein paar felsigen Stränden und wenig zu sehen und zu tun, aber ein angenehmer Rückzugsort aus den geschäftigeren Touristenzentren Bol und Supetar. Wer bleiben will, findet in der kleinen **Touristeninformation** (☎ 021-648 209; www.touristboard-selca.com; Porat 1; ⌚ Juli & Aug. 8–21 Uhr, Sept. & Okt. Mo–Fr 8–15, Sa bis 13 Uhr, Nov.–Juni Mo–Fr 8–15 Uhr) im Ortszentrum gleich neben der Fähranlegestelle und der Bushaltestelle eine Liste der Anbieter von Privatunterkünften.

Pučišća ist ein ruhiges Refugium an der Nordküste von Brač. Das ansprechende kleine Städtchen mit dem schwer aussprechbaren Namen erstreckt sich rund um einen von blendend weißen historischen Gebäuden umgebenen Hafen. Eines dieser Gebäude, das aus dem 15. Jh. stammende **Palača Dešković** (☎ 021-778 240; www.palaca-deskovic.com; Trg Sv Jeronima 4, Pučišća; EZ/DZ ab 154/206 €; P ❄ ☎) wurde in ein sehr stimmungsvolles Hotel umgewandelt. In einem weiteren ganz in der Nähe residiert die **Touristeninformation** (☎ 021-633 555; www.tzo-pucisca.hr; Trg Hrvatskog skupa 1; ⌚ Mai & Okt. Mo–Fr 8–12 Uhr, Juni & Sept. Mo–Sa bis 14 Uhr, Juli & Aug. tgl. bis 20 Uhr).

Eine der interessanteren Stätten auf Brač ist das Dorf **Škrip**, die älteste Siedlung auf der Insel rund 8 km südöstlich von Supetar. Die Fluchtburg der antiken Illyrer wurde im 2. Jh. v. Chr. von den Römern erobert und später von Flüchtlingen besiedelt, die dem Fall Salonas (bei Split) entkommen waren. Das **Museum der Insel Brač** (Brački otoka muzej; ☎ 091 63 70 920; Škrip; Erw./Kind 20/10 Kn; ⌚ 9–19 Uhr) ist im Kaštil Radojković untergebracht, einem Turm aus der Zeit der türkisch-venezianischen Kriege, in den Teile der antiken illyrischen Stadtmauer und ein gut erhaltenes römisches Mausoleum integriert sind.

Donji Humac, 8 km südlich von Supetar, besitzt einen Steinbruch und einen interessanten zwiebelförmigen Kirchturm. Der Hauptgrund zum Herkommen besteht allerdings darin, in der **Konoba Kopačina** (☎ 021-647 707; www.konoba-kopacina.com; Donji Humac 7, Donji Humac; Hauptgerichte 40–140 Kn; ⌚ Mo–Do 10–22, Fr & Sa bis 24 Uhr; ☎ ✎) traditionelle Spezialitäten aus Brač wie *vitalac* (Lammfleisch mit einer Füllung am Spieß gebratener Lamm-Innereien) zu verspeisen und dabei den Panoramablick ins Tal zu genießen.

Der Hafen **Milna**, 20 km südwestlich von Supetar, ist ein liebenswertes Fischerdorf, das anderswo längst von Pauschaltouristen überschwemmt worden wäre. Einstweilen wird es immer noch vor allem von Luxusjachten besucht. Das Städtchen aus dem 17. Jh. liegt am Rand eines tiefen natürlichen Hafens, den Kaiser Diokletian nutzte, um Steine für den Bau seines Palastes von der Insel nach Split zu verschiffen. Wege führen rund um das Hafenbecken mit seinen vielen Buchten, an denen sich felsige Strände finden. Den Bezugspunkt des dörflichen Bilderbuchambientes bildet der Turm der schönen, im 18. Jh. errichteten **Kirche Mariä Himmelfahrt** (Riva bb, Milna; ⌚ unterschiedliche Öffnungszeiten), die eine Barockfassade, ein schönes Deckengemälde und aufwändige Marmoraltäre besitzt.

le nach Amerika einsetzte, vor allem nach Chile. Die Insel überstand auch die Schreckensherrschaft im Zweiten Weltkrieg, als deutsche und italienische Truppen die Dörfer plünderten und niederbrannten und die Einwohner internierten oder ermordeten.

Und heute? Heute hat sich der Tourismus von dem schweren Rückschlag durch die Jugoslawienkriege Mitte der 1990er-Jahre wieder erholt und auf der Insel herrscht im Sommer reges Treiben.

ℹ An- & Weiterreise

FLUGZEUG

Der **Flughafen Brač** (BWK; ☎ 021-559 711; www.airport-brac.hr) liegt etwa 14 km nordöstlich von Bol und 38 km südöstlich von Supetar.

Kommerzielle Linienflüge gibt's hier nur zwischen Mitte Mai und September, u. a. nach Zagreb, Ljubljana, Bern, Luxemburg, Brüssel und Rotterdam.

SCHIFF/FÄHRE

Autofähren von **Jadrolinija** (☎ 021-631 357; www.jadrolinija.hr; Hrvatskih velikana bb) bedienen folgende Routen:

Split–Supetar (Pers./Auto 33/154 Kn, 50 Min.) Fährt zwischen Juni und Oktober ca. alle 90 Minuten (andere Monate alle 2 Std.). Die Fähre setzt die Passagiere im Zentrum von Supetar ab, nur ein paar Schritte vom Busbahnhof entfernt.

Makarska–Sumartin (Pers./Auto 30/150 Kn, 1 Std., 3-mal tgl., Juni & Sept. 4-mal, Juli & Aug. 5-mal). Achtung: Busse ab Sumartin fahren nur selten.

Jadrolinija betreibt folgende Hochgeschwindigkeitskatamarane:

- Mittwochs von **Split** (40 Kn, 30 Min.) und **Vis** (55 Kn, 55 Min.) nach **Milna**.
- Täglich von **Split** (55 Kn, 1 Std.) und **Jelsa auf Hvar** (35 Kn, 20 Min.) nach **Bol**. Die Tickets vorab buchen, denn sie sind in der Hauptsaison schnell ausverkauft!
- Zwischen Juni und September fährt ein zweites Boot aus **Dubrovnik** (210 Kn, 4¾ Std.) über **Korčula** (130 Kn, 2½ Std.), **Split** (80 Kn, 1 Std.) und **Hvar** (80 Kn, 50 Min.) nach **Bol**.

Kapetan Luka (S. 277) betreibt ebenfalls Hochgeschwindigkeitskatamarane:

- Zwischen Mai und Mitte Oktober täglich von **Dubrovnik** (210 Kn, 3¾ Std.) über **Pomena auf Mljet** (140 Kn, 2½ Std.), **Korčula** (130 Kn, 1¾ Std.), **Hvar** (70 Kn, 30 Min.) und **Split** (40 Kn, 25 Min.) nach **Milna**.
- Zwischen Juni und September täglich von **Dubrovnik** (210 Kn, 4 Std.), **Sobra auf Mljet** (140 Kn, 3 Std.), **Korčula** (120 Kn, 1¾ Std.), **Makarska** (90 Kn, 35 Min.) und **Split** (80 Kn, 50 Min.) nach **Bol**.

Unterwegs vor Ort

- Es gibt keine Verkehrsmittel vom Flughafen nach Supetar, man muss also ein Taxi nehmen, was rund 300 Kn (nach Bol 150 Kn) kostet.
- Supetar ist der Verkehrsknoten für die Busse auf der Insel. Busse fahren von hier u. a. nach Milna (30 Kn, 30 Min., 5-mal tgl.), Škrip (24 Kn, 15 Min., 3-mal tgl.), Pučišća (30 Kn, 35 Min., 5-mal tgl.), Bol (43 Kn, 1 Std., 5-mal tgl.) und Sumartin (43 Kn, 1¼ Std., 3-mal tgl.). Die Busse fahren im Sommer öfter und sonntags seltener.
- Ab Bol fahren weit weniger Busse. Neben denen von/nach Supetar gibt's Verbindungen nach Pučišća (30 Kn, 35 Min., 3-mal tgl.).
- Ein eigenes Auto ist nützlich zur Erkundung der kleineren Siedlungen auf der Insel. Wer die Fährgebühren für das Auto vermeiden will, kann bei den Reiseveranstaltern in den Ankunftsorten Supetar oder Bol problemlos ein Auto oder einen Motorroller mieten.

Supetar

4080 EW.

Supetar kann zwar nicht mit dem glamourösen Nachbarort Bol mithalten, ist aber durchaus ein hübsches Städtchen mit einem historischen Kern aus alten, steingepflasterten Straßen, die vom Hafen ausstrahlen, dessen Blickfang eine imposante Kirche ist. Supetar ist ein beliebtes Ferienziel für kroatische Familien; die Kieselstrände sind nur einen kurzen Spaziergang vom Stadtzentrum entfernt. Über das Wasser hat man überall einen herrlichen Blick auf Split und die Berge dahinter.

Sehenswertes

Friedhof Supetar FRIEDHOF

(Groblje Supetar; Banj bb) Dieser faszinierende Friedhof voller beeindruckender skulptierter Grabsteine ist ein unerwartetes Highlight in Supetar. Besonders imposant ist das **Mausoleum der Familie Petrinović**. Es wurde zwischen 1924 und 1927 aus weißem Brač-Stein gehauen und besteht aus fünf byzantinischen Kuppeln, einer aufwendigen Bronzetür und einem herrlichen Relief im Stil der Wiener Secession. Wenn man durch das Schlüsselloch späht, erblickt man auch das eindrucksvolle Kruzifix.

Gleich vor dem Haupteingang stehen die Ruinen einer römischen *villa rustica* (Landhaus) aus dem 6. Jh.

Kirche Mariä Verkündigung KIRCHE

(Crkva Navještenja Marijina; Radnička 4; unterschiedliche Öffnungszeiten) Die im 18. Jh. erbaute elegante, dreischiffige Barockkirche mit ihrem 35 m hohen Glockenturm bildet den Mittelpunkt des historischen Hafens im Herzen von Supetar. Aus dem blassgrün und gelb gestalteten Innnraum stechen die aufwendigen Marmoraltäre hervor. Links von der Kirche ist ein römisches Mosaik in das Straßenpflaster eingelassen, das einst den Fußboden einer frühchristlichen Basilika schmückte, die dem hl. Petrus geweiht war, nach dem die Stadt benannt ist.

Aktivitäten

Badestrände verteilen sich über die felsige Küste zu beiden Seiten des Orts. Der **Vrilo-Strand** liegt rund 100 m östlich des Zentrums. In Richtung Westen gelangt man zuerst zum Strand **Vlačica**, dann zum **Banj**, einer großen, nach Osten blickenden Kurve vor einer Kulisse von Kiefern und Strandbars. Hinter dem Friedhof folgen **Tri Mosta** und **Bili Rat** und schließlich hinter der nächsten Kurve der an einer friedlichen Bucht liegende Strand **Vela Luka**.

Schlafen

Hotel Osam HOTEL €€€

(021-552 333; www.hotel-osam.com; Vlačica 3; Zi./Suite ab 138/183 €;) Im schicken

Osam, in dem Kinder unerwünscht sind, kann man in recht ungestörter Harmonie rund um den Terrassenpool abhängen. Man sollte nach einem Zimmer mit Meerblick und Balkon fragen. Von der Dachterrassenbar hat man einen unschlagbaren Blick hinüber nach Split und auf die Berge.

Essen & Ausgehen

★ Vinotoka DALMATISCH €€

(☎021-630 969; Jobova 6; Hauptgerichte 70–150 Kn; ⏲April–Sept. 12–22 Uhr; 📶) Man sitzt in dem von Mauern umgebenen Speisesaal am Kaminfeuer oder bei warmem Wetter draußen an einem Tisch auf der Straße oder jenseits der Gasse auf der großen, verglasten Terrasse. Die Meersfrüchte sind lecker; probieren sollte man die Schalentiere mit grünen Fettuccine. Mit Vorbestellung bekommt man auch Lamm- oder Tintenfisch-*peka*.

Konoba Luš DALMATISCH €€

(☎099 80 33 646; www.facebook.com/konobalus; Glavna bb; Hauptgerichte 60–145 Kn; ⏲Mai–Okt. 17–23.30 Uhr) Die rustikale, von einer Familie geführte Taverne hoch über dem Ort an der Hauptstraße nach Mirca bietet gute traditionelle Kost, einen freundlichen Empfang und eine herrliche Aussicht. Man sichert sich einen Platz auf der Terrasse unter den Olivenbäumen und speist gegrillten Fisch oder Tintenfisch. Mit Vorbestellung gibt's auch Fleisch-, Fisch- oder Tintenfisch-*peka* oder am Spieß geröstetes Lamm.

Punta KROATISCH €€

(☎021-631 507; www.vilapunta.com; Punta 1; Hauptgerichte 75–110 Kn; ⏲April–Okt. 8–24 Uhr) Das Restaurant in fabelhafter Lage hat eine Strandterrasse mit Blick aufs Meer. Neben Spezialitäten aus Dalmatien (u. a. Fisch und Tintenfisch) gibt's auch viele Fleischspeisen vom Grill, die der Küche des kroatischen Festlands entstammen. Die aufgetragenen Portionen sind mächtig.

Beer Garden PUB

(☎095 55 67 225; www.facebook.com/beergardensupetar; Petra Jakšića 1; ⏲Mai–Okt. 8–24 Uhr)

ABSEITS DER ÜBLICHEN PFADE

EREMITAGE BLACA & VIDOVA GORA

Zwei der besonderen Sehenswürdigkeiten von Brač liegen in den Bergen zwischen Nerežišća und der Südküste. Mit einem eigenen Fahrzeug kann man sie gut bei einem einzigen Ausflug besuchen, in dem man 4 km südöstlich von Nerežišća die ausgeschilderte Ausfahrt von der Hauptstraße nimmt.

Die Anfahrt ist beim Besuch der **Eremitage Blaca** (Pustinje Blaca; ☎091 51 64 671; Erw./Kind 40/10 Kn; ⏲Juli & Aug. Di–So 9–17 Uhr, Sept.–Juni Di–So bis 15 Uhr) schon Teil des Erlebnisses: Man fährt über eine enge, raue und unbefestigte Piste und marschiert schließlich 2,5 km einen steilen Weg hinunter (gutes Schuhwerk tragen!).

Sehr viel anders dürfte es hier auch nicht ausgesehen haben, als eine kleine Gruppe von Priestern samt ihren Bediensteten, die vor den osmanischen Türken vom Festland geflohen waren, hier 1551 ankam. Zunächst suchten sie Zuflucht in einer Höhle (deren Wände heute in der Küche immer noch zu sehen sind) und bauten von dort ausgehend ihren Klosterkomplex. Bei der informativen 30-minütigen Führung kann man die Anlage besichtigen, in der viele originale Möbel, Gerätschaften und seltene Handschriften zu sehen sind.

Im 18. Jh. wurden von der Eremitage aus drei abgelegene Dörfer betreut, und die Priester betrieben in einem der Räume eine Schule, die 1963 mit dem Tod des letzten hier lebenden Priesters geschlossen wurde. Bei diesem handelte es sich um den Pater Nikola Miličević, einen außergewöhnlichen Mann, der auch ein Dichter und ein international angesehener Astronom war.

Wer kein eigenes Transportmittel hat, kann von Bol aus ein Boot bis zum Strand des Tals nehmen und von dort laufen – der Weg hinauf zum Kloster ist etwas länger. Alternativ erkundigt man sich in der Touristeninformation (S. 297) nach angebotenen Touren.

Die **Vidova Gora** ist über eine gute, durch einen Kiefernwald führende asphaltierte Straße leicht zu erreichen. Alternativ unternimmt man den anstrengenden Aufstieg von Bol aus zu Fuß (2 Std.) oder mit dem Mountainbike. Mit 778 m ist der Hügel der höchste Gipfel der kroatischen Inseln. Der Ausblick von ganz oben ist erstaunlich: Man sieht die gesamte Insel Hvar vor sich wie eine Landkarte ausgebreitet und dazu am Horizont Vis und die Berge der Halbinsel Pelješac und von Biokovo.

In dem steingepflasterten Hof abseits des Rummels auf der Uferpromenade gibt's bei Indie-Musik ein großes Sortiment regionaler und importierter Craft-Biere und dazu u.a. Burger mit Wildschwein oder Reh.

Praktische Informationen

Adriatic Experience (www.adriaticexperience.com) Veranstaltet eine Reihe maßgeschneiderter Aktivitäten, darunter Segeltouren, Radausflüge zu den Werkstätten von Steinmetzen, Weintouren und eine Tour über die Nebenstraßen der Insel.

Atlas Supetar (021-631 105; www.atlas-supetar.com; Porat 10; Mo–Fr 8–15 Uhr) Bucht Ausflüge und Privatunterkünfte, vermietet Autos und tauscht Devisen.

Touristeninformation (021-630 551; www.supetar.hr; Porat 1; Juli & Aug. 8–22 Uhr, Mai, Juni, Sept. & Okt. bis 18 Uhr, Nov.–April Mo–Fr bis 15 Uhr) In dem Büro nahe dem Fährhafen bekommt man Infos zu Sehenswürdigkeiten und Aktivitäten, eine ausführliche Liste der Privatunterkünfte und die aktuellen Fahrpläne der Busse und Fähren.

Bol

1630 EW.

Rund um eine kleine Marina liegt die hübsche Altstadt von Bol mit ihren kleinen Steinhäusern und gewundenen Straßen, die mit rosa und purpurroten Geranien geschmückt sind. Eigentliche Sehenswürdigkeiten finden sich zwar kaum, aber an vielen Gebäuden hängen Tafeln, die ihre kulturelle und historische Bedeutung erläutern.

Die Hauptattraktion vor Ort ist der Zlatni Rat, ein verführerischer, in die Adria ausgreifender Kieselstrand, der im Sommer Unmengen von Schwimmern und Windsurfern anlockt. Eine lange, von Kiefern, Skulpturen und Gärten gesäumte Uferpromenade verbindet den Strand mit der Altstadt. Bol ist im Sommer eines der beliebtesten Urlaubsziele Kroatiens und immer voller Touristen.

Sehenswertes

★Zlatni Rat — STRAND

Der meistfotografierte Strand in Kroatien ragt wie eine Zunge 400 m weit ins Meer. Trotz des Hypes und des Riesenandrangs ist das Goldene Horn ein zauberhafter Ort. Die Spitze des Strands aus feinem weißem Kies ist stets Wind und Wellen ausgesetzt. Pinien werfen Schatten auf die felsigen Klippen, die dahinter aufragen – eine der schönsten Kulissen in Dalmatien. Unmittelbar westlich des Kaps erstreckt sich ein kleiner FKK-Bereich.

Stina — WEINGUT

(021-306 220; www.stina-vino.hr; Riva bb; Verkostungen 75–295 Kn; April 11–19 Uhr, Mai & Okt. bis 21 Uhr, Juni–Sept. bis 24 Uhr) Das örtliche Weingut betreibt einen schicken, modernen Verkostungsraum direkt am Ufer im 1903 errichteten Lagerhaus der ersten dalmatischen Winzergenossenschaft. Wer um 17 Uhr kommt, kann an der 30-minütigen Führung mit einer anschließenden zwanglosen Verkostung der Spitzenweine des Guts teilnehmen, zu der einheimische kroatische Rebsorten wie *pošip, vugava, tribidrag* und *plavac mali* gehören. Zu anderen Zeiten genießt man hier einfach ein Glas Wein in einem eleganten Ambiente.

Kunstgalerie Branislav Dešković — GALERIE

(Galerija umjetnina Branislav Dešković; 021-637 092; Trg Sv Petra 1; Erw./Kind 15/5 Kn; Juli & Aug. Di–So 9–12 & 18–23 Uhr, Sept.–Juni Di–Sa 9–15 Uhr) Die in einem Stadthaus aus der Renaissance- und Barockzeit direkt am Ufer residierende ausgezeichnete Galerie zeigt Gemälde und Skulpturen kroatischer Künstler des 20. Jhs. Für eine so kleine Ortschaft ist die Sammlung erstaunlich prestigeträchtig und umfasst Werke von angesehenen Künstlern wie dem Bildhauer Ivan Meštrović und dem expressionistischen Maler Ignjat Job. Die Galerie ist nach dem aus Brač gebürtigen Bildhauer Branislav Dešković (1883–1939) benannt, der vor allem mit seinen Tierskulpturen berühmt wurde. Im Hof kann man seinen *Sich kratzenden Hund* bewundern.

Kirche Unser Lieben Frau von Karmel — KIRCHE

(Župna crkva Gospe od Karmela; Uz pjacu bb; unterschiedliche Öffnungszeiten) Die Hauptpfarrkirche von Bol ist ein hübsches, zwischen 1668 und 1788 errichtetes Barockgebäude. Die massive Steinfassade besitzt einen Ziergiebel mit eingelassener Uhr, eine fein gearbeitete Fensterrose und einen steinernen Engel, der das Schweißtuch der Veronika hält, über der Tür. Drinnen finden sich aufwendige Barockaltäre und eine fein gearbeitete Marmorkanzel.

Dominikanerkloster — KLOSTER

(Dominikanski samostan; Šetalište Anđelka Rabadana 4; unterschiedliche Öffnungszeiten) Das am Ende eines hübschen Kieselstrands gelegene Kloster wurde 1475 gegründet, ist aber bei weitem nicht das älteste Gebäude auf dem Gelände, denn die kleine Kapelle am Strand wurde bereits im 9. oder 10. Jh. auf Fundamenten aus dem 6. Jh. errichtet. In der Hauptkirche, die leider oft verschlossen ist, befindet sich ein prächtiges Altargemälde aus der Werkstatt des venezianischen Meisters Tintoretto. Das Museum vor Ort zeigt seltene Manuskripte, Münzen, liturgisches Gerät und archäologische Funde.

Aktivitäten

Bol ist ein Zentrum für Windsurfer (S. 297). Anspruchsvolle **Wanderungen** führen auf die Vidova Gora (2 Std.) und zur Eremitage Blaca (4 Std.). Es gibt auch **Mountainbiketrails** in die Berge. Tipps und einfache Landkarten findet man in der örtlichen Touristeninformation (S. 297).

Big Blue Diving TAUCHEN
(098 425 496; www.big-blue-diving.hr; Hotel Borak, Zlatnog rata 42; Tauchgang mit/ohne Ausrüstung 330/220 Kn; Mitte April–Okt. 9–19 Uhr) Veranstaltet Einführungskurse und täglich Ausflüge für qualifizierte Taucher zu Riffen, Höhlen und den Überresten einer unter Wasser liegenden und mit Mosaiken geschmückten römischen Villa.

Nautic Center Bol BOOTSFAHRTEN
(098 361 651; www.nautic-center-bol.com; Zlatnog rata 9a; Juni–Okt.) Verleiht Boote am Strand vor dem Hotel Bretanide und veranstaltet Gleitschirmflüge und Ausflüge nach Hvar, Korčula und zur Blauen Grotte von Biševo.

ABSEITS DER ÜBLICHEN PFADE

DRACHENHÖHLE

Die Wanderung zu der merkwürdigen **Drachenhöhle** (Zmajeva Špilja; 091 51 49 787; 50 Kn/Pers., mind. 200 Kn) dauert ab Murvica, 5 km westlich von Bol, rund eine Stunde. Ungewöhnliche Reliefs zieren die Höhlenwände. Man glaubt, dass die Darstellungen von einem sehr fantasievollen Mönch im 15. Jh. in den Stein gemeißelt wurden. Sie zeigen Engel, Tiere und einen Drachen mit offenem Maul in einer Verschmelzung christlicher und heidnischer Symbolik. Die Höhle kann nur im Rahmen einer geführten Tour besucht werden. Entweder ruft man Zoran Kojdić direkt an oder erkundigt sich an der Touristeninformation (S. 297). Unbedingt gute Wanderschuhe tragen.

Feste & Events

Kulturfestival Imena KULTUR
(Juni) Bei dem jährlichen Event strömen Autoren, Künstler und Musiker herbei. Drei Tage lang gibt's Ausstellungen, Lesungen, Konzerte und Happenings.

Sommerfestival von Bol KULTUR
(Bolsko lito; Juni–Sept.) Das jährliche Sommerfestival dauert von Mitte Juni bis Ende September. Es gibt Kunstausstellungen und kulinarische Events. Tänzer und Musiker aus ganz Kroatien treten in Kirchen und auf Freiplätzen auf.

Destination Ultra Regatta MUSIK
(www.ultraeurope.com; Juli) Auf Hochtouren kommt bei dieser „Regatta" nur der Puls der Fans von Electro-Tanzmusik. Diese Strandparty findet am Zlatni Rat (S. 295) am Montag nach dem großen Ultra Europe Festival (S. 267) in Split statt.

Bolska Fjera KULTUR
(5. Aug.) Bol feiert den Tag des Schneewunders seiner Schutzheiligen, der Jungfrau Maria, mit einer Prozession von Einwohnern in traditionellen Trachten, mit Musik, Tanz und einem Straßenfest.

Schlafen

Riesige Ferienresorts säumen die Promenade zwischen der Altstadt und dem Strand Zlatni Rat. Bei den meisten handelt es sich um ehemalige staatliche Hotels, die von der Bluesun-Gruppe (www.bluesunhotels.com) geführt werden; manche bieten Vollpension (Frühstück, Mittag- & Abendessen) oder Halbpension (Frühstück & Abendessen). Kleinere Hotels, Pensionen und Apartmentkomplexe verteilen sich über die von der Altstadt ausgehenden Straßen. Die örtlichen Reiseveranstalter können Privatunterkünfte vermitteln.

Villa Ana APARTMENT €
(021-635 022; www.villa-ana-bol.com; David 55a; Apt. ab 51 €; P) In diesem freundlichen familiengeführten Apartmenthotel am Ostrand von Bol wird man herzlich empfangen. Die einfachen, aber gut ausgestatteten Wohneinheiten befinden sich in zwei Blocks und teilen sich einen kleinen Swimmingpool und einen Whirlpool.

Pansion Ivan & Ivana PENSION €
(021-635 262; www.pansionivanandivana.com; Novi 10; Zi./Apt. ab 47/71 €; P) Ein junges Paar mit verwirrend ähnlichem Namen wohnt im Erdgeschoss und vermietet drei

geräumige Zimmer im Obergeschoss und ein in sich abgeschlossenes Apartment mit eigener Terrasse im hinteren Gebäudeteil. Zu jedem Zimmer im Obergeschoss gehört ein eigenes Bad im Korridor.

Hostel Bol HOSTEL €€
(☎091 50 32 271; www.facebook.com/HostelBol; Podan glavica 1d; B/Zi. ab 156/466 Kn; ⊙Mai–Sept.; P❄📶≋) In diesem gut geführten und pfiffig designten Hostel im Herzen der Altstadt haben sogar die Schlafsäle ein eigenes Bad. Ein paar der Privatzimmer bieten Blick aufs Meer und es gibt sogar ein kleines Hallenbad und eine Terrasse mit einer Küche im Freien.

Hotel Bol BOUTIQUEHOTEL €€€
(☎021-635 660; www.hotel-bol.com; Hrvatskih domobrana 19; Zi./Suite ab 137/215 €; P❄📶≋) Durch dieses zeitgenössische Boutiquehotel zieht sich ein Oliventhema – und hier ist nicht nur die Farbgebung gemeint: Die Balkone zieren eingetopfte Bäumchen und an den Wänden hängen übergroße Oliven. Ziemlich moderne Unterkunft mit schicken Zimmern, einer Sauna und einem kleinen Fitnessstudio.

Essen

Ranč DALMATISCH €€
(☎021-635 635; Hrvatskih domobrana 6; Hauptgerichte 55–190 Kn; ⊙18–23.30 Uhr) Im Ranč stechen die kleinen Dinge hervor, etwa das köstliche hausgebackene Brot und die traditionelle Fischsuppe. Das Lamm vom Spieß sowie Kalb, Lamm und Oktopus, unter der *peka* gegart, muss man vorab telefonisch bestellen.

Taverna Riva DALMATISCH €€€
(☎021-635 236; www.tavernariva-bol.com; Frane Radića 5; Hauptgerichte 95–370 Kn; ⊙März–Okt. 12–15 & 18–22 Uhr; ✎) Bols elegantestes und teuerstes Restaurant serviert erlesene, französisch abgewandelte Versionen dalmatischer Gerichte, darunter eine köstliche Fischsuppe, sahnige Pasta mit Meeresfrüchten, Gnocchi mit Trüffeln, Hummer und diverse Steaks. Man sollte Platz lassen für das Walnuss-Semifreddo zum Nachtisch. Das Lokal befindet sich auf einer hübschen Terrasse direkt über der *riva* (Uferpromenade).

Ausgehen & Nachtleben

Varadero COCKTAILBAR
(☎091 23 33 471; www.facebook.com/Varadero.Bol; Frane Radića 1; ⊙Mai–Nov. 8–2 Uhr) In dieser Open-Air-Cocktailbar am Meer trinkt man tagsüber Kaffee und frischgepressten Orangensaft unter Strohschirmen. Am Abend dagegen fläzt man bei DJs auf Sofas und schlürft fantastische Cocktails.

> **WINDSURFEN IN BOL**
>
> Zentrum des Windsurfens in Bol sind die Strände westlich des Stadtzentrums. Der Mistral (ein starker, beständiger Westwind) bläst von April bis Oktober, die besten Zeiten zum Windsurfen sind aber Ende Mai bis Anfang Juni und Ende Juli bis Anfang August. Der Wind weht in der Regel am frühen Nachmittag besonders stark und flaut gegen Abend ab.

Marinero BAR
(☎021-635 579; www.facebook.com/marinerobol; Rudina 46; ⊙8–2 Uhr; 📶) Der beliebte Treff der Einheimischen bietet eine grüne Terrasse an einem Platz, einen eleganten Innenraum, Fußball im TV, Bon Jovi aus der Stereoanlage, regelmäßig Livemusik und eine bunt gemischte, feierlustige Klientel.

Praktische Informationen

REISEBÜROS

In Bol gibt's viele Reiseveranstalter, die alle Autos und Motorroller (manchmal auch Fahrräder und Boote) vermieten und Touren, Privatunterkünfte und Verkehrsmittel buchen, z. B.:

Adria Bol (☎021-635 966; www.adria-bol.hr; Bračka 10; ⊙Juni–Sept. 8–21 Uhr, Okt.–Mai Mo–Fr bis 20 Uhr)

Bol Tours (☎021-635 693; www.boltours.com; Vladimira Nazora 18; ⊙Mai–Sept. 10–13 & 17–20 Uhr)

More (☎021-642 050; www.more-bol.com; Vladimira Nazora 28; ⊙Mai–Sept.)

TOURISTENINFORMATION

Touristeninformation (☎021-635 638; www.bol.hr; Porat Bolskih Pomoraca bb; ⊙Juli & Aug. 8.30–22 Uhr, Juni & Sept. 8.30–14 & 16–20 Uhr, Mai & Okt. Mo–Sa 8.30–14 & 16–20 Uhr, Nov.–April Mo–Fr 8.30–14 Uhr) Die hilfreiche Touristeninformation residiert in einem gotischen Stadthaus des 15. Jhs. und hat gute Infos zu Events, Sehenswürdigkeiten und Aktivitäten.

HVAR (INSEL)

11 080 EW.

Der Umriss der langen, schmalen Insel Hvar erinnert ein klein wenig an das Profil eines Urlaubers, der sich im Liegestuhl sonnt –

was nur passend ist, schließlich ist die Insel mit 2724 Sonnenstunden pro Jahr der sonnigste Ort des Landes und obendrein sein luxuriösestes Strandziel.

Der gleichnamige Hauptort der Insel bietet schicke Hotels und edle Restaurants. Und irgendwie wird man das Gefühl nicht los, dass es hier vor allem ums Sehen und Gesehenwerden geht. Sündhafte teure Jachten liegen vor Anker und spucken Hunderte junger Partylöwen aus, die auf den Tischen der legendären Strandbars des Ortes tanzen. Die nördlichen Küstenstädte Stari Grad und Jelsa sind wesentlich entspannter und lässiger.

Im Inselinneren verstecken sich verlassene uralte Weiler, zerklüftete Gipfel, Weingüter und die Lavendelfelder, für die die Insel berühmt ist. Es lohnt sich, diese Gegend auf einem Tagesausflug zu erkunden. Gleiches gilt für die Südküste der Insel, an der sich ein paar der schönsten und einsamsten Buchten Hvars befinden.

An- & Weiterreise

Hvar hat zwei Haupthäfen für Autofähren: einen nahe Stari Grad und einen zweiten bei Sućuraj an der Ostspitze der Insel. **Jadrolinija** (☎ 021-765 048; www.jadrolinija.hr; Trajeknto pristanište 1) fährt von beiden Häfen auf folgenden Routen:

- **Split–Stari Grad** (Pers./Auto 47/310 Kn, 2 Std., mind. tgl. 3-mal).
- **Drvenik–Sućuraj** (16/108 Kn, 35 Min., mind., tgl. 6-mal). Achtung: Die Busverbindungen von/nach Sućuraj sind sehr begrenzt.
- Im August legen am Wochenende einige Fähren zwischen Split und Ancona (Italien) in **Stari Grad** an.

Jadrolinija betreibt folgende Hochgeschwindigkeitskatamarane:

- Täglich von Split (55 Kn, 1½ Std.) und Bol auf Brač (35 Kn, 20 Min.) nach **Jelsa**.
- Täglich von Split (55 Kn, 1 Std.), Vela Luka auf Korčula (40 Kn, 55 Min.) und Ubli auf Lastovo (55 Kn, 2 Std.) nach **Hvar (Ort)**.
- Nur dienstags legt der Katamaran auf der Strecke von Split (55 Kn, 1¼ Std.) nach Vis (40 Kn, 50 Min.) in **Hvar (Ort)** an.
- Von Mai und September bis zu fünfmal täglich zwischen **Hvar (Ort)** und Split (110 Kn, 1 Std.).
- Zwischen Juni und September täglich von Split (110 Kn, 2 Std.), Bol (80 Kn, 50 Min.), Korčula (120 Kn, 1½ Std.) und Dubrovnik (210 Kn, 3½ Std.) nach **Hvar (Ort)**.

Kapetan Luka (S. 277) bietet folgende Katamarane nach **Hvar (Ort)**:

- Täglich von Split (90 Kn, 1 Std.) und Korčula (110 Kn, 1¼ Std.), zwischen Juni und September zweimal täglich.
- Zwischen April und Oktober täglich und zwischen Mai und September zweimal täglich ab Split.
- Zwischen Mai und Mitte Oktober täglich von Dubrovnik (210 Kn, 3 Std.), Pomena auf Mljet (140 Kn, 1¾ Std.), Korčula (110 Kn, 1 Std.), Milna auf Brač (70 Kn, 30 Min.) und Split.

Unterwegs vor Ort

Die Busfahrpläne richten sich nach den Ankunftszeiten der meisten Fähren, die am Hafen bei Stari Grad anlegen. Die Busse fahren in den Hauptort Hvar (27 Kn, 20 Min.), ins Zentrum von Stari Grad (13 Kn, 10 Min.) und nach Jelsa (33 Kn, 40 Min.). Außerdem verbinden sie Hvar mit Stari Grad (30 Kn, 30 Min., 9-mal tgl.) und Jelsa (33 Kn, 50 Min., 8-mal tgl.) und auch Stari Grad mit Jelsa (30 Kn, 25 Min., 13-mal tgl.). In der Nebensaison werden die Verbindungen seltener bedient.

Hvar (Ort)

4260 EW.

Hvar ist das Zentrum der Insel und ihr beliebtestes Ziel – der Ort zieht in der Hochsaison täglich rund 20 000 Besucher an. Erstaunlich, aber wahr: Sie passen tatsächlich alle in dieses kleine Städtchen an der Bucht, in der Mauern aus dem 13. Jh. wunderschön verzierte gotische Paläste und verkehrsberuhigte Marmorstraßen umringen.

Besucher können über den Hauptplatz flanieren und die Sehenswürdigkeiten in den alten Steinstraßen bestaunen, an zahlreichen Stränden baden oder einen Ausflug zu den bei Nudisten beliebten Pakleni-Inseln machen. Die meisten wollen allerdings vor allem eines: Feiern! Hvars Ruf als Kroatiens wichtigstes Partymekka ist hart erkämpft.

Es herrscht kein Mangel an guten Restaurants, Bars und Hotels. Da die Insel aber vor allem gut betuchte Gäste anzieht, muss man auf ziemliche dreiste Preise gefasst sein. Urlauber mit knapper Reisekasse sollte das aber nicht abschrecken: Privatunterkünfte und diverse Hostels richten sich an eine jüngere, buntere Gästeschar.

Sehenswertes

Hvar ist ein so kleines und übersichtliches Städtchen, dass die Straßen erst kürzlich Namen erhielten, die aber niemand wirklich benutzt. Der historische Teil des Orts rund um den Trg Sv Stjepana (Stefansplatz) ist verkehrsberuhigt, sodass die Ruhe in den kleinen mittelalterlichen Gassen erhalten bleibt. Eine lange Uferpromenade geht vom

Hvar (Ort)

Ort in beide Richtungen aus. An ihr finden sich kleine felsige Buchten, Hotels, Bars und Restaurants.

Fortica FESTUNG

(Tvrđava Španjola; Karte S. 300; ☎021-742 608; Biskupa Jurja Dubokovića bb; Erw./Kind 40/20 Kn; ⏲April–Okt. 8–21 Uhr) Die hoch über der Stadt thronende, abends golden erleuchtete mittelalterliche Festung nimmt das Gelände einer antiken illyrischen Siedlung aus der Zeit vor 500 v. Chr. ein. Der Ausblick hinunter auf Hvar und die Pakleni-Inseln ist prachtvoll und lohnt den mühseligen Aufstieg durch die Straßen der Altstadt. Hinter den Stadtmauern geht's dann gemächlicher den von Bäumen beschatteten Hügel zur Festung hinauf, man kann die ganze Strecke aber auch fahren (Taxi 100 Kn).

Schon die Byzantiner errichteten hier im 6. Jh. eine Zitadelle, und im Jahr 1278 begannen die Venezianer mit dem Bau der gegenwärtigen Festung. Sie wurde 1551 verstärkt, sodass sich die Bewohner Hvars 1571 in sie flüchten konnten, als die Türken die Stadt plünderten. Die Österreicher renovierten die Festung im 19. Jh. und fügten Baracken hinzu. In der Festung kann man sich eine Sammlung vom Meeresboden geborgener antiker Amphoren ansehen und ein Terrassencafé besuchen.

Hvar (Ort)

Sehenswertes
1 Franziskanerkloster ... C3

Schlafen
2 Apartments Ana Dujmović ... B1
3 Apartments Ivanović ... D2
4 Apartments Komazin ... D3
5 Kapa ... D3
6 Luka's Lodge ... D2
7 Villa Skansi ... D3
8 Violeta Hvar ... B2

Ausgehen & Nachtleben
9 Falko ... A2
10 Hula-Hula Hvar ... A2

Trg Sv Stjepana PLATZ

(Karte S. 300; Stefansplatz) Der eindrucksvolle rechteckige Platz, der sich vom Hafen bis zur Kathedrale erstreckt, wurde durch das Zuschütten eines Meeresarms gewonnen, der einst von der Bucht ausging. Mit 4500 m² ist dies einer der größten alten Plätze in Dalmatien. Das im 13. Jh. entstandene, ummauerte Zentrum der Stadt Hvar bedeckt die Hänge im Norden. Erst im 15. Jh. wurde die Stadt Richtung Süden erweitert.

Sehenswert ist der Brunnen, der sich unter den Sonnenschirmen der Restaurants gleich neben der Kathedrale versteckt. Er

Hvar (Ort) Zentrum

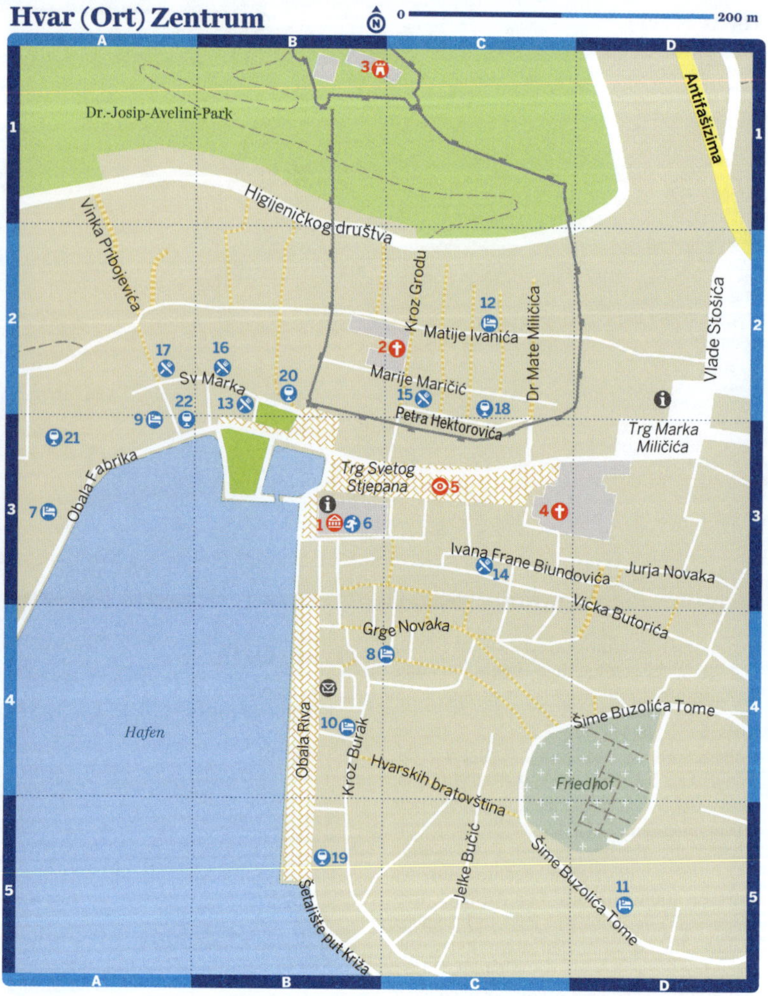

stammt von 1520 und ist mit einem schmiedeeisernen Gitter aus dem Jahr 1780 ausgestattet.

Kathedrale des hl. Stefan KATHEDRALE
(Katedrala svetog Stjepana; Karte S. 300; Trg Sv Stjepana bb; ⌚unterschiedliche Öffnungszeiten) Die barock anmutende Kathedrale bildet die prächtige Kulisse des Hauptplatzes. Sie wurde im 16. und 17. Jh. auf dem Höhepunkt der dalmatischen Renaissance erbaut, um den von den Türken zerstörten Vorgängerbau zu ersetzen. Von diesem sind u. a. noch Heilige darstellende Steinreliefs nahe der Rückwand des Schiffs und geschnitztes Chorgestühl aus dem 15. Jh. erhalten. Das auffälligste bauliche Merkmal der Kathedrale ist der hohe, rechteckige Glockenturm, der seltsam kopflastig wirkt, weil pro Stockwerk ein weiteres Fenster hinzugefügt wurde.

Episkopalmuseum MUSEUM
(Biskupski Muzej; Karte S. 300; ☎021-743 126; Trg Sv Stjepana 26; 10 Kn; ⌚Juni–Sept. Mo–Fr 9–12 & 17–19, Sa 9–12 Uhr) Die Schatzkammer neben der Kathedrale birgt Silbergefäße, bestickte liturgische Gewänder, zahlreiche Madonnen, eine Ikone aus dem 13. Jh., einen fein gearbeiteten Sarkophag und seltsamerweise auch eine Briefmarkensammlung. Ein

Hvar (Ort) Zentrum

Sehenswertes
1 Arsenal ... B3
2 Benediktinerkonvent ... C2
Episkopalmuseum ... (siehe 4)
3 Fortica ... B1
4 Kathedrale des hl. Stefan ... C3
5 Trg Sv Stjepana ... C3

Aktivitäten, Kurse & Touren
6 Hvar Adventure ... B3

Schlafen
7 Adriana ... A3
8 Helvetia House ... C4
9 Hostel Marinero ... A3
10 Hvar Out Hostel ... B4
11 Jagoda & Ante Bracanović House ... D5
12 Old Town Hvar Apartments ... C2

Essen
13 Dalmatino ... B2
14 Fig ... C3
15 Grande Luna ... C2
16 Lola ... B2
17 Mizarola ... A2

Ausgehen & Nachtleben
18 3 Pršuta ... C2
19 Carpe Diem ... B5
20 Central Park Club ... B2
21 Kiva Bar ... A3
22 Nautica ... A3

besonderes Highlight ist der goldene Altarkelch des 15. Jhs., ein Geschenk des letzten Königs von Bosnien.

Arsenal HISTORISCHES GEBÄUDE
(Karte S. 300; Trg Sv Stjepana) Das in venezianischen Dokumenten als „schönstes und nützlichstes Gebäude in ganz Dalmatien" bezeichnete Arsenal diente einst als Werfthalle zur Reparatur von Kriegsgaleeren. Das heutige Gebäude von 1611 ersetzt ein älteres, das von den Osmanen zerstört worden war. Man kann das Gebäude zwar nicht durch den großen, anmutigen Bogen betreten, wohl aber die Treppe zur Terrasse hinaufsteigen, um den Ausblick über den schönen Hafen von Hvar zu genießen.

Im Obergeschoss befindet sich ein stimmungsvolles, mit Fresken und barocken Loggien verziertes Theater. Es wurde 1612 eröffnet und gilt als das erste Theater Europas, in dem der Adel und das gemeine Volk gleichermaßen Zutritt hatten. Es blieb die Jahrhunderte über ein regionales Kulturzentrum, in dem bis ins Jahr 2008 Theatervorstellungen gab.

2016 wurden unter dem Fußboden des Arsenals die Überreste eines römischen Gebäudes aus dem 1. Jh. entdeckt. Der gesamte Komplex ist seit vielen Jahren wegen Renovierungsarbeiten geschlossen, Teile sind aber bereits fertiggestellt und werden gelegentlich für besondere Events genutzt.

Benediktinerkonvent KLOSTER
(Muzej Hanibal Lucić; Karte S. 300; 021-741 052; Kroz Grodu bb; 10 Kn; Mai–Okt. Mo–Sa 10–14 & 17–19 Uhr) Hier wurde 1485 der kroatische Dramatiker und Poet Hanibal Lucić geboren, aber seit 1664 war das Stadthaus Sitz einer Gemeinschaft von Benediktinerinnen. Die Nonnen perfektionierten im Lauf der Jahrhunderte die Kunst, aus den Fäden getrockneter Agave-Blätter feine Spitze zu sticken. Dieses alte Kunsthandwerk wurde kürzlich in die Liste des immateriellen Kulturerbes der UNESCO aufgenommen. Ein kleines Museum zeigt Arbeiten der Nonnen sowie Gemälde und liturgisches Gerät.

Franziskanerkloster KLOSTER
(Franjevački samostan; Karte S. 299; Šetalište put Križa 15; Museum 30 Kn; Mai–Okt. Mo–Sa 9–15 & 17–19 Uhr) Das Franziskanerkloster des 15. Jhs. blickt auf eine hübsche Bucht und hat einen eleganten Glockenturm, der im 16. Jh. von einer bekannten Steinmetzfamilie aus Korčula erbaut wurde. Der Renaissance-Kreuzgang führt zu einem Refektorium, in dem Spitzenarbeiten, Münzen, Seekarten und wertvolle Dokumente, darunter eine 1524 gedruckte Ausgabe von Ptolemäus' *Atlas* aufbewahrt werden. Drinnen fällt das 8 x 2,5 m große *Letzte Abendmahl* ins Auge, ein Anfang des 17. Jh. geschaffenes Werk des venezianischen Meisters Matteo Ingoli.

Weitere schöne Gemälde finden sich in der angrenzenden, der Schutzmantelmadonna geweihten Kirche, darunter drei 1583 entstandene Polyptychen von Francesco da Santacroce, die das Hauptwerk dieses Malers darstellen.

Aktivitäten

Hvar Adventure ABENTEUERSPORT
(Karte S. 300; 021-717 813; www.hvar-adventure.com; Jurja Matijevića 20; April–Sept.) Diese Agentur ist eine Anlaufstelle für Aktivitäten aller Art: Kajakfahren, Segeln, Radfahren, Klettern, Wandern, Fallschirmspringen, Jeep-Safaris, Triathlon-Training und, um

mal eine Verschnaufpause einzulegen, auch für Weintouren.

Schwimmen

Bei den meisten Badestellen an der Promenade westlich vom Zentrum handelt es sich um kleine, felsige Buchten, die teilweise um Betonplattformen zum Sonnenbaden erweitert wurden. Man kann herumlaufen und einfach seine Wahl treffen, sollte aber auf die Preise achten, bevor man sich auf einer Strandliege niederlässt, denn das ist mancherorts absurd teuer (z.B. kostet es beim historischen Strandclub Bonj Les Bains 325 Kn/Tag).

Wer nichts gegen einen etwas längeren Marsch hat, findet in der entgegengesetzten Richtung größere Kieselstrände. Ein 30-minütiger Spaziergang vom Zentrum nach Süden und dann nach Osten bringt einen zum größten, dem **Pokonji Dol**. Von dort gelangt man in weiteren 25 Minuten über einen malerischen, aber felsigen Pfad zum abgeschiedenen Strand von **Mekićevica**.

Alternativ kann man auch ein Bootstaxi zu den Pakleni-Inseln oder zu einem der weiter östlich an der Küste gelegenen Strände nehmen, z.B. zu den Stränden von **Milna** oder **Zaraće**. Besonders zu empfehlen ist **Dubovica**: Hier liegen einige wenige Steinhäuser und ein paar Cafébars an einem prächtigen Strand, und der Kontrast der weißen Kiesel mit dem leuchtenden blaugrünen Wasser ist hinreißend. Wer mit dem eigenen Auto unterwegs ist, kann an der Fernstraße unweit der Stelle, wo sie durch den Tunnel ins Hinterland abschwenkt, parken und über einen rauen Steinpfad zum Strand von Dubovica laufen.

Wandern & Radfahren

Es gibt 120 km an Wanderwegen und 96 km markierter Radwege in der Nähe der Stadt Hvar; Infos erhält man bei der Touristeninformation (S. 305).

Feste & Events

Sommerfestival Hvar MUSIK
(Hvarske ljetne priredbe; www.hvarsummerfestival.hr; ⌚ Juni–Sept.) Bei dem den ganzen Sommer dauernden Musik- und Kulturfestival gibt's Konzerte auf dem Trg Sv Stjepana und im Kreuzgang des Franziskanerklosters.

Ultra Beach MUSIK
(www.ultraeurope.com; Tickets 99 €; ⌚ Juli) Die zur Destination Ultra gehörende riesige Poolparty steigt im Hotel Amfora in der Woche, die auf das elektronische Dancemusic-Festival Ultra Europe (S. 267) in Split folgt. Der Tag endet mit der Resistance Party im Carpe Diem.

Schlafen

Hvar gehört zu den beliebtesten Zielen an der Adria, allzu viele Schnäppchen sollte man also nicht erwarten. Selbst die Hostels steigen im Sommer preislich aus der Budget- in die Mittelklasse auf. Die Unterkünfte sind im Juli und August größtenteils ausgebucht, obwohl es mehrere große Hotels, diverse Hostels und jede Menge familiengeführte Apartment-Komplexe gibt.

Kapa HOSTEL €
(Karte S. 299; ☎ 091 92 41 068; karmentomasovic@gmail.com; Martina Vučetića 11; B/Zi. ab 28/60 €; ⌚ Mai–Okt.; P ❄ 📶) Der Vorteil der Lage am südlichen Ende der Stadt besteht in einer weitläufigen Umgebung mit herrlichen Sonnenuntergängen. Das Hostel wird von einem jungen Geschwisterpaar geführt, die in ihrem großen Familienhaus wohnen. Die Schlafsäle bieten Platz für vier bis sechs Personen, und es gibt auch Doppelzimmer mit eigenem Bad.

Haus von Jagoda & Ante Bracanović PENSION €
(Karte S. 300; ☎ 021-741 416; www.hvar-jagoda.com; Šime Buzolića Tome 21; Zi./Apt. 380/560 Kn) In diesem großen Privathaus an einer Wohnstraße mit sehr ruhigen Nachbarn (nebenan ist ein Friedhof) werden drei ordentliche Zimmer und ein Apartment jeweils mit eigenem Kühlschrank, Balkon und Bad vermietet. Es gibt auch eine Gästeküche.

Hvar Out Hostel HOSTEL €
(Karte S. 300; ☎ 021-717 375; Kroz Burak 32; B ab 200 Kn; ⌚ Mai–Mitte Okt.; ❄ 📶) Nur Schritte vom Hafen entfernt bietet dieses geschäftige Backpacker-Hostel gut ausgestattete Schlafsäle mit vier bis zwölf Betten und Schließfächern, eine kleine Gemeinschaftsküche und eine Terrasse im obersten Stock mit Blick aufs Wasser. Man bucht online über www.hostelworld.com.

Hostel Marinero HOSTEL €
(Karte S. 300; ☎ 091 41 02 751; www.hostel-marinero-hr.book.direct; Sv Marka 7; B 33–37 €; ⌚ Mitte Mai–Sept.; ❄ 📶) Das mitten in Hvars Partyzone liegende Hostel hat sechs schlichte, aber saubere Schlafsäle mit großen Schließfächern. Es gibt keine Gemeinschaftsküche, aber im Restaurant im Erdgeschoss kann

man sich gut unter die anderen Gäste mischen. Man muss etwas Lärm in Kauf nehmen, denn die Kiva Bar liegt gleich nebenan.

Apartments Ana Dujmović APARTMENTS €€
(Karte S. 299; ☎098 838 434; www.visit-hvar.com/apartments-ana-dujmovic; Biskupa Jurja Dubokovića 36; Apt. ab 65 €; P ❄ 📶) Dieses Band aus komfortablen Ferienwohnungen liegt hinter einem Olivenhain nur zehn Gehminuten vom Ortszentrum und, wichtiger, fünf Gehminuten vom Strand und der Bar Hula-Hula entfernt. Wenn man anruft, holt einen die freundliche Besitzerin aus dem Ortszentrum ab.

Apartments Komazin APARTMENTS €€
(Karte S. 299; ☎091 60 19 712; www.croatia-hvar-apartments.com; Nikice Kolumbića 2; Zi./Apt. ab 80/110 €; ❄ 📶) Mit sechs hellen Apartments und zwei Privatzimmern, die sich eine Küche teilen, ist das mit Bougainvilleen geschmückte Komazin eine attraktive Option mit einem Spitzenplatz im Ferienwohnungsangebot. Was den Apartments an Stil vielleicht fehlt, machen sie durch ihre Geräumigkeit mehr als wett. Der Besitzer ist zudem äußerst zuvorkommend.

Apartments Ivanović APARTMENT €€
(Karte S. 299; ☎021-741 332; www.ivanovic-hvar.com; Ivana Buzolića 9; Zi./Appartment ab 87/90€; P ❄ 📶) In diesem großen und modernen dreistöckigen Haus stehen ein Doppelzimmer und fünf Ferienwohnungen zur Wahl, alle mit Balkon und Bad. Die Gastgeberin spricht sehr gut Englisch und heißt ihre Gäste mit einem Gläschen auf der großen, von Weinreben beschatteten Terrasse willkommen.

Violeta Hvar APARTMENTS €€
(Karte S. 299; ☎099 33 44 779; ursa.lavanda@gmail.com; Biskupa Jurja Dubokovića 22; Zi./Apt. ab 110/156 €; ❄) In dem stilvollen Apartmentblock gleich oberhalb der Stadt schmücken großformatige Inselbilder die weißen Wände. Alle Zimmer und Apartments haben große Balkone und jene im obersten Stockwerk auch Meerblick.

Helvetia House HOSTEL €€
(Karte S. 300; ☎091 34 55 556; rino.hajduk@gmail.com; Grge Novaka 6; B/2BZ/Apt. ab 190/460/760 Kn; ⌚April–Sept.; ❄ 📶) Das von einem freundlichen Insulaner, der in dem alten Steinhaus seiner Familie wohnt, geführte Hostel gleich hinter der Uferpromenade hat nur ein paar Schlafsäle und Privatzimmer. Das Highlight ist die Dachterrasse, von der die Gäste einen unverstellten Ausblick auf den Hafen und die Pakleni-Inseln genießen können.

Villa Skansi HOSTEL €€
(Karte S. 299; ☎021-741 426; hostelvillaskansi1@gmail.com; Domovinskog rata 18; B/Zi. ab 190/700 Kn; ⌚Juni–Sept.; ❄ @ 📶) Hvars größtes Hostel bietet leuchtend bunte Schlafsäle, schicke Badezimmer, eine tolle Terrasse mit Meerblick, eine Bar, einen Büchertausch und einen Wäschedienst. Es vermietet Motorroller und Boote. Die netten, aber überteuerten Privatzimmer befinden sich in einem separaten, von Zitrusbäumen, Granatapfelbäumen und Bougainvilleen umgebenen Block gleich nebenan. Jeden Abend gibt's Grillfeste oder Pub-Crawls.

Luka's Lodge HOSTEL €€
(Karte S. 299; ☎021-742 118; www.lukalodgehvar.hostel.com; Šime Buzolića Tome 75; B/Zi. ab 43/69 €; P ❄ @ 📶) Der freundliche Eigentümer Luka kümmert sich in dem gemütlichen, fünf Gehminuten vom Hafen entfernten Hostel wirklich um seine Gäste. Alle Zimmer haben einen Kühlschrank, manche auch einen Balkon. Es gibt ein Wohnzimmer, zwei Terrassen, eine Freiluftküche und einen Wäschedienst. Wenn er Zeit hat, holt Luka die Gäste vom Fähranleger ab.

Old Town Hvar Apartments APARTMENTS €€€
(Karte S. 300; ☎097 78 03 700; ivanaukic@net.hr; Matije Ivanića 10; Apt. 150 €; ❄ 📶) Versteckt in der von der Stadtmauer umgebenenen Altstadt von Hvar bietet diese von einer Familie geführte Unterkunft drei schicke Apartments. Die Apartments 1 und 2 teilen sich eine Terrasse im 1. Stock, das Apartment 3 hat seine eigene Terrasse mit tollem Blick über die Dächer der Stadt.

Adriana HOTEL €€€
(Karte S. 300; ☎021-750 200; www.suncanihvar.com; Obala Fabrika 28; Zi./Suite ab 380/643 €; ⌚April–Dez.; ❄ 📶 🏊) Das 2018 komplett renovierte Luxus-Spahotel hat helle, schicke Zimmer mit Blick auf das Meer und die mittelalterliche Stadt. Zu den Einrichtungen gehören das Spa-Center Sensori, ein Pool mit Cocktailbar auf dem Dach und diverse Restaurants im Haus.

Essen

Die Gastroszene von Hvar ist gut und recht vielfältig, auch wenn sich viele Restaurants wie auch die Hotels an wohlhabendere

Gäste richten. Man sollte unbedingt das *hvarska gregada* kosten (den traditionellen Fischeintopf der Insel); mitunter muss man ihn vorbestellen.

Lola STREETFOOD €€

(Karte S. 300; Sv Marak 10; Hauptgerichte 59–119 Kn; ⏲10–14 & 18–2 Uhr;) In dem brummenden kleinen Laden gibt's tolle Cocktails und schmackhafte Snacks aus aller Welt – von Empanadas und Burgern bis zu Pulled-Pork-Brötchen und Lammcurry. Man schnappt sich einen Tisch draußen auf der Gasse und genießt das Ambiente.

Mizarola PIZZA €€

(Karte S. 300; ☎098 799 978; www.facebook.com/mizarolahvar; Vinka Pribojevića 2; Hauptgerichte 55–180 Kn; ⏲12–24 Uhr;) Das Mizarola hat eine treue einheimische Stammkundschaft – zum einen, weil es eines der wenigen auch in der Nebensaison geöffneten Lokale ist, vor allem aber wegen seiner beliebten Pizzas auf neapolitanische Art. Es gibt auch andere Speisen (Pasta, Gnocchi, Risotto, Grillfleisch, Fisch), aber die Pizza steht eindeutig im Mittelpunkt. Man isst sie oben auf der Dachterrasse.

Fig CAFÉ €€

(Karte S. 300; ☎099 26 79 890; www.figcafebar.com; Ivana Frane Biundovića 3; Hauptgerichte 65–100 Kn; ⏲Mai–Okt. 10–22 Uhr;) Das von einem Australier mit kroatischen Wurzeln und einem US-Amerikaner geführte tolle kleine Lokal serviert köstliche gefüllte Fladenbrote (mit Feigen und Ricotta, Birnen und Gorgonzola, Brie und Prosciutto), vegetarische Currys und sehr zu empfehlende Hvar-Frühstück mit gewürzten Eiern. Es gibt sogar ein paar vegane Optionen, was hierzulande selten ist.

Dalmatino DALMATISCH €€€

(Karte S. 300; ☎091 52 93 121; www.dalmatino-hvar.com; Sv Marak 1; Hauptgerichte 80–265 Kn; ⏲April–Nov. Mo–Sa 11–24 Uhr;) Dieses Restaurant nennt sich selbst „Steak- und Fischhaus" und ist allseits beliebt – was wohl auch an den attraktiven Kellnern und dem in Strömen fließenden *rakija* (Grappa) liegt. Zum Glück ist auch das Essen ausgezeichnet: Das *gregada* (ein Fischfilet, auf Kartoffeln und mit dicker, brüheartiger Sauce serviert) sollte man probieren.

Grande Luna DALMATISCH €€€

(Karte S. 300; ☎021-741 400; www.grandeluna.hr; Petra Hektorovića 1; Hauptgerichte 75–180 Kn; ⏲11–14.30 & 17–22.30 Uhr;) Von der Dachterrasse des Grande Luna bietet sich keine tolle Aussicht, man muss sich mit dem Blick auf die umliegenden Steingebäude vor dem Blau des dalmatischen Himmels begnügen. Trotzdem ist sie ein stimmungsvolles Ambiente für traditionelle Gerichte wie *hvarska gregada* (Fischeintopf) und *crni rižoto* (Tintenfisch-Risotto). Der Service ist ausgezeichnet.

Ausgehen & Nachtleben

Hvar bietet vor allem rund um den Hafen mit das beste Nachtleben an der Adriaküste. Die Leute kommen zum Feiern her, daher geht abends so richtig die Post ab. Dank der beliebten Strandbar Hula-Hula kommt die Party schon in den Stunden vor Sonnenuntergang in Schwung.

Hula-Hula Hvar BAR

(Karte S. 299; ☎095 91 11 871; www.hulahulahvar.com; Šetalište Antuna Tomislava Petrića 10; ⏲April–Okt. 9–23 Uhr) *Der* Ort, um zu Techno und House den Sonnenuntergang anzuschauen. Das Hula-Hula ist für seine After-Beach-Partys (16–21 Uhr) bekannt, zu denen anscheindend alle trendigen jungen Menschen auf Hvar für einen Cocktail herbeiströmen. Auf den Tischen zu tanzen ist quasi Pflicht.

Kiva Bar BAR

(Karte S. 300; ☎091 51 22 343; www.facebook.com/kivabar.hvar; Obala Fabrika 10; ⏲April–Dez. 21–2 Uhr) Die muntere Bar in einer Gasse gleich abseits des Ufers ist an den meisten Abenden voll bis unters Dach, sodass die Gäste noch draußen in der Gasse stehen. DJs legen für die begeisterten Massen altbewährte Dance-, Pop- und Hiphop-Klassiker auf.

3 Pršuta WEINSTUBE

(Karte S. 300; Petra Hektorovića 5; ⏲Mai–Okt. 18–2 Uhr) Hvars beste Weinstube ist ein unaufgeregtes kleines Lokal, das sich in einer Gasse hinter dem Hauptplatz versteckt. Man kann in der Couch neben der Bar versinken und sich vorstellen, man wäre bei einem der Einheimischen zu Hause, während man die besten Weine der Insel kostet und dazu dalmatische Snacks genießt.

Nautica BAR

(Karte S. 300; www.nautica-bar.com; Obala Fabrika 8; ⏲17–2 Uhr) Hier geht's gemächlich mit einem gemischten Publikum los, das Cocktails am Wasser schlürft. Sobald aber das Hula-Hula einpackt und das Kiva öffnet, wird das

Nautica zu einem obligatorischen Stopp des allnächtlichen Pub-Crawls in Hvar. DJs legen alles Mögliche, von Techno über Hiphop bis zu Euro-Disco auf.

Carpe Diem COCKTAILBAR
(Karte S. 300; ☎021-742 369; www.carpe-diem hvar.com; Obala Riva bb; ⊙Mitte Mai–Sept. 9–2 Uhr) Die Suche hat ein Ende! Dieser Laden ist die Mutter aller schillernden Küstenbars in Kroatien. Hier kann man ein verschlafenes Frühstück oder teure Mitternachtcocktails genießen – diese schicke Bar ist einfach zu keiner Tageszeit langweilig. Der Haus-DJ legt geschmeidigen House auf, die Drinks sind fein gemixt und das Publikum ist gut situiert.

Central Park Club BAR
(Karte S. 300; ☎021-718 337; www.klubparkhvar.com; Bankete bb; ⊙April–Okt. 7–2 Uhr, Nov.–März bis 23 Uhr) Die große Barterrasse hinter einer Ansammlung von Dattelpalmen an der Uferpromenade ist einer der wichtigsten Orte für Livemusik in Hvar. Im Sommer wird jeden Abend etwas geboten, von Jazz bis Soul, von altmodischem Rock and Roll bis zu Funk. Die Cocktails sind ebenfalls gut.

Falko BAR
(Karte S. 299; ☎095 233 5296; www.facebook.com/falkohvar; Šetalište Tonija Petrića 22; ⊙Mitte Mai–Mitte Sept. 10–20 Uhr; 📶) Fast am Ende der Uferpromenade findet sich inmitten der Kiefern gleich über dem Strand dieses wundervolle Refugium, eine unprätentiöse Alternative zu den schickeren, näher am Ort liegenden Lokalen. Hier herrscht entspannte Strandhüttenatmosphäre mit Hängematten und einem lässigen Publikum. Der Service ist manchmal saumselig.

Shoppen

Lavendel, Lavendel und noch mehr Lavendel wird in Flaschen, Fläschchen, Beuteln und kleinen Duftsäckchen verkauft. Je nach Jahreszeit finden sich zwischen einem und bis zu fünfzig Ständen am Hafen, die den Stoff verkaufen, dessen Duft in der Luft liegt. Diverse Kräuteröle, Tinkturen, Hautcremes und Salben sind ebenfalls im Angebot.

Praktische Informationen

Fontana Tours (☎021-742 133; www.happyhvar.com; Obala Riva 18) Vermittelt Privatunterkünfte, veranstaltet Inseltouren, bucht Bootstaxis und vermietet Autos, Motorroller und Fahrräder.

Notfallklinik (Dom Zdravlja; ☎021-717 099; Biskupa Jurja Dubokovića 3) Rund 400 m westlich vom Zentrum.

Pelegrini Tours (☎021-742 743; www.pelegrini-hvar.hr; Obala Riva 20) Vermittelt Privatunterkünfte, verkauft Fährtickets von Kapetan Luka, veranstaltet Ausflüge (darunter beliebte Tagestouren zu den Pakleni-Inseln und der Blauen und der Grünen Grotte von Vis) und vermietet Autos, Motorroller, Fahrräder und Boote. Angeboten werden auch Inseltouren (rund 60 € inkl. Weinverkostung) und Wandertouren mit lizenzierten Führern (ab 420 Kn).

Touristeninformation (Karte S. 300; ☎021-741 059; www.tzhvar.hr; Trg Sv Stjepana 42; ⊙Juli & Aug. 8–22 Uhr, Juni & Sept. Mo–Sa 8–20, So 8–13 & 16–20 Uhr, Okt.–Mai Mo–Fr 8–14, Sa bis 12 Uhr) Im Arsenal, direkt am Trg Sv Stjepana.

Touristeninformation–Infopunkt (Karte S. 300; ☎021-718 109; Trg Marka Miličića 9; ⊙Juni–Sept. Mo–Sa 8–21, So 9–13 Uhr) Die Filiale der Touristeninformation im Busbahnhof ist nur im Sommer geöffnet.

Pakleni-Inseln

Die meisten Traveller in der Stadt Hvar besuchen die kristallklaren Gewässer, versteckten Strände und verlassenen Lagunen der Pakleni Otoci (Pakleni-Inseln), einer prächtigen Kette bewaldeter Inseln direkt vor der Stadt. Der Name wird oft mit „Hölleninseln" übersetzt, stammt aber wohl eher von *paklina* („Kiefernharz"), das hier einst gewonnen wurde, um Schiffe wasserdicht zu machen.

Die Hvar am nächsten gelegene Insel ist Jerolim mit einem FKK-Strand. Als nächste folgt Marinkovac, die vor allem für den rauen Strandclub an der Stipanska-Bucht bekannt ist. Am anderen Ende von Marinkovac liegen das hübsche Ždrilca und das lagunenartige Mlini. An beiden Stellen gibt's saisonal geöffnete Restaurants und ein paar Steinhütten.

Die mit 5 km² bei weitem größte der Inseln ist Sveti Klement, auf der drei Dörfer liegen. Palmižana liegt an einer schönen, hufeisenförmigen Bucht mit einer geschäftigen Marina, Unterkünften, Restaurants und einem winzigen Sandstrand.

Schlafen

Palmižana Meneghello BUNGALOWS €€€
(☎021-717 270; www.palmizana.hr; Palmižana, Sveti Klement; Zi./Apt. ab 160/180 €; ❄📶) Die künstlerisch angehauchte Familie Meneg-

hello betreibt diesen schönen kleinen Bungalow- und Villenkomplex inmitten üppiger tropischer Gartenanlagen. Auf dem Gelände befinden sich zwei Restaurants und eine Kunstgalerie, und es werden häufig auch Konzerte veranstaltet.

Essen & Ausgehen

Zori EUROPÄISCH €€€

(☎091 32 22 227; www.zori.hr; Palmižana 19, Palmižana, Sveti Klement; Hauptgerichte 150–380 Kn; ⏲April–Okt. 11.30–23 Uhr) Das auf gut betuchte Segler, die in der Bucht von Palmižana anlegen, ausgerichtete gehobene Restaurant serviert zeitgenössische europäische Küche, darunter dalmatische Spezialitäten wie *pašticada*, *gregada* und einen sehr guten Oktopus-Salat. Der elegante Service und das prächtige Ambiente auf einer von Palmen beschatteten Terrasse lassen einen die stolzen Preise vergessen.

Carpe Diem Beach BAR, CLUB

(☎099 49 68 534; www.carpe-diem-hvar.com; Stipanska, Marinkovac; ⏲Juni–Mitte Sept. 10–19 & 23–5 Uhr) Dieser Ort bietet ein berauschendes Erlebnis mediterranen Glamours mit familienfreundlichem Strandspaß tagsüber und die ganze Nacht hindurch Partys. Die Boote legen in Hvar (Ort) vor dem Carpe Diem ab; der Grundpreis wechselt, abhängig vom jeweiligen Abend.

An- & Weiterreise

Bootstaxis fahren regelmäßig zu den Inseln, sie legen vor dem Arsenal in Hvar (Ort) ab. Die Fahrt zu den nähergelegenen Inseln kostet zwischen ca. 50 und 60 Kn, nach Palmižana (auf Sveti Klement) zwischen ca. 70 und 80 Kn.

Alternativ kann man auch ein Boot mit Skipper für eine Kreuzfahrt rund um die näher gelegenen Inseln mieten (ca. 550 Kn).

Stari Grad

2790 EW.

Stari Grad an Hvars Nordküste ist eine ruhigere, kultiviertere und insgesamt nüchternere Alternative zum stylishen und hedonistischen Hvar. Wer nicht auf pulsierendes Nachtleben steht oder sich nicht mit Tausenden anderen in der Hochsaison in den Straßen drängen möchte, sollte hierher reisen und die Insel von ihrer entspannteren Seite kennenlernen. Allerdings kann man alle Sehenswürdigkeiten der kleinen Stadt an einem halben Tag sehen.

Der Name Stari Grad bedeutet „Altstadt" und bezieht sich darauf, dass der Ort 384 v. Chr. von den alten Griechen gegründet wurde, die ihn Pharos nannten. Die umliegenden Felder sind noch heute in die Landparzellen der Antike unterteilt.

Die Stadt liegt am Ende einer tief eingeschnittenen Bucht. Die schmalen Gassen des alten Viertels erstrecken sich auf ihrer Südseite, während die Uferpromenade an der Nordseite zu einem kleinen Strand führt.

Sehenswertes

Tvrdalj GÄRTEN

(☎021-765 068; Trg Tvrdalj Petra Hektorovića 11; 15 Kn; ⏲Mai–Okt. 10–13 & 17–21 Uhr) Dieses befestigte Haus wurde vom Adligen und Schriftsteller Petar Hektorović (1487–1572) im 16. Jh. erbaut. Das Herzstück ist ein schöner, üppiger Renaissance-Garten, in dem eine Art Laubengang das Wasser eines Teichs umschließt; in diesem tummeln sich Meeräschen, genau wie zu Hektorovićs Lebzeiten. Er erinnert an seine liebste Freizeitbeschäftigung, die er auch in seinem berühmtesten dichterischen Werk festgehalten hat: *Das Angeln und die Unterhaltungen der Angler* (1555).

Zitate aus den Arbeiten des Schriftstellers zieren auf Latein und Kroatisch die Wände. Der über dem Toilettenerker (damals ein seltener Luxus) heißt: „Man sollte wissen, was man ist, dann kann man stolz sein." Man findet ihn versteckt in einer Ecke der Eingangshalle, dem einzigen Bereich des Gebäudes, der öffentlich zugänglich ist.

Dominikanerkloster des hl. Petrus von Verona KLOSTER

(Dominikanski samostan sv Petra Mučenika; ☎021-765 442; Kod Sv Petra 3; 20 Kn; ⏲Mai–Okt. 9.30–12.30 & 16–18.30 Uhr) Das 1482 gegründete Kloster wurde im Jahr 1571 von den Türken verwüstet und später mit einem Turm befestigt. Palmen, Orangenbäume, Hortensien und Lavendel blühen im Garten des Kreuzgangs. Ein interessantes kleines Museum zeigt Fossilien, antike griechische Inschriften, griechische und römische Münzen sowie religiöse Gemälde des 16. bis 18. Jhs. Das Highlight ist eine fesselnde *Beweinung Christi* des venezianischen Malers Tintoretto.

St.-Stefanskirche KIRCHE

(Crkva sv Stjepana; Trg Sv Stjepana; ⏲unterschiedliche Öffnungszeiten) Die große, 1605 erbaute Kirche hat eine barocke Fassade. Innen

ABSTECHER

VRBOSKA

Ein einziger Kanal und ein paar alte Steinbrücken haben dem niedlichen kleinen Ort Vrboska (www.vrboska.info) den überschwänglichen Spitznamen „Kroatiens Venedig" eingetragen. Auch wenn dies sehr übertrieben ist, lohnt sich ein Besuch wegen der stimmungsvollen, verfallenen Gebäude und des kurvenförmigen Hafens, der bis in den schon erwähnten Kanal hineinreicht.

Auf dem Hügel im Süden des Städtchens finden sich ein paar interessante Kirchen. Die aus dem 15. Jh. stammende **St.-Laurentiuskirche** (Crkva sv Lovre; Vrboska bb; ⌚ wechselnde Öffnungszeiten) birgt viele wertvolle Kunstwerke, darunter ein Triptychon auf dem Hochaltar, das angeblich von Veronese gemalt wurde. Auf der Spitze des Hügels thront die ungewöhnliche **Wehrkirche der Schutzmantelmadonna** (Crkva-tvrđava sv Marije; Vrboska bb; ⌚ unterschiedliche Öffnungszeiten), die von außen wie eine Burg wirkt und nur durch das Kreuz und die drei Glocken an der Spitze als Kirche erkennbar ist. Nachdem die Osmanen die Stadt geplündert hatten, wurde die Kirche vier Jahre später (1575) zu dieser befestigten Anlage ausgebaut.

Zum Abschluss des Besuchs kann man an den Ufern des Kanals bei der zweiten Brücke im **Vina Carić** (☎ 098 16 06 276; www.vinohvar.hr; Vrboska 211, Vrboska; ⌚ Mai–Okt. Mo–Sa 12–19, So 16–19 Uhr) Weine verkosten und dazu Snacks knabbern.

präsentiert sie sich mit einem blassgrünen, blauen und grauen Verputz mit Wasserschäden. Sehenswert sind der Marmor vortäuschende Verputz im Altarbereich, der venezianische Hochaltar von 1702 und die Rokoko-Orgelempore. Für den freistehenden, 1753 errichteten Glockenturm wurden teilweise Steine der alten griechischen Stadtmauer verwendt. An der Straßenseite rechts von der Kirche erkennt man z. B. ein antikes, den Liebesgott Amor darstellendes Relief.

Schlafen & Essen

Apolon BOUTIQUEHOTEL €€€
(☎ 021-778 320; www.apolon.hr; Šetalište Don Šime Ljubića 7; Zi./Suite ab 169/249 €; ⌚ Mai–Okt.; P ❄ 📶) Das nach der Terrakottafigur des Apoll auf dem Dach benannte prächtige Gebäude wurde 1887 für einen örtlichen Prominenten erbaut, dessen aufwändig mit einer Kuppel gestaltetes Mausoleum sich nebenan befindet. Heute beherbergt das Gebäude ein elegantes Boutiquehotel mit Stilmöbeln und einer Badewanne mit Klauenfüßen in der Suite. Das Restaurant lohnt einen Besuch, auch wenn man nicht im Haus wohnt.

Jurin Podrum DALMATISCH €€
(☎ 091 75 57 382; Duolnjo kola 9; Hauptgerichte 60–90 Kn; ⌚ Mo–Sa 17–23 Uhr) Dank alter Steinmauern, Lampen aus Weidengeflecht und einigen Tischen draußen auf der Gasse bietet der „Georgskeller" jede Menge Atmosphäre. Auf der Karte stehen u. a. Pasta, Gnocchi, Risotto, gegrillter Fisch, Kalbsleber und Hühnchengerichte.

Praktische Informationen

Touristeninformation (☎ 021-765 763; www.stari-grad.eu; Obala dr Franje Tuđmana 1; ⌚ Juni–Sept. 8–20 Uhr, Okt.–Mai Mo–Fr 8–14 Uhr) Verteilt einen guten Stadtplan.

An- & Weiterreise

- Bei den meisten Fähren von Jadrolinija (S. 298), die die Insel mit dem Festland verbinden, ist Stari Grad als Ziel angegeben, tatsächlich aber liegt das Städtchen ein paar Kilometer östlich des Haupt-Autofährhafens der Insel.
- Der Busbahnhof (keine Gepäckaufbewahrung) liegt am Fuß der Bucht. Busse fahren vom/zum Fährhafen (13 Kn, 10 Min., tgl. 7-mal), von/zu dem Ort Hvar (30 Kn, 30 Min., tgl. 9-mal) und von/nach Jelsa (30 Kn, 25 Min., tgl. 13-mal).

Jelsa

3590 EW.

Jelsa ist ein ordentliches, kleines von dichten Kiefernwäldern und hohen Pappeln umgebenes Hafenstädtchen. Es besitzt zwar keine Renaissance-Gebäude wie Hvar (Ort), aber die anheimelnden Straßen, Plätze und Parks sind nett, und es gibt in der Nähe auch einige gute Badestellen. Man sollte hier sicher nicht sein Quartier aufschlagen, aber doch zu einem kurzen Besuch vorbeikommen.

Sehenswertes

Kirche Mariä Himmelfahrt KIRCHE
(Trg Križonoše; ⌚ unterschiedliche Öffnungszeiten) Jelsas Pfarrkirche hat eine elegante Barockfassade, einen Glockenturm aus der Zeit der

Renaissance und drinnen Deckenfresken und einen aufwendigen Hochaltar aus Marmor. Große Teile des Gebäudes stammen von 1535, es wurde aber im Lauf der Jahrhunderte mehrfach umgebaut.

Vina Tomić WEINGUT
(☎021-768 160; www.bastijana.hr; Jelsa 874a; ⊙Juni–Aug. 9–20 Uhr, Sept.–Mai Mo–Fr 7–15 Uhr) Das örtliche Weingut bietet Verkostungen in einem stimmungsvollen Steinkeller oberhalb der Mina-Bucht.

Feste & Events

Kreuzprozession RELIGIÖS
(Za Križen; ⊙März oder April) Die in die UNESCO-Liste des immateriellen Weltkulturerbes aufgenommene Prozession Za Križen („dem Kreuz folgen") hat eine 500-jährige Tradition und startet am Gründonnerstag um 22 Uhr gleichzeitig in Jelsa und fünf umliegenden Ortschaften und Dörfern. Die Teilnehmer folgen einem Kreuzträger auf dem 25 km langen, acht Stunden dauernden Rundweg und machen unterwegs an allen Pfarrkirchen der Gegend Halt.

Essen

Flying Pig BURGER €
(☎095 55 41 179; www.facebook.com/flyingpigjelsa; Obala Ćire Gamulina bb; Burger 60–80 Kn; ⊙Juni–Sept. 12–24 Uhr) Die übrige Zeit des Jahres ist die hippe junge Crew mit ihrem Bistro Beštija in Zagreb beschäftigt, aber im Sommer kommt sie nach Jelsa, um die einfachen Dinge des Lebens zu feiern: saftige Gourmet-Burger und Craft-Bier.

Konoba Nono DALMATISCH €€
(☎021-761 933; Braće Batoš bb; Hauptgerichte 70–150 Kn; ⊙April–Okt. 18–24 Uhr) Die charmante, von einer Familie geführte Taverne serviert traditionelle Gerichte der Insel.

Praktische Informationen

Touristeninformation (☎021-761 017; www.tzjelsa.hr; Strossmayerovo šetalište bb; ⊙Juli & Aug. Mo–Sa 8–22, So 10–12 & 19–21 Uhr, Mai, Juni, Sept. & Okt. Mo–Sa 8–13 & 17.30–20, So 9.30–12, Nov.–April Mo–Fr 8–12 Uhr) Infos zu Sehenswürdigkeiten, Aktivitäten, Privatunterkünften und Hotels.

VIS (INSEL)

3620 EW.

Von allen bewohnten Inseln Kroatiens ist Vis am weitesten von der Küste entfernt und die rätselhafteste. In der jüngeren Vergangenheit war sie eine Basis des jugoslawischen Militärs und deshalb von den 1950er-Jahren bis 1989 für Ausländer gesperrt. Diese Isolierung bewahrte die Insel vor Investoren, zwang aber viele Einwohner, anderswo Arbeit zu suchen, sodass sie viele Jahre lang nahezu verlassen war.

Wie bei vielen anderen verarmten Inseln im Mittelmeerraum erwies sich die fehlende Entwicklung auf Vis schließlich als Trumpfkarte auf dem Weg zum Touristenziel. Heute strömen gleichermaßen in- und ausländische Touristen auf der Suche nach Authen-

ABSTECHER

LÄNDLICHE RESTAURANTS AUF VIS

Das gastronomische Angebot auf Vis beschränkt sich nicht auf die größeren Ortschaften. Das Innere der Insel und ihre abgelegenen Buchten werden zu Zielen für Gourmets, seit in den letzten Jahren eine Reihe ländlicher Haushalte örtliche Hausmannskost anbieten, für die sich die Anreise wirklich lohnt.

Konoba Stončica (☎021-784 7188; www.konoba-stoncica.com; Stončica 11; Hauptgerichte 60–140 Kn; ⊙Mai–Okt. 13–23 Uhr) Das entspannte Lokal an einem hübschen Sandstrand serviert im Schatten von Palmen, Kiefern und einer aus Holz gezimmerten Pergola ausgezeichneten Fisch und Tintenfisch vom Grill. Als Beilage sollte man Stampfkartoffeln mit Olivenöl und Knoblach bestellen, eine Spezialität der Insel.

Roki's (☎098 303 483; www.rokis.hr; Plisko Polje 17, Plisko Polje; Peka 150 Kn/Pers.; ⊙Mai–Okt. 19–24 Uhr) Das Weingut-Restaurant in den Feldern 8 km südlich von Vis (Ort) ist eines der besten Lokale, um Speisen zu kosten, die unter einer traditionellen *peka* (Metalldeckel) zubereitet wurden. Vier Stunden Vorbereitung sind erforderlich, man sollte also vorab anrufen, um sein Lamm-, Kalbs-, Oktopus- oder Fischgericht zu bestellen. Das Restaurant bietet für Gruppen von vier oder mehr Personen einen kostenlosen Transportservice.

ABSTECHER

DIE BESTEN STRÄNDE VON VIS

Es gibt zwar Strände rund um Vis (Ort) und Komiža, aber manche der besten der Insel sind doch eine Fahrt mit dem Boot oder Motorroller entfernt. Die unberührtesten Strände finden sich im Süden und Osten der Insel. Zu manchen gelangt man nur über einen steilen Abstieg, man sollte also bequeme Schuhe tragen.

Stiniva Das winzige Stiniva liegt in der schönsten Bucht von Vis; die großen, glatten Kiesel stechen blendend weiß gegen das blaue Meer ab.

Srebrna Hinter diesem Strand mit klarem Wasser und großen weißen Kieseln liegt ein Naturschutzgebiet.

Milna & Zaglav Vor dem Sandstrand von Milna bilden mehrere kleine Inseln im tiefblauen Meer eine idyllische Kulisse. Der benachbarte Sandstrand von Zaglav ist sogar noch schöner und ruhiger.

tiztität, Natur, kulinarischen Genüssen und Ruhe und Frieden auf die Insel. Der Andrang wird sich wegen dem Film *Mamma Mia! Here We Go Again* (2018), der auf der Insel gedreht wurde, eher noch vergrößern.

Vis besitzt eine eigene weiße Rebsorte, *vugava*, die hier seit der Antike angebaut wird.

Geschichte

Erstmals wurde Vis, das antike Issa, in neolithischer Zeit besiedelt. Im 1. Jt. v. Chr. ließen sich die Illyrer auf der Insel nieder, 390 v. Chr. entstand dann eine griechische Kolonie auf Issa, die Dionysius I. von Syrakus als einen Stützpunkt für seine Expansion in der Adria nutzte. Die Insel wurde schließlich ein mächtiger Stadtstaat und gründete eigene Kolonien auf Korčula und bei Trogir und Stobreč. Während der Illyrischen Kriege verbündete sich Vis mit Rom. In der Folge verlor es seine Unabhängigkeit und wurde ab 47 v. Chr. Teil des Römischen Reichs.

Im 10. Jh. war Vis von slawischen Stämmen besiedelt; 1420 wurde die Insel zusammen mit anderen dalmatischen Territorien an Venedig (das sie Lissa nannten) verkauft. Auf der Flucht vor Piraten zog die Bevölkerung von der Küste ins Hinterland.

Mit dem Fall Venedigs 1797 kam Vis nacheinander unter die Herrschaft von Österreich, Frankreich, Großbritannien und erneut Österreich, Italien, das erste Jugoslawien und dann wieder Italien. Im Zweiten Weltkrieg war Vis ein wichtiger Stützpunkt für Titos Partisanen. Er richtete sein Hauptquartier in einer Höhle im Berg Hum ein, von wo aus er die militärischen und diplomatischen Aktionen mit den alliierten Streitmächten koordinierte.

An- & Weiterreise

- Täglich fahren zwei oder große Autofähren von **Jadrolinija** (☎021-711 032; www.jadrolinija.hr; Šetalište stare Isse 2, Luka) zwischen Vis (Ort) und Split (Pers./Auto 54/340 Kn, 2¼ Std.).
- Auf der gleiche Route fährt auch ein Katamaran (55 Kn, 1½–2½ Std., tgl.), der dienstags im Ort Hvar (40 Kn, 50 Min.) und mittwochs in Milna (Brač; 55 Kn, 55 Min.) einen Zwischenhalt einlegt.
- Das Ticketbüro in Vis öffnet jeweils 90 Minuten vor Abfahrt der Fähre.

Unterwegs vor Ort

Die Busse, die zwischen Komiža und Vis (Ort) (25 Kn) fahren, sind auf den Fahrplan der Fähren abgestimmt.

Vis (Ort)

1940 EW.

Die antike Stadt Vis liegt unten an einer breiten, hufeisenförmigen Bucht. Anlandende Fähren sorgen für kurzzeitigen Trubel in dem sonst geruhsamen Ort mit Uferwegen, verfallenen Stadthäusern des 17. Jhs. und schmalen Gassen, die vom Ufer aus kurvenreich den Hügel hinauf führen. Zwei Siedlungen sind zu der Stadt verschmolzen: Luka (wörtlich „Hafen") aus dem 19. Jh. – hier legt die Fähre an – und das mittelalterliche Kut auf der anderen Seite des Hufeisens. Die Hafenpromenade verbindet die beiden auf malerische Weise. Vis blickt auf eine lange Geschichte zurück, die ihr die Überreste eines griechischen Friedhofs, römischer Bäder und einer englischen Festung beschert hat.

Sehenswertes

Schmale Strände flankieren die Promenade, der belebteste Stadtstrand liegt jedoch nördlich des Hafens gegenüber vom Hotel Issa; jenseits davon stößt man auf Buchten für FKK-Anhänger und unberührtere Badeplätze. Auf der anderen Seite, vorbei am Ortsteil Kut und dem Friedhof der britischen Marine, erstrecken sich der schöne Strand von **Grandovac**, dessen Untergrund aus kleinen Kieselsteinen besteht, und weitere Felsstrände. Hier gibt es auch eine Strandbar (die immer wieder Late-Night-Partys veranstaltet).

Issa Archäologisches Museum MUSEUM
(Arheološkog muzeja; Šetalište viški boj 12, Kut; Erw./Kind 20/10 Kn; ⌚Juni–Sept. Mo–Sa 9–13 & 17–21 Uhr) Dieses kleine Museum ist in einer österreichischen Festung aus dem 19. Jh. untergebracht und enthält die größte Sammlung griechischer Artefakte in Kroatien, darunter Tonwaren, Schmuck und Skulpturen. Das Highlight ist ein grandioser Bronzekopf der Göttin Artemis aus dem 4. Jh. Ein Raum auf der anderen Seite des Innenhofs zeigt Relikte, die aus Schiffswracks geborgen wurden.

Aktivitäten

Das Meer rund um Vis eignet sich hervorragend zum Tauchen. Fische gibt's reichlich, und obendrein kann man diverse Schiffswracks, ein Amphorenfeld und ein Flugzeug aus dem Zweiten Weltkrieg erkunden. Allerdings sind für viele der Tauchgänge technisches Know-how und größere Erfahrung gefragt.

Touren

Die meisten Reisebüros in der Stadt bieten eine Auswahl an Touren an, die mehr oder weniger identisch sind. Die interessanteste Inseltour führt zu den einst streng geheimen Militäranlagen, die 1992 von der jugoslawischen Armee zurückgelassen wurden. Man besucht Raketenschutzanlagen, Bunker, Waffenlager, Unterwasser-„Parkplätze", Titos Höhle (in der Partisanenführer Josip Broz Tito im Zweiten Weltkrieg hauste) und Atomschutzbunker, die dem jugoslawischen Geheimdienst als Kommunikationszentrale dienten. Diese Anlagen befinden sich an einigen der schönsten Plätzen der Insel und wurden erst kürzlich für die Öffentlichkeit zugänglich gemacht.

Weitere Optionen sind Caving, Wandern, kulinarische Touren, Weinverkostungen und Bootstouren zu den äußeren Inseln, auf denen man die Blaue Grotte (s. Kasten unten), die **Grüne Grotte** (Zelena špilja; Erw./Kind Juli & Aug. 70/35 Kn, Mai, Juni, Sept. & Okt .50/25 Kn) und abgeschiedene Strände besucht.

Schlafen

Apartments Kuljiš APARTMENTS €€
(☎098 460 937; vkuljis@inet.hr; Petra Svačića 41, Kut; Apt. ab 82 €; P❄📶) Mit einladenden

BLAUE MAGIE

Die **Blaue Grotte** (Modra špilja; Erw./Kind Sept.–Juni 70/35 Kn, Juli & Aug. 100/50 Kn) auf der Insel Biševo vor der Südwestspitze von Vis ist eines der berühmtesten Naturdenkmäler der Region. Am schönsten ist sie zwischen 11 und 12 Uhr, wenn die Sonnenstrahlen durch eine Unterwasseröffnung ins Innere fallen und die Höhle in ein außerirdisch wirkendes blaues Licht tauchen. Unter dem durchsichtigen Wasser schimmern die Felsen bis in eine Tiefe von 16 m silbern und rosa. Die leichteste, schnellste und beste Möglichkeit, die Grotte zu besuchen, ist eine Tour ab Komiža.

Durch die große Steigerung der Besucherzahlen in den letzten Jahren ist das Erlebnis viel weniger schön geworden. Boote können nun nicht mehr in der Höhle verweilen, und man kann auch nicht mehr in ihr eine Runde schwimmen. Trotz der deftigen Eintrittspreise kann die Schlange der Boote, die auf die Einfahrt warten, entmutigend lang sein, und viele Tourveranstalter versuchen erst gar nicht, zu der Zeit zu kommen, wenn sich der blaue Schimmer besonders prächtig zeigt. Im Winter ist der Massenandrang zwar kein Problem, aber dann kann es schwierig werden, ein Boot zu finden. Überdies kann die See wegen des vorherrschenden *jugo* (Südwinds) zu bewegt sein, um in die Höhle hineinzufahren.

Im Sommer werden überall auf Vis, den umliegenden Inseln und sogar aus Split Touren zur Grotte veranstaltet. Ab Komiža dauern die Touren eine bis anderthalb Stunden je nach Wartezeit vor der Einfahrt in die Höhle. Für eine Tour mit einem schnellen Festrumpfschlauchboot zahlt man rund 100 Kn (oder 140 Kn inkl. eines Halts mit Mittagessen); hinzu kommt der Eintrittspreis in die Grotte.

Gastgebern und einer tollen Lage nur einen kurzen Spaziergang vom Zentrum von Kut entfernt sind diese vier komfortablen, recht preisgünstigen Apartments eine smarte Option. Alle sind mit Einbauküchen und Balkonen oder Terrassen ausgestattet.

Villa Vis B&B €€€
(☎ 098 94 87 490; www.villaviscroatia.com; Jakšina 11, Kut; Zi. 995 Kn; ⏱ Juni–Okt.; ❄ 📶) Diese stilvolle Unterkunft umfasst vier bunt gestaltete Zimmer in einem traditionellen Stadthaus mit moderner Einrichtung. Das Haus hat eine tolle Lage in der Nähe von Restaurants und Bars und in Gehweite zum Strand.

Hotel San Giorgio HOTEL €€€
(☎ 021-607 630; www.hotelsangiorgiovis.com; Petra Hektorovića 2, Kut; EZ/DZ ab 151/168 €; ⏱ Mai–Sept.; ❄ 📶) Das Italienern gehörende, mit interessanter Kunst ausstaffierte Hotel hat zehn schicke, farbenfrohe Zimmer und Suiten, die sich über zwei Gebäude verteilen. Alle haben Holzböden, bequeme Betten und alle möglichen Extras der gehobenen Kategorie. Am besten ist Zimmer 1 mit einer großen, aufs Meer hinaus blickenden Terrasse und einem Whirlpool.

Essen

Auf Vis gibt's ein paar wundervolle Restaurants rund um Luka und Kut. Es gibt einige örtliche Spezialitäten, die man probieren sollte, darunter *viška pogača* (mit eingesalzenem Fisch und Zwiebeln gefülltes Fladenbrot) und *viški hib* (getrocknete, geriebene Feigen mit aromatischen Kräutern).

★ **Pojoda** DALMATISCH, SEAFOOD €€
(☎ 021-711 575; Don Cvjetka Marasovića 10, Kut; Hauptgerichte 50–115 Kn; ⏱ März–Okt. 12–1 Uhr, Nov.–Feb. 18–22 Uhr; 📶) Kundige Einheimische schwärmen von diesem Meeresfrüchterestaurant, dessen grünen Hof Bambus sowie Orangen- und Zitronenbäume schmücken. Um sich im Winter aufzuwärmen, sollte man *pojorski bronzinić* probieren, einen schmackhaften Bauerneintopf mit Tintenfisch, Linsen und Gerste. Im Frühjahr und Sommer ist *orbiko* das Markenzeichen, ein Gericht mit *orzo* (kleinen Nudeln in Reiskornform), Erbsen und Garnelen.

Lola MEDITERRAN €€€
(☎ 095 56 33 247; www.lolavisisland.com; Matije Gupca 12, Luka; Hauptgerichte 140–170 Kn; ⏱ Mai–Okt. 18–24 Uhr) Das Lola ist dank des alten Fahrrads an der Wand leicht zu erkennen. Es versteckt sich in einem hübschen Garten mit alten Steinmauern und einem Meštrović-Brunnen. Der kroatische Koch und seine spanische Frau präsentieren eine kleine, aber äußerst kreative Karte mit zahlreichen spanischen Einflüssen. Die Weinkarte und der Service sind ebenfalls ausgezeichnet.

Ausgehen & Nachtleben

Fort George BAR
(☎ 091 26 56 041; www.fortgeorgecroatia.com; Utvrda Sv Juraj bb; ⏱ Mai–Okt. 12–1 Uhr) Der Service mag manchmal ein bisschen brüsk sein – um in Vis an Sommerabenden in den Sonnenuntergang zu schauen, gibt es dennoch keinen besseren Ort als die Terrasse dieser alten Festung, die 1811 von den Briten erbaut wurde (man kann nach dem steinernen Union Jack über dem Eingang Ausschau halten).

Lambik BAR
(☎ 095 22 24 221; www.facebook.com/LambikBar Bistro; Pod Ložu 2, Kut; ⏱ Juni–Okt. 8–2 Uhr) Kuts beste Bar bietet Plätze im Freien sowohl auf dem Platz als auch in einem hübschen, mit Weinranken besetzten steinernen Durchgang unter der Kolonnade eines Hauses aus dem 16. Jh. An manchen Abenden lassen sich Kapellen und Sänger hören.

Praktische Informationen

Ionios Travel Agency (☎ 021-711 532; www.facebook.com/ionios.vis; Sv Jurja 37, Luka; ⏱ April–Okt.; 📶) Vermittelt Privatunterkünfte, vermietet Autos, Fahrräder und Motorroller und veranstaltet Ausflüge.In der Hauptsaison (Mai–Sept.) ist eine zweite Filiale (Pod Ložu 5, Kut) geöffnet.

Navigator (☎ 021-717 786; www.navigator.hr; Šetalište stare Isse 1, Luka; ⏱ tgl. 8–14 & 16.30–19.30 Uhr) Bucht Ausflüge und Tauchtouren und vermietet Autos, Motorroller und Boote.

Touristeninformation (☎ 021-717 017; www.tz-vis.hr; Šetalište stare Isse 5; ⏱ Juni–Sept. 8–14 & 17–20 Uhr, Okt.–Mai Mo–Fr 8–14 Uhr) Nahe der Anlegestelle der Jadrolinija-Fähren.

Komiža

1530 EW.

Der kleine Ort in malerischer Lage an einer Bucht am Fuß des Berges Hum hat treue Fans unter kroatischen Urlaubern, die auf seine bohemehafte, etwas raue Atmosphäre schwören. Vom Hafen aus, der von Fischern mindestens seit dem 12. Jh. genutzt wird, führen schmale Straßen, an denen Steinhäuser aus dem 17. und 18. Jh. stehen, den Hügel hinauf.

Zwischen Komiža und Vis besteht eine freundschaftliche Rivalität. Vis wurde in der Vergangenheit eher den Adligen zugeordnet, während Komiža stolz auf seine Tradition als Stadt der Arbeiterklasse blickt, sein Erbe als Fischerhafen pflegt und seine Piratengeschichten erzählt.

Komiža lockt mit eigenen kleinen Sand- und Kiesstränden, aber die meisten Besucher kommen hierher, um mit dem Boot zur Blauen Grotte (S. 310) auf der Nachbarinsel Biševo zu fahren. Bootstouren kann man bei ortsansässigen Reisebüros organisieren oder einfach bei einem Spaziergang im Hafen.

Sehenswertes

Am Südende des Hafens erhebt sich eine klotzige Renaissance-Festung aus dem Jahr 1585, das **Kaštel** (Riva Sv Mikule). Die festungsartige Kirche, an der man vorbeikommt, wenn man die Stadt von Osten betritt, stammt aus dem 17. Jh. und gehört zu einem **Benediktinerkloster** (Benediktinaca bb).

Komižas beliebtester **Strand** liegt am Nordende der Stadt, direkt unterhalb vom Hotel Biševo. Er ist von Pinien gesäumt, dahinter erhebt sich die dreischiffige **Kirche Gospa Gusarica**.

Geführte Touren

Alter Natura TOUREN

(☎021-717 239; www.alternatura.hr; Hrvatskih mučenika 2) Ist auf Abenteuertourismus, darunter Gleitschirmfliegen, Höhlentauchen, Kajakfahren und Abseilen, spezialisiert und veranstaltet eine Militärtour sowie Bootsausflüge zur Blauen Grotte (S. 310), zur Grünen Grotte (S. 310) und zu schwer erreichbaren Stränden.

Schlafen & Essen

Villa Nonna APARTMENTS €€

(☎098 380 046; www.villa-nonna.com; Ribarska 50; Apt. 60–120 €; ❄📶) In dem hübschen alten Stadthaus gibt's sieben renovierte Apartments, die alle mit Holzböden und einer Küche ausgestattet sind; manche haben auch einen Balkon oder eine Terrasse. Gleich daneben befindet sich ein weiteres prächtiges altes Haus, die Casa Nono mit vier Schlafzimmern, drei Bädern, einem hübschen Garten, einem Wohnzimmer mit unverputzten Steinwänden und Einrichtungen für Selbstversorger.

Slastičarnica Cukar BÄCKEREI €

(☎098 92 94 888; www.facebook.com/cukar.komiza; Hrvatskih mučenika 8; Kuchen 8–17 Kn; ⏲Juni–Okt. 8–14 Uhr) Die kleine Kuchenbäckerei ist genau das richtige für Süßschnäbel.

Konoba Bako DALMATISCH €€

(☎021-713 742; www.konobababako.hr; Gundulićeva 1; Hauptgerichte 70–155 Kn; ⏲Juni–Aug. 16–2 Uhr, Sept.–Mai 17–24 Uhr) Das Lokal ist auf Meeresfrüchte spezialisiert, das gegrillte Lamm ist aber auch sehr gut. Es hat eine Terrasse mit Blick aufs Wasser und einen coolen Innenraum mit unverputzten Steinwänden und einer Sammlung antiker Amphoren. Hier kann man gut die örtliche Spezialität *komiška pogača* probieren, ein mit Sardellen gefülltes gebäckartiges Brot.

Praktische Informationen

Darlić & Darlić (☎021-713 760; Hrvatskih mučenika 8) Veranstaltet Ausflüge und vermietet Autos, Motorroller und Fahrräder.

Touristeninformation (☎021-713 455; www.tz-komiza.hr; Riva Sv Mikule 1; ⏲Juli & Aug. So–Fr 8–21, Sa 9–15 Uhr, Mai, Juni, Sept. & Okt. 8–12 & 17–19 Uhr, Nov.–April Mo–Fr 8–14 Uhr)

Dubrovnik & Süddalmatien

☎ 020

Inhalt ➡

Dubrovnik 315
Cavtat 337
Elafiten 342
Mljet 344
Nationalpark Mljet 345
Okuklje 346
Ston & Mali Ston 347
Orebić 348
Korčula 351
Lumbarda 355
Vela Luka 355
Lastovo 355

Gut essen

- Restaurant 360° (S. 333)
- Bugenvila (S. 341)
- Nautika (S. 334)
- Pantarul (S. 334)
- Kapetanova Kuća (S. 347)

Schön übernachten

- Villa Lukas (S. 340)
- Karmen Apartments (S. 329)
- MirÓ Studio Apartments (S. 332)
- Korčula Royal Apartments (S. 354)

Auf nach Dubrovnik & Süddalmatien!

Von der Insel Korčula im Nordwesten bis zu den Ebenen von Konavle im Südosten – die Region begeistert Strandgänger genauso wie Weinliebhaber und Geschichtsinteressierte.

Der größte Publikumsmagnet Süddalmatiens ist aber die bemerkenswerte Altstadt von Dubrovnik. Eingefasst von gewaltigen Befestigungsmauern, die bis zum azurblauen Wasser reichen, verkörpert diese Stadt alles, was man von einer mittelalterlichen mediterranen Traumwelt erwartet. Dubrovnik ist einfach einmalig, wunderschön und grandios gelegen. Tausende von Besuchern flanieren Tag für Tag verzaubert und mit einem seligen Lächeln durch die marmornen Straßen.

Wem die Menschenmassen in Dubrovnik zu viel werden, findet eine kurze Bus- oder Bootsfahrt entfernt angenehme Erholungsmöglichkeiten. Man kann auf den schattigen Pfaden des Arboretum von Trsteno entspannen – und wenn das noch nicht reicht, tun der göttliche Wein und die Austern der spärlich besiedelten Halbinsel Pelješac sicher ihr Übriges.

Reisezeit

Dubrovnik

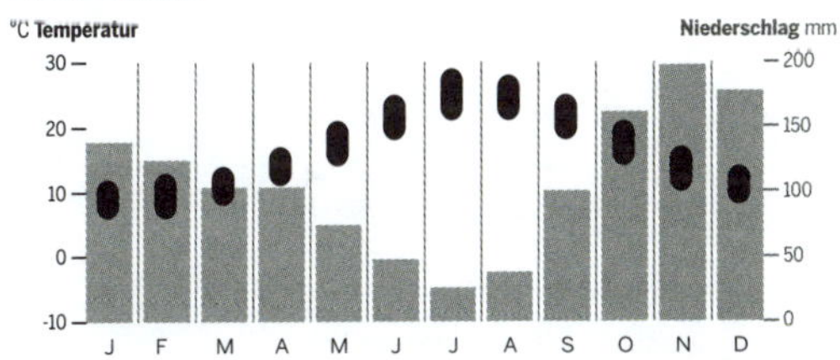

Mai–Juni Sonnige Tage ohne brütende Hitze und die im Hochsommer üblichen Menschenmassen.

Juli–Aug. Beim prestigeträchtigen Sommerfest in Dubrovnik kann man seinen Appetit auf Kultur stillen.

Sept.–Okt. Es ist noch immer warm genug zum Baden, und die Strände sind nicht überlaufen.

Highlights

1 Dubrovnik (S. 315) Erst über die mächtigen Stadtmauern laufen und anschließend mit der Seilbahn auf den Berg Srđ fahren, um atemberaubende Ausblicke zu genießen

2 Korčula (S. 351) Auf den marmornen Straßen der befestigten Stadt in die mittelalterliche Atmosphäre eintauchen

3 Mljet (S. 344) Einsame Strände am Ostende der Insel aufspüren, bevor man den Besucherscharen an die schönen Seen der Nationalparks folgt

4 Lokrum (S. 318) Die Gärten, Wälder und Strände der Insel nahe Dubrovnik erkunden

5 Halbinsel Pelješac (S. 348) Die besten kroatischen Rotweine direkt aus dem Weinkeller probieren

6 Cavtat (S. 337) An der Promenade entlangschlendern, im Bugenvila etwas essen und an einer der Buchten um die Landzunge ins Wasser tauchen

7 Ston (S. 347) In Mali Ston Austern schlürfen und dann den außergewöhnlichen Mauern aus dem 13. Jh. über die Hügel nach Ston folgen

DUBROVNIK

28 500 EW.

Ganz gleich, ob man zum ersten oder zum hundertsten Mal in Dubrovnik ist, das Gefühl der Ehrfurcht bleibt angesichts der Schönheit der Altstadt immer gleich. Schwer vorstellbar, dass irgendjemand beim Anblick der marmornen Straßen, der barocken Gebäude und der endlos schimmernden Adria gleichgültig bleibt oder beim Bummel entlang der uralten Stadtmauer, die jahrhundertelang die Hauptstadt der weltgewandte Republik geschützt hat, unbeeindruckt ist.

Die ganze Welt war entsetzt, als Dubrovnik 1991 massiv bombardiert wurde, die Stadt hat sich aber mit ihrem charakteristischen Elan schnell erholt und verzaubert die Besucher wieder wie eh und je. Man kann das Spiel des Sonnenlichts auf den alten Steinhäusern bewundern, in den mit Kunst und Artefakten gefüllten Museen den Höhen und Tiefen der Vergangenheit Dubrovniks nachspüren, mit der Seilbahn auf den Berg Srđ fahren, die engen Gassen rauf und runter steigen und zu guter Letzt in das azurblaue Meer hüpfen.

Geschichte

Die Geschichte Dubrovniks beginnt im 7. Jh. mit einem Angriff der Slawen, der die römische Stadt Epidaurum (das heutige Cavtat) auslöschte. Die Einwohner flohen an den sichersten Ort, der sich finden ließ: auf eine felsige Insel (Ragusa), die vom Festland durch einen schmalen Kanal getrennt war. Da weitere Invasionen drohten, mussten Stadtmauern errichtet werden. Im 9. Jh. war die Stadt bereits gut befestigt und konnte einer Belagerung durch die Sarazenen 15 Monate lang trotzen.

Unterdessen war auf dem Festland eine weitere Siedlung entstanden: Dubrovnik, benannt nach den *dubrava* (Steineichen), die in dieser Gegend verbreitet waren. Die beiden Siedlungen verschmolzen im 12. Jh. zu einer Stadt und der Kanal, der die Orte einst trennte, wurde aufgefüllt.

Gegen Ende des 12. Jh. hatte sich Dubrovnik zu einem bedeutenden Handelszentrum an der Küste entwickelt und fungierte als wichtiges Bindeglied zwischen dem Mittelmeer und den Balkanstaaten. Dennoch geriet es 1205 unter die Herrschaft von Venedig, aus der es sich erst 1358 wieder befreien konnte.

Im 15. Jh. hatte die Respublica Ragusina (Republik Ragusa) ihre Grenzen erweitert: Der gesamte Küstenstreifen von Ston nach Cavtat fiel nun in ihr Territorium, ebenso die Insel Lastovo, die Halbinsel Pelješac und die Insel Mljet. Damit war die Republik zu einer Macht avanciert, mit der man rechnen musste. Die Stadt wandte sich dem Seehandel zu und gründete eine eigene Flotte, deren Schiffe bis nach Ägypten, zu der Levante, nach Syrien, Sizilien, Spanien, Frankreich und Istanbul entsandt wurden. Aufgrund gewitzter Diplomatie erhielt die Stadt zu allen Staaten gute Beziehungen – sogar zum Osmanischen Reich, dem Dubrovnik dann im 16. Jh. Tributzahlungen leistete.

Jahrhundertelang herrschten Frieden und Wohlstand, sodass auch Kunst, Wissenschaft und Literatur blühten. Leider wurde ein Großteil der Renaissance-Kunst und -Architektur in Dubrovnik 1667 durch ein Erdbeben zerstört, bei dem 5000 Menschen ums Leben kamen. Die Stadt lag in Schutt und Asche, die Kirche St. Saviour, der Sponza-Palast und der Rektorenpalast sind die einzigen bedeutenden Gebäude, die die Katastrophe überdauerten. Dieses Erdbeben markierte auch den beginnenden wirtschaftlichen Niedergang.

Den letzten Schlag versetzte schließlich Napoleon der Stadt, als er mit seinen Truppen 1808 in Dubrovnik einfiel und das Ende der Republik proklamierte. Der Wiener Kongress sprach Dubrovnik 1815 Österreich zu; die Stadt konnte ihren Status als Seehafen behalten, doch es machten sich zunehmend gesellschaftliche Probleme bemerkbar. Nach dem Zweiten Weltkrieg begann Dubrovnik, sich dem Aufbau der Tourismusbranche zu widmen, und die Stadt wurde schnell zu Jugoslawiens führendem Publikumsmagneten.

Schließlich geriet die Stadt in die Kriegswirren der zerfallenen Republik, die 1991 schließlich zur Unabhängigkeitserklärung Kroatiens führten. Militärisch oder strategisch nicht unbedingt erklärbar hagelten 1991 und 1992 an die 2000 Bomben des jugoslawischen Militärs auf Dubrovnik nieder und verursachten immense Schäden und kosteten nicht wenige Menschenleben. Sämtliche beschädigte Gebäude sind aber inzwischen restauriert worden.

Sehenswertes

Heute ist Dubrovnik die wohlhabendste, eleganteste und teuerste Stadt Kroatiens. In vielerlei Hinsicht wirkt sie immer noch wie ein Stadtstaat, geografisch und historisch getrennt vom Rest des Landes. Die Stadt ist

(Fortsetzung auf S. 320)

AMIRRAIZAT/SHUTTERSTOCK ©

HIGHLIGHTS
STADTMAUER & FESTUNGEN

Dubrovniks Kennzeichen ist die Stadtmauer, die den historischen Kern umschließt. Der Blick vom Meer auf die rosagrauen Steine, die sich vom azurblauen Wasser abheben, ist faszinierend, der Blick von oben auf das Gewirr aus Kirchtürmen und Terrakottadächern scheint direkt einem Märchen entsprungen – oder zumindest einer HBO-Serie mit Königinnen und Drachen.

Stadtmauern

Dubrovnik war ursprünglich eine Insel, und der natürliche Schutz durch die Felsklippen lockte die ersten Flüchtlinge aus der römischen Stadt Epidaurum (das heutige Cavtat) an, die sich im 7. Jh. hier ansiedelten.

Der erste Mauergürtel um die Stadt entstand im 9. Jh. und war stark genug, um einer 15-monatigen Belagerung durch die Sarazenen standzuhalten. Mitte des 14. Jhs. wurden die 1,5 m dicken Wehrmauern mit 15 viereckigen Bastionen verstärkt. Als im 15. Jh. Angriffe durch die Türken drohten, wurden die bestehenden Bastionen durch neue ergänzt, sodass die gesamte Altstadt mit einer 2 km langen und bis 25 m hohen Wehrmauer umgeben war. Die Mauer ist auf der Landseite dicker (bis zu 6 m) als auf der Meerseite (1,5–3 m).

NICHT VERSÄUMEN

- Mauerspaziergang
- Pile-Tor (Bild)
- Festung Lovrjenac

PRAKTISCH & KONKRET

- Gradske zidine
- Karte S. 320
- ☎ 020-638 800
- www.wallsofdubrovnik.com
- Erw./Kind 150/50 Kn
- ⏲ April–Okt. 8–18.30 Uhr, Nov.–März 9–15 Uhr

Stadttore

Früher gelangte man über zwei durchdachte Tore in die Stadt: das **Pile-Tor** (Gradska vrata Pile; Karte S. 320) im Westen und das **Ploče-Tor** (Vrata od Ploča; Karte S. 320) im Osten. Die Zugbrücken der beiden Tore wurden bei Sonnenuntergang hochgezogen, die Tore abgesperrt und die Schlüssel dem Regenten übergeben. Der dritte Eingang, das **Buža-Tor**, wurde 1907 an der nördlichen Mauer oberhalb der Boškovićeva-Straße errichtet.

Das beeindruckendste der drei ist das Pile-Tor von 1537, das immer noch der Haupteingang zur Stadt ist. Eine **Steinstatue des hl. Blasius**, der die Stadt in den Händen hält, ziert eine Nische über dem Renaissance-Bogen. Der armenische Märtyrer aus dem 4. Jh. ist Dubrovniks Schutzpatron, darum findet man ähnliche Bilder an diversen Mauerstellen und über allen wichtigen Eingängen. Nach dem äußeren Tor betritt man einen größeren Hof mit einer Rampe und einer Treppe, die hinunter zum inneren Tor führt, das aus dem Jahr 1460 stammt und von einer Statue des hl. Blasius des Bildhauers Ivan Meštrović (1883–1962) gekrönt wird.

Mauerspaziergang

An den Eingängen beim Pile-Tor, beim Ploče-Tor und beim Schifffahrtsmuseum kann man Karten zur Stadtmauer erwerben. Damit es keinen Stau gibt, laufen alle gegen den Uhrzeigersinn. Zu Stoßzeiten kann es eine schweißtreibende, zähe Angelegenheit sein, aber davon sollte man sich nicht abschrecken lassen: Der Blick über die Altstadt und die Adria machen den Frust über die Menschenmengen allemal wett.

Besonders reizvoll ist der Mauerspaziergang (vielleicht aber nicht für Dubrovniks leidgeprüfte Einwohner), da man einen Blick auf versteckte Gärten und Höfe in den Wohngebieten der Stadt erhaschen kann.

Man beginnt am Ploče-Tor und erreicht schnell den **St.-Lukas-Turm** (1467), der zum Alten Hafen und zur Festung Revelin blickt. Der nördliche Mauerabschnitt Richtung Land ist der höchste, wobei der **Minčeta-Turm** (Tvrđava Minčeta; Karte S. 320) in der nordwestlichen Ecke der Stadt die Spitze bildet. Der Bau wurde 1464 nach Entwürfen von Juraj Dalmatinac vollendet, der vor allem als Schöpfer von Šibeniks außerordentlicher Kathedrale berühmt ist. Die Zinnen ganz oben bieten tolle Aussichten über die Dächer der Altstadt.

Von hier geht's durch das Pile-Tor meist bergab, dann wird's eng und man läuft im Gänsemarsch zum **Bokar-Turm** (Tvrđava Bokar; Karte S. 320) an der Südwestecke. Auf der Strecke am Meer kommt man an Café-Bars und Souvenirläden vorbei, ehe der Rundweg am Fort St. Ivana am Eingang zum Alten Hafen endet.

Festung Lovrjenac

Der hl. Blasius sieht von der Mauer auf die große **Festung** herab (Tvrđava Lovrjenac; Karte S. 320; www.citywallsdubrovnik.hr; Pile; 50 Kn, gratis mit Stadtmauerticket; ⏲April–Okt. 8–18.30 Uhr, Nov.–März 9–15 Uhr), die auf einer 37 m hohen Landspitze neben der Altstadt thront. Die Bastion mit 4 bis 12 m dicken Mauern sollte die Stadt von Westen her vor einer Invasion über Land oder Wasser schützen. Drinnen gibt's nicht viel, aber die Zinnen bieten schöne Blicke auf die Altstadt und der Hof wird im Sommer für Konzerte und Aufführungen genutzt.

GAME OF THRONES

Dubrovniks Mauern und Festungen spielen eine große Rolle in der HBO-Serie *Game of Thrones*. Der Minčeta-Turm wurde für die Außenansicht von Qarths Haus der Unsterblichen genutzt, in der Schlacht am Schwarzwasser befahl Tyrion Lannister die Verteidigung von Königsmund von den seeseitigen Mauern aus, und blendet man die computeranimierten Veränderungen aus, erkennt man im Roten Bergfried die Festung Lovrjenac.

Am Eingang zu den Mauern am Pile Tor bildet sich gewöhnlich die längste Schlange. Der Vorteil am Ploče-Tor ist, dass man den steilsten Stufen zunächst aus dem Weg geht.

KRIEGSSCHÄDEN

Beim Blick über die Dächer der Altstadt bekommt man einen guten Eindruck vom Ausmaß der Schäden, die die Bombardierungen der jugoslawischen Armee 1991 und 1992 in Dubrovnik anrichteten: Alle Dächer mit auffällig hellen neuen Terrakottaziegeln waren beschädigt oder zerstört worden und mussten ausgetauscht werden. Die Originalziegel in sanfteren Farben sind in der Minderheit.

HIGHLIGHTS
LOKRUM

Dem Gedränge in Dubrovniks Altstadt kann man leicht durch eine 10-minütige Fährfahrt zu dieser üppigen, bewaldeten Insel entkommen, die von Pfauen und über 150 anderen Vogelarten bevölkert ist. Die gesamte Insel ist ein Naturschutzgebiet voller Steineichen, Schwarzeschen, Pinien und Olivenbäumen. Hier kann man prima baden, auch wenn die Strände felsig sind.

Boote

Im Sommer legt etwa einmal in der Stunde eine Fähre an Dubrovniks **Altem Hafen** (Karte S. 320) ab (Juli & Aug. alle 30 Min.). Man sollte sich unbedingt erkundigen, wann die letzte Fähre zurück zum Festland ablegt. Die letzten Boote am Tag können sehr voll sein; um garantiert einen Platz zu erwischen, sollte man rechtzeitig am Kai sein. Es ist nicht erlaubt, über Nacht auf der Insel zu bleiben.

NICHT VERSÄUMEN

- Klostergarten (Bild)
- Botanischer Garten
- *Game-of-Thrones-*Ausstellung

PRAKTISCH & KONKRET

- ✆ 020-311 738
- www.lokrum.hr
- Erw./Kind inkl. Boot 150/25 Kn
- ⏲ April–Nov.

Benediktinerkloster & Gärten

Besonders sehenswert ist das große mittelalterliche Benediktinerkloster, das einen kurzen Fußweg vom Fährhafen entfernt liegt. Es heißt, dass die Mönche Anfang des 10. Jhs. die ersten Siedler auf der Insel waren, obwohl die erste eindeutige Erwähnung des Klosters aus dem Jahr 1023 stammt. Die letzten Mönche wurden

schließlich 1799 vertrieben, als die finanzschwache Republik entschied, die Insel zu verkaufen. Laut einer Legende sollen die Mönche die künftigen Besitzer der Insel verflucht haben.

Die Insel ging in den Besitz des unglückseligen Erzherzogs Maximilian Ferdinand über, dem zukünftigen Herrscher von Mexiko, der sich Anfang der 1860er-Jahre im Klosterkomplex eine Villa bauen ließ. Maximilian war verantwortlich für die Wiederbelebung des **Klostergartens** und den Anbau eines **botanischen Gartens** mit Agaven und exotischen Palmen.

In einem Klostergebäude gibt's heute eine Ausstellung zur Geschichte der Insel und zur Serie *Game of Thrones*. Hier kann man auf einer Kopie des Eisernen Throns posieren, und Fans werden erkennen, dass im Klostergarten der Empfang von Daenerys in Qarth gedreht wurde.

Fort Royal

Im Zentrum der Insel, an ihrem höchsten Punkt (97 m), steht das runde Fort Royal. Napoleons Truppen begannen mit dem Bau, kurz nachdem sie im Jahr 1806 die Stadt Dubrovnik einnahmen. Vom Dach hat man einen schönen Blick über Dubrovniks Altstadt.

Badeplätze

Auf der Insel gibt es mehr flache Felsplatten als Strände, die meisten Besucher suchen sich dort einen Platz. Beliebt ist auch der Salzsee, das sogenannte **Tote Meer**, südlich des Klosters.

Am südöstlichen Ende der Insel gibt es einen FKK-Bereich (von der Fähre nach links gehen und dann den FKK-Schildern folgen). Bei den Felsen am hinteren Ende befindet sich der inoffizielle Schwulenstrand Dubrovniks.

Dubrovnik Altstadt

(Fortsetzung von S. 315)

zu einem solchen Touristenmagneten geworden, dass sogar eine Beschränkung der Besucherzahlen in der autofreien Altstadt im Gespräch ist. Die Hauptstraßen können vollgestopft mit Menschen sein, vor allem wenn mehrere Kreuzfahrtschiffe gleichzeitig ihre Passagiere an Land spucken.

Altstadt

Stadtmauer & Festungen FESTUNG

s. S. 316.

★ War Photo Limited GALERIE

(Karte S. 320; ☎020-322 166; www.warphotoltd.com; Antuninska 6; Erw./Kind 50/40 Kn; ⏲Mai–Sept. tgl. 10–22 Uhr, April & Okt. Mi–Mo 10–16 Uhr) Der Besuch dieser Galerie wird bleibenden Eindruck hinterlassen. Sie zeigt die bewegenden Arbeiten des neuseeländischen Fotojournalisten Wade Goddard, der in den 1990er-Jahren in den Balkanländern arbeitete. Das erklärte Ziel der Fotogalerie ist es, „den Mythos des Krieges zu entlarven, … um den Menschen zu zeigen, was Krieg wirklich ist: grausam, korrupt und beängstigend, weil Unschuldige und Kämpfer gleicherma-

Dubrovnik Altstadt

Highlights
1 Stadtmauer & Festungen F3
2 Rektorenpalast F5
3 War Photo Limited D3

Sehenswertes
4 Archäologisches Museum G3
5 Kathedrale Mariä Himmelfahrt E5
6 Dominikanerkloster & -museum F3
7 Galerie Dulčić Masle Pulitika F5
8 Ethnografisches Museum C4
9 Bokar-Turm B4
10 Festung Lovrjenac A4
11 Minčeta-Turm D2
12 Festung Revelin G3
13 Fort St. Ivana G5
14 Franziskanerkloster & -museum C3
15 Gundulićeva poljana E5
16 Großer Onofrio-Brunnen C3
17 Love Stories Museum A3
18 Marin-Držić-Haus D4
19 Schifffahrtsmuseum G5
Gedenkraum der Verteidiger Dubrovniks .... (siehe 24)
20 Naturkundemuseum E5
21 Pile-Tor C3
22 Ploče-Tor G3
23 Studio Pulitika G5
24 Sponza-Palast F4
25 St. Blasius E4
26 St. Ignatius von Loyola D5
27 Synagoge & Jüdisches Museum E3

Aktivitäten, Kurse & Touren
28 Adriatic Kayak Tours B1
29 Seilbahn G2

Schlafen
30 City Walls Hostel D5
31 Fresh* Sheets Kathedral E5
32 Hostel Angelina D2
33 Karmen Apartments F5
34 MirÓ Studio Apartments A3
35 Rooms Vicelić D3
36 Villa Sigurata E6

Essen
37 Bota Šare Oyster & Sushi Bar F5
38 Dolce Vita D3
39 Fast Food Republic D3
40 Konoba Ribar F5
41 Nautika B3
42 Nishta D3
43 Oliva Pizzeria E4
44 Peppino's D4
45 Pink Shrimp D3
46 Proto D4
47 Restaurant 360° F3
48 Restaurant Dubrovnik E5

Ausgehen & Nachtleben
49 Bard Mala Buža E6
50 Buža D6
51 Buzz Bar E3
52 Dubrovnik Beer Factory D4
53 D'vino D3
54 Malvasija E3
Revelin .... (siehe 12)
55 Rock Caffe Exit E3
56 Tavulin C4

Shoppen
57 Kawa G2
58 Little Brothers Pharmacy C3
59 Medusa E3
60 Terra Croatica Dubrovnik D4
61 Uje E4
62 Uje E4

ßen zu Opfern der Ungerechtigkeit werden.“ Im Obergeschoss gibt's eine Dauerausstellung über die Kriege in Jugoslawien, während sich die Wechselausstellungen auch anderer Konflikte annehmen.

★ Rektorenpalast PALAST

(Knežev dvor; Karte S. 320; ☎ 020-321 497; www.dumus.hr; Pred Dvorom 3; Erw./Kind 80/25 Kn, inkl. Multimuseum-Pass 120/25 Kn; ⊙ April–Okt. 9–18 Uhr, Nov.–März bis 16 Uhr) Der Palast mit Elementen aus Gotik und Renaissance wurde im späten 15. Jh. für den gewählten Regenten der Republik Ragusa (Dubrovnik) erbaut und beherbergt seinen Amtssaal, seine Privatgemächer, öffentliche Säle, Verwaltungsbüros und einen Kerker. Während seiner einmonatigen Amtszeit durfte der Rektor das Gebäude nicht ohne Erlaubnis des Senats verlassen. Heute fungiert der Palast als **Kulturhistorisches Museum**; aufwendig restaurierte Säle, Porträts, Wappen und Münzen veranschaulichen die glorreiche Vergangenheit Ragusas.

Großer Onofrio-Brunnen BRUNNEN

(Velika Onofrijeva fontana; Karte S. 320; Poljana Paska Miličevića) Dieser Brunnen gehört zu den berühmtesten Wahrzeichen Dubrovniks. Er wurde 1438 als Teil eines Wasserversorgungssystems gebaut, das das kostbare Nass von einer 12 km entfernten Quelle in die Stadt brachte. Ursprünglich krönten Skulpturen den Brunnen, doch sie wurden bei dem Erdbeben von 1667 stark beschädigt. Übrig geblieben sind nur die 16 in Stein gemeißelten Masken, aus deren Mäulern das trinkbare Wasser ins Becken spritzt. Der kleine Bruder, der verschnörkelte **Kleine Onofrio-Brunnen**, befindet sich am Luža-Platz am anderen Ende der Stradun.

Franziskanerkloster & -museum

CHRISTLICHES KLOSTER

(Franjevački samostan i muzej; Karte S. 320; ☎ 020-321 410; Placa 2; 30 Kn; ⏲ April–Okt. 9–18 Uhr, Nov.–März bis 14 Uhr) Die massiven Steinmauern des Klosters beherbergen einen prächtigen **Kreuzgang** aus der Mitte des 14. Jhs., eine historische **Apotheke** und ein kleines **Museum** mit einer Sammlung von Reliquien und liturgischen Gegenständen, darunter Kelche, Gemälde und Goldschmuck sowie pharmazeutische Objekte wie Laborgeräte und medizinische Bücher.

Vor dem Betreten des Klosters sollte man zunächst die bemerkenswerte Pietà über dem Eingang zur Kirche bewundern, die von den hiesigen Bildhauern Petar und Leonard Andrijić 1498 geschaffen wurde. Leider überdauerte nur das Portal der einst reich verzierten Kirche das Erdbeben von 1667. Die barocke Nachfolgerin ist mit üppigen Altären geschmückt, über denen große Gemälde hängen.

Über den kleinen Durchgang zwischen Klosterkirche und Erlöserkirche gelangt man zum Kloster und zum Museum. Der Kreuzgang gehört zu den schönsten spätromanischen Bauten in Dalmatien. Jedes Kapitell über den unglaublich filigranen Doppelsäulen ziert eine andere Figur – mal sind es menschliche Gesichter, mal Tiere oder Blumenornamente. In der Mitte liegt ein kleiner rechteckiger Garten mit Orangenbäumen und Palmen.

Im Inneren findet man die drittälteste Apotheke Europas, die seit 1317 in Betrieb ist. Angeblich ist es die erste Apotheke in Europa, die auch das „gemeine Volk" bediente. Heute gehört der Raum zum Klostermuseum, an einer Wand ist eine Apothekenausstellung, ansonsten werden überall religiöse Artefakte und Kunst präsentiert. Zu den Highlights gehören ein großes bemaltes Altarkruzifix von Blaž Jurjev Trogiranin (1428) und Vlaho Bukovacs *Der neue Ring* (1892), eines der wenigen weltlichen Stücke dieser Sammlung.

Nachdem sie mehrere Male umziehen musste, befindet sich die heutige **Apotheke** (Ljekarna kod Mala Braća; Karte S. 320; ☎ 020-321 411; www.ljekarna-dubrovnik.hr; Placa 2; ⏲ Mo–Fr 7–19, Sa 7.30–15 Uhr) direkt vor dem Kartenschalter des Museums am Klostereingang.

Synagoge & Jüdisches Museum

SYNAGOGE

(Sinagoga i Židovski muzej; Karte S. 320; Žudioska 5; 50 Kn; ⏲ 10–17 Uhr) Diese Synagoge, die es nachweislich schon im 14. Jh. gab, soll die zweitälteste aktive Synagoge Europas sein und die älteste sephardische. An einer Straße gelegen, die früher das jüdische Getto war, beherbergt das Gotteshaus ein kleines Museum mit religiösen Relikten und Erläuterungen zur örtlichen jüdischen Bevölke-

MUSEUMSPASS VON DUBROVNIK

Vielleicht ist es ein gerissener Plan, um Leute auch zum Besuch einiger der kleineren Museen der Stadt zu bewegen: Der Multimuseum-Pass (Erw./Kind 120/25 Kn) gewährt Zutritt zu neun von Dubrovniks Institutionen. Das einzige Ziel darunter, das man unbedingt sehen muss, ist jedoch der Rektorenpalast (S. 322), der auch der einzige ist, für den man separat Karten bekommt (Erw./Kind 80/25 Kn).

Für Besucher, die das ausgezeichnete Museum für moderne Kunst (S. 326) besichtigen wollen, lohnt sich der Pass. Die anderen Museen kann man sich ruhig sparen. Wer allerdings bei begrenzter Zeit trotzdem etwas für sein Geld haben will, sollte sich die übrigen Museen in folgender Reihenfolge vornehmen: **Schifffahrtsmuseum** (Pomorski muzej; Karte S. 320; ☎ 020-323 904; www.dumus.hr; Tvrđava Sv Ivana; ⏲ April–Okt. Di–So 9–18 Uhr, Nov.–März bis 16 Uhr), **Archäologisches Museum** (Arheološki muzej; Karte S. 320; ☎ 020-324 041; www.dumus.hr; Fort Revelin, Sv Dominika 3; ⏲ Do–Di 10–16 Uhr), **Galerie Dulčić Masle Pulitika** (Karte S. 320; ☎ 020-612 645; www.ugdubrovnik.hr; Držićeva poljana 1; ⏲ Di–So 9–20 Uhr), **Naturkundemuseum** (Prirodoslovni muzej; Karte S. 320; ☎ 020-324 888; www.pmd.hr; Androvićeva 1; ⏲ Juni–Okt. Mo–Sa 10–18 Uhr, Nov.–Mai Mo–Fr bis 17, Sa bis 14 Uhr), **Ethnografisches Museum** (Etnografski muzej; Karte S. 320; ☎ 020-323 056; www.dumus.hr; Od Rupa 3; ⏲ Mi–Mo 9–16 Uhr), **Studio Pulitika** (Atelijer Pulitika; Karte S. 320; ☎ 020-323 104; www.ugdubrovnik.hr; Tvrđava Sv Ivana bb; ⏲ Di–So 9–15 Uhr), **Marin-Držić-Haus** (Dom Marina Držića; Karte S. 320; ☎ 020-323 242; www.muzej-marindrzic.eu; Široka 7; ⏲ Juni–Sept. Mo 10–18, Di–So 9–22 Uhr, Okt.–Mai Di–So 9–20.30 Uhr).

Dubrovnik

0
1 km
Ivana Zajca
Vatroslava Lisinskog
Riječka
Iva Dulčića
BABIN KUK
Kardinala Stepinca
Šetalište Nika i Meda Pucića
Primorska
Kneza Domagoja
Hafen von Gruž
Obala Pape Ivana Pavla II
Fähr-terminal
G&V Line
Jadrolinija
Stjepana Radića
Obala
GRUŽ
Jadranska Cesta
Lapadska Obala
Šetalište Kralja Zvonimira
Lapad-Bucht
Kralja Tomislava
Dalmatinska
Žrtava s Dakse
Masarykov Put
Od Batale
Sv Mihajla
Nikole Tesle
LAPAD
Andrije Hebranga
Ante Starčevića
Bana Josipa Jelača
Iva Vojnovića
Josipa Kosora
Liechtensteinov Put
Dr Roka Mišetića
Pera Čingrije
Od Gaja
Gronji Kono
Vladimira Nazora
Petra Bakića
SRĐ
Srđ
Branitelja Dubrovnika
Anice Bošković
Zagrebačka
Gornji
Flughafen (25 km)
Gradac Park
Don Frana Bulića
Danče-Strand
Šulić-Bucht
PILE
PLOČE
Petra Krešimira IV
Frana Supila
Alter Hafen
s. Karte Dubrovnik Altstadt (S. 320)
Villa Dubrovnik (650 m)
Adria

Dubrovnik

Highlights
1 Srđ ... G3

Sehenswertes
2 Dubrovnik während des Unabhängigkeitskriegs ... G3
3 Gradac-Park ... F4
4 Museum für moderne & zeit. Kunst ... G4

Aktivitäten, Kurse & Touren
5 Banje-Strand ... G4
6 Bellevue-Strand ... E3
7 Buggy Safari Dubrovnik ... G3
8 Copacabana-Strand ... B1
9 Dubrovnik Boat Rentals ... F4
10 Lapad-Bucht ... C2
11 Kreuzweg ... F3

Schlafen
12 Apartments Silva ... C2
13 Guest House Biličić ... F3
14 Villa Klaić ... F3

Essen
15 Pantarul ... C2
16 Shizuku ... C2
17 Slatki Kantun ... B2

Ausgehen & Nachtleben
18 Art Cafe ... F4
Cave Bar More ... (siehe 17)
19 Coral Beach Club ... B1

Unterhaltung
20 Lazareti ... G4

Shoppen
21 Studio Aplika ... G4

rung, darunter Akten zur ihrer Verfolgung im Zweiten Weltkrieg.

Dominikanerkloster & -museum CHRISTLICHES KLOSTER
(Dominikanski samostan i muzej; Karte S. 320; ☎020-321 423; www.dominicanmuseum.hr; Sv Dominika 4; Erw./Kind 30/20 Kn; ⏲9–17 Uhr) Das imposante Gebäude ist ein architektonisches Highlight mit Stilelementen der Gotik und der Renaissance und einer eindrucksvollen Kunstsammlung. Es entstand etwa zur selben Zeit wie die Stadtmauer im 14. Jh. Die kahle Außenmauer wirkt eher wie eine Festung als ein religiöser Komplex. Drinnen gibt's einen eleganten **Kreuzgang** aus dem 15. Jh., den lokale Künstler nach den Vorlagen des florentinischen Architekten Maso di Bartolomeo gestalteten.

In der großen einschiffigen Kirche sind ein paar helle, moderne Buntglasfenster und ein Gemälde von Vlaho Bukovac (*Das Wunder des hl. Dominikus*, 1911) über einem der Seitenaltäre. Weitere unschätzbare Kunstwerke hängen in Sälen, die vom Kreuzgang abgehen, darunter Werke von Lovro Dobričević und Nikola Božidarević aus dem 15. und 16. Jh. sowie ein wunderbares Gemälde des hl. Blasius und der Maria Magdalena (1550) vom berühmten venezianischen Maler Tizian.

Sponza-Palast PALAST
(Palača Sponza; Karte S. 320; ☎020-321 031; Placa bb; Mai–Okt./Nov.–April gratis/25 Kn; ⏲Archive & Kreuzgang Mai–Okt. 10–22 Uhr; Kreuzgang Nov.–April 10–15 Uhr) Der Sponza-Palast, eines der wenigen Gebäude in der Altstadt, die das Erdbeben von 1667 überstanden haben, wurde von 1516 bis 1522 als Zollhaus erbaut und später auch als Münzanstalt, Schatzkammer, Waffenkammer und Bank genutzt. Architektonisch weist er eine Mischung von Stilelementen auf, angefangen mit dem schönen, auf sechs korinthischen Säulen ruhenden Renaissance-Portikus. Im 1. Stock sind die Fenster spätgotisch, der 2. Stock hat Fenster im Renaissance-Stil und eine Nische mit einer Statue des hl. Blasius.

Im Gebäude selbst, bevor man das Kloster betritt, zeigt der **Gedenkraum der Verteidiger Dubrovniks** (Spomen soba poginulih Dubrovačkih branitelja; Karte S. 320; ⏲Mai–Okt. 9–21 Uhr, Nov.–April 10–15 Uhr) GRATIS eine ergreifende Sammlung von Schwarz-Weiß-Fotos der überwiegend jungen Männer, die zwischen 1991 und 1995 ums Leben kamen.

Im 1. und 2. Stock beheimatet der Palast das Staatsarchiv mit einer unbezahlbaren Sammlung von Handschriften, die bis zu 1000 Jahre alt sind. Die Archive sind zwar nicht öffentlich zugänglich, aber im Erdgeschoss sind von den wertvollsten und bedeutendsten Stücken Kopien ausgestellt. Auch wenn ein paar Dokumente ins Englische übersetzt wurden, ist die Ausstellung eher etwas für Fachleute.

St. Blasius KIRCHE
(Crkva Sv Vlahe; Karte S. 320; Luža Sq; ⏲Mo–Sa 8–12 & 16–17, So 7–13 Uhr) Die außergewöhnlich schöne Kirche von 1715 im schnörkelhaften Barockstil ist dem Schutzheiligen der Stadt gewidmet. Bemerkenswert sind vor allem die Marmoraltäre und die vergoldete Silberstatue des hl. Blasius aus dem 15. Jh. im Hochaltar, der in seiner Hand ein maßstabgetreues Modell der Stadt vor dem Erdbeben hält. Die Buntglasfenster von 1971

des lokalen Künstlers Ivo Dulčić sind auch beachtenswert.

Kathedrale Mariä Himmelfahrt KATHEDRALE

(Katedrala Marijina Uznesenja; Karte S. 320; Držićeva poljana; Schatzkammer 20 Kn; ⌚Ostern–Okt. Mo–Sa 8–17, So 11–17 Uhr, Nov.–Ostern Mo–Sa 9–12 & 16–17 Uhr) Dubrovniks Kathedrale entstand an der Stelle einer Basilika aus dem 7. Jh. und wurde im 12. Jh. erweitert. Angeblich wurde die Erweiterung mit einer Spende des englischen Königs Richard Löwenherz finanziert, der bei der nahegelegenen Insel Lokrum Schiffbruch erlitten hatte. Nachdem das Gotteshaus beim Erdbeben 1667 zerstört worden war, begann man zügig mit den Arbeiten an der neuen Kathedrale, die 1713 im Barockstil fertiggestellt wurde.

Die Kathedrale ist bekannt für ihre schönen Altäre, vor allem für den Nepomuk-Altar aus violett schimmerndem Marmor. Unter den religiösen Gemälden sticht besonders das Polyptychon *Mariä Himmelfahrt* hinter dem Hauptaltar hervor, das von dem venezianischen Maler Tizian im 16. Jh. geschaffen wurde.

Die golden und silber funkelnde **Schatzkammer** links vom Hauptaltar birgt Reliquien des hl. Blasius sowie mehr als 150 weitere Reliquienschreine, die überwiegend von Goldschmieden aus Dubrovnik zwischen dem 11. und dem 17. Jh. gefertigt wurden.

St. Ignatius von Loyola KIRCHE

(Crkva Sv Ignacija Lojolskoga; Karte S. 320; ☎020-323 500; Poljana Ruđera Boškovića 6; ⌚7–19 Uhr) Die am Ende eines breiten Treppenaufgangs thronende Jesuitenkirche wurde zwischen 1699 und 1725 im Barockstil erbaut. Die wunderbaren Fresken im Inneren zeigen Szenen aus dem Leben des hl. Ignatius, des Begründers des Jesuitenordens. An die Kirche grenzt das frühere Jesuitenkolleg Collegium Ragusinum, in dem heute das Gymnasium Diocesan Classical untergebracht ist.

Rund um Dubrovnik

★Srđ AUSSICHTSPUNKT

(Karte S. 324; Srđ bb) Vom Gipfel des 412 m hohen Hügels sieht Dubrovniks Altstadt noch surrealer aus als gewöhnlich – wie ein maßstabgetreues Modell seiner selbst oder eine Illustration in einem Buch. Von hier blickt man über ganz Dubrovnik und Lokrum bis zu den Elafiten am Horizont. Diese außergewöhnlich gute Lage machte Srđ zu einem Hauptschlachtfeld im Krieg der 1990er-Jahre. Dieser Geschichte widmet sich die Ausstellung **Dubrovnik während des Unabhängigkeitskriegs** (Dubrovnik u Domovinskom ratu; Karte S. 324; ☎020-324 856; Fort Imperial, Srđ; Erw./Kind 30/15 Kn; ⌚8–22 Uhr; P) im Fort Imperial auf dem Gipfel.

Am leichtesten und schnellsten gelangt man mit der **Seilbahn** (Žičara; Karte S. 320; ☎020-414 355; www.dubrovnikcablecar.com; Petra Krešimira IV bb, Ploče; Erw./Kind hin & zurück 140/60 Kn, einfach 85/40 Kn; ⌚Juni–Aug. 9–24 Uhr, Sept. bis 22 Uhr, April, Mai & Okt. bis 20 Uhr, Nov.–März bis 16 Uhr) dorthin, alternativ fährt man mit dem Auto (den Schildern nach Bosanka folgen), läuft auf dem **Kreuzweg** (Križni put; Karte S. 324; Jadranska cesta, Srđ) oder steigt in den Bus 17 von der Haltestelle Pile nach Bosanka und geht die letzten 1,5 km zu Fuß.

Lokrum INSEL

s. S. 318.

Museum für moderne & zeitgenössische Kunst MUSEUM

(Umjetnička galerija; Karte S. 324; ☎020-426 590; www.ugdubrovnik.hr; Frana Supila 23, Ploče; Multimuseum-Pass Erw./Kind 120/25 Kn; ⌚Di–So 9–20 Uhr) Die exzellente Kunstgalerie in einem auffälligen modernistischen Gebäude östlich der Altstadt zeigt auf drei Etagen Werke kroatischer Künstler, vor allem des Malers Vlaho Bukovac, der aus dem nahegelegenen Cavtat stammt. Von der Skulpturenterrasse aus hat man einen herrlichen Ausblick.

Love Stories Museum MUSEUM

(Karte S. 320; www.lovestoriesmuseum.com; Od Tabakarije 2, Pile; Erw./Kind 50/35 Kn; ⌚Mai–Sept. 9–22 Uhr, Okt.–April 10–18 Uhr) Mit diesem ungewöhnlichen Museum antwortet Dalmatien auf heitere Art und Weise auf Zagrebs beliebtes Museum der zerbrochenen Beziehungen (S. 69). Mit einem Fokus auf Liebesliedern, Romanzen und Legenden der lokalen Geschichte sowie kitschige Szenen aus Filmen und Serien, die in Dubrovnik gedreht wurden (*Game of Thrones* ohne Eingeweide?), sollen die Tränendrüsen ordentlich beansprucht werden. Doch das wahre Herz des Museums ist die Sammlung sentimentaler Gegenstände normaler Menschen aus der Gegend und die passenden Geschichten dahinter.

Aktivitäten

Für Infos zu Stränden siehe „Faule Tage in Dubrovnik“ (S. 338).

Stadtspaziergang **durch Dubrovniks Altstadt**

START PILE-TOR
ZIEL BUŽA BAR
LÄNGE/DAUER 1,2 KM; 1 STD.

Durch das 1 **Pile-Tor** (S. 316) gelangt man zum Anfang der Placa (Stradun), Dubrovniks marmorgepflasterte Hauptstraße. Sie verläuft etwa da, wo einst der Kanal Ragusa vom Festland trennte. Direkt rechts steht der 2 **Große Onofrio-Brunnen** (S. 322), gegenüber die 3 **Kirche St. Saviour** aus dem 16. Jh.

Weiter geht's vorbei am 4 **Franziskanerkloster** (S. 323) in eine der Gassen zur Linken. Dann biegt man in die erste Nebenstraße rechts, die 5 **Prijeko** mit Restaurants unterschiedlicher Qualitäten, ein. Wiederum nach rechts geht's in die Žudioska, Dubrovniks früheres jüdisches Getto; die 6 **Synagoge** (S. 323) aus dem 14. Jh. ist die älteste noch aktive sephardische Synagoge in Europa.

Man folgt wieder der Placa bis zum Luža-Platz, einem früheren Marktplatz mit schönen Gebäuden wie dem 7 **Sponza-Palast** (S. 325) und der 8 **St. Blasius** (S. 325). Erlässe, anstehende Feste und Urteile wurden an der 9 **Orlando-Säule** in der Mitte des Platzes verkündet. Die Steinsäule von 1417 zeigt einen mittelalterlichen Ritter. Seine Unterarmlänge, die „Dubrovniker Elle" (51,2 cm), galt in der Republik als offizielles Längenmaß.

Man schreitet durch den Bogen unter dem 10 **Uhrenturm**, biegt erst links und dann rechts beim Bogen, der zum Alten Hafen führt, ab. Aus dem Schatten jenseits der Mauer heraus hat man einen tollen Blick zurück auf die Wehranlagen am Ploče-Tor.

Schlüpft man durch das Loch in der Wand und biegt rechts ab, steht man vor der 11 **Kathedrale** (S. 326) mit dem 12 **Rektorenpalast** (S. 322) schräg gegenüber. Nun geht's entlang der Haupteinkaufsmeile Od Puča und über den Markt auf der 13 **Gundulićeva poljana** (S. 328), benannt nach dem Dichter, dessen Statue in der Mitte emporragt.

Am anderen Ende erklimmt man die Jesuitentreppe zur 14 **St. Ignatius von Loyola** (S. 326), überquert den Platz und folgt der Straße entlang der Mauern. Durch ein Metalltor kommt man zur Bar 15 **Buža** (S. 334).

DREHORTE VON GAME OF THRONES

Für die meisten Besucher ist Dubrovnik ohnehin eine einzige Fantasiewelt – Fans von *Game of Thrones* tauchen in der mittelalterlichen Altstadt jedoch noch viel tiefer in eine solche ein: Große Teile der immens beliebten TV-Serie wurden hier gedreht. Split und Šibenik dienten zwar auch als Drehorte, doch Dubrovnik hebt sich hervor, da sie den Städten Königsmund und Qarth ein Gesicht gab. Für alle, die ihren eigenen Gang der Schande durch die Straßen von Westeros schreiten wollen, sind hier einige wichtige Locations:

Festung Lovrjenac (S. 317) Der berühmte Rote Bergfried von Königsmund. Cersei verabschiedet ihre Tochter Myrcella im kleinen Hafen darunter.

Stadtmauern (S. 316) In der Schlacht am Schwarzwasser befahl Tyrion Lannister von den seeseitigen Mauern die Verteidigung von Königsmund.

Minčeta-Turm (S. 317) Die Außenansicht von Qarths Haus der Unsterblichen.

Rektorenpalast (S. 322) Das Atrium stellt den Palast des Gewürzkönigs von Qarth dar – es wurde nicht einmal die Statue wegretuschiert!

St. Dominika-Straße Die Straße und die Treppe vor dem Dominikanerkloster (S. 325) dienten als Kulisse für mehrere Marktszenen in Königsmund.

Uz Jezuite Die Treppe von St. Ignatius (S. 326) zum **Gundulićeva poljana** (Gundulićeva Platz; Karte S. 320) war der Startpunkt für Cersei Lannisters denkwürdigen, nackten Bußgang, der weiter bis zur Stradun führte.

Gradac-Park (Karte S. 324; Don Frana Bulića bb, Pile) Hier fand die Purpurne Hochzeit statt, bei der König Joffrey endlich seine wohlverdiente Strafe bekam.

Ethnographisches Museum (S. 323) Kleinfingers Bordell.

Lokrum (S. 318) Der Empfang für Daenerys in Qarth wurde im Inselkloster gefilmt.

Arboretum in Trsteno (S. 342) Der Garten des Roten Bergfrieds, in dem die Tyrells in den Staffeln drei und vier endlos redeten und Pläne schmiedeten.

Outdoor Croatia KAJAKFAHREN
(☎020-418 282; www.outdoorcroatia.com; Tagestrip 440 Kn) Verleiht Kajaks und veranstaltet diverse Tagestouren um die Elafiten sowie mehrtägige Ausflüge und Kombi-Trips mit Kajak und Fahrrad.

Geführte Touren

Insider Holidays WEIN
(☎099 47 73 701; www.insiderholidays.eu) Das Unternehmen wird von einer Gastronomin und ihrem Autorenmann geführt und ist auf Wein- und Essenstouren spezialisiert. Man kann sich durch die Weine der Altstadt testen (2½ Std., 6 Weine, 560 Kn), verschiedene Weingüter auf der Halbinsel Pelješac besuchen (5½ Std., 2 Weingüter, 715 Kn) oder maßgeschneiderte Touren durch die Altstadt oder die Umgebung von Dubrovnik unternehmen.

Buggy Safari Dubrovnik ABENTEUER
(Karte S. 324; ☎098 16 69 730; www.buggydubrovnik.com; Talstation Srđ-Seilbahn; 1/2 Personen 400/600 Kn; ⊙März–Nov) In einem frisierten Quad düst man über die unteren Hänge des Srđ und besucht Festungen und eine Farm – nach dem Abenteuerspaß ist man garantiert voller Schlamm und Staub.

Dubrovnik Boat Rentals BOOTSFAHRT
(Karte S. 324; ☎095 90 45 799; www.dubrovnikboatrentals.com; Ance Bošković 6, Pile) Bietet halb- und ganztägige private Speedboottrips (Preise auf Nachfrage) nach Lokrum und Cavtat sowie zu den Elafiten, nach Mljet und Korčula an.

Dubrovnik Boats BOOTSFAHRT
(☎098 757 890; www.dubrovnikboats.com; ACI Marina Dubrovnik, Na Skali 2, Komolac) Private Speedboottouren (Preise auf Nachfrage) zu den Elafiten sowie bis nach Mljet und Korčula.

Dubrovnik Day Tours GEFÜHRTE TOUREN
(☎098 17 51 775; www.dubrovnikdaytours.net) Private Tagestrips (Preise auf Nachfrage) von lizenzierten Guides zu weiter entfernten Zielen wie Korčula, Split, Kotor, Budva, Mostar und Sarajevo sowie Sightseeing- und *Game-of-Thrones*-Touren in Dubrovnik. Außerdem werden maßgeschneiderte Touren in klei-

nen Gruppen angeboten, die auf Kreuzfahrtpassagiere abzielen und als Dubrovnik Shore Tours (www.dubrovnikshoretours.net) beworben werden.

Adriatic Kayak Tours KAJAKFAHREN, RADFAHREN
(Karte S. 320; ☎020-312 770; www.adriatickayaktours.com; Zrinsko Frankopanska 6, Pile; halber Tag ab 280 Kn; ⏲April–Okt.) Kajaktouren auf dem Meer (halber Tag–eine Woche), Wander- und Radtouren und Ausflüge nach Montenegro (mit Rafting).

Feste & Events

Fest des hl. Blasius KULTUR
(⏲3. Feb.) Stadtweite Feier des Schutzpatrons des Ortes mit festlichen Aufführungen und einer Prozession. Letztere ist bei der UNESCO als „Immaterielles Kulturerbe" gelistet, da sie seit fast 1000 Jahren größtenteils unverändert durchgeführt wird.

Dubrovniker Sommerfestival KULTUR
(Dubrovačke ljetne igre; ☎020-326 100; www.dubrovnik-festival.hr; ⏲Juli–Aug.) Bei dem hochkarätigsten Sommerfestival Kroatiens finden vom 10. Juli bis zum 25. August in der ganzen Stadt unter freiem Himmel Theater-, Opern-, Konzert- und Tanzvorführungen statt. Tickets gibt's online, im Festspielbüro an der Placa und an einigen Veranstaltungsorten (eine Stunde vor Beginn der Vorstellung).

Schlafen

Dubrovnik ist die teuerste Stadt des Landes. Das merkt man auch als Gast: Für ein Zimmer muss man tiefer als anderswo in die Tasche greifen – selbst Hostels fallen preislich normalerweise in die Mittelklasse. Und man sollte weit im Voraus buchen, vor allem im Sommer. In der kompakten Altstadt ist das Angebot an Unterkünften begrenzt. Wer einen Strandaufenthalt mit dem Besuch der Stadt verbinden will, sollte auf der grünen Halbinsel Lapad 4 km westlich des Zentrums absteigen.

Altstadt

Hostel Angelina HOSTEL €
(Karte S. 320; ☎091 89 39 089; www.hostelangelinaoldtowndubrovnik.com; Plovani skalini 17a; B ab 49 €; ❄📶) Versteckt in einem ruhigen Winkel der Altstadt bietet dieses süße kleine Hostel Schlafsäle, eine kleine Gästeküche und eine von Bougainvilleen überschattete Terrasse mit eindrucksvollem Blick über die Dächer. Inklusive ist ein kostenloses Po-Training, jedes Mal wenn man die Gasse hochsteigt. Zusätzlich gibt es Privatzimmer in drei Anbauten in der Altstadt (ab 110 €).

★ **Karmen Apartments** APARTMENTS €€
(Karte S. 320; ☎020-323 433; www.karmendu.com; Bandureva 1; Apt. ab 95 €; ❄📶) Die vier einladenden Apartments punkten mit einer tollen Lage, einen Steinwurf vom Hafen am Ploče-Tor entfernt. Alle besitzen mit Kunst, Farbakzenten, geschmackvollen Möbeln und Büchern jede Menge Charakter. Apartment 2 hat einen kleinen Balkon, Apartment 1 einen hübschen Blick auf den Hafen. Weit im Voraus buchen.

City Walls Hostel HOSTEL €€
(Karte S. 320; ☎091 79 92 086; www.citywallshostel.com; Sv Šimuna 15; B/Zi. ab 46/104 €; ❄@📶) Von der Stadtmauer geschützt, empfängt die klassische Backpackerunterkunft ihre Gäste mit einer freundlichen und lebhaften Atmosphäre. Unten gibt's eine kleine Küche und einen Gemeinschaftsraum. Oben sind die sauberen und schlichten Zimmer und ein gemütliches Doppelzimmer mit Meerblick.

Rooms Vicelić PENSION €€
(Karte S. 320; ☎095 52 78 933; www.rooms-vicelic.com; Antuninska 10; Zi. 80–120 €; ❄📶) Die freundliche familienbetriebene Pension in einer der steil gestuften Straßen in der Altstadt hat vier stimmungsvolle Zimmer mit Steinwänden und eigenem Bad sowie eine Gemeinschaftsküche mit Mikrowelle und Wasserkocher. Zwei Straßen weiter unten gibt's zudem ein Studioapartment.

Villa Sigurata PENSION €€€
(Karte S. 320; ☎091 57 27 181; www.villasigurata.com; Stulina 4; EZ/DZ 110/160 €) Dieses Haus aus dem 17. Jh. ist in einer überraschend ruhigen Straße hinter der Kathedrale schwer zu finden. Es bietet acht atmosphärische Zimmer mit freiliegenden Steinwänden und stilvollen Möbeln. Da die Straßen sehr schmal sind, ist es nicht verwunderlich, dass die Räume recht dunkel sind, an heißen Tagen genießt man allerdings den Schatten. Zur Villa Sigurata gehören zwei weitere Altstadthäuser.

Fresh* Sheets Kathedral PENSION €€€
(Karte S. 320; ☎091 89 67 509; www.freshsheetskathedral.com; Bunićeva poljana 6; Zi. ab 188 €; ❄📶) Zu dieser freundlichen kleinen Pension mitten im Geschehen steigt man die ausgetretenen Stufen hoch, vorbei an mit religiöser Kunst geschmückten Gängen. Die

Die Altstadt von Dubrovnik

Dubrovniks Altstadt bietet einen einmaligen Anblick, der Besucher beim ersten Mal den Atem raubt. Aus der Ferne betrachtet zeichnet die Perle der Adria mit ihren Terrakottadächern, ihrer honigfarbenen Stadtmauer und dem endlos blauen Meer ein unfassbar malerisches Bild. Und keine Sorge: Das ändert sich auch dann nicht, wenn man durch die alten Tore geht und durch die zauberhaften Gassen schlendert.

1

2

WITR/GETTY IMAGES ©

4

CGE2010/SHUTTERSTOCK ©

1. Minčeta-Turm (S. 317)
Der massive Bau, der höchste Teil der Stadtmauer, wurde 1464 nach Entwürfen Juraj Dalmatinacs fertiggestellt.

2. Blick auf die Altstadt (S. 320)
Traumhafte Aussichten auf Altstadt und Adria hat man von den Festungen.

3. Über den Dächern (S. 317)
Nach der Bombardierung durch die Jugoslawische Armee 1991 und 1992 gab es neue Terrakottadächer. Die unauffälligeren Orginal-Dachziegel sind selten geworden.

4. Straßenrestaurants (S. 332)
In den Altstadt-Restaurants kann man im Freien lokale Spezialitäten genießen.

3

ANDREYOMELYANCHUK/500PX ©

eleganten Zimmer sind alle mit Badezimmern ausgestattet, nur ein Zimmer hat das Bad auf dem Flur. Empfehlenswert ist Zimmer Nr. 9, das auf den Gundulićeva poljana blickt. Es gibt auch eine Gästeküche.

Rund um Dubrovnik

Villa Klaić B&B €€
(Karte S. 324; 091 73 84 673; www.villaklaic-dubrovnik.com; Šumetska 9, Pile; Zi. ab 120 €;) Die hervorragende Pension liegt hoch über der Altstadt, gleich abseits der Hauptküstenstraße, hat komfortable moderne Zimmer und wird von dem sehr gastfreundlichen Inhaber Milo Klaić betrieben. Kleiner Swimmingpool, europäisches Frühstück, kostenlose Abholung (bei längerem Aufenthalt) und Freibier!

Apartments Silva PENSION €€
(Karte S. 324; 098 244 639; Kardinala Stepinca 62, Babin Kuk; Zi. ab 660 Kn;) Üppige mediterrane Pflanzen säumen die Terrassen dieser hübschen, an einem Hügel gelegenen Anlage, die nur einen Katzensprung vom Strand von Lapad entfernt ist. Die Zimmer sind komfortabel und preisgünstig, die beste Bleibe hier ist allerdings das geräumige Apartment für bis zu fünf Personen im oberen Stock. Die Unterkunft hat keine eigene Website, aber man findet sie auf allen größeren Buchungsseiten.

Guest House Biličić PENSION €€
(Karte S. 324; 098 802 111; Privežna 2, Pile; Zi. ab 740 Kn;) Die Hauptattraktion dieser traditionsreichen Pension ist der überwältigende, subtropische Garten. Die Zimmer sind schlicht und sauber, man muss allerdings über den Flur, um zum Bad zu kommen. Auf der Terrasse gibt's eine Gästeküche. Die Pension betreibt keine eigene Website, man kann jedoch über alle größeren Buchungsseiten Zimmer reservieren.

★ MirÓ Studio Apartments APARTMENTS €€€
(Karte S. 320; 099-42 42 442; www.mirostudioapartmentsdubrovnik.com; Sv Đurđa 16, Pile; Apt. 140 €;) Die schicke Anlage versteckt sich in einem ruhigen Wohnviertel, nur ein paar Meter vom Meer entfernt zwischen den Altstadtmauern und der Festung Lovrjenac. Sie ist ein echtes Juwel mit alten Steinwänden, weiß gestrichenen Deckenbalken und extravaganten Stilelementen wie Oberlichtern, modernen Badezimmern und Schiebeglastüren.

Villa Dubrovnik BOUTIQUE-HOTEL €€€
(020-500 300; www.villa-dubrovnik.hr; Vlaha Bukovca 6, Viktorija; Zi./Suite ab 720/1260 €;) Das elegante Boutique-Hotel bietet von seiner erstklassigen Lage am Meer einen weiten Blick über die Altstadt und Lokrum. Der niedrige Bau erstrahlt weiß vor den honigfarbenen Felsen im Hintergrund. Die Fenster zum Indoorpool können komplett geöffnet werden, sodass dieser sich quasi im Freien befindet. Sonnenhungrige können sich aber auch in eine Liege am Meer fläzen oder einen Liegesessel in der Prosciutto-Wein-Bar auf der Dachterrasse sichern.

Essen

Es gibt einige „sehr durchschnittliche" Restaurants in Dubrovnik, man sollte seine Wahl daher sorgfältig treffen. Viele Lokale gehen davon aus, dass sie die Gäste einmal und nie wieder sehen (was bei vielen Kreuzfahrtpassagieren ja auch zutrifft). Die Preise sind die höchsten in ganz Kroatien. Es gibt aber ein paar sehr gute Restaurants in der Altstadt, in Lapad und Gruž.

Altstadt

Dolce Vita SÜSSES €
(Karte S. 320; Nalješkovićeva 1a; Eis/Pfannkuchen ab 11/22 Kn; 11–24 Uhr) Dieser süße Laden bietet eine Auswahl aus mehr als einem Dutzend verschiedener Sorten üppigem, cremigem Gelato. Alternativ dazu genießt man sättigende Kuchen und Pfannkuchen. Verpassen kann man den Laden kaum, da die grell orangefarbenen Stühle und die Laternen mit Eiswaffeln darauf aus einer Nebenstraße der Stradun herausleuchten.

Fast Food Republic FAST FOOD €
(Karte S. 320; www.facebook.com/RepublicDubrovnik; Široka 4; Hauptgerichte 39–100 Kn; 10–24 Uhr;) Geführt von einem freundlichen jungen Team wird in der kleinen Burgerbar eine leckere Auswahl an Burgern, Sandwiches, Pizzastücken und Hotdogs serviert. Zur Abwechslung ruhig mal den Oktopusburger probieren.

Peppino's EIS €
(Karte S. 320; www.peppinos.premis.hr; Od Puča 9; Waffel ab 14 Kn; 11–24 Uhr) Bei den über 20 verlockenden köstlichen Eissorten dieses traditionellen Eisladens wird jeder fündig: Die Auswahl reicht von Standardsorten wie Schokolade bis zu verrückten Neukreationen mit Kandis oder Keks. Das Premium-Eis

ist noch intensiver im Geschmack, und es gibt auch glutenfreies Bio-Eis.

Pink Shrimp SEAFOOD €
(Karte S. 320; www.facebook.com/PinkShrimpStreetFood; Kunićeva 2; Gerichte 44–86 Kn; ⏲10–24 Uhr) Das kleine Lokal an der Straße hat nicht ohne Grund diesen Namen – eine der wichtigsten Zutaten der dalmatischen Küche wird hier auf ein Dutzend verschiedene Arten zubereitet, z. B. als Tartar, Tempura, frittiert, in Salat und auf Bruschetta. In Verbindung mit der schlichten, aber überzeugenden Weinkarte eignet sich das Pink Shrimp perfekt für ein köstliches leichtes Mittagessen oder einen Abendsnack. Unbedingt Platz lassen für das Schokomousse.

Nishta VEGAN €€
(Karte S. 320; ☎020-322 088; www.nishtarestaurant.com; Prijeko bb; Hauptgerichte 98–108 Kn; ⏲Mo–Sa 11.30–23.30 Uhr; ✎) Die Beliebtheit dieses kleinen Altstadtlokals rührt nicht nur daher, dass es Vegetarier und Veganer in Kroatien generell schwer haben, sondern liegt vor allem an den einfallsreichen und hübsch präsentierten Gerichten, die hier aufgetischt werden. Es gibt jeden Tag neue Angebote mit einer separaten Auswahl an gekochten und rohen Optionen.

Konoba Ribar DALMATISCH €€
(Karte S. 320; ☎020-323 194; Kneza Damjana Jude bb; Hauptgerichte 85–130 Kn; ⏲10–23 Uhr; ᯤ) Eine Rarität in der Altstadt: Dieses kleine, familienbetriebene Restaurant serviert lokale Gerichte, wie die Einheimischen sie mögen, zu mehr oder weniger lokalen Preisen. Hier wird nicht auf schick oder cool gemacht, es kommen einfach traditionelle Lieblingsspeisen wie Risotto und gefüllter Tintenfisch in Olivenöl und Knoblauch auf den Tisch. Das Konoba Ribar schmiegt sich in einer kleinen Gasse eng an die Stadtmauern.

Oliva Pizzeria PIZZA €€
(Karte S. 320; ☎020-324 594; www.pizza-oliva.com; Lučarica 5; Hauptgerichte 74–105 Kn; ⏲10–23 Uhr; ᯤ✎) Auf der Speisekarte stehen zwar auch ein paar ausgesuchte Pastagerichte, aber eigentlich dreht sich alles in dem reizvollen kleinen Restaurant um Pizza – und die kann sich wirklich sehen und schmecken lassen. Einfach an einen der Tische draußen setzen und reinhauen!

Bota Šare Oyster & Sushi Bar SUSHI €€
(Karte S. 320; ☎020-324 034; www.bota-sare.hr; Od Pustijerne bb; Hauptgerichte 62–120 Kn; ⏲Di–So 12–24 Uhr) Es stimmt schon, dass die meisten Kroaten keine Fans der asiatischen Küche sind. Aber sie verstehen eben etwas von frischen Meeresfrüchten, wie dieses kleine Restaurant beweist. Am besten setzt man sich an einen Tisch auf der Terrasse mit Blick auf die Kathedrale und überzeugt sich bei Ston-Austern (frisch oder als Tempura) und erstaunlich gutem Sushi und Sashimi selber davon.

★ **Restaurant 360°** INTERNATIONAL €€€
(Karte S. 320; ☎020-322 222; www.360dubrovnik.com; Sv Dominika bb; 2-/3-/5-Gänge-Menü 520/620/860 Kn; ⏲April–Sept. Di–So 18.30–22.30 Uhr; ᯤ) In Dubrovniks glanzvollstem Restaurant kann man richtig fein schlemmen: Das routinierte und professionelle Personal serviert wohlschmeckende, hübsch angerichtete und kreative Gerichte, dazu gibt's eine beeindruckende Weinkarte. Die Lage oben auf der Stadtmauer ist einmalig, und die Tische sind so gestellt, dass man durch die Zinnen auf den Hafen blicken kann.

Proto SEAFOOD €€€
(Karte S. 320; ☎020-323 234; www.esculaprestaurants.com; Široka 1; Hauptgerichte 225–356 Kn; ⏲10.30–23 Uhr) Das elegante Lokal ist bekannt für seinen frischen Fisch und seine ausgeprägte Altstadtatmosphäre. Zu sagen, es wäre „alteingesessen", wäre eine starke Untertreibung – das Haus öffnete schon 1886 seine Türen und zählte Persönlichkeiten wie Edward VIII. und Wallis Simpson zu seinen Gästen. Auf der Karte stehen dalmatische und istrische Gerichte, darunter frische Pasta, gegrillter Fisch und ein paar Fleischgerichte.

Restaurant Dubrovnik EUROPÄISCH €€€
(Karte S. 320; ☎020-324 810; www.restorandubrovnik.com; Marojice Kaboge 5; Hauptgerichte 110–230 Kn; ⏲12–24 Uhr; ᯤ) Eines der edelsten Restaurants von Dubrovnik liegt wunderbar auf einer geschützten Dachterrasse, versteckt zwischen ehrwürdigen Steinhäusern der Altstadt. Auf der deutlich französisch beeinflussten Karte wimmelt es von vornehmen und köstlichen Gerichten wie etwa Entenconfit und perfekt zubereitetes Steak.

Rund um Dubrovnik

Slatki Kantun BURGER, DESSERTS €
(Karte S. 324; ☎020-494 200; www.facebook.com/SlatkiKantun; Hotel More, Nika i Meda Pucića 13, Babin Kuk; Dessert 30–45 Kn; ⏲10–22 Uhr) Am Pool auf der Terrasse des Hotel More

bietet diese „Gebäck-und-Cocktailbar“ eine verführerische Auswahl an süßen Leckereien wie die typische (und sehr theatralische) weiße Schokobombe mit Waldfrüchten. Vor 17 Uhr gibt's zudem auch Burger, Fish & Chips und Salate (75–85 Kn).

Shizuku JAPANISCH €€
(Karte S. 324; ☎020-311 493; www.facebook.com/ShizukuDubrovnik; Kneza Domagoja 1f, Batala; Hauptgerichte 70–85 Kn; ⊙Di–So 17–24 Uhr; 📶) Versteckt in einem Wohnbereich zwischen dem Hafen Gruž und der Lapad-Bucht eilt das aufmerksame ortsansässige Personal in dem hellen, modernen Speiseraum des beliebten Restaurants an den Tisch. Die japanischen Besitzer bereiten in der Küche authentisches Sushi, Sashimi, Udon, knuspriges *karaage*-Huhn und Gyoza zu. Dazu passt ein japanisches Bier oder Sake.

Konoba Bonaca DALMATISCH €€
(☎020-450 000; www.konoba-bonaca.info; Sustjepanska Obala 23, Sustjepan; Hauptgerichte 42–130 Kn; ⊙9–24 Uhr; 🖉) Zu diesem Familien-Lokal am Nordeingang des Hafens gelangt man nur per Bus oder Taxi. Doch das zahlt sich aus: Da es so weit entfernt von den touristischen Pfaden liegt, sind hier die lokalen Leibspeisen wie gegrillter Tintenfisch, schwarzes Risotto und Pizza günstiger. Wenn die hübsche kleine Kirche nebenan offen ist, sollte man einen Blick reinwerfen.

★Nautika EUROPÄISCH €€€
(Karte S. 320; ☎020-442 526; www.nautikarestaurants.com; Brsalje 3, Pile; Hauptgerichte 290–360 Kn; ⊙April–Okt. 18–24 Uhr) Das Nautika bezeichnet sich selbst als „Dubrovniks schickstes Restaurant“ und kommt dem tatsächlich ziemlich nahe. Die Lage mit Blick auf das Meer und die Stadtmauer ist erstklassig und der Service tadellos: formell mit schwarzer Fliege, aber freundlich. Das Essen ist zwar nicht besonders einfallsreich, aber hochwertig, und es werden die besten lokalen Zutaten klassisch verarbeitet. Wer das ganze Tammtamm mit Silbergeschirr erleben will, bestellt den Fisch mit Salzkruste.

★Pantarul MEDITERRAN €€€
(Karte S. 324; ☎020-333 486; www.pantarul.com; Kralja Tomislava 1, Lapad; Hauptgerichte 108–180 Kn, 5-Gänge-Verkostungsmenü 390–410 Kn; ⊙Di–So 12–16 & 18–24 Uhr; P📶) In dem luftigen Bistro richtet sich die Karte nach den Jahreszeiten, und es gibt herrliches, selbst gemachtes Brot, Pasta und Risotto, Steaks, Rinderbäckchen, Burger und eine Auswahl an Fischgerichten.

Ausgehen & Nachtleben

Altstadt

★Bard Mala Buža BAR
(Karte S. 320; Iza Mira 14; ⊙Mai–Okt. 9–3 Uhr) Die gehobenere und schickere der zwei Klippenbars, die sich an die Meerseite der Stadtmauer schmiegen, liegt weiter unten auf den Felsen und bietet eine schattige Terrasse, auf der man mit tollem Blick auf die Adria fröhlich den Tag vertrödeln kann.

Buža BAR
(Karte S. 320; abseits der Od Margarite; ⊙Juni–Aug. 8–2 Uhr, Sept.–Mai bis 24 Uhr) Die Suche nach der klapprigen Bar auf einer Klippe fühlt sich an wie eine richtige Schatzsuche, zumal man unter der Stadtmauer hindurch muss, bis man schließlich den Eingangstunnel entdeckt. Trotzdem ist das Buža kein Geheimtipp mehr – es füllt sich unglaublich schnell, vor allem nach Sonnenuntergang. Am besten schnappt man sich einen kühlen Drink im Plastikbecher, pflanzt sich auf die Betonplattform und lässt es sich gutgehen.

D'vino WEINBAR
(Karte S. 320; ☎020-321 130; www.dvino.net; Palmotićeva 4a; ⊙März–Nov. 9–24 Uhr; 📶) Wer sich für kroatische Spitzen-Weine interessiert, ist in dieser gastlichen Bar goldrichtig. Neben einer großen Auswahl an erstklassigen Tropfen bietet das coole und sachkundige Personal thematische Weinproben an (3 Weinsorten ab 55 Kn). Außerdem gibt's schmackhafte Frühstücke, Snacks und Platten. Draußen sitzend erlebt man die authentische Atmosphäre der Altstadtgassen, aber man sollte sich drinnen die skurrilen Wandinschriften nicht entgehen lassen.

Malvasija WEINBAR
(Karte S. 320; Dropčeva 4; ⊙17–1 Uhr; 📶) Die kleine Bar wurde nach dem Weißwein benannt, der in der Nachbarregion Konavle produziert wird, und eignet sich gut, um diesen einheimischen Tropfen zu probieren. Der köstliche Käse und die Wurstplatten (ab 80 Kn) sind eine tolle Option für ein leichtes, erschwingliches Essen in der überteuerten Altstadt. Der Service ist ebenso charmant wie sachkundig.

Dubrovnik Beer Factory CRAFT-BIER
(Karte S. 320; www.facebook.com/dubrovnikbeerfactory; Miha Pracata 6; ⊙9–1 Uhr; 📶) Der Name kann in die Irre führen, denn dies ist nicht wirklich eine Brauerei. Die große Auswahl an

kroatischem Craft-Bier rechtfertigt allerdings den Namen. Doch der eigentliche Publikumsmagnet neben den großen Wandmalereien, den Gewölbedecken, den historischen Steindetails und dem riesigen Biergarten dahinter ist die Lage. Es gibt Essen und Livemusik.

Rock Caffe Exit BAR
(Karte S. 320; Boškovićeva 3; ⏲18–2 Uhr) Die kleine in Holz gehaltene Bar im Obergeschoss zieht mit regelmäßigen Live-Acts vor allem einheimische Rocker und Metalfans an. Abgesehen davon ist es ein überraschend angenehmes Lokal für einen ruhigen Drink abseits der Touristenmassen.

Tavulin WEINBAR
(Karte S. 320; ☎099 88 54 197; www.facebook.com/TavulinArtWine; Za Rokom 11; ⏲10.30–22 Uhr; 📶) In einer relativ ruhigen Ecke der Altstadt schenkt diese süße kleine „Wein-und-Kunst-Bar" eine große Auswahl an Weinen aus dem ganzen Land im Glas aus.

Buzz Bar BAR
(Karte S. 320; ☎020-321 025; www.thebuzzbar.wixsite.com/buzz; Prijeko 21; ⏲8–2 Uhr; 📶) Der Name ist Programm: Die brummende kleine Bar ist entspannt, Craft-Bier und Cocktails sind hier die bevorzugten Suchtmittel – abgesehen von denen, die die hartnäckigen Raucher in der Ecke paffen.

Revelin CLUB
(Karte S. 320; www.clubrevelin.com; Sv Dominika 3; ⏲Juni–Sept. tgl. 23–6 Uhr, Okt.–Mai Sa) In den großen Gewölben der Festung Revelin verbirgt sich Dubrovniks eindrucksvollster Club, in dem im Sommer berühmte internationale DJs auflegen. Nur die Plastikbecher und die in Käfigen tanzenden Frauen mögen nicht so ganz zum Ambiente passen.

Rund um Dubrovnik

Art Cafe BAR
(Karte S. 324; ☎020-311 097; www.facebook.com/ArtCafeDubrovnik; Branitelja Dubrovnika 25, Pile; ⏲Mai–Sept. 9–2 Uhr, Okt.–April Mo–Do bis 24, Fr & Sa bis 2 Uhr; 📶) In Dubrovniks unkonventionellster Café-Bar sind die Sitze aus Badewannen und die Tische aus Waschmaschinentrommeln hergestellt, die Wände sind hell gestrichen, es läuft coole Musik und es gibt Terrassen vorne und hinten. Tagsüber ist es ein beliebter Ort für einen Kaffee und einen Smoothie, an den Wochenenden verwandelt sich das Art dann abends in einen Club mit entsprechenden Partys.

Cave Bar More BAR
(Karte S. 324; www.hotel-more.hr; Šetalište Nika i Meda Pucića bb, Babib Kuk; ⏲Juni–Aug. 10–24 Uhr, Sept.–Mai bis 22 Uhr) Die kleine Strandbar versorgt die Leute am unglaublich klaren Wasser von Lapad mit Kaffee, Snacks und Cocktails. Aber das ist noch lange nicht alles – die Hauptbar befindet sich in einer richtigen Höhle: Man kann sich zwischen den Stalaktiten in der Nebenkammer abkühlen und durch den Glasboden in die mit Wasser gefüllte Höhle darunter schauen.

Coral Beach Club BAR
(Karte S. 324; www.coral-beach-club.com; Ivana Zajca 30, Babin Kuk; ⏲Mai–Mitte Sept. 9–21 Uhr; 📶) Die elegante Strandbar erstreckt sich an einem schönen Kieselstrand, vermietet luxuriöse Liegestühle und serviert den sich niederlassenden, gebräunten Gästen Cocktails.

☆ Unterhaltung

Im Sommer kann man sich auf klassische Konzerte, Theater- sowie Tanzvorführungen in historischen Festungen und Kirchen freuen. Angekündigt werden diese auf Plakaten in der Stadt, alternativ fragt man in den Touristenbüros nach. Abends bieten viele Altstadtbars Livemusik.

Lazareti KUNSTZENTRUM
(Karte S. 324; www.arl.hr; Frana Supila 8, Ploče) In einem ehemaligen Quarantänegebäude veranstaltet das Lazareti Filmabende, Clubnächte, Konzerte, Folkloretanz, Kunstausstellungen und so ziemlich alle guten Sachen der Stadt.

Shoppen

★ Kawa GESCHENKE & SOUVENIRS
(Karte S. 320; ☎091 89 67 509; www.kawa.life; Hvarska 2, Ploče; ⏲10–20 Uhr) „Wunderbare Dinge hergestellt von Kroaten" – dieser äußerst coole Designladen verkauft von Weinen und Craft-Bier bis zu Schmuck, Kleidung und Haushaltswaren alles Mögliche. Und er hat sogar seine eigene Produktlinie Happy Čevapi. Der tolle Service rundet das Shoppingerlebnis ab.

Terra Croatica Dubrovnik GESCHENKE & SOUVENIRS
(Karte S. 320; ☎020-323 209; www.facebook.com/terracroatica.dubrovnik; Od Puča 17; ⏲9–21 Uhr) Als willkommene Abwechslung zwischen den vielen Läden mit kitschigen Souvenirs und *Game-of-Thrones*-Requisiten trägt das Terra Croatica stolz seine Authentically-

Croatian-Souvenir-Zertifizierung. Hier bekommt man Leckereien wie Olivenöl, Wein und Trüffel- und Gourmetschokolade in Geschenkgröße, aber auch handgemachte Keramik, Steinmörser, Kosmetika und dalmatische Kochbücher.

Medusa GESCHENKE & SOUVENIRS
(Karte S. 320; ☎ 020-322 004; www.medusa.hr; Prijeko 18; ⌚ April–Okt. 9–22 Uhr, Nov.–März 10–17 Uhr) Der „Reizende Shop für reizende Leute" – so die Eigenbezeichnung – verkauft lokal hergestellte Seifen, aromatisiertes Salz, *rakija* (Grappa), Krawatten, Objekte aus Brač-Stein, Kunstdrucke, Schokolade und Hygieneartikel.

Studio Aplika DESIGN
(Karte S. 324; ☎ 099 21 23 469; Frana Supila 27, Ploče; ⌚ April–Nov. 9–14 & 17–22 Uhr) Hier gibt's interessant bedruckte T-Shirts, Taschen, Schmuck, Töpferwaren und Kunst; einiges davon wird vor Ort hergestellt.

Uje ESSEN & TRINKEN
(Karte S. 320; ☎ 020-321 532; www.uje.hr; Placa 5; ⌚ Jan.–März 11–18 Uhr, April, Mai & Okt.–Dez. 9–21 Uhr, Juni–Sept. 9–23 Uhr) Das Uje hat sich auf Olivenöle spezialisiert, bietet zudem aber auch eine große Auswahl an weiteren kulinarischen Hochgenüssen aus der Region an, darunter ausgezeichnete Konfitüren, eingelegte Kapern, regionale Kräuter und Gewürze, Honig, Feigen in Honig, Schokolade, Wein und *rakija* (Obstbrand). Eine weitere **Filiale** (Karte S. 320; ☎ 020-324 865; Od Puča 2; ⌚ Sept.–Juni 9–21 Uhr, Juli & Aug. bis 24 Uhr) befindet sich um die Ecke.

ℹ Praktische Informationen

Dubrovniks Tourismusbehörde (www.tzdubrovnik.hr) hat Büros in **Pile** (Karte S. 320; ☎ 020-312 011; Brsalje 5; ⌚ 8–20 Uhr), **Gruž** (Karte S. 324; ☎ 020-417 983; Obala Pape Ivana Pavla II 1; ⌚ Juni–Okt. 8–20 Uhr, Nov.–März Mo–Fr 8–15, Sa bis 13 Uhr, April & Mai Mo–Fr 8–20, Sa & So bis 14 Uhr) und **Lapad** (Karte S. 324; ☎ 020-437 460; Dvori Lapad, Masarykov put 2; ⌚ Juli & Aug. 8–20 Uhr, April–Juni, Sept. & Okt. Mo–Fr 8–12 & 17–20, Sa 9–14 Uhr). Bei allen genannten Adressen bekommt man Karten, Informationen und Tipps.

Allgemeines Krankenhaus Dubrovnik (Opća bolnica Dubrovnik; ☎ 020-431 777, Notfall 194; www.bolnica-du.hr; Dr Roka Mišetića 2, Lapad) Öffentliches Krankenhaus mit Notfallaufnahme rund um die Uhr.

Marin Med Clinic (☎ 020-400 500; www.marin-med.com; Dr Ante Starčevića 45, Montovjerna; ⌚ Mo–Fr 8–20, Sa bis 13 Uhr) Großes privates Gesundheitszentrum mit englischsprachigen Ärzten.

Travel Corner (Avansa Travel; ☎ 020-492 313; www.dubrovnik-travelcorner.com; Obala Stjepana Radića 40, Gruž; Internet 25 Kn/Std., Gepäckaufbewahrung 2 Std./Tag 10/40 Kn) Dieser praktische One-Stop-Shop hat eine Gepäckaufbewahrung und Internetterminals, erteilt Auskünfte, bucht Ausflüge und verkauft Tickets für die Fähren von Kapetan Luka.

ℹ An- & Weiterreise

BUS

Die Busse vom **Busbahnhof Dubrovnik** (Autobusni kolodvor; Karte S. 324; ☎ 060 305 070; www.libertasdubrovnik.hr; Obala Pape Ivana Pavla II 44a, Gruž; ⌚ 4.30–22 Uhr; 📶) sind sehr gefragt, darum sollte man sich sein Ticket online oder im Sommer im Voraus kaufen. Im Bahnhof gibt's Toiletten und eine *garderoba* zur Gepäckaufbewahrung. Die genauen Abfahrtszeiten stehen im Internet.

Zu den Zielen im Inland gehören Makarska (104 Kn, 3 Std., 8-mal tgl.), Split (127 Kn, 4½ Std., 11-mal tgl.), Zadar (182 Kn, 8 Std., 5-mal tgl.), Rijeka (248 Kn, 12½ Std., tgl.) und Zagreb (259 Kn, 11¾ Std., 10-mal tgl.). Busse von Split nach Dubrovnik fahren ein kurze Strecke durch Bosnien, also den Pass griffbereit haben für die Grenzkontrollen.

Internationale Ziele sind Kotor (145 Kn, 2 Std., 4-mal tgl.), Budva (160 Kn, 3 Std., 4-mal tgl.), Mostar (125 Kn, 3¼ Std., 3-mal tgl.), Maribor (340 Kn, 13 Std., 3-mal tgl.) und Wien (390 Kn, 17½ Std., 3-mal tgl.).

FLUGZEUG

Der **Flughafen Dubrovnik** (DBV, Zračna luka Dubrovnik; ☎ 020-773 100; www.airport-dubrovnik.hr) ist in Čilipi, 19 km südöstlich von Dubrovnik. Croatia Airlines bietet das ganze Jahr über Flüge nach Dubrovnik an. Im Sommer kommen Dutzende andere Fluglinien und Charterflüge hinzu.

Croatia Airlines hat zudem Inlandsflüge ab Zagreb (das ganze Jahr über), Split und Osijek (beide nur Mai–Okt.) im Flugplan. Trade Air hat saisonale Flüge ab/nach Rijeka und Split.

SCHIFF/FÄHRE

Der **Fährhafen** (Karte S. 324; Obala Pape Ivana Pavla II 1) befindet sich in Gruž, 3 km nordwestlich der Altstadt. Die Boote nach **Lokrum und Cavtat** (S. 318) starten am Alten Hafen.

Jadrolinija (Karte S. 324; ☎ 020-418 000; www.jadrolinija.hr; Obala Stjepana Radića 40, Gruž) schickt täglich vier Fähren nach Koločep (23 Kn, 30 Min.), Lopud (23 Kn, 55 Min.) und Suđurađ auf Šipan (23 Kn, 1¼ Std.). Zusätzlich fahren pro Woche sieben bis zehn Autofähren nach Suđurađ (23 Kn, 1 Std.), manche halten unterwegs in Lopud (23 Kn, 1 Std.). Von Juni bis September fährt täglich ein Katamaran nach Korčula (130 Kn, 2 Std.), Hvar (210 Kn, 3½ Std.), Bol (210 Kn, 4¾ Std.) und Split (210 Kn, 6 Std.). Von April bis November verkehren ein bis vier Autofähren pro Woche zwischen Dubrovnik und Bari in Italien (Pers./Auto ab 44/59 €, 10 Std.).

G&V Line (Karte S. 324; ☎020-313 119; www.gv-line.hr; Obala Ivana Pavla II 1, Gruž) betreibt täglich einen Katamaran nach Šipanska Luka auf Šipan (35 Kn, 50 Min.) und nach Sobra auf Mljet (55 Kn, 1¼ Std.). Im Mai fährt dienstags und donnerstags ein zweites Boot direkt nach Sobra und weiter nach Ubli auf Lastovo (95 Kn, 4 Std.). Im Juni fährt dieses Boot täglich nach Sobra und Polače auf Mljet (70 Kn, 1¾ Std.) und dienstags und donnerstags weiter nach Ubli. Im Juli und August halten sie außerdem viermal die Woche in Korčula (90 Kn, 2½ Std.). Tickets kann man 30 Minuten vor Abfahrt (Juli & Aug. 1 Std. vorher) an ihrem Schalter am Hafen erwerben. Eine limitierte Anzahl wird online angeboten, die Tickets müssen aber vor dem Einstieg ausgedruckt werden.

Von Mai bis Mitte Oktober betreibt **Kapetan Luka** (Krilo; ☎021-645 476; www.krilo.hr) täglich ein Schnellboot ab/nach Pomena auf Mljet (80 Kn, 1¼ Std.), Korčula (130 Kn, 1¾ Std.), Hvar (210 Kn, 3 Std.), Milna auf Brač (210 Kn, 3¾ Std.) und Split (210 Kn, 4¼ Std.). Von Juni bis September fährt ein weiteres Boot täglich nach Sobra auf Mljet (80 Kn, 55 Min.), Korčula (130 Kn, 2 Std.), Makarska (160 Kn, 3¼ Std.), Bol auf Brač (210 Kn, 4 Std.) und Split (210 Kn, 5 Std.).

Unterwegs vor Ort

AUTO & MOTORRAD

Die gesamte Altstadt ist Fußgängerzone, die öffentlichen Verkehrsmittel sind gut und Parken ist teuer – wer nicht mit dem eigenen Auto hier ist, sollte erst einen Leihwagen nehmen, wenn es aus der Stadt rausgeht. Von Mai bis Oktober kann man auf den Straßen rund um die Altstadt nur mit Parkschein parken (40 Kn/Std.). Weiter außerhalb kostet es nur noch 20 bzw. 10 Kn pro Stunde.

Vom **Parkhaus Ilijina Glavica** (Karte S. 324; ☎020-312 720; Zagrebačka bb, Pile; Std./Tag/Woche 40/480/2400 Kn; ⊙24 Std.) ist es nur ein kurzer Fußmarsch zur Altstadt, zurück ist es aber ein anstrengender Anstieg. Achtung: Die Tages- und Wochengebühr muss im Voraus entrichtet werden; die Parkscheinautomaten machen das nicht deutlich, weshalb schon viele Leute auf hohen Kosten sitzengeblieben sind.

Alle üblichen Autovermieter sind am Flughafen vertreten; die meisten unterhalten aber auch Filialen in der Stadt.

VOM/ZUM FLUGHAFEN

Atlas betreibt einen **Flughafenbus** (Karte S. 320; ☎020-642 286; www.atlas-croatia.com; einfach/hin & zurück 40/70 Kn), der auf die Flüge abgestimmt ist. Die Busse nach Dubrovnik halten vor dem Pile-Tor und am Busbahnhof, die Busse zum Flughafen dagegen am Busbahnhof und an der Bushaltestelle nahe der Seilbahn.

Die Stadtbusse 11, 27 und 38 halten auch am Flughafen, fahren aber seltener und brauchen länger (28 Kn, 7-mal tgl., außer So).

Ein Taxi nach Dubrovnik kostet etwa 280 Kn. Dubrovnik Transfer Services (www.dubrovnik-transfer-services.com) bietet einen Festpreis-Taxiservice in die Stadt (30 €) sowie nach Cavtat (16 €) und sogar bis nach Zagreb, Sarajevo, Podgorica und Tirana.

ÖFFENTLICHE VERKEHRSMITTEL

Dubrovnik hat ein ausgezeichnetes Bussystem; die Busse fahren häufig und meistens auch pünktlich. Die wichtigsten Touristenstrecken werden im Sommer bis mindestens 2 Uhr nachts bedient; Urlauber, die in Lapad logieren, müssen also nicht früh am Abend ins Hotel zurück. Ein Ticket kostet beim Fahrer 15 Kn, am *tisak* (Kiosk) 12 Kn. Fahrpläne finden sich unter www.libertasdubrovnik.hr.

In die Altstadt von Dubrovnik gelangt man mit den Bussen 1a, 1b, 3 und 8, nach Lapad mit einem Bus der Linie 7.

Vom Busbahnhof (Karte S. 320) am Pile-Tor fahren Busse der Linie 4, 5, 6 oder 9 nach Lapad

RUND UM DUBROVNIK

Dubrovnik ist ein exzellentes Sprungbrett für Tagestrips in die umliegende Region und sogar in die Nachbarländer Montenegro und Bosnien. Man kann einfach nach Lokrum oder auf die Elafiten (S. 342) übersetzen, um einen entspannten Tag am Strand zu verbringen, in Trsteno (S. 342) durch den botanischen Garten schlendern oder zum Sightseeing und Baden nach Cavtat fahren.

Cavtat

2150 EW.

Die alte Stadt Cavtat (sprich *tschav*-tat) liegt eingeschlossen von zwei Häfen auf einer kleinen Halbinsel und bietet eine hübsche Uferpromenade mit Restaurants, Kieselstränden und einer interessanten Ansammlung künstlerischer Attraktionen.

Ohne Cavtat gäbe es kein Dubrovnik: Es waren Flüchtlinge aus Epidaurum (die römische Version von Cavtat), die 614 das spätere Dubrovnik gegründet haben. In der Ferne erblickt man die Mauern der berühmten Schwester, die mit Bus und Schiff gut zu erreichen ist. Cavtat ist also entweder ein

FAULE TAGE IN DUBROVNIK

SVETI-JAKOV-STRAND

Vorbei an Dubrovniks stattlichsten Gebäuden gelangt man zum „Stadt“-Strand, dem **Sveti-Jakov-Strand** (Vlaha Bukovca bb, Viktorija), der sich am Ostende des Küstenstreifens befindet. Nach einem Nachmittagsbad im klaren Wasser genießt man einfach von der Terrasse der Strandbar den Sonnenuntergang.

BELLEVUE-STRAND

Unterhalb vom Hotel Bellevue ist die **Kieselbucht** (Karte S. 324; Montovjerna) von Felsen geschützt, die eine Plattform für Klippenspringer sind und am Spätnachmittag Schatten auf den Strand werfen – an heißen Tagen ein Segen. Der öffentliche Zugang verläuft über eine steile Treppe an der Kotorska-Straße.

DANČE-STRAND

Der kleine felsige **Strandabschnitt** (Karte S. 324; Don Frana Bulića bb, Pile) bietet türkises Wasser und Terrassen zum Sonnenbaden. Der Strand liegt unterhalb eines Klosters am Gradac-Park, 600 m westlich des Pile-Tors.

BANJE-STRAND

Der Banje-Strand liegt am nächsten an der Altstadt, direkt unter dem Lazareti, einer früheren Quarantänestation aus dem 17. Jh. am Ploče-Tor. Obwohl viele Besucher Liegen und Sonnenschirme beim Beachclub ausleihen, kann man auch einfach sein Handtuch ausbreiten, sofern man einen freien Platz findet.

LAPAD-BUCHT

Die bewaldeten Petka-Hügel auf der einen Seite, der Bergrücken von Babin Kuk auf der anderen – die **Lapad-Bucht** (Uvala Lapad; Karte S. 324; Lapad; 👪) bietet belebte Kieselstrände, Strandhotels und Fußgängerpromenaden. Hier gibt es viel Zeitvertreib, sowohl innerhalb als auch außerhalb des Wassers (u. a. Spielplätze und zahlreiche Cafés und Bars).

1. Banje-Strand
2. Lapad-Bucht
3. Sveti-Jakov-Strand

1

GORAN JAKUS/SHUTTERSTOCK ©

2

MARTIN CHARLES HATCH/SHUTTERSTOCK ©

Lähmt die Sommerhitze den Enthusiasmus zum Sightseeing, ist ein Trip zum Strand das naheliegende Heilmittel. Hier sind einige der besten Strände.

3

ABSTECHER

SPRITZTOUREN ÜBER DIE GRENZE

Dubrovnik ist nur eine kurze Busfahrt von **Montenegro** und seinen hübschen Städten Herceg Novi, Perast, Kotor und Budva entfernt. Alle vier besitzen wunderschöne Altstädte mit verwinkelten Marmorstraßen und eindrucksvoller Architektur. Wer sich die Zeit nehmen und die Region richtig erkunden will, sollte einen eigenen fahrbaren Untersatz haben. Aber auch mit öffentlichen Verkehrsmitteln oder Touren kommt man gut hierher. Im Sommer kann es am Grenzübergang ziemlich schleppend vorangehen. Für die Busfahrt nach Herceg Novi sollte man zwei Stunden einplanen, eine weitere bis nach Kotor. EU-Bürger und Schweizer benötigen für die Einreise nach Montenegro kein Visum.

Es verkehren auch öffentliche Busse nach **Mostar**, wo man einen Blick auf die legendäre Brücke werfen und einen Fuß nach Bosnien und Herzegowina setzen kann. Einfacher geht es mit einem organisierten Tagesausflug in einem privaten Minibus (rund 380 Kn) – einfach in einem der Reisebüros vor Ort nachfragen. Die Minibusse starten gegen 8 Uhr, passieren das hübsche Wehrdorf Počitelj und erreichen gegen 11.30 Uhr Mostar. Nach einer (meistens sehr kurzen) Führung bleibt man bis 15 Uhr sich selbst überlassen – so wird die Zeit fürs Mittagessen und für die Erkundung der Stadt knapp. Mostar ist immer noch eine gespaltene Stadt: Der Fluss markiert die Grenze zwischen den Stadtteilen mit kroatischer und mit bosnischer Bevölkerung; die meisten historischen Sehenswürdigkeiten liegen auf der bosnischen Seite.

Ziel für einen entspannten Tagestrip ab Dubrovnik oder eine ruhigere (wenn auch nicht günstigere) Übernachtungsalternative.

Geschichte

Cavtat war ursprünglich eine griechische Siedlung namens Epidaurus, die im 6. Jh. v. Chr. gegründet wurde und ab 228 v. Chr. zum römischen Imperium gehörte (Epidaurum). Im 7. Jh. wurde die Stadt bei einer Invasion durch Awaren und Slawen zerstört. Unter der Republik Ragusa (Dubrovnik) wieder aufgebaut profitierte der Ort von der kulturellen und wirtschaftlichen Blüte der benachbarten Hauptstadt.

Sehenswertes

St. Nikolaus KIRCHE

(Crkva svetog Nikole; Obala Ante Starčevića bb; Öffnungszeiten variieren) Ein Blick in die Kirche aus dem 15. Jh. offenbart die eindrucksvollen Holzaltäre und Bukovac-Gemälde der vier Evangelisten an den Seiten des Altarraums. Auf vielen der Kunstwerke sind Sehenswürdigkeiten von Cavtat zu entdecken, z. B. auf dem Altarbild von Carmelo Reggi aus dem 19. Jh. und in den Stationen des Kreuzwegs entlang der Wände.

Bukovac-Haus MUSEUM

(Kuća Bukovac; 020-478 646; www.kuca-bukovac.hr; Bukovčeva 5; 30 Kn; April–Okt. Mo–Sa 9–18, So bis 14 Uhr, Nov.–März Di–Sa 10–18, So 9–13 Uhr) Das Haus, in dem Cavtats berühmtester Sohn, der Maler Vlaho Bukovac (1855–1922), geboren wurde und aufwuchs, beherbergt heute ein interessantes kleines Museum, das sich seiner Arbeit widmet. Die Architektur aus dem frühen 19. Jh. schafft die passende Kulisse für sein Andenken und seine Werke.

Kloster Maria Schnee KLOSTER

(Samostan Gospe od snijega; 020-678 064; www.franjevacki-samostan-cavtat.com; Šetalište Rat 2; 7–21 Uhr) Die an das 1484 gegründete Franziskanerkloster angeschlossene Kirche lohnt einen Besuch wegen einiger bemerkenswerter Frührenaissance-Gemälde und einer wundervollen Arbeit von Bukovac, auf der die Muttergottes mit dem Jesuskind bei Sonnenuntergang auf Cavtat blickt. Im Kloster werden regelmäßig Konzerte veranstaltet.

Račić-Mausoleum DENKMAL

(Mauzolej obitelji Račić; www.migk.hr; Groblje sv Roka, Kvaternikova bb; 20 Kn; April–Okt. Mo–Sa 10–17 Uhr) Das von 1920 bis 1921 erbaute, achteckige Mausoleum aus weißem Stein ist eine Arbeit des bedeutenden kroatischen Bildhauers Ivan Meštrović. Drinnen blicken himmlische Heerscharen von Engelsgesichtern herunter auf stilisierte Heilige. Das Mausoleum befindet sich auf dem bewaldeten Stadtfriedhof fast an der Spitze der Halbinsel.

Schlafen

★ **Villa Lukas** APARTMENT €€

(098 549 916; www.villalukas.com; Stjepana Radića 2a; Apt. ab 762 Kn; P) Hinter der

schicken Fassade dieses modernen Blocks führen elegante weiße Steintreppen hoch zu zwölf reizenden Apartments mit Balkon und Meeresblick. Wem es an dem kleinen blaugekachelten Pool zu langweilig wird, der tobt sich im Fitnessraum aus oder entspannt in der Sauna im Untergeschoss.

Castelletto HOTEL €€
(020-479 547; www.dubrovnikexperience.com; Frana Laureana 22; Zi. ab 99€;) Das von einer Familie sehr gut geführte B&B vermietet 13 geräumige Zimmer in einer umgebauten Villa. Alle sind mit Tee- und Kaffeemaschinen, einem Kühlschrank und Satelliten-TV ausgestattet, manche haben Balkone und einen herrlichen Blick auf die Bucht. Der Transport vom/zum Flughafen ist kostenlos.

Villa Ivy APARTMENTS €€€
(020-478 328; www.villaivy-croatia.com; SS Kranjčevića 52; Apt. ab 960 Kn;) Die seltsame Lage der Villa – sie versteckt sich in einem schmuddeligen Viertel ganz oben in der Stadt – erklärt sich, sobald man von der Poolterrasse die Aussicht aufs Meer erblickt. Und es ist ruhig. Die vier Apartments in dem aprikotfarbenen Block sind modern und sehr komfortabel. Im Juli und August kann man nur wochenweise buchen.

Essen

Peco BÄCKEREI, CAFÉ €
(Kneza Domagoja 2; Gebäck 20–30 Kn; Mai–Sept. 6–24 Uhr, Okt.–April bis 20 Uhr;) Wenige einheimische Cafés servieren Essen und noch weniger Bäckereien bieten Sitzplätze, darum ist das Peco eine angenehme Abwechslung. Vorab in der Vitrine eine Auswahl treffen, dann sich auf der verglasten Terrasse niederlassen und süßes oder herzhaftes Gebäck zu seinem Morgenkaffee bestellen. Mittags kann man ein Sandwich oder Minipizzas genießen.

★ **Bugenvila** EUROPÄISCH €€€
(020-479 949; www.bugenvila.eu; Obala Ante Starčevića 9; Hauptgerichte 90–275 Kn; 12–16 & 18.30–22 Uhr;) Das Bugenvila ist nicht nur das beste Restaurant an der Uferpromenade von Cavtat, es ist einer der kulinarischen Trendsetter an der dalmatischen Küste. Aus der Küche kommen künstlerisch angerichtete, abenteuerliche Speisen aus lokalen Zutaten. Mittags gibt's ein günstiges Drei-Gänge-Menü (180 Kn). Auf Anfrage ist auch ein vegetarisches Menü erhältlich.

Shoppen

Škatulica GESCHENKE & SOUVENIRS
(020-773 505; www.skatulica.weebly.com; Obala Ante Starčevića 36; Juni–Sept. 9–22 Uhr, Okt.–Mai bis 20 Uhr) In Dubrovniks Dialekt bedeutet *škatulica* „kleine Schatzkiste". Getreu seinem Namen bietet dieser kleine Laden den besten einheimischen Nippes in stimmungsvollem Ambiente. Hier findet man Produkte aus Brač-Stein, künstlerische Souvenirs und eine Auswahl an Leckereien wie Marmelade und Wein.

Praktische Informationen

Touristeninformation (020-479 025; https://visit.cavtat-konavle.com; Zidine 6; April–Okt. Mo–Sa 8–20, So bis 14 Uhr, Nov.–März Mo–Fr bis 15 Uhr) Jede Menge Broschüren und ein guter kostenloser Stadtplan.

An- & Weiterreise

BUS

Der Bus 10 fährt ca. alle 30 Minuten von Dubrovniks Busbahnhof nach Cavtat (25 Kn, 30 Min.); die Haltestelle, die in der Nähe zur Altstadt liegt, befindet sich neben der Seilbahn-Endstation.

SCHIFF/FÄHRE

In der Urlaubssaison bieten mindestens drei verschiedene Betreiber Boote von Dubrovniks Altem Hafen nach Cavtat an (einfach/hin & zurück 100/60 Kn, 45 Min.), die ca. alle halbe Stunde starten. Im Winter reduziert sich die Anzahl je nach Wetterlage auf drei bis fünf Fähren po Tag.

Konavle

Nach der trockenen und zerklüfteten Küstenlandschaft um Dubrovnik sind die üppiggrünen Felder und ordentlich angelegten Weinberge von Konavle eine echte Überraschung. Hier, östlich von Cavtat in einem versteckten Winkel des Dreiländerecks von Kroatien, Bosnien und Montenegro, treten die Berge einen halben Schritt zurück und schaffen eine dramatische Kulisse für eine fruchtbare, landwirtschaftlich genutzte Region. Das Gebiet ist vor allem für die hier heimische *malvazija*-Traube bekannt, aus der ein sehr angenehmer Weißwein entsteht.

Sehenswertes

Pasjača STRAND
Hinter hohen Klippen verbirgt sich einer der schönsten Strände Dalmatiens mit intensiv blauem und grünem Wasser, das auf den Kies schwappt. Der Pasjača ist nicht so

ABSTECHER

TRSTENO

Die Baumschule **Trsteno Arboretum** (☎ 020-751 019; Erw./Kind 50/30 Kn; ⏲ Mai–Okt. 7–19 Uhr, Nov.–April 8–16 Uhr), 14 km nordwestlich von Dubrovnik, ist die älteste ihrer Art in Kroatien und zweifelsohne zu jeder Jahreszeit einen Besuch wert. Während der Renaissance begannen Dubrovniks Adlige, ihren Gärten größere Aufmerksamkeit zu schenken. Ivan Gučetić startete diesen Trend im Jahr 1494 auf seinem Trsteno-Grundstück, seine Nachkommen setzten seine Arbeit fort und pflegten die Gärten über Jahrhunderte. Das Gelände ging schließlich an die Jugoslawische (heute Kroatische) Akademie der Wissenschaften und Künste über, die es in ein öffentliches Arboretum umwandelte.

Der Garten im Renaissance-Stil hat in geometrische Formen angelegte Arrangements von Pflanzen wie Lavendel, Rosmarin, Fuchsien und Bougainvilleen, und in der Luft liegt der Duft der Zitrushaine. Die Anlage liegt rund um eine Steinvilla (ca. 1500) mit einem Pavillon auf der Felskante und einer Kapelle dahinter. Des Weiteren gibt es ein Heckenlabyrinth, eine schöne Palmensammlung (u. a. mit Chinesischen Hanfpalmen) und einen herrlichen Teich mit Neptunstatue, unzähligen weißen Seerosen sowie Dutzenden Ochsenfröschen und Goldfischen. Das Gelände ist nur teilweise landschaftlich gestaltet, ein anderer Teil ist wunderbar wild.

Unbedingt sehenswert sind die zwei gigantischen Platanen am Eingang zum Dorf Trsteno. Sie sind mehr als 500 Jahre alt, ragen 50 m in die Höhe und gehören somit zu den größten ihrer Art in Europa.

Um nach Trsteno zu gelangen, nimmt man von Dubrovniks Busbahnhof einen Stadtbus der Linien 12, 15, 21, 22 oder 35. Überdies halten auch Fernbusse in Richtung Split hier.

leicht zu finden; man fährt nach Popovići, folgt der schmalen Dorfstraße und hält Ausschau nach den wenigen Schildern, die die Richtung weisen. Vom Parkplatz führt ein Pfad entlang der blanken Klippen und teilweise durch Tunnel im Felsen.

Sokol Grad BURG
(☎ 020-638 800; www.citywallsdubrovnik.hr; Dunave; Erw./Kind 70/30 Kn; ⏲ April–Okt. 10–18 Uhr, Nov. 10–16 Uhr, Dez.–März 12–15 Uhr) Auf einer 25 m hohen Klippe thront diese märchenhafte Burg, deren Name wörtlich „Falkenstadt" bedeutet, und tatsächlich blickt man hier aus Vogelperspektive auf Konavle. Das Bauwerk, das einst eine der historischen Routen schützen sollte, die durch die Berge nach Herzegowina führten, wurde schon zur Urzeit von den Römern, den Byzantinern und verschiedenen mittelalterlichen Staaten im Wechsel besetzt, bevor Dubrovnik sich die Kontrolle erkämpfte. Heute beherbergt die restaurierte und teilweise rekonstruierte Burg eine Ausstellung zur ihrer eigenen Geschichte und eine interessante Sammlung mittelalterlicher Waffen.

Essen

★ **Konoba Koraćeva Kuća** DALMATISCH €€
(☎ 020-791 557; www.koracevakuca.com; Gruda 155; Hauptgerichte 75–165 Kn; ⏲ Mitte April–Mai Mo–Fr 16–22, Sa & So 12–22 Uhr, Juni–Mitte Okt. 16–22 Uhr; P 📶) Um die Landschaft zu genießen, gibt es keinen besseren Ort als die Terrasse dieses außergewöhnlichen, familienbetriebenen Restaurants, das sich auf eine traditionelle dalmatische Küche mit modernem Touch spezialisiert hat. Auf Vorbestellung bekommt man unter einer *peka* (gusseiserne Haube) langsam gegartes Lamm- und Kalbfleisch, aber auch auf der Speisekarte sollte sich etwas finden lassen. Im oberen Stockwerk des 300 Jahre alten Hauses gibt es sechs gemütliche Gästezimmer mit Bad (ab 70 €).

An- & Weiterreise

Diese Region erkundet man am besten mit dem Auto oder dem Fahrrad, da öffentliche Verkehrsmittel Mangelware sind. Die Stadtbusse 11 und 38 fahren von Dubrovnik nach Gruda (3–4-mal tgl.), Bus Nummer 31 startet in Cavtat (3–5-mal tgl.). Nach Sokol Grad nimmt man Bus 25 ab Dubrovnik (3-mal tgl.).

Elafiten

Ein Tagesausflug zu einer der Inseln des Archipels nordwestlich von Dubrovnik ist genau das Richtige, um den Menschenmassen im Sommer zu entfliehen. Von den 14 Inseln sind nur die drei größten – Koločep, Lopud und Šipan – dauerhaft bewohnt. Alle drei können im Rahmen der Tour „Drei Inseln &

ein Picknick“ innerhalb eines Tages besucht werden. Diese Fahrt wird von mehreren Veranstaltern am Alten Hafen von Dubrovnik angeboten (250–300 Kn inkl. Getränke und Mittagessen).

Sehenswertes

Koločep INSEL

Dubrovnik am nächsten liegt diese süße kleine Insel, auf der nur 163 Menschen wohnen und die bedeckt ist von jahrhundertealten Kieferwäldern, Olivenhainen sowie Orangen- und Zitronengärten. Ein Sandstrand erstreckt sich vom Hauptort aus, vorbei an einem großen, resortähnlichen Hotel. Weiter um die Ecke befindet sich der schöne, aber felsige FKK-Bereich.

Lopud INSEL

Auf der autofreien Insel Lopud befindet sich die hübscheste Siedlung der Elafiten. Eine Burgruine thront über den von exotischen Gärten umgebenen Steinhäusern. Es gibt einen kleinen Strand, allerdings läuft man besser auf die andere Inselseite zum schönen Sandstrand **Šunj**, wo eine kleine Bar gegrillten Fisch serviert. Zu Fuß braucht man etwa 25 Minuten, eine Fahrt mit dem Golfcart kostet etwa 20 Kn.

Bei der Hafeneinfahrt fällt als erstes die riesige Ufermauer und der 30 m hohe Glockenturm von Lopuds **Franziskanischem Kloster** (Franjevački samostan; Öffnungszeiten variieren) aus dem 15. Jh. ins Auge. In diesem Komplex ist nur die **Kirche St. Maria von Spilica** von 1483 öffentlich zugänglich, die wegen ihres Altarbildes aus dem 16. Jh. und den aufwendig geschnitzten Chorstühlen einen Blick wert ist.

Ein Stück weiter an der Uferpromenade liegt der schattige **Đorđić-Mayneri-Park** (Obala Iva Kuljevana 31), der Ende des 19. Jhs. von der Urenkelin von Dubrovniks letztem Rektor angelegt wurde. Zu den botanischen Exemplaren aus der ganzen Welt zählen nordafrikanische Dattelpalmen, nordamerikanische Magnolien und tasmanische Eukalyptusbäume.

Die **Kirche St. Nikolaus** (Crkva Sv Nikole; Obala Iva Kuljevana bb; Öffnungszeiten variieren) von 1482 ist dem Schutzpatron der Seeleute gewidmet und hat Lopud noch als wichtiges Seefahrtszentrum erlebt. Das Gotteshaus liegt am Ufer und ist innen eher schlicht, bietet aber einen luftigen Ort für einen ruhigen Moment.

Nicht versäumen sollte man den **Your Black Horizon Art Pavilion** (www.TBA21.org/lopud; Juni–Sept. 10–19 Uhr) GRATIS, der in einem Garten mit Zypressen, Johannisbrot- und Olivenbäumen am Rande der Siedlung steht. Diese Fusion von moderner Kunst und Architektur wurde hierher verlegt, nachdem sie 2005 bei der Biennale in Venedig gezeigt wurde. Drinnen gibt's eine LED-Lichtinstallation, die die Farbwechsel am Himmel über 24 Stunden in 15-Minuten-Schleifen anzeigt.

Šipan INSEL

Mit 16 km² ist Šipan die größte Insel der Elafiten, zudem war sie sehr beliebt bei Dubrovniks Adligen, die hier Häuser bauten. Die meisten Fähren halten in **Suđurađ**, einem kleinen Hafen, gesäumt mit Steinhäusern sowie der Villa und dem Turm von Skočibuha aus dem 16. Jh. (nicht öffentlich zugänglich). Auf der anderen Seite der Insel finden sich im Dorf **Šipanska Luka** die Ruinen einer römischen Villa und eines gotischen Herzogspalastes aus dem 15. Jh.

Busse, die sich weitgehend nach den Fähren richten, verbinden die beiden Dörfer.

Schlafen & Essen

★**Hotel Božica** HOTEL €€€

(☎020-325 400; www.hotel-bozica.hr; Ulica 13 1d, Suđurađ, Šipan; Zi./Apt./Suite ab 160/290/390 €; Mai–Okt.; P ❄ 📶 ≋) Wer Frieden und Ruhe sucht, könnte es deutlich schlechter treffen als in diesem modernen Hotel auf Šipan mit 30 Zimmern. Vom Pool zur Strandterrasse und wieder zurück, und dann? Zum Restaurant vielleicht? Man kann auch Kajaks und Fahrräder leihen.

Obala DALMATISCH €€€

(☎020-759 170; www.obalalopud.com; Obala Iva Kuljevana 18, Lopud; Hauptgerichte 120–165 Kn; April 10.30–18 Uhr, Mai–Sept. bis 24 Uhr) Das schickste Restaurant auf Lopud ist seit 1938 bekannt für seine Meeresfrüchte-Köstlichkeiten. Die Preise sind genauso gut wie der Service und das Essen, aber das Ambiente übertrifft das alles noch: Man sitzt so nah am Meer, dass man seine Füße ins Wasser hängen kann. Mit dem in Salz gebackenen frischen Fisch, einer lokalen Spezialität, kann man nichts verkehrt machen.

An- & Weiterreise

Neben den vielen Bootstouren gibt es ab Dubrovniks Hafen Gruž regelmäßig verkehrende Fähren zu den Elafiten.

Jadrolinija (S. 336) betreibt täglich vier Fähren nach Koločep (23 Kn, 30 Min.), Lopud (23 Kn,

ABSEITS DER ÜBLICHEN PFADE

VID

Auf einem Hügel am verträumten Fluss Norin sticht Vid aus dem üppig grünen Flachland des Neretva-Tals hervor. Die ehemalige blühende römische Siedlung Narona, die später von den Neretva-Piraten beherrscht wurde, ist heute einer der wenigen Orte Süddalmatiens, die von der Landwirtschaft und nicht vom Tourismus lebt.

Als idealer Ausflug abseits der ausgetretenen Pfade von Dubrovnik aus oder als Ablenkung auf der Fahrt nach Split oder Mostar bietet Vid seinen Besuchern eine ganz andere Erfahrung als die benachbarte dalmatische Küste. Bei einem Rundgang durch das archäologische Museum oder einer ruhigen Bootsfahrt durch das umgebende Sumpfland hüllt einen der entspannte Charakter der Stadt sanft ein.

Archäologisches Museum Narona (Arheološki muzej Narona; ☎020-691 596; www.a-m-narona.hr; Naronski trg 6; Erw./Student 40/20 Kn; ⏱Juni–Sept. Di–So 9–19 Uhr, Okt.–Mai Di–Sa bis 16, So bis 13 Uhr) 1995 gelang Archäologen in Vid ein außergewöhnlicher Fund: Sie entdeckten ein Augusteum, einen Tempel aus dem 10. Jh. v. Chr., der dem Kult der Römischen Herrscher gewidmet war. Neben einem schlichten einfarbigen Bodenmosaik fanden sie 17 Marmorstatuen der Herrscherfamilie, die alle enthauptet wurden, als der Tempel im 4. Jh. zerstört wurde. Die Stätte umgibt heute ein beeindruckender moderner Bau, der den Tempel und andere Ausstellungsstücke zur Geschichte der Gegend beherbergt.

Đuđa i Mate (☎020-687 500; www.djudjaimate.hr; Velika Riva 2; Hauptgerichte 60–100 Kn; ⏱9–23 Uhr) Vor 25 Jahren eröffneten zwei beste Freunde dieses wegweisende Restaurant, das berühmt ist für seine Spezialitäten aus der Region, insbesondere für Frösche und Aale. Es gibt sie frittiert, gegrillt oder in einem *Neretva brudet* – einem schmackhaften gewürzten Eintopf mit Polenta. Im Angebot sind auch 45-minütige „Safaris" auf dem Fluss Norin in einem flachen, traditionellen Boot, das *trupa* genannt wird.

An- & Weiterreise

Von der Hauptküstenstraße D8 folgt man den Schildern auf der E73 nach Metković. In Metković biegt man links ab auf die Brücke über den Fluss Neretva und fährt dort so nach Vid, wie es die Schilder anzeigen.

Es gibt keine regelmäßigen Busse nach Vid, aber viele Linien halten im nahegelegenen, 3,5 km entfernten Metković, wo man sich ein Taxi nehmen kann.

55 Min.) und Suđurađ auf Šipan (23 Kn, 1¼ Std.); weitere sieben bis zehn Autofähren pro Woche steuern Suđurađ (23 Kn, 1 Std.) an, manche halten unterwegs auf Lopud (23 Kn, 1 Std.).

G&V Line (S. 337) hat täglich einen Katamaran von Šipanska Luka (auf Šipan) nach Dubrovnik (35 Kn, 50 Min.) und nach Sobra auf Mljet (30 Kn, 35 Min.).

MLJET

1090 EW.

Die von Wäldern bedeckte Insel Mljet ist eine der schönsten Adria-Inseln. Mit der Gründung des Nationalparks im Jahr 1960 hielt der Tourismus Einzug auf Mljet, doch die Insel ist alles andere als überrannt. Die meisten Besucher tummeln sich ausschließlich in und rund um Pomena. Der übrige Teil der Insel ist eine unberührte Oase der Ruhe, die der Legende nach Odysseus sieben Jahre lang in ihren Bann gezogen haben soll.

Geschichte

Die alten Griechen nannten die Insel „Melita" (Honig), weil in den Wäldern so viele Bienen summten. Wahrscheinlich kamen griechische Seeleute auf die von Illyrern besiedelte Insel, um Schutz vor Stürmen und Quellen für die Aufstockung ihrer Süßwasservorräte zu suchen. Sie errichteten Festungen auf den Hügeln und trieben Handel mit dem Festland. Im Jahr 35 v. Chr. wurden die Bewohner der Insel, die als Seeräubernest galt, von den Römern unterworfen, die fortan die Siedlung um Polače ausbauten und einen Palast sowie Bäder und Quartiere für Bedienstete errichteten.

Im 6. Jh. geriet Mljet unter die Herrschaft von Byzanz, ehe es im 7. Jh. von Slawen und Awaren überrannt wurde. Mehrere Jahrhunderte lang wurde die Insel dann vom Festland aus regiert, bis Mljet im 13. Jh. schließlich dem Benediktinerorden übergeben wurde. 1410 annektierte Dubrovnik die Insel offiziell.

Die Geschicke von Mljet waren von da an zwar eng mit Dubrovnik verbunden, doch am Alltag der Inselbewohner änderte sich wenig: Sie verdienten ihren Lebensunterhalt weiter als Bauern, Winzer und Seeleute – noch heute bilden Ackerbau und Weinproduktion das Rückgrat der Inselwirtschaft.

Praktische Informationen

Touristeninformation Sobra (020-746 025; www.mljet.hr; Mai–Sept. Mo–Sa 9–14 & 16–19, So 9–14 Uhr, Okt.–April Mo–Fr 9–14 Uhr) Etwas versteckt beim Kartenschalter von Jadrolinija am Fährhafen.

An- & Weiterreise

Auf Mljet gibt es drei Fährhäfen: Sobra, in der Nähe des Zentrums der Insel, sowie Polače und Pomena im Nationalpark. Katamarane fahren zu allen dreien; Autofähren bedienen nur Sobra.

- Die schnellste Verbindung vom Festland ist die von **Jadrolinija** (020-746 134; www.jadrolinija.hr; Zaglavac bb) betriebene Autofähre von Prapratno nach Sobra (Pers./Auto 28/140 Kn, 45 Min., 4–5-mal tgl.).
- **G&V Line** (S. 337) betreibt täglich einen Katamaran zwischen Sobra und Dubrovnik (55 Kn, 1¼ Std.), der unterwegs auf Šipanska Luka (30 Kn, 35 Min.) hält. Im Mai fährt dienstags und donnerstags ein zweites Boot direkt von Dubrovnik nach Sobra und dann weiter nach Ubli (70 Kn, 3 Std.). Im Juni fährt dieses Schiff täglich nach Sobra und Polače und zweimal wöchentlich nach Ubli. Im Juli und August hält es außerdem viermal die Woche in Korčula (80 Kn, 55 Min.).
- Von Mai bis Mitte Oktober schickt **Kapetan Luka** (S. 337) täglich ein Boot nach Pomena ab Dubrovnik (80 Kn, 1¼ Std.), Korčula (80 Kn, 30 Min.), Hvar (140 Kn, 1¾ Std.), Milna (140 Kn, 2½ Std.) und Split (140 Kn, 3 Std.). Von Juni bis September fährt ein zweites Boot nach Sobra ab Dubrovnik (80 Kn, 55 Min.), Korčula (80 Kn, 55 Min.), Makarska (140 Kn, 2¼ Std.), Bol (140 Kn, 3 Std.) und Split (140 Kn, 4 Std.).

Unterwegs vor Ort

- **Mini Brum** (099 61 15 574; www.rent-a-car-scooter-mljet.hr; 9–19 Uhr) vermietet am Fährhafen in Sobra und von Polače einfache Autos (5/12/24 Std. ab 280/320/390 Kn) und Scooter (5/12/24 Std. ab 190/220/250 Kn).
- Fahrräder kann man leicht in Polače oder Pomena ausleihen (ca. 20 Kn/Std.).
- Ein Taxi von Sobra nach Polače und umgekehrt kostet etwa 300 Kn.
- Einmal am Tag startet am frühen Morgen an beiden Enden der Insel ein Bus nach Sobra, abends macht er sich auf den Rückweg.

Nationalpark Mljet

Auch wenn er sich über 54 km² Land und Meer erstreckt und somit den gesamten westlichen Teil der Insel bedeckt – wenn die Leute vom **Nationalpark Mljet** (Nacionalni park Mljet; 020-744 041; www.np-mljet.hr; Pristanište 2; Erw./Kind Juni–Sept. 100/60 Kn, Okt.–Mai 70/50 Kn; Büro April–Okt. 8–20 Uhr) reden, meinen sie den kleinen Bereich, für den man Eintritt zahlt und in dem sich die herrlichen Salzwasserseen Malo Jezero (Kleiner See) und Veliko Jezero (Großer See) befinden. Die zwei Gewässer sind durch einen kurzen Kanal verbunden; der größere mündet zudem über den längeren Soline-Kanal ins Meer, weshalb die Seen den Gezeiten unterworfen sind.

Knotenpunkte des Parks sind die kleinen Dörfer Pomena und Polače, die an Sommertagen voller Besucher sind, aber schnell wieder zur Ruhe kommen, sobald die Boote abgefahren sind. Kioske in beiden Dörfern verkaufen Eintrittskarten für den Park. Von Pomena läuft man 400 m auf einem Weg durch den Wald zum Malo Jezero; von Polače gibt es einen im Ticket enthaltenen Transfer nach Pristanište am Veliko Jezero, wo das Informationszentrum des Parks ist.

Sehenswertes

Sveta Marija INSEL

Die kleine Insel St. Maria liegt mitten im Veliko Jezero, nicht weit vom Südufer. Ein Boot (Überfahrt im Parkeintritt enthalten) fährt während der Öffnungszeiten des Parks mindestens stündlich zur Insel hinüber. Es startet an der Mali Most, der Brücke in der Nähe des Kanals zwischen den beiden Seen, und in Pristanište. Das **Benediktinerkloster** auf der Insel wurde 1198 errichtet, aber mehrmals umgebaut, wobei dem romanischen Bau Renaissance- und Barockelemente hinzugefügt wurden.

Römischer Palast RUINEN

(Rimska palača; Polače) Den beeindruckenden Bau am Ufer von Polače kann man kaum übersehen; er ist so riesig, dass die heutige Straße mittendurch führt. Der Palast stammt vermutlich aus dem 5. Jh. und hatte einen rechteckigen Grundriss mit Türmen an den vorderen Ecken, verbunden durch einen Steg. Zu den weiteren Ruinen, die um die Stadt verstreut liegen, gehören eine spätantike Festung und eine frühchristliche Kirche.

Aktivitäten

Durch den Nationalpark führen Wander- und Radwege, an verschiedenen Stellen werden Fahrräder verliehen. Das Rad eignet sich perfekt für Parkerkundungen, sofern man sich nicht von dem steilen Hügel zwischen Pomena und Polače abschrecken lässt. Der Radweg am Seeufer ist einfacher und landschaftlich sehr reizvoll.

Während man den kleinen See komplett zu Fuß umrunden kann, ist beim größeren am Soline-Kanal, wo es keine Brücke gibt, Endstation. Wer hier baden will, sollte die mitunter starke Strömung bedenken.

Essen

Konoba Galija DALMATISCH €€€
(☎095 91 12 588; Pomena 7a; Hauptgerichte 80–220 Kn; ⏲12–23 Uhr) Das Galija gehört zu einer Reihe von Meeresfrüchterestaurants an Pomenas Ufer – jedes verfügt über einen eigenen Jacht-Anlageplatz und einen Meerwassertank mit Hummern. Wer keine Hemmungen hat, sich schmutzig zu machen, bestellt die Spaghetti mit Shrimps, die genug für Zwei und total köstlich sind. Ansonsten gibt's gegrillten Fisch, *brodet* (Fischeintopf), Oktopus und alle üblichen Fischverdächtigen.

Praktische Informationen

Touristeninformation Polače (☎020-744 186; www.mljet.hr; ⏲Juni–Sept. Mo–Sa 9–13 & 16–19, So 9–13 Uhr, Okt.–Mai Mo–Fr 8–13 Uhr)

Okuklje

30 EW.

Okuklje ist im Grunde nur eine einzige Häuserreihe, die sich um eine fast runde und von grünen Hügeln eingefasste Bucht gruppiert. Der Weiler ist einer der Orte, in die man sich leicht auf den ersten Blick verlieben kann. Es gibt nicht viel zu tun hier, außer mit einem Buch zu entspannen, in der Bucht zu baden und zu der kleinen Kirche St. Nicholas hochzusteigen, um über das Wasser zur Halbinsel Pelješac am Horizont zu blicken.

> **BOSNIEN UMGEHEN**
>
> **Jadrolinija** (☎020-743 911; www.jadrolinija.hr; Ribarska obala 1) betreibt die Autofähre von Ploče nach Trpanj und zurück (Pers./Auto 32/138 Kn, 4–7-mal tgl.). Wenn man von Norden kommt (oder Richtung Norden fährt), erspart einem die Fähre 90 Minuten Fahrzeit, sie braucht aber eine Stunde für die Überfahrt. Man vermeidet dadurch außerdem, bosnisches Gebiet zu durchfahren. Die Autofähren nach Sobra auf Mljet starten in Prapratno, die nach Korčula in Orebić.

Schlafen & Essen

Lampalo APARTMENT €
(☎099 62 38 833; Okuklje 8; Apt. ab 39 €; P❄📶) Englisch ist zwar nicht ihre Stärke, aber die Gastgeber empfangen ihre Gäste herzlich und man bekommt vielleicht ein Bier zur Begrüßung. Wenn man rechtzeitig Bescheid gibt, werfen sie den Grill an und schmeißen zum Abendessen etwas Leckeres drauf. Es gibt hier nur zwei schlichte Apartments: ein Studio und ein geräumiges Zweibettzimmer.

Konoba Maestral DALMATISCH €€€
(☎098 428 890; www.okukljerestaurantmaestral.com; Okuklje 47; Hauptgerichte 110–150 Kn; ⏲Mitte April–Mitte Okt. 13–24 Uhr; 📶) Das Maestral hat eine reizende Familiengeschichte: Die jüngeren Kinder der Besitzer helfen vor dem Haus, während der älteste Sohn schwitzend Kohle auf die vorbestellten *pekas* (gusseiserne Hauben, um Lamm oder Oktopus zu grillen) schaufelt. Unbedingt das Tintenfisch-Carpaccio probieren – es ist sehr empfehlenswert.

Saplunara

70 EW.

Am östlichen Zipfel von Mljet wirkt das klitzekleine Dörfchen Saplunara vollkommen von der Außenwelt isoliert – trotz des Blickes auf die hellen Lichter von Dubrovnik. Hauptanziehungspunkte sind ein ausgezeichnetes Restaurant und ein Sandstrand-Trio. Wer versucht ist, am ersten (**Velika Saplunara**) oder zweiten Strand (**Mala Saplunara**) zu halten, sollte dem Drang widerstehen und zum dritten weiterfahren (**Blace**) – das Wasser ist seicht, aber diese halbrunde Bucht ist der schönste Strand auf der Insel.

Schlafen & Essen

Villa Mirosa B&B €€
(☎099 19 96 270; www.villa-mirosa.com; Saplunara 26; Zi. ab 116 €; ⏲März–Dez; P❄📶🏊) Der herrliche Infinity-Pool auf dem Dach hebt die Pension von ähnlichen Unterkünften auf Mljet ab. Die Zimmer sind absolut angenehm. Außerdem gibt es ein von Weinreben umranktes Terrassen-Restaurant und Zugang zu einer Felshöhle.

Stermasi APARTMENTS, DALMATISCH €€
(☎098 93 90 362; www.stermasi.hr; Saplunara 2;Hauptgerichte 70–190 Kn; ⌚8–24 Uhr 📶) Das Stermasi vermietet elf helle, moderne Apartments (ab 65 €), jeweils mit Terrasse oder eigenem Balkon. Pluspunkte sammelt aber vor allem das Restaurant, das mit viel Liebe fachmännisch zubereitete leckere, echt dalmatische Gerichte serviert. Zu den Spezialitäten zählen unter einer *peka* zubereitete Gemüse-, Tintenfisch- und Zickleingerichte, Wildschwein mit Gnocchi und *brodet* (Fischsuppe) nach Mljet-Art.

DIE HALBINSEL PELJEŠAC

Die schmale, lang gestreckte Halbinsel Pelješac ist der entspannteste Küstenabschnitt Kroatiens. Sie ist geprägt von einem zerklüfteten Gebirgsrücken, herrlichen Tälern, idyllischen Buchten und feinen Weinen – Urlauberherz, was willst Du mehr? Es gibt zwei historische Städte auf der Halbinsel, Ston und Orebić: Auf dem sich dazwischen windenden Weg kommt man nur langsam, aber umso schöner vorwärts. Man sollte eine Stunde einplanen – oder länger, wenn man unterwegs für eine Weinverkostung anhalten will. Die drittgrößte Siedlung der Halbinsel, das hübsche, kleine und von Palmen gesäumte Trpanj, liegt an der Nordküste nahe dem Anleger der Autofähre nach Ploče.

Ston & Mali Ston

690 EW.

Ston and Mali („kleiner") Ston liegen an einer Landenge, die die Halbinsel Pelješac mit dem Festland verbindet. Sie sind berühmt für drei Dinge: Salz, Austern und die beeindruckende 5,5 km lange Wehrmauer.

Die ersten beiden wurden hier schon zu römischen Zeiten gewonnen bzw. geerntet. Der Name Ston stammt von dem lateinischen Namen Stagnum – ein Bezug zu der Sumpflandschaft, die für die Produktion des Salzes genutzt wurde. Die wirtschaftliche Bedeutung dieser Industrie für die Republik Ragusa (Dubrovnik) führte im Jahr 1333 zum Bau einer der längsten Wehranlagen in Europa, die sich über die Landzunge erstreckt.

Die Mauern umgeben bis heute das stimmungsvolle mittelalterliche Stadtzentrum von Ston mit den autofreien Straßen. Mali Ston ist ein Mekka für Feinschmecker und berühmt für Muscheln und lange, flache Austern, die in dem engen Kanal gedeihen, der die Halbinsel vom Festland trennt.

Sehenswertes

Stadtmauern FESTUNG
(Stonske zidine; Erw./Kind 70/30 Kn; ⌚April–Okt. 8–18.30 Uhr, Nov.–März 9–15 Uhr) Berühmte Architekten, einschließlich Juraj Dalmatinac (bekannt für die Kathedrale von Šibenik), stehen hinter dem Design und der Konstruktion von Stons außergewöhnlicher, 7 km langer Wehrmauer aus dem 14. Jh., die ursprünglich über 40 Türme und fünf Forts verfügte. Die verbliebenen 20 Türme und 5,5 km der Mauer erstrecken sich weit den Hügel zwischen Ston und Mali Ston hinauf. Den Abschnitt von Ston schafft man in 15 Minuten; weitere 30 schweißtreibende Minuten kommen hinzu, wenn man weiter hoch und über den Hügel bis Mali Ston marschiert.

Der Eintrittspreis beinhaltet den Zugang zum erheblich umgebauten **Fort von St. Jerome** (Tvrđava sv Jeronima), einer eckigen Burg mit einem Turm an jeder Ecke am südöstlichen Ende von Ston.

Prapratno STRAND
Der Strand, der am nächsten an Ston liegt, hat ein sandiges Ufer sowie klares, ruhiges Wasser und ist darum bei einheimischen Familien beliebt. Die wunderbare Bucht liegt 4 km südwestlich von Ston, nicht weit vom Anleger der Fähre nach Mljet entfernt.

Schlafen & Essen

Ostrea HOTEL €€
(☎020-754 555; www.ostrea.hr; Mali Ston; EZ/DZ ab 83/111 €; P ❄ 📶) Hinter den Steinmauern und den grünen Fensterläden eines alten Gebäudes verbergen sich elegante Zimmer mit lackierten Holzböden und modernen Badezimmern. Die Angestellten sind freundlich und professionell. Das Hotel ist nur ein paar Schritte vom hübschen Hafen von Mali Ston entfernt.

★ **Kapetanova Kuća** DALMATISCH, SEAFOOD €€
(☎020-754 264; www.ostrea.hr; Mali Ston; Hauptgerichte 95–140 Kn; ⌚9–24 Uhr) Das „Kapitänshaus" zählt zu den beliebtesten Meeresfrüchterestaurants in der Region. Auf der schattigen Terrasse kann man sich an Austern und gegrilltem Tintenfisch laben. Doch unbedingt Platz lassen für den *stonski makaruli*, einen traditionellen Makkaroni-Kuchen – ungewöhnlich, aber verblüffenderweise köstlich.

DIE WEINSTRASSE AUF PELJEŠAC

Während sie auf der kurvenreichen Straße über die Halbinsel Pelješac düsen, sind sich viele Reisende vielleicht nicht einmal bewusst, dass sie durch das Reich des Königs aller kroatischen Rotweine fahren: des *plavac mali*.

Der „Kleine Blaue" (*mali plavac*) ist ein Nachkomme des *crljenak kaštelanski* (besser bekannt als Zinfandel oder Primitivo) und dem wenig bekannten *dobričić*. Aus der kleinen blauen Traube wird ein großer, vollmundiger Wein gewonnen. Je unwirtlicher das Gelände ist, desto aromatischer ist der Wein. Das ist auch der Grund, warum der allerbeste *plavac mali* an den kahlen, sonnenverbrannten Hängen von **Dingač** und **Postup** an der Südküste der Halbinsel gedeiht. Die Weinberge sind so schwer zugänglich, dass alle Trauben von Hand gelesen werden müssen. Die Weine aus beiden Regionen tragen inzwischen geschützte Herkunftsbezeichnungen.

Um ein paar Tropfen aus der Region zu probieren, kann man sich kaum einen authentischeren Ort als die **Taverna Domanoeta** (☎091 56 01 591; ⏲Juli & Aug. 9–1 Uhr) wünschen – der rustikale Weinkeller mit Natursteinwänden befindet sich in **Janjina**, einem Dorf mitten auf der Halbinsel. Wenn die Sonne scheint, schnappt man sich einen Tisch im Garten und bestellt einen *plavac mali* sowie Käse und *pršut* (Prosciutto) aus der Region.

Ein kurzes Stück weiter kommt man zur Abzweigung zum Dorf **Trstenik**, wo Mike Grgich, der legendäre Winzer aus dem Napa Valley, **Grgić Vina** (☎020-748 090; www.grgic-vina.com; Trstenik 78; Verkostung 40 Kn; ⏲ Juni–Aug. 9–21 Uhr, Sept.–Mai Mo–Fr bis 17 Uhr) aufgebaut hat. Wer die preisgekrönten *plavac mali* und *pošip* (eine weiße Rebsorte von Korčula) probieren und kaufen will, kommt vorbei; im Winter sollte man vorher anrufen.

Die Hauptstraße führt weiter durch das Tal des Dorfes **Potomje**, wo ein 400 m langer Tunnel durch den Berg zu den berühmten Weinanbaugebieten von Dingač führt. Es gibt viele Weingüter in Potomje – empfehlenswert ist auf jeden Fall **Matuško** (☎020-742 393; www.matusko-vina.hr; Potomje 5a; ⏲März–Dez. 8–20 Uhr), wo man die riesigen Keller besichtigen kann, bevor man sich zur Verkostung niederlässt.

Wer nach den Weinproben Durst bekommen hat, hält am **Peninsula** (☎020-742 503; www.peninsula.hr; Donja Banda; ⏲April–Okt. 9–23 Uhr; 📶), einer Weinbar an der Straße, die mehr als 40 hochwertige regionale Weine und eine feine Auswahl an *rakija* (Grappa) und Likören führt. Sie liegt in **Donja Banda**, unweit der Kreuzung, wo die Straße von Trpanj von der Hauptstraße der Halbinsel abzweigt.

ℹ Praktische Informationen

Touristeninformation (☎020-754 452; www.ston.hr; Pelješki put 1, Ston; ⏲Juni–Sept. 8–19 Uhr, Okt.–Mai Mo–Fr 8–14 Uhr) Hat Broschüren und Busfahrpläne und hilft bei der Suche nach privaten Unterkünften.

ℹ An- & Weiterreise

Die Bushaltestelle liegt an Stons Hauptstraße. Von hier ist man in 15 Minuten zu Fuß in Mali Ston. Die Busse fahren u. a. nach Orebić (51 Kn, 1½ Std., 2-mal tgl.), Dubrovnik (ab 42 Kn, 1¼ Std., 5-mal tgl.), Split (105 Kn, 3¼ Std., tgl.), Zadar (174 Kn, 6 Std., tgl.) und Zagreb (247 Kn, 9½ Std., tgl.).

Orebić

1980 EW.

Orebić an der Südküste der Halbinsel Pelješac hat einige schöne, kleine Sand- und Kieselstrände, die von Pinien und Tamarisken gesäumt werden. Am Ufer stehen Häuser und exotische Gärten; diese ließen die Kapitäne errichten, die die Stadt im 18. Jh. wohlhabend machten. Bis nach Korčula sind es übers Wasser nur 2,5 km, weshalb sich der Ort gut als Sprungbrett für einen Tagestrip oder als alternative Basisstation eignet.

Wer vom Faulenzen am Strand genug hat, kann tolle Wanderungen unternehmen, z. B. auf den Berg Ilija (961 m), oder auch ein paar Kirchen und Museen besuchen. Der Berg Ilija schützt die Stadt vor dem kalten Nordwind, weshalb hier mediterrane Pflanzen üppig gedeihen. Meist ist es in Orebić ein paar Grad wärmer als in Korčula, der Frühling hält früher Einzug und der Sommer endet später.

Geschichte

Die Halbinsel Pelješac gehört seit 1333 zu Dubrovnik, als sie von Serbien gekauft wurde. Bis ins 16. Jh. war die Stadt als Trstenica (der Name der Ostbucht) bekannt und ein wichtiges Schifffahrtszentrum. Der Name

Orebić stammt von einer reichen Seefahrerfamilie, die 1658 eine Zitadelle zur Verteidigung gegen die Türken baute.

Der Höhepunkt der Schifffahrt in Orebić fand im 18. und 19. Jh. statt, als dort der Sitz einer der größten damaligen Unternehmen war: die Associazione Marittima di Sabbioncello. Mit dem Rückgang der Schifffahrt wandte sich Orebić dem Tourismus zu.

Sehenswertes & Aktivitäten

Rund um Orebić kann man prima wandern. Eine Wanderkarte erhält man in der Touristeninformation. Ein Weg führt vom Hotel Bellevue durch Kiefernwald zu einem **Franziskanerkloster** aus dem 15. Jh., das auf einem Kamm 152 m über dem Meer thront. Von hier aus konnten die Wachposten aus Dubrovnik die bei Korčula vor Anker liegenden venezianischen Schiffe beobachten und verdächtige Bewegungen melden.

Das Dorf **Karmen** nahe dem Kloster empfiehlt sich als Ausgangspunkt für Wanderungen zu den malerischen Bergdörfern sowie für die anspruchsvolle Besteigung des **Ilija**, der als kahles, graues Massiv hinter Orebić aufragt. Der Lohn für Schweiß und Mühen ist ein atemberaubender Blick auf die ganze Küste.

Auf dem Hügel östlich des Klosters steht neben riesigen Zypressen die **Kirche Unser lieben Frau von Carmel**; sehenswert sind auch die barocke Loggia und die Burgruine.

Plaža Trstenica STRAND
Es gibt einen schmalen Strand westlich des Docks, aber der beste Strand ist bei Trstenica, rund 700 m östlich des Docks. Große Bäume säumen die hübsche, breite und halbmondförmige Bucht mit Sand und feinem Kies sowie türkisem Wasser.

Korta Katarina WEINGUT
(☎020-713 817; www.kortakatarinawinery.com; Bana Josipa Jelačića 3; ⏲Mai–Sept. 9–21 Uhr, April & Okt. bis 16 Uhr) In diesem großen, schicken Weingut sollte man für eine Verkostung vorher anrufen. Bei der Basisweinprobe bekommt man eine Tour und drei Weine zum Testen (100 Kn), bei einer VIP-Weinprobe kommen ein Reserva und Snacks hinzu (300 Kn) und eine Degustationsverkostung beinhaltet ein Fünf-Gänge-Menü mit Weinen (700 Kn).

Schlafen

Glavna Plaža CAMPEN €
(☎098 513 634; www.glavnaplaza.com; Šetalište Kneza Domogoja 49; Erw./Kind/Stellplatz/Auto ab 5/2/4/4 €, Apt. ab 44 €; ⏲Juni–Sept.; P, WLAN) Der winzige, von einer Familie betriebene Campingplatz versteckt sich an dem Orebić zugewandten Ende des sandigen Strands von Trstenica. Er vermietet auch vier schlichte Apartments (drei Wohnstudios und ein Apt. für bis zu 6 Pers.).

Mimbelli B&B €€
(☎020-713 636; www.peljesac-mimbelli.hr; Trg Mimbelli 6; Zi. ab 100 €; P, WLAN) Die ansprechende kleine Pension hat fünf romantische Zimmer über einem namhaften Restaurant in einem stimmungsvollen Kapitänshaus aus dem 18. Jh. Jeder Raum ist geschmackvoll nach rustikalen Themen (Oliven, Weinreben, Lavendel etc.) eingerichtet.

Hotel Adriatic HOTEL €€€
(☎020-714 488; www.hoteladriaticorebic.com; Šetalište Kneza Domagoja 8; Zi. 180–210 €; Klimaanlage, WLAN) Direkt am Ufer bietet dieses umgebaute Kapitänshaus komfortable Zimmer mit unverputzten Steinwänden, Holzböden, große Bäder und Meerblick. Das ausgezeichnete Frühstück wird auf der Terrasse mit Blick aufs Wasser serviert. Keine Kinder erlaubt.

Hotel Indijan HOTEL €€€
(☎020-714 555; www.hotelindijan.hr; Škvar 2; EZ/DZ ab 110/190 €; P, Klimaanlage, WLAN, Pool) In dem gut gestalteten Hotel weht ein zeitgenössischer Wind. Die Zimmer sind modern und gut ausgestattet; einige haben einen Balkon mit Blick bis nach Korčula. Der kleine, beheizte Rundpool hat ein einziehbares Glasdach, sodass er das ganze Jahr über genutzt werden kann.

Essen

Croccantino CAFÉ €
(☎098 16 50 777; www.facebook.com/Croccantino CRO; Obala Pomoraca 30; Snacks 8–18 Kn; ⏲7–23 Uhr) Dem Drang nach Süßen gibt man in diesem entspannten Café an der Promenade mit einem Strudel, einem Stück Kuchen oder einem selbst gemachten Eis nach.

La Casa PIZZA €€
(☎020-713 847; Obala Pomoraca 40; Hauptgerichte 43–145 Kn; ⏲12–22 Uhr; WLAN, englische Speisekarte) Unten gibt's eine coole Gartenbar, aber für Meeresblick und leckere neapolitanische Pizza steigt man hoch auf die Terrasse dieses herrschaftlichen großen Hauses. Pasta, Risotto, Steaks und gegrillter Tintenfisch wird auch serviert.

Konoba Andiamo DALMATISCH €€
(☎098 98 38 614; Šetalište Kneza Domagoja 28; Hauptgerichte 50–120 Kn; ⏲Juni–Okt. 13–24 Uhr;

(✆) Ein großes Wandgemälde einer Straße der Stadt bildet eine nette anachronistische Kulisse für dieses luftige Restaurant mit einer Holzterrasse, die nur einen Steinwurf vom Meer entfernt ist. Uneingeschränkt zu empfehlen ist die Meeresfrüchteplatte für zwei Personen, die randvoll mit Krabben, Muscheln, Langusten und zwei Arten Fisch belegt ist. Mit Voranmeldung wird auch Lamm, Schwein, Kalb oder Tintenfisch unter einer *peka* gegart.

Praktische Informationen

Touristeninformation (✆020-713 718; www.visitorebic-croatia.hr; Zrinsko Frankopanska 2; ⌚Juli & Aug. 8–22 Uhr, Mai, Juni, Sept. & Okt. Mo–Sa bis 20 Uhr, Nov.–April Mo–Fr bis 13 Uhr) Hat eine gute Wander- und Fahrradkarte der Halbinsel.

An- & Weiterreise

Jadrolinijas (✆020-714 075; www.jadrolinija.hr; Obala pomoraca 32) Autofähren ab Korčula (Pers./Auto 16/76 Kn, 15 Min.) legen nah an der Touristeninformation und der Bushaltestelle an.

Es gibt Busse von/nach Ston (51 Kn, 1½ Std., 3-mal tgl.), Dubrovnik (81 Kn, 2¾ Std., 2-mal tgl.), Split (121 Kn, 4½ Std., tgl.), Zadar (194 Kn, 7¼ Std., tgl.) und Zagreb (258 Kn, 10¾ Std., tgl.).

KORČULA

15 600 EW.

Das von Weinbergen, Olivenhainen, kleinen Dörfern und einer herrlichen Altstadt geprägte Korčula ist mit knapp 47 km Länge die sechstgrößte Insel in der Adria. Da die Insel so dicht von Kiefern bewaldet ist, wurde sie von den ersten griechischen Siedlern Korkyra Melaina (Schwarzes Korfu) genannt. Ruhige Buchten und kleine Sandstrände bestimmen die steile Südküste, während das Nordufer flacher und kiesiger ist.

Die Tradition bleibt auf Korčula lebendig – mit uralten religiösen Zeremonien, Volksmusik und Tänzen, die zur Freude der ständig steigenden Zahl der Touristen immer noch aufgeführt werden. Weinkenner kommen ebenfalls auf ihre Kosten. Der wohl beste kroatische Wein wird aus der alten *pošip*-Traube gewonnen, die vor allem in den Anbaugebieten rund um die Dörfer Čara und Smokvica gedeiht. Und aus der rund um Lumbarda kultivierten *grk*-Traube entsteht ein weiterer hervorragender Weißwein.

Der schönste Strand der Insel ist Pupnatska Luka an der Südküste.

Geschichte

Eine Höhle aus dem Neolithikum (Vela Spila) bei Vela Lukam im Westen Korčulas weist auf eine prähistorische Besiedlung der Insel hin. Die gesamte Insel wurde jedoch erst von den Griechen erschlossen, die sich hier ab dem 6. Jh. v.Chr. niederließen. Ihre bedeutendste Siedlung befand sich im 3. Jh. v.Chr. in der Gegend des heutigen Lumbarda.

Im 1. Jh. eroberten die Römer Korčula, ihnen folgten im 6. Jh. die Byzantiner und im 7. Jh. die Slawen. Nach der ersten Jahrtausendwende ging die Insel durch die Hände verschiedener mittelalterlicher Staaten, bis sie 1420 an die Venezianer fiel, die bis 1797 blieben. Unter der Ägide der Seerepublik war die Insel für das Gesteinsmaterial berühmt, das in Steinbrüchen gewonnen und exportiert wurde. Auch der Schiffsbau florierte.

Nachdem Napoleon 1797 Venedig erobert hatte, ereilte Korčula das gleiche Schicksal wie den Rest der Region: Die Insel fiel in die Hände Frankreichs, Englands, Österreich-Ungarns und Italiens, bis sie schließlich 1921 ein Teil Jugoslawiens wurde. Heute ist Korčula eine der wohlhabendsten Inseln Kroatiens; in ihrer historischen Hauptstadt werden immer mehr Besucher empfangen.

An- & Weiterreise

BUS

Busse verbinden das Festland mit Korčula über die Autofähre von Orebić. Zu den Zielen gehören Ston (63 Kn, 2 Std., 2-mal tgl.), Dubrovnik (97 Kn, 3 Std., tgl.), Split (129 Kn, 5 Std., tgl.), Zadar (202 Kn, 7¾ Std., tgl.) und Zagreb (269 Kn, 11¼ Std., tgl.). Im Sommer im Voraus buchen.

SCHIFF/FÄHRE

Auf der Insel gibt es drei wichtige Häfen: der Westhafen in der Stadt Korčula, Dominče (3 km östlich von Korčula) und Vela Luka.

Jadrolinija (✆020-715 410; www.jadrolinija.hr; Plokata 19 travnja 1921 br 19) betreibt Autofähren zwischen Orebić und Dominče (Pers./Auto 16/76 Kn, 15 Min.), die etwa stündlich fahren (Okt.–Mai alle 90 Min.). Von Juni bis September verkehrt jeden Tag ein Katamaran zwischen dem Ort Korčula und Dubrovnik (130 Kn, 2 Std.), Hvar (120 Kn, 1½ Std.), Bol (130 Kn, 2¾ Std.) und Split (160 Kn, 3¾ Std.).

Zweimal am Tag fährt Jadrolinijas Autofähre von Vela Luka nach Split (Pers./Auto 60/470 Kn, 2¾ Std.) und bis zu dreimal am Tag nach Ubli auf Lastovo (Pers./Auto 32/180 Kn, 1¾ Std.). Auf der Strecke verkehrt auch täglich ein Katamaran von Split (60 Kn, 2¼ Std.) nach Ubli (40 Kn, 55 Min.), der dabei in Hvar (40 Kn, 55 Min.) anlegt.

Kapetan Luka (S. 337) betreibt täglich mindestens einen Katamaran von Korčula nach Hvar (110 Kn, 1¼ Std.) und Split (130 Kn, 2½ Std.). Von Mai bis Mitte Oktober fährt ein Schiff täglich von/nach Dubrovnik (130 Kn, 1¾ Std.), Pomena auf Mljet (80 Kn, 30 Min.), Hvar (110 Kn, 1 Std.), Milna auf Brač (130 Kn, 1¾ Std.) und Split (130 Kn, 2¼ Std.). Von Juni bis September geht ein weiteres Boot nach Dubrovnik (130 Kn, 2 Std.), Sobra auf Mljet (80 Kn, 55 Min.), Makarska (130 Kn, 1 Std.), Bol (120 Kn, 1¾ Std.) und Split (130 Kn, 2¾ Std.).

Im Juli und im August bietet **G&V Line** (S. 337) vier Katamarane pro Woche nach Korčula ab Dubrovnik (90 Kn, 2½ Std.), Sobra (60 Kn, 1½ Std.) und Polače auf Mljet (50 Kn, 55 Min.). Zwei davon fahren weiter nach Ubli (60 Kn, 1¼ Std.).

ℹ Unterwegs vor Ort

Busse fahren von Korčula nach Lumbarda (15 Kn, 15 Min., mind. 5-mal tgl.) und Vela Luka (43 Kn, 1 Std., mind. 3-mal tgl.); sonntags seltener.

Korčula (Ort)

2860 EW.

Korčula ist nicht nur ein bildschöner, sondern auch ein geschichtsträchtiger Ort. Die Zitadelle an der Küste liegt geschützt hinter beeindruckenden Wehrmauern. Entlang der mit Marmor gepflasterten Straßen stehen zahlreiche Gebäude aus der Zeit der Renaissance und Gotik.

Die Straßen wurden im Fischgrätenmuster angelegt – ein großartiges Konzept, das gleichermaßen der Sicherheit wie auch dem Komfort der Bürger diente: Die Straßenzüge nach Westen verlaufen gerade, damit der starke sommerliche Mistral aus westlicher Richtung eine frische Brise durch die Stadt schicken kann. Die Straßen gen Osten haben dagegen eine leichte Biegung, in der sich der kalte Nordost-Bora bricht.

Die Stadt besitzt einen Hafen, über dem runde Wehrtürme aufragen; viele Häuser sind mit roten Ziegeln gedeckt. Überall stehen Palmen, mehrere Strände befinden sich in Laufweite.

Geschichte

Alten Dokumenten ist zu entnehmen, dass an dieser Stelle bereits im 13. Jh. eine von Mauern bewehrte Stadt existierte. Die Stadt in ihrer heutigen Form wurde jedoch erst im 15. Jh. errichtet. Zu dieser Zeit erlebte die Steinmetzkunst auf der Insel eine Blüte, und so kamen die Gebäude und Straßenzüge zu ihrem hübschen, charakteristischen Aussehen. Im 16. Jh. wurden die Fassaden der Bauwerke zudem mit dekorativen Elementen wie Schmucksäulen und Wappen verziert. Sie verliehen dem ursprünglich gotischen Zentrum sein Renaissancegepräge.

Im 17. und 18. Jh. begann man, südlich der Altstadt zu bauen, da man eine Invasion nicht mehr unmittelbar befürchten musste. Die schmalen Straßen und Steingebäude in der „neuen“ Vorstadt lockten Kaufleute und Kunsthandwerker an – bis zum heutigen Tag spielt sich hier ein Großteil des Handels ab.

DIE SCHWERTTÄNZE

Zu den farbenfrohsten Brauchtümern der Insel zählt der Schwerttanz Moreška, der seit dem 15. Jh. in Korčula praktiziert wird. Er stammt vermutlich aus Spanien, wird heute aber ausnahmslos in Korčula aufgeführt. Der Tanz erzählt die Geschichte zweier Könige – des (in Rot gekleideten) Weißen Königs und des Schwarzen Königs –, die um eine vom Schwarzen König entführte Prinzessin kämpfen. In der gesprochenen Einleitung erklärt die Prinzessin ihre Liebe zum Weißen König. Da der Schwarze König sie nicht freigeben will, zücken die Heere auf beiden Seiten ihre Schwerter und „kämpfen“ in Form eines kunstvoll-stilisierten Tanzes zu den Klängen einer Kapelle. Traditionell fand die Aufführung nur am 29. Juli, dem Gründungstag von Korčula, statt, inzwischen wird aber der Tanz den ganzen Sommer über im **Kulturklub Moreška** (www.moreska.hr; Ljetno kino, Foša 2; 100 Kn; ⏲ Shows Juli & Aug. Mo & Do 21 Uhr, Shows Juni & Sept. Do 21 Uhr) aufgeführt.

Auch die *Kumpanija*-Tänze in den Dörfern Pupnat, Smokvica, Blato, Čara und der Stadt Vela Luka sorgen für eine vergnügliche Abendunterhaltung; man braucht allerdings ein eigenes Auto, um zu den Orten zu gelangen. Bei diesen Tänzen gibt es ebenfalls einen „Kampf“ zwischen rivalisierenden Heeren. Auf dem Höhepunkt des Geschehens wird eine riesige Fahne entrollt. Die Tänzer werden begleitet von einer *mišnice* (Sackpfeife) und Trommeln. Eine Variation ist die *moštra*, die nur am Abend von Mariä Himmelfahrt (15. Aug.) im Dorf Žrnovo aufgeführt wird.

Korčula (Ort)

Sehenswertes & Aktivitäten

Auf Korčula gibt es ein paar hervorragende Wander- und Radwege; eine Inselkarte erhält man in der Touristeninformation (S. 355). Im Sommer bieten Wassertaxis Fahrten zur Insel Badija an, auf der es ein Franziskanerkloster aus dem 15. Jh., ein Restaurant und einen FKK-Strand gibt.

★ Kathedrale St. Markus KATHEDRALE

(Katedrala svetog Marka; Trg Sv Marka; Kirche 10 Kn; Glockenturm Erw./Kind 20/15 Kn; ⌚ Juli & Aug. 9–21 Uhr, Sept.–Juni abweichend) Den kleinen Markusplatz mitten im Zentrum von Korčula dominiert diese wunderschöne Kathedrale aus dem 15. Jh. Sie wurde von italienischen und hiesigen Künstlern aus heimischem Kalkstein in einem Mischstil aus Gotik und Renaissance errichtet. Sehr beeindruckend sind die detailreichen Skulpturen an der Fassade, vor allem die nackten, hockenden Figuren von Adam und Eva auf den Eingangssäulen sowie die zweischwänzige Meerjungfrau und der Elefant am Giebelgesims über dem Portal. Der Glockenturm wird von einer Brüstung und einer verzierten Kuppel des aus Korčula stammenden Künstlers Marko Andrijić gekrönt.

Das dreischiffige Innere der Basilika ist 30 m hoch; Kalksteinsäulen mit sehenswer-

Korčula (Ort)

Highlights
1 Kathedrale St. Markus ... C2

Sehenswertes
2 Wehranlagen der Stadt ... C4
3 Ikonenmuseum ... D3
4 Kanavelić-Turm ... C1
5 Stadtmuseum ... C3
6 Großer Gouverneursturm ... B3
7 Turm des Meerestors ... B2
8 Kleiner Gouverneursturm ... B3
9 Abteischatz von St. Markus ... C3
10 Veliki-Revelin-Turm ... C4

Schlafen
11 Guest House Korunić ... B5
12 Korčula Royal Apartments ... A4
13 Lešić Dimitri Palace ... D2

Essen
14 Aterina ... B3
15 Cukarin ... B5
16 LD Terrace ... D2
17 Marco's ... C3

Ausgehen & Nachtleben
18 Massimo ... C1
19 Vinum Bonum ... B5

Unterhaltung
20 Moreška Cultural Club ... B3

Shoppen
21 Kutak Knjiga ... A4

ten Kapitellen trennen die Schiffe voneinander. Beachtung verdienen aber vor allem das von Andrijić stammende Ziborium (Altaraufbau) und dahinter das Altargemälde *Die Heiligen Markus, Hieronymus und Bartholomäus* von Jacopo Tintoretto. Das Gemälde *Mariä Verkündigung* neben dem barocken Altar des hl. Antonius stammt ebenfalls von Tintoretto oder zumindest aus seiner Werkstatt.

Weitere bemerkenswerte Kunstwerke sind die Bronzestatue des hl. Blasius von Ivan Meštrović, die in der Nähe des Altars im nördlichen Seitenschiff steht, und das Gemälde des venezianischen Künstlers Jacopo Bassano in der Apsis des südlichen Seitenschiffs. Interessant sind auch die Skulpturen in der **Taufkapelle**.

Bevor man dem Markusplatz den Rücken zukehrt, sollte man sich auch den mit eleganten Ornamenten verzierten **Arneri-Palast** gegenüber der Kathedrale anschauen.

Wehranlagen der Stadt — FESTUNG

Die Türme und Überreste der Stadtmauer von Korčula wirken besonders beeindruckend, wenn man sich ihnen vom Meer nähert. Früher, als die Wehranlagen noch vollständig waren und eine steinerne Barriere mit zwölf Türmen und 20 m hohen Mauern bildeten, signalisierten sie Piraten recht unmissverständlich, dass die Stadt uneinnehmbar ist.

Den Haupteingang zur Altstadt bildet das südliche Landtor im **Veliki-Revelin-Turm** (Trg kralja Tomislava). Er wurde im 14. Jh. erbaut und später erweitert und ist mit den Wappen der venezianischen Dogen und Gouverneure von Korčulan verziert. Ursprünglich gab es hier eine hölzerne Zugbrücke, doch sie wurde im 18. Jh. durch eine breite Steintreppe ersetzt, die dem Eingang ein prächtiges Antlitz verleiht. Der am besten erhaltene Teil der Stadtmauer erstreckt sich von hier westwärts.

Auf der Westseite ragen der konische **Große Gouverneursturm** (1483, Obala dr Franje Tuđmana bb) und der **Kleine Gouverneursturm** (1449) auf. Sie schützten früher den Hafen, die Handelsflotte und den Gouverneurspalast, der neben dem Rathaus stand. Folgt man dem Ufer der Altstadthalbinsel im Uhrzeigersinn, gelangt man zum kleinen **Turm des Meerestors** (Sv Barbare bb) mit einer lateinischen Inschrift von 1592, derzufolge Korčula nach dem Fall Trojas gegründet worden sein soll. Als nächstes folgt der renovierte **Kanavelić-Turm** (Sv Barbare bb), dessen halbrunde Form von Zinnen gekrönt ist, und dann der kleinere **Zakerjan-Turm**, in dem heute die **Cocktailbar Massimo** (Šetalište Petra Kanavelića 1; ⌚Mai–Okt. 15–23 Uhr) untergebracht ist.

Ikonenmuseum — MUSEUM

(Muzej ikona; Trg Svih Svetih; 15 Kn; ⌚Mai–Sept. Mo–Sa 9–14 Uhr) Das bescheidene Museum zeigt eine Sammlung byzantinischer Ikonen mit Goldgrund sowie Sakralgegenstände aus dem 17. und 18. Jh. Das wahre Highlight: Besucher haben Zugang zur wunderschönen **Allerheiligenkirche** (Crkva Svih Svetih) nebenan. Die Barockkirche aus dem 15. Jh. zieren ein bemaltes Kruzifix aus Kreta aus dem 17. Jh., eine aus Walnussholz geschnitzte Pietá vom Ende des 18. Jhs. sowie ein geschnitztes und bemaltes Wandelaltarbild aus dem Jahr 1439 von Blaž Jurjev Trogiranin, das als kroatisches Meisterwerk betrachtet wird.

Stadtmuseum MUSEUM
(Gradski muzej Korčula; ☎020-711 420; www.gm-korcula.com; Trg Sv Marka 20; Erw./Kind 20/8 Kn; ⊙Juli–Sept. 9–21 Uhr, Okt.–Juni 10–13 Uhr) Das Museum im Gabriellis-Palast aus dem 16. Jh. widmet sich der Geschichte und Kultur Korčulas. Die Ausstellung zeigt Steinmetz- und Schiffsbaukunst, Archäologie, Kunst, Möbel, Textilien und einige traditionelle Trachten der Insel. Über die Etagen verstreut findet man ein paar interessante Kuriositäten – darunter eine Tafel, die beweist, dass im 3. Jh. v. Chr. Griechen auf der Insel lebten.

Abteischatz von St. Markus MUSEUM
(Opatska riznica svetog Marka; Trg Sv Marka; inkl. Kathedrale 25 Kn; ⊙Mai–Nov. Mo–Sa 9–19 Uhr) Der Palast des Abts aus dem 14. Jh. beherbergt Ikonen und dalmatische religiöse Kunst. Das herausragendste Werk ist das Marien-Polyptychon von *Die Jungfrau & das Kind mit Heiligen* (1431) von Blaž Jurjev Trogiranin. Das 20. Jh. wird repräsentiert durch eine Zeichnung von Ivan Meštrović und ein Gemälde von Đuro Pulitika. Außerdem gibt's liturgische Objekte, Schmuck, Münzen, Möbel und alte Dokumente zu Korčulas Geschichte.

Schlafen

Apartments DePolo PENSION €
(☎020-711 621; www.family-depolo.com; Sv Nikole 28; Zi. 330 Kn; P❄📶) Die tolle Budgetunterkunft hat vier schlichte, komfortable Zimmer mit eigenem Bad, eines besitzt eine Terrasse mit herrlichem Ausblick. Im Sommer zahlen Kurzzeitgäste einen Aufschlag von 30 %.

★ **Korčula Royal Apartments** APARTMENT €€
(☎098 18 40 444; www.korcularoyalapartments.com; Trg Petra Šegedina 4; Apt. 90–115 €; ⊙Mai–Sept.; ❄📶) Die smarten, gut ausgestatteten Apartments könnten keine bessere Lage haben. Sie befinden sich gleich außerhalb der Altstadt in einer alten Steinvilla mit Blick auf einen kleinen Platz am Wasser.

Guest House Korunić PENSION €€
(☎020-715 108; www.guesthousekorunic.com; Hrvatske bratske zajednice 5; Zi. 80 €; ❄📶) In dieser kleinen Pension wohnt man über dem Besitzer in drei sauberen Zimmern mit Bad, eines hat eine Küchenzeile. Die Räume sind nicht sehr groß, aber es gibt zum Entspannen eine Dachterrasse mit Blick über die Dächer.

Lešić Dimitri Palace APARTMENTS €€€
(☎020-715 560; www.ldpalace.com; Don Pavla Poše 1–6; Apt. ab 446 €; ❄📶) Die außergewöhnliche Unterkunft in der Altstadt spielt in einer eigenen Liga. Es gibt hier fünf „Residenzen" in einem Bischofspalast aus dem 18. Jh., die sich thematisch an den Reisen Marco Polos orientieren (China, Indien etc.) und mit original erhaltenen Details wie offenen Balkendecken, Steinmauern und Natursteinfliesen der Lage mitten in der Altstadt gerecht werden.

Hotel Korsal HOTEL €€€
(☎020-715 722; www.hotel-korsal.com; Šetalište Frana Kršinića 80; EZ/DZ ab 147/194 €; ⊙Mai–Okt.; ❄📶) Das Korsal hat 18 komfortable Zimmer, die sich auf drei nebeneinanderstehende Gebäude neben dem Hafen verteilen. Die zwei älteren Häuser wurden vollständig renoviert und haben Meeresblick, während der Neubau hinter den beiden anderen nur teilweise eine Aussicht aufs Wasser bietet.

Essen & Ausgehen

Cukarin DELI €
(☎020-711 055; www.cukarin.hr; Hrvatske bratske zajednice bb; Kuchen ab 10 Kn; ⊙April–Okt. Mo–Sa 8.30–12 & 17–19.30 Uhr) In dem Feinkostladen werden süße Korčula-Spezialitäten wie *klašun* (Walnussgebäck) und *amareta* (runder, reichhaltiger Mandelkeks) gebacken sowie Wein, Marmeladen und Olivenöl von der Insel verkauft.

Marco's DALMATISCH €€
(☎098 275 701; www.marcoskorcula.com; Kaparova 1; Hauptgerichte 65–115 Kn; ⊙Mitte April–Mitte Okt. 9–14 Uhr, März–Mitte April & Mitte Okt.–Dez. Mo–Sa 18–23 Uhr) Die Glühbirnen über der Bar und die großen Messinghalterungen über den Tischen kennzeichnen das Marco's als eines von Korčulas innovativsten und nettesten Restaurants. Die Karte tut ihr Übriges mit traditionellen Spezialitäten wie *žrnovski makaruni* (handgerollte Pasta) sowie anderen Leckereien, etwa Burgern und Couscoussalaten.

LD Terrace DALMATISCH €€€
(☎020-601 726; www.ldrestaurant.com; Šetalište Petra Kanavelića bb; Hauptgerichte 190–240 Kn; ⊙April–Okt. 8–24 Uhr; 📶) LD steht für Lešić Dimitri, und es ist keine Überraschung, dass das nobelste Hotel in Korčula auch über das beste Restaurant verfügt. Allein die Lage ist traumhaft. Es gibt einen schicken Speisesaal die Treppen hinauf und romantische Tische direkt am Wasser. Die gute Weinkarte ist auf die moderne dalmatische Küche abgestimmt.

Aterina MEDITERRAN €€€
(☎091 98 61 856; www.facebook.com/aterinakorcula; Trg Korčulanskih klesara i kipara 2; Hauptgerichte 80–180 Kn; ⊙Mai–Okt. 12–24 Uhr) Das

Aterina ist nicht nur ein ausgezeichneter Ort, um den Sonnenuntergang zu beobachten, sondern es serviert auch eine exzellente Auswahl an Meeresfrüchtegerichten mit italienischer Note. Am besten sind die Tagesangebote, die auf einer Tafel stehen und den Fang des Tages auf den Tisch bringen.

Vinum Bonum WEINBAR
(☎091 47 70 236; Punta Jurana 66; ⊙Mai–Okt. 18–24 Uhr; 📶) Versteckt an einer autofreien Straße direkt beim Hafen serviert der entspannte Laden Antipasti, während man einige der besten Weine der Insel und *rakija* kostet.

Shoppen

Kutak Knjiga BÜCHER
(☎020-716 541; http://kutak-knjiga.blogspot.co.nz; Kovački prolaz bb; ⊙Mai–Okt. Mo–Fr 9.30–20 Uhr, Nov.–April bis 13.30 Uhr) Es ist ein Mysterium, wie die vielen Bücher auf Kroatisch, Englisch, Französisch, Spanisch, Tschechisch, Italienisch, Deutsch, Polnisch, Schwedisch und Mandarin in den kleinen Laden reinpassen.

Praktisch Informationen

Gesundheitszentrum (Dom zdravlja; ☎020-711 700; www.dom-zdravlja-korcula.hr; ul 57 br 5)
Touristeninformation (☎020-715 701; www.visitkorcula.eu; Obala dr Franje Tuđmana 4; ⊙Juni–Aug. 8–20 Uhr, Mai, Sept. & Okt. Mo–Sa 8–15 Uhr, Nov.–April Mo–Fr 8–14 Uhr)

Lumbarda

1220 EW.

Der sandige Boden rund um Lumbarda, ein beschauliches Städtchen an einem Naturhafen am Südostende der Insel, ist perfekt für den Weinbau geeignet; der Wein der *grk*-Traube ist das berühmteste Produkt Lumbardas. Im 16. Jh. bauten sich Aristokraten aus Korčula hier ihre Sommerhäuser, weshalb Lumbarda bis heute ein ruhigeres Refugium als das urbanere Korčula ist. Die hiesigen Strände sind klein, aber sandig.

Praktisch Informationen

Touristeninformation (☎020-712 005; www.tz-lumbarda.hr; Prvi žal bb; ⊙Juni–Mitte Sept. 8–21 Uhr, Mitte Sept.–Mai Mo–Fr bis 15 Uhr)

Vela Luka

4140 EW.

Die Hafenstadt Vela Luka ist umgeben von hügeligen Olivenhainen und liegt in einem reizenden natürlichen Hafen – es ist allerdings nicht das interessanteste Reiseziel. Es gibt Höhlen, in denen man schwimmen kann, aber keine richtigen Strände. Kleine Boote bringen Gäste zu den idyllischen Inseln Proizd und Osjak vor der Küste.

Die Produktion und der Vertrieb von Korčulas berühmten Olivenöl ist die Grundlage der hiesigen Wirtschaft. Tourismus und Fischfang sind weitere wichtige Zweige.

Für einen perfekten Faulenzertag am Strand geht nichts über die Insel **Proizd** an der nordwestlichen Spitze von Korčula. Es gibt nicht viel mehr als ein einziges Sommerrestaurant, aber das klare, blaue Wasser und die weißen Steine sind bezaubernd. An den Stränden ist kaum Schatten vorhanden, darum unbedingt ausreichend Sonnencreme einstecken. In der Touristensaison fahren kleine Boote von Vela Luka zu der Insel. Die Fahrt dauert etwa 40 Minuten und kostet ungefähr 50 Kn pro Person.

In einem Olivenhain 5 km nordwestlich der Stadt befindet sich das **Camp Mindel** (☎020-813 600; www.mindel.hr; Stani 192; Erw./Kind/Zelt/Auto 35/15/30/25 Kn; ⊙Mai–Okt.; P 📶), ein kompakter, günstiger, freundlicher Campingplatz und eine ideale Basis für Wanderungen; zum Strand geht man nur zehn Minuten zu Fuß. Es gibt keine Busverbindung.

Praktische Informationen

Touristeninformation (☎020-813 619; www.tzvelaluka.hr; Obala 3 br 19; ⊙Juli & Aug. Mo–Sa 8–21, So 9–14 Uhr, Rest des Jahres eingeschränkte Öffnungszeiten)

LASTOVO

Eine der abgelegensten und unerschlossensten bewohnten Inseln Kroatiens ist die kleine Insel Lastovo, die abgeschieden südlich von Korčula und westlich von Mljet liegt. Wie die ähnlich entlegene Insel Vis wurde Lastovo während der jugoslawischen Zeit als Militärbasis genutzt und war für Besucher nicht zugänglich.

Dies hat sich längst geändert, und so wurde die Insel zu einem Lieblingsziel für Jachtbesitzer, die in einer der traumhaften winzigen Buchten anlegen. Für herkömmliche Besucher gibt es allerdings nicht wirklich viel zu tun. Die Hauptattraktion ist die Stadt Lastovo, ein bemerkenswertes Sammelsurium von Steinhäusern und alten Kirchen, die sich an einen Hang schmiegen.

ABSTECHER

LÄNDLICH-RUSTIKAL ESSEN

Mitunter die besten kulinarischen Erlebnisse auf Korčula hat man in den Tavernen der kleinen Dörfer. Mit eigenem fahrbaren Untersatz lohnt es sich, den Weg auf sich zu nehmen.

Konoba Mate (020-717 109; www.konobamate.hr; Pupnat 28; Hauptgerichte 60–118 Kn; Mai–Sept. Mo–Sa 11–14 & 19–24, So 19–24 Uhr;) Das beste Lokal auf der Insel hat eine ungewöhnliche Lage in dem verschlafenen Bauerndorf Pupnat, 11 km westlich von Korčula. Die Karte ist klein, aber mit sehr verführerischen Gerichten gespickt. Im Angebot sind ungewöhnliche Varianten echter Klassiker, z. B. unter einer *peka* (gusseiserner Deckel zum Schmoren) gegartes Ziegenkitz. Der Antipasti-Teller ist einfach himmlisch.

Konoba Belin (091 50 39 258; www.facebook.com/RestoranBelin; Žrnovo Prvo Selo 50; Hauptgerichte 50–130 Kn; Mai–Okt. Mo–Sa 10.30–13.30 & 18–23.30, So 18–23.30 Uhr) In dem freundlichen, familienbetriebenen Lokal in der Altstadt von Žrnovo, 2,5 km westlich von Korčula, dreht sich alles um den Grill (der vom Vater streng bewacht wird). Natürlich gibt's jede Menge Grillfleisch und -fisch.

Konoba Maslina (020-711 720; www.konobamaslina.com; Lumbarajska cesta bb; Hauptgerichte 65–120 Kn; Mo–Sa 11–22, So bis 16 Uhr;) Das traditionelle Lokal, rund 3 km außerhalb von Korčula an der Straße nach Lumbarda, bietet alles, was man von einer ländlichen *konoba* (einfaches familienbetriebenes Lokal) erwartet: rustikalen Charme und feinste Landküche mit lokalen Spezialitäten wie *žrnovski makaruni* (selbst gemachte Pasta mit Fleischsauce) und *pašticada* (Rindfleischeintopf).

Lastovo und die Dutzenden Inselchen drum herum stehen seit Neuestem unter dem Schutz des Naturparks Lastovo, in dem Sturmtaucher, Korallen, Schwämme, Hummer, seltene Meeresschnecken, Delfine sowie Meeresschildkröten und Suppenschildkröten leben.

Aktivitäten

Über die Insel zieht sich ein Netz von gut markierten Rad- und Wanderwegen. Die Touristeninformation hat verschiedene Routen für alle Interessen und Fähigkeiten auf Lager.

Der einzige Ort, den man irgendwie als Strand bezeichnen könnte, ist der kleine Kiesstreifen unterhalb des Restaurants Porto Rosso in der weit ins Land ragenden Bucht **Skrivena Luka**.

Schlafen & Essen

Vielleicht aufgrund der Tatsache, dass viele Besucher auf ihren Booten nächtigen, ist die Zahl der guten Unterkünfte begrenzt. In dem hübschen Dorf Pasadur, das sich auf zwei Inseln verteilt, die durch eine kleine Brücke verbunden sind, befinden sich Lastovos einziges Hotel und ein paar einfache Ferienwohnungen. Die Touristeninformation vermittelt Privatunterkünfte.

Triton DALMATISCH, SEAFOOD €€
(020-801 161; www.triton.hr; Zaklopatica 15; Hauptgerichte 60–100 Kn; Mai–Sept. 11–22 Uhr) Im Zentrum der hübschen hufeisenförmigen Bucht von Zaklopatica gelegen, serviert das ausgezeichnete, familienbetriebene Restaurant köstlichen frischen Fisch und Hummer.

Praktische Informationen

Touristeninformation (020-801 018; www.tz-lastovo.hr; Pjevor 7, Lastovo (Stadt); Mo–Sa 8–14 & 16–20 Uhr)

An- & Weiterreise

Der Fährhafen befindet sich in Ubli am Westende der Insel.

Jadrolinija (020-805 175; www.jadrolinija.hr; Ubli bb) betreibt drei Autofähren am Tag nach Vela Luka auf Korčula (Pers./Auto 32/180 Kn, 1¾ Std.), eine davon fährt weiter nach Split (Pers./Auto 68/470 Kn, 4½ Std.). Außerdem gibt es einen täglichen Katamaran auf dieser Strecke mit Halt in Vela Luka (40 Kn, 55 Min.), Hvar (55 Kn, 2 Std.) und Split (70 Kn, 3¼ Std.).

Von Mai bis August fahren dienstags und donnerstags Katamarane von **G&V Line** (S. 337) von/nach Sobra auf Mljet (70 Kn, 3 Std.) und Dubrovnik (95 Kn, 4 Std.). Ab Juni halten sie auch in Polače auf Mljet (70 Kn, 2¼ Std.), im Juli und August kommt noch ein Halt in der Stadt Korčula hinzu (60 Kn, 1¼ Std.).

Unterwegs vor Ort

An Wochentagen pendeln Busse zwischen dem Ort Lastovo und Ubli (fünf Busse am Wochenende), vier davon fahren weiter nach Pasadur.

Kroatien verstehen

KROATIEN AKTUELL **358**

Kroatiens Fußballerfolg hat einer Nation neuen Mut verliehen, die mit einer hohen Emigrationsrate, Massentourismus und Streitereien mit den Nachbarn umgehen muss.

GESCHICHTE **360**

Die lange und komplexe Geschichte des Landes spielt eine überraschend bedeutende Rolle für das Kroatien der heutigen Zeit.

MENTALITÄT & KULTUR **376**

Mit den Kroaten an einem Tisch: Schnell erkennt man, dass diese Menschen religiös, stilsicher und sportbegeistert sind.

ARCHITEKTUR **381**

Fast die ganze große Geschichte der europäischen Architektur gibt es hier kompakt in einem einzigen Land zu sehen.

NATUR & UMWELT **383**

Wissenswertes über die Tierwelt, über Karst und Nationalparks, aber auch zu aktuellen Herausforderungen.

KUNST **386**

Die Kunst, ganz gleich ob traditionell oder modern, erhaben oder bodenständig, ist ein wichtiger Teil der kroatischen Kultur.

Kroatien aktuell

Fast 1000 Jahre lang hing Kroatiens Wohl und Wehe von den Entscheidungen in Budapest, Venedig, Wien oder Belgrad ab. Jetzt hat das Land sein Schicksal selbst in der Hand. Auf Regierungseite wird man entsprechend erleichtert gewesen sein, als Kroatiens außergewöhnliche Leistung – das Erreichen des Finales der Fussball-Weltmeisterschaft 2018 – für kurze Zeit andere Themen aus den Schlagzeilen verdrängt hat: die hohen Auswanderungszahlen, Grenzstreitigkeiten, Korruption und Rechtsextremismus, um nur einige zu nennen.

Top-Bücher

Das Echo der Bäume (2015; Sara Nović) Erschütternder Roman über den Kroatienkrieg und seine Folgen.

Schwarzes Lamm und grauer Falke (1941; Rebecca West) Die Autorin berichtet über ihre Balkanreisen 1941.

Another Fool in the Balkans (2006; Tony White) White folgt den Spuren Rebecca Wests und stellt das moderne Leben in dieser Region der politischen Geschichte gegenüber.

Jugoslawien (3. Ausgabe, 1996; Misha Glenny) Erklärt bemerkenswert verständlich den Zerfall Jugoslawiens.

Café Paradies (1996; Slavenka Drakulić) Die Autorin zeigt, wie die westliche Kultur Osteuropa infiltriert.

Top-Filme

One Song a Day Takes Mischief Away (dt.: *Böse Menschen haben keine Lieder*; 1970; Krešo Golik) Comedy-Drama, das im Zagreb der 1930er spielt.

How the War Started on My Island (dt.: *Wie der Krieg auf meiner Insel begann*; 1996; Vinko Brešan) Eine gefeierte schwarze Komödie.

Kiklop (dt.: *Zyklopen*; 1982; Antun Vrdoljak) Nach dem gleichnamigen Roman von Ranko Marinković (1965).

You Only Love Once (dt.: *Man liebt nur einmal*; 1981; Rajko Grlić) Das Drama war in Cannes nominiert.

Eingewöhnung in die EU

Im Juli 2013 erreichte Kroatien einen wichtigen Meilenstein seiner Geschichte, als das Land offiziell der EU beitrat. Zuvor hatten die Kroaten in einem Referendum mit einer Zweidrittelmehrheit für den Beitritt gestimmt. Vor allem die jüngere Generation zeigt sich skeptisch gegenüber diesem Schritt.

Die Zollbefreiungen für kroatische Landwirte und Fabrikanten in den benachbarten Balkanstaaten fielen weg, und der Konkurrenzdruck durch Importe aus anderen EU-Ländern hat zugenommen. Ausländische Firmen beeinflussen zudem die traditionelle mediterrane Lebensart – so werden der frühe Feierabend, der genug Zeit für gemeinsame große Familienessen lässt, und die Nachmittagssiesta langsam, aber sicher abgeschafft.

Eine Konsequenz der EU-Mitgliedschaft war, dass deutlich mehr junge Leute auf der Suche nach Arbeit und besserer Bezahlung in andere Mitgliedstaaten aufbrachen. Man schätzt, dass rund 200 000 Kroaten ihre Heimat verlassen haben, viele davon Richtung Deutschland, Irland und Schweden. Die Arbeitslosenquote ging in Kroatien auf den niedrigsten Stand seit 1996 zurück (9,6 %). Die Jugendarbeitslosigkeit beträgt derzeit unter 25 % – vor dem EU-Beitritt lag sie teils bei über 40 %.

Kroatien litt heftig unter den Folgen der globalen Finanzkrise – insgesamt ging das BIP um 12,5 % zurück. Seit diesem Tiefpunkt steigt es allerdings stetig, auch dank der deutlichen Wachstumsraten im Tourismus.

Boomender Tourismus

Der Tourismus in Kroatien boomt mehr denn je. 2017 strömten 18,5 Mio. Besucher nach Kroatien (nach 14,1 Mio. im Jahr 2015 und weniger als 13 Mio. in 2013). Bezogen auf die Einwohnerzahl gehört Kroatien zu den touristischsten Ländern der Welt. Der World Travel & Tourism Council schätzt, dass der Tourismus 2017 10,9 %

direkt zum BIP Kroatiens beitrug, insgesamt (mit allen vom Tourismus ausgehenden Wirtschaftseffekten) sogar 25%, und direkt 138 000 sowie insgesamt 320 000 Menschen beschäftigt. Man erwartet, dass die Besucherzahlen weiter steigen, und die kroatische Regierung rechnet mit mehr Einnahmen und weiterhin positiven Auswirkungen auf den Arbeitsmarkt.

Die Herausforderung besteht darin, auch die Industrie voranzubringen und gleichzeitig die Natur- und Kulturschätze, die Kroatiens Reiz ausmachen, zu bewahren. Die Einheimischen sind jedenfalls darauf bedacht, die Fehlentwicklungen anderer Mittelmeerregionen zu vermeiden. Die Bebauung unterliegt strengen Regularien. 444 Landstriche stehen unter Naturschutz, dazu gehören acht Nationalparks.

Der Boom der Musikfestivals hat Vor- und Nachteile: Zwar ziehen die Events viele Besucher an, doch finden sie fast alle in der Hauptsaison und in bereits beliebten Küstenregionen statt.

Die Regierung ist bemüht, Traveller auch außerhalb der Hauptsaison in ihr Land zu locken und dazu zu bewegen, auch die schönen Orte im Inland zu besuchen. Da in den wärmeren Monaten aber so viel Geld verdient werden kann, ist es schwierig, örtliche Unternehmen davon zu überzeugen, auch im Winter ihre Türen zu öffnen. Selbst an beliebten Reisezielen wie Dubrovnik und Hvar erwarten Besucher im Winter in der Regel geschlossene Restaurants, Hotels und Sehenswürdigkeiten.

Grenzprobleme

In Anbetracht ihrer gemeinsamen Geschichte und der Tatsache, dass sie die beiden einzigen ehemaligen jugoslawischen Nationen in der EU sind, sollte man annehmen, dass Kroatien und Slowenien befreundete Nationen seien. Leider führt aber ein anhaltender Streit um einen dünnen Streifen Land entlang der Adriaküste zu Spannungen zwischen den Ländern.

Kroatien zog sich aus den Verhandlungen vor dem Ständigen Schiedshof in Den Haag zurück, der Slowenien die Kontrolle über das umstrittene Land und die Hoheitsgewässer zusprach. Kroatien weigert sich, die Entscheidung anzuerkennen, und besteht darauf, den Streit durch bilaterale Gespräche zu lösen. Slowenien hat damit gedroht, den Beitritt Kroatiens zum Schengen-Raum zu blockieren.

Für Slowenien ist vor allem die Seegrenze von Bedeutung, da sie das Gebiet, in dem das Land Fischereirechte hält, deutlich vergrößert und zugleich einen Korridor zwischen italienischen und kroatischen Gewässern zum offenen Meer hin bietet.

Unterdessen unternehmen Kroatien und Serbien Anstrengungen, um Meinungsverschiedenheiten bezüglich ihrer 136 km langen Grenze an der Donau zu lösen. Kroatien hat auch kleine Grenzstreitigkeiten mit Bosnien und Montenegro, die sich auf kleine Halbinseln beziehen – was bedeutet, dass Ungarn der einzige Nachbar ist, mit dem es keinen Konflikt hat.

BEVÖLKERUNG: **4,3 MIO.**

BIP PRO KOPF: **23400 US$**

BIP-WACHSTUM: **2,8%**

INFLATIONSRATE: **1,1%**

ARBEITSLOSENQUOTE: **9,6%**

Gäbe es nur 100 Kroaten, wären ...

90 kroatischer Abstammung
6 anderer Abstammung
4 serbischer Abstammung

Religion
(% der Bevölkerung)

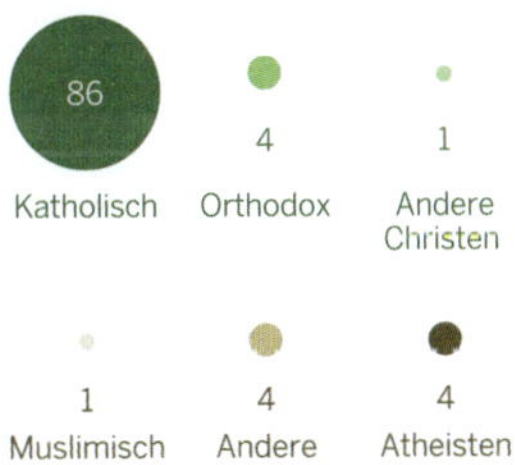

Einwohner pro km²

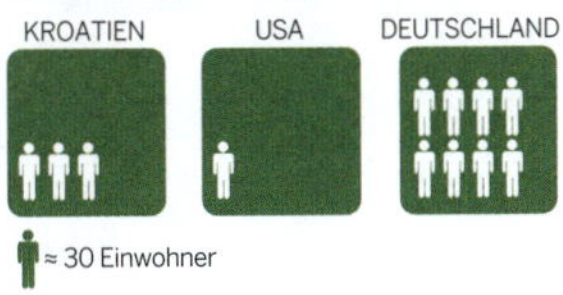

Geschichte

Von feindlichen Armeen überrannt, zwischen Fremdherrschern hin- und hergeschoben, geteilt und dann in verschiedenen Formen wieder zusammengesetzt: Kroatiens Geschichte ist komplizierter als die der meisten Länder. In diesem Teil der Welt ist das Echo der Vergangenheit allgegenwärtig, sowohl in den Baudenkmälern als auch in jeder Diskussion über die Gegenwart – von der Zukunft ganz zu schweigen.

Frühe Bewohner

Vor etwa 30 000 Jahren war Kroatien von Neandertalern, Verwandten des *Homo sapiens*, besiedelt, die durch die Wälder Slawoniens zogen. Funde aus dieser Epoche werden im Kroatischen Naturkundemuseum in Zagreb ausgestellt; in Krapina vermittelt das Neandertaler-Museum ein Bild vom Leben dieser Menschen. Zum Ende der letzten Eiszeit (vor ca. 18 000 Jahren) lebten an Orten wie der Höhle Vela Spila auf der Insel Korčula moderne Menschen.

Die Bezeichnung Adria (kroat. Jardan) geht wahrscheinlich auf die antike Etruskerstadt Adria bei Venedig zurück, könnte aber auch mit dem illyrischen Wort für Wasser in Zusammenhang stehen.

Um 1000 v. Chr. nahmen Illyrer eine Schlüsselrolle im heutigen Gebiet von Slowenien, Kroatien, Serbien, dem Kosovo, Montenegro und Albanien ein. Es könnte sein, dass die albanische Sprache, die als linguistischer Sonderfall mit keiner anderen Sprache enger verwandt ist, vom Illyrischen abstammt. Die kriegerischen Stämme errichteten Hügelfestungen und stellten markante Schmuckstücke aus Bernstein und Bronze her. Allmählich entwickelte sich ein loses Bündnis mehrerer Stämme.

Die Illyrer konkurrierten mit den Griechen, die im 6. Jh. v. Chr. Handelskolonien an der Adriaküste in Epidaurus (heute Cavtat) und auf Korčula und im 4. Jh. v. Chr. auf den Inseln Vis und Hvar errichtet hatten. In der Zwischenzeit drangen von Norden die Kelten heran.

Im 3. Jh. v. Chr. beging Königin Teuta vom Stamm der illyrischen Ardianen, die damals berüchtigte Seeräuber waren, einen fatalen taktischen Fehler: Als sie versuchte, mehrere griechische Kolonien zu erobern, baten die erbosten Griechen Rom um militärische Hilfe. Die Römer drangen in die Region vor und besiegten 168 v. Chr. den letzten illyrischen König Gentius. In der Folge wurde Illyrien allmählich romanisiert.

ZEITLEISTE

6. Jh. v. Chr.

Auf der Insel Korčula und in Epidaurus (dem heutigen Cavtat südlich von Dubrovnik) werden in Gebieten, die bereits von Illyrern bewohnt werden, griechische Kolonien gegründet.

4. Jh. v. Chr.

Illyrische Stämme wie die Histri (von diesen leitet sich der Name Istriens ab) und die Liburner gewinnen auf dem Balkan die Vorherrschaft. Sie gründen Königreiche und etablieren sich als Seemächte.

229 v. Chr.

Rom zieht auf Geheiß der Griechen, die von illyrischen Piraten bedrängt werden, gegen die illyrische Königin Teuta in den Krieg. Nach ihrer Niederlage zahlen die Illyrer einen jährlichen Tribut an Rom.

Rom

Nach dem Sturz von Gentius wurde der südliche Teil Illyriens offiziell ein unabhängiges römisches Protektorat namens Illyricum. Später wurde es römische Provinz, die noch vergrößert wurde, als die Römer 6–9 n. Chr. infolge des mühsam niedergerungenen Pannonischen Aufstands nach Norden vordrangen. Illyricum selbst war zu dieser Zeit bereits in zwei separate römische Provinzen aufgeteilt: Pannonien (das heutige Slowenien, Nordkroatien und Bosnien sowie Teile Österreichs, der Slowakei, Ungarns und Serbiens) und Dalmatien (der Rest des heutigen Kroatien und Bosnien sowie Montenegro und Teile Albaniens und Serbiens).

Römisches Verwaltungszentrum Dalmatiens war die Stadt Salona (das heutige Solin bei Split). Die römische Herrschaft brachte der Region Frieden und Wohlstand, in Städten wie Iader (Zadar), Felix Arba (Rab), Curicum (Krk), Tarsaticae (Rijeka), Parentium (Poreč), Polensium (Pula) und Siscia (Sisak) entstanden typische Bauten der römischen Kultur wie Tempel, Bäder und Amphitheater. Die Römer errichteten überdies ein Straßennetz zwischen Ägäischem und Schwarzem Meer und der Donau und förderten so den Handel, die Verbreitung der römischen Kultur und die Ausbreitung der christlichen Religion in der Spätantike.

Die Provinzen auf kroatischem Boden brachten auch einige bedeutsame Persönlichkeiten der römischen Geschichte hervor, allen voran Diokletian (geb. 244 n. Chr. bei Salona). Aus bescheidenen Verhältnissen stammend, bestieg er 285 den Kaiserthron. Als Herrscher versuchte Diokletian, die Regierung des riesigen Reiches zu vereinfachen, indem er es in zwei administrative Hälften teilte. Damit legte er die Saat für die spätere Teilung in ein Ost- und ein Weströmisches Reich. Zudem ging Diokletian als einer der großen Christenverfolger in die Geschichte ein. 305 n. Chr. zog er sich in den Palast am Meer zurück, den er in der Nähe seines Geburtsorts hatte bauen lassen. Heute ist der Diokletianspalast das Herz der Altstadt von Split und das bedeutendste römische Relikt Kroatiens. Die Christen gewannen am Ende die Oberhand, zerrten die Überreste des Kaisers aus dem Mausoleum und verwandelten es in eine Kathedrale.

Das Christentum erreichte die Region schon in seinen Anfangstagen. In der Bibel spricht Paulus in seinen Briefen an die Römer, die er etwa 56 n. Chr. verfasste, von Predigten im Illyricum; im 2. Brief des Paulus an Thimotheus teilt er mit, dass sich sein Schüler Titus in Dalmatien aufhält. Unter dem serbisch-orthodoxen Kloster im Nationalpark Krka befinden sich frühe christliche Katakomben, und einer Legende zufolge besuchten Titus und vielleicht sogar Paulus selbst die hiesige Christengemeinde. 313, nur zwei Jahre nach Diokletians Tod, gewährte Kaiser Konstantin allen Reichsbewohnern Religionsfreiheit. Ab 380 schließlich stieg das Christentum unter Theodosius dem Großen zur Staatsreligion auf.

Die schönsten römischen Bauwerke

Diokletianspalast *(S. 260)* *in Split, Zentraldalmatien*

Salona/Solin *(S. 284)* *am Rand von Split*

Römisches Amphitheater *(S. 137)* *in Pula, Istrien*

168 v. Chr.

Der letzte illyrische König Gentius wird in der Nähe seiner Hauptstadt Scodra (das heutige Shkodra in Albanien) von den Römern geschlagen, die nun ganz Dalmatien beherrschen.

27 v. Chr.

Octavius lässt sich außergewöhnliche Vollmachten übertragen und nimmt den Namen Augustus an – nach fast 500 Jahren wird aus der römischen Republik das Römische Reich.

11 v. Chr.

Die römische Provinz Illyricum wird nach dem Sieg über pannonische Stämme bis zur Donau ausgeweitet. Die neue Provinz erstreckt sich über das gesamte Gebiet des heutigen Kroatiens (ohne Istrien).

9 n. Chr.

Illyricum wird in zwei Provinzen aufgeteilt: Dalmatia im Süden und Pannonia im Norden. Das heutige Kroatien verteilt sich auf beide Provinzen.

Theodosius regierte auch als letzter römischer Kaiser ein vereintes Reich. Nach seinem Tod wurde es formell in ein Ost- und ein Westreich geteilt. Die Trennlinie verlief durch das heutige Montenegro. Kroatien gehörte zum Weströmischen Reich, Serbien größtenteils zum Oströmischen, aus dem das Byzantinische Reich hervorgehen sollte. Während dieses bis 1453 bestand, ging das Weströmische Reich nach Invasionen „barbarischer“ Stämme – darunter Westgoten, Hunnen und Langobarden – 476 endgültig unter. Bis 535, als der byzantinische Kaiser Justinian sie vertrieb, übernahmen die Goten in Dalmatien die Macht.

Tschüss Awaren, hallo Slawen!

Nach dem Zusammenbruch des Weströmisches Reiches zogen slawische Stämme von ihrem ursprünglichen Gebiet nördlich der Karpaten südwärts. Etwa zeitgleich bedrohten die Awaren – zentralasiatische Nomaden, berüchtigt für ihre Brutalität – auf dem Balkan die Grenzen des Byzantinischen Reiches. Sie zerstörten die früheren römischen Städte Salona und Epidaurus, deren Einwohner in den Diokletianspalast bzw. nach Ragusa (Dubrovnik) flohen. Bis zur mächtigen byzantinischen Hauptstadt Konstantinopel (Istanbul) drangen die Awaren vor, wo sie jedoch vernichtend geschlagen wurden; bald darauf verschwanden sie von der Bildfläche („Sie sind untergegangen wie die Awaren“ ist eine auf dem Balkan gebräuchliche Redensart).

Obwohl die Kroaten ein slawisches Volk und mit den anderen südslawischen Völkern verwandt sind, hat der Name Hrvat keine slawischen Wurzeln. Man vermutet, dass der Name persischen Ursprungs ist. Möglicherweise stammt er von den Alanen, einem iranischen, persisch-sprachigen Volk.

Die Rolle der Slawen bei der Niederlage der Awaren ist umstritten. Einige denken, dass Byzanz die Slawen im Kampf gegen die angreifenden Awaren zu Hilfe gerufen hat, andere vermuten, dass sie lediglich das Vakuum füllten, das die Awaren hinterließen. Die Slawen breiteten sich rapide auf dem Balkan aus und erreichten im frühen 7. Jh. die Adria.

Zwei eng verwandte slawische Stämme ließen sich an der Adriaküste und in deren Hinterland nieder: die Kroaten und die Serben. Die Kroaten besiedelten ein Gebiet, das etwa dem des heutigen Kroatiens und Bosniens entspricht. Im 8. Jh. hatten sie zwei mächtige Stämme gebildet, die jeweils von einem Fürsten *(knez)* angeführt wurden. Das Fürstentum Kroatien umfasste den größten Teil des heutigen Dalmatiens sowie Regionen Montenegros und Westbosniens, während sich das Fürstentum Posavien (in Pannonien) über das heutige Slawonien, Zagorje und das Gebiet um Zagreb erstreckte. Byzanz behielt die Kontrolle über mehrere Küstenstädte, u.a. Zadar, Split und Dubrovnik, sowie über Hvar und Krk.

Christentum & kroatische Könige

Das Fränkische Reich unter Karl dem Großen erreichte den Höhepunkt seiner Macht um das Jahr 800; Dalmatien war zwar nicht Bestandteil des Frankenreichs, die dort lebenden Völker waren jedoch tributpflichtig. Die Christianisierung der Kroaten erfolgte bereits im 7. Jh. Nach dem

257

Die Stadt Salona wird das erste Bistum der römischen Provinz Dalmatia und öffnet so die Region für die christliche Kirche; nicht einmal 20 Jahre später wird ein Kirchenmann aus Salona zum Papst ernannt.

284–305

Der aus Dalmatien stammende Heerführer Diokletian wird Kaiser; in der Folgezeit gelingt es ihm, das kriselnde römische Reich zu stabilisieren. 305 dankt er ab und zieht sich in seinen Palast nach Split zurück.

395

Nach dem Tod Theodosius' wird das römische Reich geteilt. Slowenien, Kroatien und Bosnien fallen dem Weströmischen Reich zu, der Großteil Serbiens, des Kosovo und Mazedoniens dem Byzantinischen Reich.

5. Jh.

Während der Stürme der Völkerwanderung wechselt das heutige Kroatien mehrmals den Herrscher. U. a. regieren der Germane Odoaker und der Ostgote Theoderich über das Gebiet.

Tod Karls des Großen im Jahr 814 blieb der Aufstand des kroatischen Fürstentums Posavina gegen die fränkische Oberhoheit erfolglos. Von den an der dalmatischen Küste lebenden Kroaten erhielten sie keine Unterstützung; diese standen unter byzantinischer Oberhoheit. Unter Fürst Branimir befreiten sich die Kroaten schließlich von Byzanz, Papst Johannes VIII. erkannte das Fürstentum der Kroaten an – kein Wunder, dass der Katholizismus so tief in der kroatischen Seele verwurzelt ist.

Trpimir, *knez* (Fürst) von 845 bis 864, gilt zwar als Begründer der ersten kroatischen Dynastie, doch war es sein Enkel Tomislav, der 925 zum ersten *kralj* (König) gekrönt wurde und Teile Pannoniens und Dalmatien vereinigte. Sein Königreich umfasste das heutige kroatische Staatsgebiet sowie Teile Bosniens und die montenegrinische Küste.

Doch die glorreichen Zeiten waren nicht von Dauer. Im Lauf des 11. Jhs. drangen die Serben, Byzantiner und Venezianer an die dalmatische Küste vor, während neue Feinde, die Ungarn, im Norden erschienen und sich nach Pannonien aufmachten. Krešimir IV. (reg. 1058–1074) wendete das Blatt nochmals und erweiterte die Grenzen seines Reiches, doch sollte diese Wende in Kroatien nur kurze Zeit bestehen. Auf Krešimir folgten Zvonimir und Stjepan, die beide ohne Erben blieben. Der ungarische König Laszlo ergriff die Gelegenheit und erhob als Schwager Zvonimirs Anspruch auf den Thron. Es gelang ihm, große Teile Nordkroatiens unter Kontrolle zu bringen; doch ehe er das auch im Süden schaffte, starb er.

Die Dalmatiner sind eine alte Hunderasse, ob sich der Name jedoch von Dalmatien ableitet, ist nicht gesichert. Manche Fachleute vermuten, dass die Dalmatiner von Indien über das östliche Mittelmeergebiet in den westlichen mediterranen Raum eingeführt wurden.

Gierige Nachbarn: Ungarn gegen Venedig

Laszlos Bruder Koloman folgte diesem nicht nur auf den ungarischen Thron, sondern auch in seinem Bemühen, auch den kroatischen Thron zu erobern. 1097 besiegte er seinen Rivalen Petar Svačić, der ebenfalls Anspruch auf die Krone erhob, und beendete damit die Ära der in Kroatien geborenen Könige. 1102 verfügte er in den Pacta conventa, dass Ungarn und Kroatien auf dem Papier unabhängige Gebiete innerhalb eines einzigen – des ungarischen – Königreichs seien. In der Praxis behielt Kroatien zwar einen *ban* (Vizekönig bzw. Gouverneur) und ein *sabor* (Parlament), doch verdrängten die Ungarn den kroatischen Adel immer mehr. Unter ungarischer Herrschaft wurde Pannonien in Slawonien umbenannt, und Zagreb, Vukovar und Varaždin entwickelten sich zu florierenden Handels- und Kulturzentren. 1107 brachte Koloman den dalmatischen Adel dazu, ihm die Macht an der Küste zu überlassen, die die vom Meer abgeschnittenen ungarischen Könige seit Langem begehrten.

Nach Kolomans Tod 1116 griffen die Venezianer die Stadt Biograd und die Inseln Lošinj, Pag, Rab und Krk erneut an. Zadar, inzwischen die größte und reichste Stadt Dalmatiens, konnte um 1190 noch zwei Angriffe

614

Die zentralasiatischen Stämme der Awaren plündern Salona und Epidaurus. Die Kroaten und Serben könnten ihnen gefolgt sein, Kaiser Heraklius könnte sie aber auch zur Abwehr der Awaren gerufen haben.

806

Die Franken unter Karl dem Großen erobern Dalmatien und zwingen die heidnischen Kroaten zur Taufe. Byzanz erkennt die Herrschaft der Franken an, behält aber die Kontrolle über wichtige Küstenstädte.

845–864

Trpimir begründet Kroatiens erste Herrscherdynastie. Er besiegt das mächtige Bulgarien und fügt den Byzantinern schwere Niederlagen zu. Kroatien vergrößert sich bis weit ins heutige Bosnien hinein.

869

Auf Anweisung von Byzanz entwickeln die makedonischen Mönche Method und Kyrill das kyrillische Alphabet, um die Ausbreitung des Christentums unter den slawischen Völkern zu beschleunigen.

venezianischer Flotten erfolgreich abwehren. 1202 jedoch bezahlte ein rachsüchtiger venezianischer Doge die Soldaten des vierten Kreuzzuges dafür, Zadar einzunehmen – und das, obwohl Papst Innozenz III. den Kreuzfahrern verboten hatte, christliche Staaten anzugreifen. Sie erfüllten ihren Auftrag und zogen weiter nach Konstantinopel, der großen östlichen Bastion des orthodoxen Christentums.

Die Mongolen verwüsteten 1242 ganze Landstriche in Kroatien, nachdem der ungarische König Bela IV. in Trogir vor ihren Angriffen Zuflucht gesucht hatte. Die Venezianer machten sich das Chaos zunutze und nahmen Zadar ein. Nach dem Tod von Bela im Jahr 1270 eroberten sie auch noch Šibenik und Trogir.

König Ludwig I. von Ungarn (reg. 1342–1382) erlangte die Kontrolle über das Land zurück und brachte Venedig sogar dazu, sich aus Dalmatien zurückzuziehen. Doch schon nach Ludwigs Tod brachen neue Konflikte aus. Der kroatische Adel stellte sich hinter Ladislaus von Neapel, der im Jahr 1403 in Zadar zum Gegenkönig gekrönt wurde. Da sich dieser jedoch militärisch nicht gegen König Sigismund durchsetzen konnte, verkaufte er Zadar für nur 100 000 Dukaten an Venedig und erklärte seinen Verzicht auf Dalmatien. Anfang des 15. Jhs. konnte Venedig seine Herrschaft über die dalmatische Küste südlich von Zadar also noch einmal festigen; der Küstenstreifen blieb bis zur Invasion Napoleons 1797 in venezianischer Hand. Lediglich den gewieften Bürgern von Ragusa (Dubrovnik) gelang es, ihre Unabhängigkeit weiterhin zu behaupten.

Die schönsten gotischen Bauwerke

Kathedrale des hl. Jakob (S. 253), Šibenik

Kathedrale St. Markus (S. 352), Korčula

Kathedrale Mariä Himmelfahrt (S. 72), Zagreb

St.-Markus-Kirche (S. 76), Zagreb

Der Ansturm der Osmanen

Nach den Venezianern und den Ungarn drohte für die Kroaten aus dem Südosten eine wesentlich größere Gefahr. Innerhalb nur weniger Jahrzehnte überrannten die Osmanen aus Anatolien im 14. Jh. den Balkan.

Die Serben mussten sich nach der Schlacht auf dem Amselfeld 1389 den Osmanen unterwerfen. Das Kreuzfahrerheer unter König Sigismund gegen die Türken wurde im Jahr 1396 geschlagen, Bosnien 1463 erobert. Und nach der Schlacht auf dem Krbavsko Polje im Jahr 1493 war auch der Widerstand des kroatischen Adels gebrochen.

Innerhalb kurzer Zeit unterwarfen sich nach und nach die kroatischen Adelsfamilien den Osmanen, eine Stadt nach der anderen fiel an den Feind. In Zagreb, gleichzeitig ein bedeutender Bischofssitz, blieb die stark befestigte Kathedrale im Kaptol unbeschadet, dagegen wurde Knin im Jahr 1522 erobert. Wenige Jahre später kam es zur Schlacht von Mohács (1526), bei der die Osmanen das ungarische Heer vernichtend schlugen – für die Ungarn kommt diese Niederlage noch heute einem nationalen Trauma gleich. Das osmanische Heer zog weiter südwärts und bedrohte von nun an die Adriaküste, scheiterte aber wiederholt an Ragusa.

910–928

Fürst Tomislav vergrößert sein Gebiet auf Kosten der Ungarn und siegt über den bulgarischen Zaren Simeon. Er eint die pannonischen und dalmatischen Kroaten und wird 925 erster kroatischer König.

1000

Venedig nutzt die Instabilität in Kroatien, um sich an der dalmatischen Küste auszubreiten. Es ist der Auftakt des Kampfes der Venezianer mit anderen Mächten um die Herrschaft über Dalmatien.

1058–1074

Kurz nach der Spaltung zwischen orthodoxer und katholischer Kirche erkennt der Papst Krešimir IV. als König von Dalmatien und Kroatien an. Damit gerät Kroatien in den katholischen Einflussbereich.

1091–1102

Der ungarische König Laszlo beansprucht den kroatischen Thron. Sein Nachfolger Koloman besiegt den letzten kroatischen König und festigt die ungarische Herrschaft über Kroatien mit der Pacta conventa.

Die Osmanen verwüsteten den Balkan, Städte und Dörfer wurden zerstört, die Bevölkerung wurde versklavt oder in den osmanischen Kriegsdienst gezwungen, viele Menschen waren auf der Flucht.

Die Habsburger treten auf

Nachdem die Ungarn von der Bildfläche verschwunden waren, suchten die Kroaten beim Erzherzogtum Österreich Schutz. Das von Wien aus regierte Habsburgerreich annektierte denn auch prompt einen schmalen Streifen um Zagreb, Karlovac und Varaždin. Die Habsburger trachteten danach, eine Pufferzone gegen die Osmanen zu schaffen, und errichteten die Vojna Krajina (Militärgrenze). In diesem Gebiet mit seiner Festungskette südlich von Zagreb stand eine überwiegend aus Walachen und Serben bestehende Armee den Osmanen gegenüber. Genau ein Jahrhundert nach der Niederlage durch die Osmanen gelang es den Kroaten, den Spieß umzudrehen. 1593 besiegte erstmals eine habsburgische Armee, in der auch kroatische Soldaten dienten, in Sisak die Türken. 1699 mussten diese in Sremski Karlovci erstmals um Frieden bitten, die türkische Vormachtstellung in Mitteleuropa war nachhaltig geschwächt. Bosnien verblieb im Osmanischen Reich, doch Venedig regierte die Küste, von einem schmalen Streifen rund um Neum einmal abgesehen, der den Osmanen Zugang zur Adria gewährte und eine Pufferzone zwischen den Territorien Venedigs und Ragusas bildete. Ein weiterer schmaler Streifen rund um Rijeka gehörte zu Habsburg, das unter Leopold I. (reg. 1658–1705) auch Slawonien zurückeroberte und so die Krajina vergrößerte.

Es folgte eine Periode der Stabilität und der Fortschritte in der Landwirtschaft, die kroatische Sprache und Kultur aber wurde vernachlässigt.

Der in Šibenik geborene Bischof, Erfinder und Ingenieur Faust Vrančić (1551–1617) baute den ersten funktionierenden Fallschirm, wobei er sich nach groben Skizzen von Leonardo da Vinci richtete.

DIE HERRSCHAFT VENEDIGS

Fast 800 Jahre lang versuchten die Dogen von Venedig, die kroatische Küste zu kontrollieren. Von Rovinj im Norden bis Korčula im Süden zeigen die Städte an der Küste und auf den Inseln noch heute unverkennbar venezianische Einflüsse in Architektur, Kochkunst und Kultur. Für die kroatische Bevölkerung war die Fremdherrschaft alles andere als eine leichte Zeit.

Die venezianische Herrschaft in Dalmatien und Istrien war eine Phase andauernder wirtschaftlicher Ausbeutung. Systematisch holzten die Venezianer die Wälder für ihren Schiffsbau ab. Staatliche Monopole hielten die Preise für Olivenöl, Feigen, Wein, Fisch und Salz künstlich niedrig und verhalfen den venezianischen Käufern zu billigen Rohstoffen, während hiesige Händler und Produzenten verarmten. Der regionale Schiffsbau wurde strikt unterbunden. Zudem bauten die Venezianer weder Straßen noch Schulen noch investierten sie in die Wirtschaft der Region.

1242
Im Mongolensturm werden die Königshäuser Ungarns und Kroatiens vernichtet. Die Adelsfamilien der Šubić und Frankopanen werden politisch und wirtschaftlich sehr einflussreich.

14. Jh.
Die Anjous unter Karl und Ludwig stellen die königliche Autorität in Kroatien wieder her und versuchen die Venezianer zu vertreiben, die kurz zuvor dalmatisches Gebiet erobert haben.

1358
Ragusa (das heutige Dubrovnik) befreit sich aus der Vorherrschaft Venedigs und wird zu einer fortschrittlichen, liberalen Stadtrepublik, die sich geschickt gegenüber Venezianern und Osmanen behauptet.

1389
Schlacht auf dem Amselfeld: Die Niederlage des südslawisch-serbischen Heeres gegen die Osmanen leitet deren Dominanz auf dem Balkan ein.

Napoleon & die Illyrischen Provinzen

Weil Habsburg nach der Französischen Revolution Bestrebungen zur Wiederherstellung der französischen Monarchie unterstützte, marschierte Napoleon 1796 in die italienischen Besitzungen Österreichs ein. Nachdem er 1797 Venedig eroberte hatte, willigte er im Abkommen von Campo Formio ein, Dalmatien im Austausch gegen Zugeständnisse an Österreich abzutreten. Die geheimen Hoffnungen der Kroaten auf eine Vereinigung Dalmatiens mit Slawonien wurden aber zunichtegemacht: Die Habsburger wollten die getrennte Verwaltung beider Gebiete nicht aufgeben.

Dubrovnik: A History (2003) von Robin Harris wirft einen nachdenklichen und genauen Blick auf diese großartige Stadt und beschäftigt sich mit den Ereignissen, Personen und Entwicklungen, die den architektonischen und kulturellen Charakter der „Perle der Adria" geprägt haben.

Österreich kontrollierte Dalmatien jedoch nur bis zu Napoleons Sieg über die österreichischen und preußischen Streitkräfte bei Austerlitz 1805. Die kroatische Küste ging an Frankreich über. Ragusa (Dubrovnik) ergab sich schon bald den französischen Truppen, die sich auch die Bucht von Kotor im heutigen Montenegro sicherten. Napoleon benannte die eroberten Gebiete in „Illyrische Provinzen" um und begann das von den Kriegswirren gezeichnete Land wiederaufzubauen. Die kahlen, unfruchtbaren Hügel wurden aufgeforstet, neue Feldfrüchte eingeführt, Straßen und Krankenhäuser entstanden. Da fast alle Einwohner Analphabeten waren, richtete die neue Regierung Schulen und eine Hochschule in Zadar ein. Trotzdem blieb das französische Regime unbeliebt.

Nach Napoleons Russlandfeldzug und dem Zusammenbruch seines Reiches erkannte der Wiener Kongress von 1815 Österreichs Ansprüche auf Dalmatien an und stellte den Rest Kroatiens unter die Rechtshoheit

DIE REPUBLIK RAGUSA

Während der Großteil der dalmatischen Küste unter der Herrschaft der Venezianer ächzte, hatten die Menschen der unabhängigen Republik Ragusa (Dubrovnik) ein angenehmes Leben. Die Oberschicht verband Geschäftssinn mit diplomatischem Geschick und sorgte dafür, dass der winzige Stadtstaat sich gut behaupten konnte und eine wichtige Rolle über die unmittelbare Umgebung hinaus spielte.

Die Einwohner Ragusas baten den Papst 1371 um die Erlaubnis, mit den Türken Handel zu treiben, und errichteten in der Folge florierende Handelszentren im gesamten Osmanischen Reich. Dies förderte auch die Künste und die Wissenschaften. Die Menschen in Ragusa waren für die damalige Zeit äußerst liberal; bereits im 15. Jh. schafften sie den Sklavenhandel ab. Auch auf dem Gebiet der Wissenschaften errangen sie Fortschritte, so führte Ragusa z. B. 1377 eine Quarantäne ein.

Dennoch war es für die Republik eine Gratwanderung, zwischen türkischen und venezianischen Interessen zu lavieren. Ein Erdbeben 1667 brachte schwere Zerstörungen, von denen sie sich nie wirklich erholte. 1808 schließlich eroberte Napoleon die Republik.

1409

Ladislaus von Neapel wird ungarisch-kroatischer Gegenkönig, ist aber erfolglos und verkauft Zadar an Venedig. Dessen Machtbereich reicht bald von Zadar bis Ragusa.

1493

In Krbavsko Polje kämpft eine kroatisch-ungarische Armee gegen die Türken und wird geschlagen: Kroatien ist den Türken ungeschützt ausgesetzt, Hungersnöte sind die Folge.

1526/1527

In der Schlacht von Mohács besiegen die Osmanen den ungarischen Adel und beenden dessen Herrschaft über Kroatien. König Ludwig stirbt ohne Erben, die Habsburger übernehmen die Macht.

1537–1540

Die Türken stürmen Klis, die letzte kroatische Bastion in Dalmatien. Ihr Vormarsch endet in Sisak, unmittelbar südlich von Zagreb. Es ist unklar, warum sie nie versucht haben, Zagreb einzunehmen.

der österreichischen Provinz Ungarn. Für Dalmatien bedeutete das eine Rückkehr zu den alten Verhältnissen, da die Österreicher der früheren venezianisch-italienischen Elite wieder zur Macht verhalfen. Die Kroaten im Norden wurden im Zuge einer Madjarisierung von den Ungarn bedrängt, die ungarische Sprache und Kultur zu übernehmen.

Südslawisches Volksbewusstsein

Die Oberschicht Dalmatiens sprach Italienisch, der kroatische Adel im Norden Deutsch oder Ungarisch. In napoleonischer Zeit jedoch sollte ein südslawisches Bewusstsein seinen Anfang nehmen. (Napoleons Absicht war es, auch die serbische Kultur zu stärken, allerdings blieb Serbien weiterhin unter osmanischer Herrschaft.) Die Idee einer gemeinsamen kulturellen und ethnischen Identität mündete in die sogenannte „Illyrische Bewegung" in den 1830ern, die u.a. die Aufwertung der kroatischen Sprache anstrebte. So wurde die 1834 gegründete erste illyrische Zeitung im Zagreber Idiom verfasst. Und der kroatische *sabor* forderte wenig später, slawische Sprachen an den Schulen zu unterrichten.

Nach der Revolution 1848 in Paris begannen auch die Ungarn, auf Reformen im Habsburger Reich zu drängen. Die Kroaten wiederum betrachteten dies als Chance, einen Teil der Kontrolle zurückzugewinnen und Dalmatien, die Krajina und Slawonien zu vereinen. Die Habsburger reagierten mit Lippenbekenntnissen auf die Wünsche und ernannten Josip Jelačić zum *ban* (Vizekönig oder Statthalter) von Kroatien. Der rief umgehend Wahlen aus und erklärte den ungarischen Agitatoren den Krieg, um sich bei den Habsburgern einzuschmeicheln. Die ignorierten seine Forderung nach Autonomie jedoch. Nichtsdestotrotz wurde Jelačić im Zentrum von Zagreb in kriegerischer Pose verewigt.

Nach 1848 machte sich Ernüchterung breit. Als 1867 die Doppelmonarchie Österreich-Ungarn gegründet wurde, wuchs die Enttäuschung weiter. Die Krone unterstellte das nördliche Kroatien und Slawonien der ungarischen Administration, während Dalmatien mit Häfen wie Makarska zu Österreich gehörte. Die eingeschränkte Selbstverwaltung, die den Kroaten vorher immerhin zugestanden hatte, verschwand.

Croatia Through History (2007) von Branka Magaš vermittelt einen sehr detaillierten Einblick in die kroatische Geschichte, der sich auf Schlüsselereignisse konzentriert und die allmähliche Entwicklung der kroatischen nationalen Identität klar nachzeichnet.

Der südslawische Traum

Die große Unzufriedenheit sorgte für eine Spaltung der Kroaten in zwei Lager, die die politische Landschaft über ein Jahrhundert lang prägen sollte. Die alte „Illyrische Bewegung" ging in der Nationalpartei auf, die von Bischof Josip Juraj Strossmayer angeführt wurde. Er war der Überzeugung, dass Habsburg und Ungarn die Unterschiede zwischen Serben und Kroaten bewusst förderten und die Wünsche beider Völker nur durch eine *jugoslavenstvo* (Vereinigung der Südslawen) in Erfüllung gehen könnten. Strossmayer unterstützte den Unabhängigkeitskampf,

1583
Kaiser Ferdinand initiiert die Errichtung der Kroatischen Militärgrenze (Hrvatska Vojna krajina), die ein Bollwerk gegen ein weiteres Vorrücken der Osmanen bildet.

1593
In Sisak erringen die Habsburger erstmals einen wichtigen Sieg über die Türken. Damit leiten sie den langen Rückzug der Osmanen ein.

1671
Eine Abordnung unter Franjo Frankopan und Petar Zrinski, die Kroatien von den Ungarn befreien wollen, wird von den Habsburgern abgewiesen. Sie werden gehängt, ihr Land wird konfisziert.

1699
Im Frieden von Karlovci verzichten die Türken auf alle Ansprüche in Kroatien. Venedig und Ungarn beanspruchen das befreite Land in den nächsten 20 Jahren für sich.

zog allerdings ein jugoslawisches (also südslawisches) Staatsgebilde innerhalb des Reiches einer vollständigen Unabhängigkeit vor.

Im Gegensatz dazu strebte die Partei des Rechts unter Führung des militanten Serbenfeinds Ante Starčević ein unabhängiges Kroatien an, bestehend aus Slawonien, Dalmatien, der Krajina, Slowenien, Istrien und Teilen von Bosnien und der Herzegowina. Zeitgleich unterstützte die orthodoxe Kirche die Serben bei ihrer Suche nach einer nationalen Identität, deren Basis die Religion bilden sollte. Bis ins 19. Jh. hatten sich die orthodoxen Bewohner Kroatiens diffus als Walachen, Morlachen, Serben oder Griechen gesehen. Auch als Reaktion auf die politischen Kämpfe Starčevićs entwickelte sich nun aber das Bewusstsein einer eigenständigen serbisch-orthodoxen Identität innerhalb Kroatiens.

Die Krawatte ist eine Weiterentwicklung des Halstuchs, das ursprünglich aus Kroatien stammt, wo es Teil der militärischen Uniform war. Im 17. Jh. wurde es von den Franzosen übernommen. Das Wort „Krawatte" ist eine Verschmelzung der Wörter Kroate und Hrvat.

Gemäß dem Motto „Teile und herrsche" bevorzugte der von Ungarn ernannte *ban* eindeutig die Serben und die orthodoxe Kirche. Doch seine Strategie ging nicht auf: Die Kroaten organisierten ihren Widerstand, zunächst in Dalmatien. Kroaten aus Rijeka und Serben aus Zadar verbündeten sich 1905 und forderten die Vereinigung von Dalmatien und Slawonien, wobei die Serben als Nation gleiche Rechte erhalten sollten. Die Idee der Vereinigung war in der Welt und breitete sich aus. 1906 übernahmen kroatisch-serbische Koalitionen die Gemeindeverwaltungen in Dalmatien und Slawonien und wurden nun auch in Ungarn als ernsthafte Bedrohung wahrgenommen.

Erster Weltkrieg & das erste Jugoslawien

Mit dem Ausbruch des Ersten Weltkriegs war Kroatiens Zukunft wieder ungewiss. Das Land fürchtete, nur ein Bauer im Spiel der Großmächte zu sein. Deshalb überredete eine kroatische Delegation, das „Jugoslovenski Odbor" (Jugoslawisches Komitee), die serbische Regierung, eine parlamentarische Monarchie zu etablieren, die über beide Länder regieren solle. Viele Kroaten waren sich zwar über die Absichten der Serben unsicher; über die Absichten Italiens herrschte jedoch kein Zweifel, machte sich der Nachbar jenseits der Adria doch gleich nach dem Krieg daran, Pula, Rijeka und Zadar zu besetzen. Im Prinzip hatten die Kroaten nur die Wahl zwischen Italien und Serbien – und sie entschieden sich für Serbien.

Nach dem Zusammenbruch der Österreichisch-Ungarischen Monarchie wurde das Jugoslawische Komitee zur Nationalversammlung von Slowenen, Kroaten und Serben. Diese verhandelte rasch die Gründung eines „Königreichs der Serben, Kroaten und Slowenen", dessen Hauptstadt Belgrad werden sollte (der umständliche Name wurde 1929 in Königreich Jugoslawien geändert). Das zuvor unabhängige Königreich Montenegro wurde ebenfalls aufgenommen. (Montenegros König Nikola, der während des Krieges nach Frankreich geflohen war,

1780er-Jahre
Unter den Habsburgern beginnt ein Prozess der Germanisierung. In der Verwaltung muss Deutsch gesprochen werden. Dies führt zu wachsendem Nationalgefühl bei den nichtdeutschen Untertanen.

1797–1815
Napoleon bereitet der Republik Venedig ein Ende, ihre Herrschaftsgebiete fallen zunächst an Österreich. 1806 erobert Napoleon die Adriaküste und formt die „Illyrischen Provinzen".

1830–1850
Das südslawische Bewusstsein richtet sich darauf, die Magyarisierung und Germanisierung der Habsburger rückgängig zu machen. Die „Illyrische Bewegung" ist Teil dieser Entwicklung.

1867
Das Habsburgerreich gesteht Ungarn eine eigene Regierung zu, die Doppelmonarchie Österreich-Ungarn entsteht. Dalmatien fällt an Österreich, während Slawonien von den Ungarn regiert wird.

wurde nach Kriegsende dort festgesetzt; dies war das Ende der 300 Jahre währenden Petrović-Dynastie.)

Bald gab es erste Probleme im neuen Königreich. Von Währungsreformen profitierten die Serben auf Kosten der Kroaten. In einem Abkommen wurden Istrien, Zadar und mehrere Inseln an Italien abgetreten. Die neue Verfassung sah kein kroatisches Parlament mehr vor und konzentrierte die Macht in Belgrad; in den neuen Wahlbezirken waren die Kroaten unterrepräsentiert, an eine weitergehende Autonomie als unter den Habsburgern war nicht zu denken.

Der Widerstand gegen dieses zentralistische Regime wurde von dem Kroaten Stjepan Radić angeführt, der zwar ein vereintes Jugoslawien anstrebte, aber in Form eines föderalen demokratischen Staates. Seine Allianz mit dem Serben Svetozar Pribićevic erwies sich als ernste Bedrohung für Belgrad; 1928 wurde der Abgeordnete Radić während einer Parlamentssitzung erschossen. Die Angst vor einem Bürgerkrieg nutzend, rief Jugoslawiens König Alexander eine Königsdiktatur aus und machte mit dem Verbot der politischen Parteien und der Auflösung der parlamentarischen Regierung alle Hoffnungen auf einen demokratischen Wandel zunichte. Unterdessen gewann die Kommunistische Partei Zulauf; zu ihrem Vorsitzenden wurde 1937 Josip Broz Tito gewählt.

Der Aufstieg der Ustascha & der Zweite Weltkrieg

Einen Tag nach Einführung der Diktatur durch den Monarchen rief der bosnische Kroate Ante Pavelić in Zagreb die Kroatische Befreiungsbewegung Ustascha (Ustaše) ins Leben, die sich an Mussolini orientierte. Ihr Ziel war die Bildung eines unabhängigen kroatischen Staates, notfalls mit Gewalt. Aus Angst vor einer Verhaftung floh Pavelić zunächst nach Sofia und nahm Kontakt mit antiserbischen Revolutionären in Makedonien auf. Dann fuhr er weiter nach Italien, wo er mit Einverständnis Mussolinis Ausbildungslager für seine Organisation errichtete. 1934 ermordete die Ustascha gemeinsam mit makedonischen Nationalisten König Alexander während eines Staatsbesuches in Marseille. Italien reagierte auf französischen Druck mit der Auflösung der Ausbildungslager und der Verhaftung Pavelićs und vieler seiner Anhänger.

Als Deutschland am 6. April 1941 in Jugoslawien einmarschierte, errichtete die Ustascha unter Ante Pavelić eine Herrschaft von deutschen und italienischen Gnaden und übernahm formal die Regierungsgeschäfte; Teile Kroatiens, darunter weite Landstriche Dalmatiens, wurden Mussolini zugeschlagen. Unmittelbar nach der Regierungsübernahme durch die Ustascha verabschiedete der Nezavisna Država Hrvatska (NDH; Unabhängige Staat Kroatien) unter Führung von

Der Balkan (2000) des renommierten Historikers Mark Mazower ist eine überaus lesenswerte kurze Einführung in die Region. Sie bietet einen guten Überblick über die Geografie, Kultur und die historischen Entwicklungen des Balkans.

1905
Das steigende kroatische Nationalbewusstsein manifestiert sich in der Resolution von Rijeka, die mehr Demokratie und eine Wiedervereinigung von Dalmatien und Slawonien fordert.

1908
Österreich-Ungarn übernimmt in Bosnien und der Herzegowina die Macht und bringt damit die slawischen Muslime auf dem Balkan in seinen Einflussbereich.

1918
Nach Ende der Donaumonarchie infolge des Ersten Weltkriegs wird das Königreich der Serben, Kroaten und Slowenen gegründet. Der Serbe Prinz Aleksandar Karađorđević wird König.

1920
Stjepan Radić gründet die Kroatische Bauernpartei, die zum wichtigsten Sprachrohr der kroatischen Interessen gegenüber der serbischen Vorherrschaft wird.

Pavelić zahlreiche Erlasse, die darauf abzielten, die „Feinde" des Regimes, vor allem Juden, Roma und Serben, zu verfolgen und zu eliminieren. Die meisten Juden wurden zwischen 1941 und 1945 zusammengetrieben und in Vernichtungslager deportiert.

Auch den Serben erging es nicht viel besser. Im Programm der Ustascha war formuliert, dass „ein Drittel der serbischen Bevölkerung getötet, ein Drittel ausgewiesen und das letzte Drittel zum Katholizismus bekehrt werden solle" – ein Plan, der mit Brutalität umgesetzt wurde. In vielen Dörfern gab es Pogrome, Vernichtungslager wurden eingerichtet. Am berüchtigtsten war Jasenovac (südlich von Zagreb), in dem Serben, Juden, Roma und antifaschistische Kroaten ermordet wurden. Die genaue Zahl serbischer Opfer ist umstritten; Historiker nehmen an, dass Hunderttausende getötet wurden.

Ivan Vučetić (1858–1925), der nach seiner Migration nach Argentinien die Daktyloskopie (Identifikation durch Fingerabdrücke) entwickelte, wurde auf der Insel Hvar geboren.

Tito & die Partisanen

Die menschenverachtende Politik der Ustascha spaltete die Jugoslawen. Während das Ustascha-Regime in der Region Lika, südwestlich von Zagreb, und im Westen der Herzegowina die größte Unterstützung erhielt, fand es in Dalmatien, wo Pavelićs territoriale Zugeständnisse an Italien äußerst unpopulär waren, nahezu gar keine Unterstützung. Auch unter den Intellektuellen Zagrebs hatte die Ustascha kaum Anhänger.

Serbische Tschetnik-Truppen unter Führung von General Draža Mihailović leisten bewaffneten Widerstand gegen das Regime. Die Tschetniks waren zunächst antifaschistische Rebellen, begingen aber im Kampf gegen die Ustascha in Ostkroatien und Bosnien bald Massaker an Kroaten, die denen der Ustascha in nichts nachstanden.

Am wirksamsten bekämpften die Partisanen der Volksbefreiungsarmee unter Josip Broz, genannt Tito, den Faschismus. Hervorgegangen aus der verbotenen Kommunistischen Partei, zogen sie vom Regime verfolgte jugoslawische Intellektuelle, von den Tschetnik-Massakern angewiderte Kroaten und von der Ustascha verfolgte Serben an. Dazu gesellten sich Antifaschisten verschiedenster Couleur. Mit ihrem früh formulierten Programm, in dem sie ein Nachkriegs-Jugoslawien als lockere Föderation anstrebten, fanden die Partisanen breite Unterstützung in der Bevölkerung.

Die Alliierten, die zunächst die serbischen Tschetniks unterstützt hatten, erkannten bald, dass die Partisanen in ihrem Kampf gegen die Faschisten zielgerichteter und entschlossener vorgingen. Dank der diplomatischen und militärischen Unterstützung Churchills und anderer Alliierter gelang es den Partisanen bis 1943, den größten Teil Kroatiens unter ihre Kontrolle zu bringen. Sie bauten Kommunalverwaltungen in den eroberten Territorien auf, die sich später bei der Regierungsübernahme als sehr nützlich erwiesen. Am 20. Oktober 1944 marschierten sie zusammen mit der Roten Armee in

1934

Die Ustascha und mazedonische Revolutionäre führen ein Attentat auf König Alexander durch. Er wird bei einem Staatsbesuch in Marseille erschossen. Die Krone geht an seinen Sohn Petar.

1939

Ausbruch des Zweiten Weltkriegs: Jugoslawien versucht, neutral zu bleiben. Als Hitler zwei Jahre später Prinzregent Paul einen Pakt aufzwingt, wird dieser bei einem Staatsstreich entmachtet.

1941

Deutschland überfällt Jugoslawien. Ante Pavelić proklamiert den NDH (Unabhängigen Staat Jugoslawien), einen Marionettenstaat der Nazis. Die Ustascha beginnt, Serben, Roma und Juden planmäßig zu ermorden.

1943

Titos kommunistische Partisanen erringen militärische Erfolge und bilden eine populäre antifaschistische Front. Die Briten und die USA leisten militärische Unterstützung.

Belgrad ein. Als nach der Kapitulation der Deutschen 1945 Pavelić und die Ustascha flohen, rückten sie auch nach Zagreb vor.

Der Rest der NDH-Armee versuchte verzweifelt, nach Österreich zu entkommen, um nicht in die Hände der Partisanen zu fallen. Ein kleines britisches Kontingent traf eine Kolonne der sich zurückziehenden Truppen, erkannte die Kapitulation der Soldaten jedoch nicht an. Nachdem sie sich den Partisanen ergeben hatten, folgten Zwangsmärsche und eine Reihe von Massakern, die Zehntausende NDH-Soldaten und Ustaše-Anhänger das Leben kosteten (die genaue Zahl ist unbekannt, man geht aber von mindestens 50 000 Opfern aus).

Das zweite Jugoslawien

Titos Versuch, die Kontrolle über die italienische Stadt Triest und Gebiete im Süden Österreichs zu übernehmen, scheiterte am Widerstand der Alliierten. Dalmatien und Istrien allerdings wurden nach dem Krieg Teil des Nachkriegs-Jugoslawiens. Bei der Gründung der Föderativen Volksrepublik Jugoslawien ging es Tito darum, einen Staat zu schaffen, in dem keine ethnische Gruppe politisch eine dominante Rolle spielen sollte. Kroatien wurde – neben Makedonien, Serbien, Montenegro, Bosnien und Herzegowina sowie Slowenien – eine von sechs Republiken einer eng miteinander verflochtenen Föderation. Tito konnte das zerbrechliche Gleichgewicht jedoch nur erhalten, indem er einen Ein-Parteien-Staat schuf und jegliche Opposition rigoros unterband.

Während der 1960er wurde die Machtkonzentration in Belgrad immer mehr zum Streitthema; Geld aus den reichen Republiken Slowenien und Kroatien wurde in die ärmeren autonomen Provinzen Kosovo und Bosnien-Herzegowina umverteilt. Das Problem war vor allem ein kroatisches: Das Geld, das nach Belgrad floss, hatten die Kroaten im Tourismusgeschäft an der Adria verdient. Außerdem waren Serben in der kroatischen Regierung sowie in der Armee und der Polizei überrepräsentiert.

Diese Spannungen erreichten einen Höhepunkt im „Kroatischen Frühling" 1971: Angeführt von Reformern der Kommunistischen Partei Kroatiens forderten Intellektuelle und Studenten eine Lockerung der Bindung Kroatiens an Jugoslawien. Neben dem Ruf nach größerer wirtschaftlicher Autonomie und einer Verfassungsreform spielten auch nationalistische Bestrebungen eine Rolle. Tito schlug mit großer Härte zurück und ging scharf gegen die Liberalisierungsbestrebungen vor, die in ganz Jugoslawien immer lauter geäußert wurden. Für die Serben war die kroatische Protestbewegung gleichbedeutend mit einer Wiederbelebung der verhassten Ustascha. Im Gegenzug gaben inhaftierte Reformer den Serben gleichsam die Schuld an ihrem Schicksal. Damit war die Bühne für den Aufstieg des Nationalismus und den blutigen Bürgerkrieg der 1990er-Jahre geschaffen.

In *Croatia: A Nation Forged in War* (3. Auflage 2010) erläutert Marcus Tanner verständlich Jahrhunderte voll komplizierter Entwicklungen, von der Ankunft der Slawen bis zur Gegenwart, und präsentiert in einem lebhaften, sehr lesbaren Stil die Herausforderungen und Probleme der kroatischen Geschichte.

1945

Die Partisanen marschieren in Zagreb ein und die Föderative Volksrepublik Jugoslawien wird gegründet. Kroatien ist eines der Gründungsmitglieder in der Föderation aus sechs Republiken.

1948

Tito bricht mit Stalin. Jugoslawien wird aus der sowjetisch dominierten Kominform ausgeschlossen. Tito versucht, das Land zwischen dem Ostblock und dem Westen zu positionieren.

1956

Tito ist an der Bildung der Blockfreien-Bewegung beteiligt, einer Gruppierung von Nationen, die sich im Kalten Krieg neutral verhalten. Sie hat 120 Mitgliedstaaten (55 % der Weltbevölkerung).

1960er-Jahre

Die Zentralisierung der Macht in Belgrad erzeugt Spannungen. Viele Kroaten sind unzufrieden: Viel Geld fließt in ärmere Provinzen, zu viele Serben besetzen wichtige Ämter und Positionen.

TITO

Josip Broz wurde 1892 in Kumrovec als Sohn eines Kroaten und einer Slowenin geboren. Als der Erste Weltkrieg ausbrach, wurde er in die österreichisch-ungarische Armee eingezogen und von den Russen gefangen genommen. Er entkam kurz vor der Revolution 1917, wurde Kommunist und trat in die Rote Armee ein. Im Jahr 1920 kehrte er nach Kroatien zurück, wo er Gewerkschafter bei den Metallarbeitern wurde.

Als Sekretär des Zagreber Komitees der verbotenen Kommunistischen Partei – 1934 nahm er im Untergrund das Pseudonym Tito an – setzte er sich dafür ein, die Reihen der Partei zu schließen und deren Mitgliederzahl zu erhöhen. Nach dem Einmarsch der Deutschen 1941 organisierte er Guerillagruppen, die den Kern der Partisanenbewegung bildeten. Sie wurde von Briten und Amerikanern unterstützt. Die Sowjetunion wies, trotz der gemeinsamen kommunistischen Ideologie, seine Bitten um Hilfe wiederholt zurück.

1945 wurde er Ministerpräsident des wiedererrichteten Jugoslawiens. Zwar hielt er an der kommunistischen Ideologie fest und verhielt sich loyal gegenüber Russland, doch achtete er darauf, unabhängig zu bleiben. 1948 überwarf er sich mit Stalin und schlug gegenüber dem Westen einen versöhnlichen Kurs ein.

Was Tito am meisten Kopfschmerzen bereitete, waren die Rivalitäten innerhalb Jugoslawiens. Dieses Problem versuchte er zu lösen, indem er Dissens grundsätzlich unterdrückte und dafür sorgte, dass die ethnischen Gruppen in den oberen Rängen der Regierung gleichmäßig vertreten waren. Als überzeugter Kommunist betrachtete er ethnische Auseinandersetzungen als Abweichungen, die dem Allgemeinwohl schadeten.

Dabei war sich Tito bewusst, dass die ethnischen Spannungen unter der Oberfläche des gemeinsamen Staates weiterhin brodelten. Die Vorbereitungen für seine Nachfolge begannen bereits in den frühen 1970er-Jahren, als er versuchte, ein Machtgleichgewicht zwischen den verschiedenen Bevölkerungsgruppen herzustellen. Er führte eine kollektive Präsidentschaft ein, die jährlich wechseln sollte, musste jedoch feststellen, dass ein solches System nicht funktionsfähig war. Die späteren Ereignisse zeigten, wie sehr Jugoslawien auf seinen intelligenten, charismatischen Führer angewiesen war.

Als Tito im Mai 1980 starb, wurde sein Leichnam von Ljubljana (Slowenien) nach Belgrad (Serbien) gebracht. Tausende Trauernde standen an den Straßen, um den Mann zu ehren, der 35 Jahre lang ein zerrissenes Land geeint hatte. Es war das letzte Mal, dass die verschiedenen Nationalitäten trotz aller gegenseitigen Ressentiments Zusammengehörigkeit demonstrierten.

Der Tod Jugoslawiens

Als Tito im Mai 1980 starb, hinterließ er ein instabiles Land. Die Wirtschaft war in desolater Lage, und das Modell einer Präsidentschaft, die zwischen den sechs Republiken rotierte, konnte den Verlust von Titos starker Hand nicht kompensieren. Mit dem Niedergang der Wirtschaft sank auch die Autorität der Zentralregierung und das lange

1971

Im „Kroatischen Frühling" fordern Reformer der Kommunistischen Partei, Intellektuelle und Nationalisten wirtschaftliche und politische Unabhängigkeit für Kroatien.

1980

Präsident Tito stirbt. Es herrscht aufrichtige Trauer in der Bevölkerung, viele Länder bekunden ihr Mitgefühl. Jugoslawien leidet danach unter Inflation, Arbeitslosigkeit und Auslandsschulden.

1981

Der spätere Präsident Franjo Tuđman wird nach Interviews mit ausländischen Zeitungenüber die Position Kroatiens innerhalb Jugoslawiens zu drei Jahren Gefängnis verurteilt.

1986

Slobodan Milošević wird der Vorsitzende der serbischen Kommunistischen Partei. In den folgenden Jahren wird er nach einer hitzigen Rede an die serbische Minderheit im Kosovo bekannt.

unterdrückte Misstrauen zwischen den ethnischen Gruppierungen Jugoslawiens drängte an die Oberfläche. Zugleich gewann in Serbien der Nationalist Slobodan Milošević zunehmend an Einfluss.

1989 schürte die Unterdrückung der albanischen Bevölkerungsmehrheit in der serbischen Provinz Kosovo neue Ängste vor einer serbischen Vormachtstellung; dies sollte das Ende des föderativen Jugoslawiens einläuten. Der Zusammenbruch des Ostblocks und die Provokationen von Milošević hatten zur Folge, dass Slowenien auf staatliche Unabhängigkeit drängte. Für Kroatien aber wäre der Verbleib in einem von den Serben dominierten Jugoslawien ohne das Gegengewicht Sloweniens unhaltbar.

Bei den Wahlen in Kroatien im April 1990 gewann die Hrvatska Demokratska Zajednica (Kroatische Demokratische Union; HDZ) unter Führung von Franjo Tuđman 40 % der Stimmen. Die Kommunistische Partei, die sich auf die Serben und auf Wähler in Istrien und Rijeka stützte, kam nur auf 30 %. Am 22. Dezember 1990 trat eine neue kroatische Verfassung in Kraft, die den Serben den Status eines „konstitutiven Volkes" aberkannte und sie zu einer Minderheit in Kroatien degradierte.

Diese Verfassung räumte Minderheiten keine Rechte ein und bewirkte die massenhafte Entlassung von Serben aus dem Staatsdienst. Bald schon forderten die 600 000 kroatischen Serben ihrerseits Autonomie ein. Anfang 1991 inszenierten serbische Extremisten gewalttätige Proteste, um eine militärische Intervention der jugoslawischen Volksarmee zu provozieren. Beim Referendum im Mai 1991 (das von den Serben boykottiert wurde) stimmten 93 % der Kroaten für die Unabhängigkeit. Als Kroatien am 25. Juni 1991 tatsächlich seine Unabhängigkeit erklärte, sagte sich die serbische Enklave Krajina im Gegenzug von Kroatien los.

Der Kroatienkrieg

Auf Druck westeuropäischer Staaten erklärte sich Kroatien zu einem dreimonatigen Moratorium bei der Durchsetzung seiner Unabhängigkeit bereit. Dennoch brachen in der Krajina, Baranja und in Slawonien schwere Kämpfe aus, die einen Bürgerkrieg auslösten. Die von Serben dominierte jugoslawische Volksarmee begann, sich zugunsten serbischer Freischärler einzumischen – unter dem Vorwand, Gewalt gegen ethnische Gruppen zu verhindern. Als die kroatische Regierung eine Schließung von militärischen Anlagen des jugoslawischen Staates in der Republik Kroatien anordnete, blockierte die jugoslawische Marine die adriatische Küste und belagerte die strategisch wichtige Stadt Vukovar an der Donau.

Im Laufe des Sommers 1991 fiel ein Viertel Kroatiens an serbische Milizen und die von Serben geführte jugoslawische Volksarmee. Noch im selben Jahr griffen die jugoslawische Armee und montenegrinische Milizen Dubrovnik an. Zudem wurde der Präsidentenpalast in Zagreb von Raketen jugoslawischer Kampfjets getroffen – offensichtlich mit dem

Der Journalist Misha Glennys befasst sich in *The Balkans: Nationalism, War & the Great Powers 1804–1999* (2000) mit der Geschichte des Balkans und legt den Schwerpunkt auf externe Einflüsse. Sein früheres Werk *The Fall of Yugoslavia* (1992) entschlüsselt die komplexe Gemengelage aus Politik, Geschichte und ethnisch-kulturellen Konflikten, die zu den Kriegen in den 1990er-Jahren führte.

1989

In Osteuropa bricht das kommunistische System zusammen. Franjo Tuđman gründet mit der HDZ (Kroatischen Demokratischen Union) die erste nichtkommunistische Partei Jugoslawiens.

1990

Streitigkeiten zwischen Slowenien und Serbien führen zur Auflösung der jugoslawischen Kommunistischen Partei. Die HDZ initiiert eine Mehr-Parteien-Wahl, die sie auch selbst gewinnt.

1991

Das kroatische *sabor* ruft die Unabhängigkeit Kroatiens aus. Die Serben der Krajina erklären unterstützt von Milošević ihre Unabhängigkeit. Es kommt zum Krieg zwischen Kroaten und Serben.

1992

Ein erster von den UN vermittelter Waffenstillstand tritt in Kraft. Die EU erkennt die Unabhängigkeit Kroatiens an, das Land wird in die UN aufgenommen. Im Nachbarland Bosnien bricht der Krieg aus.

Ziel, Präsident Tuđman zu töten. Nach Ende des Moratoriums erklärte Kroatien sich zum unabhängigen Staat. Nachdem Vukovar gefallen war, startete die jugoslawische Armee eine der brutalsten Offensiven der Balkankriege. In den sechs Monaten des Kroatienkriegs starben etwa 10 000 Menschen, Hunderttausende flohen und Zehntausende Häuser und Wohnungen wurden zerstört.

Die Rolle der UN im Kroatienkrieg

Am 3. Januar 1992 trat ein von den UN ausgehandelter Waffenstillstand in Kraft, der demilitarisierte „Schutzzonen" vorsah und im Wesentlichen eingehalten wurde. Die jugoslawische Armee zog sich aus ihren Stützpunkten in Kroatien zurück, die Spannungen nahmen ab. Gleichzeitig gab die EU dem Drängen Deutschlands nach: Kroatien wurde als souveräner Staat anerkannt. Es folgte die Anerkennung seitens der USA; im Mai 1992 wurde Kroatien Mitglied der UN.

Der Friedensplan für die Krajina sollte eigentlich zur Entwaffnung der serbischen paramilitärischen Verbände, der Rückführung der Flüchtlinge und der Wiederangliederung an Kroatien führen. Stattdessen fror der Status quo ein. Im Januar 1993 startete die kroatische Armee plötzlich eine erfolgreiche Offensive im Süden der Krajina, drängte die Serben in manchen Gebieten zurück und eroberte erneut strategisch wichtige Punkte. Im Juni 1993 stimmten die Serben von Krajina mit großer Mehrheit dafür, sich den bosnischen Serben anzuschließen, in der Hoffnung, am Ende Teil Großserbiens zu werden. Massenhafte Vertreibungen zwangen schließen fast alle noch verbliebenen Kroaten aus der Krajina.

Im Juli 1995 werden in der bosnischen Stadt Srebenica über 8000 muslimische Männer und Jungen von bosnisch-serbischen Einheiten ermordet. UN-Generalsekretär Kofi Annan nennt den Völkermord „den schrecklichsten auf europäischem Boden seit dem Zweiten Weltkrieg".

Der Konflikt in Bosnien & Herzegowina

Unterdessen kämpften bosnische Kroaten und Muslime anfangs angesichts des serbischen Vormarschs Seite an Seite. 1993 zerfiel dieses Bündnis jedoch, und die Lager begannen sich gegenseitig zu bekämpfen. Die bosnischen Kroaten waren verantwortlich für mehrere furchtbare Ereignisse in Bosnien, u. a. an Massakern an der Zivilbevölkerung, der Zerstörung von Moscheen und der alten Brücke von Mostar. Dieser Brandherd wurde gelöscht, als die USA 1994 die Entstehung einer muslimisch-kroatischen Föderation unterstützten. Die Weltöffentlichkeit blickte voller Entsetzen auf die serbische Belagerung Sarajevos.

Während die Ereignisse in Bosnien-Herzegowina noch im Gange waren, begann die kroatische Regierung insgeheim, ihre Streitkräfte mit ausländischen Waffen aufzurüsten. Am 1. Mai 1995 besetzten kroatische Armee und Polizei den Westen Slawoniens (das Gebiet östlich von Zagreb) und erlangten innerhalb nur weniger Tage die Kontrolle über die gesamte Region. Die Krajina-Serben antworteten darauf mit wütenden Granatangriffen auf die kroatische Hauptstadt Zagreb, bei denen sieben

1993

Bosnische Kroaten und Muslime, die zuvor zusammen gegen die bosnischen Serben kämpften, beginnen gegeneinander zu kämpfen. Massaker an Muslimen und Serben schädigen Kroatiens Ruf.

1994

Gespräche unter amerikanischer Vermittlung führen zur Gründung einer muslimisch-kroatischen Föderation in Bosnien. Papst Johannes Paul II. fordert eine Abkehr vom Nationalismus.

1995

Operation Oluja: Kroatische Truppen erobern verlorenes Gebiet in der Krajina zurück, die meisten Serben der Region fliehen. Der Dayton-Vertrag bringt Frieden und legt die Grenzen fest.

2009

Kroatien tritt der Nato bei. Ivo Sanader tritt als Premierminister zurück. Mit seiner Nachfolgerin, der früheren Journalistin Jadranka Kosor, steht erstmals eine Frau an der Spitze der kroatischen Regierung.

Menschen getötet und 130 weitere verletzt wurden. Bei der kroatischen Gegenoffensive mussten etwa 15 000 Serben aus Westslawonien fliehen.

Die Regierung in Belgrad schwieg zu dieser Militäraktion und signalisierte damit, dass die Serben der Krajina ihre Unterstützung verloren hatten. Das wiederum ermutigte die Kroaten, weiter vorzudringen. Am 4. August starteten sie einen Angriff auf die aufständische Hauptstadt Knin. Die serbische Armee floh in den bosnischen Norden, zusammen mit 150 000 Zivilisten, deren Familien größtenteils seit Generationen in der Krajina verwurzelt waren. Die Operation endete nach wenigen Tagen, doch es folgten Monate des Terrors, in denen serbische Dörfer geplündert und niedergebrannt wurden.

Das Friedensabkommen von Dayton, das im Dezember 1995 in Paris unterzeichnet wurde, bestätigte die alten Grenzen Kroatiens und sorgte für die Wiedereingliederung Ostslawoniens. Die Übergangsphase verlief relativ ruhig, beide Bevölkerungsgruppen betrachten einander allerdings nach wie vor mit Argwohn und Feindseligkeit.

Richard Holbrooke berichtet in *Meine Mission. Vom Krieg zum Frieden in Bosnien* über die Ereignisse, die zum Daytoner Friedensvertrag geführt haben. Der amerikanische Diplomat, der die Kriegsparteien an den Verhandlungstisch brachte, beurteilt die beteiligten Personen und die politischen Vorgänge aus dieser besonderen Warte heraus.

Kroatien nach dem Krieg

Nach dem Ende der Feindseligkeiten kehrte wieder eine gewisse Stabilität in Kroatien ein. Eine der wichtigsten Bestimmungen des Friedensabkommens war die Garantie der kroatischen Regierung, für die Rückkehr der serbischen Flüchtlinge zu sorgen. Doch obwohl die Zentralregierung in Zagreb dieser Forderung der internationalen Gemeinschaft Priorität einräumte, wurden ihre Anstrengungen oft von den lokalen Behörden sabotiert, die die ethnische Singularität ihrer Regionen bewahren wollten. Dem letzten Zensus (2011) zufolge stellen Serben 4,4 % der Bevölkerung, etwas weniger als beim vorherigen Zensus zehn Jahre zuvor und nicht einmal ein Drittel des Anteils von 1991.

Die Auslieferung des wegen Kriegsverbrechen angeklagten Generals Ante Gotovina an den Internationalen Gerichtshof in Den Haag 2005 war eine wichtige Bedingung für den Beginn der Beitrittsverhandlungen Kroatiens mit der EU. 2011 wurden Gotovina und der ehemalige kroatische General Mladen Markač zu 24 bzw. 18 Jahren Gefängnis verurteilt; die Entscheidung wurde im November 2012 aber aufgehoben, nachdem ein Berufungsgericht entschieden hatte, dass keine Bildung einer kriminellen Vereinigung zur Begehung von Kriegsverbrechen stattgefunden habe.

Im Frühling 2008 wurde Kroatien beim Nato-Gipfel in Bukarest offiziell zum Beitritt eingeladen, der ein Jahr später vollzogen wurde. 2012 stimmten die Kroaten in einem Referendum für den EU-Beitritt; am 1. Juli 2013 wurde das Land offiziell 28. Mitglied der EU. Im Januar 2015 setzte sich Kolinda Grabar-Kitarović bei den Präsidentschaftswahlen gegen Amtsinhaber Ivo Josipović durch; als erste Frau trat sie am 15. Februar 2015 das Amt des Staatspräsidenten Kroatiens an.

2010

Slowenien stimmt bei einem Referendum über Grenzstreitigkeiten mit Kroatien ab. Eine knappe Mehrheit stimmt für den Kompromiss und ebnet den Weg für Kroatiens EU-Beitritt.

2012

Bei einem Referendum zur Frage, ob Kroatien der EU beitreten soll, stimmen zwei Drittel der Kroaten für den EU-Beitritt, die Wahlbeteiligung ist jedoch niedrig.

2013

Kroatien wird am 1. Juli 28. EU-Mitglied. Es ist das zweite EU-Land aus dem früheren Jugoslawien (nach Slowenien).

2015

Kolinda Grabar-Kitarović setzt sich bei den Wahlen 2015 gegen Ivo Josipović durch und wird die erste weibliche Staatspräsidentin. 2017 lag sie laut *Forbes* in der Liste der mächtigsten Frauen der Welt auf Platz 39.

Mentalität & Kultur

Aufgrund der germanischen Einflüsse im Norden und der stark mediterran geprägten Lebensart im Süden sind die Kroaten nicht alle aus ein und demselben Holz geschnitzt. Aber es gibt auch Gemeinsamkeiten zwischen den Menschen an beiden Enden des kroatischen Hufeisens. Egal, wohin man kommt, überall spielen Familie und Religion eine große Rolle, sind konservative Werte die Norm, ist Sport eine Obsession und wird Kaffee in rauen Mengen getrunken.

Westen oder Osten?

Der Großteil der Kroaten identifiziert sich kulturell mit Westeuropa und legt Wert darauf, sich von den „östlichen" Nachbarn in Bosnien, Montenegro und Serbien abzugrenzen. Der Gedanke, dass Kroatien der letzte Stopp vor dem muslimischen bzw. orthodoxen Osten ist, ist in allen Bevölkerungskreisen lebendig. Wer von Kroatien als Teil Osteuropas spricht, wird sich nicht beliebt machen. Wegen des negativen Beigeschmacks scheuen sich einige Einheimische sogar davor, den Begriff „Balkan" zu verwenden und weisen darauf hin, dass Zagreb westlicher liegt als Wien, dass die Kroaten vorwiegend katholisch, nicht aber orthodox sind und sie das lateinische und nicht das kyrillische Alphabet benutzen.

Kroaten und Serben haben zwar eine unterschiedliche Schrift, aber ihre Dialekte ähneln sich und sind nicht wirklich unterschiedliche Sprachen. Das hindert aber beide nicht daran, die Unterschiede hervorzuheben. Vor allem in Kroatien wurden beispielsweise Schilder mit französischen Begriffen aus alten jugoslawischen Zeiten abgeschafft. Ein *aerodrom* (Flughafen) ist nun ein *zračna luka* (*zrak* bedeutet Luft, *luka* Hafen), wenngleich dessen ungeachtet die meisten Leute noch immer *aerodrom* dazu sagen. Doch wenn man bei einem Abendessen in Dubrovnik *hljeb* oder *hleb* (montenegrinisch bzw. serbisch für Brot) statt *kruh* bestellt, kommt das nicht gut an.

Im Jahr 2014 wurden 500 000 Unterschriften für ein Volksbegehren gesammelt, das den Gebrauch von Kyrillisch auf öffentlichen Schildern in Kroatien einschränken sollte. Heute werden in Gegenden, in denen die Bevölkerung aus mehr als 30 % Serben besteht, auf Schildern sowohl kyrillische als auch lateinische Schriftzeichen benutzt; die Petition verfolgte hingegen das Ziel, das Minimum auf 50 % anzuheben. Der Gerichtshof wies die Petition jedoch als nicht verfassungskonform zurück. Im Jahr 2015 erließ die Stadt Vukovar, die während des Krieges heftig umkämpft war, und deren serbischer Bevölkerunganteil bei 34,8 % liegt, jedoch eine Verordnung, die sie davon ausnimmt, bei der Beschilderung beide Schriftarten zu verwenden – ein Schritt, der vom kroatischen Premierminister, dem Präsidenten und dem Europarat verurteilt wird.

All dies steht im Gegensatz zu der großen Beliebtheit des serbischen Turbo Folk in Kroatien, ein Musikstil, der in den 1990er-Jahren noch verpönt war. Es scheint, als würde mit dem Abflauen der ethnischen Spannungen in Teilen der kroatischen Gesellschaft das Bewusstsein für die Gemeinsamkeiten der Balkanvölker in unerwarteter Form wieder erwachen.

Kroatiens gespaltene Persönlichkeit

Mit seiner Hauptstadt im Landesinneren und den meisten großen Städten an der Küste ist Kroatien in gewisser Weise zwiegespalten: Zagreb, das Zagorje und Slawonien sind geprägt von Mitteleuropa – was sich u. a. mit fleischlastigen Gerichten, Habsburger Architektur und dem Karrierismus vieler Bewohner bemerkbar macht. In der Küstenregion des Landes herrscht dagegen eine deutlich relaxtere, offenere, mediterrane Atmosphäre. Istrien weist starke italienische Einflüsse auf, hier wird neben Kroatisch auch Italienisch gesprochen. Die Dalmatiner standen kaum weniger unter italienischem Einfluss, sind aber ein lockeres, unbekümmertes Völkchen. Viele Büros leeren sich schon ab 15 Uhr, weil die Beschäftigten die Sonne am Strand oder in einem Straßencafé genießen wollen.

Wer beruflich mit Touristen zu hat, spricht meist Deutsch, Englisch und Italienisch. Englisch und Deutsch sind vor allem unter jungen Leuten weit verbreitet.

Familienangelegenheiten

Die Familie ist den Kroaten heilig, Familienbande werden geschätzt und gepflegt. Direkte Cousinen und Cousins gehören zum engeren Kreis der Familie, es wird aber auch Verbindung zu entfernteren Cousinen und Cousins gehalten.

Dass junge Menschen bis weit ins Erwachsenenalter bei ihren Eltern wohnen, entspricht der Tradition und gilt als normal. Speziell die Söhne bleiben zumindest in ländlichen Gegenden und Kleinstädten – auch nach der Eheschließung häufig im Elternhaus, in das die frisch gebackene Ehefrau einzieht. Die Erwartung, dass man bis zur Hochzeit bei den Eltern wohnt, macht das Leben von Homosexuellen und allen, die wissen wollen, wie sich Unabhängigkeit anfühlt, nicht einfach. Viele junge Menschen schaffen den Absprung, wenn sie in einer anderen Stadt studieren.

Die meisten Familien wohnen in ihren eigenen vier Wänden – nach dem Ende der sozialistischen Ära verkaufte der Staat viele Häuser günstig an die Bewohner. Sie werden oft von den Großeltern, Großtanten und anderen Verwandten innerhalb der Familie weitervererbt.

Lebensart

Stundenlange Aufenthalte in Cafés und Bars sind ein wichtiger Bestandteil der hier lebenden Menschen – und so mancher Besucher hat sich gefragt, was das Land am Laufen hält, wenn so viele Leute anscheinend ständig Pause machen statt zu arbeiten. Vielleicht verhilft ihnen ja der reichlich genossene Kaffee zu Höchstleistungen an ihrem Arbeitsplatz?

Kroaten lieben die angenehmen Seiten des Lebens und sind sehr stolz auf ihre neuesten Klamotten und Handys. Teure Nobellabels werden sowohl von den Damen als auch von den Herren geschätzt – je berühmter das Label, umso besser. Auch wenn das Geld knapp ist, würden die meisten eher auf einen Restaurant- oder Kinobesuch verzichten als auf einen Einkaufstrip nach Italien oder Österreich, um sich mit der neuesten Mode einzudecken. Für junge Männer gehören gutes Aussehen und schicke Klamotten zum Macho-Gehabe dazu. Kroatische Männer hassen es, in der Öffentlichkeit durch Dummheiten das Gesicht zu verlieren. Dazu gehört auch, dass man nicht mehr trinkt, als man verträgt. Die meisten Kroatinnen trinken so gut wie gar keinen Alkohol.

Etikette

Kirchen sollte man in angemessener Kleidung besuchen.

Sein Gegenüber bitte nur nach Aufforderung mit dem Vornamen ansprechen.

Wer zum Abendessen oder auf einen Drink einlädt, zahlt auch die Rechnung.

Der Promikult ist in Kroatien mächtig – die Boulevardblätter sind voll mit Möchtegernstars und ihren jüngsten Affären.

Umgangsformen & Eigenheiten

Zuweilen wirken Kroaten (selbst die, die in der Tourismusbranche arbeiten) desinteressiert und unhöflich; manchen Besuchern sind sie auch zu direkt. Falsche Schmeicheleien werden als das empfunden was sie sind – falsch! Ein Lächeln und Sätze wie „Ich wünsche Ihnen einen schönen Tag" sind denjenigen vorbehalten, für die man sich interessiert. Der Gedanke, einen Fremden in einem Brief mit „Lieber" anzusprechen, ist für Kroaten absurd, genauso wie der Ausdruck „Kumpel" für jemanden, den man kaum kennt. Die Kroaten sind eben so, man sollte es nicht persönlich nehmen. So weiß man zumindest immer, woran man ist. Wenn man nicht mehr nur der Ausländer ist, sondern als Freund bezeichnet wird, stellt man schnell fest, wie warmherzig, gesellig, großzügig und überaus gastfreundlich die Kroaten jenseits dieser manchmal mürrischen Fassade sind. Man kann sogar Freunde fürs Leben finden.

Nikola Tesla (1856–1943), Vater des Radios und des Zweiphasenwechselstroms, ist in dem kroatischen Dorf Smiljan als Kind serbischer Eltern geboren (sein Vater war ein orthodoxer Priester). Sowohl Kroaten als auch Serben feiern ihn als Nationalheld.

Man sollte einen Kroaten nie fragen wie es ihm geht, wenn man die Antwort eigentlich gar nicht wissen will – es bleibt nie bei „gut". Vor allem Dalmatiner neigen zu Schwarz-Weiß-Dramatik, sie sind entweder himmelhoch jauchzend oder zu Tode betrübt. Und egal, wann man fragt, man hört die ganze Geschichte!

Religion

Beim letzten Zensus bekannten sich 86,3 % der Bevölkerung zum katholischen Glauben, 4,4 % zur Orthodoxie (das entspricht genau dem Prozentsatz der serbischen Bevölkerung); 4 % fühlten sich keiner oder einer anderen Religionsgemeinschaft zugehörig, 3,8 % bezeichneten sich als Atheisten und 1,5 % als Muslime.

Damit ist auch klar, was die Kroaten und Serben am meisten voneinander trennt: Es ist die Religion. Während die Kroaten zum allergrößten Teil römisch-katholisch sind, gehören die Serben fast durchweg der serbisch-orthodoxen Kirche an – ein Unterschied, dessen Ursprung sich bis zur Teilung des Römischen Reiches am Ende des 4. Jhs. zurückverfolgen lässt: Während das heutige Kroatien unter der Herrschaft Westroms verblieb, geriet Serbien unter den Einfluss des oströmisch-byzantinischen, von den Griechen beeinflussten Reiches, das von Konstantinopel (dem heutigen Istanbul) aus regiert wurde. Mit der Zeit entfernten sich West- und Ostkirche voneinander, bis sich schließlich im Morgenländischen Schisma von 1054 die Trennung von Katholizismus und Orthodoxie endgültig manifestierte. Diese findet Ausdruck in unterschiedlichen Lehren und Bräuchen: Orthodoxe Christen verehren Ikonen, ihre Priester dürfen heiraten, und die Autorität des Papstes wird nicht akzeptiert.

Es lässt sich nicht deutlich genug betonen, inwieweit der Katholizismus die nationale Identität Kroatiens prägt. Schon im 9. Jh. schlossen sich die kroatischen Herrscher der katholischen Kirche an und erhielten das Recht, die angestammte slawische Sprache und die glagolitische Schrift in Gottesdienst und religiöser Literatur beizubehalten. Die Päpste unterstützten die frühen kroatischen Könige, im Gegenzug stifteten diese Kirchen und Klöster, um den Katholizismus im Land weiter zu fördern. In den Jahrhunderten unter wechselnden Fremdherrschaften wurde der katholische Glaube zur tragenden Stütze eines Nationalgefühls.

Heute erfährt die katholische Kirche im kulturellen und politischen Leben Kroatiens wieder eine große Wertschätzung, die der Vatikan mit besonderer Aufmerksamkeit für Kroatien beantwortet. Die Kirche genießt zudem mehr Vertrauen als jede andere gesellschaftliche Institution; einzig das Militär erreicht ähnliche Zustimmungswerte.

Priesterseminare und Klöster haben einen steten Zustrom an jungen Kroaten, die sich für ein Leben im geistlichen Stand entschieden haben. Religiöse Feste werden mit Inbrunst gefeiert, und sonntags sind die Kirchen gut gefüllt.

Gleichberechtigung in Kroatien

Frauen in Kroatien sind noch immer in manchen Bereichen benachteiligt, obwohl sich die Situation allmählich bessert. Während Titos Sozialismus wurden Frauen zu politischem Engagement ermutigt und stellten im kroatischen *sabor* (Parlament) bis zu 18 % der Abgeordneten. Aktuell sind 19 % der kroatischen Parlamentsmitglieder Frauen, und Kroatien hat eine weibliche Präsidentin, die erste des Landes.

In traditionell lebenden Dörfern ist es um die Stellung der Frauen wesentlich schlechter bestellt als in größeren Städten; die Folgen des Unabhängigkeitskriegs haben sie härter getroffen als die Männer. Viele der Fabriken, die vor allem in Ostslawonien geschlossen wurden, hatten einen hohen Anteil weiblicher Arbeitskräfte.

Frauen sind auf der Führungsebene unterrepräsentiert, zudem wird von ihnen erwartet, dass sie den größten Teil des Haushalts erledigen, wenn sie heimkommen. Gewalt in der Familie und sexuelle Belästigung am Arbeitsplatz sind in Kroatien leider verbreitet. Trotz der Unterzeichnung eines Übereinkommens des Europarates im Jahr 2011, das darauf abzielt, Gewalt gegen Frauen zu reduzieren, war es zum Zeitpunkt der Recherche noch nicht ratifiziert. Als Grund für die Verzögerung wird auf die Opposition konservativer Gruppen verwiesen.

Auch wenn die Ressentiments gegenüber Homosexuellen allmählich abnehmen, so ist Kroatien doch noch immer ein streng katholisches Land mit einer extrem konservativen Sexualethik. Viele Homosexuelle halten sich daher sehr bedeckt, fürchten sie doch, mit ihrem Outing Schikanen auf sich zu ziehen. 2013 initiierte die Gruppe *U ime obitelji* (Im Namen der Familie) eine Volksabstimmung, bei der sich 65 % der Wähler für ein verfassungsrechtliches Verbot gleichgeschlechtlicher Ehen aussprachen. Dennoch verabschiedete das Parlament im darauffolgenden Jahr ein Gesetz, das eingetragene Lebenspartnerschaften für gleichgeschlechtliche Paare ermöglichte, wobei den Partnern in jeder Hinsicht – außer der Adoption – die gleichen Rechte wie verheirateten Paaren eingeräumt wurden.

Kroatische Frauen durften erstmals 1945 wählen. Nach dieser Wahl wurde Jugoslawien ein Einparteienstaat. Es fanden weiterhin Wahlen statt, aber der Bund der Kommunisten bestimmte die Kandidaten; mitunter stand nur ein einziger Name auf dem Stimmzettel.

Ein sportverrücktes Volk

2017 galt Kroatien weltweit als siebtgrößte Sportnation, sofern man die Bevölkerungsgröße mit in die Betrachtung einbezieht. Fußball, Basketball und Tennis sind extrem beliebt, und Kroatien hat unverhältnismäßig viele Weltklassespieler in diesen Sportarten hervorgebracht.

Fußball

Fußball (*nogomet* auf Kroatisch) ist der bei Weitem beliebteste Zuschauersport. Nur sieben Jahre nach der Erreichen der Unabhängigkeit von Jugoslawien überraschte die kroatische Herrenmannschaft die Welt mit einem dritten Platz bei der Fußball-Weltmeisterschaft 1998.

Im Jahr 2018 legte der kroatische Verband noch einen drauf, als ihr Kader, von Zlatko Dalić mit ruhiger Hand trainiert, das Finale erreichte und Kapitän Luka Modrić als besten Spieler des Turniers ausgezeichnet wurde. Obwohl die Kroaten im Finale Frankreich unterlagen, kehrten sie unter einem Jubel in ihre Heimat zurück, mit dem normalerweise Sieger gefeiert werden.

Für den kroatischen Fußball war diese Entwicklung geradezu ein Geschenk des Himmels: Modrićs früherer Mentor Zdravko Mamić, der ehemalige Direktor des Klubs Dinamo Zagreb, war aus dem Land

BASKETBALL

Basketball, der beliebteste Sport nach Fußball, wird sehr ernst genommen. Die Mannschaften aus Split und Zadar sowie das Zagreber Team Cibona sind in Europa ein Begriff, auch wenn keine Mannschaft an das Star-Team der 1980er-Jahre herankommt, als Cibona Europameister wurde.

Zu den aktuellen Fußballstars zählen Luka Modrić (der für Real Madrid spielt), Ivan Rakitić (Barcelona), Mario Mandžukić (Juventus), Danijel Subašić (Monaco), Domagoj Vida (Beşiktaş), Ivan Perišić (Inter Milan), Mateo Kovačić (Real Madrid), Milan Badelj (Fiorentina), Šime Vrsaljko (Atlético Madrid), Marcelo Brozović (Inter Milan) und Dejan Lovren (Liverpool).

geflohen, nachdem er wegen Steuerhinterziehung und Unterschlagung von Zahlungen aus Spielertransfers zu 6½ Jahren Gefängnis verurteilt worden war. Modrić selbst steht im Verdacht, bei seiner Aussage zu Mamićs Verteidigung gelogen zu haben.

Das Verhalten der Fans ist ebenfalls beständig ein Problem. Rassistische und faschistische Gesänge und Banner führten zu Rügen für die Nationalmannschaft. Spiele zwischen Dinamo Zagreb und deren Erzrivalen Hajduk Split führen regelmäßig zu gewalttätigen Auseinandersetzungen.

Kroatiens Spitzenfußballer spielen in Profi-Klubs in ganz Europa. Die derzeitige goldene Generation droht sogar den legendären Davor Šuker, der 2004 von keinem Geringeren als Pelé mit zu den größten noch lebenden Fußballern der Welt gezählt wurde, von seinem Platz als größter Spieler in der kroatischen Fußballgeschichte zu verdrängen.

Tennis

Kroatien hat (und tut das bis heute) große Tennisspieler hervorgebracht, im wahrsten Sinne des Wortes. Der Sieg des 1,93 m großen Goran Ivanišević 2001 in Wimbledon versetzte das Land und vor allem seine Heimatstadt Split in einen grenzenlosen Freudentaumel. Der charismatische Serve-and-Volley-Spieler wurde wegen seiner einnehmenden Persönlichkeit und seiner Späße auf dem Platz verehrt und gehörte in den 1990er-Jahren fast durchweg zu den zehn besten Spielern der Welt. Verletzungen zwangen ihn 2004 zum Rückzug, doch auch ohne ihn zeigt Kroatien bei Spitzenturnieren weiterhin Flagge: 2005 gewannen Ivan Ljubičić (1,93 m) und Mario Ančić (1,95 m) den Davis Cup.

Einer der aktuell erfolgreichsten Tennisspieler ist der 1,98 m große Marin Čilić (2018 Dritter der Weltrangliste), der 2014 seinen ersten Grand-Slam-Titel, die US Open, gewann. Der einzige andere Kroate, der 2018 in der Weltrangliste der Männer geführt wurde, ist der 22-jährige Borna Ćorić.

Bei den Frauen gewann die in Zagreb geborene Iva Majoli mit einem aggressiven Grundlinienspiel die French Open von 1997. Derzeit sind vier Kroatinnen in der Einzelwertung der Frauen vertreten: Mirjana Lučić-Baroni, Ana Konjuh, Donna Vekić und Petra Martić.

Tennis ist in Kroatien mehr als nur ein Publikumsspektakel. An der Küste gibt es zahllose Sandplätze. Größtes Turnier des Landes sind die Umag Open in Istrien, die im Juli stattfinden.

Architektur

Nachdem sie kamen, sahen und siegten, blieben die meisten der Eroberer Kroatiens lange genug, um ein paar Bauwerke zu erschaffen. Von den mit mächtigen Stadtmauern geschützten Orten an der Küste, über römische Ruinen, gotische Kathedralen, Renaissance-Paläste und Wiener Villen bis zur barocken Pracht von Varaždin im Norden – Kroatien hat ein vielseitiges und sehr beeindruckendes architektonisches Erbe.

Römisches Erbe

Aus der Zeit vor der Ankunft der Römer sind keine nennenswerten Bauten erhalten. Überbleibsel aus der 650 Jahre währenden Herrschaft der Römer finden sich aber überall im Land: im Zentrum von Rijeka der intakte Torbogen, im Nationalpark Krka das mit Gras bedeckte Amphitheater oder in Zadar die Säulen des antiken Forums.

Doch all diese verblassen im Vergleich zu einem der weltweit am besten erhaltenen Zeugnisse römischer Architektur: dem Diokletianpalast in Split. Der Kaiser zog in diesen Komplex ein, als er sich 305 n. Chr. ins Privatleben zurückzog. Obwohl später eine ummauerte Siedlung daraus wurde und die Anlage fast immer bewohnt war, künden Teile immer noch ausdrucksvoll von jener Ära, aus der sie stammen. Anders als bei verfallenen Ruinen anderer römischer Bauwerke sind hier am ehemaligen Mausoleum und am Jupitertempel sogar noch die Dächer intakt.

Die Kathedrale des hl. Domnius (erbaut während des Übergangs des 3. ins 4. Jh. n. Chr.) in Split ist das älteste Kathedralengebäude der Welt, da dieses bereits als Mausoleum Diokletians diente.

Zwei weitere Highlights aus der Römerzeit finden sich in Istrien: Das bemerkenswerte Amphitheater in Pula ist das kroatische Äquivalent zum Kolosseum in Rom. Die imposante Arena aus dem 1. Jh. n. Chr., noch immer ein intakter ovaler Bau mit fast 30 m hohen Mauern, wird inzwischen wieder für die Unterhaltung der Massen genutzt – allerdings nicht in so blutrünstiger Form wie früher.

Nach dem Fall des weströmischen Reiches im Jahr 476 übernahm das byzantinische (oder oströmische) Reich schließlich die Kontrolle über Teile des heutigen Kroatiens. Der größte erhaltene architektonische Schatz in Istrien aus dieser Zeit ist die Euphrasius-Basilika in Poreč, Istrien. In der im 6. Jh. erbauten frühchristlichen Kirche wurden Teile älterer Gebäude einbezogen; ihre Apsis ziert ein wertvolles Mosaik.

Vorromanische Kirchen

Mit der Ankunft der Slawen im frühen 7. Jh. begann die sogenannte altkroatische oder vorromanische Architekturepoche. Nur wenige Zeugnisse haben die Jahrhunderte überdauert, vieles wurde im 13. Jh. während der Mongolenstürme zerstört. Die am besten erhaltenen Beispiele finden sich an der dalmatischen Küste, angefangen mit der Kirche Sankt Donatus in Zadar, die im 9. Jh. auf den Ruinen des römischen Forums errichtet wurde. Sie ist ein – für die Spätantike ungewöhnlicher – runder Zentralbau mit drei halbkreisförmigen Apsiden.

Zwei weitere, ebenfalls kurvenreiche, aber beträchtlich kleinere Kirchen aus jener Zeit finden sich gleich in der Nähe. Die Heiligkreuzkirche aus dem 11. Jh. in Nin hat einen kreuzförmigen Grundriss, zwei Apsiden und eine Zentralkuppel. Gleich außerhalb von Nin findet sich die winzige steinerne Kirche des hl. Nikolaus, die wie eine Festung postkartenreif auf einem kleinen Hügel thront.

Gotik und Renaissance

Während die Gotik mit ihren Spitzbögen den Rest Europas im Sturm eroberte, hielt sich an der Küste Kroatiens hartnäckig die romanische Tradition des Mittelalters. Im 13. Jh. waren die ersten Bauwerke der Gotik noch immer mit romanischen Elementen durchsetzt. Das schönste Beispiel dieser Zeit ist das Portal der Kathedrale St. Laurentius in Trogir, das 1240 vom Künstler Radovan geschaffen wurde. Die Kathedrale Mariä Himmelfahrt in Zagreb war der erste Vorstoß zum gotischen Stil in Nordkroatien. Obwohl die Kathedrale mehrfach umgebaut wurde, sieht man in der Sakristei noch immer Reste der Wandbilder aus dem 13. Jh.

Die Kathedrale des Heiligen Jakob in Šibenik (erbaut 1431–1536) ist das einzige Bauwerk seiner Zeit, das aus vorgefertigten Steinelementen errichtet wurde.

Die beherrschende Gestalt der Spätgotik war der Baumeister und Steinmetz Juraj Dalmatinac, der im 15. Jh. in Zadar zur Welt kam. Sein bedeutendstes Werk ist die Kathedrale des hl. Jakob in Šibenik, die den Übergang von der Gotik zur Renaissance markiert. Dalmatinac erbaute die Kirche ganz aus Stein und verschönerte die Fassade mit einem Kranz von Porträts seiner Zeitgenossen. Noch ein schönes Zeugnis dieser Zeit ist die aus dem 15. Jh. stammende Kathedrale St. Markus in Korčula.

Die Renaissance breitete sich in Kroatien rasch aus, vor allem in der unabhängigen Republik Ragusa (Dubrovnik). In der zweiten Hälfte des 15. Jhs. tauchten erstmals Einflüsse der Renaissance an spätgotischen Bauwerken auf. Der Sponza-Palast ist ein Beispiel dieses Übergangsstils. In der Mitte des 16. Jhs. begannen Elemente der Renaissance den gotischen Stil in den Palästen und Sommerresidenzen, die sich reiche Patrizier in und rund um Ragusa errichten ließen, zu ersetzen. Leider fielen viele dieser Gebäude dem Erdbeben von 1667 zum Opfer.

Vom Barock bis zum Brutalismus

Nordkroatien ist berühmt für seinen Barock, den Jesuitenpriester im 17. Jh. hier einführten. Varaždin, 1756–1776 Hauptstadt des Königreichs Kroatien und Slawonien, profitierte dank seiner Lage vom steten Austausch von Künstlern, Kunsthandwerkern und Architekten mit Mitteleuropa. Die Kombination aus Wohlstand und Kreativität machte Varaždin zur führenden Stadt des Barocks in Kroatien. Unverkennbar ist der übertriebene, manchmal überladene Stil der kunstvoll restaurierten Häuser, Kirchen und insbesondere der eindrucksvollen Burg.

Heute ist Kroatien von einer lebendigen Architekturszene geprägt. In der Zeit des Wiederaufbaus nach dem Kroatienkrieg in den 1990er-Jahren wurden zahlreiche Wettbewerbe ausgeschrieben, bei denen junge Architekten ihr Talent unter Beweis stellen konnten. Einige der bedeutenderen Beispiele ihres Schaffens sind das Gymnasium in Koprivnica und das Hotel Lone in Rovinj.

In Zagreb finden sich in der Oberstadt schöne Barockbauten. Dazu gehören die Jesuitenkirche der hl. Katharina und die restaurierte Villa, in der heute das Kroatische Museum für naive Kunst untergebracht ist. Wohlhabende Familien erbauten ihre Barockvillen in der Landschaft rund um Zagreb, u. a. in Brezovica, Miljana, Lobor und Bistra.

Der Einfluss der k. u. k. Donaumonarchie ist in der Hauptstadt ebenfalls sichtbar, vor allem an den prächtigen klassizistischen öffentlichen Gebäuden, aber auch an kleineren Jugendstil-Apartments und Stadthäusern. Weitere Vertreter dieser Epoche sind der frühere Gouverneurspalast in Rijeka und die Ferienhäuser der Wiener Elite im benachbarten Opatija und auf einigen Inseln in der Nähe.

In der modernistischen Periode schloss sich die kroatische Architektur dem Internationalen Stil an. In der sozialistischen Ära entstanden viele ästhetisch gelungene Beispiele von Wohnbauten und öffentlicher Architektur, besonders in auf dem Reißbrett entstandenen Vororten wie Novi Zagreb. Andererseits sind die brutalistischen Betonbauten, die einst als zukunftsverheißend angesehen wurden, nicht jedermanns Geschmack; viele verfallen inzwischen. Leider erstreckt sich die verklärende Nostalgie, mit der das Jugoslawien der 1970er-Jahre heute oft betrachtet wird, nicht auf die eindrucksvollen Hotelbauten jener Epoche.

Natur & Umwelt

Kroatiens Form erinnert an einen Bumerang: Das Land erstreckt sich vom fruchtbaren Ackerland Slawoniens im Norden über das bergige Mittelkroatien bis zur istrischen Halbinsel und von dort südwärts durch Dalmatien entlang der Adriaküste. Viele beschränken sich auf den schmalen Küstenstreifen am Fuß des Dinarischen Gebirges und die schönen Inseln davor, aber auch die Mitte hat unzählige Naturschönheiten zu bieten.

Karst, Höhlen & Wasserfälle

Kroatiens auffälligstes geologisches Merkmal ist der weit verbreitete hochporöse Kalk- und Dolomitgestein, das auch unter dem Namen Karst bekannt ist. Der Karst erstreckt sich entlang der Küste und bedeckt große Teile des Landesinneren. Karst entsteht durch säurehaltiges Wasser, das die Kalksteinoberfläche erodiert, woraufhin dann Wasser in die darunter liegenden, härteren Schichten sickern kann. Schließlich bildet das Wasser unterirdische Bäche, die Spalten und Höhlen auswaschen, bevor sie an die Oberfläche zurückkehren, erneut in einer weiteren Höhle verschwinden und schließlich ins Meer fließen.

Höhlen und Quellen sind die üblichen Formationen einer Karstlandschaft, wie sie etwa in der Schlucht von Pazin, an den Plitvicer Seen, den Wasserfällen im Nationalpark Krka oder in der Höhle Manita Peć im Nationalpark Paklenica zu bewundern sind. Wenn der Kalkstein in sich zusammenfällt, bildet sich eine Art Becken (*polje*). Diese Becken werden dann landwirtschaftlich genutzt, wenngleich sie schlecht austrocknen und sich kurzerhand auch in Seen verwandeln können.

Die Temperaturen des Adriatischen Meeres variieren stark: Sie steigen von durchschnittlich 7 °C im Dezember auf angenehme 23 °C im September.

Nationalparks

Als Jugoslawien zusammenbrach, verblieben acht der schönsten Nationalparks bei Kroatien. Sie bedecken 1,3% des Staatsgebiets und erstrecken sich über ein Territorium von insgesamt 961 km²; davon sind 742 km² Land und 219 km² Meer. Etwa 8% der Fläche Kroatiens stehen u.a. als Naturparks unter Naturschutz. Die hervorragende Website (www.parkovihrvatske.hr) über die Parks in Kroatien listet alle 19 National- und Naturparks von Kroatien auf.

Nationalparks auf dem Festland

Der beliebteste der acht kroatischen Nationalparks ist der von der UNESCO zum Weltnaturerbe erklärte Nationalpark Plitvicer Seen (S. 224) unweit der Grenze zu Bosnien auf halber Strecke zwischen Zagreb und Zadar. Die Aneinanderreihung von außerordentlich pittoresken Seen entstand durch die Ablagerung von Travertin, einem kalkreichen schlammigen Sediment, das sich aus Moosen und erodiertem, in Wasser gelöstem Kalkstein zusammensetzt. Im Frühjahr sind die Wasserfälle am beeindruckendsten. Die Beliebtheit des Parks hat aber ihren Preis: Die Hauptwege sind in der Hauptsaison meistens extrem überlaufen.

Der Nationalpark Krka (S. 248) entlang des Flusses Krka, nördlich von Šibenik, bietet eine noch ausgedehntere Kette von Seen und Wasserfällen. Der Hauptzugang zum Park ist am Skradinski Buk, dem mit Kaskaden auf einer Länge von 800 m größten Wasserfall. Wie auch der Nationalpark Plitvicer Seen kann es in diesem Teil des Parks im Juli und August ungemütlich voll werden, aber es gibt auch viele Abschnitte, in denen es ruhiger ist. Im Park befinden sich zudem bedeutende kulturelle Relikte eines serbisch-orthodoxen und eines römisch-katholischen Klosters.

Dank seiner dramatisch geformten Karstklippen und Schluchten ist der Nationalpark Paklenica (S. 227), der sich entlang der Adriaküste in der Nähe von Zadar erstreckt, ein Paradies für Sportkletterer. Große Höhlen und Grotten voller Stalaktiten und Stalagmiten machen den Park auch für Höhlenforscher interessant, während die vielen langen Wanderwege Wanderfreunde begeistern werden. Es gibt gute touristische Einrichtungen, aber auch viel Wildnis im Park.

Vor der Adriaküste Kroatiens liegen 1244 Inseln und Inselchen, aber nur knapp 50 von ihnen sind bewohnt. Die größten sind Cres, Krk, Pag und Rab im Norden, Brač, Hvar, Dugi Otok und Vis in der Mitte sowie Korčula und Mljet im Süden.

Am anderen Ende dieser Bergkette befindet sich der raue Nationalpark Nördlicher Velebit mit einer Landschaft aus Wäldern, Bergspitzen, Schluchten und Kämmen, der die Festlandkulisse für die gegenüberliegende Insel Rab bildet.

Der bewaldete Nationalpark Risnjak (S. 189), nordöstlich von Rijeka, ist der unberührteste Park. Das liegt zum Teil daran, dass das Klima der höher gelegenen Gebiete mit einer Durchschnittstemperatur von 12,6 °C im Juli recht unwirtlich ist. Die Winter sind lang und schneereich, doch wenn Ende Mai oder Anfang Juni der Frühling beginnt, blüht alles gleichzeitig. In dem Park wurde bewusst auf touristische Einrichtungen verzichtet. Dahinter steckt der Gedanke, dass nur echte Naturliebhaber den abseits gelegenen Park besuchen sollen. Der Haupteingang ist beim Motel und Informationsbüro in Crni Lug.

Nationalparks auf den Inseln

Die Kornaten bestehen aus 140 spärlich bewachsenen, unbewohnten Inseln, Eilanden und Riffen, die sich über eine Fläche von 300 km² verteilen. 89 dieser Inseln gehören zum Nationalpark Kornaten (S. 249). Die unübliche Form und die außergewöhnlichen Felsformationen machen die Inselgruppe zu einem Highlight der Adria. Ohne eigenes Boot muss man sich in Zadar oder an anderen Orten in der Nähe einer organisierten Tour anschließen.

Im Nationalpark Mljet (S. 345) auf der Nordwesthälfte der gleichnamigen Insel befinden sich inmitten dichter Vegetation zwei Salzwasserseen. Die Macchia ist fast nirgendwo im Mittelmeerraum so undurchdringlich und hoch wie auf Mljet, was sie zum idealen Rückzugsort für Tiere macht.

Die Brijuni-Inseln (S. 143) bilden den am besten erschlossenen Nationalpark Kroatiens, bereits Ende des 19. Jhs. wurden sie als Touristenziel entdeckt. Einst kam Tito in dieses Paradies, heute treffen sich hier die Hautevolee und Jachtbesitzer. Die meisten Tiere und Pflanzen wurden eingeführt. Dennoch sind die Inseln zauberhaft und nur für eine begrenzte Besucherzahl und ausschließlich im Rahmen geführter Touren zugänglich.

Mit bis zu 95 cm ist die Hornotter die längste und giftigste Schlange in Europa. Ihr Biss kann bei ausbleibender Behandlung mit Antiserum lebensbedrohlich sein. Sie liebt steinigen Boden, hat ein Zickzackband auf dem Rücken und ein markantes schuppiges „Horn" auf der Nase. Wenn man dieses genau erkennen kann, ist man aber wahrscheinlich etwas zu dicht an dem Tierchen dran!

Tiere & Pflanzen

Tiere

Von den 59 in Kroatien lebenden Säugetierspezies stehen sieben auf der Liste der bedrohten Arten: Der Gartenschläfer und sechs Fledermausarten. Im dicht bewaldeten Nationalpark Risnjak tummeln sich viele Hirsche und Rehe, außerdem Gämsen, Braunbären, Wildkatzen und Eurasische Luchse (*ris*), die dem Park seinen Namen gaben. Wölfe und Wildschweine sind seltener anzutreffen. Weitaus mehr Wölfe gibt es im Nationalpark Plitvicer Seen. Dort und im Nationalpark Krka lebt auch der seltene, unter Schutz stehende Eurasische Fischotter.

Zwei Giftschlangenarten sind im Nationalpark Paklenica beheimatet: Die Hornotter und die Kreuzotter. Außerdem leben dort und im Nati-

VÖGEL BEOBACHTEN

Auf den Inseln Cres, Krk und Prvić sind dauerhaft Kolonien von Gänsegeiern beheimatet. Sie haben eine Flügelspannweite von bis zu 2,6 m. Im Nationalpark Paklenica leben viele Wanderfalken, Habichte, Sperber, Bussarde und Eulen. Der Nationalpark Krka ist ein wichtiges Winterquartier für Sumpfvögel wie Reiher, Wildenten, Gänse und Kraniche sowie für die seltenen Königs- und Schlangenadler. Auch der Naturpark Kopački Rit in der Nähe von Osijek in Ostkroatien gilt als bedeutendes Vogelschutzgebiet.

onalpark Krka die ungiftige Leopardnatter, die Vierstreifennatter, die Grasnatter und die Panzerschleiche.

In den Gewässern rund um die Inseln Lošinj und Cres ist die einzige in der Adria bekannte Schule Großer Tümmler beheimatet. Gelegentlich lassen sich auch Streifendelfine und Riesenhaie blicken. In Mali Lošinj wurde außerdem ein Pflegezentrum für verletzte Unechte Karettschildkröten, Lederrückenschildkröten und Grüne Meeresschildkröten eingerichtet.

Pflanzen

Die facettenreichste Flora des Landes findet man im Velebit, einem Gebirgszug der Dinarischen Alpen, der als spektakuläre Kulisse hinter der zentraldalmatischen Küste aufragt. Botaniker haben hier etwa 2700 Spezies und 78 endemische Pflanzen gezählt, darunter das zunehmend bedrohte Edelweiß. Dieses findet man auch im Nationalpark Risnjak, ebenso wie Schwarze Kohlröschen, Lilien und Bewimperte Alpenrosen. Das trockene mediterrane Küstenklima bietet beste Bedingungen für die Macchie, einen niedrigen Buschwald, der an der gesamten Küste und besonders dicht auf der Insel Mljet wächst. Auch Oleander, Jasmin und Wacholder fühlen sich an der Küste wohl. Auf der Insel Hvar wird Lavendel angebaut und Oliven- sowie Feigenbäume gedeihen vielerorts in Hülle und Fülle.

Auf der Website des Umwelt- und Energieministeriums (www.mzoip.hr) stehen die neuesten Infos über Entwicklungen im kroatischen Umweltschutz.

Umweltprobleme

Da in Kroatien kaum Schwerindustrie vorhanden ist, blieben Wälder, Küsten, Flüsse und Luft glücklicherweise von Verschmutzung verschont. Zunehmende Investitionen in die Erschließung des Landes ziehen jedoch Umweltprobleme nach sich.

Mit dem Touristenboom ist die Nachfrage nach frischem Fisch und Meeresfrüchten sprunghaft gestiegen. Zackenbarsche, Meerbrassen und Thunfisch (für den Export) werden in immer größeren Mengen gezüchtet, was die Ökosysteme entlang der Küsten schädigt. So werden beispielsweise junge Thunfische zum Mästen gefangen, bevor sie die Geschlechtsreife erreichen und sich fortpflanzen können, was den Bestand der in Freiheit lebenden Thunfische gefährdet.

Auch die Waldgebiete entlang der Küsten und auf den Inseln sind bedroht. Zunächst von den Venezianern für den Schiffsbau, dann von Einheimischen als Brennstoff abgeholzt, wurde den Wäldern jahrhundertelang keine große Bedeutung beigemessen. Als Folge entstand auf vielen Bergen auf den Inseln und an der Küste Ödland. Heiße Sommer und der starke *maestral* (beständiger Westwind) sorgen zudem an den Küsten für eine erhebliche Brandgefahr. In den vergangenen 20 Jahren wurden 7% der kroatischen Wälder durch Brände vernichtet.

2014 leitete die kroatische Regierung ein Ausschreibungsverfahren für Erkundung von Erdöl- und Erdgasfeldern in der Adria ein. Zwei Jahre später verkündeten Umweltschützer einen Sieg der „Macht des Volkes", nachdem durch den Druck der Öffentlichkeit die Regierung den Stopp der Erkundung erklärte.

Kunst & Kultur

Kroatien sieht sich selbst als kulturell bedeutsames mitteleuropäisches Land, verankert in den besten künstlerischen Traditionen des Kontinents und erfüllt von ganz eigenen Folklorestilen, aber ohne Scheu vor der Avantgarde. Kroatische Künstler genießen in ihrer Heimat hohes Ansehen, selbst wenn sie im Ausland praktisch unbekannt sind.

Literatur

Die kroatische Sprache entwickelte sich in den Jahrhunderten nach der großen Migration nach Slawonien und Dalmatien. Im 9. Jh. lernten die griechischen Missionare Cyril und Methodius die Sprache, um die Slawen zum Christentum zu bekehren, und Cyril hielt die sogenannte glagolitische Schrift fest. Der älteste Nachweis ist eine Inschrift aus dem 11. Jh. in einem Benediktinerkloster auf der Insel Krk. Mehr zum glagolitischen Alphabet gibt's auf S. 212.

Ivan Gundulić (1589–1638) aus Ragusa (Dubrovnik) gilt weithin als der größte kroatische Dichter. Ein Konkurrent um diesen Titel aus jüngerer Zeit ist Tin Ujević (1891–1955), dessen Werke bis heute sehr populär sind.

Dichter & Dramatiker

Die erste Blütezeit erlebte die kroatische Literatur in Dalmatien. Sie war stark von der italienischen Renaissance beeinflusst. Die Werke des Gelehrten und Dichters Marko Marulić (1450–1524) aus Split werden im Land noch heute verehrt. Sein Stück *Judita* war das erste Werk, das von einem kroatischen Schriftsteller in seiner Muttersprache verfasst wurde. Die Stücke von Marin Držić (1508–1567), allen voran *Dundo Maroje*, sind ein Ausdruck der humanistischen Ideale der Renaissance und werden bis heute aufgeführt, besonders in Dubrovnik. Das Versepos *Osman* von Ivan Gundulić (1589–1638) feiert den polnischen Sieg über die Türken im Jahr 1621, den der Autor als Vorzeichen des Endes der osmanischen Herrschaft sah.

Die wichtigste literarische Persönlichkeit der postsozialistischen Zeit war die Lyrikerin Vesna Parun, die auch satirische Werke veröffentlichte. Parun wurde von der Regierung, die die Lyrik als „dekadent und bourgeoise" ansah, oft schikaniert, doch ihre veröffentlichten Gedichtsammlungen haben eine neue Generation erreicht, die aus ihrer Vision von der Absurdität des Krieges Trost schöpft.

Die bekannte Schriftstellerin Dubravka Ugrešić und vier weitere Autorinnen wurden als „Hexen" verunglimpft, weil sie den kroatischen Unabhängigkeitskrieg nicht mit Inbrunst unterstützt hatten.

Romanciers

Kroatiens zweifellos herausragender Schriftsteller ist der Romancier und Dramatiker Miroslav Krleža (1893–1981). Er war zeit seines Lebens politisch aktiv und überwarf sich 1967 im Zuge einer Schriftstellerkampagne zur Gleichberechtigung der serbischen und kroatischen Sprache mit Tito. In seinen Werken beschäftigt sich der Autor mit den Problemen des gesellschaftlichen Wandels in seiner Heimat. Zu seinen bekanntesten Romanen zählen *Die Rückkehr des Philio Latinowicz* (1932) und *Zastave* (1963–1965; „Die Fahnen"), eine mehrbändige Saga über das Leben einer kroatischen Mittelschichtfamilie um das Jahr 1900.

Auch Ivo Andrić (1892–1975) darf bei einer Auflistung der bedeutendsten Literaten Kroatien keinesfalls fehlen. Er gewann 1961 den Literatur-Nobelpreis für seine historische „bosnische Trilogie", bestehend aus *Die Brücke über die Drina*, *Wesire und Konsuln* und *Das Fräulein*. Der als katholischer Kroate in Bosnien geborene Schriftsteller schrieb auf Serbisch und lebte in Belgrad, sah sich jedoch selbst als Jugoslawen.

Mirisi, zlato i tamjan („Gold, Weihrauch und Myrrhe") von Slobodan Novak (1924–2016) wurde 1968 in Jugoslawien veröffentlicht. Der Roman spielt auf Rab, wo eine uralte Dame im Sterben liegt. Ihr Pfleger, der Erzähler, sinniert über Leben, Liebe, Staat, Religion und Erinnerung.

Einige Schriftsteller der Gegenwart wurden stark von den Auswirkungen der kroatischen Unabhängigkeit geprägt. Goran Tribuson nutzt die Form des Thrillers, um Veränderungen in der kroatischen Gesellschaft nach dem Krieg zu untersuchen. Pavao Pavličić widmet sich in seinem Detektivroman *Zaborav* den Problemen des kollektiven historischen Gedächtnisses. Die Arbeiten des in Kanada lebenden Schriftstellers Josip Novakovich entspringen der nostalgischen Sehnsucht nach seiner kroatischen Heimat. Sein berühmtester Roman *Die schwierige Sache mit dem Glück* aus dem Jahr 2004 ist eine absurde und düstere Abrechnung mit den Jugoslawienkriegen. Slavenka Drakulić schreibt Romane und Essays, die oft politisch und soziologisch provokant sind und zudem immer witzig und intelligent. Besonders empfehlenswert: *Wie wir den Kommunismus überstanden – und dennoch lachten* (1992) und *Café Paradies* (1999).

Die in den Niederlanden im selbst gewählten Exil lebende Schriftstellerin Dubravka Ugrešić wird in Kroatien kontrovers gesehen, im Ausland werden ihre Werke jedoch geschätzt. Ihre bekanntesten Romane sind *Die Kultur der Lüge* von 1998 und *Das Ministerium der Schmerzen* aus dem Jahr 2006. 2016 wurde sie mit dem renommierten Neustadt International Prize for Literature ausgezeichnet.

Der in Sarajevo geborene, aber in Kroatien lebende Miljenko Jergović ist ein witziger, scharfzüngiger Schriftsteller, dessen Werke *Sarajevo Marlboro* (1994) und *Mama Leone* (1999) auf eindrucksvolle Weise die Atmosphäre im Jugoslawien der Vorkriegsjahre einfangen.

Kino

Die mit Abstand wichtigste Persönlichkeit des kroatischen Kinos ist Branko Lustig (geb. 1932), der Produzent der mit mehreren Oscars prämierten Filme *Schindlers Liste* und *Gladiator*. Er wurde in Osijek als Sohn kroatischer Juden geboren, überlebte als Kind Auschwitz und begann, neben Persönlichkeiten wie dem Regisseur Branko Bauer (1921–2001) für die staatseigene Filmgesellschaft Jadran Film zu arbeiten.

Ebenfalls sehr bekannt ist der Autor und Regisseur Veljko Bulajić, dessen Spielfilmdebüt *Vlak bez voznog reda* („Zug ohne Fahrplan") 1959 in Cannes für die Goldene Palme nominiert war. *Die Schlacht an der Neretva* wurde zehn Jahre später für einen Oscar nominiert.

Dušan Vukotić (1927–1998), gebürtiger Bosnier mit montenegrinischer Abstammung, der während seiner gesamten Karriere in Kroatien lebte, gewann 1962 für *Der Ersatz* den Oscar für den besten animierten Kurzfilm.

In jüngerer Zeit waren Vinko Brešans Filme *Kako je počeo rat na mom otoku* („Wie der Krieg auf meiner Insel begann"; 1996) und *Marschall Titos Geist* (1999) in Kroatien äußerst erfolgreich. Der Film *Mondo Bobo* (1997) von Goran Rušinović war der erste wirklich unabhängig produzierte Film, der in Kroatien entstand; *Buick Riviera* (2008) gewann Preise bei den Filmfestivals in Pula und Sarajevo.

Die weltweit bekanntesten kroatischen Schauspieler sind Mira Furlan (*Babylon 5*, *Lost*) und Goran Višnjić (*Emergency Room – Die Notaufnahme*, *Verblendung*). Kroatische Wurzeln haben auch John Malkovich, Eric Bana (geb. Banadinović) und Joe Manganiello.

Musik

Volksmusik

Kroatien hat viele gute klassische Musiker und Komponisten hervorgebracht; sein originellster Beitrag zur Welt der Musik ist aber zweifelsohne die reiche Tradition der Volksmusik. In ihr spiegeln sich zahlreiche Einflüsse wider, die teilweise bis ins Mittelalter zurückreichen, als Ungarn und die Venezianer um die Vorherrschaft über das Land kämpften. Der bekannte Komponist Joseph Haydn (1732–1809) wurde in Österreich in der Nähe einer kroatischen Enklave geboren, seine Kompositionen war stark von kroatischen Volksliedern beeinflusst.

Das in der kroatischen Volksmusik am häufigsten vorkommende Instrument ist die *tamburica*, eine langhalsige Laute mit drei oder fünf Seiten, die gezupft oder geschlagen wird. Sie kam im 17. Jh. mit den Türken ins Land, verbreitete sich rasch in Ostslawonien und wurde später zu einem Symbol des kroatischen Nationalbewusstseins. Auch in der jugoslawischen Ära wurde die *tamburica* weiter auf Hochzeiten und bei regionalen Festivals gespielt.

Die Vokalmusik wird von der Tradition der *klapa* (wörtlich: „Gruppe von Leuten") geprägt, deren Wurzeln im kirchlichen Chorgesang liegen. Beliebt ist die Musik in Dalmatien, vor allem in Split. Bis zu zehn Sänger singen gemeinsam mehrstimmige Lieder über Liebe, Leid und Verlust. Die Chöre sind traditionell reine Männerchöre, inzwischen singen aber immer öfter Frauen mit; gemischte Chöre sind selten.

Die informative Website www.culturenet.hr bietet einen ausführlichen Überblick über kulturelle Veranstaltungen in Kroatien.

Eine andere beliebte Richtung der Volksmusik, die stark vom benachbarten Ungarn beeinflusst ist, stammt aus der Region Međimurje im Nordosten Kroatiens. Das dominierende Instrument ist dabei die *citura* (Zither). Die Lieder sind langsam und melancholisch und handeln häufig von Liebeskummer. Neue Künstler wie Lidija Bajuk und Dunja Knebl hauchten diesem traditionellen Genre frisches Leben ein. Beide Sängerinnen haben viel für die Erneuerung dieser Musik getan und sich dabei eine große Fangemeinde aufgebaut.

Pop, Rock & alles andere

In der kroatischen Pop und Rockszene wimmelt es nur so von einheimischen Talenten. Eine der beliebtesten Bands ist Hladno Pivo („Kaltes Bier"), die energiegeladenen Punk mit witzigen, politisch aufgeladenen Texten spielt. Die Indie-Rock-Band Pips, Chips & Videoclips hatte ihren Durchbruch mit der Single *Dinamo ja te volim* („Dinamo, ich liebe dich"), die auf Tuđmans Versuch anspielt, das Zagreber Fußballteam umzubenennen. Seitdem blieb ihre Musik aber relativ unpolitisch.

Die Gruppe Gustafi singt im istrischen Dialekt und kombiniert dabei gekonnt amerikanischen Folkrock mit kroatischer Folklore. Die wunderbar verrückten Let 3 aus Rijeka sind berühmt-berüchtigt für ihre schräge Musik und ihre Liveauftritte, bei denen die Musiker öfter mal nackt auftauchen, nur mit einem Korken im Hinterteil bekleidet (doch, wirklich!). Ein anderer origineller Musiker ist der Hip-Hop-Sänger Edo Maajka, der in Bosnien geboren wurde, aber heute in Kroatien lebt. TBF (The Beat Fleet) ist Splits Beitrag zum Hip-Hop. Im hiesigen Slang singt die Band über aktuelle Alltagsthemen, Familienprobleme,

EMPFEHLENSWERTE FOLKLOREAUFNAHMEN

- Der Sampler *Croatie: Music of Long Ago* umfasst die ganze Bandbreite kroatischer Musik und ist pefekt für Einsteiger.
- *Lijepa naša tamburaša* ist eine Sammlung slawonischer Gesänge, die normalerweise von der *tamburica* (Laute) begleitet werden.
- *Omiš 1967–75* bietet einen Überblick über die *klapa*-Musik (dalmatischer Gesang).
- In dieser hervorragenden *klapa*-Sammlung *Pripovid O Dalmaciji* wird der Einfluss des Kirchengesangs besonders deutlich.

FOLKLORETÄNZE

Ein typischer Folkloretanz ist der *drmeš*, eine Art schnelle Polka, die von Paaren in kleinen Gruppen getanzt wird. Beim lebhaften slawischen Kreistanz *kolo* wechseln sich Männer und Frauen ab, begleitet wird er von Geigenmusik im Stil der Roma. In Dalmatien tanzt man auch die *poskočica*, bei der die Paare unterschiedliche Figuren bilden.

Die traditionellen kroatischen Tänze bleiben ebenso wie die Volksmusik durch regionale und nationale Feste lebendig. Das beste ist das Internationale Folklorefestival (S. 86) in Zagreb, das im Juli stattfindet. Wer es verpasst, braucht sich nicht zu ärgern – die Musik- und Tanzgruppen gehen im Sommer auf Tournee und treten in vielen Städten an der Küste und im Landesinneren auf. Die Toristeninformationen vor Ort können Auskunft über die Termine geben.

Liebeskummer und Glück. Mirela Priselac Remi von Zagrebs Elemental ist eine bedeutende weibliche Stimme des kroatischen Hip-Hop.

Die Kombination von Jazz, Pop und Volksmusik ist in Kroatien seit geraumer Zeit beliebt. Zu den populärsten Künstlern dieser Szene zählt die talentierte Tamara Obrovac aus Istrien, die in einem heute nicht mehr gesprochenen altistrischen Dialekt singt.

Kroatiens Popkönigin ist Severina. Bekannt ist sie nicht nur wegen ihrer Musik, sondern auch wegen ihres Äußeren und ihres ereignisreichen Privatlebens – ein gefundenes Fressen für die Klatschspalten der Boulevardpresse. Ein anderer im Land verehrter Sänger ist Gibonni, der in der Tradition des legendären Schnulzensängers Oliver Dragojević steht, der 2018 einem Krebsleiden erlag. 2017 arbeiteten die beiden bei *Familija* zusammen, das bei den kroatischen Porin Awards als Album des Jahres ausgezeichnet wurde.

Krist Novoselic, der Bassist von Nirvana, wurde als Sohn kroatischer Eltern in Kalifornien geboren und verbrachte Teile seiner Jugend in Zadar. Der neuseeländische Pop-Megastar Lorde (richtiger Name Ella Yelich-O'Connor) hat ebenfalls kroatische Wurzeln. 2017 gab sie bekannt, dass sie die kroatische Staatsbürgerschaft angenommen hat.

Malerei & Bildhauerei

Im 15. Jh. schuf der Maler Vincent aus Kastav in Istrien schöne Kirchenfresken. In der kleinen Kirche Maria im Fels bei Beram sind seine Arbeiten zu sehen, am bemerkenswertesten ist der *Totentanz*. Ein weiterer bedeutsamer istrischer Maler des 15. Jhs. war Johannes aus Kastav, der Fresken in ganz Istrien, die meisten aber im slowenischen Teil, hinterließ.

Viele in Dalmatien geborene Künstler waren vom italienischen Renaissancestil geprägt, den sie wiederum ihrerseits beeinflussten. Die Bildhauer Lucijan Vranjanin und Frano Laurana, der Miniaturenmaler Julije Klović und der Maler Andrija Medulić verließen im 15. Jh. ein von den Osmanen bedrohtes Dalmatien und arbeiteten in Italien. Ihre Werke sind in Museen in London, Paris und Florenz ausgestellt, während in Kroatien leider nur noch ein kleiner Teil zu sehen ist.

Vlaho Bukovac (1855–1922) war der bemerkenswerteste kroatische Maler des späten 19. Jhs. Nach Aufenthalten in London und Paris kam er 1892 nach Zagreb und schuf dort Porträts und historische Gemälde, die sich durch einen lebendigen Stil auszeichnen. Zu den wichtigen Malern des frühen 20. Jhs. gehören Miroslav Kraljević (1885–1913) und Josip Račić (1885–1908). Die größte internationale Anerkennung fand jedoch der Bildhauer Ivan Meštrović (1883–1962), der viele Meisterstücke zu kroatischen Themen schuf. Auch Antun Augustinčić (1900–1979) war ein weltweit geachteter Bildhauer, sein Reiterstandbild *Frieden* steht vor dem Eingang des UN-Gebäudes in New York. Ein kleines Museum in Klanjec nördlich von Zagreb zeigt einige seiner Werke.

Naive Kunst

Nach dem Zweiten Weltkrieg experimentierten viele Künstler mit dem abstrakten Expressionismus. Die größte Bekanntheit erlangte in dieser Periode jedoch die naive Kunst, die 1931 mit einer Ausstellung des Künstlervereins Zemlja („Erde") in Zagreb ihren Anfang nahm. Sie präsentierte der Öffentlichkeit erstmals Arbeiten von Ivan Generalić (1914–1992) und anderen malenden Bauern. Generalić hatte sich der Idee einer Kunst verschrieben, die leicht verständlich war und von den einfachen Menschen geschätzt wurde. Die Maler Franjo Mraz (1910–1981) und Mirko Virius (1889–1943) sowie der Bildhauer Petar Smajić (1910–1985) schlossen sich ihm an und kämpften gemeinsam für die Akzeptanz und Anerkennung naiver Kunst.

Abstrakte Kunst

Nach dem Zweiten Weltkrieg fand die abstrakte Kunst Eingang in die Kunstszene. Der am stärksten gefeierte moderne Maler Kroatiens ist Edo Murtić (1921–2005), der sich von den Landschaften Dalmatiens und Istriens inspirieren ließ. 1959 gründeten Marijan Jevšovar (1922–1988), Ivan Kožarić (geb. 1921) und Julije Knifer (1921–2004) die Gruppe Gorgona, die die Grenzen der abstrakten Kunst erweiterte. Namhafte und hoch angesehene Künstler waren die Dubrovniker Maler Đuro Pulitika (1922–2006), der für seine farbenfrohen Landschaftsbilder bekannt ist, Antun Masle (1919–1967) und Ivo Dulčić (1916–1975).

Zeitgenössische Kunst

Aus dem avantgardistischen Trend der Nachkriegszeit entwickelten sich die Installationskunst, der Minimalismus und die Konzept- und Videokunst. Zu den interessantesten kroatischen Künstlern der Gegenwart zählen Lovro Artuković (geb. 1959), dessen äußerst realistischer Stil mit seinen surrealen Sujets kontrastiert, sowie die Videokünstler Sanja Iveković (geb. 1949) und Dalibor Martinis (geb. 1947). Die Multimediaarbeiten von Andreja Kulunčić (*1968), die Installationen von Sandra Sterle (geb. 1965) und die Videokunst der in Zagreb lebenden Renata Poljak (geb. 1974) erregen über Kroatien hinaus Aufmerksamkeit. Die Performances, Installationen und Videoarbeiten des aus Dubrovnik stammenden Künstlers Slaven Tolj (geb. 1964) fanden ebenfalls internationale Anerkennung. Die Fotografin Lana Šlezić (geb. 1973) lebt in Toronto, doch viele ihrer Bilder sind in Kroatien entstanden.

Praktische Informationen

ALLGEMEINE INFORMATIONEN . . . 392

Arbeiten in Kroatien 392
Ermäßigungen 392
Feiertage 392
Fotos & Video 393
Freiwilligenarbeit 393
Gefahren & Ärgernisse .. 393
Geld 393
Gesundheit 394
Internetzugang......... 394
Karten & Stadtpläne 394
Öffnungszeiten......... 394
Post.................. 395
Rechtsfragen........... 395
Reisen mit Behinderung 395
Schwule & Lesben 395
Strom 395
Telefon 395
Toiletten.............. 396
Touristeninformation.... 396
Unterkunft............. 396
Visa.................. 397
Zeit 397

VERKEHRSMITTEL & -WEGE. 398

AN-& WEITERREISE......398
Einreise 398
Flugzeug 398
Auf dem Landweg 399
Übers Meer 399
UNTERWEGS VOR ORT...399
Auto & Motorrad 399
Bus 400
Fahrrad............... 400
Flugzeug 401
Geführte Touren 401
Nahverkehr 401
Schiff/Fähre 401
Zug 402

SPRACHE......... 403

Allgemeine Informationen

Arbeiten in Kroatien

➡ Die meisten EU-Bürger können grundsätzlich dauerhaft in Kroatien leben und arbeiten. Ausnahmen bestehen für die Bürger einiger Länder (darunter auch Österreich), die beim EU-Beitritt Kroatiens Übergangsfristen für die Einführung des freien Zugangs zum Arbeitsmarkt ausgehandelt haben. Diese benötigen daher bis zum Jahr 2020 noch eine Arbeitserlaubnis.

➡ Mehr Informationen liefert die Website des kroatischen Innenministeriums (www.mup.hr).

Ermäßigungen

➡ In den meisten kroatischen Museen, Galerien und Theatern und bei Festivals bekommen Studenten bis zu 50 % Rabatt. Infos zu Jugendreisen erteilt der **kroatische Jugendherbergsverband** (Karte S. 74; ☎01-48 29 294; www.hfhs.hr; Savska 5; ⌚Mo–Fr 8.30–16.30 Uhr).

➡ Der beste Nachweis für den Studentenstatus ist ein Internationaler Studentenausweis (International Student Identity Card; ISIC; www.isic.org). Für alle, die noch keine 26 Jahre alt und keine Studenten sind, gibt's stattdessen den Internationalen Jugendreiseausweis (International Youth Travel Card; IYTC).

➡ Die European Youth Card (www.eyca.org) bringt Ermäßigungen in bestimmten Läden, Restaurants, bei diversen Sehenswürdigkeiten, in Hostels und Verkehrsmitteln.

Feiertage

Kroaten nehmen ihre Feiertage sehr ernst. Kaufhäuser und Museen sind dann geschlossen, Fähren verkehren eingeschränkt. An religiösen Feiertagen sind die Kirchen gut besucht – dann bietet sich eine prima Gelegenheit, Kunstwerke in den sonst oft geschlossenen Gotteshäusern zu besichtigen.

Neujahrstag 1. Januar

Dreikönigstag 6. Januar

Ostersonntag & -montag März/April

Tag der Arbeit 1. Mai

Fronleichnam 60 Tage nach Ostern

Tag des antifaschistischen Widerstands 22. Juni

Tag der Staatsgründung 25. Juni

Erntedankfest 5. August

Mariä Himmelfahrt 15. August

Tag der Unabhängigkeit 8. Oktober

Allerheiligen 1. November

Weihnachten 25. & 26. Dezember

PRAKTISCH & KONKRET

Maße & Gewichte In Kroatien gilt das metrische System, das man auch in Deutschland, Österreich und der Schweiz verwendet.

Radio Zu den beliebtesten Sendern zählen Antena Zagreb, Otvoreni Radio und Narodni Radio (spielt nur kroatische Musik). Das öffentlich-rechtliche Hrvatski Radio hat auch Nachrichten auf Englisch im Programm (tgl. 20.05 Uhr auf HR1).

Rauchen (inkl. E-Zigaretten) In Kroatiens öffentlichen Verkehrsmitteln und Restaurants sowie in den meisten Hotelzimmern, Bars und Cafés ist Rauchen untersagt – zumindest theoretisch: Oft wird das Verbot nur recht lax umgesetzt. Im Freien (u. a. auf Café- und Barterrassen) darf generell gequalmt bzw. gedampft werden.

Zeitungen & Zeitschriften Unter den größten Tageszeitungen sind z. B. die *Večernji List*, die *Jutarnji List*, die *Slobodna Dalmacija* und *24sata*.

Fotos & Video

Aufnahmen von militärischen Anlagen sind streng verboten. Der englischsprachige *Guide to Travel Photography* von Lonely Planet liefert viele nützliche Tipps für Reisefotografen.

Freiwilligenarbeit

Kurzfristige Möglichkeiten für Freiwillige: Das **Kuterevo-Reservat** (☎053-799 001; www.kuterevo-medvjedi.org; Pod Crikvon 109, Kuterevo; Eintritt gegen Spende; ⊙wechselnde Öffnungszeiten) kümmert sich um Bären in den Velebit-Bergen. Das **Sokolarski-Zentrum** (☎091 50 67 610; www.sokolarskicentar.com; Škugori b. b.; Erw./Kind 50/40 Kn; ⊙April–Nov. 9–19 Uhr) schützt Greifvögel in der Umgebung von Šibenik. Das **Meeresbiologische Forschungszentrum Lošinj** (☎051-604 666; www.blue-world.org; Kaštel 24; Erw./Kind 20/15 Kn; ⊙Juli & Aug. 10–21 Uhr, Juni bis 20 Uhr, Mai & Sept. Mo–Fr 10–18, Sa bis 14 Uhr, Okt.–April Mo–Fr 10–14 Uhr) engagiert sich auf der gleichnamigen Insel für den Naturschutz.

Wichtig: Alle genannten NROs sind klein und nicht auf Engagements ohne Voranmeldung eingerichtet – daher jeweils unbedingt rechtzeitig kontaktieren!

Gefahren & Ärgernisse

- Straßenkriminalität ist in Kroatien selten, auch Taschendiebe sind kaum am Werk. Dennoch sollte man hier wie überall auf der Welt den gesunden Menschenverstand benutzen.
- Rund um Osijek im östlichen Slawonien und in der ländlichen Gegend nördlich von Zadar wurden während des Kroatienkriegs in den 1990er-Jahren insgesamt über 1 Mio. Landminen gelegt. Obwohl Kroatiens Regierung große Summen in die Suche und Entschärfung der Minen investiert hat, geht der Prozess nur langsam voran. Darum sollte man potenzielle Minengebiete niemals auf eigene Faust erkunden, ohne vorher mit Einheimischen gesprochen zu haben. Und grundsätzlich nie in offensichtlich verlassenen oder zerstörten Häusern herumstöbern! Offiziell bekannte Minenfelder sind unmissverständlich mit gelbschwarzen Totenkopfsymbolen und gelben Absperrbändern gekennzeichnet.

Geld

Geldautomaten

- In ganz Kroatien gibt's Geldautomaten, die internationale Karten (z. B. Cirrus, Maestro) akzeptieren.
- Die allermeisten Geldautomaten erlauben auch Barabhebungen mit gängigen Kreditkarten. Dabei werden jedoch unmittelbar Zinsen für den jeweiligen Betrag und eine separate Transaktionsgebühr fällig. Die Automaten der Privredna Banka funktionieren normalerweise auch mit Kreditkarten von American Express.
- Alle kroatischen Postfilialen zahlen Bares gegen Vorlage einer MasterCard oder Cirrus-Karte aus.

Geldwechsel

- In Kroatien lässt sich Bargeld vielerorts zu ähnlichen Konditionen umtauschen (z. B. bei Reisebüros oder Postfilialen).
- Mit Ausnahme einiger Banken berechnen die meisten Umtauschstellen eine Provision von 1 bis 1,5 %.
- Reiseschecks kann man oft nur bei Banken einlösen.
- Ein Umtausch von Kuna in Euro oder Schweizer Franken ist ausschließlich bei Banken möglich – und das nur, wenn eine Quittung für eine frühere Transaktion vorgelegt werden kann.

PREISKATEGORIEN: ESSEN

Die folgenden Angaben gelten jeweils für ein normales Hauptgericht ohne Getränke.

€ unter 70 Kn

€€ 70–120 Kn

€€€ über 120 Kn

Kredit- & Lastschriftkarten

Viele kroatische Hotels akzeptieren Visa und MasterCard (Diners Club oder American Express hingegen seltener). Privatunterkünfte sowie viele kleinere Restaurants und Läden nehmen Plastikgeld aber nur sehr selten bzw. überhaupt nicht.

Trinkgeld

Trinkgeld ist in Kroatien nicht obligatorisch und generell nur in Restaurants, Cafés oder Bars üblich.

Cafés & Bars Auf den nächsten vollen Betrag aufrunden.

Restaurants Bis zu 10 %, aber nur bei gutem Service – bei Unzufriedenheit nichts spendieren! Trinkgeld immer bar geben (auch wenn man mit der Kreditkarte bezahlt).

Währung

- Landeswährung ist die Kroatische Kuna (Kn). Eine Kuna entspricht 100 Lipa. Die meisten Banknoten haben einen Wert von 200, 100, 50, 20 oder 10 Kn. Zudem gibt's Münzen zu 5, 2 und 1 Kn (jeweils silberfarben) sowie zu 50, 20 (silberfarben) und 10 Lipa (bronzefarben).
- Viele kroatische Unterkünfte geben ihre Preise in Euro an. Die Unterkunftsverzeichnisse dieses Buches nennen Preise in Kuna oder Euro (je nach Angaben der Inhaber). Vor Ort kann dennoch oft bar in Euro berappt werden. Bei Transaktionen

per Kreditkarte erfolgt die Abbuchung aber stets in Kuna.

➜ Restaurantrechnungen und kleine Dienstleistungen lassen sich mitunter in Euro bezahlen. Dabei ist der Wechselkurs aber generell schlechter als bei Unterkünften.

➜ Preise für internationale Fährpassagen werden zwar in Euro angegeben, aber in Kuna bezahlt.

Gesundheit

Bevor es losgeht

KRANKENVERSICHERUNG

Eine Reisekrankenversicherung mit umfassendem Schutz ist ein absolutes Muss. Bevor man sich für eine Versicherung entscheidet, sollte man prüfen, ob der jeweilige Versicherer direkt mit den medizinischen Einrichtungen im Ausland abrechnet. Andernfalls muss der Rechnungsbetrag vor Ort bezahlt werden und wird dann nachträglich zurückerstattet.

EMPFOHLENE IMPFUNGEN

Kroatienreisen erfordern keine speziellen Impfungen. Dennoch empfiehlt es sich, seinen Standard-Impfschutz bei Bedarf aufzufrischen.

In Kroatien

MEDIZINISCHE VERSORGUNG & KOSTEN

Gute medizinische Versorgung ist in Kroatien überall gegeben. Inhaber einer Europäischen Krankenversicherungskarte (European Health Insurance Card; EHIC) werden von den öffentlichen medizinischen Einrichtungen des Landes zu deutlich günstigeren Tarifen behandelt (Arztbesuch 10 Kn; stationärer Klinikaufenthalt 100 Kn/Tag, max. 2000 Kn). Privatversicherte müssen für einen kurzen Arztbesuch mit ca. 250 Kn in Vorleistung gehen.

Örtliche Apotheken geben wertvolle Gesundheitstipps und verkaufen rezeptfreie Medikamente für kleinere Wehwehchen.

GESUNDHEITSRISIKEN

➜ Der kroatische Sommer ist glühend heiß, Wanderpfade in den Bergen bieten oft kaum Schatten. Man sollte ausreichend (alkoholfreie) Getränke zu sich nehmen, um nicht zu dehydrieren oder eine hitzebedingte Erschöpfung zu erleiden.

➜ An felsigen Stränden muss man auf Seeigel achten. Deren Stacheln lassen sich mithilfe von Olivenöl leichter aus der Haut ziehen. Entfernt man sie nicht, kann sich die Wunde entzünden. Am besten schützt man sich gegen Seeigel, wenn man auf Küstenfelsen und beim Schwimmen Badeschuhe bzw. -sandalen mit festen Plastiksohlen trägt.

➜ Um Schlangenbisse zu vermeiden, sollte man niemals barfuß durch die Wildnis laufen und niemals in Löcher oder Felsspalten hineinfassen. Bei rund der Hälfte aller Bisse injizieren Giftschlangen kein Gift in die Wunde. Oberstes Gebot bei einem Schlangenbiss ist es, Ruhe zu bewahren. Als Sofortmaßnahme ist es ratsam, das betroffene Körperglied mittels eines langen, festen Gegenstands (z. B. eines Stocks) und einer engen Bandage ruhig zu stellen – vom Prinzip her so wie bei Verstauchungen. Achtung: Auf keinen Fall das betroffene Körperglied abbinden! Und niemals die Bisswunde aufschneiden oder aussaugen! Anschließend sollte man schnellstmöglich einen Arzt aufsuchen, um nötigenfalls eine Behandlung mit dem Gegengift einzuleiten.

INFEKTIONSKRANKHEITEN

Die durch Zeckenbisse übertragene Gehirnentzündung (Enzephalitis) ist eine im Extremfall tödlich verlaufende Infektionskrankheit. Wer plant, in Risikogebieten zu zelten oder zu wandern, sollte sich impfen lassen. Dabei reichen die zwei Impfdosen für ein Jahr, für drei bis fünf Jahre Impfschutz sind drei Dosen notwendig.

LEITUNGSWASSER

Kroatiens Leitungswasser kann generell bedenkenlos getrunken werden.

Internetzugang

➜ In vielen kroatischen Cafés, Restaurants und Bars gibt's Gratis-WLAN – einfach das Personal nach dem Passwort fragen!

➜ Auch fast alle Hotels und Privatpensionen haben WLAN-Hotspots, verlangen für die Nutzung aber eventuell Gebühren.

➜ Die zunehmende Verbreitung von kostenlosen WLAN-Hotspots macht Internetcafés auch in Kroatien zunehmend überflüssig. Nach eventuellen „Überlebenden" kann man sich bei den Touristeninformationen vor Ort erkundigen.

Karten & Stadtpläne

Marco Polo gibt diverse Stadtpläne, Länder- und Regionalkarten heraus. Sehr hilfreich sind z. B. der MARCO POLO *Reiseatlas Slowenien, Kroatien, Bosnien und Herzegowina* (Maßstab 1:300 000) oder die äußerst detaillierten Kartenblätter für die kroatische Küste (Maßstab 1:200 000). Für das ganze Balkangebiet gibt's zudem eine MARCO POLO *Länderkarte* (Maßstab 1:800 000).

Die meisten örtlichen Touristeninformationen verteilen kostenlos nützliche Stadt- bzw. Ortspläne.

Öffnungszeiten

Kroaten sind Frühaufsteher: Schon um 7 Uhr sind die Straßen belebt und viele

Geschäfte geöffnet. Zum gemächlicheren Alltag an der Küste gehört aber auch, dass dort viele Läden und Büros eine Mittagspause einlegen (ca. 12–16 Uhr).

Reisebüros an der Küste haben in der Hauptsaison besonders lange (tgl. 8 od. 9–21 od. 22 Uhr) geöffnet, in der Nebensaison schließen sie dafür deutlich früher. Im Inland verändern sich die Öffnungszeiten aber meist das ganze Jahr über nicht.

Clubs und Diskos werden in Zagreb und Split das ganze Jahr über betrieben, an der Küste hingegen oft nur im Sommer.

Kroatische Supermärkte öffnen werktags von 8 bis 20 Uhr, samstags schließen sie mitunter schon früher. In wenigen Fällen haben sie während der Hauptsaison auch sonntags geöffnet.

Post

Die Hrvatska Pošta (www.posta.hr) arbeitet generell sehr zuverlässig. Die Website informiert über Filialadressen und aktuelle Tarife.

Rechtsfragen

Obwohl unverschuldeter Ärger mit der Polizei sehr unwahrscheinlich ist, sollte man sicherheitshalber stets den Reisepass oder Personalausweis bei sich tragen.

Im Fall einer Verhaftung besteht Anspruch darauf, die eigene Botschaft oder ein zuständiges Konsulat zu kontaktieren. Dieses kann auch kroatische Anwälte vermitteln, zahlen muss man dafür aber selbst.

Reisen mit Behinderung

Kopfsteinpflaster, hohe Bordsteine und lange Treppen Machen Kroatiens Altstädte nur eingeschränkt barrierefrei. Kaum eine Sehenswürdigkeit ist rollstuhlgerecht gestaltet; spezielle Hilfen für Seh- und Hörbehinderte sind landesweit selten. Dennoch berücksichtigt Kroatien heute verstärkt die Bedürfnisse von Menschen mit Handicap, was auch an der großen Zahl verwundeter Kriegsveteranen liegt. Lokalspezifische Infos liefert u. a. die **kroatische Gesellschaft für Menschen mit körperlicher Behinderung** (Hrvatski savez udruga tjelesnih invalida; Karte S. 74; ☎01-48 12 004; www.hsuti.hr; Šoštarićeva 8, Zagreb).

Gute allgemeine Infos zum Reisen mit Handicap gibt's z. B. bei **Mobility International Schweiz** (www.mis-ch.ch), **MyHandicap Deutschland** (www.myhandicap.de), **MyHandicap Schweiz** (www.myhandicap.ch) oder der **Nationalen Koordinierungsstelle Tourismus für Alle e. V.** (www.natko.de). Ergänzend stellt Lonely Planet den englischsprachigen Führer Accessible Travel gratis zum Download bereit (http://lptravel.to/accessibletravel).

➡ Die Toiletten von Busbahnhöfen, Bahnhöfen, Flughäfen und großen kommunalen Einrichtungen sind nun meist barrierefrei. Gleiches gilt auch für große Hotels, aber kaum für Privatunterkünfte.

➡ Zagreb, Zadar, Rijeka, Split und Dubrovnik haben rollstuhlgerechte Bahnhöfe und Busbahnhöfe. Die Fähren und Fährterminals dieser Städte sind aber nicht barrierefrei.

Schwule & Lesben

Homosexualität ist in Kroatien seit 1977 legal und wird hier zwar toleriert, allgemein aber nur wenig akzeptiert: Öffentliche Zuneigungsbekundungen gleichgeschlechtlicher Paare könnten mitunter Feindseligkeiten hervorrufen.

Außerhalb von Zagreb gibt es praktisch keine Schwulentreffs. Dennoch haben viele Küstenorte einen inoffiziellen Schwulenstrand (oft ein felsiges Areal am Rand des FKK-Bereichs).

Zagreb Pride (www.zagreb-pride.net) Meist am zweiten Samstag im Juni.

Split Pride (www.facebook.com/lgbt.pride.split) Ebenfalls im Juni.

LORI (www.lori.hr) Lesbenorganisation mit Sitz in Rijeka.

Dating-Apps & Websites Digitale Kontaktoptionen wie Grindr (www.grindr.com) oder Planet Romeo (www.planetromeo.com) sind bei homo- und bisexuellen Kroaten sehr beliebt.

Strom

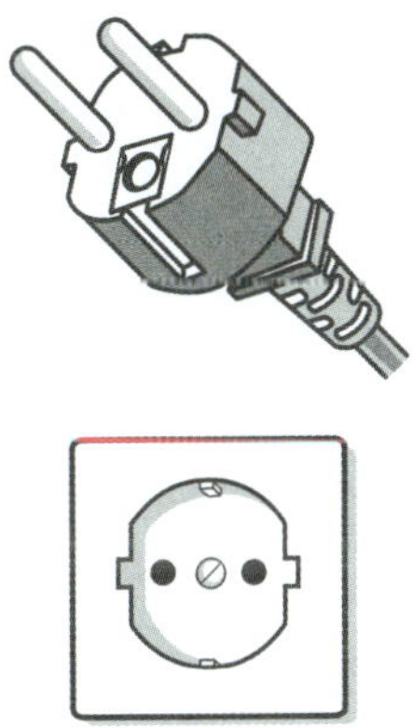

Typ F
230 V/50 Hz

Telefon

➡ Wer vom Ausland aus einen Anschluss in Kroatien anrufen will, wählt die internationale Vorwahl 00385, dann die Ortsvorwahl (ohne die 0) und die Teilnehmernummer. Von Kroatien aus wählt man für Gespräche nach Deutschland 0049, nach Österreich 0043 und in die Schweiz 0041.

➡ Bei Telefonaten innerhalb des Landes beginnt man mit der Ortsvorwahl (mit der 0,

PREISKATEGORIEN: SCHLAFEN

Die folgenden Angaben gelten jeweils für ein Doppelzimmer mit eigenem Bad im Juli und August.

€ unter 450 Kn

€€ 450–900 Kn

€€€ über 900 Kn

bei Ortsgesprächen entfällt diese).

➡ Anrufe mit der Vorwahl 060 sind entweder gebührenfrei oder recht teuer, also unbedingt aufs Kleingedruckte achten!

➡ Handynummern beginnen mit 09; für Mobiltelefonate können höhere Kosten anfallen.

Mobiltelefone

➡ Wer ein gängiges Handy ohne SIM-Lock besitzt, kann sich in Kroatien eine SIM-Karte (20–50 Kn) zulegen. Mit dieser kann man dann 15 bis 30 Minuten telefonieren. Zur Wahl stehen drei Netzbetreiber: VIP (www.vipnet.hr), Hrvatski Telekom (www.hrvatskitelekom.hr) und Tele2 (www.tele2.hr).

➡ Für Traveller gibt es auch spezielle Prepaid-SIM-Starter-Packs mit Freiminuten oder einer Freidatenmenge, die in der Hauptsaison (Juni–Sept.) zwischen 50 Kn und 100 Kn kosten.

Telefonkarten

➡ Für öffentliche Telefone benötigt man eine Telefonkarte. An vielen öffentlichen Fernsprechern befindet sich oben links ein Knopf mit einem Flaggensymbol. Wenn man diesen drückt, erhält man Informationen in anderen Sprachen.

➡ Telefonkarten verkaufen die Postfilialen und die Zeitungsläden. In Postfilialen kann man normalerweise auch ohne Telefonkarte telefonieren.

Toiletten

➡ Sitztoiletten mit Wasserspülung sind in Kroatien heute allgemeiner Standard. Ältere Fähren und manche öffentlichen Einrichtungen haben mitunter aber noch Hocktoiletten.

➡ Öffentliche Toiletten sind landesweit recht rar gesät; die Benutzung der vorhandenen kostet zumeist eine kleine Gebühr.

➡ Bei dringenden menschlichen Bedürfnissen empfehlen sich die stillen Örtchen von Cafébars. Danach sollte man aber stets so höflich sein, zumindest ein Getränk zu bestellen!

Touristeninformation

Regionale Touristeninformationen überwachen die Tourismusentwicklung in den jeweiligen Gespanschaften. In den lokalen Büros gibt's kostenlose Broschüren und gute Veranstaltungstipps. Kommerzielle Reisebüros warten ebenfalls mit Besucherinfos auf.

Kroatische Tourismusbehörde (www.croatia.hr)

Gespanschaft Dubrovnik-Neretva (www.visitdubrovnik.hr)

Gespanschaft Istrien (www.istra.hr)

Gespanschaft Krapina-Zagorje (www.visitzagorje.hr)

Tourismusverband Kvarner-Rijeka (www.visitrijeka.hr)

Gespanschaft Osijek-Baranja (www.tzosbarzup.hr)

Gespanschaft Primorje-Gorski Kotar (Region Kvarner; www.kvarner.hr)

Gespanschaft Split-Dalmatien (www.dalmatia.hr)

Gespanschaft Zadar (www.zadar.hr)

Gespanschaft Zagreb (www.tzzz.hr)

Unterkunft

Kroatien ist ein äußerst beliebtes Sommerziel. Gute Bleiben für Juli und August sind daher oft schon lange vorher ausgebucht. Auch im Juni und September ist der Betrieb sehr hoch.

Apartments Ferienwohnungen in Privatbesitz sind landesweit zahlreich vorhanden und sehr beliebt (vor allem bei Familien).

Campingplätze Stellplätze für Zelte und Wohnwagen bzw. -mobile; mitunter recht einfache Ausstattung.

Hostels Vor allem in größeren Städten und beliebteren Strandorten zu finden; haben außer Schlafsälen manchmal auch Privatzimmer.

Hotels Das Spektrum reicht von riesigen Strandresorts bis hin zu Boutiquehotels.

Pensionen Zumeist familiengeführt und sehr günstig; die oft spartanischen Zimmer teilen sich mitunter Gemeinschaftsbäder.

Hauptsaison

Die Hauptsaison dauert im Allgemeinen von Ostern bis Oktober. Vor allem an der Küste wird aber preislich meist zwischen vier Perioden unterschieden:

Juli & Aug. Absolute Spitzenzeit mit den höchsten Preisen und Belegungsraten – daher rechtzeitig reservieren! Oft drei Mindestübernachtungen oder Aufpreis (ca. 30 %) bei kürzeren Aufenthalten.

UNTERKÜNFTE ONLINE BUCHEN

Weitere Unterkunftsbewertungen von Lonely Planet Autoren gibt's unter https://www.lonelyplanet.com/croatia/hotels/a/lod/358781. Dort findet man unabhängig recherchierte Infos und Empfehlungen zu den besten Adressen. Zudem kann online gebucht werden.

Juni & Sept. Früher galten die beiden Monate als Zwischensaison, nun aber sie sind ebenfalls sehr betriebsam, was man auch an den Preisen merkt.

April, Mai & Okt. Neue Zwischensaisons mit jeweils moderaten Preisen.

Nov.–März Viele Unterkünfte sind geschlossen, die noch geöffneten dann am günstigsten.

Anmeldung & Übernachtungssteuer

Kroatische Unterkünfte erledigen für ihre Gäste die gesetzlich vorgeschriebene Anmeldung bei der örtlichen Polizei. Hierfür werden beim Einchecken standardmäßig alle erforderlichen Daten aus dem Reisepass bzw. Personalausweis notiert (inkl. Fotokopieren oder Scannen der entsprechenden Dokumentseiten). Anschließend bekommt man das Dokument wieder zurück.

Das Anmeldungsprozedere dient u. a. dem korrekten Entrichten der „Übernachtungssteuer“: Alle kroatischen Unterkünfte (auch die Boote mit Übernachtungsmöglichkeit) müssen diesen geringen Zusatzbetrag (meistens rund 10 Kn/Tag) erheben. Die Zimmerpreise werden allerdings oft ohne Übernachtungssteuer angegeben – wer das Budget genau im Blick behalten muss, sollte beim Buchen nachfragen.

Visa

EU-Bürger und Schweizer können sich maximal 90 Tage lang in Kroatien aufhalten, ohne sich bei der zuständigen Polizeibehörde anmelden zu müssen. Voraussetzung hierfür ist ein gültiger Personalausweis bzw. Reisepass.

Wer länger in Kroatien bleiben oder hier arbeiten bzw. studieren will, muss sich bei den örtlichen Behörden melden bzw. eine Arbeitserlaubnis beantragen. Infos hierzu liefert das kroatische Außen- und Europaministerium (www.mvep.hr). Ergänzend empfiehlt sich ein Blick auf die Website des eigenen Außenministeriums.

Zeit

In Kroatien gilt die Mitteleuropäische Zeit (MEZ), vom letzten Sonntag im März bis zum letzten Sonntag im Oktober die Mitteleuropäische Sommerzeit (MEZ +1 Std.).

Verkehrsmittel & -wege

AN-& WEITER-REISE

Reisen nach Kroatien werden immer einfacher: Neben Fluglinien (u. a. Billiganbieter im Sommer) steuern auch Busse, Züge und Fähren das Land an. Flüge, Mietwagen und geführte Touren lassen sich online unter lonelyplanet.com/bookings buchen.

Einreise

Kroatien gehört zur Europäischen Union, sodass die Einreise für Urlauber aus EU-Staaten sowie Schweizer problemlos ohne Visa möglich ist.

Reisepass

EU-Bürger und Schweizer können mit ihrem Personalausweis oder Reisepass nach Kroatien einreisen (für Details s. „Visa" unter „Allgemeine Informationen"). Für etwaige Kontrollen, etwa an der Grenze, sollte man die Ausweispapiere jedoch stets parat haben. Von der Verwendung von einmal als gestohlen gemeldeten, aber wieder aufgefundenen Papieren wird abgeraten.

Bei Aufenthalten von über 90 Tagen Dauer muss eine Registrierung bei der zuständigen Polizeidiensstelle erfolgen.

Weitere Informationen für Deutsche finden sich unter www.auswaertiges-amt.de, für Schweizer unter www.eda.admin.ch und für Österreicher unter www.bmeia.gv.at.

Flugzeug

Ab diversen Großstädten in Europa und Nahost besteht ganzjährig direkte Flugver-

REISEN & KLIMAWANDEL

Der Klimawandel stellt eine ernste Bedrohung für unsere Ökosysteme dar. Zu diesem Problem tragen Flugreisen immer stärker bei. Lonely Planet sieht im Reisen grundsätzlich einen Gewinn, ist sich aber der Tatsache bewusst, dass jeder seinen Teil dazu beitragen muss, die globale Erwärmung zu verringern.

Fast jede Art der motorisierten Fortbewegung erzeugt CO_2 (die Hauptursache für die globale Erwärmung), doch Flugzeuge sind mit Abstand die schlimmsten Klimakiller – nicht nur wegen der großen Entfernungen und der entsprechend großen CO_2-Mengen, sondern auch, weil sie diese Treibhausgase direkt in hohen Schichten der Atmosphäre freisetzen. Die Zahlen sind erschreckend: Zwei Personen, die von Europa in die USA und wieder zurück fliegen, erhöhen den Treibhauseffekt in demselben Maße wie ein durchschnittlicher Haushalt in einem ganzen Jahr.

Die englische Website www.climatecare.org und die deutsche Internetseite www.atmosfair.de bieten sogenannte CO_2-Rechner. Damit kann jeder ermitteln, wie viele Treibhausgase seine Reise produziert. Das Programm errechnet den zum Ausgleich erforderlichen Betrag, mit dem der Reisende nachhaltige Projekte zur Reduzierung der globalen Erwärmung unterstützen kann, beispielsweise Projekte in Indien, Honduras, Kasachstan und Uganda.

Lonely Planet unterstützt gemeinsam mit Rough Guides und anderen Partnern aus der Reisebranche das CO_2-Ausgleichs-Programm von climatecare.org. Alle Reisen von Mitarbeitern und Autoren von Lonely Planet werden ausgeglichen. Weitere Informationen gibt's auf www.lonelyplanet.com.

bindung nach Kroatien. Im Sommer kommen noch saisonale Routen und Charterflüge hinzu.

Flughäfen & Fluglinien

Als Kroatiens Landesfluglinie ist **Croatia Airlines** (OU; ☎01-66 76 555; www.croatia airlines.hr) auch Mitglied der Star Alliance. Erstaunlicherweise gibt's landesweit gleich acht internationale Flughäfen (Auslandsverbindungen aber teils stark saisonal begrenzt):

Brač (BWK; ☎021-559 711; www.airport-brac.hr) Nur von April bis etwa September in Betrieb.

Dubrovnik (DBV, Zračna luka Dubrovnik; ☎020-773 100; www.airport-dubrovnik.hr; Čilipi) Wird ganzjährig von Croatia Airlines, British Airways, Iberica, Turkish Airlines und Vueling bedient; in der Touristensaison kommen diverse weitere Fluglinien hinzu.

Osijek (☎060 339 339; www.osijek-airport.hr) Verbindung mit Wizz Air ab Basel-Mülhausen (ganzjährig) sowie mit Eurowings ab Köln/Bonn und Stuttgart (jeweils saisonal).

Pula (PUY; ☎052-550 926; www.airport-pula.hr) Bis auf ganzjährige Eurowings-Flüge ab Düsseldorf nur saisonale Auslandsverbindungen.

Rijeka (Zračna Luka Rijeka; ☎051-841 222; www.rijeka-airport.hr; Hamec 1, Omišalj, Insel Krk) Bis auf ganzjährige Eurowings-Flüge ab Köln-Bonn nur im Sommer Auslandsverbindungen.

Split (Zračna luka Split; ☎021-203 555; www.split-airport.hr; Dr. Franje Tuđmana 1270, Kaštel Štafilić) Internationaler Großflughafen mit ganzjährigen Flügen von Croatia Airlines und Eurowings; viele weitere Auslandsverbindungen im Sommer.

Zadar (☎023-205 800; www.zadar-airport.hr) Internationale Flüge nur in der Touristensaison.

Zagreb (☎01-45 62 170; www.zagreb-airport.hr; Rudolfa Fizira 21, Velika Gorica) Kroatiens größter Flughafen mit ganzjährigen Verbindungen ab/zu Zielen in ganz Europa und Nahost.

Auf dem Landweg

Kroatien grenzt an Ungarn, Slowenien, Serbien, Bosnien und Herzegowina sowie Montenegro.

Bus

Direktbusse verbinden Kroatien mit allen Nachbarländern und sogar mit so weit entfernten Nationen wie Norwegen. Bei der Einreise werden zumeist alle Personalausweise bzw. Pässe an Bord eingesammelt, den Grenzbeamten ausgehändigt und dann wieder zurückgegeben. Sofern kein zu klärendes Problem vorliegt, muss man in der Regel nicht einmal aussteigen. Nützliche Infos zu Busreisen gibt's z. B. unter www.eurolines.com, www.buscroatia.com, www.getbybus.com und www.vollo.net.

Bosnien & Herzegowina Ab den meisten kroatischen Großstädten direkt nach Sarajevo; zudem gute Verbindungen zwischen Dalmatiens Küste und beliebten Touristenzielen (z. B. Mostar, Međugorje).

Deutschland Direkt ab Berlin und München nach Varaždin oder Zagreb sowie ab Frankfurt nach Split.

Italien Ab Padua, Venedig und Triest nach Rovinj, Pazin und Pula; ansonsten z. B. Triest–Split, Makarska–Dubrovnik und Mailand–Zagreb.

Mazedonien (Norden) Direkt ab Skopje bis hinüber nach Istrien.

Montenegro Linienbusse zwischen Dubrovnik und der Bucht von Kotor.

Österreich Direkt ab Wien nach Zagreb, Varaždin, Osijek und Split.

Schweiz Direkt ab Zürich nach Osijek.

Serbien Ab Belgrad nach Vukovar, Osijek, Zagreb, Rovinj und Pula.

Slowenien Ab Ljubljana nach Poreč, Zagreb, Split, Makarska und Dubrovnik; zudem Maribor–Varaždin.

Ungarn Direkt ab Budapest nach Split.

Zug

Zagreb ist Kroatiens Hauptdrehscheibe für Bahnverbindungen. Internationale Direktzüge fahren aber auch nach Osijek, Rijeka und Pula. Beim Grenzübertritt wird der Personalausweis bzw. Reisepass meist direkt an Bord kontrolliert. Nützliche Infos zu Bahnreisen gibt's z. B. unter www.raileurope.com und www.eurail.com.

Deutschland München–Zagreb

Österreich Wien–Zagreb

Schweiz Zürich–Zagreb

Serbien Belgrad–Zagreb

Slowenien Ab Ljubljana nach Zagreb, Rijeka und Pula; zudem Maribor–Zagreb

Ungarn Budapest–Zagreb

Übers Meer

Linienfähren verbinden Italien mit Kroatien. Split fungiert dabei ganzjährig als Haupthafen.

Jadrolinija (www.jadrolinija.hr) Nachtfähren auf den Routen Ancona–Split (ganzjährig), Ancona–Zadar (Juni–Sept.) und Bari–Dubrovnik (April–Nov.).

SNAV (www.snav.com) Nachtfähren auf der Route Ancona–Split (April–Okt.).

Venezia Lines (www.venezia lines.com) Nachtfähren auf der Route Venedig–Piran–Poreč–Rovinj; saisonal geht's dabei weiter nach Pula (Juni–Sept.), teilweise noch mit Zwischenstopp in Umag (Juli & Aug.).

UNTERWEGS VOR ORT

Auto & Motorrad

Autobahnen verbinden Zagreb mit Slawonien und Istrien (über Rijeka). Eine weitere große Autobahn führt ab Zagreb nach Dalmatien (Ausfahrten u. a.: Zadar, Šibenik, Split) und dann noch 110 km in Richtung Dubrovnik. Kroatiens Straßen sind allgemein in hervorragendem Zustand. An manchen Strecken gibt's aber kaum Tankstellen, Toiletten oder andere Einrichtungen.

Der **Hrvatski Autoklub** (HAK; Kroatischer Automobilclub; ☎07-27 77 777 Verkehrsinformation, 24 Std.; ☎01-1987 Bereitschaftsdienst; www.hak.hr) bietet Hilfe, Tipps und landesweite Pannenhilfe rund um die Uhr (Hotline ☎1987). Zudem kooperiert er mit ausländischen Partnerclubs wie dem ADAC.

Führerschein

Mit einem gültigen nationalen Führerschein kann man in Kroatien legal am Straßenverkehr teilnehmen und auch Mietwagen ausleihen. Dabei spielt es keine Rolle, in welcher Sprache das Dokument ausgestellt ist. Eine internationale Fahrerlaubnis (International Driving Permit; IDP) wird somit nicht benötigt.

Mieten

Autovermieter sind in allen Großstädten, an den Hauptflughäfen und in Touristenhochburgen vertreten. Eigenständige kroatische Verleihfirmen sind oft deutlich günstiger als die großen internationalen Ketten. Letztere bieten jedoch die Möglichkeit zur Fahrzeugrückgabe an einem anderen Ort. Bei frühzeitiger Reservierung aus dem Ausland oder Pauschalangeboten mit Flug und Mietwagen spart man gelegentlich Bares.

Mietwagenkunden müssen mindestens 18 Jahre alt sein und einen gültigen Führerschein besitzen. Ebenfalls erforderlich ist eine bekannte Kreditkarte zur Deckung der Selbstbeteiligung bei Unfallschäden.

Unterwegs

- Kroatische Tankstellen haben allgemein von 7 bis 19 Uhr geöffnet (im Sommer oft auch bis 22 Uhr). Aus den Zapfsäulen kommen Super (95 Oktan), Super Plus (98 Oktan) und Diesel.
- Mautpflichtig sind alle Autobahnen, der Učka-Tunnel (Rijeka–Istrien), die Brücke zur Insel Krk und die Straße von Rijeka nach Delnice. Die Mauttickets werden jeweils am Streckenbeginn an Schalterhäuschen ausgegeben. Bei Ausfahrt sind sie dann ebenfalls an Schaltern abzugeben und zu bezahlen.

Verkehrsregeln

- In Kroatien ist Rechtsverkehr angesagt; es herrscht Anschnallpflicht.
- Sofern nicht anders ausgeschildert, gelten für Autos und Motorräder die folgenden Geschwindigkeitsbegrenzungen: 50 km/h in geschlossenen Ortschaften, 90 km/h auf Landstraßen, 110 km/h auf Autobahnen.
- Die Promillegrenze liegt bei 0,5 (für Fahrer unter 24 Jahren 0,0).
- Auch tagsüber muss mit Licht gefahren werden (in Dalmatien allerdings nur von Oktober bis Juni).
- Alle ausländischen Fahrzeuge müssen am Heck ein Länderkennzeichen haben, auch dann, wenn ein Nummernschild mit Euro-Kennzeichen vorhanden ist.

Versicherung

Per Gesetz müssen kroatische Mietwagenverträge stets eine Haftpflichtversicherung beinhalten. Falls die eigene Reiseversicherung keinen Vollkaskoschutz (engl. Collision Damage Waiver; CDW) bietet, sollte der Mietvertrag unbedingt um einen solchen erweitert werden.

Bus

In Kroatien verkehren hervorragende und relativ günstige Inlandsfernbusse. Da dieselben Routen oft von verschiedenen Gesellschaften bedient werden, können die Preise stark variieren. Die Benutzung des Gepäckraums unter der Passagierkabine kostet jeweils extra (ca. 10 Kn/Gepäckstück). Achtung: Busse zwischen Split und Dubrovnik durchqueren auch bosnisches Staatsgebiet – daher auf dieser Strecke den Personalausweis bzw. Reisepass griffbereit halten!

Tickets & Fahrpläne

- An großen Busbahnhöfen werden die Tickets an einem Fahrkartenschalter und nicht im Bus selbst verkauft.
- Vor allem im Sommer ist es sehr ratsam, einen Sitzplatz im Voraus zu reservieren.
- Fahrpläne über den verschiedenen Schaltern am Busbahnhof zeigen an, welcher Schalter welche Tickets verkauft.
- Auf Busfahrplänen bedeutet *vozi svaki dan* „täglich“ und *ne vozi nedjeljom i blagdanom* „nicht an Sonn- und Feiertagen“.
- Wer eine Verbindung in einem Nachtbus wählt, spart zwar eine Übernachtung, bringt sich aber um einen erholsamen Schlaf, da während der Fahrt das Licht brennt und oftmals ständig Musik läuft.
- Etwa alle zwei Stunden wird eine kurze oder längere Pause eingelegt. Hinterher sollte man rechtzeitig wieder beim Bus sein, damit er nicht ohne einen weiterfährt.
- Eine nützliche Website für Fahrpläne und Buchung inklusive findet sich auf www.vollo.net und auf www.getbybus.com.

Fahrrad

Es ist kein Problem, sich an der Küste und auf den Inseln ein Fahrrad zu leihen. Die Inseln per Rad zu erkunden, kann eine tolle Erfahrung sein. Auf den relativ flachen Inseln Pag und Mali Lošinj fällt das Radeln leicht. Alle anderen Inseln sind hügeliger und kurvenreicher und erfordern folglich mehr Kondition; unterwegs wird man dafür aber mit spektakulären Aussichten belohnt. An der Küste und im Landesinneren ist Vorsicht geboten: Die meisten Straßen sind stark befahren; auf den zweispurigen Landstraßen gibt es keine Radwege.

Einige Touristeninformationen, vor allem an der Kvarner Bucht und in Istrien, haben Radkarten und können lokale Fahrradverleiher empfehlen.

Wer Kroatisch kann, für den ist die Website www.pedala.hr eine gute Informationsquelle für Radtouren durch Kroatien.

Flugzeug

Croatia Airlines (OU; ☎01-66 76 555; www.croatiaairlines.hr) Die Inlandsflüge der Landesfluglinie bedienen Brač (nur im Sommer), Dubrovnik, Osijek, Pula, Split und Zadar (inkl. Verbindungen zwischen diesen Städten), wobei Zagreb als Hauptdrehscheibe fungiert. Zudem geht's ab Split und Osijek nach Rijeka.

Trade Air (TDR; ☎091 62 65 111; www.trade-air.com) Inlandsflüge ab Osijek (nach Zagreb, Pula, Rijeka), Split (nach Pula, Dubrovnik) und Rijeka (nach Split, Dubrovnik).

Geführte Touren

Atlas Travel Agency (www.atlas-croatia.com) Hat viele verschiedene Touren (u. a. per Bus oder Boot) in ganz Kroatien im Angebot.

Huck Finn (www.huckfinncroatia.com) Veranstaltet landesweit allerlei Trips mit Fokus auf Abenteuersport (z. B. Radeln, Klettern, Wandern, Segeln, Rafting, Kanufahren, Kajakfahren im Süß- oder Salzwasser).

Islandhopping (www.islandhopping.com) Deutsche Firma, die ihre internationalen Kunden mit Kombinationen aus Rad- und Bootsfahrten beglückt. In Istrien, dem südlichen Dalmatien oder auf den Inseln der Region Kvarner wird dabei täglich geradelt.

Katarina Line (www.katarina-line.com) Unter den vielen verschiedenen Bootsausflügen ab Opatija, Split und Dubrovnik sind auch Thementouren (z. B. mit Schwerpunkt auf Yoga, Wein, Natur, LGBT oder „Spaß für junge Leute"). Bei den Kähnen reicht das Spektrum von traditionellen Seglern aus Holz bis hin zu luxuriösen Motorjachten.

Oh! So Croatia (www.ohsocroatia.com) Diese Firma bietet quasi geführte Bustouren mit *Hop-on-hop-off*-Möglichkeiten an. Das Ganze basiert auf Pässen für feste Busrouten, die ab Zagreb, Zadar oder Split gen Dubrovnik führen. Der Preis beinhaltet die Übernachtungen in Hostels, während alle Aktivitäten extra zu bezahlen sind.

Sail Croatia (www.sail-croatia.com) Im Programm sind hier u. a. schwimmende Varianten der bekannten Contiki-Touren – genauer einwöchige, feucht-fröhliche Bootstrips (Split–Dubrovnik) für Leute zwischen 18 und 35 Jahren. Hinzu kommen diverse Optionen für ältere Semester.

Southern Sea Ventures (www.southernseaventures.com) Australische Firma, die zehntägige Seekajak-Touren in Kroatien anbietet.

Nahverkehr

Der Großteil des kroatischen Nahverkehrs besteht aus Buslinien, die in größeren Städten wie Dubrovnik, Rijeka, Split und Zadar recht eng getaktet verkehren. Die Tickets (Einzelfahrt meist 10–15 Kn) sind bei Kauf am *tisak* (Zeitungskiosk) etwas günstiger. Zagreb und Osijek haben zudem gut ausgebaute Straßenbahnnetze.

Schiff/Fähre

Zahlreiche Fähren verbinden Kroatiens größte Küstenstädte ganzjährig mit diversen Inseln (im Sommer häufiger). Split fungiert dabei als Haupthafen – gefolgt von Dubrovnik, Šibenik, Zadar und Rijeka.

Eine Alternative zu Auto- und Passagierfähren sind Mietjachten (mit oder ohne Mannschaft) für Segeltörns auf eigene Faust. Entsprechende kroatische Verleiher gibt's in allen großen Küstenstädten des Landes. Parallel sind in diversen örtlichen Häfen auch internationale Charterfirmen wie **Cosmos Yachting** (www.cosmosyachting.com) vertreten.

Fährgesellschaften

Jadrolinija (☎021-338 333; www.jadrolinija.hr; Gat Sv Duje bb) Kroatiens größter Betreiber (35 Routen) von Auto- und Passagierfähren.

Kapetan Luka (Krilo; ☎021-645 476; www.krilo.hr) Betreibt Schnellboote auf den Routen Split–Hvar–Korčula (tgl.) und Dubrovnik–Split (nur Mitte April–Okt., jeweils über die Inseln Mljet, Korčula, Hvar und Brač; Juni–Sept. zusätzl. über Makarska).

G&V Line (Karte S. 324; ☎020-313 119; www.gv-line.hr; Obala Ivana Pavla II 1, Gruž) Schickt täglich einen Katamaran von Dubrovnik zu den Inseln Šipan und Mljet; von dort aus geht's teilweise weiter nach Korčula und Lastovo (nur Juli & Aug.).

Rapska Plovidba (☎051-724 122; www.rapska-plovidba.hr) Verbindet Rab mit Pag und dem kroatischen Festland.

Reisen mit der Fähre

➡ Hinweis: Als „Fähren" werden hier nur Autofähren bezeichnet, schnellere Passagierfähren dagegen als „Katamarane".

➡ Während der Hauptsaison (Juni–Sept.) nimmt die Zahl der Passagen zu, wobei im Juli und August die meisten Verbindungen angeboten werden. Einige Katamaran-Routen werden nur im Sommer bedient.

➡ Die Schiffe sind generell komfortabel und gut ausgestattet: Vorhanden sind stets Bordtoiletten, Innen- und

Deckplätze. Meist gibt's auch Gratis-WLAN und fast immer zumindest eine Snackbar. Die größeren Kähne verfügen über Restaurants, Cafés und Bars.

➡ Außerhalb der Spitzenzeiten reicht es meist aus, einfach zum Fährhafen zu gehen und dort sein Ticket vor der Abfahrt persönlich an einem Kiosk zu erwerben. Meist ist auch Online-Kauf möglich (allerdings teils nicht direkt am Reisetag).

➡ Wichtig: Reservierung garantiert keinen Bordplatz auf einer bestimmten Fähre. Vor allem Passagiere mit Autos sollten sich in der Hauptsaison daher ausreichend früh am Hafen einfinden.

➡ Im Gegensatz zu Katamaranen nehmen Autofähren auch Fahrräder mit (zzgl. 13–45 Kn).

➡ Tipp: Als reiner Fußgänger genießt man mehr Flexibilität in puncto Fahrplan und kommt deutlich günstiger weg. Zudem lassen sich Autos, Motorroller oder Fahrräder sehr oft direkt am Ziel ausleihen.

Zug

Kroatiens Bahnnetz ist recht klein. Züge verkehren hier seltener als Busse und haben oft Verspätung (teils mehrere Stunden). Die **HŽPP** (☎01-37 82 583; www.hzpp.hr) informiert über Fahrpläne, Preise und Dienstleistungen.

Entlang der Küste fahren keinerlei Züge; nur wenige Küstenstädte haben Bahnverbindung nach/ab Zagreb. Wichtigste Routen für Traveller: Zagreb–Osijek; Zagreb–Varaždin; Zagreb–Rijeka–Pula; Zagreb–Knin–Split (in Knin gen Zadar oder Šibenik umsteigen).

Gepäck Der Transport von Bordgepäck ist stets gratis. Die meisten Bahnhöfe haben eine Gepäckaufbewahrung.

Zugklassen In Kroatien gibt's „Express"- und „Passagier"- bzw. Regionalzüge. Die Preisangaben in diesem Buch gelten jeweils für einen nicht reservierten Sitzplatz in der 2. Klasse. Die deutlich teureren Expresszüge (Tickets rechtzeitig reservieren!) fahren mit Waggons der 1. und der 2. Klasse.

Zugpässe Der europäische InterRail-Pass gilt auch in Kroatien. Eine Anschaffung rein für einen Trip durch das Land lohnt sich aber meist nicht: Der Pass-Preis läge dann wohl deutlich über dem Gesamtbetrag für die höchstwahrscheinlich sehr wenigen Bahnfahrten.

Sprache

Kroatisch gehört ebenso wie Serbisch, Bosnisch und Montenegrinisch zum westlichen Zweig der südslawischen Sprachfamilie. Die Sprachen ähneln sich sehr.

Das Kroatische wird phonetisch geschrieben, d.h. jeder Buchstabe steht für einen bestimmten Laut. Im Folgenden wird das n wie „ny" im englischen Wort „canyon" ausgesprochen, und das zh klingt wie das „dsch" in „Journalist". Ansonsten ähnelt die Aussprache der Buchstaben der Aussprache im Deutschen.

In den meisten Fällen liegt der Akzent auf der ersten Silbe (die letzte Silbe wird niemals betont). Betonte Silben werden in der Aussprachehilfe kursiv dargestellt.

Einige kroatische Wörter haben maskuline (m.) und feminine (f.) Formen. Außerdem werden gelegentlich höfliche (höfl.) und informelle (inf.) Anreden unterschieden.

KONVERSATION & NÜTZLICHES

Hallo.	*Bok.*	bok
Tschüss.	*Zbogom.*	*sbo*·gom
Ja./Nein.	*Da./Ne.*	da/ne
Bitte.	*Molim.*	*mo*·lim
Danke.	*Hvala.*	*hwa*·la
Gern geschehen.	*Nema na čemu.*	*ne*·ma na *tsche*·mu
Entschuldigung.	*Oprostite.*	o·*pro*·ßti·te
Es tut mir leid.	*Žao mi je.*	*scha*·o mi je

Wie geht es Ihnen/dir?
Kako ste/si? — *ka*·ko ßte/ßi (höfl./inf.)

Gut. Und Ihnen/dir?
Dobro. — *do*·bro
A vi/ti? — a wi/ti (höfl./inf.)

Ich heiße …
Zovem se … — *so*·wem ße …

Wie heißen Sie/du?
Kako se zovete/ zoveš? — *ka*·ko ße *so*·we·te/ *so*·wesch (höfl./inf.)

Sprechen Sie/Sprichst du (Englisch)?
Govorite/Govoriš li (engleski)? — *go*·wo·ri·te/*go*·wo·risch li (*en*·gle·ßki) (höfl./inf.)

Ich verstehe (nicht).
Ja (ne) razumijem. — ja (ne) ra·*su*·mi·jem

ESSEN & TRINKEN

Was würden Sie empfehlen?
Što biste nam preporučili? — schto *bi*·ßte nam pre·po·*ru*·tschi·li

Was ist in diesem Gericht enthalten?
Od čega se sastoji ovo jelo? — od *tsche*·ga ße *ßa*·sto·ji *o*·wo je·lo

Das war lecker!
To je bilo izvrsno! — to je *bi*·lo *is*·wr·ßno

Die Rechnung bitte.
Molim vas donesite račun. — *mo*·lim waß do·*ne*·ßi·te *ra*·tschun

Ich möchte einen Tisch reservieren für …
Želim rezervirati stol za … — *sche*·lim re·ser·*wi*·ra·ti ßtol sa …

(acht) Uhr	*(osam) sati*	(*o*·ßam) *ßa*·ti
(zwei) Personen	*(dvoje) ljudi*	(*dwo*·je) *lju*·di

Ich esse kein/e/en …	*Ja ne jedem …*	ja ne *je*·dem …
Fisch	*ribu*	*ri*·bu
Nüsse	*razne orahe*	*raz*·ne o·ra·he
Geflügel	*meso od peradi*	*me*·ßo od *pe*·ra·di
rotes Fleisch	*crveno meso*	*tsr*·we·no *me*·ßo

Wichtige Begriffe

Abendessen	*večera*	*we*·tsche·ra
Babynahrung	*hrana za bebe*	*hra*·na sa *be*·be

SATZMUSTER

Mit den folgenden Sätzen sollte man sich verständigen können, wenn man sie mit den richtigen Wörtern kombiniert:

Wann ist (der nächste Tagesausflug)?
Kada je (idući dnevni izlet)? — ka·da je (i·du·tschi dnew·ni is·let)

Wo ist (der Markt)?
Gdje je (tržnica)? — gdje je (trsch·ni·tsa)

Wo kann ich (ein Ticket kaufen)?
Gdje mogu (kupiti kartu)? — gdje mo·gu (ku·pi·ti kar·tu)

Haben Sie (andere)?
Imate li (kakve druge)? — i·ma·te li (kak·we dru·ge)

Gibt es (eine Decke)?
Imate li (deku)? — i·ma·te li (de·ku)

Ich möchte (dieses Gericht).
Želim (ono jelo). — sche·lim (o·no je·lo)

Ich würde gern (ein Auto mieten).
Želio/Željela bih (iznajmiti automobil). — sche·li·o/sche·lje·la bih (is·naj·mi·ti a·u·to·mo·bil) (m./f.)

Kann ich (ein Foto von Ihnen/dir machen)?
Mogu li (vas/te slikati)?(pol/inf) — mo·gu li (vas/te ßli·ka·ti)

Können Sie bitte (helfen)?
Molim vas, možete li (mi pomoći)? — mo·lim was mo·sche·te li (mi po·mo·chi)

Muss ich (zahlen)?
Trebam li (platiti)? — tre·bam li (pla·ti·ti)

Bar	*bar*	bar
Café	*kafić/ kavana*	*ka*·fitsch/ ka·*wa*·na
Flasche	*boca*	*bo*·tsa
Frühstück	*doručak*	*do*·ru·tschak
Gabel	*viljuška*	*wi*·ljusch·ka
Gericht	*jelo*	*je*·lo
Glas	*čaša*	*tscha*·scha
Hauptgericht	*glavno jelo*	*glav*·no *je*·lo
Schüssel	*zdjela*	*sdje*·la
(zu) kalt	*(pre) hladno*	(pre·) *hlad*·no
Lebensmittel	*hrana*	*hra*·na
Löffel	*žlica*	*schli*·tza
Markt	*tržnica*	*trsch*·ni·tsa
Messer	*nož*	nosch
mit/ohne	*sa/bez*	ßa/bes
Mittagessen	*ručak*	*ru*·tschak
Menü	*jelovnik*	je·*low*·nik
Restaurant	*restoran*	re·*ßto*·ran
Teller	*tanjur*	*ta*·njur
würzig	*pikantno*	pi·*kant*·no
vegetarisch	*vegetarijanski*	we·ge·ta·*ri*·jan·ski
Vorspeise	*predjelo*	*pre*·dje·lo

Fleisch & Fisch

Fisch	*riba*	*ri*·ba
Huhn	*piletina*	*pi*·le·ti·na
Kalb	*teletina*	*te*·le·ti·na
Lamm	*janjetina*	*ja*·nje·ti·na
Rind	*govedina*	*go*·we·di·na
Schwein	*svinjetina*	*ßwi*·nje·ti·na

Obst & Gemüse

Apfel	*jabuka*	*ja*·bu·ka
Aprikose	*marelica*	ma·*re*·li·tsa
Birne	*kruška*	*krusch*·ka
(grüne) Bohnen	*mahuna*	*ma*·hu·na
Erbsen	*grašak*	*gra*·schak
Erdbeere	*jagoda*	*ja*·go·da
Gemüse	*povrće*	*po*·wr·tsche
Gurke	*krastavac*	*kra*·ßta·wats
Karotte	*mrkva*	*mrk*·wa
Kartoffel	*krumpir*	*krum*·pir
Kirsche	*trešnja*	*tresch*·nja
Kohl	*kupus*	*ku*·puß
Kürbis	*bundeva*	*bun*·de·wa
Linsen	*leća*	*le*·tscha
Mais	*kukuruz*	ku·*ku*·rus
Nuss	*orah*	o·ra·h
Obst	*voće*	*wo*·tsche
Orange	*naranča*	*na*·ran·tscha
Pilz	*gljiva*	*glji*·wa
Pfirsich	*breskva*	*breß*·kwa
Pflaume	*šljiva*	*schlji*·wa
Salat	*zelena salata*	se·le·na ßa·*la*·ta
Tomate	*rajčica*	*rai*·tschi·tza
Traube	*grožđe*	*grosch*·tsche
Wassermelone	*lubenica*	lu·*be*·ni·tsa
Zwiebel	*luk*	luk

Weitere Lebensmittel

Brot	*kruh*	kruh
Butter	*maslac*	*ma*·ßlats
Ei	*jaje*	*ja*·je
Essig	*ocat*	*o*·tsat

Honig	*med*	med
Käse	*sir*	ßir
Marmelade	*džem*	dschem
Öl	*ulje*	u·lje
Pasta	*tjestenina*	tje·ßte·ni·na
Pfeffer	*papar*	pa·par
Reis	*riža*	ri·scha
Salz	*sol*	ßol
Zucker	*šećer*	sche·tscher

Getränke

Bier	*pivo*	pi·wo
Kaffee	*kava*	ka·wa
Milch	*mlijeko*	mli·je·ko
(Mineral-) Wasser	*(mineralna) voda*	(mi·ne·ral·na) wo·da
Saft	*sok*	ßok
Rotwein	*crno vino*	tsr·no wino
Tee	*čaj*	tschai
Weißwein	*bijelo vino*	bje·lo wi·no

NOTFÄLLE

Hilfe!
Upomoć! — u·po·motsch

Ich habe mich verlaufen.
Izgubio/ Izgubila sam se. — is·gu·bi·o/ is·gu·bi·la ßam ße (m./f.)

Lassen Sie mich in Ruhe!
Ostavite me na miru! — o·ßta·wi·te me na mi·ru

Es ist ein Unfall geschehen!
Desila se nezgoda! — de·ßi·la ße nes·go·da

Rufen Sie einen Arzt!
Zovite liječnika! — so·wi·te li·jetsch·ni·ka

Rufen Sie die Polizei!
Zovite policiju! — so·wi·te po·li·tzi·ju

Ich bin krank.
Ja sam bolestan/ bolesna. — ja ßam bo·le·ßtan/ bo·le·ßna (m/f)

Es tut hier weh.
Boli me ovdje. — bo·li me ow·dje

Ich bin allergisch gegen …
Ja sam alergičan/ alergična na … — ja ßam a·ler·gi·tschan/ a·ler·gitsch·na na … (m./f.)

SHOPPEN & SERVICE

Ich möchte … kaufen
Želim kupiti … — sche·lim ku·pi·ti …

Ich sehe mich nur um.
Ja samo razgledam. — ja ßa·mo ras·gle·dam

Darf ich es mir ansehen?
Mogu li to pogledati? — mo·gu li to po·gle·da·ti

Wie viel kostet es?
Koliko stoji? — ko·li·ko ßto·ji

Das ist zu teuer.
To je preskupo. — to je pre·ßku·po

Haben Sie etwas Billigeres?
Imate li nešto jeftinije? — i·ma·te li nesch·to jef·ti·ni·je

In der Rechnung ist ein Fehler.
Ima jedna greška na računu. — i·ma jed·na gresch·ka na ra·tschu·nu

Geldautomat	*bankovni automat*	ban·kow·ni a·u·to·mat
Internetcafé	*internet kafić*	in·ter·net ka·fitsch
Kreditkarte	*kreditna kartica*	kre·dit·na kar·ti·tsa
Post	*poštanski ured*	posch·tan·ßki u·red
Touristen-information	*turistička agencija*	tu·ri·stitsch·ka a·gen·tsi·ja

UHRZEIT & DATUM

Wie spät ist es?
Koliko je sati? — ko·li·ko je ßa·ti

Es ist (zehn) Uhr.
(Deset) je sati. — (de·ßet) je ßa·ti

Es ist halb (elf).
(Deset) i po. — (de·ßet) i po

Morgen	*jutro*	ju·tro
Nachmittag	*poslijepodne*	po·ßli·je·pod·ne
Abend	*večer*	we·tscher
gestern	*jučer*	ju·tscher
heute	*danas*	da·naß
morgen	*sutra*	ßu·tra

Montag	*ponedjeljak*	po·ne·dje·ljak
Dienstag	*utorak*	u·to·rak
Mittwoch	*srijeda*	ßri·je·da

FRAGEWÖRTER

Wann?	*Kada?*	ka·da
Warum?	*Zašto?*	sa·schto
Was?	*Što?*	schto
Wer?	*Tko?*	tko
Wie?	*Kako?*	ka·ko
Wo?	*Gdje?*	gdje

Donnerstag	*četvrtak*	tschet·*wr*·tak
Freitag	*petak*	*pe*·tak
Samstag	*subota*	*ßu*·bo·ta
Sonntag	*nedjelja*	*ne*·dje·lja

Januar	*siječanj*	ßi·*je*·tschanj
Februar	*veljača*	*we*·lja·tscha
März	*ožujak*	*o*·schu·jak
April	*travanj*	*tra*·wanj
Mai	*svibanj*	*ßwi*·banj
Juni	*lipanj*	*li*·panj
Juli	*srpanj*	*ßr*·panj
August	*kolovoz*	*ko*·lo·wos
September	*rujanj*	*ru*·janj
Oktober	*listopad*	*li*·ßto·pad
November	*studeni*	*ßtu*·de·ni
Dezember	*prosinac*	*pro*·ßi·natz

UNTERKUNFT

Haben Sie ein freies Zimmer?
Imate li slobodnih soba? *i*·ma·te li *ßlo*·bod·nih ßo·ba

Ist das Frühstück inbegriffen?
Da li je doručak uključen? da li je *do*·ru·tschak *uk*·lju·tschen

Wie viel kostet es (pro Nacht/pro Person)?
Koliko stoji (za noć/po osobi)? ko·*li*·ko *ßto*·ji (sa notsch/po o·ßo·bi)

Haben Sie ein ...-zimmer?
Imate li ... sobu? *i*·ma·te li ...*ßo*·bu

Einzel-	*jednokrevetnu*	*jed*·nokre·wet·nu
Doppel-	*dvokrevetnu*	*dwo*·kre·wet·nu

Campingplatz	*kamp*	kamp
Privatzimmer	*privatni smještaj*	*pri*·wat·ni *ßmjesch*·taj
Hotel	*hotel*	*ho*·tel

SCHILDER

Izlaz	Ausgang
Muškarci	Mann
Otvoreno	Geöffnet
Ulaz	Eingang
Zabranjeno	Verboten
Zahodi	Toiletten
Zatvoreno	Geschlossen
Žene	Damen

Zimmer	*soba*	*ßo*·ba
Jugendherberge	*prenoćište za mladež*	*pre*·no·tschisch·te sa *mla*·desch
Badezimmer	*kupaonica*	ku·pa·o·ni·tza
Bett	*krevet*	*kre*·wet
Kinderbett	*dječji krevet*	*djetsch*·ji *kre*·wet
Klimaanlage	*klima-uređaj*	*kli*·ma *u*·re·jai
Fenster	*prozor*	*pro*·sor
WLAN	*bežični internet*	*be*·schitsch·ni *in*·ter·net

VERKEHRSMITTEL & -WEGE

Auto- & Radfahren

Ich möchte ein/einen ... mieten.
Želim iznajmiti ... *sche*·lim is·*nai*·mi·ti ...

Auto	*automobil*	a·u·to·*mo*·bil
Fahrrad	*bicikl*	bi·*tsi*·kl
Geländewagen	*džip*	dschip
Motorrad	*motocikl*	mo·to·*tzi*·kl

Automechaniker	*automehaničar*	a·u·to·me·*ha*·ni·tschar
Benzin	*benzin*	*ben*·sin
Diesel	*dizel gorivo*	di·sel go·riwo
Fahrradpumpe	*pumpa za bicikl*	*pum*·pa sa bi·*tsi*·kl
Helm	*kaciga*	*ka*·tsi·ga
Kindersitz	*sjedalo za dijete*	*ßje*·da·lo sa di·*je*·te
Tankstelle	*benzinska stanica*	*ben*·sin·ßka *ßta*·ni·tza

Ist das die Straße nach ...?
Je li ovo cesta za ...? je li o·wo tze·ßta sa ...

(Wie lange) Kann ich hier parken?
(Koliko dugo) mogu ovdje parkirati? (ko·*li*·ko *du*·go) *mo*·gu ow·dje par·*ki*·ra·ti

Das Auto/Motorrad hat (in Knin) eine Panne gehabt.
Automobil/Motocikl se pokvario (u Kninu). a·u·to·*mo*·bil/mo·to·tsi·kl ße po *kwa*·ri·o (u *kni*·nu)

Ich habe einen Platten.
Imam probušenu gumu. *i*·mam *pro*·bu·sche·nu *gu*·mu

Mir ist das Benzin ausgegangen.
Nestalo mi je benzina. *ne*·ßta·lo mi jeben·si·na

Ich habe die Schlüssel verloren.
Izgubio/ Izgubila sam ključeve. — is·*gu*·bi·o/is·*gu*·bi·la ßam *klju*·tsche·we (m./f.)

Öffentliche Verkehrsmittel

Bus	*autobus*	au·*to*·buß
Flugzeug	*avion*	a·*wi*·on
Schiff	*brod*	brod
Straßenbahn	*tramvaj*	*tram*·waj
Zug	*vlak*	wlak

Ich möchte gern nach …
Želim da idem u … — sche·lim da *i*·dem u …

Hält er/sie/es in (Split)?
Da li staje u (Splitu)? — da li *ßta*·je u (*spli*·tu)

Um wie viel Uhr fährt der/die/das … ab?
U koliko sati kreće? — u ko·*li*·ko *ßa*·ti *kre*·tsche

Wie lange dauert es nach (Zagreb) zu kommen?
U koliko sati stiže u (Zagreb)? — u ko·*li*·ko *ßa*·ti *sti*·sche u (*sag*·reb)

Können Sie mir sagen, wann wir in (der Arena) ankommen?
Možete li mi reći kada stignemo kod (Arene)? — *mo*·sche·te li mi *re*·tschi ka·da *ßtig*·ne·mo kod (a·*ro*·ne)

Ich möchte in (Dubrovnik) aussteigen.
Želim izaći u (Dubrovniku). — sche·lim i·*sa*·tschi u (*dub*·row·ni·ku)

Ein Ticket für …
Jednu … kartu — *jed*·nu … *kar*·tu

1. Klasse	*prvo-razrednu*	pr·wo·*ras*·red·nu
2. Klasse	*drugo-razrednu*	*dru*·go·*ras*·red·nu
einfache Fahrt	*jedno smjernu*	*jed*·no·ßmjer·nu
hin und zurück	*povratnu*	*po*·wrat·nu

der erste	*prvi*	*pr*·wi
der letzte	*posljednji*	po ßljed·nji
der nächste	*sljedeći*	*ßlje*·de·tschi

Bahnhof	*željeznička postaja*	*sche*·ljes·nitsch·ka *poß*·ta·ja
Fahrplan	*red vožnje*	red *wosch*·nje
Fensterplatz	*sjedište do prozora*	*ßje*·disch·te do *pro*·so·ra
Gangplatz	*sjedište do prolaza*	*ßje*·disch·te do *pro*·la·sa
gestrichen	*poništeno*	*po*·nisch·te·no
Gleis	*peron*	*pe*·ron

ZAHLEN

1	*jedan*	*je*·dan
2	*dva*	dwa
3	*tri*	tri
4	*četiri*	*tsche*·ti·ri
5	*pet*	*pet*
6	*šest*	*scheßt*
7	*sedam*	*ße*·dam
8	*osam*	o·ßam
9	*devet*	*de*·wet
10	*deset*	*de*·ßet
20	*dvadeset*	*dwa*·de·ßet
30	*trideset*	*tri*·de·ßet
40	*četrdeset*	tsche·tr·*de*·ßet
50	*pedeset*	pe·*de*·ßet
60	*šezdeset*	sches·*de*·ßet
70	*sedamdeset*	ße·dam·*de*·ßet
80	*osamdeset*	o·ßam·*de*·ßet
90	*devedeset*	de·we·*de*·ßet
100	*sto*	*ßto*
1000	*tisuću*	*ti*·su·tschu

Ticketschalter	*blagajna*	*bla*·gaj·na
verspätet	*u zakašnjenju*	u sa·kasch·*nje*·nju

WEGWEISER

Wo ist …?
Gdje je …? — gdje je …

Wie ist die Adresse?
Koja je adresa? — ko·ja je a·*dre*·ßa

Können Sie mir das (auf der Karte) zeigen?
Možete li mi to pokazati (na karti)? — *mo*·sche·te li mi to po·*ka*·sa·ti (na *kar*·ti)

an der Ecke	*na uglu*	na *u*·glu
an der Ampel	*na semaforu*	na *ße*·ma·fo·ru
hinter	*iza*	*i*·sa
vor	*ispred*	*i* ßpred
weit entfernt	*daleko*	*da*·le·ko
(von)	*(od)*	(od)
links	*lijevo*	li·*je*·wo
in der Nähe von	*blizu*	*bli*·su
neben	*pored*	*po*·red
gegenüber	*nasuprot*	*na*·ßu·prot
rechts	*desno*	*deß* no
geradeaus	*ravno naprijed*	*raw*·no *na*·pri·jed

GLOSSAR

(m.) bedeutet Maskulinum, (f.) Femininum, (Pl.) steht für Plural

Amphore, Amphoren – ein antiker Krug mit zwei Henkeln zur Aufbewahrung und zum Transport von Flüssigkeiten

Apsis – ausgebaute Nische am Ende eines Kirchenschiffs, in der meist ein Altar steht

Autocamps – große Campingplätze mit Restaurants, Läden und vielen Stellplätzen für Wohnwagen

Awaren – zentralasiatisches Reitervolk, das sich im 6. Jh. im heutigen Ungarn ansiedelte und bis zum 9. Jh. die Byzantiner vom westlichen Balkan verdrängte

ban – Vizekönig

bb – in einer Adresse nach dem Straßennamen die Abkürzung für *bez broja* (ohne Hausnummer)

bura – kalter Nordostwind an der Adriaküste

cesta – Landstraße

crkva – Kirche

fortica – Festung

galerija – Galerie

garderoba – Gepäckaufbewahrung, Garderobe

Glagolitic – von den griechischen Missionaren Konstantinos (Kyrillos) und Methodis entwickelte Schrift für die Sprache der Slawen

gora – Berg

HDZ – Hrvatska Demokratska Zajednica; Kroatische Demokratische Gemeinschaft

Illyrer – Bewohner der westlichen Balkanhalbinsel in der Antike; von den Römern ab dem 2. Jh. v. Chr. nach und nach unterworfen

Karst –trockener, poröser Kalkstein- und Dolomitfelsboden mit unterirdischer Entwässerung

klapa – Volksmusikgruppe mit Wurzeln im liturgischen Gesang

konoba – ursprünglich die Bezeichnung für ein kleines traditionelles Lokal, das häufig in einem Kellergewölbe untergebracht ist; inzwischen steht der Begriff für ein breites Spektrum an Restaurants

knez – Fürst

maestral – frischer, kühler Meerwind aus westlichen Richtungen

mali – klein

Maquis – Gestrüpp aus dichtem immergrünen Buschwerk und kleinen Bäumen

muzej – Museum

Mittelschiff – zentraler Teil einer Kirche, flankiert von zwei Gängen

NDH – Nezavisna Država Hrvatska; Unabhängiger Staat Kroatien

obala – Ufer, Küste

otok, otoci (Pl.) – Insel bzw. Inseln

pansion – Pension

plaža – Strand

polje – ein durch Bodenabsenkung entstandenes wannenartiges Becken in Karstgebieten; wird oft für den Ackerbau genutzt

put – Weg, Straße, Pfad

restoran – Restaurant

rijeka – Fluss

sabor – Parlament

šetalište – Fußweg, Promenade

sobe – Zimmer frei

sveti – die heilige ...

svetog – des heiligen ... (Genitiv)

tamburica – Mandoline mit drei oder fünf Saiten

tisak – Zeitungsstand

toplice – Thermalbad

trg – Platz, Marktplatz

Turbofolk – die Technoversion serbischer Folkmusik

ulica – Straße

uvala – Bucht, Talsenke

velik – groß

vrh – Gipfel, Spitze

Hinter den Kulissen

WIR FREUEN UNS ÜBER EIN FEEDBACK

Post von Travellern zu bekommen, ist für uns ungemein hilfreich – Kritik und Anregungen halten uns auf dem Laufenden und helfen, unsere Bücher zu verbessern. Unser reiseerfahrenes Team liest alle Zuschriften ganz genau, um zu erfahren, was an unseren Reiseführern gut und was schlecht ist. Wir können solche Post zwar nicht individuell beantworten, aber jedes Feedback wird garantiert schnurstracks an die jeweiligen Autoren weitergeleitet, rechtzeitig vor der nächsten Nachauflage.

Wer Ideen, Erfahrungen und Korrekturhinweise zum Reiseführer mitteilen möchte, hat die Möglichkeit dazu auf **www.lonelyplanet.com/contact/guidebook_feedback/new**. Anmerkungen speziell zur deutschen Ausgabe erreichen uns über **www.lonelyplanet.de/kontakt**.

Hinweis: Da wir Beiträge möglicherweise in Lonely Planet Produkten (Reiseführer, Websites, digitale Medien) veröffentlichen, ggf. auch in gekürzter Form, bitten wir um Mitteilung, falls ein Kommentar nicht veröffentlicht oder ein Name nicht genannt werden soll. Wer Näheres über unsere Datenschutzpolitik wissen will, erfährt das unter www.lonelyplanet.com/privacy.

DANK VON LONELY PLANET

Vielen Dank den Reisenden, die uns nach der letzten Auflage zahlreiche hilfreiche Hinweise, nützliche Ratschläge und interessante Anekdoten schickten:

Alberto Juan Ibanez Diaz, Bob Letteney, Catherine Fletcher, Chak Man So, Diana Rodriguez Luna, Els Peeters, Helen Forster, Jay Altieri, Joshua Tindall, Lee Fearnehough, Ruth Goldwyn, Stephan Brox, Tereza Niznanska

DANK DER AUTOREN

Peter Dragicevich

Zuallererst möchte ich Vojko, Marija, Ivan, Mario und Ivana Dragičević in Split ein riesiges *hvala* für all die Freundlichkeit und Geduld aussprechen, die sie ihrem entfernten Cousin seit Jahren entgegenbringen. Vielen Dank an die verantwortliche Redakteurin Anna Tyler und an alle bei Lonely Planet, die an diesem Buch mitgearbeitet haben. Ein besonderer Dank gilt meinen Kollegen Anthony Ham und Jess Lee.

Anthony Ham

Vielen Dank an Luca, Miriam, Lidija, Marija und den Mitarbeitern der Touristeninformationen im ganzen Land. Bei Lonely Planet bin ich vor allem meiner verantwortlichen Redakteurin Anna Tyler dankbar, dass sie mich an so wundervolle Orte geschickt hat, und meinen Kollegen Peter und Jess für ihre Weisheit. An meine Familie – Marina, Jan, Carlota und Valentina: *con todo mi amor.*

Jessica Lee

Ein großes Dankeschön geht an die kroatische Bevölkerung für ihre tolle Gesellschaft. Mein besonderer Dank gilt zudem dem begeisterten Personal in den Touristeninformationen von Varaždin, Osijek und rund um Zagreb für all das Wissen und die hilfreichen Informationen. Ein dickes Dankeschön gilt auch Anton, Irena, Mila, Tee, Tom und Zvonimir für Tipps und Gespräche.

QUELLENNACHWEIS

Die Klimakartendaten stammen von Peel MC, Finlayson BL & McMahon TA (2007) *Updated World Map of the Köppen-Geiger Climate Classification*, erschienen in der Zeitschrift *Hydrology and Earth System Sciences*, Ausgabe 11, 163344.

ÜBER DIESES BUCH

Dies ist die 7. deutschsprachige Auflage von *Kroatien*, basierend auf der 10. englischsprachigen Auflage von *Croatia*, die von Peter Dragicevich betreut und von Peter, Anthony Ham und Jessica Lee recherchiert und geschrieben wurde. Peter Dragicevich, Marc Di Duca und Anja Mutić haben die vorherige Ausgabe verfasst.

Dieser Reiseführer wurde von dem folgenden Team betreut:

Verantwortliche Redakteurin Anna Tyler

Leitende Produktredakteurinnen
Kate Chapman, Elizabeth Jones, Anne Mason

Projekt-Redakteurin
Heather Champion

Leitender Kartograf
Anthony Phelan

Layoutdesign Gwen Cotter

Redaktionsassistenz
Sarah Bailey, Imogen Bannister, Kate Daly, Gabrielle Innes, Jenna Myers, Charlotte Orr, Monique Perrin

Umschlagrecherche
Wibowo Rusli

Dank an Vesna Čelebić, Sandie Kestell, Susan Paterson, Jessica Ryan

Register

A

Abenteueraktivitäten 44
Aktivitäten 21, 42, *siehe auch einzelne Aktivitäten*
Andrić, Ivo 386
An- & Weiterreise 17, 398
Arbeiten in Kroatien 392
Archäologische Stätten 20
- Augustustempel 137
- Burnum 250
- Kotli 167
- Museum der Vučedol-Kultur 129
- Nationalpark Mljet 345
- Römisches Amphitheater 137
- Römisches Bodenmosaik 139
- Salona 284
- Sergierbogen 138

Architektur 361, 364, 381
Augustinčić, Antun 110
Ausgehen & Nachtleben 21
Aussichtspunkte
- Dubrovnik 326
- Festung Labin 173
- Kap Kamenjak 139
- Zagreb 72, 82

Auto, Reisen mit dem 399

B

Backpacker 51
Bale 145
Baranja 126
Bären 384
Bašanija 160
Baška 211
Basketball 380
Befestigte Städte 176
Behinderung, Reisen mit 395
Beli 196
Bevölkerung 359
Bier 18, 80, **80**
Blaue Grotte 310
Blue World Institute of Marine Research & Conservation 205
Bol 14, **180**, 295
Bootstouren 18
- Dubrovnik 328
- Pula 140
- Rab (Insel) 219
- Rovinj 149
- Zadar 241

Božava 246
Brač (Insel) 14, 201
Brela 288
Brijuni-Inseln 143, 144
Bücher 358
Budget 17
Burgen, Schlösser & Festungen 280
- Burg Morosini-Grimani 170
- Burg Veliki Tabor 112
- Burg von Pazin 169
- Festung des hl. Michael 254
- Festung Kamerlengo **176**
- Festung Lovrjenac 317
- Festung Trsat 183
- Fort von St. Jerome 18
- Kastell Morosini-Grimani 18
- Kathedrale St. Markus 352
- Kaštilac 279
- Schloss Trakošćan 14, **14**, 112
- Sokol Grad 342
- Stadtmauern & Festungen (Dubrovnik) **330**
- Ston 347
- Zagorje 112

Buzet 164, 165

C

Cafés 18, 80, **80**
Camping 199
Cavtat 337
Čikat 201
Cres (Insel) 14, **14**, 194
Cres (Ort) 196
Crikvenica 213
Crveni Otok 149

D

Đakovo 119
Delfinbeobachtung 194, 204, 205
Diokletianpalast 12, **12**, **29**
Donji Humac 292
Dubrovnik **8**, 9, 65, **314**, 315, **316**, **320**, **324**, **330**, **331**, **338**
- Aktivitäten 326, 328
- An- & Weiterreise 336
- Ausgehen & Nachtleben 334
- Ermäßigungskarten 323
- Essen **331**, 332
- Feste & Events 329
- Geführte Touren 328
- Reisezeit 313
- Sehenswertes 315, 323, 338
- Shoppen 335
- Spaziergänge 317, 327, **327**
- Touristeninformation 336
- Unterhaltung 335
- Unterkunft 329

Đuđa i Mate 344
Dugi Otok 245

E

Einreise 16
Einwanderung 358
Elafiten 342
Eremitage Blaca 294
Ermäßigungen 392
Essen 19, 48
- Austern 347
- Feste & Events 57
- Istrien 10
- Kochkurse 58, 140
- Olivenöl 144, 165, 236, 242
- *paški sir* (Pager Käse) 229, **233**, 234
- Trüffeln 165, 168
- Veganer & Vegetarier 60, 91

Etikette 377

F

Feiertage & Ferien 392
Feste & Events 23, **24**
- Cest is d'Best 25
- Dubrovniker Sommer-Festival 329
- Film 25, 163
- Filme 87, 88
- Karneval (Rijeka) 23
- Kreuzprozession 308
- Labin Art Republika 173
- Musik 149
- Špancirfest 116

Festungen *siehe* Burgen & Festungen
Film 358, 387
FilmFestival Motovun 163
Flugzeug, Reisen mit dem 398, 401
Fotos & Video 393
Freiwilligenarbeit 393
Friedhof Varaždin 115
Fritzy-Palast 201
Fußball 379

G

Game of Thrones 317, 328
Gänsegeier 196, 197
Geführte Touren 401
Geld 16, 17, 393
Geschichte 360
- Bosnien & Herzegowina 374
- Bürgerkrieg 373
- Christentum 362

Verweise auf Karten **000**
Verweise auf Fotos **000**

Habsburger 365
Illyrer 360
Jugoslawienkriege 373
Napoleon 366
Osmanisches Reich 364
Österreich-Ungarn 367
Partisanen 370
Ragusa 366
Römisches Reich 361
Slawen 362
Tito 372
Venezianische Ära 363, 365
Vor- & Frühgeschichte 360
Weltkrieg, Erster 368
Weltkrieg, Zweite 369
Gespanschaft Šibenik-Knin 248
Gesundheit 394
Getränke
Bier 18, 80, 80
Kaffee 18
Sprache 405
Glagolitisches Alphabet 212
Gleichberechtigung 379
Gleitschirmfliegen 214
Glossar 408
Gospić 227
Grabovača-Höhlenpark 230
Gračišće 173
Grenzstreitigkeiten 359
Grohote 285
Großer Onofrio-Brunnen 322
Grožnjan 162
Gundulić, Ivan 386

H

Halbinsel Premantura 139
Handys 16, 396
Historische Stätten & Gebäude *siehe auch* Archäologische Stätten
Arsenal 301
Diokletianpalast 260
Sabor 76
Sponza-Palast 325
Tvrđa 121
Varaždin 113
Höhlen 230, 383
Blaue Grotte 310
Manita Peć 228

Verweise auf Karten **000**
Verweise auf Fotos 000

Pazin, Schlucht von 169
Poreč 153
Veternica-Höhle 108
Hum 167
Hvar (Insel) 178, 297
Hvar (Ort) 10, 10, 298, **299, 300**

I

Ilok 131
Ilovik 203
Impfungen 394
Infos im Internet 17, 395
Inland 63, 104, **106**
INmusic Festival 86
Inseln 46, **52-53**, 178
Internetzugang 394
Istralandia 162
Istrien 10, 64, 133, **134**

J

Jadrolinija 203
Jelsa 307
Jergović, Miljenko 387

K

Kanu- & Kajakfahren 44, 49
Dubrovnik 329
Rovinj 149
Kap Kamenjak 15, 15, 139
Karanac 127
Karst 383
Karten & Stadtpläne 394
Kastav 190
Kaštela 279
Kathedrale des hl. Jakob 232, 253
Kindern, Reisen mit 48, 53
Wasserparks 162
Zagreb 87
Kino 387
Kirchen, Kapellen & Kathedralen 381
Abteikriche St. Antonius 217
Allerheiligenkirche 353
Euphrasius-Basilika 32, 154
Franziskanerkloster & -kirche 138
Heilig-Kreuz-Kirche 237
Hieronymus-Kapelle 167
Jesuitenkirche der hl. Katharina 92
Kathedrale des hl. Domnius 261
Kathedrale des hl. Jakob 232, 253
Kathedrale des hl. Stefan (Hvar) 300
Kathedrale Mariä Himmelfahrt (Dubrovnik) 326
Kathedrale Mariä Himmelfahrt (Zagreb) 72
Kathedrale zu Đakovo (St. Peter) 119
Kirche Gottesmutter von Jerusalem 112
Kirche Mariä Geburt 172
Kirche Mariä Himmelfahrt (Milna) 292
Kirche Mariä Himmelfahrt (Rab) 217
Kirche Mariä Himmelfahrt (Osor) 200
Kirche Mariä Verkündigung (Supetar) 293
Kirche Santa Maria della Salute 265
Kirche Unser Lieben Frau von Karmel 295
Kloster Maria Schnee 340
Palast Dominis 217
St.-Blasius-Kirche 144
St.-Euphemia-Kirche 148
St.-Laurentius-Kathedrale (Trogir) 281
St.-Laurentiuskirche (Vrboska) 307
St.-Michaelskirche 287
St. Blasius 325
St. Ignatius von Loyola 326
St. Lucia 211
St. Markus (Zagreb) 76
St. Nikolaus 340
St. Peter & Paul 123
Wehrkirche der Schutzmantelmadonna 307
Klančić 210
Klanjec 110
klapa 276
Klettern 44
Krk 212
Nationalpark Paklenica 228
Klima 16, 23, 24, 25, 26, 27
Klöster
Benediktinerkonvent 301
Dominikanerkloster & -museum (Dubrovnik) 325
Dominikanerkloster (Bol) 295
Dominikanerkloster des hl. Petrus von Verona (Stari Grad) 306
Franziskanerkloster & -museum (Dubrovnik) 323
Franziskanerkloster der Barmherzigen Muttergottes (Krka) 250
Lokrum (Benediktinerkloster) 318
Komiža 311
Konavle 341
Kopački Rit, Naturpark 15, 15
Korčula 11, 11, 48, 350, 351, **352,** 356
Krapina 111
Krapinske Toplice 110
Kreditkarten 393
Krivica 202
Krk (Insel) 179, 206
Krk (Ort) 208
Krleža, Miroslav 386
Kroatisches Tourismusmuseum 191
Kultur 358, 376, 386
Kumrovec 111
Kunst 386
Kunstinstallationen
Zagreb 79
Gruß an die Sonne 239
Your Black Horizon Art Pavilion 343
Kutjevo 120
Kvarner 64
Kvarner Bucht 181, **182**

L

Labin 171
Landminen 393
Lastovo 355
Lesbische Reisende 96, 395
Leuchttürme 160, 246
LGBTIQ-Reisende 96, 395
Lika 224, 230
Limski-Kanal 151
Lipizzaner 119
Literatur 386
Lošinj 194
Lokrum 318, 318
Lopar 221
Lopud 343
Lubenice 199
Lumbarda 355

M

Makarska 289
Makarska Riviera 288

Mali Lošinj 201
Malinska 207
Mali Ston 347
Marulić, Marko 386
Maslinica 285
Maße & Gewichte 392
Međimurje 117
Medizinische Versorgung 394
Medvednica 108
Meeresorgel 239
Meeresschildkröten 202
Milna 292
Mirogoj **92**
Mljet (Insel) 13, **13**, **30**, 344
Mobiletelefone 396
Momjan 161
Montenegro 340
Moreška, Schwerttanz 351
Mostar (Bosnien & Herzegowina) 340
Motorrad, Reisen mit dem 399
Motovun 13, **13**, 25, 163, 165
Mountainbiken 193
Murter (Insel) 248
Museen & Galerien
- Abteischatz von St. Markus 354
- Antun-Augustinčić-Galerie 110
- Archäologische Sammlung Osor 200
- Archäologisches Museum 78
- Archäologisches Museum Narona 344
- Archäologisches Museum (Split) 265
- Bukovac-Haus 340
- Dražen-Petrović-Gedenkmuseum 85
- Ethnografisches Museum 83
- Fritzy-Palast 201
- Galerie der schönen Künste 264
- Galerie für Moderne Kunst 78
- Galerija Klovićevi Dvori 72
- Gloria-Maris 123
- Historisches & Maritimes Museum von Istrien 138
- Kroatischer Künstlerverein 78
- Kroatisches Museum für Naive Kunst 72
- Kroatisches naturhistorisches Museum 77
- Kroatisches Tourismusmuseum 191
- Kunstpavillon 78
- Lauba 83
- Love Stories Museum 18, 326
- Meereszentrum Lošinj 204
- Meštrović Crikvene-Kaštilac 265
- Museum der Illusionen 79, 241
- Museum der Vučedol-Kultur 129
- Museum der zerbrochenen Beziehungen 69, **93**
- Museum des Sieges 254
- Museum für Kunst & Handwerk 83
- Museum Mimara 82
- Museum von Slawonien 121
- Nationalmuseum Labin 173
- Neandertalermuseum Krapina 113
- Salzmuseum 237
- Schloss Eltz 129
- Stadtmuseum Rovinj 148
- Stadtmuseum Varaždin 114
- Stadtmuseum Zagreb 77
- Staro-Selo-Museum (Kumrovec) 111
- Strossmayer Galerie der Alten Meister 82
- Technikmuseum Nikola Tesla 85
- Tortureum 73
- Victory Museum 18
- World of Insects 115
- Zagreb 80's Museum 73

Musik 276, 388
Musikfestivals 23, 25, 26
- Hideout 235
- INmusic Festival 25, 86
- Musik-Biennale Zagreb 86
- Outlook Festival 140
- Seasplash-Festival 140
- Sonus 235
- Tisno 250
- Ultra Beach 302
- Ultra Europe 267

N

Nachtleben 49
Nadin 242
Nationalparks & Naturschutzgebiete 21, 196, 230, 383
- Brijuni-Inseln 143
- Nationalpark Kornaten **232**, 249
- Nationalpark Krka 12, **12**, 248
- Nationalpark Mljet 13, **13**, 345
- Nationalpark Paklenica **35**, 227, 228
- Nationalpark Plitvicer Seen 9, **9**, 224, **232**
- Nationalpark Risnjak 189
- Nationalpark Velebit 384
- Naturpark Biokovo 290
- Naturpark Kopački Rit 15, **15**, 126
- Naturpark Lonjsko Polje 118
- Naturpark Medevednica 109
- Naturpark Učka 193
- Naturpark Vransko-See 246
- Naturpark Žumberak Samoborsko Gorje 105

Natur & Umwelt 383
Nerezine 201
Nin 236
Norddalmatien 64, 222, **223**
Notfall 17, 405
Novalja 235
Novigrad 159

O

Obonjan 253
Öffnungs- & Geschäftszeiten 17, 394
Okuklje 346
Omiš **20**, 287
Opatija 191
Orebić 348
Osijek 121, **122**
Osor 200
Otter 384

P

Pag (Insel) **175**, 229
Pag (Stadt) 231
Pakleni-Inseln 305
Paragliding 44
Parks & Gärten 82, 342
Parun, Vesna 386
paški sir (Pager Käse) **233**, 234
Pazin 169
Pelješac, Halbinsel 347
Pflanzen 385
picigin 264
Plitvicer Seen 9, **9**, 224, 225
Podstrana 286
Politik 358
Popmusik 388
Poreč 153, **154**
Post 395
Potomje 348
Primošten 255
Pučišća 292
Pula **32**, 135, **136**
- Aktivitäten 139
- Ausgehen & Nachtleben 141
- Essen 141
- Feste & Events 140
- Geschichte 135
- Sehenswertes 137
- Touristeninformation 142
- Unterhaltung 142
- Unterkunft 140
- Unterwegs vor Ort 143

Punat 209

R

Rabac 171
Rabattkarten 101
Rab (Insel) 215
Rab (Ort) 216, **218**
Radfahren 40, 49, 51, 400
- Hvar (Insel) 302
- Krk (Stadt) 208
- Lošinj (Insel) 201
- Parenzana-Fahrradweg 157
- Pula 139
- Zagreb 86

Radio 392
Raften 45, 287
Rechtsfragen 395
Reisepass 398
Reiseplanung
- Budget 17
- Grundwissen 16
- Infos im Internet 17
- Inseln 52, **52**
- Insel-Hopping 47
- Kindern, Reisen mit 48, 54
- Reiserouten 28, **28, 30, 33, 34, 36**

Reisezeit 16, 23, 24, 25, 26, 27, 47
Veranstaltungskalender 23
Reiserouten 28, **28, 30, 33, 34, 36**
Religion 359, 378
Rijeka **34**, 183, **184**
An- & Weiterreise 188
Ausgehen & Unterhaltung 187
Essen 186
Feste & Events 186
Geschichte 183
Praktische Informationen 188
Sehenswertes 183
Shoppen 188
Unterkunft 186
Unterwegs vor Ort 189
Roč 167
Ročka Konoba 167
Rockmusik 388
Rogač 285
Rogoznica 255
Romanciers 386
Römische Ruinen **20, 32**, 381
Rovinj 146, **147**
Aktivitäten 148
Ausgehen & Nachtleben 151
Essen 150
Feste & Events 149
Geführte Touren 148
Geschichte 146
Sehenswertes 148
Shoppen 152
Touristeninformation 152
Unterkunft 149

S

Sali 247
Salona 284
Samobor 105
Saplunara 346
Schafe 195
Schiff, Reisen mit dem 47, 401
Schlangen 384
Schwimmen 39
Cape Kamenjak 139
Schwule Reisende 96, 379, 395

Seeigel **180**
Seen 248, 255
Segeln 42, 49, 202
Senj 214
Shoppen 99
Šibenik **176**, 251, **252**
Silba 240
Šipan 343
Skifahren 40, 109
Skradin 250
Škrip 292
Slawonien 118
Smiljan 227
Sokolarski Centre 251
Šolta 285
Spitze 230, 234
Spitzenmuseum 231
Split 12, **12**, 65, 260, **262, 268**, **274**, **275**
An- & Weiterreise 277
Ausgehen & Nachtleben 272
Essen 270
Feste & Events 267
Geführte Touren 265
Geschichte 260
Praktische Informationen 276
Sehenswertes 260, 274
Shoppen 276
Stadtspaziergänge 266, **266**
Unterhaltung 273
Unterkunft 267
Unterwegs vor Ort 278
Sport 379
Sprache 16, 376, 386, 403 405
Stadtspaziergänge
Dubrovnik 327, **327**
Split 266, **266**
Zadar 241
Stari Grad 306
Stobreč 286
Stomorska 285
Ston **177**, 347
Strände 19, 48, 178, **274**, **275**, **338**
Beli 196
Brač (Insel) 293
Colentum-Strand 248
Cres 199
Dubrovnik 338
FKK 289
Halbinsel Pelješac 349
Hvar (Insel) 302
Kap Kamenjak 15, 139
Krivica 202
Krk 208, 212
Lopar 221
Lubenice 199
Makarska Riviera 288, 289
Nationalpark Mljet 346
Nudisten 221
Pakleni-Inseln 305
Pasjača 341
Rab 221
Silba 240
Split 274
Trogir 281
Vis (Insel) 309
Zlatni Rat 14, 295
Zrće-Strand 235
Strom 395
Subotina-Festival 166
Süddalmatien 65, 313, **314**
Sumartin 292
Sunčana Uvala 201
Supetar 293
Susak 203
Sveta Katarina 149
Sveti Ilija 217
Svetvinčenat 170
Synagogen 323

T

Tafel von Baška 211, 212
Tauchen & Schnorcheln 41, 42, 179
Brijuni-Inseln 143
Cres 198
Krk (Ort) 208
Orca Diving Center 139
Poreč 155
Rab (Ort) 219
Rovinj 148
Telašćica-Bucht 247
Telefonkarten 396
Tennis 380
Tesla, Nikola 378
Thermalquellen
Istarske Toplice 165
LifeClass Terme Sveti Martin 117
Varaždinske Toplice 115
Tierbeobachtung 45, 51, *siehe auch* Delfinbeobachtung, Vogelbeobachtung
Cres 194
Lošinj 194
Nationalpark Risnjak 189
Tiere & Pflanzen 384
Tisno 248, 250
Tito, Josip Broz 111
Toiletten 396
Toreta 240
Tourismus 358
Touristeninformation 396
Trogir 280, **282**
Trsat (Festung) 183
Trsteno Arboretum 342
Trüffelsuche 164, 168
Tučepi 290
Tunnel 139

U

Ugrešić, Dubravka 387
Umag 159
Ummauerte Städte 19
Umweltprobleme 385
Unije 203
Unterkunft 396, *siehe auch einzelne Orte*
Agrotourismus 172
Camping 51
Ferienbauernhöfe 110
FKK-Resorts & Campingplätze 156, 213
Hostels 51
Kindern, Reisen mit 56
Unterwegs vor Ort 17

V

Valun 199
Varaždin 113, **114**
Varaždinske Toplice 115
Veganer & Vegetarier 60, 91
Vela Luka 355
Veli Brijun 51
Veli Lošinj 204
Veli Rat 246
Verkehrsmittel & -wege 406
Verkehrsregeln 400
Vid 344
Vidova Gora 294
Visa 397
Vis (Insel) 11, **11**, 308
Vis (Ort) 309
Vodnjan 144
Vogelbeobachtung 15, **15**, 45, 385
Naturpark Kopački Rit 126
Volosko 190
Vorwahlen 17
Vrbnik 18, 210
Vrboska 307
Vukotić, Dušan 387
Vukovar 128, 129

Verweise auf Karten **000**
Verweise auf Fotos **000**

W

Währung 16, 393
Wandern & Trekken 39, 51
  Cres 194, 204
  Hvar (Insel) 302
  Krk 212
  Lošinj 194, 201, 204
  Nationalpark Paklenica 228
  Nationalpark Risnjak 189
  Naturpark Biokovo 290
  Naturpark Žumberak Samoborsko Gorje 105
  Rab (Insel) 217, 219
Wasserfälle 250, 383
Wasserparks 162
Wassersport 49
Wechselkurse 17
Wein 61
  Geführte Touren 328
  Korčula 350
Weingüter
  Brač (Insel) 295
  Inland 108
  Istrien 153, 160
  Kvarner Bucht 210
  Mitteldalmatien 279
  Momjan 161
  Plešivica-Weinstraße 108, 348
  Zagorje 110
Weinproben 120
Wetter 16, 23, 24, 25, 26, 27
Wildtiere 384
Windsurfen **14**, 44, 49
  Bol 296, 297
  Lošinj 202

Z

Zadar 13, **13**, **20**, 237, **238**
  Aktivitäten 241
  Ausgehen & Unterhaltung 244
  Essen 243
  Feste & Events 242
  Geführte Touren 241
  Geschichte 238
  Sehenswertes 239
  Shoppen 244
  Touristeninformation 244
  Unterkunft 242
Zagorje 14, **14**, 109
  Unterkunft 110
Zagreb 10, **10**, 63, 68, **70, 74**
  An- & Weiterreise 101
  Ausgehen & Nachtleben 10, 80, 95
  Essen **30**, 68, 90
  Feste & Events 86
  Geführte Touren 85
  Geschichte 69
  Highlights 70
  Kindern, Reisen mit 87
  LGBTIQ-Reisende 96
  Reisezeit 68
  Sehenswertes 69
  Shoppen 99
  Stadtspaziergänge 84, **84**, 85
  Straßenkunst 79
  Unterhaltung 98
  Unterkunft 68, 88, 89
  Unterwegs vor Ort 101, 102
Zagreb 360° (Aussichtsplattform) 82
Zeit 16, 397
Zeitungen & Zeitschriften 392
Zentraldalmatien 65, 257, **258**
Ziplining 18, **20**
  Glavani Park 171
  Krk 212
  Omiš 287
  Pazin 169
  Zipline Beware of the Bear 230
Zoos 85
Zrće-Strand 235
Zug, Reisen mit dem 399, 402

Kartenlegende

Sehenswertes

- Strand
- Vogelschutzgebiet
- buddhistisch
- Schloss/Palast
- christlich
- konfuzianisch
- hinduistisch
- islamisch
- jainistisch
- jüdisch
- Denkmal
- Museum/Galerie/historisches Gebäude
- Ruine
- schintoistisch
- sikhistisch
- taoistisch
- Weingut/Weinberg
- Zoo/Tierschutzgebiet
- andere Sehenswürdigkeit

Aktivitäten, Kurse & Touren

- bodysurfen
- tauchen
- Kanu/Kajak fahren
- Kurs/Tour
- Sento-Bad/Onsen
- Ski fahren
- schnorcheln
- surfen
- Schwimmbecken
- wandern
- windsurfen
- andere Aktivität

Schlafen

- Unterkunft
- Camping
- Hütte

Essen

- Lokal

Ausgehen & Nachtleben

- Bar/Kneipe
- Café

Unterhaltung

- Unterhaltung

Shoppen

- Shoppen

Praktisches

- Bank
- Botschaft/Konsulat
- Krankenhaus/Arzt
- Internetzugang
- Polizei
- Post
- Telefon
- Toilette
- Touristeninformation
- andere Einrichtung

Geografisches

- Strand
- Tor
- Hütte/Unterstand
- Leuchtturm
- Aussichtspunkt
- Berg/Vulkan
- Oase
- Park
- Pass
- Picknickplatz
- Wasserfall

Städte

- Hauptstadt (Staat)
- Hauptstadt (Bundesland/Provinz)
- Großstadt
- Kleinstadt/Ort

Verkehrsmittel

- Flughafen
- Grenzübergang
- Bus
- Seilbahn/Gondelbahn
- Fahrrad
- Fähre
- Metro
- Einschienenbahn
- Parkplatz
- Tankstelle
- U-Bahn/S-Bahn-Station
- Taxi
- Bahnhof/Zug
- Straßenbahn
- U-Bahnhof
- anderes Verkehrsmittel

Achtung: Nicht alle der abgebildeten Symbole werden auf den Karten im Buch verwendet

Verkehrswege

- Mautstraße
- Autobahn
- Hauptstraße
- Landstraße
- Verbindungsstraße
- sonstige Straße
- unbefestigte Straße
- Straße im Bau
- Platz/Promenade
- Treppe
- Tunnel
- Fußgänger-Überführung
- Stadtspaziergang
- Abstecher (Stadtspaziergang)
- Pfad/Wanderweg

Grenzen

- Internationale Grenze
- Bundesstaat/Provinz
- umstrittene Grenze
- Region/Vorort
- Meerespark
- Klippen
- Mauer

Gewässer

- Fluss/Bach
- periodischer Fluss
- Kanal
- Wasser
- Trocken-/Salz-/periodischer See
- Riff

Gebietsformen

- Flughafen/Startbahn
- Strand/Wüste
- Friedhof (christlich)
- Friedhof
- Gletscher
- Watt
- Park/Wald
- Sehenswürdigkeit (Gebäude)
- Sportgelände
- Sumpf/Mangrove

DIE AUTOREN

Peter Dragicevic

Istrien, Zentraldalmatien, Süddalmatien Nachdem Peter sowohl in seinem Heimatland Neuseeland als auch in Australien erfolgreich für Zeitungen und Zeitschriften gearbeitet hatte, gab er schließlich seiner Wanderlust nach und kehrte dem Schreibtisch den Rücken zu, um seinen Wurzeln in ganz Europa zu folgen. In den vergangenen zehn Jahren hat er an buchstäblich Dutzenden Lonely Planet Bänden mitgearbeitet, und zwar über ganz unterschiedliche Länder, in die er aber allesamt verliebt ist. Inzwischen nennt er Auckland, Neuseeland, wieder sein Zuhause – durch sein Nomadenleben ist er allerdings dort kaum anzutreffen. Peter schrieb auch die Abschnitte „Reiseplanung“, „Kroatien verstehen“ und „Praktische Informationen“ dieses Bandes.

Anthony Ham

Kvarner Bucht, Norddalmatien Wenn er nicht für Lonely Planet schreibt, schreibt und fotografiert Anthony Spanien, Afrika und den Nahen Osten für Zeitungen und Zeitschriften in Australien, Großbritannien und den USA. Nach jahrelangen Reisen durch die Länder dieser Erde fand Anthony schließlich sein spirituelles Zuhause, als er sich bei seinem ersten Besuch in Madrid unwiderruflich in die Stadt verliebte. Zehn Jahre später sprach Anthony Spanisch mit dem Zungenschlag der Madrilenen, war verheiratet und hatte in Madrid seine zweite Heimat gefunden. Auch nach seiner Rückkehr nach Australien reist Anthony weiter auf der Suche nach Geschichten durch die Welt.

Jessica Lee

Zagreb, Inland 2011 gab Jessica ihren Job als Reiseleiterin für Abenteuertouren auf und wandte sich dem Schreiben zu. Ihre Reisen für Lonely Planet führten sie seitdem durch Afrika, den Nahen Osten und Asien, und sie hat zu Reiseführern über Ägypten, Türkei, Zypern, Marokko, Marrakesch, den Nahen Osten, Europa, Afrika, Kambodscha und Vietnam beigetragen. Ihre Texte erschienen auch in der Zeitschrift *Wanderlust*, dem *Daily Telegraph*, dem *Independent*, bei BBC Travel und auf Lonelyplanet.com. Seit 2007 lebt Jess im Nahen Osten und twittert unter @jessofarabia.

DIE LONELY PLANET STORY

Ein ziemlich mitgenommenes, altes Auto, ein paar Dollar in der Tasche und eine Vorliebe für Abenteuer – 1972 war das alles, was Tony und Maureen Wheeler für die Reise ihres Lebens brauchten, die sie durch Europa und Asien bis nach Australien führte. Die Tour dauerte einige Monate, und am Ende saßen die beiden – pleite, aber voller Inspiration – an ihrem Küchentisch und schrieben ihren ersten Reiseführer Across Asia on the Cheap. Innerhalb einer Woche hatten sie 1500 Exemplare verkauft. Lonely Planet war geboren.

Heute hat der Verlag Büros in Melbourne, London und Oakland und mehr als 600 Mitarbeiter und Autoren. Und alle teilen Tonys Überzeugung: „Ein guter Reiseführer sollte drei Dinge tun: informieren, bilden und unterhalten."

Lonely Planet Global Limited

Digital Depot
The Digital Hub
Dublin D08 TCV4
Ireland

Verlag der deutschen Ausgabe:
MAIRDUMONT, Marco-Polo-Str. 1, 73760 Ostfildern,
www.lonelyplanet.de, www.mairdumont.com
lonelyplanet-online@mairdumont.com

Chefredakteurin deutsche Ausgabe: Birgit Borowski

Redaktion: Annegret Gellweiler, Felicitas Ow-Wachendorf, Olaf Rappold, Sylvia Scheider-Schopf, Julia Wilhelm, Stephanie Ziegler (red.sign, Stuttgart)

Übersetzung: Tobias Ewert, Derek Frey, Stefanie Gross, Gabriela Huber Martins, Laura Leibold, Britt Maaß, Dr. Christian Rochow

An früheren Auflagen haben außerdem mitgewirkt:
Julie Bacher, Dr. Birgit Beile-Meister, Matthias Eickhoff, Berna Ercan, Mayela Gerhardt, Karen Gerwig, Marion Gieseke, Christiane Gsänger, Waltraud Horbas, Dr. Ulrike Jamin, Robert Kutschera, Britt Maaß, Marion Matthäus, Guido Meister, Uli Nickel, Dr. Annegret Pago, Dr. Thomas Pago, Jutta Ressel M. A., Claudia Riefert, Daniela Schetar, Jürgen Scheunemann, Manuela Schomann, Cristoforo Schweeger, Petra Sparrer, Beatrix Thunich, Dr. Heinz Vestner, Katja Weber, Sigrid Weber-Krafft, Karin Weidlich, Linde Wiesner

MIX
Papier aus verantwortungsvollen Quellen
FSC® C018236
FSC
www.fsc.org

Kroatien

7. deutsche Auflage Juli 2019, übersetzt von *Croatia, 10th edition*, April 2019, Lonely Planet Global Limited

Printed in Poland